经以济世
建德尚美
贺教育印
宏大又向项目
成果玉成

李瑞林
题于方八

教育部哲学社会科学研究重大课题攻关项目

城市化理论重构与
城市化战略研究

RESEARCH ON THEORETICAL RECONSTRUCTION AND
STRATEGIC OF URBANIZATION

张鸿雁

等著

经济科学出版社

Economic Science Press

图书在版编目（CIP）数据

城市化理论重构与城市化战略研究/张鸿雁等著.
—北京：经济科学出版社，2012.11
（教育部哲学社会科学研究重大课题攻关项目）
ISBN 978 - 7 - 5141 - 2535 - 1

Ⅰ.①城…　Ⅱ.①张…　Ⅲ.①城市化 - 理论研究 - 中国
②城市化 - 发展战略 - 研究 - 中国　Ⅳ.①F299.21

中国版本图书馆 CIP 数据核字（2012）第 246190 号

责任编辑：于海汛
责任校对：徐领柱
版式设计：代小卫
责任印制：邱　天

城市化理论重构与城市化战略研究
张鸿雁　等著
经济科学出版社出版、发行　新华书店经销
社址：北京市海淀区阜成路甲 28 号　邮编：100142
总编部电话：88191217　发行部电话：88191537
网址：www.esp.com.cn
电子邮件：esp@esp.com.cn
北京中科印刷有限公司印装
787 × 1092　16 开　27.25 印张　520000 字
2012 年 11 月第 1 版　2012 年 11 月第 1 次印刷
ISBN 978 - 7 - 5141 - 2535 - 1　定价：68.00 元
（图书出现印装问题，本社负责调换。电话：88191502）

课题组主要成员

（按姓氏笔画为序）

邵颖萍　张登国

编审委员会成员

主　任　孔和平　罗志荣

委　员　郭兆旭　吕　萍　唐俊南　安　远
　　　　文远怀　张　虹　谢　锐　解　丹
　　　　刘　茜

总　序

哲学社会科学是人们认识世界、改造世界的重要工具，是推动历史发展和社会进步的重要力量。哲学社会科学的研究能力和成果，是综合国力的重要组成部分，哲学社会科学的发展水平，体现着一个国家和民族的思维能力、精神状态和文明素质。一个民族要屹立于世界民族之林，不能没有哲学社会科学的熏陶和滋养；一个国家要在国际综合国力竞争中赢得优势，不能没有包括哲学社会科学在内的"软实力"的强大和支撑。

近年来，党和国家高度重视哲学社会科学的繁荣发展。江泽民同志多次强调哲学社会科学在建设中国特色社会主义事业中的重要作用，提出哲学社会科学与自然科学"四个同样重要"、"五个高度重视"、"两个不可替代"等重要思想论断。党的十六大以来，以胡锦涛同志为总书记的党中央始终坚持把哲学社会科学放在十分重要的战略位置，就繁荣发展哲学社会科学做出了一系列重大部署，采取了一系列重大举措。2004 年，中共中央下发《关于进一步繁荣发展哲学社会科学的意见》，明确了新世纪繁荣发展哲学社会科学的指导方针、总体目标和主要任务。党的十七大报告明确指出："繁荣发展哲学社会科学，推进学科体系、学术观点、科研方法创新，鼓励哲学社会科学界为党和人民事业发挥思想库作用，推动我国哲学社会科学优秀成果和优秀人才走向世界。"这是党中央在新的历史时期、新的历史阶段为全面建设小康社会，加快推进社会主义现代化建设，实现中华民族伟大复兴提出的重大战略目标和任务，为进一步繁荣发展哲学社会科学指明了方向，提供了根本保证和强大动力。

高校是我国哲学社会科学事业的主力军。改革开放以来，在党中央的坚强领导下，高校哲学社会科学抓住前所未有的发展机遇，紧紧围绕党和国家工作大局，坚持正确的政治方向，贯彻"双百"方针，以发展为主题，以改革为动力，以理论创新为主导，以方法创新为突破口，发扬理论联系实际学风，弘扬求真务实精神，立足创新、提高质量，高校哲学社会科学事业实现了跨越式发展，呈现空前繁荣的发展局面。广大高校哲学社会科学工作者以饱满的热情积极参与马克思主义理论研究和建设工程，大力推进具有中国特色、中国风格、中国气派的哲学社会科学学科体系和教材体系建设，为推进马克思主义中国化，推动理论创新，服务党和国家的政策决策，为弘扬优秀传统文化，培育民族精神，为培养社会主义合格建设者和可靠接班人，做出了不可磨灭的重要贡献。

自2003年始，教育部正式启动了哲学社会科学研究重大课题攻关项目计划。这是教育部促进高校哲学社会科学繁荣发展的一项重大举措，也是教育部实施"高校哲学社会科学繁荣计划"的一项重要内容。重大攻关项目采取招投标的组织方式，按照"公平竞争，择优立项，严格管理，铸造精品"的要求进行，每年评审立项约40个项目，每个项目资助30万～80万元。项目研究实行首席专家负责制，鼓励跨学科、跨学校、跨地区的联合研究，鼓励吸收国内外专家共同参加课题组研究工作。几年来，重大攻关项目以解决国家经济建设和社会发展过程中具有前瞻性、战略性、全局性的重大理论和实际问题为主攻方向，以提升为党和政府咨询决策服务能力和推动哲学社会科学发展为战略目标，集合高校优秀研究团队和顶尖人才，团结协作，联合攻关，产出了一批标志性研究成果，壮大了科研人才队伍，有效提升了高校哲学社会科学整体实力。国务委员刘延东同志为此做出重要批示，指出重大攻关项目有效调动各方面的积极性，产生了一批重要成果，影响广泛，成效显著；要总结经验，再接再厉，紧密服务国家需求，更好地优化资源，突出重点，多出精品，多出人才，为经济社会发展做出新的贡献。这个重要批示，既充分肯定了重大攻关项目取得的优异成绩，又对重大攻关项目提出了明确的指导意见和殷切希望。

作为教育部社科研究项目的重中之重，我们始终秉持以管理创新服务学术创新的理念，坚持科学管理、民主管理、依法管理，切实增强服务意识，不断创新管理模式，健全管理制度，加强对重大攻关项目的选题遴选、评审立项、组织开题、中期检查到最终成果鉴定的全过程管理，逐渐探索并形成一套成熟的、符合学术研究规律的管理办法，努力将重大攻关项目打造成学术精品工程。我们将项目最终成果汇编成"教育部哲学社会科学研究重大课题攻关项目成果文库"统一组织出版。经济科学出版社倾全社之力，精心组织编辑力量，努力铸造出版精品。国学大师季羡林先生欣然题词："经时济世 继往开来——贺教育部重大攻关项目成果出版"；欧阳中石先生题写了"教育部哲学社会科学研究重大课题攻关项目"的书名，充分体现了他们对繁荣发展高校哲学社会科学的深切勉励和由衷期望。

创新是哲学社会科学研究的灵魂，是推动高校哲学社会科学研究不断深化的不竭动力。我们正处在一个伟大的时代，建设有中国特色的哲学社会科学是历史的呼唤，时代的强音，是推进中国特色社会主义事业的迫切要求。我们要不断增强使命感和责任感，立足新实践，适应新要求，始终坚持以马克思主义为指导，深入贯彻落实科学发展观，以构建具有中国特色社会主义哲学社会科学为己任，振奋精神，开拓进取，以改革创新精神，大力推进高校哲学社会科学繁荣发展，为全面建设小康社会，构建社会主义和谐社会，促进社会主义文化大发展大繁荣贡献更大的力量。

教育部社会科学司

前　言

蓦然回首，人类的城市文明已经走过了 8000 年左右的历程，我们一直在试图理解人类自己创造的城市，在目前已知的 300 万年人类史中，在 99% 以上的时间里，人类是在没有城市的条件下度过的。

人类为什么要走进城市？这仅仅是一种生活样态，还是人类原始本能的再现？当人类聚居于城市，社会出现了城市与乡村的社会分工后，城市创造了规模性生产和新的社会结构，并推动脑体的分工、手工业和农业的分工，并由此而衍生出新的生产组织形式时，城市从此成为了人类社会的加速器。

当工业化促进了城市的结构性增长，城市则成为人类社会地域生产力最集中的表现形式，并进一步成为了社会发展的动力核心。当现代技术创造了汽车生活、网络社区，以及国际化虚拟社区、物联网和"云技术"，在创造智慧城市生活体系的发展中——我们居住的城市正在走进后工业时代，新的生活方式孕育着一个多元化的城市社会——新的群体、新的职业、新的行为方式和新的观念成为现代城市社会变迁成果，城市社会正在表现为社会群体的异质化、社会结构的世俗化、个性化生活方式的多元化……在这个年代，城市中很多新的文化要素是以往的城市所不存在的，"每一天都在变化"已经成为城市的一种属性和文化特质。

面对中国城市化发展的新的历史阶段，本研究课题（项目号：05JZD0038），在中国城市化顶级概念设计创新的理论前提下，根据课题本身的要求——城市化理论重构与城市发展战略的研究取向，从中国城市化理论重构的角度，提出了一系列全新的城市化理论和主张，例如，（1）多元结构型城市化理论与发展战略的主张；（2）适度紧缩城市化理论与战略的主张；（3）循环社会型城市化的理论与战略的主张；（4）以大城市为主导的差序化地域格局城市化理论与战略的主张；（5）县域城乡空间一体化理论与战略的主张；（6）新中式城市化空间形态理论与战略的主张；（7）"城市文化资本"再生产型动力理论与战略的主张；（8）以充分就业为前提的幸福城市化理论与战略的主张；（9）嵌入性城市化发展定位理论与战略的主张；（10）全球城市价值链高端介入理论与战略的主张等。

城市是人类的家园，我们有义务为自己、为子孙后代保护好自己的家园！城市是人类文化的容器，我们有义务让中国的城市成为中国文化的守望者、爱护者和创新者。

在20世纪90年代，笔者就曾呼吁研究并提出了"中国城市社会来临"的理论和研究成果。2012年的中国正处于一个伟大城市开始的时代，中国的城市化正以前所未有的姿态展开，一个传统的农业社会正朝着工业社会和市民社会走近，"中国式城市文艺复兴"[1] 也正在成为这个时代的文化表现。当我们阅读孟德拉斯《农民的终结》[2] 的时候，笔者正感受着这一社会变迁——一个社会的整体进化如海潮一样涌来。

城市从产生那天起，城乡之间便筑起了一道鸿沟，中国古代有"都鄙"、"国野"之分，城乡差别成为人类社会存留至今的社会场景，城市与乡村之间路途成为历史上最长久的人口流动场域和最伟大的社会舞台。几千年的文明史，也是一部城乡差别史，更是一部农业人口向城市流动的历史。时至当今，在中国城市与乡村之间仍然流动着的千百万农业人口，这也是人类历史上最壮观、最悲怆、最富情感的历史场景之一。

城市是人类文化创新的摇篮，也是社会财富的集中地，古希腊罗

---

[1] 张鸿雁：《中国式城市文艺复兴与第六次城市革命》，载于《城市问题》2008年第1期，第1页。

[2] ［法］H. 孟德拉斯，李培林译：《农民的终结》，中国社会科学出版社1991年版，第284页。

马的城邦创造了人类历史文化的奇迹，城市成为历史的主角——雅典创造了最为多彩的城市诗篇，庞贝城告诉我们罗马人自己构建了值得传承的城市生活方式，那永恒凝固的城市街区与生活样式是真正意义上的城市整体雕塑，是人类城市文明长河中的一颗明珠。中国春秋战国时代的城市，千百座城市演绎出百家争鸣、百花齐放的历史画卷，创造出华夏文明古典文化的黄金时代，那一个个历史片段，一幕幕历史场景，似繁星点点，给人类文化的长河以伟大、以深邃、以隽永……中华5000多年的城市文明，秉承这一伟大的文化与物质财富，成为中华民族城市文明永恒的记忆和情愫。

法国社会学家孟德拉斯畅想法国乡村与城市社会转换的发展模式，勾勒出传统农业社会与传统农民消亡的必然路径，为中国现代城市社会提供了市民社会建构的理想模式。2012年的中国，没有农民的城市已经开始在中国发生，如深圳和上海等。以世界国际化大都市的发展和世界七大都市群（带）结构深化为表征的城市全球化，给我们提供了观察城市社会的新视角，中国的城市正在出现地域性和整体性社会结构性变迁，中国的工人阶级数量在减少，白领阶层的数量在增加……再城市化正改变着我们以往对城市的认识，同时，新技术的发展让我们有了认识和改造城市的新工具。

中国城市化所面临的挑战是空前绝后的：

一是城市社会来临前的城市化及再城市化决策思想的大挑战。面对未来十几年5亿~6亿农业人口进城的巨大的历史变迁，城市发展战略决策方式要改革，特别从国家层面应该提出对应性的政策和主张，至少是在缩小城乡差异的意义上进行城乡"三维立体的整合规划"，构建一个未来以城市农业、城镇农业、"城市人农业"为主体的城市市民社会。

二是适应中国本土化的城市理论建构的挑战，中国的城市化一直是在西方城市化理论指导下的城市化，并经常以城市规划理论替代城市化的理论。中国的城市的空间形态与西方城市的空间形态的差异越来越小，并明显地显现着趋同化的势态，中国城市的本土化形态正在丧失。

3

三是对城市生长机理、模式和特质认知的城市化方法论的大挑战。城市作为人类社会的一个结晶，其发展过程既有自然属性的必然性"自然增长的有机过程"的，又必然有人为的"社会群体意志整合介入"的过程。完全的自然有机化的城市化和完全的人为意志介入化，都是对人类社会的城市发展的建设的一种破坏！必须在尊重自然规律的基地上，合理地运用人类的优秀智慧，来创造人类社会的城市化模式。

城市从原生形态到次生形态的发展，既有中国城市特有的历史特点，又有与其他国家城市一样的成长规律和功能。对城市功能与本质的新认识，是中国本土化的城市化理论建构的前提，城市的功能与价值必须重新认识，例如，（1）城市的开放型适应性的有机功能；（2）城市的财富积累功能；（3）城市作为文化容器与传播文化的功能；（4）城市自身的经济与社会的整合创新功能；（5）城市世俗化的文化效应与功能；（6）城市循环累积因果效应与功能；（7）城市的结构性增长的无限有机扩张功能；（8）城市作为地域生产力集中性的形式和功能；（9）"城市文化资本"的再生产与公共财富性功能；（10）城市集聚与扩散的空间生态整合功能等。只有充分地、科学地、正确地认识城市功能、特质和生长机理，才能够充分理解城市，并驾驭城市的规律，成为城市化发展的科学创造者。

四是中国传统城市管理理论与管理模式重构的大挑战。当代中国的城市管理理论和实务，主要沿袭了中国古代城市的价值存在模式和管理思想，辅以、掺杂的西方的城市规划理论和概念，没有创造具有现代性的、中国化的城市化管理理论和模式。城市既是区域性的政治行政管理中心，又是经济中心、生产中心和文化中心，纵观古今中外，城市是一个典型的"科层体"，以行政管理模式来推动城市的发展。面对中国城市社会结构的变迁，城市发展必须改变传统的城市管理模式，从一般意义上的行政管理，向"城市客户型管理模式"转型，从城市行政控制型的城市经营向"富民型城市经营"转变。

五是城市规划理论、理念及规划决策方式的挑战。是以西方城市化理论模式来规划中国的城市，还是创造出本土化的城市化理论，在世界上独树一帜，形成中国化的城市规划理论与实践系统，这一挑战

本身不仅具有世界性，而且还具有迫切性。城市规划本身不应该仅仅
是物化的规划，更重要的是人的发展和市民幸福的规划，如伦敦在其
城市规划，把"让人们充满选择机会"作为城市规划理念，这其中的
认知方式、价值取向和规划模式值得我们参考和深思。

六是国际化的城市研究人才、城市管理人才和具有本土化价值取
向的城市规划理论人才需求的挑战。到目前为止，中国的大学里几乎
没有设城市学专业的学校，而且在学科设置上，城市学既没有一级学
科，也没有重点学科。一方面，中国正在以高速化的城市化方式进入
城市社会；另一方面，中国高等院校却没有专门培养城市学专业人才
的专业，而且往往是以城市规划学、城市地理学和景观学作为城市科
学教学的学科内容。当代中国有 663 座城市，未来 30 年可能要达到
1 500 座城市，因此，可以看到城市发展研究、城市管理实务、城市
设计等方面的人才需求十分庞大。城市化发展中的一切变化，都需要
政策和策略的调整与之相适应，需要新的城市知识武装城市研究者和
管理者，这也是遵循科学发展观的一种认知。

有学者说："城市的新心灵采用一种新语言，它很快地就和文化
本身的语言等同起来。广阔的乡村及其村落人类受了伤害；它不再能
了解这种语言，它感到狼狈，缄默无语。所有真正的风格历史都是在
城市中演出的。"[①] 这一观点的价值在于能够引起笔者的思考，即为什
么"真正的风格历史都是在城市中演出的"？城市是文化的容器，是
人类记忆的表现地，也是社会发展的动力，更是人类社会生产方式与
生活方式的主要创新地，只有在这个意义上，才能够理解，城市能够
创造真正的历史风格。而乡村则不然，至少在社会进化分工和创新方
面，与城市是有本质区别的。城市定位，就是要走出城市传统的束缚，
创造"真正的风格历史"和城市"历史风格"。

"真正的历史风格"的价值意义非常重大，必须能够经得起历史
的考验，而成为历史发展中的一个篇章，亦如古典时代的罗马，中世

---

① ［德］奥斯瓦尔德·斯宾格勒，齐世荣等译：《西方的没落》（上），商务印书馆 2001 年版，第
203 页。

纪以来的巴黎、佛罗伦萨，现代的维也纳和日内瓦等城市一样，是人类城市的共同的骄傲，并能够延续真正的风格历史。

我们研究城市，是因为中国的城市在发展中，有些城市自觉或不自觉地把中国本土化的"城市记忆"抹杀掉了，使城市定位丧失了本原的文化力量。

人，如果没有记忆，人是苍白的，是不可能有作为的；城市，如果也没有了记忆，城市必然会失去城市特有的积累和创新能力。丧失了城市记忆，自然就丧失了城市自己独有的文化，必然降低生存力……当然，更重要的是失去了城市的记忆，在很大程度上就失去了民族文化认同的内有机制，这是民族文化的一种悲哀。

我们研究城市，是因为在中国的城市发展过程中，"水泥森林"的空间正在侵占我们生活的主体空间，城市生活不仅仅是高楼大厦，更需要有人文情愫的亲情空间。曾几何时，孩提时代玩耍的街道、邻里交往的院落空间已不复存在……在巷子里、马路边、屋前"过家家"、跳皮筋、踢毽子的城市文化生活很多已经成为过去，我们感觉到的那些曾有的人文情节正在或已经远离我们而去……多少次，我们曾被那以往的记忆所感动……所以，我们要找回那些孩提时代曾有的感觉、静谧和甜美，让森林和自然的感觉重新回到城市，让城市的公共空间成为自然的一部分，并重新成为每个人美好的记忆。

我们研究城市，是因为城市的一些工业发展和不充分就业已经成为我们生活的一种负担，城市就业半径的不合理、生产空间与居住空间的矛盾，正在困扰着我们的城市生活，有时我们不知道城市是以生产为主还是以居住为主，甚至不知道是以人为主还是以汽车为主……本来曾是我们居住的城市，现在看来却不大适合人居。因此，我们要重新定位城市，让城市能够更加适合人居，让城市人的居住更舒适。

笔者曾说过，人类从自然中走来，人类每时每刻不仅在利用自然，而且还在大量地消耗自然，城市是人类群体性的生活样态，是人类以群体居住的方式在共同消耗自然并创造历史。

城市存在的必然和价值已经成为人类的共识——城市里的生活让人类的生命延长，城市是人类追求生活品质和终极价值的场域——应该成为人类与自然共生的一种形态。

在自然界，燕子、喜鹊、蜜蜂等创造的"窝"、"巢"是自然的界组成部分之一。为什么属于自然界的人类，经过社会化以后，所创造的居住体——城市，却往往与自然的发展相悖谬？为什么人类创造自己居住的城市却是不能够完全成为自然界有机构成的一部分？人类也是从自然中走出来的群体，应该有能力创造与自然和谐共处的居住地和居住空间。这应该是我们给城市定位的最终目的之一。

赋予城市永恒与自然属性，就是在给人类自己以新的希望。城市在其漫长的发展中，既是人类生活需要的生产地，又是人类生活的消费地。

我们的城市研究，其终极目的就是城市社会全员的幸福生活，是幸福城市社区生活的具体展开，它不是单一向度的延伸，它是对真正完美生活的整体关照，是对城市"自然主义生活方式"的全方位细节打理。古人张载曾言："为天地立心，为生民立命，继往圣之绝学，为万世开太平。"而我们为城市研究就是要续古开新，"为城市立尊严，为自然立本心，为生民立永业，为人居立大典"。

法国经济学家说："任何一种可持续发展战略都离不开城市，它们在我们所面临的地理政治、经济、社会、环境、卫生或文化问题中居于核心地位。"[①] 这一观点说明了城市本身的价值，但是，这又是一个悖论，当我们说到任何一种可持续都离不开城市的时候，正因为任何一种非可持续都与城市有关，城市化和城市生活方式化——城市文明的普及过程，也是人类社会能源、资源高消耗的发展过程，因此，人类必须建筑一条能够创造强可持续的发展道路，而中国的城市化在这一方面尤为重要。

本课题 2005 年 12 月立项，通过前后近 7 年磨砺和反复修改，由课题完成初的 64 万字，删改至 40 万字。从原来的 21 章，修改、合并为10 章。在这 10 章中，课题负责人张鸿雁独立撰写完成了 7 章：第一章、

---

① ［法］皮埃尔·雅克、拉金德拉·K·帕乔里、劳伦斯·科比娅那，潘革平译：《城市：改变发展轨迹》，社会科学文献出版社 2010 年版，第 19 页。

第四章、第六章、第七章、第八章、第九章、第十章；第二章第一节、第二节由邵颖萍撰写，第三节由张鸿雁撰写，第三章由张鸿雁和邵颖萍撰写，第五章由张登国撰写。另有，书的第五章由张鸿雁多次删改、调整并增加了一些新的内容。由原来的近8万字，修改到3万多字，既增加了新的数据，也增加了张鸿雁个人的观点。

未来10～25年左右的时间将是"中国城市社会来临"的社会整体变迁期，这一巨大变迁对中国经济、社会的全面发展有着不可估量的推动作用。美国著名经济学家斯蒂格利茨做了一个著名的论断：21世纪影响世界进程和改变世界面貌的有两件事——一是美国高技术产业的发展；二是中国的城市化进程。

我们认为21世纪中国城市发展面临的八大前景为：（1）城市化进入高速增长时期——"中国城市社会的来临"。（2）多梯度的城乡社会结构与差异仍然存在，并形成特定的差异化格局。（3）大城市数量继续扩大和功能继续提升，通过新一轮的同城化设计，创造全新的地域结构。（4）城市带、城市群（圈）发展模式将成为中国城市化发展的主流。（5）国际性城市逐步出现，并将进入全球城市价值链的网链体系。（6）新兴工业化、信息化与城市化进程同时推进。（7）集中型城市化与分散型城市化同时推进，新型的中小城镇将成为中国城市化一个特色。（8）县域城市化与城乡一体化同时推进，形成全新的城市社会结构关系与城市生活方式。

我们努力在探索和建构本土化城市化理论。本书的很多观点是新提出来的，但是，中国本土化的城市化理论是一个全新的庞大系统，是需要一定群体共同的努力并且通过一定时期城市化社会实践逐步完成的，本书只是中国本土化城市化理论建构的一种努力，或者只是提出了一些新视角和不成熟的观点。我们努力在尝试创造全新的中国本土化城市理论并提出中国城市化发展的战略。在研究中，我们也发现了中国城市化发展中的更多的社会问题，其中包括结构性问题和发展中的问题，有很多问题，必须通过城市化的深化加以解决。

因为我们的能力还有限，本书尚有很多不成熟的地方；同时，一本书也无法囊括、建构一个中国全新的、如此庞大的理论体系和研究内容。我们仅仅是试图上下求索，寻找并创造本土化城市理论和中国式的城市化发展战略，我们可能只是拾到了吉光片羽，但是我们愿意成为中国本土化城市化理论研究与创新的铺路石子，为建构中国本土化城市化理论奉献微薄的力量，如果本书能够抛砖引玉、给人以启迪的话，我们就如愿以偿了！

要创造中华民族自己的城市空间与形态，并使之能千年传承！创造中国城市自己的文化元素，实现新的光荣与梦想，使中国城市精神永续传递！

诸多不足之处，望大方之家能给予批评指正。

摘　要

　　当代中国正处在城市化高速发展的社会转型期。中国用了 30 多年的时间走过了西方 200 多年的城市化历程，当代中国的城市化水平已经超过 50%。一方面，中国的城市化取得了世界瞩目的巨大成就；另一方面，中国城市社会的发展也面临着越来越复杂的社会问题的挑战。更值得关注的是，中国城市化发展的最高峰尚未到来，在未来 30 年左右的时间里，如果按照近代西方的城市化发展规律，中国的城市化率会超过 85%，还将会有 3 亿~5 亿多农业人口转为城市人，从这个意义说，中国仍然会面临着新的、更深刻的社会结构变迁。促使我们深思的，到目前为止，中国还没有形成完整而有系统的具有现实指导意义的本土化城市化理论，在很多领域多是沿用西方的城市化理论来指导中国的城市化。

　　本书主要针对这一现实，特别是根据中国特殊国情——土地与人口增长这一尖锐矛盾的实际，对中西方城市化理论进行了梳理、分析，在汲取中西方城市化理论精华和成功经验的同时，也对中西方城市化理论，特别是某些传统的城市化理论进行了批判性研究。同时，对某些城市化的畸形发展和误区也行了批判和反思，以求为建构中国本土化城市化理论建构科学的基础。

　　本研究课题是以理论研究和本土化城市化理论的发展战略建构创新研究为主，辅以经验性的研究和总结，提出了新的理论和学术研究观点，创造了新研究视角，提出独有的中国本土化城市化理论模式和体系，力求在建构中国本土化城市化理论方面有系统性和操作性的建树。其主要内容有：一是总结了西方城市化理论发展的历史与应用中的问题，在对西方城市化理论加以批判的同时，特别指出了西方城市化理论在中国应用的科学性和创新问题；二是在对中西方城市化理论的比较研究中，对中国的城市化理论研究进行了实证分析和反思，从中国的整体城市化、区域城市化、都市圈化的研究，到省域城市化问题的研究，再到县域城市化的理论与实证分析，提出了中国城市化理论重构的基础和实践依据。在理论研究与建构方面，特别强调理论系统的整合性建构及传统理论的批判和反思。在中国本土化理论创新的前提下，提出了中国本土化城市发展道路与模式创新。如本书首次提出了中国城市化的十大理论创新：一是复合多元型城市化战略理论；二是适度紧缩型城市化理论；三是循环社会型城市化理论；四是以大城市为主导的差序格局型城市化理论；五是县域城乡一体化理论；六是中国式城市化空间形态理论；七是"城市文化资本"再生产的动力理论；八是以充分就业为前提的幸福城市化理论；九是嵌入性城市发展定位理论；十是全球城市价值链高端介入理论等。本书旨在建构具有本土化特色的中国城市化和城市现代化的理论模式与范式。

Abstract

Modern China is in the social transition of urbanization. China has finished its urbanization in 3 decades which took western countries 200 years, and its urbanization level has reached 50%. On the one hand, China's urbanization has achieved great achievement; and on the other hand, its urbanization is also faced increasingly complex social problems. It is worth to pay more attention to a problem that the peak of its urbanization will appear in the coming 30 years. If in the rule of modern western urbanization, the urbanization level in China will reach more than 85%, and it will also turn more than 500 million agricultural population to urban population. In this sense, China still faces new challenge of changes in social structure and more new social problems. However, it makes us think deeply that China hasn't formed a complete systemic local urbanization theory with realistic meaning so far. We get used to guide China's urbanization under western urbanization theories.

This book is mainly combing and analyzing western urbanization theory and absorbing its theoretical essence and successful experience, meanwhile criticizing. At the same time, the book is summarizing the experience and lessons of China's urbanization in the past 60 years, criticizing and rethinking abnormal developments and errors during some urbanization in order to construct our local urbanization theory.

This book is divided into two parts, first part emphasizing on theoretical research complementary with empirical research and summarize. One is summarizing the problems during the development and application of western urbanization theory, especially pointing out the problem in the application of China's urbanization. The other is completing the theoretical research and empirical analysis of China's urbanization based on the comparative study of the western urbanization theory, putting forward theoretical basis of China's urbanization theory reconstruction from China's overall urbanization to metropolitan research, from the problem summary of big city and provincial city's urbanization to theoretical and empirical research of county city's urbanization. First part is mainly stressing on theoretical research, integration, criticism and reflection. The second part is emphasizing on innovation of urbanization theory and urbanization mode. It first puts forward 10 theoretical innovation of China's urbanization: first is composite multi urbanization strategy theory, second is moderate tightening urbanization theory, third is circular social urbanization theory, fourth is urbanization theory of the pattern of difference sequence mainly with big city, fifth is the theory of integration of urban and rural areas, sixth is Chinese urbanization spatial pattern theory, seventh is reproduction of urban cultural capital theory, eighth is happy urbanization theory based on full employment, ninth is embedding urban developing positioning theory, tenth is global urban value chain high-end intervention theory. This book is trying to construct urbanization with local characteristics and "local spirit" of local city in China.

目 录

Contents

1

Contents

第一章

城市化基本理论分析与批判

第一节　中国城市化理论重构总论：建构与创新①

到目前为止，中国的城市化不仅没有形成本土化的城市化发展理论与模式，而且也没有一个完善而有系统的本土化的城市化发展战略。

1978年以来的改革开放，使中国的城市化进入了高速发展的轨道。2012年中国的城市化水平已经超过50%。前30年的中国城市化在取得巨大成就的同时，也伴随性地出现了很多问题。在城市化的道路与发展模式上，几乎在重走西方城市化与工业化重叠发展的老路。如果按照世界近代城市化发展的历史和比较相关发达国家的经验，中国的城市化水平在未来30年应该接近或超过85%左右，还要有3亿~5亿多农村人口转化为城市人口，并产生相关的城市化伴生社会问题。

面对未来中国的改革开放与新的城市化发展，应该认真总结世界城市化与中国前30年城市化的经验与教训，对应性地提出中国式的城市化发展道路、方式和理论模式，使中国的城市化和城市现代化能够健康有序地向前发展。

人类现代化历史已经证明，一个国家与区域的现代化过程，集中体现在城市化与城市现代化的过程中，中国城市化理论的重构与创新，在某种意义上也是中

---

① 本章主要内容已发表。见张鸿雁：《中国城市化理论的反思与重构》，载于《城市问题》2010年第12期，第2~8页。

国式现代化理论的重构与创新。中国未来城市化理论与道路选择的合理性和科学性，在某种程度上决定着中国改革开放与现代化的成功！

一、中国城市化理论本土化建构：必要性与前提

"人类的苦难：最重要的问题"。这一概念是西方学者夏普·雷吉斯特·格里米斯在其所著的《社会问题经济学》开篇提出的。作者在建构社会问题经济观的同时，开宗明义提出四个命题："世界贫困与经济学"、"我们永远不满足的需要"、"我们有限的手段"和"经济的生产能力"。[①] 这些关键词的核心观点告诉我们，人类的社会问题是社会进化、发展与需求的一种必然矛盾过程和结果。不同时代因其受历史发展阶段、生产力水平的限制，都会面临新的矛盾和经济社会问题，人类社会就是在解决社会矛盾和社会问题的过程中进化和发展的。城市化就是人类社会发展与需求矛盾的一种表现和过程，中国的城市化因其时代和国情的特殊性，集中显示了"多梯度型城市化"[②] 和"制度型城市化"的特殊性[③]，是以往包括西方城市化在内所不曾经历的城市化，其社会问题与矛盾在某些方面也是前所未有的，颇具地方性意义和世界前沿性意义，可谓是"前无古人，后无来者"的城市化过程。这一不具有典型参照系的城市化，必须创造出具有民族性的城市化道路与理论模式，才能真正解决社会现代化的发展问题。

近代西方的城市化是与工业化相伴随的，在圈地运动这一血与火的洗礼中，社会发展与社会问题的深化几乎处在同一过程中。1845 年，恩格斯在《英国工人阶级状况》一书中明确指出居住在城市中的"工人阶级的状况也是绝大多数英国人民的状况。这几百万穷困不堪的人，他们昨天挣得今天就吃光，他们用自己的发明和自己的劳动创造了英国的伟大。……这些的人命运应该如何"[④] 已经"成为全国性的问题"。"每一个大城市都有一个或者几个挤满工人阶级的贫民窟"[⑤]，恩格斯论及的英国工人日益贫困状况是当时城市社会的普遍问题，而且这个问题一直延续到工业革命的结束。英国经济学家 W. 培笛早在 1682 年就提出了"城市问题"的认知方式——人口集中会如"瘟疫更加严重"。[⑥] 自 19 世纪 70 年后，城市化与工业化形成世界性的浪潮，大量移民涌入城市，城市产业结

---

① ［美］夏普·雷吉斯特·格里米斯，郭庆旺、应惟伟译：《社会问题经济学》（第 13 版），中国人民大学出版社 2000 年版，第 1～5 页。

② 张鸿雁：《论当代中国城乡多梯度社会文化类型与社会结构变迁——依据"社会事实"对"二元结构"的重新认知》，载于《南京社会科学》2007 年第 9 期，第 74～80 页。

③ 张鸿雁、谢静：《"制度主导型"城市化论》，载于《上海城市管理》2006 年第 2 期，第 23～25 页。

④⑤ 《马克思恩格斯全集》第 2 卷，人民出版社 2005 年版，第 306 页。

⑥ 王文：《主要发达国家城市问题的产生和发展》，载于《城市问题》1989 年第 4 期，第 37～39 页。

构在变化，如城市人口复杂化，社会成员异质化，城市社会结构不断衍生出新的问题与形式，使得城市社会发展遇到前所未有的问题——这些问题成为世界的普遍问题。美国学者保罗·诺克斯和琳达·迈克卡西在 2005 年出版社的《城市化》一书，对城市问题提出了自己的界定："城市问题是指由城市相关设施的属性（环境、种族、社会、经济、政治、文化等）所引发或被激化的问题。"[①] 在城市问题的研究上，保罗等人也对城市化与城市问题关系提出了自己的解释：城市化必然带来社会问题，"其中一些问题根源在于整个社会"，还有 "一些问题是因为城市化和城市设置的性质所造成或引起的"[②]。这一结论告诉我们，要针对 "整个社会" 的发展阶段及社会属性来创造适合国家地方性的城市化理论，才能够创造一个适合国情的、符合地方个性需求的良性发展的城市化过程。

纵观世界城市化发展中存在的社会问题，学者的研究成果为我们提供了很多新的认识和方法。而我们更多的是把城市社会问题的发生与发展，主要归结为社会机制与制度层面上的缺失和不完善，对于中国来说包括城市化发展模式、城市化的制度设置、社会运行的机制及社会福利机构、社会分配不公的管理体系、市民社会角色关系借位等社会缺失，必然引发城市社会问题的发生[③]。文森特·帕里罗等在其《当代社会问题》[④] 一书中也指出，社会问题的存在十分普遍，其涵盖面也异常广泛。因为中国的城市化具有某种突变性，在制度性安排和设置的同时，外在表现是从农业社会向城市社会的 "直接过渡"，由此必然引发典型的城市社会转型期的裂变、"社会坠距" 与 "文化坠距" 的出现。经济、社会与文化发展的不同步性，必然导致城市化的 "合理性危机" 与 "合法性危机" 的发生。[⑤]

中国的城市化从 1978 年的 17.8%，一跃发展到 2010 年的 50%，仅用 30 多年的时间，走完了西方近 200 年从农业社会向城市社会的过渡过程。由于政治和历史的原因，中国的城市化与城市社会结构变迁具有某种突变性、多元性和多梯度性，其发展道路具有 "制度性设置型" 的中国城市化特色（某一城市郊县的农民一夜之间身份变为市民），更重要的是中国区域发展的不平衡性，使中国的城市化出现了传统农业社会、工业社会、新兴工业化社会、准后工业社会和后工业社会的多种区域社会类型，由此形成了多层次、多方式、多类型和混杂型的城市化发展模式，从而也引发了多层次、多方式、多类型和混杂型的相关社

①② ［美］保罗·诺克斯、琳达·迈克卡西，顾朝林等译：《城市化》，科学出版社 2009 年版，第473 页。

③ 林广、张鸿雁：《成功与代价——中外城市化比较新论》，东南大学出版社 2000 年版，第 27 页。

④ ［美］文森特·帕里罗、约翰·史汀森、阿黛斯·史汀森，周兵、单弘等译：《当代社会问题》，华夏出版社 2002 年版，第 7 页。

⑤ 张鸿雁：《合法化危机——中国城市化进程中的社会问题论》，载于《探索与争鸣》2006 年第 1 期，第 2～5 页。

会问题。

中国城市化进程中的社会背景、前提、样态及规模在国际上是没有参照系的。如由于大量移民引发的城市化进程中的土地与房地产问题、能源与生产发展问题、大量农民工子女学习与就业问题、城市政府的 GDP 考核与环境持续发展问题、城市更新改造与城市记忆丧失的矛盾冲突问题、空间正义与社会分配不公平问题等都是"中国特色的社会问题",具有中国本土性和区域化的地方性。美国学者塞缪尔·P·亨廷顿就曾直截了当地说:"在很大程度上,城市的发展是衡量现代化的尺度。城市成为新型经济活动、新兴阶级、新式文化和教育的场所,这一切使城市和锁在传统桎梏里的乡村有本质的区别。"[①] 因此,城市化道路对于中国的社会发展来说,城市社会的来临具有必然性和历史的规律性,正是因为中国城市化必然性的发展趋势,迫使我们必须面对中国的城市化历史与现实,创造中国式的与自然相和谐的新型城市化模式与理论。

面对中国城市化和中国的国情特殊性,西方传统的一些城市化理论和经验已经不能够完全有效指导中国的城市化,更不能被完全套用和照搬。因此,我们反思前 30 年中国城市化发展的同时,必须以谨慎的眼光,审视未来的中国城市化发展,必须提出针对中国城市化特殊国情的本土化城市化理论,引导中国的城市化与现代化良性发展。之所以提出这样的观点,是因为中国的改革与城市化不仅仍然处在"进行时",而且正将进入再高速发展的阶段,必然会有新的问题发生,必须及时加以引导和控制,必须建构新的中国式的城市化理论,以创造中国城市社会的合理进化。

二、中国城市化理论传统:认知与纠谬

对中国城市化发展的经验和教训,必须进行总结和反思,包括对某些方面需要的"批判"性调整。

萨特在《存在与虚无》中对"反思"的认知可以使我们获得启发,"反思可能是纯的或不纯的。纯反思——反思的自为面对被反思的自为的在场——同时是反思的原始形式和理想形式;这种形式是建立在不纯反思由之出现的基础之上的,它同样不是首先给定的,它是通过一种涤清(Katharsis)获得的"。[②] 这个"涤清"的概念用得非常好,是的,反思就是对以往研究的一种清理和洗涤,在

---

① [美] 塞缪尔·P·亨廷顿,王冠华、刘为等译:《变化社会中的政治秩序》,生活·读书·新知三联书店 1989 年版,第 66 页。

② [法] 萨特,陈宜良等译:《存在与虚无》,生活·读书·新知三联书店 1987 年版,第 217 页。

除却旧观念中实现发展与创新。可是我们不得不问：为什么在我们能够看到城市问题的时候，却不能有效解决？甚至在我们能够拿出有效方法来解决问题的时候，而问题仍然存在？可以这样说，对于中国的城市化道路与理论模式创新来说，创新的土壤比创新本身更重要。因此，需要"反思"！

在提出中国本土化的城市化理论之前，必须对中国的城市化的发展进行某种科学"诊断"，然后才能够对症下药。

中国自古代文明肇兴以来，一直是以农业立国。在传统封建社会里，"重农抑商"成为一种长期国策。及至1949年，我们对城市化认识还只停留在农业社会的认识观上，引发了城市化发展政策在历史上出现两次极端性表现：一次是20世纪60年代大批城里人包括知识青年的下乡，导致中国城市化的倒退；另一次是20世纪80年代初提出的"控制大城市，发展中小城市的理论"，直接影响了中国城市化进程。但是，当中国的改革开放与世界经济发展接轨时候，城市化便以一种势不可挡的、前所未有的速度发展起来。深圳特区的设置与城市人口快速增长、浦东地区的开发、各种类型的新兴开发区的规模化等直接否定了控制大城市发展的理论模式，从而开启了中国真正的城市化时代。惋惜的是，由于在城市化理论准备与经验均不足的情况下，通过制度型的建设所推动的城市化，创造了"中国城市化问题"的时代——急功近利的城市化在某些地方出现典型的"建设性破坏"，尺度过大且非人性化的城市空间与道路、房地产开发占毁良田、工业化盲目圈地使土地空置、过度工业化造成的环境污染、大学城"拼贴化"带来超时空的土地浪费及各类型的过度圈地等引发了一系列社会问题。

总结过去不难发现，中国的城市化一直未能创造与中国社会发展相适应的城市化理论与制度形式，在中国特有的社会背景和前提下，对城市化的"制度型安排"总是出现过度发展的现象，中央与地方政府在城市化的制度设置与控制上形成某种博弈关系，城市化进程引发的相关社会问题与城市化发展目标相悖谬。

1. 中国的城市化是在西方式城市化理论整合下的城市化。在城市化道路、理论与模式等方面，均缺乏符合中国国情的思路与理论，既没有中国式的主导型城市化理论，又没有针对区域发展具有分类指导意义的理论。偌大的中国，任何形式的社会与经济发展都不可能用一种理论和模式来指导。用单一的城市化理论来指导中国的城市化，既不符合中国的国情和区域发展经济理论，又不符合事物的发展规律。因此，也不可能是行之有效。中国城市化进程中出现的房地产问题所提出的政策之所以未能奏效，主要原因就是根本没有区域性分类指导政策。

2. 中国的城市化是资源高消耗型城市化。任何城市化的过程都是在以群体生活水平共同提升的目标方式与自然发生作用的，城市群体性的生活规模越大，即城市规模越大，对自然资源的整合性需求就越高和越多，如对土地资源的需求、对相关能源的需求等。包括城市化导致一些农民丧失土地，而农村的土地及生产模式又未能有效转换——如果中国的城市化不能提出新的发展模式，即使对以往的问题加以控制，下一轮的城市化也不可避免将会衍生或重演过去的问题。

3. 中国的城市化是区域多元型的不均衡发展的城市化。城市化总格局与发展模式呈现区域性真空和发展落差，导致地域生产格局不合理。有些区域的城市（镇）具有典型的差序格局特点，区域空间、城市、所属行政空间形成经济与社会发展的落后与真空区域。如北京、上海、广州、昆明的郊县区，形成大跨度的经济落差，甚至在一个城市区域内也似乎是两种社会形态的发展样态。有西方学者甚至说，看北京的郊区的某些方面几乎同等于中世纪的欧洲。

4. 中国的城市化是典型的"结构空洞型城市化"。这些"结构性空洞"主要表现在：城市区域性布局的结构性空洞，发达地区发展工业，落后地区发展农业——这是一个十分错误的战略。城市内部产业结构的空洞化，其表现是相当多的城市只注意发展高端产业，相应的产业层级不完整，完全高端化的产业定位，导致就业人口转型达不到社会需求，没有与高新技术产业相适应的就业群，进而导致多类型的产业与社会结构空洞。与此同时还存在社会管理的结构性空洞以及社会阶层存在价值理念的文化结构空洞等。

5. 中国的城市化是丧失中国本土化城市形态的城市化。中国的城市化是在全球化的潮流下，正在丧失"中国式"、"中国味"和"地方性"的形态特征和文化特质，是急需进行"本土化重构"的城市化。这主要与中国目前还没有独立的中国式的主体城市化理论和中国式的城市规划理论有关，"洋人规划"和"洋规划"导致中国的城市没有了"中国味"，很多城市不仅丧失了中国城市的历史与"集体记忆"，而且，在中国的城市中，大量充斥着西方的地名。在城市整体上没有中国式的城市形态和结构。应该指出的是，在中国城市化发展进程出现的社会问题警告我们，在学习先进国家城市化经验的时候，我们不仅缺乏完整的学习能力，更缺乏对外来文化扬弃吸收后的创新能力。而我们推崇的回归自然、天人合一的城市化模式正在转向西方，"小桥、流水、人家"的文化意向的景观正在西方城市中出现和流行——而我们却正在丧失。

6. 中国的城市化是典型的制度型城市化，而且是制度型城市化所"固化"的城市化。其主要表现在城市成为传统的"诸侯国"，城市与城市之间、区域与区域之间的经济与社会发展要素整合难度较大。城市市镇统辖制度等级影响了国家利益基础上的产业调整、转型与创新。制度与政策上的失误之一，就是无法形成跨行政区域的超级城市，行政壁垒明显，如长三角都市群，应该设定为"大上海国际化都市圈"，遗憾的是因为隶属于三个省级行政区区域，这一概念就无法形成，而大东京都市圈、大巴黎都市圈、大伦敦都市圈都可以成为跨行政区域的区域经济体。在战略发展上，应该站在国家利益的高度，长江三角洲就应该打"大上海都市经济圈"牌，应该还有"大北京国际化都市圈（京津冀）"、"大香港国际化都市圈（珠三角）"。中国多数城市发展的重心偏重，除自然障碍外，行政壁垒障碍是城市发展的重要负面影响因素之一，中国缺乏典型的跨江、跨区域发展的城市。这导致城市辐射功能不完善，缺乏区域性经济与文化的整合能力。

7. 中国的城市化是GDP考核引导下的城市化。几乎所有的城市都在单纯追求城市综合竞争力，迫使城市盲目追求城市规模并贪大求洋。事实上，对于一些中小城市来讲，综合竞争力永远比不过北京和上海等这样的特大城市。更多的城市应该在创造特色竞争力为主的基础上创造综合竞争力，这才符合城市社会的发展规律。

8. 中国的城市化是典型的"科层制"下的城市化，是中国传统三省六部制度的延续。区别仅在于当代中国的城市市长就如一个企业总裁，把一个城市当作一个企业来管理。城市经营手段单一，管理模式陈旧，很多社会问题往往是管理操作失误造成的，引发出典型的"合理性危机"。城市未能形成现代城市管理制度与模式，更多的时候城市还是权力者政绩的展示地，西方发达国家提出的"客户型城市管理模式"等十几种现代市民化城市运营手段几乎没有应用。尤其值得注意的是，主要通过土地买卖来创造城市的财政收入，是一种竭泽而渔的做法，必然引发更多的社会问题。

中国的城市化还有很多问题值得我们重新思考，这思考的严肃性在于不仅仅是简单地分析城市化的发展方式与道路，而且是对中华民族发展历史责任的承担，是涉及中国人未来居住空间的民族性价值的问题。从2012年开始的未来30年中国的城市化，和以往比较是一场完全意义上的新的城市革命：中国城市社会来临后，中国人居住的城市应该是什么样？是和西方一样的吗？

三、中国城市化道路与总体特征

中国城市化发展道路是与中国的政治管理模式相适应的，即城市化是一种国家体系下的一种"运动模式"，是在政府主导下形成的一种整体社会发展模式，进入了一个有鲜明历史印迹的"造城时代"，甚至可以说是中国几千年历史上造城的鼎盛时代，城市化成为中国社会化发展和改革开放的一个集中表现方式。

首先，中国的城市化是资源高消耗型的城市化。与城市相比较，在传统的乡村里，其居住者往往是个体的生产与生产方式在与自然发生作用，对自然作用的强度和城市相比相对较小，所呈现的问题如自然资源与群体需求的矛盾不如城市化过程中的城市人与自然的矛盾那样显性化。

其次，中国的城市化是中国现代社会转型的表征。城市化的过程既改变着整体社会结构，也表现为社会整体目标价值的变化。一个传统的农业转化为城市社会，其核心是农业社会的人口向城市转移，并向市民社会结构关系递进转型，其本质是一个社会价值观变异的过程，城市社会的差异性和"被剥夺感"，创造了城市社会的压力选择机制，城市社会文化的多元化使城市本身具有了全新的意义和功能。很显然，当代中国的城市化中出现的城市社会主流文化的丧失是一个比较明显的社会问题。

最后，中国的城市化正在丧失"地方性"特征，是需要进行"本土化重构"的城市化。在世界经济全球化的发展中，中国的城市化正在丧失本土化的特点，中国的城市化模式是越来越丧失自我，而具有西方化的城市化特点。应该指出的是，在中国城市化发展进程出现的社会问题告诉我们，在学习先进国家城市化经验的时候，我们不仅缺乏完整的学习能力，更缺乏对外来文化吸收后的创新能力。到目前为止，中国的城市化不仅没有形成中国本土化的城市化理论，而且也没有一个完善而有系统的本土化的城市发展战略。而更为重要的是，中国的城市化还没有解决根本性的目标，即中国的城市化模式究竟朝着哪个方向发展？西方发达国家城市化和城市现代化已经有过成功的经验在多大程度上适应中国社会的发展？中国的城市化能否在制度层面学习人类社会成功的经验并创新民族性特色？

由此可以看出，一个国家和民族的城市化发展的"合法化系统"（Legitimation System）的创造是非常重要的，当市场决定性或者市场化过度的负功能过度显现，市场便会出现某种操作失灵并出现副作用时（即现实的城市化穷富差异过大、就业不充分、社会问题增长的状况下），"经济系统与政治系统的重新组合——在某种程度上使生产关系重新政治化——就愈益需要合法化。"[①] 中国的城市化需要全新理论重构，需要全新的模式建构，需要全新的目标建构，需要广义的社会不同阶层的政治与文化认同。这种情况在资本主义的发展地过程中体现的是"形式民主的制度与程序的安排使得行政决策基本上独立于公民的特殊动机之外。这是经由合法化过程实现的，这种过程诱发出普遍化动机，即广泛的大众效忠，但同时避免了群众的参与。"西方社会的这种公共领域的结构性变迁导致了这样的发展状态："制度和程序在形式上是民主的，而公民则置身于一种客

① ［德］哈柏玛斯，刘北成译：《合法化危机》，桂冠图书股份有限公司2001年版，第48页。

观的政治社会中，享有消极公民的地位，只有不予喝彩的权力。"① 中国的城市化在整体社会发展中，民众是认同与喝彩的，但是就存在的社会问题本身而言，部分不认同和不理解也是存在的，所以创造文化的整体认同，就是在行政管理与社会文化与认知层面创造一个"合法化"系统，并形成社会问题良性控制的社会运作机制，这一认知模式是构建和谐社会的一种方法论。中国城市化的进程，其实质是几亿人共同参与和体验感受的过程，也是社会全员受益的过程，5 亿 ~ 6 亿农业人口在 20 年左右时间里转化为城市人，是一个整体性社会结构转型，必然蕴藏着相关性社会问题和典型的社会危机，因此，必须构建一个社会整体认同的责任体系和管理发展体系。

第二节　西方城市化理论反思：局限与西方中心主义②

西方城市化的理论与实践有很多值得中国加以借鉴的方面，但由于各国的国情不同，中国的城市化不能直接套用西方的城市化理论与模式。本节的创新之一在于：在对西方城市化理论批判的基础上，首次提出了西方城市化理论的三大局限。并通过比较研究，第一次提出了中国城市化理论与实践误区的三个不成熟理论的特点及中国本土化城市化理论建构的困境，同时提出了本土化城市化理论的建构入径。创造本土化的城市化理论和实践模式，是引导中国新一轮城市化健康发展的必要前提。

中国应该走一条什么样的城市化道路？中国城市化是遵循怎样的城市化理论来发展的？提及上述问题时，我们不禁要问：在中国的城市化水平已经达到世界平均水平（50%）的今天，难道没有中国本土化的城市化理论？事实确实如此。至今为止，中国没有典型的、系统的，已经被实践所检验过的本土化的城市化理论。中国的学者一直在争论、探寻中国本土化的城市化理论和发展模式——从客观的角度分析，中国的城市化一直是在西方城市化理论影响下发展的。正因为如此，中国的城市化在徘徊中发展，在对西方城市化某些理论的误读中建设，走了很多弯路。总结过去，我们必须有一个划时代的中国式的城市化理论建构：这既需要对西方城市化理论与认知模式进行反思，也需要对中国 30 年来的城市化实践加以反思，进而创造本土化的城市化理论体系与范式。

---

① ［德］哈柏玛斯，刘北成译：《合法化危机》，桂冠图书股份有限公司 2001 年版，第 49 页。

② 张鸿雁：《西方城市化理论反思与中国本土化城市化理论模式建构论》，载于《南京社会科学》2011 年第 9 期，第 1 ~ 10 页。

人类社会以来，所有有关社会发展的理论都具有典型的时代性和历史发展的局限性，虽然很多理论可以在基本原理上寻找到合理内核和同一性，但是，对任何社会发展理论的解释和现实应用都应该与本土的具体实践相结合，这一结论既是一个简单的科学常识，也是任何理论存在的价值所在。中国城市化发展的历程已经证明了这样一个事实，即西方城市化理论并不完全适合中国。特别要指出的是，我们对西方城市化理论和城市发展道路的总结与反思是远远不够的——甚至往往对西方的城市化理论没有进行过认真的研究，就不分良莠地采取"拿来主义"的态度。相反，西方城市化理论在其自身发展过程中都会自觉地提出反思与批判，如第二次世界大战以来西方学者对西方城市化理论中"乌托邦理论"的批判、"漠视社会性"理论的批判、"空间环境论"理论的批判，对"反城市化理论"的批判以及对"'空虚'或者'空洞'的批判"① 等。这种理论反思的经验与思维方式，对中国城市化理论的建构有直接借鉴作用。

一、西方城市化理论模式的局限："理想类型模式"与"极端认知"

西方城市化理论不是放之四海而皆准的理论模式。无论西方古典城市化理论，还是近代城市化与工业发展关系的理论以及现当代的后工业社会的城市化理论，都是具体时代和具体国情的产物，其中生成的各种理论学派也必然存在着研究者个人的认知能力与时代局限。这种情况从古典时代就有发生。如被誉为西方古典时代城市建设经典的《建筑十书》，虽然展示了古罗马时代城市建设的辉煌成就和思想，但是作者著书的初衷是对"恺撒皇帝"皇权的"效忠"，其主要是设想"通过公共建筑的庄严超绝"来"显示伟大的权力"②，城市建设规划成为"皇帝权力"的"婢女"和"附庸"。在近代社会工业化过程中，西方各国的城市化之所以具有多样化的类型和多样化的社会问题，在某种程度上是由其社会发展基础、发展进程以及人口结构、人口总量决定的。透过表象可以清楚地看到，当时的西方城市化理论在某些方面明显地表现出与现实的脱节性和滞后性。如美、英、德和法等工业化早期曾出现的"过度工业化"、"城市工人阶级的贫困"、"社会环境过度污染"等普遍的都市社会问题以及工业化后期的"城市过度造美运动"等，城市化走过很多弯路。但是，相关的理论缺乏预测性和引导

---

① ［英］尼格尔·泰勒，李白玉等译：《1945 年后西方城市规划理论的流变》，中国建筑工业出版社2006 年版，第 92、24～25 页。

② ［意］维鲁特威，高履泰译：《建筑十书》，中国建筑工业出版社1986 年版，第 3～4 页。

性，而仅仅具有某种"城市化历史的总结性"。历史经验证明，中国既不能照搬、套用西方工业化过程中产生的城市化理论，也不能照搬和套用后工业社会以来的城市化理论来指导中国多类型的、区域差异过大的城市化。而现代科学理论和技术已经为我们研究城市化并使其少走弯路提供了某种保证和社会前提。

通过分析西方城市化理论的时代局限，我们还可以发现西方某些城市化理论非科学性和非学理性的倾向，这也许与城市化理论本身学科属性的模糊性有关，但是同样受制于某些学者个人研究视角的狭隘与价值观的局限。如欧洲早期城市研究学者滕尼斯认为："大城市和社会的状态从根本上说是人民的毁灭和死亡……""在大城市里，在首都里，尤其是在世界城市里，家庭制度陷入衰落瓦解。"大城市里"住所不管住多长时间，处处都为了钱。"[①] 这类对大城市的偏见与极端观点在西方城市化理论中可谓是屡见不鲜。人类社会城市化的历史证明，从工业社会以来，虽然大城市的发展存在着问题，但一直是社会发展的主要动力之一，并以不断产生新功能的方式建构新的人类社会关系和社会结构。雅各布斯所提出的"大城市的死与生"，其核心价值就是：每一种模式都有其弊端，只是利弊多寡之辨的问题。

在当代西方已经完成城市化的国家，仍然存在着普遍的社会问题，如富人社区与穷人社区的隔离、城市住区就业区的分离、城市中心区几度衰落和再兴及郊区化形成的城市蔓延等。此类问题在当代中国也正在不断重演，甚至有些在西方城市化进程中已经解决的问题，仍然在中国的城市化中不断发生。当代中国几乎所有的城市都存在有封闭式的、隔离型的包以围墙的社区（住区），城市社会关系与结构被"碎片化"，社会分层不断深化，优质资源持续被少数人占有，不符合中国国情的大尺度空间的大学城、工业区、新城区的过度圈地对土地资源造成惊人的浪费——这些现象均与过度依赖西方城市化理论有某种关联。

值得指出的是，西方城市化的发展过程所表现的"集中与分散"的规律，在很大程度上是通过市场机制的创新形成的，可以描述为高度集中与高度分散的"双重地域结构效应"。美国纽约、芝加哥等城市的高度集中，与美国 80% 左右的人居住在中小城镇里表现的高度分散，就是这种"双重地域结构效应"的反映。西方城市化理论是以多元化和多流派的方式构成并存在的，既有强调城市化"集中性"价值的一派，也有强调城市化"分散化"价值的一派，还有强调集中与分散结构的流派。而中国城市化则把西方城市人口集中的流派作为主要的理论核心模式，如果 21 世纪初的城市化仍然把城市高度人口集中作为主导，这不仅

---

① ［德］斐迪南·滕尼斯，林荣远译：《共同体与社会》，商务印书馆 1999 年版，第 339、337、233 页。

是对西方城市化理论的误读，更是对中国城市化发展道路的严重误导。而事实上，中国通过"制度型城市化"的创造，以西方城市化理论中的集中派理论模式为"模本"，形成了高速与高度集聚的畸形城市化——中国式"拉美经济陷阱"。[①] 过度集中和过度集权的城市化成为导致"都市病"深化发展的主要原因之一。如从基本国情的角度讲，仅适于美国等人多地少国家的"城市过度造美运动"以及大尺度、大规模占用土地资源的城市化，推行到土地资源十分紧缺的中国是基本不可行的，从长远利益角度来认识、分析这种现象："是一种'破坏性'建设"！西方城市化理论与世界任何理论一样，有其合理内核，亦有典型的历史与现实局限，必须"取其精华，去其糟粕"！

在西方的城市化理论中，还有些成果要么是戏剧化的[②]，要么是以过于理想化的——从乌托邦的视角提出城市化的理论，被喻为"要构建一个虚拟的理想世界"[③]，在学理性和科学性方面缺乏社会实践基础。如"田园城市理论"、"同心圆理论"以及"中心地论"等，在创造理想模式方面的价值大于实际应用价值。当然，霍华德的"田园城市"理论本身的价值就在于创造"理想类型"，给后人留下更多的空间来加以探讨和完善。

就城市化的动力来说，中国与西方也有本质的差别。以往我们在理解中国城市化动力时，多数是以西方城市化理论作为主体认知，如"劳动力人口流动说"[④] 等。欧美国家的城市化主要是在这种人口"拉力—推力"的效应下兴起和加速发展的，在1801～1851年的半个世纪里，正是英国工业革命兴起和蓬勃发展时期，英国城镇人口占总人口的比重由26%上升为50%；美国从1800年的6.1%上升为1890年的35.1%[⑤]。西方城市化动力理论还有"产业集聚效应说"、"农业产业剩余说"以及"工业化动力说"等，这些理论从不同侧面说明了西方不同国家城市化"动力因"结构的不同序列和城市化引发的社会变迁。与西方城市化"动力因"相似的是，中国城市化的外在形式也是以人口集聚为主要特征的。但是，除此而外，中国城市化在发展"动力因"的构成与序列上，非但不同于西方，而且还有着强烈的本土化"制度型动力体系"构成特点，在改革

---

① "拉美陷阱"主要是指南美洲巴西等国家，人均GDP超过3 000美元，城市化率达到82%，但贫困人口却占国家人口总数的34%。一方面是经济较快增长，另一方面是社会发展趋缓；一方面是社会有所富裕，另一方面却是贫困人口增加……在其总人口中有相当规模的人口享受不到现代化的成果。参见王建平：《避免"拉美陷阱"》，载于《资料通讯》2004年第4期，第46页。

② ［瑞］Carl Fingerhuth，张路峰、包志禹译：《向中国学习——城市之道》，中国建筑工业出版社2007年版，第21页。

③ ［英］尼格尔·泰勒，李白玉等译：《1945年后西方城市规划理论的流变》，中国建筑工业出版社2006年版，第24～25页。

④ Kannada B. Rural Development and Urbanization. International Migration，1984（1），pp. 16 – 130.

⑤ 陆学艺等：《社会学》，知识出版社1991年版，第221页。

开放的 30 多年里，通过"政府制度型安排"，中国城市化跃然走过了西方 200年的路程。然而，一方面城市化高速发展；另一方面传统乡村分散与落后的情况基本没有改变，大量的农业劳动力均是低教育简单劳动群体，长期不能够从农业生产领域直接转移到现代工业领域，使城市社会问题越来越深化——这种现象充分说明了中国城市化原动力不足、动力结构不合理的事实，其主要结症在于中国没有本土化的城市化理论加以引导。

二、西方城市化理论发展前提的局限：时代拘囿与"西方中心化"的负效应

西方城市化理论发生的社会前提也具有某种"本土性意义"。以美国为例，其城市化能够形成整体性的社会结构转型的特殊原因有四：[①] 一是由于工业革命的发生为城市化进程的加快注入了强大的动力；二是高度发达的资本主义市场经济制度形成的充分竞争和剩余价值规律，促使生产力、资本、能源和人口向城市集中成为必然；三是由于美国当时拥有大量的殖民地（包括西方列强中的英国、法国等都有殖民地），随着本国国内市场的饱和、资源短缺，殖民地成为推销商品、资本输出和能源供应的强大后方；四是社会整体上形成的社会信用体系和市民社会的契约关系——而这几种社会前提在中国不是不充分就是不具备。

东西方社会发展水平的差异，不仅表现在制度体系结构与个体价值观、人口总量与结构、教育水平与宗教文化传统等方面，表现在生产力发展的阶段性和发展水平方面，同时还表现在文化的总体价值取向方面。在"西方文化中心论"的价值取向主导下，西方城市化理论研究明显缺乏"内视力"，虽然学术自由批判时有发生，但是没有真正看到自身发展局限，也没有意识到其理论发展的超前性时代价值与特质，更没有从西方社会属性的视角总结西方城市化的历史理论与逻辑。相反，无论是西方社会，还是在被"西方文化中心论"不自觉"侵入"的中国，都把西方城市化理论当作人类整体的城市化理论加以应用，特别是中国的一些学者把西方城市化理论神圣化、唯一化、主流化，不分国情和历史阶段，言必谈西方，从教科书到研究成果，都把西方城市化理论与实践作为唯一的参照系——一时间，中国大地到处都"洋规划"和"洋人规划"的城市。总结、归纳西方城市化的独有性可以看到，西方的资本主义是承袭了古典时代思想，并且是从中世纪的土壤中"自然长入"资本主义社会的。从古典时代起出现的"法

[①] 张鸿雁、高红：《中美城市化与城乡关系发展基本规律比较——中美城市化比较的社会学视角》，载于《江海学刊》1998 年第 2 期，第 39～44 页。

律面前人人平等"的思想，到中世纪市民阶层崛起创造的"城市文艺复兴"及市场契约关系的深化、国家福利的演进及后现代社会的生成等，"自然长入"的方式显现了西方社会的发展规律和历史逻辑，在这种"历史与逻辑的统一"机制内，使得在城市化中出现的社会结构转型、产业结构转型和文化结构转型，能够基本处于同步进化的结构变迁之中，没有出现典型的"社会堕距"与"文化堕距"。从传统农业社会向工业化转型初期，西方中世纪庄园的手工业和纺织业等经济产业，为工业化提供了产业工人的劳动力；工业化后期出现的新兴工业化，以20世纪50年代白领阶层超过蓝领阶层为标志，人口结构转型与产业转型几乎同步。① 这些证明了西方城市化发展的市场规律表现。基于这些认识，我们可以看到，从中世纪以来，中西方城市化走了两条不同的道路，两种城市化形态的社会前提、进程、节点和社会结构都是不同的。值得思考的是，中国在研究西方城市化理论的过程中，对其社会属性、文化内核、历史前提及理论局限都未能进行合理的批判和筛选。

西方城市化早期的历史是"双核动力发展模式"，即"城市经济"与"庄园经济"构成"双重动力"，城市工商业和庄园手工业并行发展，从庄园里逃亡出来的手工业者，较快地转入了工业化的大工业生产。西方城市化与工业化发展的发展动力来源也可以完整解释为"双核地域空间模式"。而中国是典型的集权的传统农业社会，可以解释为"单核地域空间模式"，城市在汪洋大海般的农业社会中生存，没有资产阶级法权意义上的土地关系和契约关系，由此产生的城市化"与传统农村有千丝万缕联系"，乃至当代仍然是尚未与传统乡村"剪断脐带"的城市化。正因为过度依赖西方的城市化理论，使得中国本土化的城市形态和本土化的乡村形态都处在正在消失的过程中。

中国城市化另一个特殊限制性因素是不能忽视的，即中国和西方人均土地资源占有模式和平均占有量的不同。一是中国土地性质的特殊性和集体土地的制度性因素。马克斯·韦伯曾说："中国以及整个东方的城市组织与西方截然不同的是，没有城市的政治特点。它不是所谓的古希腊'城邦'，没有中世纪那样的'城市法'。"② 中国集体土地所有制与国有土地的"非资本主义的私有法权性"，是中国"制度型城市化"社会结构问题发生的核心原因之一。二是中国土地人均红线的危机性。2011年中国耕地面积约为18.26亿亩，人均耕地面积只有1.3

---

① ［美］C. 赖特·米尔斯，杨小东等译：《白领——美国的中产阶级》，浙江人民出版社1987年版，第83～100页。

② ［德］马克斯·韦伯，王容芬译：《儒教与道教》，商务印书馆1999年版，第58页。

亩，仅为世界平均水平的 40%①。与世界其他国家按农业人口人均耕地数量比较，中国是印度的 1/3、日本的 1/12、英国的 1/60、美国的 1/300。尤其需要注意的是，中国 2 000 多个县级区划中，有 660 多个县人均耕地面积低于联合国划定的 0.8 亩人均生存警戒线②，而这些县大部分在中国东部沿海经济发达、城镇密集的省区。显然，作为世界第一人口大国和土地奇缺的中国，城市化理论与实践不仅不能完全套用西方模式，而且更不能走与美国和加拿大等国家同样的城市化道路！

有些学者一直在传承传统的区位理论，并以此来指导、研究中国的城市化。如杜能的"农业区位论"（1826 年）、阿尔弗雷德·韦伯的"工业区位论"（1909 年）、帕兰德的"设施区位论"（1935 年）等——这些理论在很多方面已经是时过境迁，有些解释已经不能够适应当代中国社会的发展实际与要求。如传统区位论者在论及区位的存在价值时，无不强调交通成本、劳动力成本、土地与地租成本和原材料运输成本等，这些成本虽然都具有"事实成本价值"性，但这些理论认知都是在交通条件发展水平较低的"非信息化时代"产生的，现代社会在相对区域里出现的整体经济格局和现代大交通体系已经打破了传统区位论的价值观与区位观，特别是现代"物联时代"、"高铁时代"、"智慧城市"及"网络社会"的崛起，使生存空间、生产空间、物流空间、就业半径和社会区位意义等发生了质的变化，在第三方、第四方物流等虚拟区位空间概念存在的条件下，比较而言，一定范围内的区位成本在某种程度上可以被整合在整体运作成本之中，有些甚至可以被忽略。新的智慧科学时代和"新人文区位观"告诉我们，后工业社会的城市化已经不再是以人口集聚为前提，而是以新的通信方式、交通方式、沟通方式、工作方式构成后现代的、分散化的城市化生活方式模式。因此，中国式的城市化理论应该在诉求民族智慧、天人合一和回归自然的意义上，走中国式的、以城市生活方式普及化为主的城市化道路。

总结世界上现存的城市化模式和城市发展方针，一般可分为：（1）以大城市群发展为主的模式；（2）以大城市为区域核的发展模式；（3）以大城市和中小城两条线路平衡的发展模式；（4）以中小城市为主的发展模式；（5）以城乡二元结构分异为主的发展模式；（6）以城乡一体化为主的发展模式；（7）以城市整体现代化为主的发展模式；（8）以后现代城市社会深化发展为主的模式。很显然，这些模式有的是以国家为单位成为一种模式的（如新加坡等城市国家），有的是以区域经济和区域社会结构为前提的发展模式；有的是集中的区域

---

① 张路雄：《中国耕地制度存在的问题及不可回避的政策选择》，北京大学经济观察研究中心，2008 年。

② 李鸿谷：《中国粮食安全的现实与未来》，载于《三联生活周刊》2008 年 4 月 17 日。

型结构，有的是非均衡的多元状态结构。在英、美、法、日等国①虽然以大城市连绵区的发展为主流，但是中小城市也依然以其特有的方式存在着——即使是很多人认为的以中小城市为主的德国，也是以大城市结构为主体，形成地域性的后现代城市（群）化的结构模式。

三、全球城市化理论的局限：虚无性与"地方性精神"的丧失

全球化的集中表现形式就是全球城市价值链的形成与城市的全球化分工。现实的世界已经不仅仅是国家的组合，在某种意义上说，也是由城市相互联系或结盟构成的以城市经济结构为纽带的地球。"所谓的全球化核心包括金融市场、国际贸易、跨国生产，以及某种程度的科技和专业劳工。通过这些全球化、策略性的经济组成要素，经济系统可以在全球层次相互连接。"② 全球化具有不可抗拒性，美国经济学家莱斯特·瑟罗在描述全球化时说："人类历史上第一次出现了任何东西都可以在世界上任何地方生产并销售到世界各地的现象。"③ 全球网络的发展，正在"创造着一个崭新的、全球性的社会结构。"④

全球城市化和城市全球化与其他的事物的发生、发展一样，也具有"二律背反"的属性。"全球化不仅产生向上的拉力，而且也产生了向下的拉力，给地方独立带来了新的压力。"⑤ 在全球化引导下，城市替代企业成为全球竞争的主体，城市与企业发展一样，唯恐跟不上全球化的浪潮，被排挤到潮流的边缘沦为被遗忘的角落；而且，每一座城市都在努力创造自己的优势。"每一个城市的辖地都遭受新的紧张和分裂。分野正在加深，存在经济和文化活力的代表城市、活动减缓的和遭受排斥阶层充斥的城市……这些分界并不仅仅表现在空间上，甚至表现在国际竞争和城市活力方面。"⑥ 全球城市化的一个显性化结果是：全球范围内的城市越来越同质化了！从城市空间到城市建筑，从城市景观到城市色彩，从城市街区到城市社区的名称，从城市的肌理到城市的文化表现，都似乎越来越西方化了。萨森认为："全球城市占支配地位的影响与其对当地造成的不良后果

---

① 杜建人：《日本城市研究》，上海交通大学出版社1996年版，第61页。

② ［西］曼纽尔·卡斯特，夏铸久、王志弘等译：《网络社会的崛起》，社会科学文献出版社2003年版，第120页。

③ ［美］莱斯特·瑟罗，周晓钟译：《资本主义的未来：当今各种经济力量如何塑造未来世界》，中国社会科学出版社1998年版，第112页。

④ ［美］尼葛洛庞帝，胡泳、范海燕译：《数字化生存》，海南出版社1997年版，第213~214页。

⑤ ［英］安东尼·吉登斯，周红云译：《失控的世界》，江西人民出版社2001年版，第8页。

⑥ ［法］伊夫·格拉夫梅耶尔，徐伟民译：《城市社会学》，天津人民出版社2005年版，第111页。

始终是共存的。"① 但是，她的分析远远没有涉及全球城市化的本质——如果我们把全球的城市分工看成是人类社会分工深化的一种进步的话，全球城市化的发展应该也必须是差异化的，这个差异不仅仅是产业的差异、文化的差异，还必须包括城市空间、结构、形态、景观、功能及有机秩序的差异，这样的全球城市化才可以称为是一种社会进化和进步！一个假设是：如果全球城市化使全球的城市都朝着一个方向走，以一种模式发展，这不仅是某个城市的悲剧，更是人类全球化的悲剧！

所以，有学者说"全球化不是一个没有严重模糊性和局限性的概念。我们可以从全球化的一个定义开始，'行为活动的世界性扩散、洲际关系的扩张、社会生活全球范围的组织，以及共有的全球意识的增长'……一种新型城市，全球城市正在出现，并引起人们大量的思考和研究"。② 这一解释至少给我们一个启示，就是在全球化面前，世界必须形成新的多样性和多元化模式！我们需要经常试问："全球性的变化应该带来的是越来越多的同质性，还是越来越多的异质性，还是两者的混合？""本地性与全球性是一个什么关系？"学理性探讨的价值在于对全球化所带来的社会问题的反思与批判。当花旗银行赤字消息披露之后，包括中国在内的股市全球性下跌；当美国攻破伊拉克后，其直播电视成为全世界共同关注的焦点——地方文化的混合性，是这个时代的表征。"全球本地化的另一个同义词就是克里奥耳化，克里奥耳这个术语一般指的是混种的人，但它已被延伸到'语言的克里奥耳化'这一概念……克里奥尔化与混合化经常可以相互交换使用。"因此，下面的例子或许可以用来说明这两个概念（以及全球本地化的概念）："坐在伦敦的一家'星巴克'咖啡店里（现在，它们在那里非常普遍了），伴随美国的'海滩男孩'乐队的演唱'但愿她们都是加利福尼亚姑娘'，喝着一位阿尔及利亚的侍者送上来的意大利浓咖啡"。③ 透过这种全球化浪潮形成的文化混杂性看去，我们会发现，也正是全球化给"混杂文化"的成长创造了前提和土壤。当世界的一体性、即时性、同时空性、网络性给人们以现代生活的时候，这种文化的混杂性在说明全球进步的同时，也在说明城市地方精神文化的某种退化和丧失。

实际上，当人们面对全球城市西方化的文化大浪袭来时，似乎所有的城市又都在试图创造民族性、地方性以期与世界大潮相抗衡，如有些国家在举办世界全

---

① ［美］安东尼·奥罗姆、［中］陈向明，曾茂娟、任远译：《城市的世界——对地点的比较分析和历史分析》，上海人民出版社 2005 年版，第 61 页。

② ［美］乔治·里茨尔，王云桥、宋兴无译：《虚无的全球化》，上海译文出版社 2006 年版，第 99 ~ 100、110 页。

③ ［美］乔治·里茨尔，王云桥、宋兴无译：《虚无的全球化》，上海译文出版社 2006 年版，第 99 ~ 110 页。

球化象征的奥运会时，开幕式都在强化国家与城市的特有文化，似乎每一座城市和每一个国家都在自觉与不自觉地形成两种并行的文化行为：在主动融入全球化浪潮的同时，又不自觉地筑起一座思想与文化的"大堤"，抗拒全球化浪潮的来袭，似乎每一个城市既需要这种世界性的全球化浪潮，又怕被这个浪潮所吞噬。这或许是人类社会进化矛盾的必然结果，地方性城市文化的丧失已经不是一个国家一个城市的事情，是全球城市化整体发展的普遍性问题。

全球化的本质应该是在同一性发展的前提下，实现地方性精神的传承与再造。英国地理学家阿密和史瑞夫指出："在过去，一个显著的特征是不同地点在国际劳动分工和资本积累中的非公平性。……因此，全球化不是暗示地点之间的同一性，而是对不同疆土差异性的保留。"① 这种认识是强调一种精神，就是所谓的地点或者是"场所精神（Genius Loci）"，"根据罗马人的信仰，每一种'独立的'本体都有自己的灵魂（Genius）"，"这种灵魂赋予人和场所生命。"② 这种思想的深刻性在于，城市地方性的价值表现了多样化的世界，越是民族优秀的空间与文化，"越具有人类认同感"③，是"浓缩的小宇宙"④。但是，在西方城市化理论主流化的冲击下，其在中国几乎占据主导地位，更为堪忧的是，中国很多城市"被西方化"得非常彻底，不仅把西方化的城市形态与空间作为时尚，更作为整体性实体空间来建筑，甚至在广袤农村的乡镇建设、村镇建设中也比比皆是（如湖北、江苏、江西等地乡村建筑的"欧陆风"）。除了在欧洲等一些少数国家能够看到整体性的、典型的民族性和地域性的完整城市空间体系外，全球后发达国家城市的地方性均被西方文化肢解得体无完肤。古老的首都北京本来应该成为中国传统文化的守望者和创新者，反而成为西方城市建设空间与景观的试验场。包括南京、杭州、开封、洛阳等千年古都，在全球化浪潮中也正在丧失本土化的城市形态，城市空间结构、城市肌理、城市轮廓、城市建筑文化要素等都披上了西方文化的外衣。有学者批判说：在全球化的现代隐喻中"渊源于人类境遇的传统关怀大多被征服、控制和取代了：现代生活允诺人们可以脱离变幻莫测的身体（Body）、脱离自然（Natuer）限制以及脱离对地方（Place）乡土联系。颓然被看成是一架机器，自然界被看作是仅仅是现代经济的外壳，地方观念成了

---

① ［美］安东尼·奥罗姆、陈向明，曾茂娟、任远译：《城市的世界——对地点的比较分析和历史分析》，上海人民出版社 2005 年版，第 112 页。

② ［挪］诺伯舒兹，施植明译：《场所精神——迈向建筑现象学》，台北田园城市文化事业有限公司 1995 年版，第 18 页。

③ ［挪］诺伯舒兹，施植明译：《场所精神——迈向建筑现象学》，台北田园城市文化事业有限公司 1995 年版，第 65 页。

④ ［挪］诺伯舒兹，施植明译：《场所精神——迈向建筑现象学》，台北田园城市文化事业有限公司 1995 年版，第 78 页。

世界主义者眼中未开化之物"。① 深入分析会发现，世界一体化的大潮往往是在牺牲城市地方性、牺牲地方性原生态资源的前提下推进的，如果这一地方性群体中缺乏文化精英的社会文化选择意识，某些地方性的人文和自然原生态文化就会被荡涤，进而失去地方性价值的可持续发展力。当代中国从沿海城市到内地城市，从古代名都到现代新兴城市，大体上都因循着相同的结构、相同的功能、相同的"样式"发展，似乎也在失去"身体"与自我，失去自然和地方性。

只有让全球的城市充满地方性，世界的城市百花园才能万紫千红。人类应该重视城市的地方性文化精神，否则，全球真的可能只像一个城市了。

第三节　西方城市化理论与中国城市化理论的核心价值

20 世纪 40 年代以来，西方城市化与新兴工业化互为前提交替发展，为城市化理论的深化发展奠定了社会基础，可谓是学派与研究流派迭起并出现了百家争鸣的局面，如芝加哥学派的发展等。1978 年以来的中国，伴随国门的开启和城市化的高速发展，西方相关的城市化理论涌入中国，其主要的核心理论和概念不仅被反复运用，而且成为中国城市化理论的主体和认知模式，其中的合理、科学的内核对中国的城市化具有指导性和普遍应用性。

一、西方城市化理论基础内核：周期规律与社会变迁

人类城市化的历史，在某种意义上也可以概括为乡村人口城市化的历史。马克思早在 1858 年《政治经济学批判》中就指出："现代的历史是乡村城市化，而不像古代那样，是城市乡村化"。② 从马克思论述"乡村城市化"一词的出现，到 2012 年已经有 150 多年的历史，人类社会近现代的发展史证明了马克思的论断，在世界范围内，无论是发达国家，还是发展中国家，都经历了乡村城市化的历史过程。虽然一些发达国家已经完成了乡村城市化历史，但是，中国和一些相对欠发达国家在 21 世纪初，仍然进行着乡村城市化的进程。

城市化的本质是传统社会的城市生活方式化，即城市性与现代性意义上的生

---

① ［美］查伦·斯普瑞特奈克，张妮妮译：《真实之复兴——极度现代世界中的身体、自然和地方》，中央编译出版社 2001 年版，第 3 页。

② 《马克思恩格斯全集》第 46 卷，人民出版社 1957 年版，第 480 页。

活方式的普及。城市与乡村的本质区别就是生活方式的区别——"创造性地生活"与"简单活着生活"的区别，即在获取生活资料与生产资料的方式的本质区别。保罗·诺克斯、琳达·迈克卡西在《城市化》一书的引用 V. 戈登·柴尔德（V. Gordon Childe）对城市化的解释："Childe 使用'城市文明'这个术语，因为文明和城市在历史上就是珠联璧合的——拉丁文中的 Civitas（城市）就是文明（Civilization）的词源。从一开始，城市就一直是人类进步中创造某些最不可思议的突破和发明的试验炉。"[1] 城市作为乡村的对立物，城市中的居民与乡村的居民也必然具有某种本质的区别——市民与农民。西方文明的词根具有"市民"和"公民"的意涵，因此，无论是从城市进化的角度看，还是从社会变迁的角度看，城市与乡村区别的本质可以从整体价值观意义上加以比较，这就是生活方式与生活意义，包括传统与现代意义上的社会"质"的区别。

在西方城市化初期，城市化与工业化是相辅相成且互为前提、互为因果的。英国学者瑟尔瓦尔称"农业通过提供可销售的剩余而使工业的资本积累有了可能；另一方面工业的发展又需要具有不断扩大的购买力的农村市场。这是一对矛盾，因此需要建立一种工农业之间的互补性模型，把工业和农业结合在一个均衡结构之中"。[2] 规模工业与现代机器创造的农业生产剩余，为人类社会整体地域和整体社会的分工创造技术与生产方式的前提，城市化本身在产业经济学的理论上，就是工业和农业的有机结合与分子式，在社会空间门外上，表现为城市整体社会与农业社会的地域分工，而在进一步城市化和城市现代化进程，这种地域分工在更广阔的形成一体化的发展体系，而最终会实现城乡一体化和农民的终结（见图 1-1）。

人口城市化、工业化和城市化互为前提是东西方社会早期城市化发展的共性之一，也是人类社会城市化的一种普遍现象。传统的乡村以农业生产为主，乡村中居住群体表现为"通体社会"特征，而城市中的居民表现为"联体社会"；传统乡村的生活是以首属群体的血缘关系为主，而城市里是以打破血缘关系构成非地域关系的生活体系；传统乡村的社会分工具有某种自然分工属性，是个体劳动的简单分工，不是行业分工，不具有社会整体分工属性，马克思在《资本论》中对行业内部分工和社会分工有过详尽的论证。城市社会的分工是一种社会进化意义上的"社会分工"并区别于简单分工与自然分工，具有典型的社会分工属性和行业分工属性的双重属性价值；传统乡村的职业具有单一性，缺乏社会职业的构成结构和新的职业生成因素，社会成员具有"同质性"，而城市里的社会分

---

[1] ［美］保罗·诺克斯、琳达·迈克卡西，顾朝林等译：《城市化》，科学出版社 2009 年版，第 23 页。
[2] ［英］瑟尔瓦尔，金碚、李扬等译：《增长与发展》，中国人民大学出版社 1992 年版，第 80 页。

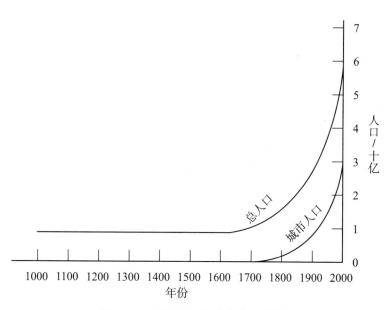

图1-1　历史上的城市人口增长

资料来源：［美］保罗·诺克斯、琳达·迈克卡西，顾朝林等译：《城市化》，科学出版社2009年版，第51页。请注意工业革命激发的城镇居民数量的大爆炸。

工通过职业结构的"裂变"过程创造了不同社会阶层，社会成员具有"异质性"；城市是一个国家和区域管理的节点，是国家政治管理的治所，乡村仅仅某种生活和农业生产区域；城市是人类文化的容器，具有人类文化记忆和创新的功能，传统乡村主要是文化的简单重复，不具有文化容器与整理创新功能，正因为如此，2 000多年前的乡村与今天的传统乡村没有本质的区别，而2 000年前的城市和今天的城市已经不能同日而语；城市是地域生产力的集中表现形式和构成体，传统乡村主要传统生活方式和传统农业的生产地；城市具有"城市文化资本"的再生产功能，是文化再生产的场域，而乡村是文化资本的匮乏地，更不具备特有的"城市文化资本"……在上述城市与传统乡村的比较认知中，其核心是区别之一是理想价值的实现方式，或者说，在某种意义，在传统的乡村里无法实现的社会公认的价值和人生理想在城市里可以完成。城市，是人的理想与价值的实现地，也如亚里士多德所说：人们为了生活走进城市，为了更好地生活留在了城市！

　　尽管世界各国城市化的起步时间、发展速度和城市化水平有很大的差异，但总体来说，世界城市化过程有一个比较明显的共性规律，即城市化"S"形曲线。诺瑟姆把城市化过程分为三阶段：初期——城市化水平低，发展缓慢；中期——城市化发展迅速，城市水平大幅度提高；后期阶段——城市化水平达到一定高度（75%左右）城镇人口增长缓慢甚至停滞。① 如图1-2所示，实际上，这也是"城市文明普及率"和"城市生活方式普及率"的发展曲线模式。

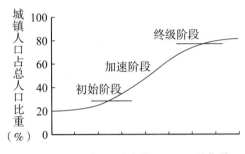

图1-2 城市化过程的"S"形曲线

资料来源：Ray M. Northam. Urban Geography. John Wiley & Sons, 1979, P. 66。

这一理论模型告诉我们，城市是在农业社会中成长起来的，城市是与农村相对立的一个范畴存在。城市化在30%以下时，可以视这一个地区和国家为农业社会阶段，而农业社会中的城市作为社会发展的动力，与50%城市化水平条件下的城市作为社会发展动力是有深刻的社会差别、功能差别和价值差别的，这个差别本身既表现为城市作为地域生产力的价值与能级的不同，又表现为社会结构差异下的社会形态发展阶段的不同。在传统的农业社会里，很难创造以工商业者为主的典型的市民社会和市场关系，更重要的是，社会职业的构成不同，所形成的社会阶级结构也不同，必然导致社会发展模式的不同。而在50%的城市化水平的社会结构内，往往已经出现职业阶层的社会结构变迁，如1954年美国和2012年中国出现的白领阶层超过蓝领阶层的社会结构的转型。因此，从把城市化作为社会结构变迁一种方式的角度看，我们研究城市化不同发展阶段所面临的社会结构是不同的，从而其产生的社会问题也是不同的（见图1-3）。

在城市化进入工业社会发展阶段后，城市社会特有的"累积性因果效应"就会突出显示出来，工业化的生产形式集聚就业人口和相关的生活人口，使城市生产形式出现规模化、系统化、结构化和地域空间结构化形态，城市的结构性成长呈现"规模化结构扩张型发展机制"（见图1-4）。这种增长本身所形成的叠加和累积效应是农业社会所未曾见到的。表现方式有五：一是在农村人口规模性迁移的基础上，出现梯度化城市社会类型和地域差序化城镇化格局。二是城市结构性增长分化不同功能区，如工业区、商业区、教育文化区、商务中心区（CBD）、住区等。三是城市化的过程创造不同价值和不同属性的城市，如旅游

---

① 沈建国：《世界城市化的基本规律》，载于《城市发展研究》2000年第1期，第6~11页。

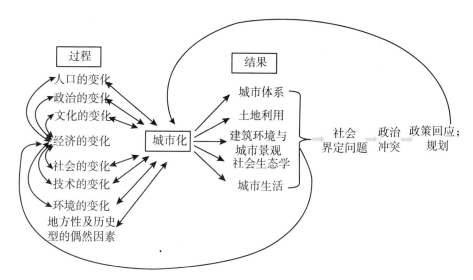

图 1 - 3　城市地理学研究总体框架：城市化作为一个进程

资料来源：［美］保罗·诺克斯、琳达·迈克卡西，顾朝林等译：《城市化》，科学出版社 2009 年版，第 10 页。

城市、工业城市、商业城市等。四是城市化和城市现代化不断培育新的阶级和新型职业，这是工业社会和后工业社会发展的主要价值表现。后工业社会的形成新的城市社会结构空间模式，在回归自然的城市化进化中，城市在"结构"和"解构"变迁中创造国际化的价值链。五是城市化表现为社会的现代性，当代城市产业高度集聚的空间模式，对人类社会的城市存在方式形成严峻的挑战。

城市化的另类表述可以这样设定：城市人口向一定区域流动和集中。芝加哥学派的学者认为："随着城市增长而出现的人口流动性，表现在接触、联系频数增加，流动方向发生变化，外观发生变化，以及某一特定区域中由于人口群体落的继承性而产生的气氛；也表现在地价的差别之中。流动性的含义不仅仅是运动（Movement）。" 这一观点表述的学理性价值不止于此，人口流动也是一种文化的流动，是一种生活方式的吸引——"还包含有新的刺激，即刺激因素在数量及强度方面的增加，因而也含有对这些新刺激迅疾作出反应的倾向。城市将其本地因素或外来因素吸收并融合到自身的机体中的过程，可以称为城市生活的新陈代谢。流动性就是这种新陈代谢的一个指数。"[①] 这种流动是城市开放性的适应性系统的存在意义，城市的开放性在于城市要素的流动性，城市要素的流动本身就是一种创造和创新。

---

① ［美］R.E. 帕克、［美］E.N. 伯吉斯、［美］R.D. 麦肯齐，宋俊岭等译：《城市社会学——芝加哥学派城市研究文集》，华夏出版社 1987 年版，第 250 页。

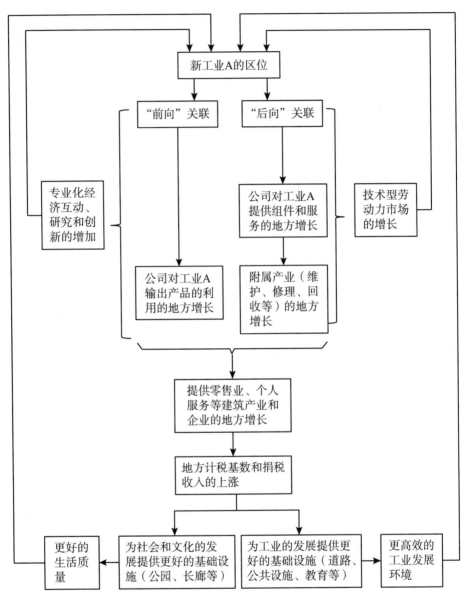

图1-4 自行推进的城市——工业增长过程

资料来源：〔美〕保罗·诺克斯、琳达·迈克卡西，顾朝林等译：《城市化》，科学出版社2009年版，第81页。

　　学者们对城市化的研究的主要内容之一集中在对农村劳动力转移和城市生活方式进化与转型。其主要的理论有"推—拉理论"，这也是熟知的理论，主要是提出了人口城市化规律。这一理论的价值在于其对于人口流动、迁移原因提出了最基本的说明，而且至今适用于中国城市化的现实。"推—拉理论"与19世纪西方学者 E. G. 雷文斯坦（E. G. Ravenstein）的"人口迁移法则"一脉相承,[①]中国城市化的历史也证明了这一理论所具有的学术价值。自中国古代城市产生以来,就存在乡村人口向城市流动的事实,先秦时代的文献如《管子》、《左传》、《韩非子》等书中有所体现,即在城墙围绕的城市里,城市社会分工相对复杂,需要一定量的劳动力,而乡村是城市劳动力的主要来源。传统乡村人口向城市流动原因有四:一是因绝对贫困迫使农民离开乡村进城谋生;二是因乡村的农业经济发展出现农业劳动力剩余;三是因为制度化的社会要求,如对人才的需要,通过读书或者是通过科举制从农村中流动出来,作为一种社会底层的上升通道,中国传统中的制度性人才选择制度也是乡村流动的一个动力;四是因乡村生活的枯燥对城市生活本身的丰富性的向往,而其核心是城市生活方式的价值、城市生活的质量和收入。赫伯尔在 1938 年、米切尔在 1946 年分别正式提出"推—拉理论"。[②] 不难看出,西方城市化理论中的"推—拉理论",仅仅是对城乡人口流动事实的一种说明和概括。

1966 年,埃沃雷特·S·李（Everett S. Lee）在《迁移理论》[③] 一文中,系统地总结了"推—拉理论",他首先提出了中间障碍的概念。他认为,人口迁移包括了三方面因素:目的地、原住地和二者之间一系列的中间障碍[④]（见图 1–5）。

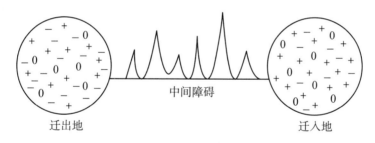

图 1–5 李的"推—拉理论"模型

资料来源:顾宝昌:《社会人口学的视野——西方社会人口学要论选译》,商务印书馆 1992 年版,第 316 页。

---

① E. G. 雷文斯坦（E. G. Ravenstien）于 1880 年发表了一篇题为《人口迁移之规律》的论文。在这篇论文中,他提出了七条规律,主要是:1. 人口的迁移主要是短距离的,方向是朝工商业发达的城市的;2. 流动的人口首先迁居到城镇的周围地带,然后又迁居到城镇里面;3. 全国各地的流动都是相似的,即农村人口向城市集中;4. 每一次大的人口迁移也带来了作为补偿的反向流动;5. 长距离的流动基本上是向大城市的流动;6. 城市居民与农村居民相比,流动率要低得多;7. 女性流动率要高于男性。参见余志刚:《我国富余劳动力转移的改进推拉模型分析及其政策建议》,载于《城市问题》1989 年第 4 期,第 37～39 页。

② 王茂福、史铮:《制度变迁背景下的水库移民返迁——人口迁移动因的推拉理论的完善》,载于《华中科技大学学报》2004 年第 3 期,第 34～38 页。

③ Everett S. Lee. A Theory of Migration. *Demography*,1966（1）,pp. 47–57.

④ 佟新:《人口社会学》,北京大学出版社 2000 年版,第 143～144 页。

"推—拉理论"的本质是经济因素决定论。无论是乡村人对城市生活方式憧憬，还是迫于生活压力来到城市，都取决于经济因素和生活方式的水平。城市人口机械增长的水平与作用是与城市化的发展水平相关的，对于城市化高度发达的国家，城市人口的增长主要是自然增长，而对于中国从一个农业社会走向城市社会的国家来说，城市人口的增长主要是外来人口，即农村人口向城市的涌入，未来的 30 年中国仍将如此。

与此相关的是"二元经济理论"模式视角下的人口迁移。二元经济理论虽然不完全适用于中国社会，但是，就乡村与城市间的人口流动来说，"二元经济理论"模式至少能够从一个视角说明城乡差异对城市化的影响。阿瑟·刘易斯在 1954 年发表的《劳动无限供给条件下的经济发展》一文中，从新的视角来研究"两部门经济"，"把传统部门（以农业部门为代表）和现代部门（以城市工业部门为代表）的劳动力转移作为核心得出发展中国家的经济增长模型"，[①] 这一模式提出的"人口流动模式"，在一些发展中国家的城市化过程中被验证。其理论核心仍然是"传统"与"现代"关系的再版，即传统农业社会空间和城市现代社会之间之间的"社会发展落差"，是城乡人口流动动力因之一。针对刘易斯的观点，很多学者都提出了一些不同的看法，如认为刘易斯没有看到农业科技的发展对城市人口转移的影响等。但是，笔者认为不仅仅如此，更重要的是对一些发展中国家特别是中国来说，社会结构不仅仅是单纯的"二元结构"，而在有些地区是典型的"三元结构"，甚至是"四元结构"。中国是一个多梯度的、多类型的社会结构体，人口迁移的形态与原因也必然具有多样性和多重性。但是就城乡的结构来说，二元结构的特质是典型的，并具有一般规律性。在这一领域的研究中，费景汉和拉尼斯提出的新的人口迁移模型，强调技术进步对人口流动影响在不同社会阶段，起着不同的作用。[②] 正如我们所认识的那样，任何一种理论模式都是局限的，因为中国社会发展多元性所致，如中国的很多中小城市本身就不具备充分就业的前提，不发达地区城市、镇（乡）经济与社会落差较小，甚至有些小城市本身就无业可就，人口流动不活跃。因此，我们要说"二元经济结构理论"的内核心是有价值，但是在中国使用一定要划分出不同区域和社会类型，不能简单套用"二元经济理论"模式。

对于城市出现的城市贫困和不同国家的不同类型城市化，很多学者都有发现，M. P. 托达罗（M. P. Todaro）的人口迁移模型就是在这一基础上"进化的"。

---

① ［美］阿瑟·刘易斯：《劳动无限供给下的经济发展》，商务印书馆 1984 年版，第 89 页。
② 叶静怡：《发展经济学》，北京大学出版社 2003 年版，第 65～127 页。

美国经济学家托达罗 1969 年在《美国经济评论》上发表了《欠发达国家的劳动力迁移模式和城市失业问题》，而这一理论与传统的 "推—拉理论" 在本质上并没有什么区别，其核心还是城市因其生活方式所展现的了人的本质价值成为引力，而创造了人口流动状态，即城市给人感觉可能带来的高收入、城市对于所有的 "适应性功能" 以及城市生活方式的存在价值等，使得落后地区的人口转移到城市成为必然的一种社会现象，而只是理论本身给这一现象加以复杂化的结论。而事实上，对于传统乡村和落后地区向城市里迁移的人口，无论是什么样的 "拉力因素"，还是推力的 "动力因"，都必须建立在城市本质所必然具有的涵容能力方面，并且也必须建立在迁移者作为理性人的假设基础上。然而，对于乡村人口和落后地区的向发达地区的迁移来说，多数人不可能是完全的理性人，而只是一种社会事实和人的存在方式的一种表现。即使城市化已经完成的国家和地区，只要存在发达与不发达的差异化城市社会空间和区域，就必然存在着人口迁移。中国古语所说的 "水往低处流，人往高处走"，这几乎是所有人的价值理性的一种表现。然而，社会发展的事实上，经济的增长不可能同时出现在所在的空间和地区，经济增长的规律性是区域性 "个别增长" 和以 "发展极" 为代表的经济发展的增长模式，在这一基础理论上，城市间和城乡间的人口流是必然的，是社会存在的一种方式，其差别是不同国家和地区的流动规律与范围的大小。托达罗的理论学理性的解释是："从本质上看，这个理论假定，一个现实的或是潜在的劳动力将把在城市部门中一定时间的预期收入（即劳动力迁移的费用和所得报酬的差）与现时农村普遍的平均收入相比较，如果前者大于后者，那么他就会迁移。"[①] 其实，就多数农民的迁移来讲，不可能有这种纯粹的理性思考，这只能在一种学术研究层面告诉我们城市人口迁移的价值取向。

与此相类似的研究还有马卜贡杰（Mabogunje）的系统分析模型，此模型在其他相关学者研究基础上，丰富了城市化中人口流动研究的理论和实践内容。但是，在理论的本原意义上，并没有新的突破。马卜贡杰在托达罗（1969）之后，发表了《关于由乡村到城市的人口迁移的系统论研究》（1970）一文，提出的模型具有典型的综合性，强调了城市化中的城市环境的多元化性，如物价、收入、政策等，其表现方式是人口迁移的 "复杂化研究模式"。其人口迁移系统分析模式如图 1-6 所示。

---

① ［美］M. P. 托达罗，于同申等译：《第三世界的经济发展》（上册），中国人民大学出版社 1988 年版，第 354 页。

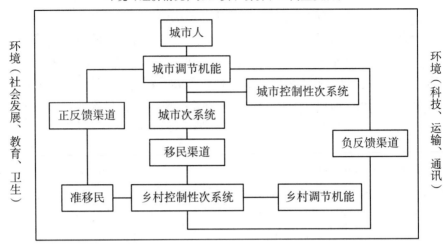

图1-6 马卜贡杰模式

资料来源：许学强、周一星、宁越敏：《城市地理学》，高等教育出版社1996年版，第45页。

二、中国城市化理论体系的不成熟：从"消灭三大差别"到城市社会结构与空间结构的空洞化

消灭城乡差别曾是经典理论家的重要思想之一。20世纪50年代中国提出了"消灭三大差别"的口号，其中包含了"消灭城乡差别"的理念。列宁曾经讲过："生产力将怎样迅速地打破分工，消灭脑力劳动和体力劳动的对立，这些都是我们不知道，也不可能知道的。"① 从社会发展的进化角度讲，"消灭三大差别"的思想具有社会的进步性和理想性。但是，是"缩小三大差别"，还是"消灭三大差别"。这是理论科学性的一种认知方式。从本质上说，我们的努力只能是"缩小三大差别"，而不可能完全"消灭三大差别"。由于对这一认识的模糊性，以至于在当代的理论研究中，既很少有人提及"消灭三大差别"，更少有人论及"缩小三大差别"。② 从哲学的高度来认识，差别是一种普遍模式，是世界存在的一种方式，"消灭差异"是一种典型的不可实现的理想类型。从西方已经

---

① 《列宁全集》第3卷，人民出版社1984年版，第253页。

② 钱学森曾说："在人民中国建国100周年，将消灭三大差别"。内蒙古沙产业、草产业协会，西安交通大学先进技术研究院：《钱学森论产业、草产业、林产业》，西安交通大学出版社2009年版，第37、51页。

走过的城市道路的经验可以看到，即使是已经完成城市化发展的国家，也仍然存在"三大差别"，只是存在差别的程度和形式不同而已。

中国的特殊国情之一是，城市化背负着10多亿农业人口和土地转移的巨大包袱，中国人口城市化无论是规模还是流动方式，在世界城市化发展史上都是空前绝后的。21世纪初，中国每年净增人口有1 400万人左右，对城市的基础设施、社会扩大再生产能力、土地与住房需求和就业岗位数量等都造成巨大压力。1978年后的20年间，大约有1.8亿人从农村转移到城市。这个数字超过许多大国1998年的总人口数，如巴西（1.6亿人）、俄罗斯（1.4亿人），创造了世界有史以来最大规模的移民流动。① 而且这些外来城市人口长期是"候鸟型"的"城市边缘人"。② 美国《纽约时报》发表了一篇题为《亚洲巨人面临城市化风险》的文章，其中指出，中国"2009年创纪录的2.11亿农民工，普遍无法在他们辛苦劳作的远方城市享受教育、医疗和住房等公共福利。"③ 1987～2001年间，全国有多达3 400万农民失去了土地，成了失地农民。④ 当前，中国失地农民总数在5 000万人左右，⑤ 中国民主促进会中央委员会预测2020年将达1亿人以上。⑥ 这样的社会人口结构与土地结构关系，迫切需要中国创造一个与西方不同的城市化理论，走一条与西方不同的城市化道路！

特别要提出的是，无论是学者和还是城市政府官员都在自觉不自觉地把城市规划理论视同于城市化理论。如美国学者柯林·罗·弗瑞德在其所著的《拼贴城市》一书中说："弗兰克·劳·赖特认为：'在这方面，我看到建筑师成为现代美国社会文化的拯救者，一个针对目前所有文明的拯救者。'柯布西耶认为：'有一天，当眼下如此病态的社会已经清楚地认识到，只有建筑学和城市规划可以为它的病症开出准确的药方的时候，也就是伟大的机器开始启动的那一天。'"⑦ 这一观点似乎把城市规划理论视作万能。无独有偶，在中国，用城市规划理论取代城市化理论十分普遍且更为彻底，在有些人看来，城市化是规划出来

---

① 张宏霖、宋顺锋：《城乡移民和城市化》。引自陈甬军、陈爱民：《中国城市化实证分析与对称策研究》，厦门大学出版社2002年版，第208页。

② 陈建东、廖常勇、邹高禄：《对城镇最低生活保障制度主要问题的思考》，载于《经济社会体制比较》2009年第4期，第75～81页。

③ 《亚洲巨人面临城市化风险》，载于《纽约时报》2010年8月2日。

④ 卢海元：《土地换保障：妥善安置失地农民的政策选择》，载于《社会保险研究》2003年第5期，第48～54页。

⑤ 张怀雷、陈妮：《失地农民社保：城市化进程中不可忽略社会建设》，载于《中国劳动保障报》2011年1月21日。

⑥ 杨傲多：《民进中央：失地农民数量迅速扩大 2020年将超1亿》，载于《中国青年报》2009年3月14日。

⑦ ［美］柯林·罗·弗瑞德，童明译：《拼贴城市》，中国建筑工业出版社2003年版，第13页。

的，甚至直接由区域空间规划、产业集聚规划设计出来的——到目前为止，在中国尚没有真正分化出典型的城市科学系统理论和具有"独立辩护词"的城市化理论。

在"制度型投入"城市化的基础上，中国的城市变成了巨型企业。城市是国家 GDP 创造和考核的主体单位，这使得城市化在整体发展上主要表现为工业化和产业集聚型的城市化，以追求城市创造的 GDP 产值为主要目标。为了使城市能够创造更高的 GDP，政府通过权力调控城市化发展要素构成和序列，从中国的城市化发展中可以看到："合法权利用于制定政府计划，因此生产关系发生了变化。……对于合法化的需求是从行政系统明显的功能性条件中产生的——这种行政系统在填补着市场功能的空缺。"① 所以出现了"城市空间规划型的城市化模式"和"产业规划型的城市化模式"，城市化的发展在"五年一次的计划"中被一次次刷新，每一届城市政府都有新的、在"城市规划理论指导下"的"城市化模式"。这一问题的核心是，用西方城市规划理论替代中国城市化理论是有悖城市化发展规律的，我们需要的是符合中国国情的城市化理论和城市规划理论，不仅要创造性地表现本土化的城市物化空间，而且还要创造能够成为"人类集体记忆"的、21 世纪的中国本土化的城市化理论。

中国城市地域空间结构系统未能形成跨区的空间整合模式，各行政区划间地域空间关系缺乏市场关系和制度性突破。在区域空间整合方面，既缺乏顶层的制度型创新与理论创新，也缺乏市场经济关系下的具体空间有效整合机制。中国已经形成多种形态的都市圈结构，在中国城市化率已经达到 50% 的条件下，2 000个县级单位中的 1 600 多个"非设置市"的县域城市化，没有国家层面的战略设计。从中国城市化发展趋势来看，下一轮的城市化必将主要在县一级空间深化和展开，其中 1 万多个重点乡镇是县域城市化的主要空间节点。如果由于县域城市化发展方向长期模糊不清，必然使中国的高速城市化遭遇新的"瓶颈"，如果未来的 20～25 年间中国的城市化率接近 85% 左右，将会有 5 亿以上的人口分流走向城市，下一轮的中国城市化应该走何种道路？这一现实迫切需要中国建构本土化的城市化理论，并创造符合中国国情的、城市社会来临意义上的城市化模式。目前问题是，在大区域都市圈内的城市之间、在省域城市行政区之间、在县与县域城镇之间、在县域内的乡镇区域之间，甚至在街道与村组之间，存在大量的或大或小的"区域性结构空洞"，存在着多样化、显性化的"三不管地带"，成为不同类型落后区域和被遗忘的"社会角落"，这就是所谓的中国区域社会发展中"中间型地带"——在大区域范围内形成经济与社会发展水平长期低迷和落后状

---

① ［德］哈柏玛斯，刘北成译：《合法化危机》，桂冠图书股份有限公司 2001 年版，第 78 页。

态，而且这些地方多是社会问题的重要滋生地。

城市群内部城市空间格局分离，必然造成就业、居住、生产、生活和消费空间的不合理区隔，更重要的是"区域性结构空洞"的存在，会使很多城市社会问题陷入更深的轮回和放大之中，特别是县域城市化被排挤在国家整体城市化体系之外，县域城市化发展模式不定位，会进一步导致乡镇社会发展"负进化"的深化，使得中小城镇与大城市形成"结构性分离式模式"，这种城市化形成"社会偏心圆结构"的运行状态，城市化发展越快，传统乡村和乡镇发展越是落后，其结果是"经济回波效应"，成为新社会问题发生的土壤。从区域空间结构发展现代性上分析，中国的小城镇从未能够与大中小城市区域形成地域结构关系，小城镇与大中城市形成两条分离的发展线路。2006 年中国的建制镇有 1.94 万个，乡 1.54 万个。[①] 在城市化的浪潮中，乡镇城市化进程及社会问题呈类型化、区域化、分散化和封闭化的特点，费孝通早年提出"小城镇问题还远远没有解决好"的问题依旧。[②]

三、中国本土化城市化理论模式——核心价值重构

"一个民族要想站在科学的最高峰，就一刻也不能没有理论思维"。[③] 中国城市化缺乏本土化的核心理论必然导致并形成这样几个方面的困境：

第一，创造本土化"循环社会型城市化模式"。这是一种强可持续的生态化的城市化模式，是以低耗能为入径，并最终创造循环社会型的"零耗能城市社会发展模式"。[④] 中国城市化已经形成了居高不下的高耗能城市化模式，应该有针对性地提出对资源高消耗型城市化的化解之道。如中国仅"在水污染方面，30% 的重点城市饮用水源地水质达不到Ⅲ类标准"，90% 的城市相关河段受到不同程度的污染[⑤]，几乎中国的城市都是缺水城市。从直接能源消耗意义上，2010 年，"中国已成为全球第一能源消费大国"，一次能源消费量为 32.5 亿吨标准煤，"能耗强度是日本的 5 倍"、"美国的 3 倍"。[⑥] 这种高消耗型城市化一旦形成，历史性代价是很难偿还的。

第二，创造本土化的"充分就业型富民城市化模式"。中国城市化的核心病

① 牛凤瑞等：《中国城市发展 30 年（1978~2008）》，社会科学文献出版社 2009 年版，第 29 页。

② 费孝通：《小城镇的问题还远远没有解决好》，载于《经济日报》2004 年 1 月 4 日。

③ 《马克思恩格斯全集》第 3 卷，人民出版社 1971 年版，第 467 页。

④ 张鸿雁：《循环型城市社会发展模式——社会学视角的理想类型建构》，载于《社会科学》2006 年第 11 期，第 71~83 页。

⑤ 牛文元：《中国新型城市化报告 2009》，科学出版社 2009 年版，第 278 页。

⑥ 张艳：《中国成第一能源消费大国 能耗强度是日本 5 倍》，载于《京华时报》2011 年 2 月 26 日。

症就是社会就业的不充分，城市出现的典型产业及与之相应的就业结构性空洞。[①] 据人力资源和社会保障部公布的数据显示，2009 年中国高校毕业生就业率为 87%，[②] 而 2010 年大学生毕业人数达到创纪录的 630 多万人，到"十二五"规划结束时甚至将达到 700 万人，[③] 大学生就业结构性"过剩"问题十分突出。中国的农村只能为 1.5 亿劳动力提供就业机会——也就是说，在 4.98 亿农村劳动力中，有近 3.5 亿人属于剩余劳动力。除了已经进入乡镇企业、非农产业和大中城市打工的 2.3 亿人外，还有 1.5 亿劳动力处于绝对失业状态，目前仍滞留在农村。[④] 就业结构的不合理，必然引发收入结构的不合理。2009 年，中国的收入分配差距已经达到"高度不平等"状态，10% 的富裕家庭占城市居民全部财产的 45%，而最低收入 10% 的家庭其财产总额占全部居民财产的 1.4%……从行业的平均工资倍数来讲，1978 年行业的平均工资倍数最高和最低是 2.1 倍……2008 年是 4.77 倍。[⑤] 中国一度曾把"下岗"当作现代化建设的一个内容，事实上，没有充分就业，就没有社会发展和稳定，高失业的城市化必然会"高发"社会问题。

第三，创造本土化的"全员福祉型城市化模式"。中国的城市化缺乏社会保障的强制性制度设置，社会保障缺失引发一系列社会问题，会在深层次上阻碍城市化的健康发展和社会民主化的进程。2009 年全国雇主或单位为农民工缴纳养老保险、工伤保险、医疗保险、失业保险和生育保险的比例分别为 7.6%、21.8%、12.2%、3.9% 和 2.3%。[⑥] 2010 年北京等城市曾发布有关农民工养老保险参保的有关通知，但在事实上多是执行乏力，有的形同虚设。以发达地区江苏为例，据《2009 年江苏农民工的调查报告》，在调查的 3 032 名农民工中，参加城镇基本养老保险的人数只占总人数的 25.8%，[⑦] 除了医疗，江苏省农民工的参保率没有超过 50% 的。中国的发达地区尚且如此，可见解决这一问题仍然是任重道远。

当代中国城市化"超速发展"形成的问题越来越复杂和深化，构建中国本

---

① 傅剑锋、沈颖等：《就业篇："毕业了我们的工作在哪里"》，载于《南方周末》2006 年 4 月 6 日。

② 李长安：《大学生失业率》，载于《上海证券报》2010 年 1 月 25 日。

③ 李斌：《人力资源和社会保障部副部长：我国"十二五"期间城镇就业缺口每年将达 1 300 万》，载于《中国青年报》2010 年 6 月 13 日。

④ 陈静：《关于我国农村剩余劳动力转移的思考——由福建炼化一体化项目造成大量农村剩余劳动力转移引发的思考》，载于《现代农业》2007 年第 1 期，第 48～50 页。

⑤ 常红、张海燕：《我国收入分配高度不均 10% 家庭占有居民财产 45%》，载于《人民日报》2009 年 12 月 10 日。

⑥ 国家统计局农村司 2010 年 3 月 19 日发布《2009 年农民工监测调查报告》。

⑦ 江苏省省农民工工作领导小组办公室组：《你在他乡还好吗？——江苏农民工生存状况调查》（上），载于《新华日报》2009 年 12 月 11 日。

土化的城市化理论已经是当务之急。首先，我们必须认识到中国和西方城市化的发展前提、影响因子、动力结构及资源禀赋的本质差异，只有依据中国实际才有可能走出一条符合中国国情的城市化道路。其次，中国的城市化理论必须从传统城市规划学、地理学和区域经济科领域的视角中走出来，并上升到城市哲学理论价值的高度。"社会学家把城市形成的历史当作社会进化的一个形式来研究。"① 城市化的社会进化本身表现为人类文明的一种进步，② "城市本身变成了改造人类的主要场所。"③ 城市在打破常规与传统的地域和血缘关系后，以货币关系为纽带形成社会压力体系，产生出传统乡村所不具备的功能——"化力为形，化能量为文化，化死的东西为活的艺术形象，化生物的繁衍为社会创造力。"④ 城市成为人们理想与价值的实现地。⑤ 我们必须用一种学理性的、科学的方法来研究、探索人类的城市化规律，而不是"规划"和"设计"人类城市化的规律。最后，城市化是国家现代化和"现代性"创新的载体，⑥ 城市化与现代化一样，是社会压力释放与矛盾整合嬗变的过程。即某一社会阶段的现代化、城市化应该有一定的"现代性"结果，这样才能使现代化全过程呈现良性发展，并使社会进化实现整体的转型。本书强调创造本土化的城市化，是设想引发、创新本土化的现代性——以城市全员的幸福为现实行动和终极目标！

---

① ［美］R. E. 帕克、［美］E. N. 伯吉斯、［美］R. D. 麦肯齐，宋俊岭等译：《城市社会学——芝加哥学派城市研究文集》，华夏出版社 1987 年版，第 171 页。

② ［美］保罗·诺克斯、琳达·迈克卡西，顾朝林等译：《城市化》，科学出版社 2009 年版，第 23 页。

③ ［美］刘易斯·芒福德，宋俊岭等译：《城市发展史——起源、演变和前景》，中国建筑工业出版社 2005 年版，第 117 页。

④ ［美］刘易斯·芒福德，宋俊岭等译：《城市发展史——起源、演变和前景》，中国建筑工业出版社 2005 年版，第 582 页。

⑤ ［美］托马斯·科斯纳，万丹译：《资本之城》，中信出版社 2004 年版，序言。

⑥ ［美］史蒂文·瓦格，王晓黎译：《社会变迁》，北京大学出版社 2007 年版，第 28～29 页。

第二章

本土化城市现代化特色：
从"小康社会"到"城市社会"

第一节　西方话语权下的社会进步理论
阐释：现代化理论梳理

现代化理论的思想萌芽早在西方中世纪城市文艺复兴时期就已经显露，其新的思想解放继承了古典时代"法律面前人人平等"的文化思想因子，并发展成为资本主义的文化价值内核。如"平等"、"自由"、"博爱"、"竞争"、"契约"、"理性"、"民主"、"法治"、市民社会和"资本主义新教伦理"等观念与概念，构成了新的市民社会的文化价值体系和现代化的象征。美国普林斯顿大学国际研究中心主任 C. E. 布莱克教授用一种特定的方式表述了现代化："现代化是无生命动力源泉对有生命动力源泉的比例已经增长到了或者超过了不可回转的程度。"[1]

一、经典现代化理论：专注现代化的共性特征

有研究表明，从 20 世纪 50～60 年代开始，学术界逐步形成现代化理论研究

---

① ［美］C. E. 布莱克：《日本和俄国的现代化》，商务印书馆 1983 年版，第 18 页。

的五大主流方向，构成经典现代化理论研究的主要体系（见表 2 - 1）。需要注意的是，经典现代化理论是不同领域的学者关于现代化研究的理论贡献的统称，并不是单一的理论。同时，我们认为，经典现代化理论给予我们的重要思考是，任何社会的现代化都不可能是单一型的现代化，经济现代化不能完全代替社会的整体现代化，同样某种意义上的制度现代化也同样不能代表社会整体的现代化，但是有一条是共识性的，即经济现代化是其他类型现代化的物质基础，仅仅是基础而已，真正的现代化是在经济现代化的基础上人的现代化。

表 2 - 1　　　　　　　　不同领域经典现代化的主要特点

领域	主要主张	代表著作
政治现代化	政治现代化是国家现代化的核心，是一个同质化、革命化、进步化、全球化和不可逆化的过程，其最显著特征是国家政治制度的现代化。国家的政治体制、民主制度演化与变迁是该研究方向的支撑点。主张政治民主化、自由化、分权化和秩序化，强调政府权威的合理性与政府能力的有效性	伊斯顿的《政治体系》、阿尔蒙德的《发展中的政治经济》、亨廷顿的《变化社会中的政治秩序》和《第三波：20 世纪后期民主化浪潮》等
经济现代化	该研究方向立足物质层面的考察，认为现代化的核心内容是经济现代化，而后者的主体是工业化与城市化。该研究方向注重经济增长与政治、文化、宗教和意识形态的变迁之间内在规律的研究；注重不同类型经济现代化成长模式与动力机制的研究；注重经济现代化成长各阶段特征和条件的研究	罗斯托的《经济发展阶段：非共产党宣言》、库兹涅茨的《现代经济增长：发现与思考》、格尔申克隆的《对现代工业化"前提条件"概念的反思》等
社会现代化	该研究方向以社会进化论思想为指导，研究社会结构与功能的转换和变迁。认为现代化是一个从传统社会的传统性向现代社会的现代性转变过程，现代社会与传统社会的根本区别是社会结构的层次化与精细化、社会功能的专门化与多样化、社会运行机制的市场化与法制化、社会阶层的流动化与平权化、国家制度的理性化与权威化、政府能力的综合化与集约化	帕森斯的《现代社会体系》和《社会行动论》、列维的《现代化与社会结构》等

续表

领域	主要主张	代表著作
个人现代化	该研究方向强调现代化的核心是人的现代化，人的现代化是现代化社会稳定、持续和健康发展的基石。一个国家现代化历史进程的演化就是人的价值观、心理素质、行为特征的转变与培育的过程，它尤其强调人的参与意识、开放意识、进取精神、创新精神、独立性和自主性	英克尔斯的《人的现代化》和《社会主义与非社会主义国家的人的现代化》、麦可勒兰德的《选贤社会》等
制度现代化	该研究方向对不同国家的现代化历程进行比较研究，提出现代化发展模式多样性的观点。在研究方法上，开辟了定性研究与定量研究相结合的多变量分析方法，应用其基本思想构建指标体系，对现代发展水平进行评估	布莱克的《比较现代化》和《现代化的动力：比较历史的研究》、艾森斯塔特的《现代化：抗拒与变迁》

资料来源：中国现代化报告课题组：《2001 年中国现代化报告》，北京大学出版社 2001 年版，第 71 页。

现代化是社会进化的相对运动过程。现代化社会是在新的形态与形式上创造矛盾的过程，是一个克服旧有存在的过程。[①] 同时，也是社会发展进化程度的比较值的表现，不同的历史时期都有某种现代化的存在状态，其本质就是某一时代比较传统社会发展而出现的最前沿的社会发展模式和追求最前沿的发展模式过程。换言之，在人类的任何历史阶段，都有经济、社会、文化发展最快的国家和地区及一部分群体，而任何阶段发展最快的社会存在就是当时社会某种意义上现代化的存在与发展过程。本迪克斯把现代化视为一种社会变迁过程，其观点是具有参考价值："对于现代化，我理解的是源于英国的一种社会变迁模式……它存在于一些领先发展中的社会的经济进步和政治进步之中，也存在于后来者的追随于前者的转变进程之中。"[②] 本迪克斯仅把现代化归结为源于英国的一种社会变迁的观点虽然缺乏科学性，但是所提出的社会变迁过程的观点都具有合理性。

另外，还有一种说法是说：现代化专指西方工业化以来的社会变迁，往往是指发达国家自工业化进程所发生的社会进步与进化，由此，发达国家在一般状态

① 张鸿雁：《论城市现代化的动力与标志》，载于《江海学刊》2002 年第 3 期，第 61 页。

② Bendix Reinhard. *Modernisierungin Internationaler Perspektive. Theoriendessozialen Wandels*. Koeln. Berlin Kiepenheuer, 1969, P. 506, 510.

下，也在某种意义上被视为现代化的标杆。一个是现代化的开创者，一个是现代化追随者，两者都可以被称为现代化进程，只不过一个具有原创性，一个是模仿。这种从工业化以来的现代化认知也具有某种学术研究独立性，抑或可以说是一种研究起点的创新与创造，这种方法是从科学属性上研究社会科学的必须方法，边界和内涵的确定是事物分析的基础。从历史与逻辑的角度来说，任何社会发展的研究都应该确定其研究范畴，这是确定研究对象的科学属性的前提。本迪克斯提出发达国家的"扩展论"和发展中国家的"追赶论"。其实这就是"相对现代化"和"绝对现代化"的关系，同时也现代化进程和现代化社会完成的存在差异，从这个意义上说，现代化是人类追求的永恒目标。

但是，在以往的社会中，由于发达国家的现代化几经社会变迁和进化，如工业化初期的现代化、工业化中后期的现代化、后工业时代意义上的现代化等，经历多个经济结构和产业结构变迁的时代和发展过程，具有经验可以总结，因此，经典现代化理论开始出现，主要强调现代化的核心价值、主体特征和一般标准及共性，并可以引导欠发达地区实现现代化。吉尔伯特·罗兹曼认为：现代化"是从一个以农业为基础的人均收入很低的社会，走向着重利用科学和技术的都市化和工业化社会的这样一种巨大的转变……是人类历史上最剧烈的、最深远的并且显然是无可避免的一场社会变革……这些变化终究会涉及到与业已拥有现代化各种模式的国家有所接触的一切民族，现存社会模式无一例外地遭到破坏"①。这一结论的核心仍然是以工业社会的发展作为现代化的基本前提，在认识上还有局限性。于此，我们可以从三重意义上对现代化加以概括：（1）在总体上说，现代化是人类社会发展的进步和进化的表现形式，是经济与社会发展水平走在世界前面的国家和地区；（2）现代化是特指工业社会以来不断发展的新型的社会与经济形式；（3）现代化是相对传统落后地区参照发达国家现代化指标的现代化建构过程。在总结人类现代化的发展经验上，学者们提出一整套现代化指标体系，形成世界意义上的现代化标杆模式，这是现代化社会建构的一种方式，也是人类社会理想的追求的一种表现。但是，从社会发展的逻辑来解释，现代化在人类社会的发展中永远是一种中间状态，社会的进化和进步，就是不断地再现代化。

1960年，美国亚洲研究会在日本箱根主持了一个关于日本现代化的国际研讨会，结合全世界广义的现代化经验和日本独特的现代化进程，提出了现代社会

---

① ［美］吉尔伯特·罗兹曼，国家社会科学基金"比较现代化"课题组译：《中国的现代化》，江苏人民出版社1988年版，第1~5页。

的八大特征集合，被称为"箱根模式"。① 时任的美国亚洲研究会主席奈特·毕乃德认为，"箱根模式"完全可以作为一种现代化的分析模型去分析其他发展中国家的现代化进程。20世纪70年代，塞缪尔·亨廷顿归纳又提出现代化过程的九个特征②。经典现代化理论在说明、解释、建构新的社会体系的同时，也带来越来越多的、新的社会问题。也就是说，现代化一方面表现了社会进步，另一方面现代化的过程也在不自觉地建构新的社会问题，这里用的是"不自觉地建构"，甚至说，某些社会问题是现代化的必然性副产品——"城市病"问题日益严重，贫富差距拉大、环境资源耗竭、社会价值观缺失、老龄社会提前来临等逐步蔓延成普遍趋势。③

20世纪70年代开始，一个源自理论发端的问题变得不可回避，经典现代化理论遭遇"范式危机"：经典现代化理论适用于解释发达国家自18世纪至20世纪的现代化历程，也适用于解释发展中国家赶超发达国家的工业化水平，但是却不能解释西方发达国家已经出现的新变化——主要是工业经济的衰落和知识经济的崛起以及未来的发展方向和问题。何传启的现代化研究注意到了三个现象：（1）工业经济不是世界经济发展的顶点；（2）工业社会不是人类社会发展的终点；（3）工业文明不是文明进程的终结。这些观点动摇了以工业化、城市化为典型特征的经典现代化理论的经济和社会基础。对经典现代化理论进行批判与继承的现代化研究新思潮开始出现。④ 这促使以德国、美国为中心的西方学者开始关注工业文明之后的西方社会发展走向，学界通常称之为后现代化研究。

二、后现代化理论：强调现代化的个性经验

与经典现代化理论专注于总结一般现代化的共性特点不同，后现代化理论尝试以不同的思考逻辑和个性化认知方式，来解释或预测发达国家的新变化和未来方向。我们撷其具有后现代特质的几个要素来加以分析：

一是生态环境优化和发展增长极限维度。地球的资源是有限的，人口增长具有无限性。增长与环境极限的关系的研究——生态现代化理论，是后现代理论的一个发端。1972年《增长的极限》一书出版，该书通过大量的数据分析首次正

---

① ［美］西里尔·E·布莱克，杨豫、陈祖洲译：《比较现代化》，上海译文出版社1996年版，第216页。

② ［美］西里尔·E·布莱克，杨豫、陈祖洲译：《比较现代化》，上海译文出版社1996年版，第44～47页。

③ 费正清：《剑桥中国晚清史》（下卷），中国社会科学出版社1985年版，第5～6页。

④ 何传启等：《中国现代化报告概要（2001～2007）》，北京大学出版社2007年版，第16页。

式向人类发出警告："如果在世界人口、工业化、污染、粮食生产和资源消耗方面现在的趋势继续下去，这个行星上增长的极限有朝一日将在今后一百年中发生，最可能的结果将是人口和工业生产力双方有相当突然的和不可控制的衰退。"① 罗马俱乐部也同样指出："全球均衡状态可以这样来设计，使地球上每个人的基本物质需要得到满足，而且每个人有实现他个人潜力的平等机会。"② 基于此，罗马俱乐部提出了"零增长"的对策，呼吁在人口、环境、经济、能源等要素之间建立起一种均衡的发展关系，这一理论的核心是地球的生态与人类发展和谐关系建构。

1982 年，德国学者马丁·耶内克在柏林州议会辩论中首先使用了"生态现代化"这一概念，③ 在"预防性环境政策：生态现代化和结构性政策"的研究中指出需要对现代化进程给予足够的生态反思，④ 认为技术创新、市场机制、环境政策和预防性原则是生态现代化的四个核心要素。几乎同时，德国的另一位学者约瑟夫·胡伯出版了专著《不再天真无邪的生态学》，提出了通过生态现代化的超工业化手段解决环境问题，以环境友好的技术创新，实现工业生产的转型，在这里，"环境友好"的意义十分重要，是人类对自身发展的一种以，尊重自然的一种理论——"肮脏和丑陋的生态毛虫将转变为生态蝴蝶"，⑤ 人类应该从对自然的索取转为对自然的回报。1995 年，荷兰学者摩尔在博士论文中提出生态现代化的六大假设，包括：（1）除了经济等因素外，生态（环境）因素越来越作用于对生产和消费过程进行设计和评估；（2）现代科学与技术在生态诱导性转型中至关重要，且不局限于附加技术，而是包含了生产链、技术体系和经济部门的变化；（3）私有的经济主体和市场机制在生态重建的过程中扮演越发重要的角色，政府部门的传统核心地位发生变化，成为"可协商的规则制定者"；（4）环境 NGO（非政府组织）以直接参与的形式与经济部门和政府代表谈判环境问题，接近政策决策的中心；（5）由于政治、经济全球化的进程，生态重构的过程不会局限于单一的国家；（6）去工业化的倡导只有在生态重构的经济可

---

① ［美］丹尼斯·米都斯等，李宝恒译：《增长的极限——罗马俱乐部关于人类困境的研究报告》，四川人民出版社 1983 年版，第 19~20 页。

② ［美］丹尼斯·米都斯等，李宝恒译：《增长的极限——罗马俱乐部关于人类困境的研究报告》，四川人民出版社 1983 年版，第 20 页。

③ 郇庆治、马丁·耶内克：《生态现代化理论：回顾与展望》，载于《马克思主义与现实》2010 年第 1 期，第 175 页。

④ 金书秦、Arthur P. J. Mol、Bettina Bluemling：《生态现代化理论：回顾和展望》，载于《理论学刊》2011 年第 7 期，第 59 页。

⑤ Huber. *Towards industrial ecology: sustainable development as a concept of ecological modernization*. Journal of Environmental Policy and Planning, 2000（Vol. 2, Special Issue 2），pp. 269–285.

行性很差、思想落后、政治支持有限的条件下予以考虑，以防止可能的生态退化。① 生态现代化学者反对"去现代化"和"去工业化"的消极观点，如果一个社会能够从市民社会的意义上，推举出大众认可的精英群体，并且这个精英群体能够成为社会选择主体的国家，即使是纯粹的工业化也能表现为环境友好的功能。后现代新的思想就是要在现代化和自然之间寻求一种平衡，兼顾经济理性和生态理性——这方面明显受到罗马俱乐部"零增长"思想影响，同时也是生态现代化和生态中心主义的区别所在。基于此，有学者认为："一种'再植入（Re-embedding）'是必须的，也就是先将生态从经济活动中解放出来，将对生态的尊重'再植入'到目前的经济活动中去"②，即通过技术创新实现"经济生态化"（Ecologizing of the Economy），通过外部性内部化（制度创新）实现"生态经济化"（Economizing of the Ecology）。③ 需要注意的是，虽然生态现代化理论肯定自身作为指导社会转型的理论存在，并没有像大多数后现代化理论一样把自身指向的社会与工业社会区隔开来，而是将生态现代化作为工业社会的一部分，作为工业化和富裕社会的概念性的可持续社会学表达——换言之，生态现代化理论可以看做是"可持续的工业化"的另类表达。

二是知识技术和决策方式维度：后工业社会——知识型的网络社会。1973年，美国社会学者和未来学者丹尼尔·贝尔出版了《后工业社会的来临》一书，认为"在今后的 30 年至 50 年间，我们将看到称之为'后工业社会'的出现"④。如果说经典现代化理论将社会发展历程理解为"原始社会—农业社会—工业社会"的进化逻辑，那么贝尔的后工业化理论研究则强调"前工业社会—工业社会—后工业社会"的社会发展脉络演进。"后工业的"概念与"前工业的"和"工业的"概念是对应的，前工业部门主要是资源采撷的，它的经济是以农业、矿业、林业以及天然气或石油等其他资源为基础的。工业部门主要是使用能源和机器技术从事制造商品的。后工业部门从事加工处理，其中电讯和电脑对于信息和知识的交流极其重要。⑤

贝尔阐释了"后工业社会"的五项基本内容：这与是人们熟悉的"中轴理

---

① P. J. Mol. Ecological modernization theory. In：P. J. Mol. *The Refinement of Production. Ecological modernization theory and the chemical industry.* UtrechtVan Arkel，1995，P. 659.

② 金书秦、Arthur P. J. Mol、Bettina Bluemling：《生态现代化理论：回顾和展望》，载于《理论学刊》2011 年第 7 期，第 60 页。

③ John S. Dryzek. *Complexity and Rationality in Public Life.* Political Studies 35，1987，pp. 424 – 442.

④ ［美］丹尼尔·贝尔，高铦等译：《后工业社会的来临——对社会预测的一项探索》，新华出版社1997 年版，第 20 页。

⑤ ［美］丹尼尔·贝尔，高铦等译：《后工业社会的来临——对社会预测的一项探索》，新华出版社1997 年版，第 9 页。

论"。其一，经济发展方面，从产品生产经济转变为服务性经济，现实的社会发展已经证实了这一理论；其二，职业结构与分布方面，专业与技术人员阶级处于主导地位；其三，中轴原理的核心价值方面，理论知识处于中心地位，它是社会革新与制定政策的源泉；其四，未来的方向方面，控制技术发展，对技术进行鉴定；其五，制定决策方面，创造新的"智能技术"。① 贝尔力图说明，技术（包括知识）和理论的高度集约化，正成为创造发明和制定政策的新原则，日益改造着技术—经济体制和社会的阶层体系——正如他在书中所一再强调的，"如果工业社会以机器技术为基础，后工业社会是由知识技术形成的。如果资本与劳动是工业社会的主要结构特征，那么信息和知识则是后工业社会的主要结构特征。……后工业社会的特点并不在劳动价值论，而在知识价值论。"② 遗憾的是，贝尔并未从政治、经济等层面对信息知识以及创造出这些信息知识的知识技术进行过审视，"进步论式的乐观主义"使其坚信知识技术的无限进步，将"有关后工业社会中轴原理的知识当作一个黑箱来看待"，③ 却忽略了人类本身以及社会对技术的制约作用。④ 特别是 20 世纪 70 年代以来，后工业社会的发展没有减少社会问题，相反与后工业社会伴生的问题也越发严重，或者说，社会没有因为技术与科学持进步而使社会问题减少。

20 世纪 90 年代中后期，因特网的迅速发展引发有关网络社会的思考，世界变得越来越小，信息爆炸也成为这个时代的特征。进而引起了网络社会的人与人的关系、政治社会结构关系的变迁，引发了全新的社会问题，特别是"微网"、"微信"、"微博"建构的个人媒体的时代，信息化左右着社会政治与发展的走向，信息的迅速性、共时性、共有性和引导性，正在改变着以往的社会体系。

卡斯特尔教授在"信息时代三部曲"中［《网络社会的崛起》（1996 年）、《认同的力量》（1997 年）、《千年终结》（1998 年）］提出了新思考：社会与时间的存在方式——城市是时间的切面，并提出了初步的网络社会理论体系和相关概念。卡斯特尔认为，网络社会既是一种新的社会形态，也是一种新的社会模式。⑤ 我们的社会正在进行着一场空前的信息技术革命，这种革命已经催生出一种新的社会模式，即网络社会。⑥ 其特征表现为：一是经济行为的全球化，以知

---

① ［美］丹尼尔·贝尔，高铦等译：《后工业社会的来临——对社会预测的一项探索》，新华出版社 1997 年版，第 14 页。

② ［美］丹尼尔·贝尔，高铦等译：《后工业社会的来临——对社会预测的一项探索》，新华出版社 1997 年版，第 10 页。

③ Stehr. N. *Knowledge Societies. London.* Sage Publications，1994，P. 70.

④ 田崎笃郎·船津卫：《社会信息理论的发展》，东京北树出版社 1997 年版，第 23 页。

⑤ Castells，M. *The Rise of the Network Society.* Oxford Blackwell，1996，P. 469.

⑥ Castells，M. *The Power of Identity.* Oxford Blackwell，1997，P. 354.

识为基础的生产力及对获利能力的强调，脱离了工业经济单一的生产力增长方式，① 将使生产、贸易、金融、科技脱离原始的空间限制，出现一种以信息化、网络化、全球化为特征的新经济；二是社会组织形式的网络化，网络企业组织对传统的科层组织形式的改造，使企业组织由工厂化时期的大量生产转变为弹性生产，或者说从"福特式"生产转变为"后福特式"生产也即根据客户的需求来从事生产，② 中小型企业是更能适应国际经济弹性生产体制的组织形式；③ 三是工作方式的灵活化，以信息为基础的生产使得劳动空间的分工以及不同生产工序的分割成为可能；四是职业结构的两极化，在信息技术范式的劳动过程中，社会服务行业将日益兴起，对高级人才与简单劳动者的两极需求必定同时增加，就业者将会被区分为网络工作者、被网络连接者、网络之外的劳工。④ 同时，卡斯特尔还指出，网络社会产生信息资本主义，依据马克斯·韦伯的"新教伦理与资本主义精神"的分析框架，卡斯塔尔讨论了信息主义与信息主义精神的问题，指出"信息主义范式实际上就是全面性、复杂性、灵活性与网络化等特性综合而成的一种意识形态或文化"，亦如有学者研究所提出的五个方面的特征，即：（1）信息就是原材料；（2）新技术的影响具有普遍性；（3）任何采用这些新的信息技术的系统或关系集都具有网络化逻辑；（4）信息主义范式以弹性为基础；（5）特定技术将合为高度整合的系统。⑤ 围绕着网络社会的核心还念，卡斯塔尔进一步阐释了网络社会对于构建新的社会时空、促进新的城市形态（信息城市）以及形成新的社会认同等方面的作用。

三是文化艺术与创意产业维度：后现代主义。"现代性"是现代社会的特征，它是社会在工业化推动下发生全面变革而形成的一种属性，这种属性是各发达国家在技术、政治、经济、社会发展等方面所具有的共同特征。有学者总结这些特征可大致概括为：（1）民主化；（2）法则化；（3）工业化；（4）都市化；（5）均富化；（6）福利化；（7）社会阶层流动化；（8）宗教世俗化；（9）教育普及化；（10）知识科学化；（11）信息传播化；（12）人口控制化；等等。⑥ 后现代主义将工业文明的弊端归咎于启蒙哲学对人之主体性和工具理性的过分张扬，从不同的维度对支撑西方现代化的主导哲学文化精神和现代性内核进行了深刻的反思和批判。1971 年，伊哈布·哈桑在其著作中使用了"后现代主义"的

---

① 谢俊贵：《卡斯特尔网络社会理论述评》，载于《学术界》2002 年第 4 期，第 195 页。
② Castells, M. *The Rise of the Network Society.* Oxford Blackwell, 1996, P.154.
③ Castells, M. *The Rise of the Network Society.* Oxford Blackwell, 1996, P.156.
④ Castells, M. *The Rise of the Network Society.* Oxford Blackwell, 1996, P.244.
⑤ 谢俊贵：《卡斯特尔网络社会理论述评》，载于《学术界》2002 第 4 期，第 196～197 页。
⑥ 杨国枢：《现代化的心理适应》，台北巨流图书公司 1978 年版，第 24 页。

术语来描述对现代主义原则所进行的多重形式的审美、文学、技术与哲学的解构，[①] 并总结了界定这一语汇的诸要素，包括"不确定性"、"零散性"、"非原则化"、"无自我性"、"无深度性"、"卑琐性"、"不可表现性"、"发讽"、"种类混杂"、"行动"和"内在性"。[②] 除此而外，我们认为还应该包括"知识与自然的结合性"、"个人的自我行为的充分性"、文化的变异性等。同时，也与有学者的观点一样，后现代的核心是对整体专制的破坏性。[③] 法国学者利奥塔尔"首先使后现代性概念变得如此著名"[④]。1984 年，利奥塔尔出版《后现代状态：关于知识的报告》一书，从文化的维度阐述了后现代化与经典现代化之间的差异，直接促进了后现代主义的发展。开篇，利奥塔尔就指出："随着社会进入被称为后工业的年代以及文化进入被称为后现代的年代，知识改变了地位。"[⑤] 知识外在化越发明显，"知识的供应者和使用者的关系，越来越具有商品的生产者和消费者的关系所具有的形式。不论是现在还是将来，知识为了出售而被生产，为了在新的生产中增殖而被消费；它在这两种情形中都是为了交换。"[⑥] 在随即提出"谁将拥有知识"[⑦] 这个设问之后，利奥塔尔一语中的——"知识和权力是同一个问题的两个方面：谁决定知识是什么？谁知道应该决定什么？在信息时代，知识的问题比过去任何时候都更是统治问题。"[⑧] 利奥塔尔着重探讨当代西方发达工业社会里的知识状态变化，论证了作为文明维系网络与认知基础的知识开始丧失原话语的支配地位，以及由于"货币化"和"权力化"两方面的异化而产生的知识合法化危机。除此之外，杰姆逊、鲍德里亚、詹克斯等学者从多种文化、符号、解构、元叙事等维度对后现代主义进行了诠释。

四是社会制度与政治结构关系维度：风险社会理论与反思现代性。与生态现代化理论的积极乐观不同，对于社会未来发展模式的探讨，风险社会理论的态度是悲观的，越是具有高技术的社会越具有风险性。有学者认为，当代的风险是一种"文明的风险"，现代化表现越深刻，风险社会的表现方式越复杂。西方的现

---

① ［美］罗斯，张月译：《后现代与后工业》，辽宁教育出版社 2002 年版，第 200 页。

② ［美］罗斯，张月译：《后现代与后工业》，辽宁教育出版社 2002 年版，第 62 页。

③ 奕栋：《在人类文明的转折点上》，载于《中国社会科学》1995 年第 1 期，第 140 页。

④ ［英］吉登斯，田禾译：《现代性的后果》，译林出版社 2000 年版，第 2 页。

⑤ ［法］利奥塔尔，车槿山译：《后现代状态：关于知识的报告》，生活·读书·新知三联书店 1997 年版，第 1 页。

⑥ ［法］利奥塔尔，车槿山译：《后现代状态：关于知识的报告》，生活·读书·新知三联书店 1997 年版，第 3 页。

⑦ ［法］利奥塔尔，车槿山译：《后现代状态：关于知识的报告》，生活·读书·新知三联书店 1997 年版，第 3 ~ 5 页。

⑧ ［法］利奥塔尔，车槿山译：《后现代状态：关于知识的报告》，生活·读书·新知三联书店 1997 年版，第 14 页。

代化用市场的疯狂代替了人类需要有节制的满足，现代工业文明无节制增长的模式，与地球资源的有限性从根本上是不相容的，它的生产力的扩张具有如此大的毁灭人的生存环境的潜力，最终必将导致这种文明体系的全面崩溃。① 风险社会的代表人物乌尔里希·贝克教授认为由工业社会进入风险社会为第二次现代性——或称为"简单现代化"和"反身性现代化"。反身性现代化理论这一观念已被无意识地发展成两个相互区别但又互有重叠的意思。一方面"反身性现代化"本质上同对现代化过程的基础、后果和问题的知识（反思）连在一起；另一方面它本质上又与现代化的意外后果相关联（因而偏离了对该词意义的第一感觉）。在前种情况中，可以说是对现代化的反思（Reflection，狭义地看），在后者则是现代化的反身性（Reflexivity，广义地看）。② 如果说工业社会人们面临的风险是外部引导的，那么风险社会更多地则表现为"人为的"风险，"可以被界定为系统地处理现代化自身引致的危险和不安全的方式"。③ 在这一认知体系内，包含了对以往社会发展的批判，"今天颠覆着工业化的反现代思潮……在本质上便是对工业社会弊病的反思，对一种超越此类弊病的另一种现代化的探讨。"④ 需要强调的是，"第二次现代化的现代性，决不能被视为一个全新的开端，相反，它体现出连续性和非连续性辩证法的特征。旧有的一切不是简单地被取代，而是被补充、被扩展、被重塑。恰恰是从中产生的多重形象和复杂性勾画了社会变革的清晰模式，而这一模式使反思现代化的理论得到发展。"⑤

从传统工业社会到现代风险社会经历了财富分配逻辑到风险分配逻辑的转变：在总体上，社会整体焦虑的共同性在一定程度上替代了需求的共同性。在这种意义上，风险社会的形成标示着一个新的社会时代，在其中产生了由焦虑转化而来的联合⑥——阶级社会的驱动力可以概括为这样一句话："我饿！另一方面，风险社会的驱动力则可以表达为：我害怕！"⑦ 基于此风险社会的到来必然会促发人们对风险来源及其克服的反思即风险意识的觉醒，并引发相应的生态民主运动。在这个意义上，反身性现代化可谓是"第二次启蒙"⑧，区别于启蒙运动崇

---

① 刘岩：《风险意识启蒙与反思性现代化——贝克和吉登斯对风险社会出路的探寻及其启示》，载于《江海学刊》2009 年第 1 期，第 143 页。

② Beck. *Risk World Risk Society*. Cambridge Polity Press，P. 109.

③ ［德］乌尔里希·贝克：《风险社会》，译林出版社 2004 年版，第 19 页。

④ Beck. 属于自己的生活. Frankfurt am Main：Suhrkamp，1995，P. 139.

⑤ Beck. 属于自己的生活. Frankfurt am Main：Suhrkamp，1995，pp. 56 - 57.

⑥ 章国锋：《反思的现代化与风险社会——乌尔里希·贝克对西方现代化理论的研究》，载于《马克思主义与现实》2006 年第 1 期，第 130 ~ 135 页。

⑦ ［德］贝克，何博闻译：《风险社会》，译林出版社 2004 年版，第 57 页。

⑧ ［德］贝克、威尔姆斯，路国林译：《自由与资本主义》，浙江人民出版社 2001 年版，第 217 ~ 241 页。

尚理性主义、自由主义、人文主义的思想内核，反身性现代化的启蒙意义在于"全球风险开启了一个道德和政治的空间，它可以孕育一种超越国家边界和冲突的公民责任文化。当然，也是为了一个人的自我生存，这种每个人都易受伤的创伤性经验以及由此所产生的对其他人的责任，乃是相信世界风险的两个面向"。① 相对于贝克强调的技术风险性和生态主义色彩，吉登斯对于风险的阐释更关注制度方面。人类通过制度创造想要建立治理极度以有效规避风险，但在创造制度的同时也创造了制度崩溃的风险；同时，现代制度为现代化和全球化提供最初的支撑，但同时也使得风险社会成为一个全球话语。

现代性的根本性后果之一是全球化，这与全球网络社会的形成有一定关系。它不仅仅只是西方制度、西方文化向全世界的蔓延，关键是这种蔓延过程中其他的文化遭到了毁灭性的破坏。② 同时，吉登斯强调风险的个人化。对个体而说，风险是普遍外在的，但又是因人而异的：一方面，每个人的每个选择都必须承担风险；另一方面，每个人面临的风险因个体的选择而不同。在吉登斯看来，资本主义生产方式既对人类的"生存之地和共存之物"③——自然——造成全面侵害，又对人类寻求"本体性安全"的精神领地造成威胁而导致"存在性焦虑"④，正是在这双重的意义上，当代社会演变成一个"失控的世界"。⑤ 在寻找风险社会的出路方面，吉登斯强调"风险意识"是反思现代性的核心，相信"反思性现代化在不断重建传统的历史发展中可以获取化解当代社会风险的能力和资源"。⑥ 这种"以现代性对抗现代性"⑦ 的将现代化本身作为现代化的对象的思维出路在于依据"反思"和"自反"这对"结构性矛盾"⑧ 的张力关系，不仅仅通过解构，同时也依靠建构来化解现代化的危机。

---

① ［德］贝克、邓正来、沈国麟：《风险社会与中国——与德国社会学家乌尔里希·贝克的对话》，载于《社会学研究》2010 年第 5 期，第 210 页。

② ［英］安东尼·吉登斯，田禾译：《现代性的后果》，译林出版社 2000 年版，第 152 页。

③ ［英］安东尼·吉登斯，李惠斌、杨雪冬译：《超越左与右——激进政治的未来》，社会科学文献出版社 2000 年版，第 219 页。

④ 在《现代性与自我认同》一书中，吉登斯提出晚期现代性自我认同困境的一个方面就表现在"自我本体的安全和存在的焦虑"。参见 ［英］安东尼·吉登斯，赵旭东、方文译：《现代性与自我认同：现代晚期的自我与社会》，生活·读书·新知三联书店 1998 年版，第 39 页。

⑤ 刘岩：《风险意识启蒙与反思性现代化——贝克和吉登斯对风险社会出路的探寻及其启示》，载于《江海学刊》2009 年第 1 期，第 145 页。

⑥ 刘岩：《风险意识启蒙与反思性现代化——贝克和吉登斯对风险社会出路的探寻及其启示》，载于《江海学刊》2009 年第 1 期，第 146 页。

⑦ ［德］乌尔里希·贝克、［英］安东尼·吉登斯、［英］斯科特·拉什，赵文书译：《自反性现代化》，商务印书馆 2001 年版，第 6 页。

⑧ ［英］吉登斯，李康、李猛译：《社会的构成》，生活·读书·新知三联书店 1998 年版，第 299 页。

三、现代化动力机制：从经典现代化到后现代化

现代化的发展动力，在不同的国家表现为不同的发展模式。工业化、城市化、市民社会变迁、科学技术生产力提升等，都在某种意义上成为现代化的发展动力要素。有些国家是制度型推动过程，有些国家是产业推动过程，还有些国家是外来文化的推动过程。一般来说，把现代化看做是在科学和技术革命影响下，社会已经或正在发生着变化的过程。业已现代化的国家和地区的发展经验表明，现代化至少是影响社会各个方面的一个过程。有学者认为，一些传统社会因素被直接改变了，而其他因素的改变也许更重要，因为引进，甚至是毫无联系的新因素，也会改变受历史因素影响而形成的趋势。[①] 查普夫教授在 20 世纪 90 年代德国第 25 届社会学大会上阐释，现代社会的现代化是继续现代化，是经典现代化理论描述的"半现代化"状态的延续，是"容纳、价值普遍化、分化和地位提高的社会变迁机制"，[②] 包括发展方向的恒定和结构改善的双重含义。

大体说来，西方现代化理论认为从农业社会向工业社会的转变是现代化，从工业社会向后工业社会的转变是后现代化，其中的内涵标准是工业社会的发展水平。现代化通过科学和技术扩大规模再生产，其核心目标是经济增长；而后现代化则关注个人幸福的最大化，追求生命质量和生活质量的双重体验。

根据 20 世纪中叶西蒙·库兹涅茨提出的可以计量化的"现代经济增长"的概念，运用计量的方法，由蒸汽机带动的工业革命带来的技术创新、组织创新与社会变革，已可进行量化的分析。在工业革命以前，欧洲的经济增长率一般都低于 0.1%，即大约要 700 年才可以使物质财富增长 1 倍。在工业革命开始的 100 年间，平均增长率一下猛增至 1% 或更高，这样大约只要 70 年社会财富即可增长 1 倍。在现代经济增长的推动下，欧洲和北美在 1850~1950 年间的人均收入在一个世纪中增长了 7 倍。[③] 现代化可以被看做一个自 18 世纪以来的声势浩荡的全面的人类革命，其动力机制和范式模型引发学者们的广泛关注和思考。

吉尔伯特·罗兹曼指出，在全球的现代化浪潮中，英、法、美等是最早实现现代化的国家，可谓是先行者，其他国家都是后来者。先行者的现代化是真正值得研究的现代化，在某种意义上说，先行者的现代化是没有参照系，具有某种社

---

① ［美］吉尔伯特·罗兹曼，国家社会科学基金"比较现代化"课题组译：《中国的现代化》，江苏人民出版社 1988 年版，第 4 页。

② ［德］查普夫，陈黎、陆成宏译：《现代化与社会转型》，社会科学文献出版社 2000 年版，第 135 页。

③ 罗荣渠：《现代化新论续编——东亚与中国的现代化进程》，北京大学出版社 1997 年版，第 5 页。

会发展的创新性。先行者的现代化在很长的一段时间内，表现为自然的社会进化模式，是以循序渐进的方式转变了各种本土因素的结果，而后来者的现代化在很大程度上是依靠借鉴外来模式，是参照式的现代化，并迅速扩张或更换现存结构的结果，本土因素和外来因素都会对后来者的现代化产生影响。[①] 中国学者罗荣渠也持有相同的观念，认为"现代化是突破原有农业大生产力形态专项工业大生产力形态引起的社会巨变。在世界历史上，这种大转变的最早启动，主要是由内在因素导致的突破，称为内源性现代化，这是一种创新性巨变，是一个自下而上的自发的过程，最早进入现代化进程的西欧各国属于这种类型；主要是由外在因素导致的突破，称为外源性现代化，这是一种传导性巨变，是自上而下或上下结合的急剧变革过程，后进国家属于这种类型。"[②] 在具体阐述早期西方国家的现代化进程时，罗荣渠提出这一世界规模的大变革经历三次大推进即三次发展浪潮的观点。"第一次大浪潮（18 世纪后期到 19 世纪中叶），是由英国工业革命开端、向西欧扩散的早期工业化过程。第二次大浪潮（19 世纪下半叶至 20 世纪初），是工业化向整个欧洲、北美扩散并取得胜利的过程，同时在非西方世界产生强大的冲击，拉开非西方世界走向现代化的序幕。然后是诋毁一次世界规模的发展性危机。第三次大浪潮（20 世纪下半叶），是发达工业世界向高工业化升级与发达世界的大批国家卷入工业化的过程。"[③]

在这三次发展浪潮的推进中，不同国家所采取的现代化发展路径是不同的，换言之，经典现代化的范式具有多样性和路径依赖性。德国学者普尔指出，[④] 英美国家以民主化和工业化共同推动现代化，法国走先民主化后工业化的现代化道路，德国现代化则采取先工业化后民主化的策略——亨廷顿认为东亚国家如日本和韩国等的现代化模式与德国相近。[⑤] 这是已经被普遍认同的内源性现代化的范式划分。

对于西方发达国家内源性现代化过程中导致突破的"内在因素"，马克思的理论学说提供了最初的思考，即"经济基础决定上层建筑"，工业化、生产力的提高、新的技术的出现是现代化的原始推动力。与马克思的思考维度不同，韦伯在对西方现代化发展的动因分析中，尤其强调文化观念的价值导向。韦伯认为资本主义的产生既需要资本的物质积累，也需要新教伦理所鼓励的资本主义精神的

---

① ［美］吉尔伯特·罗兹曼，国家社会科学基金"比较现代化"课题组译：《中国的现代化》，江苏人民出版社 1988 年版，第 5~6 页。

②③ 罗荣渠：《现代化新论——世界与中国的现代化进程》，北京大学出版社 1995 年版，第 4 页。

④ ［美］亨廷顿等：《现代化——理论与历史经验的再探讨》，上海译文出版社 1993 年版，第 309~330 页。

⑤ ［美］塞缪尔·亨廷顿：《发展的目标》，引自罗荣渠：《现代化——理论与历史经验的再探讨》，上海译文出版社 1993 年版，第 209~330 页。

非物质培育——后者在普遍意义上扮演着更为重要的角色，"凡是资本主义精神觉悟并发挥其作用的地方，它就会自己创造出所需要的资本，作为活动的手段，可是资本却创造不出资本主义精神。"① 换言之，是文化影响了经济生活和政治制度，民主化推动了现代化的发展。应该说，单纯地强调经济与技术功能是西方现代化先行的原因，事实已经证明，无论是先行者的现代化，还是后学者的现代化，除了经济的因素外，都必然包括了文化变革的因素。美国学者殷根哈特教授归纳了关于经典现代化发展动力研究的三种观点，② 除了以马克思思想理论为核心的"经济发展决定论"和韦伯领衔的"文化发展决定论"，还有一种折中的"综合决定论"的观点，即认为现代化是社会发展的各方面，包括经济、政治、文化等相互作用的结果。吉尔伯特·罗兹曼在《中国的现代化》一书中提及一些"与现代化有着非同一般的联系的社会变化因素，常被看做是这一过程的基本特征，甚至是决定性因素。例如，国际倚赖的增进；非农业生产特别是制造业和服务业的相应增长；出生率和死亡率由高到低的运动；持续的经济增长；收入分配的更加平均；组织和技能更加专业化和传授推广；官僚主义化；大众参与政治（不论民主与否）；以及各阶层教育的普及"。③ 罗兹曼教授对发展中国家现代化的动力分析明显受到经典现代化发展动力研究中"综合决定论"的影响。当然，任何形式的社会变迁，包括现代化过程都不可能是单一因素影响的。但是，综合决定观点的缺点是，任何形式的社会变迁和现代化的影响因子，都必然有主要和次要之分，或者说社会变迁的影响因子，对于不同的国家来说影响因子的排序即重要程度是不同的。

如果说经典现代化是以工业化、城市化、民主化为基础动力的现代化，那么后现代化更加强调的是知识创新、制度创新和专业人才，其动力链条表现为：专业人才集聚—知识创新发生—科技结构发生变化—经济社会结构发生变化—制度创新发生—社会文化结构发生变化。随着时间的流逝，最后人们会形成一种观念：我们必须与之联系的并不是地理位置上的邻居，而是那些与我们共享生意、文化和其他利益的人。威廉·米切尔指出："'未来的城市'在本质上是物空间的，世界范围的计算机网络——电子市场——推翻、改变并从根本上重新定义了我们关于集市、社区与城市生活的观念。网络有一个本质上不同的物质结构，它在那些与统筹传统城市公共场所的行为完全不同的规则下运作。"④

---

① ［德］马克斯·韦伯，简惠美、康乐等译：《新教伦理与资本主义精神》，广西师范大学出版社2010年版。

② Inglehart R. *Modernization and Postmodernization*. New Jersey：Princeton University Press，1997.

③ ［美］吉尔伯特·罗兹曼，国家社会科学基金"比较现代化"课题组译：《中国的现代化》，江苏人民出版社1988年版，第4页。

④ ［美］科特金，王玉平、王洋译：《新地理：数字经济如何重塑美国地貌》，社会科学文献出版社2010年版，第4页。

第二节 中国本土城市现代化的理论探索：
"小康社会"和"第二次现代化"

中国本土城市化和城市现代化的理论探索，以小康社会理论和第二次现代化理论为突出代表。小康社会理论对于指导中国从农业社会转向工业社会的农村城市化过程有着悠久的历史根源和深厚的文化根基，在国家政策层面得到了认同；第二次现代化理论作为为数不多的中国本土化城市化的理论中较为系统的理论模式建构，关注中国如何在从工业社会向知识社会的转型过程中实现跨越式超常规发展，对于思考中国未来城市现代化的转型提供了一定的参考价值。

一、乡村城市化：小康社会的战略目标与城市社会转型的重构

作为中国现代化过程一个重要阶段——"小康社会"的提出，对于中国的农业社会向城市社会转型和城市化的发展起到了至关重要的作用，特别为马克思最早提出的"乡村城市化"理论找到理论与实践依据。小康社会不仅提出了经济学意义上的价值，也具有典型的社会学的意义，更重要的是，对于中国来说，小康社会是中国现代化的一个必然阶段，当然也是城市化"前过程"的一种表现方式。人类现代化的表现形式和结果就是城市化和城市现代化，小康社会作为与城市化基地发展阶段和过程，具有典型的中国城市本土化一种实践和理论价值。城市化必然要经历农村人口向城市转移问题，同时，城市化也是创造社会全员整体富裕的过程，现代化、城市化的建设与小康社会的建设目标是相一致的，即是创造政治、经济、社会、文化和人的行为全面、协调发展、走向现代化的一种社会经济形态转型发展过程和阶段。但是，我们必须指出的是，最初提出小康社会概念，距今已经有30多年了，中国在这30多年间发生了天翻地覆的变化，或者说，对于传统的中国社会来说，当代中国社会已经出现的结构性的转型，已经从农业社会走进了城市社会发展阶段，因此，必须从新的高度和新的视角上来认识小康社会与城市化和城市现代化的发展关系。

"小康社会"是邓小平同志于1979年12月6日在会见日本首相大平正芳时重新提出来的。此后，在1982年9月，中国共产党十二次全国代表大会首次使用"小康"这一概念，把它作为主要奋斗目标和我国国民经济和社会发展的阶

段性标志，并于 1987 年 10 月在党的十三大上，把邓小平提出的这个战略设想确定为全党和全国人民的长期奋斗目标。事实上，这也是一个国家和地区城市现代化的发展目标，其中的区别是城市现代化具有经济与社会发展的自然规律属性，而小康社会的建设具有中国社会主义的政治、经济和文化的建构特色。

我们进一步分析可以看到，在 1979 年刚刚提出小康社会的时候，中国社会的城市化水平只有 18% 左右，当时美国等发达国家的城市化已经达到 70% 以上，比较而言，中国还处在一个典型的农业社会发展阶段。可是到 2012 年的中国，城市化已经超过 50% 的水平，已经进入了城市社会的发展阶段。从城市化发展的角度认识，应该从传统小康社会的建设上升到现代化过程中的城乡一体化建设模式上来，特别是 2012 年中国的经济与社会发展，一些地区和城市不仅已经完成了初期工业化的发展，有些地区已经进入了新兴工业化和后工业社会的发展状态，如北京、上海、天津、广州、深圳、杭州、南京和苏州等，也有些地区已经进入了完全意义上的城市社会，因此，我们必须从小康社会的发展模式，上升到"小康社会—城市社会相结合"新型结构型的城市现代化。我们也看到，伴随中国小康社会这一目标的实现过程，给中国带来普遍意义上的社会转型和社会进步。在现阶段，我们要在全面建设小康社会基础上，进入一个城市化和现代化的过程，这也是中国特色的城市化道路和理论模式创造入径之一。

"小康"一词最早源于《诗经·大雅·民劳》的"民亦劳止，汔可小康"。这与后来的"大同社会"的理想，构成了中国传统社会的一种理想生活体系和社会类型。在《礼记·礼运》篇中提出的核心是"大道之行也，天下为公"。"大同"是天下为公的最高理想社会，小康则是天下为家、靠礼仪和伦理关系维持的社会，具有中国文化的传统性。抑或可以说，从"小康社会"到理想图式的"大同社会"，是中国式社会进化的一种模式，具有本土化的特点。但是，从现代化的意义上来认识，小康的传统含义就是那种物质上相对富裕、精神上相对满足的，和谐、安逸、舒适的生活状态，其在传统意义上仍然有地域性文化关系、地域性血缘关系和地域性生产关系，从生产的样态上，人们所希望的是那种"夜不闭户，路不拾遗"的某种封闭的社会状态，进一步说，这一含义带有一种自我封闭意识的农业社会文化属性。

我们必须赋予"小康社会"以现代社会架构和现代性意涵。从原来的中国小康社会"三步走战略"虽然也能够体现这一点，但是，对现代化、城市化和社会现代化性的意义上还是不足的。至少我们应该认识到，"小康"的概念已经存在 2 500 多年了，中国仍然没有走出传统社会，长期在封建社会结构下的农业社会关系中发展。虽然我们对小康社会赋予了新的内涵，但对城市社会与小康社会的关系而言，还是一个新的研究领域和研究视角，也是一种创新，即中国的小康社会不是中国现代化的全过程，而只是中国现代化的前期部分，应该从更高层次上认识的是，城市化和城市现代化将贯穿中国现代化的全过程，这就是我们必须把小康社会理论与本土化的中国城市化理论进行有效的"嫁接"和整合，这也是现代社会创新的一种理论模式发展入径。而这一内涵其实质也就是中国城市化和现代化的战略理论模式。

我们提出小康社会与城市社会转型的重要意义还在于，小康社会的建设与发展，虽然不能替代中国的城市化发展和战略，但是在事实层面上却实在地解决了中国乡村城市化的入径选择问题，同时也解决了中国城市社会来临前一阶段的发展问题，即小康社会对中国城市化从 17.8% 到 35%，再到 50% 的发展过程，起到了重要的作用。这个作用主要是中国本土化实践价值，在事实上具有本土性城市化理论与功能与意义。本研究课题的重要性在于，从小康社会的经验中，找到城市式的乡村城市化道路和整体上进行城市现代化的理论模式。这一理论的基础之一是，人类现代化的过程是以城市化为载体的，人类社会的现代化，就是城市化和城市现代化的过程。中国从农业社会发展过来，从小康社会到城市社会是城市现代化的一种模式，更是一种具有本土化的一种战略选择。

西方的城市化是在工业与新兴工业的发展中完成的，中国的城市化是在工业化、新型工业化和小康社会建设的双重建构中发展的，这也是论及小康社会和城市社会发展关系的重要理论前提。从传统农业思想中提炼出中国传统的理想生活和社会类型，根据中国农业社会发展的基础和现实，城市化从小康社会建设开始，是中国城市化道路的创新形式之一。

首先，小康社会的建设是城市化和城市现代化发展的社会建设前提和基础。小康社会强调的核心是从最初农业社会的贫困中走来，而 1978 年时的中国有 80% 的农民，必须经历这样一个农业社会结构的转型和农民从贫困解脱出来社会结构变迁，才有可能形成走上现代化的发展道路。小康社会强调的是经济发展、政治民主、文化繁荣、社会安定、环境优美、人民安居乐业的社会形态，是国家现代化进程中的初级发展阶段，也是城市化发展的初级阶段。

其次，小康社会的提出是为大众求幸福的一种社会关系的解放。在整体的社会发展进程中，也表现为一种社会进化的目标管理模式，通过小康的目标——经济指标的管理，形成社会新的有机体与制度形态；通过小康指标体系的创新，能够形成社会全员的目标和责任，并可能通过制度体系加以推进和创新。事实证明，中国的小康社会建设是在政府为主的倡导、推动下发展的，其现实和历史价值是十分充分的。

再其次，小康社会建设通过制度型的创新，动员了社会多层次群体的力量，特别是农民的力量，使农民通过自身的努力，迈出从农民向市民转换的第一步。因

51

此，这与中国城市化"制度型投入"的特点有相似之处。其主要表现是关系到每个城市、乡镇、每个家庭和每个人，小康社会建设是为多数谋利益的发展过程。

最后，小康社会是一个发展的概念。是一个民族再计划的发展和创新体系，其中不仅包括了富民，还包括"福民"，更包括了新的民主意义上的市民社会的创造与发展，而这个市民社会就是城市社会的一种表述方式。

更重要的是，全面建设小康社会对于 2012 年的中国来说，是缩小城乡差异，推进城乡一体化的一种战略选择，将会加快中西部地区、农村地区的发展，进一步缩小地区、城乡以及各个社会阶层间的差距，惠及几亿人口，使全体人民共享经济社会发展的成果，体现社会主义共同富裕原则。

综上所述，从社会经济发展水平来看，全面小康社会应该与中国的城市化和城市现代化建设进行衔接，形成中国城市现代化发展的特色模式和战略。小康社会的高级发展形态就是城市化和城市现代化，或者说是城市社会的整体性实践。只要存在着严重的传统二元经济结构，就必然存在典型的传统社会问题，城市社会的完全形成，喻示城市社会问题的主要来源已经不是传统二元经济结构所引发的，是城市社会特有的问题。

通过对小康、全面小康、城市化、城市现代化和现代化的各种内涵关系论述，我们可以得出以下结论：（1）现代化是一个社会形态意义上的概念，与其对立的是传统性的社会形态，现代化就是从传统的属性向现代化的属性转变，对一个社会而言，它意味着走出传统，走向现代。（2）现代化的概念是随着工业文明的产生而出现的，而且这个概念是世界性的，而小康的提法是中国特有的，而且不具备现代化的文明的专属性。（3）现代化是一个社会转型意义上的概念，是一次巨大的社会变动，是人类文明的一次转换，它在工业生产力取代农业生产力的基础上，实现了农业文明向工业文明的转化。换句话说，现代化是一种新的动态文明进化的方式。（4）现代化是国家综合国力的提升过程，强调社会的整体进步和全民幸福的表达。小康作为中国现代化建设的阶段性目标，它不是凝固不变的，有一个从低到高的发展过程。小康以及全面小康是以人民生活水平为出发点的概念界定，从这个意义上讲，建成全面小康社会是继而实现基本现代化的基础。

小康社会追求的目标之一是普遍的富裕，是与城市社会发展中市民社会完善的内涵是相一致的，城市化和城市现代化建构的新城市社会是中产阶级为主导的社会结构，其社会生活的平等意义是城市社会现代化和现代性的集中表现。据有关资料统计，2010 年的中国基尼系数是 0.50 以上，处于比较严重的分配不公的状态，这也是城市化建设及城市现代性建构的重要意义所在（见表 2 - 2 和图 2 - 1）。

表 2 - 2　　　　　　　　　　基尼系数数值及其含义

基尼系数数值	含　义
0.6 或高于 0.6	极度不平等，不仅表现在个人，还表现在社会团体中（被称为"水平性不平等"）财富集中在特定团体中而与大众隔离。社会动荡和公民冲突处于高风险状态
0.5 ~ 0.59	较高不平等程度
0.45 ~ 0.49	不平等程度接近于危险水平。如果不采取措施矫正，可能导致阻碍投资和间歇性的抗议和暴乱。往往表现为劳动力市场管理不善，或公共服务设施投资不足和缺乏改善贫困的社会项目
0.40	不平等阈值 = 国际警戒线
0.3 ~ 0.39	中度不平等。健康的经济发展，政治稳定，公民社会参与。然而，社会构成单一——所有的群体或者富有或者贫穷，因此不平等不是反映在收入情况上
0.25 ~ 0.29	不平等程度较低。公民普遍享有公共资源和服务的权利，政治稳定、社会和谐

资料来源：联合国人居署，吴志强译制组译：《和谐城市：世界城市状况报告 2008/2009》，中国建筑工业出版社 2008 年版，第 51 页。

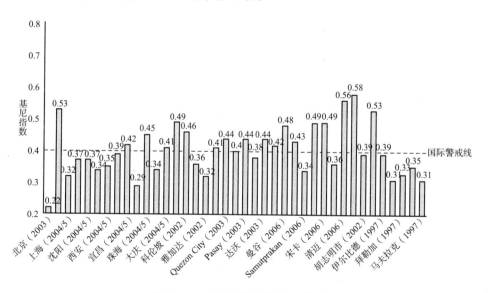

图 2 - 1　亚洲城市的基尼指数

资料来源：数据由亚太地区经济社会委员会（ESCAP）综合了 1990 ~ 2006 年间的统计数据得出。国际警戒线由联合国人居署与其成员国协商后划定。图片来源于联合国人居署，吴志强译制组译：《和谐城市：世界城市状况报告 2008/2009》，中国建筑工业出版社 2008 年版，第 75 页。

　　国内著名社会学者李培林在《中国小康社会》中根据中国近 10 年的发展速度，参考了中等收入国家的发展水平，并结合中国的国情，定出较切合实际的 2010 年和 2020 年的远景发展目标，供各地在制定本地区小康目标时参考，如表 2 - 3 所示。

表 2 - 3　　　　全国实现小康社会指标体系 2010 年目标

指标类别	小康社会 2010 年目标	指标内涵
一、社会结构指数		
1. 第三产业从业人员占总比重	35%	产业结构社会化
2. 城镇人口占总人口比重	45%	城市化
3. 非农增加值占 GDP 的比重	90%	产业结构非农化
4. 出口额占 GDP 的比重	30%	对外依存度
5. 教育经费占 GDP 的比重	4%	政府智力投资
二、经济与科教发展指数		
6. 人均 GDP	12 800 元	综合经济社会产出率
7. 人均社会化固定资产投资额	5 340 元	投入水平
8. 工业企业总资产贡献率	13%	工业投入产出率
9. 城镇实际失业率	4%	城镇就业状况
10. 研究与发展经费（R&D）占 GDP 比重	1.3%	知识创新投入
11. 人均教育经费	300 元	知识化
12. 每万人口专利受理量	3.5 件	发明创造能力
三、人口素质		
13. 人口自然增长率	5.6%	人口控制和自然承载力
14. 每万职工拥有专业技术人员	4 500 人	知识化、科技化
15. 每万人口在校大学生人数	130 人	知识化
16. 大专以上文化程度人口占 6 岁以上人口比重	7 人	知识化
17. 每万人口医生数	20 人	医疗资源占有
18. 平均预期寿命	73 岁	生活质量高质化
四、生活质量和环保		
19. 恩格尔系数（城乡平均）	33%	消费结构现代化
20. 人均生活用电量	320 度	家电现代化
21. 每百户拥有电话	30 部	信息化
22. 每百户拥有电脑（城镇）	30 部	信息化

指标类别	小康社会 2010 年目标	指标内涵
23. 工业"三废"处理率	85%	环保水平
24. 农村饮用自来水人口占农村人口比重	85%	农村环保水平
五、法制及治安		
25. 每万人口刑事案件立案率	22 件	治安与法制化
26. 每万人口治安案件发生率	20 件	治安与法制化
27. 每万人口拥有律师数	1.1 人	法制化
28. 每 10 万人交通事故死亡人数	6.4 人	交通秩序

资料来源：李培林：《中国小康社会》，社会科学文献出版社 2003 年版，第 97 页。

通过这些指标体系研究我们可以看到，全面小康社会开始实现的阶段，也是城市社会来临和发展的阶段。李培林在《小康社会》一书中提出了中国社会 2020 年的城市化率指标为 60%。从总体的指标结构来分析，"全面小康社会"建设，也是城市化发展的一种模式，是城市社会发展和城市现代化的一种发展结构。具体研究全面建设小康社会 2020 年主要指标体系（见表 2-4），可以发现其中就社会发展的表现来看，很多指标具有突破性的发展，但人口指标和城市化指标有明显的滞后性。

表 2-4　　全面建设小康社会 2020 年主要指标的发展目标

指标	2020 年目标
1. GDP（万亿元）低线	33.11
高线	36.16
2. 人口总数（亿人）	14.8
3. 人均 GDP（元）	22 370~24 430
按 1/8.28 汇率折成美元	2 790~2 950
4. 城市人口占总人口比重（%）	60
5. 第三产业从业人员比重（%）	51
6. 教育经费占 GDP 比重（%）	4.5
7. 大学生占适龄人口比重（%）	20
8. 平均预期寿命（岁）	74
9. 每千人口医生数（人）	2.5
10. 城镇居民可支配收入（元）	22 000

续表

指标	2020 年目标
11. 农民人均纯收入（元）	6 860
12. 城镇人均建筑面积（平方米）	30
13. 人均生活用电量（千瓦小时）	712
14. 恩格尔系数（％）	30
15. 城乡收入差距（倍）	3.1/1
16. 贫富差距（基尼系数）（％）	0.4

资料来源：李培林：《中国小康社会》，社会科学文献出版社 2003 年版，第 86 页。

很显然，当代中国社会的城市化的高速发展，有些社会发展指标已经远远超出了，原来的小康指标在某些方面已经不适应了，甚至某些指示显得有些保守了。

美国学者宾夕法尼亚大学社会学家埃思蒂恩（Richard J. Estes）用 36 个社会指标组成"社会进步指数"，对 124 个国家进行了综合定量评价。联合国开发署的《人文发展报告》只用三个指标，即平均预期寿命、成人识字率、实际人均 GNP。很显然，这些指标所反映的是一种社会进步，是一种现代化程度。而指标的确定不是依据想象，是根据社会实际能力与需求。因此，任何指标只是现存现代化的"移植性"的表述，即人们认识的现代化，是因为当代世界范围内的最先进的国家已经能够做到。

美国著名的社会学家和现代化问题专家阿历克斯·英克尔斯（Alex Inkeles）在 20 世纪 80 年代调查了各种不同类型的国家后，于 1988 年提出了现代化社会的 10 项标准，如表 2 - 5 所示。

表 2 - 5　　　　　　　英克尔斯的现代化指标体系

指标内涵	参考值
人均国民生产总值（GNP）	3 000 美元以上
农业产值占国民生产总值的比重	12% ～15% 以下
服务业产值占国民生产总值的比重	45% 以上
非农劳动力占总劳动力的比重	70% 以上
识字人口的比重	80% 以上
适龄青年中大学生的比重	10% ～15% 以上
每名医生服务的人数	1 000 人以下
平均预期寿命	70 岁以上
婴儿自然死亡率	30% 以下
城市人口占总人口的比重	50% 以上

朱庆芳、吴寒光著等人在《社会指标体系》一书中使用的现代化指标大致就是根据英克尔斯的指标体系构建出来的，如表2-6所示。从此项体系的单项标准中可以总结出，设计者主要从以下领域来衡量现代化的发展水平。首先是经济发展，如人均GNP、农业产值占国民生产总值的比重、服务业产值占国民生产总值的比重；其次是社会结构发展，如城市人口占总人口的比重、非农劳动力占总劳动力的比重、识字人口的比重、适龄青年中大学生的比重；再其次是居民生活质量，如每名医生服务的人数、平均预期寿命、婴儿自然死亡率。这些指标是在亚洲、非洲和拉丁美洲一些发展中国家经过广泛调查研究基础上提出来的，在许多方面适合中国的国情。

表2-6　　　　　　　英克尔斯的指标体系的本土化

10项指标	参考值
1. 人均国民生产总值	3 000 美元以上
2. 非农业产值占国民生产总值的比重	85% 以上
3. 第三产业产值占国民生产总值的比重	45% 以上
4. 城市人口占总人口的比重	55% 以上
5. 非农业就业人口占就业人口比重	70% 以上
6. 大学生占 20 ~ 24 岁年龄人口比重	12.5% 平均
7. 人口净增长率（1990 ~ 1998 年平均）	1% 以下
8. 平均预期寿命	70 岁以上
9. 平均多少人有一名医生	1 000 人以下
10. 成人识字率	80% 以上

资料来源：朱庆芳、吴寒光：《社会指标体系》，中国社会科学出版社2001年版，第255页。

英克尔斯的指标体系强调经济和社会发展指标，相关的社会民主、政治结构、文化价值和个人的发展指标等，没有作为指标体系的内容。伴随世界经济一体化的发展，特别是全球城市化的发展，当世界城市人口已经超过50%时，英克尔斯的指标体系显得有些过时了，或者是整体指标结构具有不合理性和历史的局限性。即在世界总体城市化人口低于50%时，社会的整体发展还没有在整体上进化为新兴工业化时代，当世界总人口超过55%时，说明世界的一些区域和城市已经进入了后工业时代，这就需要调整现代化的结构和内涵，创造新型的城市化结构与城市现代化的指标结构体系。进一步说，世界虽然在全球化的潮流中发展，但是世界更以一种多元化的模式进化着，因此，必须有全新的现代化体系，特别是需要以城市化和城市现代化为主体的现代化指标和模式。人类近代化和当代城市化历史证明，没有城市化和城市现代化就没有现代化。

我们可以根据中国社会科学院与香港大学合作的研究成果，对当代世界范围的城市现代化水平指标，进行城市现代化数据指标体系再构建或寻找到一般特点，也就是说，目前世界最现代化的城市指标体系如下：①

1. 第三产业就业人员占就业人员总数的比重：70%～80%以上。

2. 食品支出占消费支出的比重：12%～20%。

3. 平均预期寿命：76岁以上。

4. 每千人口医生数：10人左右。

5. 婴儿死亡率：4‰。

6. 中学入学率：92%以上。

7. 每户居民拥有住房间数：4～5间。

8. 每百人拥有电话机数量：90部以上。

9. 人均用电量：2 000千瓦小时以上。

10. 人口自然增长率：1%以下。

二、中国式城市现代化：城市社会来临的本土化理论建构

中国的现代化理论研究多以转述和评析西方现代化理论为主，极少有本土化的理论建构。20世纪90年代，以罗荣渠、何传启、朱庆芳等为代表的中国学者对现代化及其评价的研究有了较大的进展。2000年起，北京同响现代化战略研究中心"中国现代化报告"课题组进行了一系列专项报告，包括地区现代化②、经济现代化③、社会现代化④、生态现代化⑤、国际现代化⑥和文化现代化⑦等方面。

---

① 王建武：《城市现代化理论的特征及指标体系》，载于《中国社会科学院院报》2008年2月15日。

② 中国现代化战略研究课题组、中国科学院中国现代化研究中心：《中国现代化报告2004》，北京大学出版社2004年版。

③ 中国现代化战略研究课题组、中国科学院中国现代化研究中心：《中国现代化报告2005》，北京大学出版社2005年版。

④ 中国现代化战略研究课题组、中国科学院中国现代化研究中心：《中国现代化报告2006》，北京大学出版社2006年版。

⑤ 中国现代化战略研究课题组、中国科学院中国现代化研究中心：《中国现代化报告2007》，北京大学出版社2007年版。

⑥ 中国现代化战略研究课题组、中国科学院中国现代化研究中心：《中国现代化报告2008》，北京大学出版社2008年版。

⑦ 中国现代化战略研究课题组、中国科学院中国现代化研究中心：《中国现代化报告2009》，北京大学出版社2009年版。

目前，中国学者何传启提出的"第二次现代化理论"的研究具有某种针对性。

1998 年何传启发表"知识经济与中国现代化"和"知识经济与第二次现代化"的论文，随后出版《第二次现代化：人类文明进程的启示》一书，全面提出"第二次现代化理论"。第二次现代化理论认为，从人类诞生到 2100 年，人类文明进程分为 4 个时代 16 个阶段（见图 2－2）。其中，从农业时代向工业时代、农业经济向工业经济、农业社会向工业社会、农业文明向工业文明的转变是第一次现代化（即经典现代化）；从工业时代向知识时代、工业经济向知识经济、工业社会向知识社会、工业文明向知识文明的转变过程是第二次现代化；知识时代不是文明进程的终结，将来还会有新的现代化等。[①] 两次现代化有不同的规律和特点。第一次现代化的主要特点是工业化、专业化、城市化、福利化、流动化、民主化、法治化、世俗化、信息传播和普及初中等教育等；第二次现代化的主要特点是知识化、分散化、网络化、全球化、创新化、个性化、多样化、信息化和普及高等教育等。在第一次现代化过程中，经济发展是第一位的，物质生产扩大物质生活空间，满足人类物质追求和经济安全。在第二次现代化过程中，生活质量是第一位的，知识和信息生产扩大精神生活空间，满足人类幸福追求和自我表现；物质生活质量可能趋同，但精神和文化生活将呈现高度多样化。[②]

第二次现代化理论不仅覆盖了后工业社会理论、后现代主义、后现代化理论等内容，更"将 20 世纪 70 年代以来学者们关于新经济（知识经济、信息经济、网络经济、数字化经济等）、新社会（知识社会、信息社会、网络社会、学习社会等）和新文明（知识文明、非物质文明等）等方面的研究成果全部纳入"。[③]第二次现代化的理论是将后现代化理论研究进行了系统的纳入和全面的覆盖，其最主要的理论贡献是"集大成"。但是，从数理逻辑和发展逻辑来讲，既有第一次和第二次现代化，就必然会有第三次现代化，这种描述本身是否会有某种局限，如此比较，是不是世界某些发达国家已经进入了第三次现代化？更重要的是，中国是一个多梯度、多类型的差异过大的国家，是不是中国有些地区处于第一次现代化，有些地区处在第二次现代化阶段，甚至已经出现了第三次现代化的发展趋势？

我们认为，面对中国城市化的发展新格局和新趋势，必须建构中国本土化城市现代化理论。中国本土化现代化的路径思考是：

根据何传启等学者的研究分析，不同民族和国家的文明进程是不同步的，世界现代化具有进程不同步性和分布不均衡性。目前，大约有 24 个国家已经进入

---

① 何传启：《中国现代化战略的新思维》，科学出版社 2010 年版，第 36 页。
② 何传启：《中国现代化战略的新思维》，科学出版社 2010 年版，第 57～58 页。
③ 何传启：《中国现代化战略的新思维》，科学出版社 2010 年版，第 251 页。

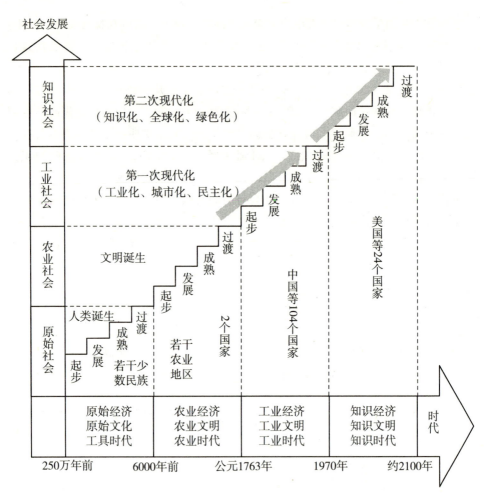

图 2-2　文明进程的坐标系

资料来源：何传启：《东方复兴：现代化的三条道路》，商务印书馆 2003 年版。

第二次现代化，大约有 100 个国家处于第一次现代化，大约有 10 个国家仍然处于农业社会，有数百个少数民族仍然生活在原始社会[①]（见表 2-7）。在全世界有多少种现代化类型的一般认识中，中国长期占有引人瞩目的地位。[②] 现阶段，中国位列第一次现代化过程中的 100 个国家之列。如果按照经典现代化的范式思考逻辑，中国的现代化在很大程度上需要借鉴外来模式，通过迅速扩张的道路更换现有经济、产业、文化、社会结构，以自上而下的传导模式实现外源性现代化

---

①　何传启等：《中国现代化报告概要（2001~2007）》，北京大学出版社 2007 年版，第 6 页。

②　[美] 吉尔伯特·罗兹曼，国家社会科学基金"比较现代化"课题组译：《中国的现代化》，上海人民出版社 1989 年版，第 1 页。

的递进过程——事实上，中国目前所进行的现代化的基本路径的确是这样的。这是一个能够在一定程度上避免失误和弯路的选择，正如马克思在《资本论》第一卷第一版序言中所说的："工业较发达的国家向工业较不发达国家所显示的，只是后者未来的景象。……一个国家应该而且可以向其他国家学习。一个社会即使探索到了本身运动的自然规律，它还是既不能跳过也不能用法令取消自然的发展阶段。但是它能够缩短和减轻分娩的痛苦。"① 但这个踏着西方发达国家脚印寻求现代化突破的路径使中国必须严肃思考两个无法回避也不应该回避的问题。

表 2-7　　　　　　　2050 年完成第一次现代化和进入
第二次现代化的国家个数

项目	1970~2000 年进程				2010~2050 年预测				
	1970 年	1980 年	1990 年	2000 年	2010 年	2020 年	2030 年	2040 年	2050 年
进入第二次现代化	2	10	15	24	30	36	42	48	54
完成第一次现代化	18	21	20	27	43	58	67	72	76

　　资料来源：中国现代化战略研究课题组、中国科学院中国现代化研究中心：《中国现代化报告 2003》，北京大学出版社 2003 年版。

　　首先，以学徒身份进行现代化的中国如何能够"弟子不必不如师"，如何实现对西方发达国家的赶超？对这个问题最为直接的回应是第二次现代理论下所提出的中国"综合现代化"的"运河模型"发展策略（见图 2-3）。《中国现代化报告 2003》首次提出未来 50 年中国现代化的"运河战略"，即"按照'运河模型'原理，在第一次现代化和第二次现代化河段之间，开辟、打通一条通向第二次现代化的路程较短的运河"。

　　"运河战略"作为中国实施综合现代化道路的一种发展模式，它以赶上发达国家的第二次现代化发展水平为阶段目标，同时推进两次现代化，以第一次现代化促进第二次现代化，同时推进工业化、信息化和知识化，推进发展路径创新、发展模式创新和战略创新，最终实现第二次现代化。有学者对现代化提出新的认知模式：（1）推进新型工业化；（2）加快城市化步伐；（3）尽快普及中等教育，大力发展高等教育；（4）建设国家创新体系，大力发展高技术产业；（5）推进信息化、知识化、网络化；（6）积极参与全球化，循序渐进，逐步成为全球制造业中心之一；（7）转变发展模式，实现可持续发展；（8）积极推进按贡献分配。②

----

① 马克思：《资本论》（第 1 卷），人民出版社 2004 年版，第 8~10 页。
② 于维栋：《中国现代化的新思维》，科学出版社 2010 年版，第 53~54 页。

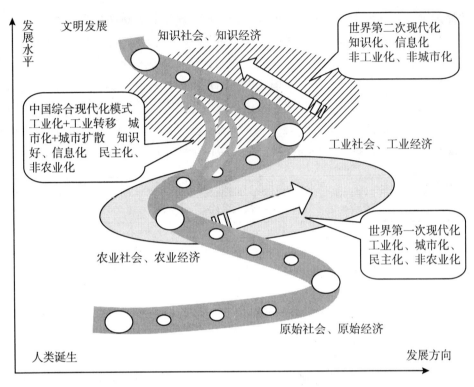

注：圆圈代表人类文明起步、发展、成熟、过渡的发展周期；非城市化指城市居民向郊区和乡镇迁移的现象。

图 2－3　中国综合现代化模式：两次现代化协调发展（螺旋式发展）

资料来源：何传启：《东方复兴：现代化的三条道路》，商务印书馆 2003 年版。

其次，奉行"拿来主义"的中国如何充分运用自身的文化特色，打造真正蕴含中国智慧的，表现中国特色的现代化道路？早在 1914 年，一位西方旅行者写的《东方正在现代化》一书中，作者敏锐地注意到东方的觉醒并正在急匆匆地追赶西方世界。与众不同之处在于，作者认为东方各国的现代化将是东方的，而不是西方的——"西方能给予帮助，尽管它决不可能使东方真正现代化。——但东方真正能够而且将会自己实现现代化。"① 回顾西方现代化理论的发展，对于早期现代化理论最严厉的问责，是对"西方中心论"的价值观指控。这种思想的积淀早在经典现代化理论体系诞生之前就已经开始，工业革命时代的历史哲学家黑格尔就曾经断言："西方绝对是历史的终点，亚洲是起点。世界精神已把我们带到了历史的最后阶段，就是我们的世界，我们的时代。"② 具体到

① Clayton S. Cooper. *The Modernizing of the Orient.* New York，1914，P. 346.
② ［德］黑格尔：《历史哲学》，上海书店 1999 年版，第 18、29、122 ~ 123、463 页。

城市化理论重构与城市化战略研究

中国，黑格尔认为是"永无变化的单一的"，认为是东方的最典型代表。① 在黑格尔把西方的范畴作为人类的普遍范畴对中国的伦理、道德、宗教、科学和艺术等方面进行考察之后，其断言，这些"真正"的东西"一概离他们很远"。② 作为西方现代化理论的主流派，产生于20世纪50～60年代的经典现代化理论，其建构和发展的初衷是满足发达国家对外影响和扩张的需要——其理论关怀更多侧重落后的发展中国家如何效仿西方发达国家经验以为后者提供更广阔的资源和市场，而不是结合发展中国家的具体国情照顾其发展。换言之，经典现代化理论自诞生就带有浓重的"西方中心"的意识形态和立场。20世纪70年代，随着西方各种社会发展弊端的呈现，亨廷顿认为"现代化和西化的搭档关系已被打破"，并且，西方对于东方来说"也许不能成为有意义的模式"，而"建立更适合各国自己文化的现代伊斯兰社会模式或现代儒教社会模式的时机可能已到来了"。③ 在这个概念认知下，亨廷顿提出了"现代化并不一定意味着西方化。非西方社会在没有放弃它们自己的文化和全盘照搬西方价值、制度和实践的前提下，能够实现并已经实现了现代化。……世界正在从根本上变得更现代化和更少西方化。"④

三、中国城市现代化的基础和现实：梯度复合现代化

"死去的那些文明并不是命中注定必死的，也不是'天生要死的'。"⑤ 文明衰落和解体的原因不是外在的，而是内在的文化原因，即创造性少数的蜕变导致此文明创造力的丧失和自决能力的终结。⑥ 中国城市现代化的理论建构需要思考的第一个问题就是如何持续保持文明的创造力——这个文明不仅仅是世界文明，更多的，应当是中华文明。布莱克认为，早期的现代化理论过多地强调了西方影响的作用，尽管这种作用是应该重视的，但明显的缺陷是忽视了对各类正在现代化的社会内部文化传统的研究，而"现代化理论与其他任何社会变化理论的不同之处在于它应当把四个方面的内容作为研究领域。第一，它应当重视评价前现代社会中产生的有利于或阻碍现代化的各种因素。第二，它应当把反映在科学革命和技术革新中的知识进展看作社会变革的原动力，正是知识的进展使这类社会变革区别于过去的任何社会变革。第三，它应当着重于检验某个社会在政治、经济、社会、文化

① ［德］黑格尔：《历史哲学》，上海书店1999年版，第119～120页。

② ［德］黑格尔：《历史哲学》，上海书店1999年版，第143页。

③ ［美］亨廷顿：《发展的目标》，引自罗荣渠主编：《现代化理论与历史经验的再探讨》，上海译文出版社1993年版，第354～356页。

④ ［美］塞缪尔·P·亨廷顿：《文明的冲突与世界秩序的重建》，新华出版社1999年版，第70～71页。

⑤ ［英］汤因比：《历史研究》（中卷），上海人民出版社2000年版，第15页。

⑥ ［英］汤因比：《历史研究》（中卷），上海人民出版社2000年版，第36页。

和科学的进步所提供的可能性面前利用这些因素的能力。第四，它应当批判性地评价某个社会的领导者如何利用各种政策去改造传统制度和观念的遗产，目的在于在这样的基础上利用可行的政策来有选择地向先进的现代社会借鉴，并推动现代化的进程。"① 在这个意义上，罗兹曼教授的表述似乎更为直接："我们的主要目的是要弄清楚在中国社会里，哪些是或者已经是有助于促进现代化的因素，哪些是阻碍现代化的因素，同时对已经实现现代化的速度和模式进行估价。"②

汤因比把文明分为三部分，政治、经济和文化，其中文化是核心和灵魂，政治和经济不过是其表象和其活动的媒介。③ 我们必须注意到社会经济高速增长中的文化因素。甚至有学者认为，"儒家伦理"在东亚现代化中扮演的角色比新教伦理在欧洲所起的作用还要大。④ 作为儒家伦理的发源地和中心区域，中国的文化或者说中国文化中的哪些因素能够更好地指导城市现代化的建设，中国的城市现代化应当在多大程度上实践儒家伦理，这不仅需要实践者的思考，也需要理论家的反思。中国的城市现代化应当有独立的思考能力和判断能力，应当能够根据自身国情寻找出最适合的逻辑路径，而不应当作为"美国在中国的现代化"、"英国在中国的现代化"，甚至"日本在中国的现代化"！德国建筑学会会长汉派尔曾在北京感慨道："我到过上海等其他城市，我认为中国的一些城市正在发展中一步步失去自我。"⑤这不仅仅是城市建筑形态的困境，更是城市现代化甚至是民族现代化文明参照和发展路径的困境。必须明确的是，中国城市现代化进程中的社会背景、前提、样态及规模在国际上是没有参照系的，具有独有性、地方性和世界前沿性。

中国的现代化，是从沿海沿江港口城市开始，再沿着主要交通路线往广大内陆地区延伸，从而扩展到全国各地的。⑥ 现代化进程的不平衡性和不均衡性不仅存在于国家之间，也存在于国家内部。广域的地域空间和不同层次的社会发展阶段使得中国的城市现代化在传统文化的保持和西方价值观的冲击的双重作用下，呈现出西方社会所没有的复杂性。我们认为，中国区域经济发展不平衡是多样化，不能简单概括为"二元结构"，中国可以分为六个发展梯度，或称六个不同区域社会的发展阶段和类型，包括典型的传统封闭型乡村区域、以传统农业为主

① ［美］布莱克、杨豫：《现代化与政治发展》，载于《国外社会科学》1989年第4期，第1页。

② ［美］吉尔伯特·罗兹曼，国家社会科学基金"比较现代化"课题组译：《中国的现代化》，上海人民出版社1989年版，第5页。

③ 转引自吴国盛：《时间的观念》，中国社会科学出版社1996年版，第90～91页。

④ Herman Kahn. *The Historical and World Context of East Asian Development*. Richard Solomon. *Asian Security in the 1980's*: Problems and Policies for a Time of Transition, 1979.

⑤ 转引自吴鹣：《城市发展勿失自我（城市论坛）》，载于《人民日报（海外版）》2003年12月17日第八版。

⑥ 吴松弟：《中国百年经济拼图：港口城市与其腹地与中国现代化》，山东画报出版社2006年版，第2页。

的农业与局部工业混合经济区域、农业与工业相辅相成发展的经济社会发展区域、工业化为主农业为辅的工业成长型区域、新兴工业化城市区域和准后工业社会的大城市经济区域——由此形成了多层次、多方式、多类型和混杂性的城市化发展模式，从而也引发了多层次、多方式、多类型和混杂型的相关社会问题。换言之，在中国，城市现代化表现为一个连续的过程状态，前现代、现代和后现代景象交织，中国的不同区域，处于不同的城市现代化阶段（见表2-8）。

表2-8　　　　　　中国不同规模城市数量的发展状况

年份	全国城市总数	人口100万以上的特大城市数	人口50万~100万的大城市数	人口20万~50万的中等城市数	人口20万以下的小城市数
1949	136	5	8	17	106
1960	199	15	25	32	128
1978	192	13	27	60	92
1990	467	31	28	117	291
2000	663	40	54	217	352
2009	665	58	82	233	282

资料来源：中国市长协会：《中国城市发展报告2001~2002》，西苑出版社2003年版；中国市长协会：《中国城市发展报告2008》，北京城市出版社2009年版。

　　"第二次现代化"理论提出者何传启也有类似的观点，在解释为什么地区现代化的模式①是多样化的时候，何传启研究员给出了六方面的理由。第一，工业

----

　　①　中国现代化战略研究课题组和中国科学院中国现代化研究中心以地区现代化为主题，对世界18个国家进行定量分析和统计学方法，系统归纳了16个基本事实和9个重要启示。见何传启：《中国现代化战略的新思维》，科学出版社2010年版，第271~273页。

　　世界18个国家地区现代化的16个基本事实：（1）地区现代化是客观存在的。（2）地区现代化遵循国家现代化的一般规律。（3）地区现代化不是国家现代化的简单缩小，其模式和道路具有多样性。（4）地区现代化过程中存在地区互动，可城市定位论以促进地区间的协同发展。（5）地区现代化与地区基础能力关系密切。（6）地区现代化进程具有不平衡性。（7）地区现代化在经济领域有四个基本事实：①地区经济现代化本质是生产力水平的提高。②地区经济中农业比重减少现象普遍存在，但不是绝对的，具有一定弹性；③地区经济工业化和非工业化都具有一定弹性，不是绝对的；④地区经济服务化（服务业比重增加）是必然趋势。（8）地区现代化在社会领域有三个基本事实：①地区社会现代化本质是居民生活水平的提高。②地区的城市化和郊区化，都具有一定弹性，不是绝对的；③地区基础设施的现代化有重要意义。（9）地区现代化在知识领域有三个基本事实：①地区知识领域现代化本质是科学知识和信息生产能力和普及程度的提高。②地区知识领域现代化包括"普及免费义务教育"和"知识化信息化"两阶段。③发达国家和发展中国家地区知识领域现代化模式不同。

　　世界18个国家地区现代化的9个启示：（1）在一级地区（省级地区），地区现代化与国家现代化具有较强一致性。（2）在二级地区（县级地区），地区现代化与国家现代化的关系具有多样性。（3）地区现代化进程的不同步和不平衡现象是普遍存在的。（4）地区间差距的扩大和缩小现象是普遍存在的。（5）城乡差距的波动和缩小现象是普遍存在的。（6）收入差距的扩大和缩小现象是普遍存在的，收入分配需要政府调控。（7）人口和经济活动分布的演变过程可以分为集中和分散两个阶段。（8）发达国家的地区现代化过程具有两个大阶段和多种发展模式。（9）地区相对水平位置的转移概率具有一定的共性。

化和非工业化不是所有地区的地区现代化的必由之路。第二，非农业化和服务化有很大弹性。第三，城市化和郊区化是可以选择的途径。第四，信息化和知识化是必由之路。第五，地区第一次现代化的发展模式是工业化、城市化等的多种组合。第六，地区第二次现代化的发展模式是知识化、信息化、全球化、郊区化和创新体系等的多种组合。① 在这样的国情和理论前提下，中国城市现代化的路径选择和策略方案必定也是多样化且具有针对性的：落后地区需要继续完成第一次现代化，发达地区需要思考第二次现代化的入径，而有条件进行赶超的地区则需要同时考虑进行两次现代化。

第三节　中国本土化城市现代化理论构建的再思考

在一个民族中实行"现代化"，就意味着他们处于一种从"农业"社会过渡到"现代"社会的过程② （见表 2 – 9）。总结世界发达国家城市化的发展规律，创造性地选择中国的城市化道路，是中国 21 世纪经济与社会发展的重大战略问题。针对中国的现代化，我们可以这样设问：传统乡村的生活方式、生产方式与生活格局不改变，即使社会成员的收入达到某种水平，也不能称其为现代化。21 世纪初的世界，很多发达国家城市人口已经达到 85% ~ 90% 以上，中国要达到这一水平，将是一项巨大的真正意义上的社会系统变迁与再建构工程。实现这一目标的主体形式就是在国家整体意义上实现城市化和区域城市现代化，在局部地区创造有世界水平的城市群。

表 2 – 9　　　　　　　部分国家城市化发展速度的比较

国家名称	英国	德国	法国	美国	日本	中国
城市化水平达到 20% 的年份	1720	1785	1800	1860	1925	1981
城市化水平达到 40% 的年份	1840	1865	1900	1900	1955	2003
经历的时间/年	120	80	100	40	30	22

资料来源：谢文蕙、邓卫：《城市经济学》（第二版），清华大学出版社 2008 年版。

---

① 何传启：《中国现代化战略的新思维》，科学出版社 2010 年版，第 160 页。
② ［美］赫茨勒，何新译：《世界人口的危机》，商务印书馆 1963 年版，第 49 页。

一、中国城市现代化的发展策略：内涵式现代化

现代化不仅是国家发展的目标，也是区域社会发展和城市发展的目标——城市现代化是现代化的最集中的表现形式和推进器。现代化从时代特征上表达了人类生产方式、生活方式和文化模式等方面与传统社会的根本区别，而城市化则是从居住空间形态的角度反映了人类生产方式、生活方式和文化模式与传统乡村社会的本质不同，二者牵涉的载体是同一的——城市化。城市化解决的是外部聚落结构存在状态，而现代化则是其丰富内涵。① 我们必须意识到，城市现代化不是人类文明发展的终点，它是一个历史过程，也是一个发展状态。美国学者塞缪尔·P·亨廷顿就曾直截了当地说："在很大程度上，城市的发展是衡量现代化的尺度。城市成为新型经济活动、新兴阶级、新式文化和教育的场所，这一切使城市和锁在传统桎梏里的乡村有本质的区别。"②

中国未来很长一段时间的现代化表现是以城市为单位的——中国在进入城市社会③的同时，也进入了城市现代化的竞争时代！中国城市现代化的地区实践需要本土化的城市现代化理论指导，遗憾的是，中国目前尚未形成真正有针对性的城市现代化理论。这是我们需要系统反思和积极建构的。诚如亨廷顿所言："现代性孕育着稳定，而现代化过程却滋生着动乱。产生秩序混乱的原因，不在于缺乏现代性，而在于为实现现代性所进行的努力。"④

在确定中国城市现代化文明选择的意识之后，需要对中国城市现代化的未来发展方向提出一个新的明确而深刻的认识：中国未来的城市现代化应该是内涵式现代化，而非扩张式现代化，这是中国国情的需要。中国的城市现代化发展不是也不能是单一的外向扩张——这个扩张包括土地空间的扩张、资源能耗的扩张、人口数量的扩张等各方面。中国的人均粮食、耕地和能源都低于世界平均值，中国人口约占世界总人口的22%，耕地占世界的7%，能源占世界的10%，而且煤是能源主体。如果 GNP（国民生产总值）增加30倍，考虑节能和能源效率要提高5~10倍，中国的能源消费的新增数字将仍是巨大的。中国工程院的研究小组估计，当中国人均 GDP（国内生产总值）达到7 000美元时，中国能源就可能

① 高珮义：《城市化发展学原理》，中国财政经济出版社2009年版，第240页。
② ［美］塞缪尔·P·亨廷顿，王冠华、刘为等译：《变化社会中的政治秩序》，生活·读书·新知三联书店1989年版，第66页。
③ 2007年全球城市人口已超过总人口的50%，2010年中国有50%以上的人口居住在城镇——全球城市时代和中国城市时代均已到来。
④ ［美］塞缪尔·P·亨廷顿，王冠华、刘为等译：《变化社会中的政治秩序》，生活·读书·新知三联书店1989年版，第38页。

承受不了。① 现实的问题不仅在于资源和能源的低持有——更在于中国当前的能源使用趋势不仅是不可持续的，而且对经济发展和社会不利。根据国际能源署的统计，预计 2005～2020 年，中国的能源消耗总量将是现在的两倍，届时，中国将成为世界上最大的能源消费国。自 2001 年以来，中国每年的能源消耗量一直以 12% 的平均速度增长，也就是说能源消耗量增长速率高于 GDP 增长速度。例如，2007 年 GDP 增长了 11.3%，而能源需求增长为 14.4%。② 中国的城市现代化是高耗能的不可持续的现代化，这必须有所调整！

根据西班牙学者研究发现，一些城市化和现代化发展较为成功地区的主要特点有：（1）地区城市系统在经济增长和生产活动中扮演重要角色；（2）容易获得人力资本，和个体劳动力的供应稳定；（3）具有开放性和参与能力；（4）容易获得先进的生产服务，如战略规划、技术咨询、商业化和出口、研究与开发、专业的金融服务等；（7）地区政府和组织系统非常高效；（6）具有吸引外部投资的"吸引力"。③ 基于资源能耗的现状和可持续发展力的考虑，中国必须走内涵式现代化的道路，通过制度投入创造城市规模与城市新的区位功能的同时，以循环社会型城市化④作为主体模式，把"零耗能"作为中国式城市化发展的理想类型和型目标！

二、中国城市现代化的核心任务：人的现代化

城市化的本质是城市生活方式和城市文明的普及。有学者认为："城市现代化是城市自身运动的高级阶段和城市存在的高级形式。城市现代化一般是指城市的经济、社会、文化及生活方式等由传统社会向现代社会发展的历史转变过程，是一个全面发展的概念。"⑤ 城市化、城市现代化和社会整体现代化的核心是人的现代化，城市现代化的本质是围绕人的需要的社会的全面协调发展，本质是人的某种意义上的全面解放过程。邹农俭教授认为国内学者对城市现代化的表述有以下几个共同点⑥：其一，是指城市本身的提升过程，也就是城市质的提高过

---

① 周光召：《中国不可能按西方模式实现现代化》，引自何传启：《中国现代化战略的新思维》，科学出版社 2010 年版，第 3～4 页。

② IBM 商业价值研究院：《智慧地球赢在中国》，IBM 官网，http://www.ibm.com/smarterplanet/cn/zh/。

③ 何传启：《中国现代化战略的新思维》，科学出版社 2010 年版，第 272 页。

④ 张鸿雁等：《"循环型城市社会发展模式"：资源依赖型现代化的必然选择——社会学视角的理想类型建构》，载于《社会科学》2006 年第 6 期。

⑤ 朱铁臻：《城市现代化发展中的几个理论问题》，载于《当代贵州》2003 年第 3 期，第 10～12 页。

⑥ 邹农俭：《城市化与城市现代化》，载于《城市问题》2007 年第 10 期，第 9 页。

程；其二，其内涵包括了多个方面，是一个综合性的概念；其三，与现代化一样，它是城市质的改变过程，是城市发展过程中的一个特定阶段，城市现代化的完成，标志着城市本身从根本上不同于前现代化的形态。2012 年世界上一些国家的动乱，如利比亚等社会变迁的事实证明，无论经济总量的提升，甚至是人均 GDP 的提升，其与现代化指标如何接近，如果没有政治的现代化、制度的现代化和人的现代化，其他任何形式的现代化都只能是社会动乱的代名词。

美国斯坦福大学社会学者英格尔斯早在 1962～1964 年间在 6 个发展中国家进行了大规模的比较性社会调查（每个国家访问了 1 000 人，包括农民、产业工人，以及其他阶层的人员），得出了"国家的现代化，首先是国民的现代化"的结论。一个国家，只有当它的人民是现代人，具有市民社会的本质和民主化的土壤，它的国民从心理和行为上都具有某种现代人格特征了，社会在整体上表现了对人及人本原的尊重了，它的现代政治、经济和文化管理机构的工作人员都获得了某种与现代化发展相适应的现代性，这样的国家才可以真正称为现代化的国家。否则，高速、稳定、长期的经济发展和有效的管理，都不会得以实现。即使经济已经开始起飞，也必然不会持续长久。[①] 英格尔斯在《人的现代化》一书中进一步指出："那些完善的现代制度以及伴随而来的指导大纲、管理守则，本身是一些空的躯壳。如果一个国家的人民缺乏一种能赋予这些制度以真实生命力的广泛的现代心理基础，如果执行和运用着这些现代制度的人，自身还没有从心理、思想、态度和行为方式上都经历一个向现代化的转变，失败和畸形发展的悲剧结局是不可避免的。再完美的现代制度和管理方法，再先进的技术工艺，也会在一群传统人的手中变成废纸一堆。"[②] 中西社会历史进步的差异就在这里，中国从 1949 年出现了一个典型的社会急剧变迁期，从一个典型的农业社会走进了所谓的社会主义社会，开始了早期工业化进程，城市里的工人在很大程度上是农民转化而来的，甚至多数知识分子也只是农业社会的文化产品，是农耕文化的知识分子。即使在 2012 年中国出现的抵制日货行为，而其中的结果是"中国人砸中国人自己使用的车"，其行为表现本身不具有任何现代性。通过比较可以看到，城市化和城市现代化需要制度、政策、规范、教育模式、大众传播媒介、伦理教育、行为礼仪教育、文化价值取向和产业文化等诸多因素的介入，只有构建了市民社会的土壤，才有可能建构真正的新的历史出发点——个人现代性产生的条件和环境。

英格尔斯总结了现代人的标准，包括：（1）愿意接受新的经验。因此，较

---

① ［美］英格尔斯，殷陆君译：《人的现代化》，四川人民出版社 1985 年版，第 8 页。
② ［美］英格尔斯，殷陆君译：《人的现代化》，四川人民出版社 1985 年版，第 4 页。

能掌握创新的机会。（2）随时准备接受社会变迁。特别是社会组织上的变动，像政治参与的提高，社会和物理流动的加快，女性参与机会的扩大，以及社会阶层间和年龄代别间距离的减小等等。（3）意见的增长。勇于表示意见，但也能尊重别人的看法。（4）资讯的收集。勤于找寻事实和信息来支持自己的意见。（5）现在和未来取向。不会留恋过去，固守传统。（6）注重效率。自己可以控制环境，而不受有权势的人任意支配。（7）有计划。对自己的反公私生活都有比较长期的计划。（8）信任感。相信自己所置身的世界是可信赖的，周围的人物和制度都可以信任。（9）注重工艺技能的价值，愿意以才能为分配报酬的准则。（10）教育和职业的渴望。重视正式教育对读、写和计算等技能的训练，并渴望获得与这些训练有关的现代职业。（11）认清并尊重他人的尊严。包括对弱者和下属以及妇女和儿童都能有更大的同情和尊重。（12）了解生产过程。对于工业的基本决策过程有一定的认识，相信普遍性的工作原则。[①] 这些标准的养成除了规范性制度安排外，更多是习惯和文化养成，而前提是社会整体制度和社会关系的优化。

1986 年 12 月，联合国大会通过的《世界文化发展 10 年规划》明确提出"面对 21 世纪的重大挑战，必须在发展中更加强调发展中的文化尺度和人的文化生活"，"要在经济和技术发展中将文化和人的价值恢复到中心位置上来。"[②] 如果说经典现代化是以工业和机器为中心的现代化，那么以人为中心的现代化时代正在到来！对于一个城市来说，文化内涵的建构也必须是伟大文化的一部分，是民族优秀文化的核心品质再建构。美国学者科特金也认为在新经济的发展中，城市地区尤其得益于文化内涵的重要性的增长。[③] 所以，中国的现代化的前提是城市文化土壤及市民社会的现代化。

针对中国经济的高速增长和与这一增长伴生的问题强化，我们必须反复强调现代化的核心是人的现代化。现代化的本质既不仅仅是物质的现代化，也不仅仅是科学技术的现代化，更不能是以财富的富有为标志代替现代化。不是说不要物质和科学技术的现代化，对中国而言，实现人的现代化是首位战略选择。

中国的城市化和现代化首先必须在"现代性"前提下建构"现代的人"现代化。"现代的人"这一概念就是对现实"社会人"提出的一些新要求。不是说一个人生在现代就是"现代的人"，而是要有一定的现代性意义上的文化素养，包括知识、能力、品行、信仰和国家意识，而这些一定在某种意义具有"利他

---

① 庞建国：《国家发展理论——兼论台湾发展经验》，台北巨流图书公司 1993 年版，第 93 ~ 94 版。

② 章琦：《上海应成为国际文化中心》，载于《远东经济画报》2003 年 4 月 2 日。

③ ［美］科特金，王玉平、王洋译：《新地理：数字经济如何重塑美国地貌》，社会科学文献出版社 2010 年版，第 15 页。

主义"的价值取向，有某种为社会为他人谋利益而不是绝对自私的人。我们经常会看到在现代社会里还存在着那些固守落后传统的人，甚至其思想观念上具有反社会进步、反社会进化的人。现代人的社会文化素养包括与大多数人的理性相一致的核心价值观、国家利益的社会责任感、遵守法律伦理心态、符合行业规范的职业道德、现代性意义上的文明礼仪行为和有关爱他人的善良之心等，这些是现代的最基本的文化取向与文化行为要素，应该是现代人的最低标准。这些属性，我们就叫它"人的现代素质"。只有人的现代素质达到了一定的水平，我们才能说人实现了现代化，社会实现了现代化。现在有很多中国人去发达国家考察、旅游，甚至是去国内的港澳台等地，经常会发现有一些让我们肃然起敬的生活行为细节，公共场合的谦让、商场里乘自动扶梯时靠一侧站立、公共场合不大声喧哗已经成为日常生活的一部分等，这些生活与文化细节一个个叠加起来，就给人以国民素质现代性意义上的总体的印象，而这些不仅仅是物质丰富就可以实现的，所以说，人的言行举止的文明程度是现代化很重要的一个表征和象征。

中国的经济发展了，城市化水平也越来越高了，但精神文化领域没有与之同步发展，西方学者称为"文化坠距"。如果自私、暴力、缺乏同情心、角色分离、缺乏诚信、集体越轨等现象屡见不鲜并具有某种普遍性，是不可能实现真正意义上的现代化的。我们都知道，在世界范围内，现代化的指标特别是经济指标标准是十分明确的，发达国家已经有成功的经验，我们也清楚地看到，某些国家虽然现代化经济指标已经达到标准，但是，没有人承认其是现代化国家。在民族文化素质的现代化上，一个国家和民族既要创造、遵循人类共同的文明、文化行为和价值观，又不能完全照搬套用国外的标准来衡量自己国民的文化素质，在人类共同理想的意义上，创造本土化的地方文化精神和地点场域精神。中华民族有自己优秀的文化，有自己优秀的传统，但我们必须遵循具有国际意义上的人的现代素质的参照体系，同时，又要有我们本土化文化特色的人的现代化素质的标准，至少要让社会绝大多数人认为我们的文明、文化及发展程度更能够表现人类共同的优秀价值观。中国现代化任务之一就是要建构开放的国际文化和国际化城市，必须与世界上的其他民族和国家合作、竞争，与世界接轨、融合，人的现代性素质必须要满足这样的要求，而其本质就是重构中国的现代化意义上的礼仪之邦的风范。

从本土化的城市化和现代化的意义上说，人的现代化在当代中国至少应该包括以下七个方面：一是要熟悉和继承社会最起码的伦理准则，要遵守国家的基本法律规范，并有主动、率先遵守的意识。二是要有起码的职业道德。一个社会中，如果职业道德能够得到充分履行和尊重的时候，社会秩序自然会很好。岳飞当年讲"文臣不爱钱，武臣不惜死，则天下太平矣。"这句话的实质就是职业精神与道德。三是要懂得基本的文明礼仪和社会交往行为规范，并形成日常行为习惯。四是要有理想并追求人类共同的优秀理想。在符合大多数人利益的前提下，合理满足个人基本需要之后，要有远大的理想，这种理论在某种意义上就是个体存在价值与终极价值的合理性建构，并在社会存在中追求理想。五是要强调奉献和义务。首先要关注自己对社会奉献了什么。任何人，一生下来就接受社会的遗产和社会的赠与，任何人首先应该认识到我给这个社会奉献了什么，即责任、义务，然后才是享受和获取。一个人有工作与服务能力，首先就应该回报社会。而在现代化的过度市场经济关系体系内，有些人只讲获取，不讲奉献，总是抱怨为什么别人拥有的我没有，别人享受的我享受不到，总是怨恨社会，总认为"社会欠我了什么"，而不思考你给予这个社会什么，这是社会核心文化建构的一种失败。所以，不自私，有奉献精神，有国家荣耀感，不极端自我而有奉献社会意识是一种真正的现代意识。六是要宽容与尊重。有个性化的思想和主张的同时，对他人他事的宽容。西方中世纪城市文艺复兴以来，社会发展的一大特点就是人的个性张扬和社会对个人的尊重与宽容。只有人的个性得到充分的发挥和伸张，人的能力才能得到充分的发展，人的原真性才能获得真正的解放。当然这种个体文化伸张一定要符合社会的总体规范，否则对人和社会都会造成伤害。七是要诚信社会的建构。一个没有诚信的社会必然不具有现代性。没有诚信，也不能建构一个典型的现代社会。

当然，我们也必须看到，中国的城市化、现代化的发展过程中缺乏对传统文化的剖析、反思和再建构，在中国的城市化和现代化的发展中，文化的创新支撑力度不够，主流文化价值不仅缺乏，甚至正在丧失中国本土化的优秀文化。西方社会的现代化除了经济、技术、政治、制度和市民社会的变迁外，在文化上是通过新教伦理的改革形成的宗教文化软化的社会管理，或者说，经济变迁与文化变迁具有某种同步性。中国的传统社会以儒家、墨家、法家、道家等多种文化来进行软化管理，如中国传统社会有所谓的"众神文化模式"，如"千里眼"、"顺风耳"、"灶神"、"房神"等，形成"惧神敬天文化"，孩子从小被长者用各种各样的"神"吓唬并形成社会行为要求规范，建立起一种对神的敬畏感。人们常说"头顶三尺有神明"，"人在做，天在看"，通过这种具有愚昧色彩的约束人的行为使之不能胡作非为。胡适在这一方面有很多论述，这是落后的生产力和落后传统社会的一种社会管理方式，这种落后的文化行为和方式在科学、技术、社会的进化中"被解构"掉了。同时，在急剧的社会结构变迁中，中国一些优秀的传统文化也"被解构"掉了，很多中国民族文化中优秀的伦理文化和行为文化在现代化的进程中被遗忘了，尤其是儒家曾经是中国传统社会的主流文化，其中优秀的文化传统如《尚书》提出的"九德"和"儒"、"墨"、"法"、"道"、

"兵"家等提出的仁、义、礼、智、信、忠、勇、孝、洁、刚、善等，都具有人类共性的"大爱"与"大善"的价值。但是在近百年来的社会历史变迁中，旧的文化破除了，新的主流价值还没有完全建立起来，这是中国现代化与西方现代化的差异之一。

因此，我们必须明确提出：在中国城市化和城市现代化的发展中，有责任、有义务对中国传统文化当中那些优秀的、合理的、文明的、符合"现代性"的文化进行重构，必须把传统文化中与人类"大善"、"大爱"相符合的东西——包括仁义礼智信的文化继承下来并赋予时代的价值，创造中国的式城市文艺复兴，对中国传统文化进行一番重拾、重缀、重整和重构。另外，从城市化和社会现代化的意义上说，就是要创造中国当代新型的中产阶级，通过文化的建构，提升这一社会阶层的整体道德素质，并使之能够成为社会发展中的文化和生活方式的"样板阶层"。西方在中世纪以来就有"社会样板阶层"，骑士、贵族等都能严格遵守他们的生活规范、行为礼仪，至少在表面上是这样。因为这个规范是他们受人尊敬的前提，是社会存在的表现，是一种生活方式的炫耀，也是一种生活方式的自我感知。中国要创造现代性阶层的样板阶层，是社会可持续的一种战略，要创造、塑造具备现代文化素养的现代人是实现现代化建构和谐社会的前提。

就中国的社会发展格局而言，城市就是人的现代化全面发展的先行区、试验区、先导区。根据中国社会发展的现状，我们认为可以在人的文明行为规范上制订一些硬性的要求加以推行，在一定社会层面，使道德伦理行为、文明礼仪文化在一定程度上能够形成硬性规范和标准，在一部分群体中把良好的行为方式固化成他们身份的象征，进而带动社会整体道德的提升。让高尚成为一种习惯，让尊重与被尊重成为一种日常行为，如是，现代化将为期不远。

三、中国城市现代化的社会未来与理想类型：均好性现代化

罗马历史学家萨拉斯特在2000年前曾经所言：繁荣也完全有可能"耗尽智者的思想"。[①] 这句话另一层意思是：繁荣只是社会某种阶段性存在方式，没有永久恒定的繁荣，在繁荣的背后存在着危机。正如人们在工业革命时期所认识到的，大量新技术工具的存在本身并不能解决人际关系与社区的基本问题。[②] 以交

---

① Saint Augustine. *The City of God*. New York：Modern Library，1993，P. 602.
② ［美］科特金，王玉平、王洋译：《新地理：数字经济如何重塑美国地貌》，社会科学文献出版社2010年版，第22页。

通拥堵为主要特征的"城市病"蔓延问题、城市老龄化问题和家庭空巢化问题、城市失业和城市贫困问题都伴随着现代化的文明史长期困扰着人类。

而当经济从以制造与资源为基础的经济向以服务与信息为中心的经济转型时，社会与社区都处于新的压力之下。① 在中国最为典型的表现为农民工群体的"半城市化"、"半市民化"问题。农民工群体被"边缘人化"，不能与城市居民享有"同城化市民待遇"，不能真正融入城市社会，② 不仅遭遇收入的"非同城待遇"，而且在劳动保障和劳动环境上是"非同城待遇"、住房分配方面是"非同城待遇"以及在子女教育上也是"非同城待遇"，等等。

现代化与城市社会结构的变迁是紧密相连的，从城市社会结构变迁的规律中我们可以看到，城市社会结构的变迁可以表现为城市社会的进步和城市现代化过程。③ 城市社会结构的变迁与城市现代化构成一个共生体，没有城市社会结构的进化式的变迁，也就没有城市现代化的过程。从创新的意义上可以这样重新认识：城市现代化即是城市社会结构的更新。④

中国城市现代化应当以创造均好性的现代化实现城市社会结构的优化与合理化，其中的一个表现就像美国著名的城市学者雅各布斯所阐释的："大都市经济如果运行得很好，会将很多穷人不断地转变成中产阶级……将新手转变成有能力的市民……城市不仅仅在吸引中产阶级，而且在创造中产阶级。"⑤ 中国在城市现代化的过程中，应当倡导更为宽容和开放的城市环境，畅通社会上升渠道。仍以城市经济方面为例，中国应当能够允许更为充分的就业、创业环境。世界上很多国家是允许大量自由职业者和非登记企业存在的，如英国、德国就有非登记企业 150 万 ~ 200 万户，创造就业岗位 1 000 万人以上。⑥ 而我国的零散就业岗位（民本产业、民间服务业）却成了某些部门的寻租手段。另据资料报道，不少国家中小企业的比重高达 99%，如美国 99.7%，德国 99.9%，日本 99.5%，加拿大 99.7%。中小企业容纳就业人口总数大多占到就业总量的 60%，英国 67.2%，日本 73.8%，德国 65.7%，法国 69%，加拿大 66%。美国则把中小企业当成

---

① ［美］科特金，王玉平、王洋译：《新地理：数字经济如何重塑美国地貌》，社会科学文献出版社 2010 年版，第 23 页。

② 张鸿雁、邵颖萍：《中国区域城市化进程中的社会问题——以江苏省为例》，载于《城市问题》2011 年第 7 期，第 7 页。

③ 张鸿雁：《论城市现代化的动力与标志》，载于《江海学刊》2002 年第 3 期，第 64 页。

④ 张鸿雁：《论城市现代化的动力与标志》，载于《江海学刊》2002 年第 3 期，第 65 页。

⑤ Fred Siegel. The Future Once Happened Here: New York, D. C. , L. A. and the Face of America's Big Cities. Free Press, 1997: P. 61.

⑥ 任玉玲：《地区现代化建设的问题和突破》，引自何传启：《中国现代化战略的新思维》，科学出版社 2010 年版，第 171 页。

"就业机器"。① 世界上每千人拥有中小企业数量为 45~55 个，而我国迄今每千人拥有中小企业仅 8.9 个，同国外相比差 5 倍还要多。② 中国城市现代化应当能够将现代化的社会发展成果与人民大众分享，应当为更多的中国人谋福祉，应当能够创造更为平衡有序的城市社会结构和社会状态。

均好性现代化的核心是社会福利和福祉，核心是每个人都能幸福地生活，城市生态空间福利是一个突出的衡量指标。日本的城市绿化进展迅速，1956 年公布《城市公园法》，将国家重点的风景区指定为国家公园；③ 1962 年公布了《保护树木法》及《首都圈近郊绿地法》；1972 年公布了《城市公园建设五年计划》；1973 年又公布了《城市绿地保护法》。特别是在 1974 年公布的《生产绿地法》，起到了重要作用，如《生产绿地法》规定工厂中的绿地应占厂区总面积的 20%，医院应占 20%~30% 等。在产业升级和产业区位结构变迁中，东京城市中心区迁往筑波的科研和高等院校研究机构有近 40 家，空出城区土地有 132 公顷，东京政府立即决定在 132 公顷土地中，拿出 56 公顷土地作为城市绿化与公园用地，及时地改变了城市环境。新西兰首都惠灵顿，有 47 个郊外公园，86 个儿童公园，还有世界级的自然博物馆等。英国在 1971 年制定的城市法规中规定，城市公共绿地面积已达到人均 20 平方米，有些新建的城市达到 50 多平方米。英国为了限制都市的扩张与蔓延，保护田园的舒适性，提出了"绿带圈政策"，在英国有认可的绿带圈有 10 个，面积达 5 450 平方公里，其中最著名的伦敦绿带圈面积达 3 120 平方公里。德国波恩城市区只有 141 平方公里，有大小公园 400 多个，草坪花圃多达 800 个，而且还要建设 700 个公园，是一座典型的花园城市。莫斯科的绿化也是成功的，有 11 个天然森林，84 个公园，72 个街道公园，100 个街心公园，总面积占城市的 40%。④

在全球化的发展中，一方面是城市化的高速发展，主要表现为发展中国家；另一方面是城市的衰退成为普遍的问题，即无论是在已经完成城市化的国家，还是正处于城市化发展阶段的国家，都面临着城市的衰退问题，而其实质是城市化的现代化问题，其本质上是城市的可持续发展的问题。通过比较分析和运用联合国的研究报告给我们的提示是：我们从城市的衰退理论中找到城市化和城市现代化的新视角，或许也是实现均好性现代化的新思路，主要应该强调如下几个方面：一是城市提出"管理需要创新的技术和战略"，以强调城市化的合理性人口

---

① 任玉玲：《地区现代化建设的问题和突破》，引自何传启：《中国现代化战略的新思维》，科学出版社 2010 年版，第 170 页。

② 何传启：《中国现代化战略的新思维》，科学出版社 2010 年版，第 170 页。

③ 张晓、郑玉歆：《中国自然文化遗产资源管理》，社会科学文献出版社 2001 年版，第 379 页。

④ 杨雄富：《各国都市计划》，台北明文书局 1990 年版，第 45 页。

结构和质量，实现资源均好；二是灵活的空间设计和合理公平的资产安置，同时要使城市的功能进行不断地调整和置换，实现服务均好；三是创造城市社会现代网络结构和新的网格合作计划，形成城市的公共策略，实现政策均好；四是"知识传播和经济多样化帮助地区把过时的经济活动转变为新的商业活动和税收来源"，实现经济均好；[①] 五是提出全新的规划战略与适应新的发展，即创造一个新的良好愿景，包括政策对应性模式，实现未来均好；六是提出城市的可持续的环境空间的适应性研究，实现生存均好。

塞缪尔·亨廷顿认为"现代化意指社会有能力发展起一种制度结构，它能适应不断变化的挑战和需求"。[②] 中国城市现代化需要有这样的魄力和能力，中国本土化城市现代化的理论建构同样需要有这样的责任意识。

---

① 联合国人居署，吴志强译制组译：《和谐城市——世界城市状况报告》，中国建筑工业出版社2008年版，第44页。

② ［德］沃尔夫冈·查普夫，陆宏成、陈黎译：《现代化与社会转型》，社会科学文献出版社1998年版，第135页。

第三章

中国省域城市化理论与实践
创新：以江苏为例①

中国已经进入城市社会，2011 年的城镇化水平已达 50%。中国 30 年改革开放的城市化进程，走完了西方近 200 年的路程。高速城市化是一种典型的社会变迁，其动态性、多样化和高度关联度的发展模式，催化了各种社会问题的集中发生和深化。江苏是中国经济较发达地区，也是城市化发展较快的地区，城市化进程以及相关的社会问题具有典型性，对中国的整体城市化具有借鉴意义。通过比较分析和筛选，本章总结了现阶段江苏省城市化较为突出的几大社会问题，分析其表现方式与现状，并从江苏省整体现代化发展战略出发提出了相应的对策与建议。

城市化是城市生活方式的一种扩张与普及，是人类现代化的过程和结果。外在形式上是人口城市化和产业向一定空间的集聚，内在表现方式上是一种非农业生产方式和生活方式的价值创造。其核心价值是契约型市民社会的成熟与发展。② 中国的城市化表现为从乡村到城市的数以亿计的人口大迁移，其实质是对社会转型的叙事描述，是农民争取市民身份合法性的过程，是市民辩护公民权益合理性的过程，是农村转变为城市的过程。

---

① 本章已发表。见张鸿雁、邵颖萍：《中国区域城市化进程中的社会问题——以江苏省为例》，载于《城市问题》2011 年第 7 期，第 1～9 页。

② 张鸿雁：《侵入与接替——城市社会结构变迁新论》，东南大学出版社 2000 年版，第 112～117 页。

第一节　省域城市化进程与社会问题

中国正加速进入城市社会。城市作为一个引力场，聚集的不仅仅是人口、物质、资金、信息、文化和产业，也必然导致社会问题的聚集。城市化不是所有社会问题发生的终极根源，因为有些社会问题，即使没有城市化也是必然存在的，如城市犯罪、城市贫困和城市家庭问题等。关键是，面对高速发展的城市化带来的社会变迁，在操作层面上，因缺乏理论指导和相关经验形成一些城市化过程中的结构性问题，而这些结构性问题只有在加快城市化的进程中才能得以解决。讨论城市化进程中的社会问题，讨论应对不同社会问题的战略性和策略性方案，其目的在于将各种负面影响降到最低，寻找将人类智慧和成就无限放大的路径，寻找让城市社会可持续发展的路径。就像一位美国学者所表达的："我们生活在城市的时代，城市是我们的一切——它耗尽我们，为此我们赞美它。"[1]　在此之前，首先必须明确的是，如何正确认知城市化进程中的社会问题——包括它们的发生、演变和社会属性。

一、城市化进程中的社会问题从来就不是一个崭新的论题

世界城市化肇始于工业革命，即使被西方成功学之父塞缪尔·斯迈尔斯称赞为"财富和繁荣的收获"，其同样需要面对因工业技术发展带来的种种责难，包括能源耗竭、环境污染、传染病流行、贫困加剧等。"维多利亚时代的人物对于他们的进步是有自信的——相信他们的进步对人类是真实的和有益的。19 世纪90 年代里出版了一本题为《十九世纪》的小册子，这是一本'学校里的读本'；它骄傲地叙述在这一世纪里人类征服环境的成就，它暗示人类终于正在成为自己命运的主人。而五十年以后，为我们带来的结果却具有希腊悲剧的一切特点，其规模之大实为前所未有。……这一切都是人自己做出来的；本来可以给人带来完美的科学上的进步，他所获致的却主要是毁灭、荒芜和悲惨。"[2] 英国经济史学家哈孟德夫妇更是用"迈达斯灾祸"[3] 来形容这段历史："工业革命带来了物质

---

① Onookome Okome. *Writing the Anxious City*：Image of Lagos in Nigerian Home Video Films. Okwui Enwezor et al. （eds.） Under Siege：Four African Cities – Freetown, Johannesburg, Kinshasa, Lagos. 2002，P. 316.

② ［美］梅欧，费孝通译：《工业文明的社会问题》，商务印书馆1964 年版，第 17 页。

③ 哈孟德夫妇把英国工业革命之后由于城市爆炸而产生的一系列问题称为"迈达斯灾祸"。

力量的极大发展，也带来了物质力量相伴着的无穷机遇。……然而，这次变革并没有能建立起一个更幸福、更合理、更富有自尊心的社会，相反，工业革命使千百万群众身价倍落，而迅速发展出一种一切都为利润牺牲的城市生活方式。"①

19世纪末20世纪初的美国②，同样遭遇了城市发展的困境。据相关统计数据，1881年，美国全国共发生杀人案件1 266起，1890年增至4 290起，1898年则高达7 840起，绝大部分发生在城市③，且其中很大一部分为青少年犯罪。美国的社会评论家因不满管理层在城市建设过程中营私舞弊、中饱私囊，在1890年怒斥"美国的市政府是基督教世界中最糟糕的——代价最高，最无能，也最腐败"④。1845年，恩格斯在《英国工人阶级状况》一书中指出：英国"工人阶级的状况是当代一切社会运动的真正基础和出发点，因为它是我们目前社会一切灾难的最尖锐的最露骨的表现。"⑤ 恩格斯说："当然，饿死的人在任何时候都仅仅是个别的。但是，有谁能向工人保证明天不轮到他？有谁能保证他经常有工作做？谁能向他担保，如果明天厂主根据某种理由或者毫无理由地把他解雇，他还可以和他的全家得到另一个厂主同意'给他一片面包'的时候？谁能使工人相信只要愿意工作就能找到工作，使他们相信聪明的资产阶级向他宣传的诚实、勤劳、节俭以及他的一切美德真正会给他带来幸福？谁也不能。工人知道他今天有些什么东西，他也知道明天有没有却由不得他；他知道，任何一点风吹草动、雇主的任何逞性、商业上的任何滞销，都可以重新把他推入那个可怕的漩涡里去……"⑥ 当时英国工人日益贫困是城市社会问题的集中写照。从全球历史以及各国的具体历史来看，不平等、分裂、疾病一直贯穿着人类的发展历程。城市化进程中的社会问题不是文明遭遇的意外结果，而是文明进程的必然代价。

二、城市化进程中的社会问题是地方性的，也是全球化的

21世纪将是"城市的世纪"。世界银行在2006年公布的《全球化世界中的城市：治理、绩效与可持续发展》报告中指出，2030年全球城市化率将高达

---

① 钱乘旦：《工业革命与英国工人阶级》，南京出版社1992年版，第35页。

② 1920年，根据美国联邦人口普查局正式宣布的数据，美国城市人口已占总人口的51.2%，美国成为一个以城市居民为主的国家，基本上实现了城市化。

③ Arthur Schlesinger. *The Rise of the City*，1878 – 1898. Columbus：Ohio State University Press，1999，P. 114.

④ Vincent P. DeSantis. *The Shaping of Modern America*，1877 – 1920. Arlington Height，Ⅲ. Forum Press，1989，P. 99.

⑤ 《马克思恩格斯全集》第2卷，人民出版社1957年版，第378页。

⑥ 《马克思恩格斯全集》第2卷，人民出版社1957年版，第306页。

60%，2050 年这一比重将发展到 70%。届时，全世界总人口高达 95 亿人，其中城市人口将达到 67 亿人——相当于当今世界的总人口①。与此同时，大城市的数量也成倍地增长。自 1800 年以来城市人口每 20 年即翻一番。

在全球城市化的宏观背景下，各国在处理国家内部高速城市化进程所带来的社会问题的同时，也意识到了部分社会问题的全球普适性。以人口老年化为例，世界人口已有 1/10 迈入老龄；联合国 192 个成员方当中，有 1/3 的国家老龄人口超过了人口总数的 10%；联合国秘书长潘基文于 2010 年 10 月 1 日的"国际老年人日"发表献词，表示"在过去 30 年中，他们（老年人）的人数翻了一番。到 2050 年，全球老年人人口总数将达 20 亿"；呼吁各国政府"采取财政、法律和社会保护措施，使数以百万计的老年人摆脱贫穷，并确保他们享有尊严的、老有所为和健康的生活的权利。"② 不可否认，城市化进程中的社会问题在带有地方特色的同时，深刻地表现出在全球蔓延的时代趋势。正如费孝通多年前所揭示的，"全球化的特点之一，就是各种'问题'的全球化"③。

三、不是城市化导致社会问题，而是城市将社会问题显性化

高速城市化是一种典型的社会结构变迁，其动态性、多样化和高度关联度的发展模式，催化了各种社会问题的集中发生和深化。事实上，这些矛盾、冲突和问题，不完全是城市化进程中的伴随现象，也不仅仅存在于城市中——乡村社会同样会遭遇贫困、教育、环境、生产等方面的困扰和障碍。不同的是，农村社区的分散性特征在分散人口、生产和生活资料的同时，也将各种社会问题稀释并以其他的方式表现出来。甚至可以说，城市的社会问题，是乡村社会问题的延伸和集中。

另外需要注意的是，城市和农村各自亟待解决的社会问题呈现出两个极端的样态：城市交通拥堵，农村交通断裂；城市信息爆炸，农村信息闭塞；城市土地紧缺，农村耕地闲置；城市晚婚不育，农村早婚多生；城市劳动力输入导致就业紧张，农村劳动力流出导致老弱留守，等等。较之城市，农村的社会问题表现出历史延续性、地域限制性（主要是交通和信息）和渐进分散性的特征。更重要的是因为农村与城市之间已有的二元经济结构使城乡发展生成难以逾越的鸿沟，

① 傅兰妮：《全球化世界中的城市：治理、绩效与可持续发展》，清华大学出版社 2006 年版。
② 潘基文在国际老年人日的献词，2010 - 10 - 01，http：//www. un. org/chinese/sg/2010/olderpersons. shtml。
③ 丁元竹：《社会不公平和收入差距扩大："社会问题"全球化》，载于《中国发展观察》2007 年第 2 期，第 26 页。

为了摆脱乡村里存在的独有而深刻的社会问题，农村人口争相涌入城市，进而在城市化进程中形成了相关的社会问题。因此，这两个地域空间的社会问题具有深刻的关联性。

换言之，城市化进程作为社会问题深化的触媒，催化了各种社会问题的发生和暴露。那些集中显现在城市中的社会问题，是农业人口向城市流动与集中的一种社会代价和成本。作为需要社会来应对的诸多社会问题的另一个子集合，乡村社会问题同样棘手且急迫。

城市既然是一种社会群体的存在状态，就必然与社会变迁有千丝万缕的联系。史蒂文·瓦格所著的《社会变迁》一书提到了社会变迁的来源：导致社会中产生变迁的特定因素，包括了技术、意识形态、竞争、冲突、政治与经济因素，以及结构性张力以及全球化等①。在史蒂文·瓦格的观点中，最值得我们关注的是结构性的社会压力的意义。"压力这一概念指的是，社会系统中两个或更多的组成部分之间不一致。"② 这一说法的意义在于，社会要素之间不同利益和差异化的存在方式，必然形成某种矛盾——矛盾会转化为某种动力，要么是向前的合力，可谓之为推力；要么是向后的合力，可谓之为滞后力。"它基于如下假设，即社会系统由互相联系的成分组成。只有各个部分和谐共存，互相为对方执行积极的功能，这个社会系统就是稳定的。在两个或更多的组成部分互不相容的情形下，社会系统的均衡就被打破了。这可能会导致社会变迁。可以辨识出几种压力的类型——它们在社会系统的组成部分之间造成不相容，因此促进了相应系统的变迁。它们包括人口失衡、失范、某些稀缺形式、角色冲突、理想与现实之间的矛盾、价值冲突，以及地位痛苦（Status Anguish）等情形。"③ 这些结构性压力所带来的社会问题，是典型的城市化进程中的社会问题，是一个由城市社会内的竞争体系所形成的"压力选择体系"，这种压力选择体系塑造了城市人的整体心态与性格，即在货币关系作为生存的基础的时候，人们的观念诉求是在一定物化的资本的基础之上的。城市社会差异所造成的剥夺感，就是一种推动或者是破坏现实社会的一种力量，而这种差异的永恒性，恰恰是城市社会问题存在的本质之"根"④。

---

① ［美］史蒂文·瓦格，王晓黎译：《社会变迁》，北京大学出版社 2007 年版，第 8～9 页。
② ［美］史蒂文·瓦格，王晓黎译：《社会变迁》，北京大学出版社 2007 年版，第 29 页。
③ ［美］史蒂文·瓦格，王晓黎译：《社会变迁》，北京大学出版社 2007 年版，第 28～29 页。
④ 张鸿雁：《侵入与接替——城市社会结构变迁新论》，东南大学出版社 2000 年版，第 96 页。

第二节　江苏省城市化进程中的社会问题

　　江苏省是中国城市化发展的先导区之一，其在城市化进程中面临的社会问题及应对这些问题的思路和方式，对整个中国的城市化具有重大参考意义。通过相关比较研究，结合江苏省城市化的发展进程，本节重点诊断和分析江苏省现阶段面临的若干社会问题和城市发展困境。

一、土地与居住空间不公平问题

　　江苏省的发展长期存在苏南、苏中、苏北三大区域社会经济体的非均衡性问题，发展水平呈由南向北梯度递减的特征明显。2009 年，苏南的城市化率为67.9%，接近高度城市化阶段；苏中为 52.3%，处于城市化水平迅速提升的中期加速阶段；而苏北仅为 44.8%，低于全国平均水平。三大区域社会经济体的差异表现在经济总量、产业结构、开放程度、社会保障、文化教育和旅游消费等各方面，呈现出全面性和极化扩大的特征。

　　江苏省的区域社会非均衡性问题表现在三个方面：首先是跨江而治的地域空间造成了苏南、苏北的隔离型区域体；其次是小城镇体系和大城市分离造成的中层再分散的地域生产力格局；最后是上述的双重差异使经济回波效应反作用地域结构①，更加深化了区域结构的二元性。20 世纪 80 年代开始，配合"苏南模式"这个中国区域经济发展的样板，江苏省的城市化主要是农村工业化的特色小城镇发展模式，处于政府超强干预模式下的初期积累阶段；90 年代后期开始，随着国际化的进一步提升和外资的连续追加式注入，江苏省的城市化转变为以资本带动、制造业发展、开发区建设为主要推力，以快速城市化和城市现代化为主要特征的城市化阶段；当下，如何依托都市圈和城市区域策略实现提档升级成为江苏省城市化新一轮发展的基本诉求。

　　与此同时，江苏省的城乡统筹尚不均衡，突出表现在以下几个方面：城乡居民收入差距拉大，人均收入差从 1978 年的 133.05 元增加到 2009 年的 12 048 元，居民收入比从 1.86 扩大到 2.57；城乡分治格局仍在深化，公共资源和生产要素

---

　　①　张鸿雁：《地区空间整合与地域生产力重组——江苏经济与社会和谐发展的优先战略选择》，载于《公共管理高层论坛》2005 年第 1 期，第 13～26 页。

在城乡和区域间的流动不平衡；城乡隔离制度仍在局部地区发生限制作用，乡村居民无法享受与城市居民同等的民生待遇，包括户籍、就业、社会保障、教育等；苏中、苏北县域经济发展不充分，整体上地区发展严重失衡，产业结构有待调整，特色经济不突出。

城市化的发展本身表现为城市占用土地并实现空间增长的过程。江苏省城市建成区面积由 1985 年的 426 平方公里增加到 2009 年的 2 105 平方公里[①]，年均增长 70 平方公里。与之形成鲜明对比的是，人均耕地面积（按总人口算）减少至 2009 年的 0.91 亩[②]，仅为全国人均耕地面积（1.38 亩）的 2/3，已逼近联合国粮农组织确定的人均耕地 0.8 亩的警戒线。

仅从土地利用的角度来审视，江苏省的城市化表现为空间外向扩张和城市内涵发展的双向过程：城市外围和农村的耕地让位于各类乡镇企业、农村居民建房，以及高速公路、开发区等基础设施和重大项目用地；而在城市中心，土地利用伴随着城市更新中区位功能的调整、区域产业的升级、基础设施的配套以及商业住宅的开发而不断推进。在此双重作用下，江苏省城市化进程中的土地利用问题主要表现为以下若干方面：村镇、城市的土地规划空白或不合理，或与实际利用状况不协调；集体建设用地利用率低，盘活存量土地难度大；成为公共物品的土地转换方式不合理；土地征用矛盾突出；城市用地结构不合理，城市空间分配与产业定位、功能设计、区位特色、市场资源配置相脱节；土地集约利用的评价指标体系和标准缺失。

土地利用牵涉到城市居住公平的问题。首先是保障性住房问题，保障房覆盖率低，建设、分配、审核、定价、监管等一系列制度不健全；其次是居住空间分异问题，出现了城市绅士化趋势、弱势群体居住边缘化、城市中心居住空间两极化以及"穷人社区"和"富人社区"显性化的格局，容易形成社会中低收入群体的"被剥夺感"；最后是城市公共空间问题，出现了城市公共空间的衰弱和世袭特权（封闭的高档住宅区分割滨水、绿地等城市公共空间资源，使得城市公共空间逐步成为权贵阶层少数人的"后花园"），弱势群体在被迫出让居住空间的同时也丧失了公共空间的使用权，而阶层的固化让这种空间特权得以传承。

[①] 资料来源：《中国城市统计年鉴（2009）》，中国统计出版社 2010 年版。
[②] 根据《江苏统计年鉴（2010）》（电子版）相应数据换算而得。

二、城市贫困及老年社会问题

2010 年江苏省城镇登记失业率为 3.16%①，低于全国 4.1% 的平均水平，但这并不意味着江苏省不存在典型的就业问题。相反，江苏省现阶段面临的就业问题与平等省相比较是十分，并不严重，但具有代表性。其突出表现为六大症结：总量性失业和结构性失业并存，就业形势总体上仍处于供大于求的紧张局面，地区经济结构变动和产业转型升级进一步导致劳动力供需结构失衡，从而诱发失业；通过大学扩招所缓和的青年群体就业压力逐渐显现，大学生就业问题突出表现为高校人才培养和市场需求的结构性矛盾；民工潮和民工荒并存，在农村富余劳动力转移导致就业竞争激烈的同时，有一定技术水平的或熟练的农民工劳动力却供不应求；隐性失业与显性失业并存，未来很长一段时间内农村隐性失业将更为凸显，目前江苏省农林牧副渔业还存在 200 多万的富余劳动力②；第一、二、三产业就业结构不合理，2009 年江苏省的第一、二、三产业就业比为 25.1∶35.7∶39.2，与发达国家第三产业就业人口占总就业人口 2/3 的差距较大；失业保险和社会救助制度不完善。

就业不合理是城市贫困的根源③。城市贫困所要明确的一个最基本的问题是：谁是穷人？根据江苏省民政局的统计数据，2010 年 11 月，江苏省城市低保对象为 42.80 万人，城市低保平均保障标准为每人 338 元/月。这些人口构成了城市新的社会阶层——城市贫民。江苏省的城市贫困人口结构呈现多元化趋势，城市贫困问题的长期性和连锁性导致了诸多衍生问题。经济学家刘易斯认为："收入分配的变化，是发展进程中最具有政治意义的方面，也是最容易诱发妒忌心理和社会动荡、混乱的方面。"④ 由于生活、医疗、就业等基本社会保障制度的不健全和不完善，城市贫民生活尊严的被剥夺和就业需求的不满足容易引发各种犯罪。因为"贫困对人的尊严和人性的堕落所造成的后果是无法衡量的"⑤。除此之外，更为令人担忧的，是贫困文化的再生产和代际传播。

---

① 《江苏省国民经济和社会发展统计公报》2010 年版，中国国情网，2011 年 12 月 2 日，http://www.china.com.cn/guoqing/2011-12/02/content_24059107_4.htm。

② 资料来源于江苏省统计局：《2009 年全省就业形势及展望》，江苏省统计局网站，2010 年 7 月 2 日，http://www.jssb.gov.cn/jstj/fxxx/tjfx/201004/t20100423_111375.htm。

③ [希] 柏拉图，郭斌和、张竹明译：《理想国》，商务印书馆 1986 年版，第 422 页。

④ [英] 阿瑟·刘易斯：《发展计划》，北京经济学院出版社 1989 年版，第 186 页。

⑤ [美] 查尔斯·K·威尔伯，徐壮飞等译：《发达与不发达问题的政治经济学》，中国社会科学出版社 1984 年版，第 452 页。

2009 年末，江苏省 60 周岁及以上老年人口为 1 258.81 万人①，约占户籍总人口的 17%，仅次于上海、浙江列全国第三位。预计到 2020 年，江苏省老年人口的比重将达到 21%。2000～2009 年中，老年人口比重年均递增 0.38 个百分点，苏锡常等市更是高达 0.7%。② 江苏省的城市老龄化在高速增长的同时，表现出以下四个方面的特征：全域化，江苏省所有的城市都进入了老年社会；差异化，2009 年末，江苏省内老龄化程度最极端的南通（22.41%）和连云港（12.12%）的城市老龄化率相差近 10 个百分点；高龄化，江苏省现有 80 岁以上的高龄老人 182.47 万人，占江苏省老年人口的 14.50%，江苏省有百岁老人 4 019 人，平均每 10 万人中就有 5.4 个百岁老人；空巢化，目前江苏省城市、农村的空巢老人分别占 53% 和 40% 以上，"空巢家庭"的增多以及家庭"空巢"期的延长，导致了孤独、落寞、生活失重等"空巢危机"的泛化。

江苏省的城市老龄化问题主要面对以下挑战：社会养老、医疗保障压力大，2009 年末，江苏省老年人口赡养系数为 15.6%，社会养老保险制度仅覆盖了 4 449.7 万人，尚有 769.29 万人未纳入该体系，统一的城乡居民养老保险制度有待完善；养老服务体系缺乏持续的财政投入制度保障，自 2009 年开始，江苏省已投入约 6 亿元建设了 5 500 多个社区居家养老服务中心，但后续软硬设备投入和运营费用落实出现困难；养老服务市场缺口大，致使老年人需要的特殊护理和精神需求不能得到满足；老年市场人才体系不健全，表现为专业人才的结构性缺口和素质性断层；行业标准和行业管理的缺席，导致老年服务产品的监督检查得不到保证，老年人维权艰难；老年产品的滞后性，老年商场、养老地产等面向老年人的专业化公共服务产品体系尚不完善。

三、交通拥挤与环境污染

城市的聚集带来了经济、社会、空间、文化的多元利益，但当城市没有排列好这种聚集资源的时候，人们便不得不面对"聚集不经济"效应。一个直观的例子就是城市的交通拥堵问题。城市学者雅各布斯曾用非常直白的话语道明了汽车并非原本就是城市的破坏者："我们的问题在于，在拥挤的城市街道上，用差不多半打的车辆取代了一匹马，而不是用一个车辆代替半打左右的马匹。在数量过多的情况下，这些以机器作引擎的车辆的效率会极其低下。这种效率低下的一个后果是，这些本应有很大速度优势的车辆因为数量过多的缘故并不比马匹跑得

---

①② 资料来源于江苏省老龄工作委员会办公室发布的《2009 年江苏省老年人口信息和老龄事业发展状况报告》，上海市老龄科学研究中心网站，http://www.shrca.org.cn/3966.html。

快很多。"① 交通拥堵作为城市经济快速发展的副产品，是大城市病的一个典型表现，造成了极大的资源浪费。以南京市为例，南京一天的拥堵时间约在28分钟，堵车成本为每人每月158.7元②。

2010年末，江苏省私人汽车保有量为434.6万辆，净增96.3万辆，分别增长28.5%和28.6%。其中私人轿车保有量288.6万辆，净增72.1万辆，分别增长33.3%和27.8%③。随着城市快速发展的机动化，以下若干问题都可能引起江苏省的城市交通拥堵问题：城市交通规划的滞后、虚掷或与城市总体规划的断裂；城市平面发展的道路空间效率低——几乎江苏省所有城市都是单一的路面交通系统，城市交通完全依赖有限的道路资源，不能满足混合交通的出行需求；城市公共交通服务薄弱，绿色交通、"慢行交通"、公交优先等公共交通缺乏竞争力；城市停车难问题突出，出现因停车引起的交通拥堵现象。

2009年，江苏省的三次产业结构比为6.5∶53.9∶39.6，除了南京市以外的其他12个省内城市均为"二三一"的产业结构。第二产业依旧主导着城市化的发展，使得江苏省的城市环境污染问题呈现出一些新的特点，其中首当其冲的就是灰霾污染。

灰霾污染对江苏省而言是个新课题，包括江苏省在内的长江三角洲已经成为全国四个灰霾污染严重的地区之一。2009年，在全国113个环保重点城市中，江苏省的9个城市空气优良天数占全年比例处于全国中等及中等偏下水平。以南京市为例，20世纪70年代，南京市年平均灰霾日数为13.9天，80年代急剧增加到64.6天，90年代达到120.4天，而2000~2009年这最近10年间，年平均灰霾日数高达150.5天。其中的2009年，全市城区灰霾总日数为211天，占全年总天数的57.8%④。在灰霾污染迅速恶化的情况下，江苏省总体的天气污染检测技术和相关研究却相对滞后，目前江苏省只有南京、苏州两市对灰霾天气进行相关检测。

与此同时，城市环境污染事故频发，太湖、淮河两大流域的水治理问题突出，近年连续发生了太湖蓝藻事件、沭阳饮用水源污染事件、盐城水污染事件。以太湖流域为例，沿岸的苏州、无锡、常州、嘉兴、湖州等五个城市以全国0.3%的土地和1.5%的人口，创造了占全国6%的国内生产总值。但经济飞速发

---

① ［加］雅各布斯，金衡山译：《美国大城市的死与生》，译林出版社2006年版，第314页。

② 2010年，零点公司测算了国内7个城市的堵车成本，分别为北京333.5元、广州265.9元、上海263.6元、武汉182.1元、西安150.1元、哈尔滨120.9元、成都90.6元。根据零点公司的测算口径，南京的堵车成本为每人每月158.7元。朱俊俊等：《"大城市病"困扰南京人每人每月堵掉158.7元》，载于《现代快报》2010年10月17日。

③ 资料来源于2010年《江苏省国民经济和社会发展统计公报》。

④ 据新华网2010年8月28日报道，长三角地区已成为全国4个灰霾污染严重地区之一。

展的代价却是太湖水质在 10 年内下降了两个等级，目前Ⅲ类水占70%，Ⅳ、Ⅴ类水占20%，而且变差的速度仍在持续加快。①

从环境污染的预防、治理以及取得的成效方面看，江苏省尚存在以下问题：当下复合型环境污染问题占主导的情况下，城市环境污染的预警预报系统缺失，使得城市内部的环境防治系统化、组织化难以实现；省内城市相对密集，城市间环境关联度高，但环境治理存在着各自为政的情况，客观上增加了治理难度；区域环境治理差距明显，苏南城市大多已建成国家环保模范城市，苏州、无锡所属各县（市）更是形成了全国区域范围最大的生态城市群，但苏北城市仍背负着巨大的环境赤字。

四、农民工的"非市民化"和"非同城待遇"问题

2009 年末，江苏省共有 1 035 万名 16 岁及以上的农民工，占全国农民工总数的 4.5%，占长三角农民工总数的 36.8%②。江苏省农民工群体的困境主要表现为被"边际人化"，不能与城市居民享有"同城化市民待遇"，不能真正融入城市社会。其主要表现在以下几个方面：

其一，农民工收入的"非同城待遇"。表现为工资拖欠和低收入问题。江苏省的农民工集中在建筑、纺织服装、电子机械制造和饮食服务四个行业就业，超过 60% 的农民工在私营企业或个体工商户就业，农民工获取报酬的方式存在极大的不规范性，超过 30% 的农民工表示工资有被拖欠。2009 年江苏省农民工平均月收入在 1 450 元左右③，不及同期省内在岗职工平均工资 2 990 元的一半。

其二，农民工劳动保障和劳动环境的"非同城待遇"。2009 年，江苏省近四成农民工未签订劳动合同，工作环境普遍存在高危险、高强度、脏乱差的状况。

其三，农民工住房的"非同城待遇"。大多数城市农民工普遍存在居住面积较小④、居住环境较差、居住区位边缘化、无法享有住房保障等问题。

其四，农民工社会保障的"非同城待遇"。根据《2009 年江苏农民工的调查报告》，在调查的 3 032 名农民工中，除了基本的医疗保险，养老、工伤、失业、

---

① 严佳：《浅析苏州太湖水流域蓝藻爆发对经济的影响》，载于《中国高新技术产业》2010 年第 7 期，第 81 页。

② 江苏省统计局：《2009 年全省就业形势回顾与展望》，江苏省统计局网站，2010 年 7 月 2 日，http://www.jssb.gov.cn/jstj/fxxx/tjfx/201004/t20100423_111375.htm。

③ 江苏省省农民工工作领导小组办公室组：《你在他乡还好吗？——江苏农民工生存状况调查》（上），载于《新华日报》2009 年 12 月 11 日。

④ 现有的关于城市农民工居住条件的研究，多认为农民工的人均住房面积在 3 ~ 11 平方米。

生育保险的参保率均没有超过 50% [1]。

其五，农民工就业服务和职业培训的"非同城待遇"。目前，江苏省的劳动力市场还存在着城乡、地区、部门分割的情况，尤其是基层用人单位，为农民工提供的免费职业指导、岗位信息和政策咨询等基本服务还不到位。

其六，农民工子女教育的"非同城待遇"。主要表现在学前教育阶段的入学难和教育成长环境的不平等。后者主要是指民工子弟学校存在的教育资源的不平等，农民工子女的家庭教育不平等、压力承受不平等以及普遍意义的教育结果不平等。

其七，农民工自我认同和社会认同的"非同城待遇"。前者主要表现为农民工对城市的心里不适应和拒绝融入，后者主要表现为农民工经常会受到歧视。

其八，新生代农民工的"非同城待遇"。新生代农民工指出生于 20 世纪 80 年代以后、年龄 16 岁以上、在异地以非农就业为主的农业户籍人口，目前全国约有新生代农民工 1 亿人。[2] 中华全国总工会发布的一份新生代农民工调查报告[3]指出了他们主要面对的问题：整体收入偏低；劳动合同执行不规范；工作稳定性差；社会保障水平偏低；职业安全隐患较多；企业人文关怀不到位。

第三节　省域城市化顶层可持续发展战略

城市化进程中出现的社会问题使城市成为了一个异己的社会，或者应该说异己的城市社会酝酿了诸多问题的发生。事实上，这并不是简单的单方向的决定逻辑。马克思早就说过，"在我们这个时代，每一种实物好像都包含有自己的反面。……技术的胜利，似乎是以道德的败坏为代价换来的。随着人类愈益控制自然，个人却似乎愈益成为别人的奴隶或自身的卑劣行为的奴隶。甚至科学的纯洁光辉也只能在愚昧无知的黑暗背景上闪耀。[4]"

2009 年末，江苏省的城市化率已达到 55.6%，高于全国平均水平 9 个百分点。构建和谐健康的城市社会是江苏城市化未来的发展方向。在实现这个"发展方向"的进程中，首当其冲的问题就是平衡、协调和化解城市社会的各种矛

---

[1] 《农民工参保总体状况》，江苏人力资源和社会保障网，2009 年 12 月 19 日，http://www.js.lss.gov.cn/xwzx/ztbd/nmgdc/200912/t20091219_58788.htm。

[2] 《中共中央国务院关于加大统筹城乡发展力度进一步夯实农业农村发展基础的若干意见》，新华网，2010 年 1 月 31 日，http://news.xinhuanet.com/politics/2010-01/31/content_12907829.htm。

[3] 刘声：《青年农民工六大问题亟待破解》，载于《中国青年报》2011 年 2 月 21 日。

[4] 《马克思恩格斯全集》第 12 卷，人民出版社 1962 年版，第 4 页。

盾和冲突。

一、制定省域城市化分类指导政策：全域城乡一体化格局与社会公平发展

第一层面是全省城市化平衡、协调发展战略。首先，应制定覆盖江苏全省的城市化发展整体规划，提出城市化发展的阶段性目标和需要重点应对的阶段性问题及其对策；创新江苏省梯度发展的"省域城市价值链"，促进江苏省城市化的全面升级。在此过程中，苏北应加快乡镇产业集聚和空间调整，发展特色产业类型，通过增强内生动力迅速消解城乡差异；苏中应利用区位优势和空间平衡，进一步促进跨江发展、江海联动，加速产业集聚和资本流入；苏南应以城市现代化带动产业提升和经济升级，建设创新型经济发展和城市化先导区。其次，在南京都市圈、苏锡常都市带、徐州都市圈和沿江城市带、沿海城市带等区域构建多个"同城化"区域，打造"社保、公交、邮政、通信、区域规划、产业发展、教育和旅游发展"等多方面的"同城化"和"区域一体化战略"。再其次，注重城镇的集约化建设和省域范围内大中小城镇的均衡化与空间布局。

第二层次是创新多元化的土地流转方式，建设具有江苏省特色的公平住房模式。利用土地的前提是有地可用。首先是要保障耕地存量，实现"占补平衡"。鼓励新增耕地潜力较大的地区加大土地开发整理力度，加强对采煤塌陷地、矿山废弃地、废河滩地、旧村庄的复垦开发，适度开发荒山等未利用土地，进而提供新增耕地指标储备①。在全省范围内健全农业投入保障制度、农产品价格保护制度等，创新"都市现代农业"、高效科技农业和规模化农业。其次，效仿巴黎建立区域性土地利用与管理模型。借鉴浙江省慈溪模式，注重土地流转规划和城市发展总体规划、产业规划的协同度，围绕主导项目和优势产业，做到"有目标流转、分阶段推进、按规划实施"②。创造全省土地产权交易市场的一体化运营机构，建立健全土地集约利用评价指标体系和督察制度，规范土地利用的操作流程。严格区分征收拆迁和协议拆迁，建立合理公正的征收补偿机制，借鉴重庆市的经验，在给予农民的个人补偿中把社会保障纳入补偿范围。再其次，创新土地流转的新模式。鼓励和引导农民以多种形式流转承包地，借鉴重庆市"宅基地换住房，承包地换社会保障"的九龙坡模式，山东省宁阳县"股份+合作"模式，成都"都市休闲农业模式"和重庆市"跨区域地票交易模式"，实现江苏省

---

① 丁瑶、邓兰燕：《西部地区土地流转制度创新设计》，载于《探索》2008 年第 5 期，第 107 页。
② 蒋文龙、柯丽生：《浙江慈溪农村土地流转探索启示录》，载于《农民日报》2009 年 4 月 21 日。

土地流转的创新。

建设具有江苏省特色的具有社会主义福利价值的住房公平模式，需要通过以下几点实现：针对中低收入群体的存量，划拨适当比例的土地（不进入拍卖领域），专门为中低收入群众建造"公租房"和"廉租房"，充分体现社会主义的福利价值和意义，直接解决弱势群体的住房问题；减缓被动性住房需求的过快增长，合理控制房屋拆迁的规模、进度；加大中低价位、中小户型的普通商品房和公租房、经济适用房、廉租房的房屋供应比例；充分发挥"江苏省住房保障管理系统"的功能，建立严格互动的合作监督机制。

第三层次，降低创业门槛，提升就业保障，建设覆盖城乡全民的福利保障制度。充分就业是社会和谐与稳定的前提。如何做到充分就业呢？一是要推广充分就业发展模式，提出江苏省未来3～5年的"完全就业战略"。二是由政府创造创业条件，降低创业门槛。三是由政府购买服务和就业岗位。四是创造"弱势群体就业托底网络"制度与机制。五是强化推广职业技术教育，尤其要发展面向新兴产业和现代服务业的职业教育与培训，借鉴高校产业化办学和上海市场化就业机制的经验，鼓励企业、培训机构等社会力量联合办学，提升劳动者就业能力。六是消除城乡间就业机会不平等，建立统一的劳动力市场，打破劳动用工的分割局面和户籍限制。

创新城乡一体化的平等福利和社会救助制度。首先，实现新型农村合作医疗和农村最低生活保障制度全覆盖，或效仿上海市建立小城镇保险，实现"征地安置、社会保险、户籍转性"三联动。其次，鼓励社会力量参与，效仿香港地区构筑涉及经济、法律、心理等多元化社会帮扶救助制度；最后，借鉴韩国重视弱势群体的自救与自助，鼓励、引导和培育弱者由被动接受救助到主动自救的思想和能力。

第四层次，建立以社会保障为前提的城乡一体化养老体系。主要内容有创新多层次的养老保障制度，可参照日本按照公平性和多层次原则建立农民合作养老保险制度；进一步优化和完善居家养老为基础、社区服务为依托、机构养老为补充的社会养老服务体系；建立养老服务体系持续性财政投入制度保障，鼓励民间资本参与；开发老年社区，借鉴美国太阳城等全龄化养老社区的经验，鼓励"以房养老"新模式的推广；丰富老年服务产品的分层化和多样化，创新老年商场、养老地产等专业化服务产品，统一行业标准和管理体系；在省域范围内实行医保互通政策，为异地提取养老金和就医结算等提供便利；建立老年人才电子档案，提倡"老有所为，老有所乐"，提高老年人口的社会参与率。

二、建构"客户服务型政府"：创新"区域循环社会型城市化模式"

应从增强公共服务意识、简化公共服务机制、提高公共服务效率、降低公共服务成本、创新公共服务模式、满足公共服务需求等角度出发，引入主动服务体系的建构、365 天 24 小时全时间服务、信息化数据库服务、定制性服务、快速服务、无差错服务、补位型服务、超值服务、额外服务等①核心文化元素，以此推进以满足居民要求为导向、立足公共服务的"客户服务型政府"的建设。

结合常州 BRT 快速交通、北京低价公共交通及香港市民优先城市公交体系，构建现代江苏的市民优先交通运营模式，创造平等、舒适、安全、智能和人性化的城市交通，并把公共交通提升到作为市民福利的一部分来进行开发和管理。倡导低碳公交，学习新加坡以经济手段控制小汽车的增长，提高环保交通工具的使用率，推广立体停车场。

生态优先，实施城市"生态重建"工程，要求推行以绿化为主的环境建设，加强城市废弃土地的生态恢复，建设精品绿化示范工程，创造现代都市景观与城市田园风光共存的情境②。此外，在强制性法律法规和环境制度标准的行政性管理基础上，推广发达国家排污交易、财政补贴、征收生态税等经济控制性手段。

实施城市"生态预警"工程，强化推行自然资源的集约利用和再生循环，促进相关污染检测技术的研究，健全环境污染事故的预警预报系统。可仿效巴黎大区以法律的形式颁布噪声标准分布图、绘制空气污染峰值的时间和空间图。

三、建构"新江苏人"的社会融合策略，加快农民工的市民化进程

提出"新江苏人"的文化理念，对外来人口实行城市用地"人地挂钩"、财政支出"人财挂钩"③ 的居住地管理模式。落实农民工政治权利，强化公平分配的城市公共服务，实现农民工与城市居民间同等待遇。

一是建立农民工公共租赁住房制度和职工公寓安居工程，将其纳入住房保障

---

① 张鸿雁：《城市化进程中的社会问题治理与控制论——城市管治与客户服务型城市政府的理论与行为创新》，载于《南京社会科学》2010 年第 1 期，第 74 页。

② 张鸿雁：《循环型城市社会发展模式——社会学视角的理想类型建构》，载于《社会科学》2006 年第 11 期，第 71 ~ 83 页。

③ 《农民工市民化成本 2 万亿/年面临半城市化问题》，载于《东方早报》2010 年 10 月 11 日。

91

体系。在全省范围内仿效苏州、无锡建设"打工楼"、"职工公寓"，兴建人才公寓；推广南通将"优秀外来农民工"和"缴纳社会保险时间较长农民工"纳入经济适用房保障范围的先进经验，以房留人。

二是构建城镇入户的多元路径和土地退出的延迟机制，实现农民工由农民到市民的户籍过渡制度。降低农民工落户门槛，将现行相对限制的准入要求进一步放宽，将四类优秀农民工可落户城市的制度，推广适用到在城市居住一定期限以上，有稳定工作和收入来源、固定居所的所有农民工。与此同时，建立农民工市民化后的土地退出机制，在一定期间保留农民工家庭的土地承包权①，以使农民工拥有稳定的社会保障。

三是保证农民工的岗位培训和职业发展规划的规范性、连续性和系统性。完善农民工的工资保证金制度和劳务管理监管制度，强制用人单位必须与之劳动合同，分担工伤保险，以此保障农民工就业的尊严和劳动的安全。

四是消除农民工子女的"隐性教育不公平"。要关注农民工子女学前教育和高中教育的同城待遇、家庭教育和文化融入，可推广南京对农民工子女教育的"三个延伸"②的做法。打破农民工子女户籍限制，允许农民工子女在暂住地参加高考。

在上述针对农民工城市化对策的各方面的基础上制定新生代农民工融入城市社会的专项规划。

城市从来就不是孤立存在的。全球城市化的发展越来越表现为区域性的发展趋势与模式。"全球城市—区域"、城市群、"区域经济连绵区"等区域性经济与社会发展的战略研究，成为社会关注的热点。在中国，仅 2009 年，国务院就批准了 11 个区域发展规划，数量几乎是前 4 年的总和。已经被批复的区域经济发展规划，包括长三角、皖江经济带、北部湾、环渤海、海峡西岸等均上升为国家级战略，中国新的区域性经济与社会发展版图正逐步成型。这表明以省域为单位的地方经济与社会发展将成为未来中国经济与社会发展的主体。只有地方性的省域经济形成特色的战略发展模式，并尽可能早日实现区域现代化，中国的整体现代化才会有和谐的发展进程。

江苏省的省域城市化发展具有鲜明的梯度化的代表性，苏南—苏中—苏北三个"地域经济社会体"，处于不同的城市化发展阶段，表现为一个区域性城市化进程的"连续统"，在面临城市化进程中的共性社会问题的同时，需要处理各自不同的阶段性社会问题和地方性社会问题。江苏省省域城市化发展的样本性意

---

① 《农民工市民化成本 2 万亿/年面临半城市化问题》，载于《东方早报》2010 年 10 月 11 日。
② 《南京农民工子女公办校就读向非义务教育延伸》，载于《中国教育报》2010 年 2 月 1 日。

义在于，作为中国城市化发展进程中的一个极具典型性的缩影，其在内部彼此借鉴和反思的同时，在整体上又可以为中国全域城市社会发展提供经验积累和参考价值。

江苏省是中国现阶段城市化发展程度较高的地方区域，在全球经济一体化的时代背景下，江苏省又是中国最具有全球沟通能力和城市活力的区域之一，因此，具有典型的中国城市社会发展先导性特征；加之其表现出的城市化发展的梯度代表性特征，江苏省应当成为中国的城市化示范区！本书围绕江苏省城市化发展进行的讨论，无论是所述的基本问题还是对策建议，都遵循模式化的表现方式，力图探寻"江苏城市化模式"通往"中国特色"的推广可能性，对全国范围的省域城市化发展具有理论参考意义与实践价值。

第四章

中国大城市发展道路反思与发展模式重构

思想的解放是生产力解放的前提。人类对自己创造的城市，越来越感到迷茫。中国每5年都进行区域与城市发展新规划，都要提出新的城市发展战略与城市定位。总结以往的经验，我们看到的是中国的城市战略的雷同化的发展浪潮，这一轮中国各省市进行的"十二五"规划会不会又出现城市发展定位雷同化的现象？中国改革开放已有30多年，每一次思想解放都是一次文化的洗礼。城市定位的理论与创新之一就是一种"城市文化资本"的再生产和再塑造。在世界全球化的今天，地方性城市文化的再创造，是对世界性文化的一种贡献。中国应该亦如历史曾经有的那样，创造出有中国本土化特色的城市空间与"城市文化资本"价值。

第一节　北京城市化的理论与实践：[①]
从"首都圈"到"首位圈"[②]

中国的城市化伴随改革开放的发展，已经呈现了全新的发展格局。在世界经

---

① 本部分已发表。见张鸿雁：《北京城市形态空间发展战略与定位批判研究——"十二五"规划前的城市发展战略规划纠谬与创新》，载于《中国名城》2011年第1期，第7～13页。
② 邵颖萍：《从"首都圈"到"首位都市圈"的战略定位——京津冀都市圈一体化再建构探索》，载于《中国名城》2010年第10期，第20～26页。

济文化一体化的潮流下，中国的城市化水平、城市空间形态、城市街区意象、城市景观、城市建筑风格等都发生巨大的变化。基本表现为两种倾向：一是模仿西方的拿来主义，城市成为西方城市空间与建筑符号的试验场域；二是复古化主义，城市成为明清建筑的复兴地。北京在城市形态与空间意象上，率先失去了中国式的、本土化城市文化意象。从民族性的意义上认识，中国多数城市都失去了本土化的城市形态空间的意象，而其中尤以北京为重，在城市形态与空间意象上存在着明显的非本土化的倾向，在城市发展战略与空间整合上还存在着典型的历史失误与城市建设的文化误区。加之，当代中国面临着制定"十二五"规划的制度性思潮，各级政府都在制定"十二五"规划，从以往的 5 年规划发展规律来看，多数城市的 5 年规划相互参考套用，形成新一轮的相似性的城市发展规划与城市定位，更多关注的是产业的发展，而很少有城市能够关注"城市文化资本"① 的再生产，进而终导致城市与区域经济间的不合理竞争。至少从表现上看，中国城市的 5 年规划多是千篇一律的格式和思想脉络，更让人们担心的是，在城市发展的整体定位，又出现新一轮的相似发展模式。因此，从北京的城市发展战略与空间定位研究起，分析中国城市化与城市定位的问题，对新一轮城市化发展是有借鉴意义的。

一、城市空间发展的整合与"城市空间意象西化"

对任何城市来说，城市的历史与记忆都是城市发展的有效资源和资本。但是，如果不能创造性开发空间和创造空间，很多资源不可能转化为资本，只有使之能够成为相关类型的文化的垄断性资源，其资本性才有可能发生。如杭州西湖对杭州、南京中山陵对于南京等，形成民族性、唯一性、世界性和文化符号与记忆，才有可能使资源变成资本。城市资源的稀缺性，决定的房地产开发的增值性，全世界无不如此。所以，城市形态的本土化开发与城市的整体城市定位、城市品位、城市功能以及城市自然区位是紧密联系的。中国的城市化存在着多方面的问题，从城市发展战略与定位的角度分析，特别是中国正面临各城市在进行"十二五"规划的阶段，其主导性问题就是城市战略定位的雷同性，对此必须加以批判性的分析研究。

中国城市发展雷同化的问题之一是城市战略与城市空间形态定位的雷同化。城市定位缺乏差异化、唯一性和特色化的建构。不妨稍作回顾：在近 10 年来曾出现几波或者称几次浪潮化的雷同化城市发展定位。如 2000 年开始，几乎全国

---

① 张鸿雁：《城市文化资本论》，东南大学出版社 2010 年版，第一章、第五章。

范围内的城市同时提出国际化发展战略定位、加工制造业的定位和新兴工业化定位，这一轮刚开始，接着便是全国几乎是一致性的、不论城市大小均提出要发展IT产业、电子产业、生产型服务业；这一余波未散几乎所有的城市又都把循环经济、总部经济、绿色经济作为城市发展战略定位，接踵而来的又是全国性的所有的城市提出了发展新能源产业、光电产业、智能产业、文化创意产业等定位，一时间"光谷"、"智慧谷"、"光电谷"又如雨后春笋……而最近一年来，几乎是所有的城市又一窝蜂地提出服务业外包、旅游经济产业、综合经济体产业、智慧产业及物联产业的新一轮雷同性发展战略高潮。应该说，城市发展战略寻找超前性定位和提出新思维并不算一件错事，发展新能源、IT产业、服务外包和总部经济甚至物联产业均无可厚非，但是，不顾市情、区情，不顾城市区域间的竞争，不思考城市与区域个性化的创造，不考虑经济发展腹地的经济特色，而盲目地跟风定位，这本身是值得商榷甚至是需要反思和批判的。中国城市的发展战略与城市定位亦如以往搞运动一样，一波一波的极其相似，但是，让人失望的是，中国城市定位与发展计划的每一波之间缺乏连续性，有些城市的战略定位不到两年就要修改，也有的城市看起来是在制定5年规划，而在事实发展上，这种缺乏科学定位的城市发展战略规划与定位往往出现典型的三种现象。一种是规划理念滞后，城市的快速发展大大超出规划设计。即某些城市的5年规划完成不到两年时间，城市的经济与产业发展就超出了5年规划，城市陷入某种无序化发展样态。另一种是好大喜功，不顾及城市发展实际情况，制定出"洋规划"和洋人规划，某一城市曾制定了60平方公里音乐城的规划，后因不具可行性而放弃。这样的城市规划不具有操作性，城市经济与社会发展落后于规划，使得规划中的很多项目不能落实，特别是一些空间尺度过大且惊人，浪费土地不说，更无法集聚人气。定位过于超前的规划只是"纸上画画、图上点点、领导说说、墙上挂挂"，成为一种表面工作。第三种情况则表现为城市规划是领导的规划，是城市一把手的政治符号，城市领导变换使城市规划也跟着变换。某城市的发展空间模式因领导的意向而变：一届领导一种说法，一任领导一个发展方向。前任领导提出城市要向西发展，而新一届领导提出的是要向东发展！

　　无论是"运动型城市定位"，还是"过度超前型城市定位"，或者是"领导意向型城市定位"，均缺乏连续性和科学性，这也是导致中国城市化多发性问题发生与发展的主要原因之一。在城市化发展与城市规划的实践过程中，适度、适时调整城市战略定位与发展模式是合理的，也是城市发展与时俱进的一种方式，但是，城市战略本身的雷同性实质就是缺乏远见性和科学性而导致的。很多人天天在喊创新，而城市战略定位与城市形态定位本身就是一种创新过程，如果城市发展没有自己独有的个性就是没有创新，这必然是经济与社会发展的滞后力所在。

而让人担忧的是，几乎所有的城市都未能提出自己的特色产业和特色发展模式，特别是几乎没有城市提出自己的特色竞争力的建构模式，这样的状况最易导致城市经济结构、产业结构和社会结构出现结构性空洞，包括城市人才发展的结构空洞。如某些城市产业定位过高，没有相应的人力资源和劳动力，引发了相关社会问题的深化。

城市没有差异化和唯一性定位的另一个主要原因是，中国的城市发展战略和城市规划理论严重滞后，没有典型的本土化的、具有中国特色的城市发展理论和城市规划理论，更未能创造现实的城市形态理论和城市风格。改革开放以来，中国的城市规划主要是沿袭西方的城市发展理论和城市规划理论，中国化的城市理论不能得到认可，一些城市的领导言必谈"洋人规划"和"洋规划"，而中国的学者也是言必西方。无论在理论学术界，还是有城市管理界及城市规划界，都未能塑造出系统的中国式城市发展理论和城市规划理论。由于在城市规划理论与实践方面缺乏中国式的城市规划理论指导，而传统的中国古代城市规划理论因其缺乏完整性和系统性，在现实城市规划的理论操作层面得不到很好应用，中国的城市发展战略与规划，无不是以西方的并且是已经过时的规划理论来指导城市，导致城市的空间与形态缺乏中国当代元素的表述，缺乏中国化当代意义上的文化空间，缺乏中国当代意义上城市空间意象，缺乏中国当代意义上的城市景观符号体系。中国城市目前出现的交通拥堵、就业空间不足、城市景观败笔不断、"只适合鸟瞰"而"不适合人看"的规划，导致全新样态的中国式城市病，城市发展的现实问题与当代城市发展战略和城市规划理论与实践滞后有直接关系。而西方近年来出现的很多新的理论，却未能在实践中得到很好应用，如"城市区域核心理论"、城市紧缩理论、城市拼贴理论、城市生态立体三维理论，甚至传统中的田园城市理论都未能充分得到利用。在城市形态上，很多城市规划定位都"似曾相识燕归来"：如几乎遍及全国的"一体两翼"的空间格局给很多城市带来问题，这种城市形态越来越表现为同质化的发展样态，着实令人感到无尽的忧虑。

当我们反观西方城市的发展，不难发现，中国传统的天人合一的思想、城市重归自然的思想、适度的符号人体工学的尺度空间和肌理，却在西方城市的规划理论与实践中大放其彩。往日传统理想中的小桥、流水、人家和"夜半钟声到客船"的自然意境，在欧美的中小城市中体现的十分充分。我们反思的时候，看到的是中国的城市却在重走西方城市化发展的老路！如南京的江心洲是一块难得的自然净土，可南京市政府引以为豪的是把这一块打造成西方化的、高楼大厦林立的后现代空间，这种以房地产公司为主导开发的区域经济空间的模式是有待

97

研究和思考的。

而且，更重要的是实用主义和城市政绩压力下的、急功近利的城市战略，导致很多城市的规划建设是一种"建设性的破坏"。在这种中国式、本土化理论空乏的时代，完全西方化的文化意象十分普遍，从北京到地方县城，再到乡镇，西方化已经到了地名多为西方化的程度。可以这样举例：某一天早晨起来，迷茫于不知居在何处——东边是米兰城、西边是罗马城、北边是加州城、南面是夏威夷、后面是托勒家奥斯博恩……如是，中国城市、乡镇、村落的地名都变得西化了，说得过一点，未等西方列强侵入，城市就将不再是中国的城市了！地名都已经西化了！这样下去甚至可能是"国将不国"了！这不是耸人听闻的话语，而是一种现实的思考，似乎可以用鲁迅的一句话："中国人失去自信力了吗"？

城市发展战略定位与城市规划的时效方面也严重落后。城市规划既缺乏大空间区域与地域的整合，又缺乏制度性空间关系的整合，都市带的整体规划、区域性都市圈的经济社会与文化生活很难形成市场性的地域整合，或者说，在中国的区域经济与社会关系中，城市与城市、都市圈及区域经济体系很难形成地域共同体的社会与经济的一体化关系，主要是制度关系形成的区域经济发展障碍。地区空间、都市圈化的结构框架很难拉开，地域生产的产业规划，往往受制于行政区划的划分，使得产业很难获得合理布局。特别是在首都、省会城市、地市级城市的等级制度关系的制约下，城市承担着政治管理和控制区域结点的功能，这使得地域中心城市功能无限多元化，甚至是相关政治节点功能无限扩张化。加之，中国城市的制度性结构，几乎所有都市圈中的城市都是一个独立的行政单位，经济与社会整合能力十分有限，在区域空间体系上，政治主体性的首位度，都市圈内的经济关系和市场关系几乎得不到制度内的认可。因此，几乎所有都市圈的功都不能充分形成地域经济共同体关系，从而使区域经济体间市场关系的丰度和广度深化受到阻滞。在一个相对的经济区内所形成的都市圈，很难形成首位度的结构关系，而区域性相关机构的设置只是一种虚设，省区级以外的都市圈更是缺乏制度认同，如长三角城市群是三个省级行政区形成的地域结构关系，在整体规划和区域协调的发展中，上海作为长三角的"发展极"和高首位度城市，既是一种事实，也应该在制度层面加以认同的培养。但是，在区域经济发展的事实上，相关省级体系对上海的首位城市功能和"发展极"功能缺乏典型制度性认同，因为缺乏真正意义上的区域空间整合，使得长三角都市圈一直未能成为公认的世界第六大都市圈。所以，笔者发表文章直接提出应该站在国家经济与社会发展的高度，提出"大上海国际化都市圈"区域共同体的概念①，以形成亦如大伦敦、大纽约和大东京都市圈那样的经济关系，创造中国发展的现代化示范区。区域间的整合度低，城市间的行政壁垒明显，中国的区域经济结构体系，没有形成共性竞争关系，无论在规划方面，还是在人才使用方式，包括经济合作方面，都缺乏统一的思想和政策机制。可以说中国的城市，尚未形成统一的区域城市社会机制。

而我们应该提出的是，我们这个时代应该创造什么样的城市形态、风格与城市意象？目前我们所创造的城市空间有中国文化自己的风格吗？是不是在世界一体的大潮下面，中国式的城市风格正在丧失？中国式的城市空间景观与意象正在丧失？当代人创造的城市空间与景观，能够成为未来华夏民族的"集体记忆"吗？在汲取西方城市发展理论精华和中国古代城市理论精华与实践的同时，我们这一代人做了什么？有我们这样一代人创造的城市历史风格吗？我们这一代人的城市建设，不能这样：要么是复兴西方的建筑文化，要么仅仅是明清建筑的复兴！这是值得国人思考的问题！

二、城市功能的过度承载：普遍缺失的教训

北京城市与其他中国城市一样，也必然存在着一定的问题，从历史发展的角度看，不存在没有问题的城市，只是每一个城市的问题都有自己的特定原因。北京城市定位与空间形态意象的核心问题有下述五点：

一是城市功能定位过多，超负荷的城市功能定位使北京的整体战略目标与定位变幻游离，发展功能定位左右摇摆，北京曾因此失去很多机会，未能创造以政治、文化和国际外交中心为主的世界文化之都意义上的首位城市。北京城市所承载的功能过多，多得不能自拔。从事实上看，北京既是政治与行政中心，又是文化中心、金融中心、企业总部中心、国际文化交流中心、制造中心、教育中心、旅游中心、特色工业产业中心、生活服务中心、国际贸易中心……这在世界的城市定位中很少见的。虽然与东京所承载功能相近，但是，东京的地区空间重组范围大，而由于日本国家政治的弱化，使东京更显得商业化功能的强化。而中国的北京十几大中心功能并进，这种状况不可能不出现过度发展的结果。近来引发的迁都议论不是毫无道理的，至少相关的国家机关职能部门可以迁出一部分，特别是相关的产业和国家机构迁到其他城市，既可以引导新的城市与区域的发展，又可以真正减少北京的负担。减负是北京再生的一个新起点！

① 张鸿雁：《"大上海国际化都市圈"的整合建构新论——中国长三角城市群差序化格局创新研究》，载于《社会科学》2007年第5期，第4~13页。

二是北京的城市空间规划理论与理念严重滞后，类"同心圆"理论的城市空间设计上形成历史性失误。多环型的城市道路空间，等于给城市自套枷锁，导致城市空间形成典型的"封闭环"。在古典地理经济学和古典城市社会学理论中，伯吉斯提出的同心圆理论，仅仅是一种事实性的说明，而且是在描述西方工业化过程中，事实上出现的一种城市空间演化模式，并不是一种规划意义上城市发展的理想类型，它是在道路空间引力下形成的城市发展空间特质，其核心意义是告诉人们城市发展的规律，即是一个在一圈一圈扩大的结构中成长的，北京的发展过程证实这一理论的存在意义。但是，这种同心圆理论空间不是人为的空间设计过程，也不是超大城市发展的一种规划解释，而是发展事实的一种解释，其理论认知的历史局限是十分明显的。这种多环状的空间结构城市，给城市空间的再生产加了一个限制前提，即城市空间不能也不应该在环状体系内扩张。北京现存的多环同心圆空间格局不改变，城市"空间再生产"的创新就不可能发生，北京下一轮发展的空间制约将更加恶化，而能够改弦易辙的方式就是推行"城市区域核的规划理论"，在大空间内对城市功能进行调整。

三是北京没有承担起对中国传统本土化城市形态空间保护与创新引领者的责任。在世界经济文化的一体化浪潮面前，北京未能担负起中国优秀传统文化守望者的重任！未能担负起中国城市空间形态本土化创新的历史责任。在某种意义上说，北京城市的传统文化正在丧失！北京城市的集体记忆正在丧失！而更为关键的是，北京正在成为西方城市再建设的试验场！西方城市文化符号的展示场！西方建筑空间与城市意象的交易市场！

我们不是说北京已经没有了中国的历史传统，也不是说北京已经完全丧失了应有的城市记忆！而是要问北京在创造中华民族城市形态空间意义上应该承担什么样的责任！北京在中国的城市化中应该承担什么样的责任！北京在世界城市百花园中应该承担什么样的责任！是不是因为北京是中国的政治中心就要丧失对整个中国城市传统的引领功能？显然，我们的回答是否定的。

北京应该是中国文化的守望者、保护者和创新者，而不是西方符号的试验场域。如北京故宫等很多传统建筑是典型的"城市文化资本"，是这个城市赖以发展的文化动力因。可是这些典型的中国元素正在逐渐被蚕食，正在被碎片化！正在被西方的文化符号所吞噬！以故宫为核心的大区域空间，应该进行中国符号化有效整合，应该建立起一个以故宫为核心的大中国元素文化产业链。相反，让人遗憾的是，后现代特点的中国歌剧院的位置，在空间上与故宫形成不和谐的文化符号意象反差，在空间意象整合上是一个典型大败笔！我们不是说北京不能有西方化的建筑与符号，西方式的和后现代式的歌剧院应该在北京其他地方，而非与故宫形成非和谐的、相互排斥的一组符号。这里强调的是北京不仅仅应该有西方的符号建设，更应该有中国元素的建设，从事实上来讲，北京城市中西方化符号与景观意象在扩大，而传统中国元素符号的意象在减少！或者正在丧失！这才是本书所要批判和研究的！

北京作为中国文化的符号和象征，它更应该具有民族性和世界性优点的整合价值。多少年来，很多人都对北京的发展提出了批判和建议，但时至今日，尚没有对北京的城市建设进行有效的反思。

四是北京近 60 年的城市建设，未能建构未来本土化中国城市记忆！我们不禁要问，北京近 30 年建设，哪些新建的街区和空间可以成为未来城市的历史记忆？这是一种反思态度的理想追求！北京现代和当代的城市形态、建筑空间意象多有文化误区。时至 21 世纪初，中国现代意义上的本土化城市形态理论未能占居主导，北京曾有过"传统大屋顶"的特殊发展期，成为北京一个时期的建筑特征，过度复古导致这种建筑本身缺乏向上的朝气，而更多地显现了北京的暮气，犹如一个老态龙钟的人躺在故纸堆一样。如北京大前门的改造建设，既没有传统街区肌理的感觉，又没有中国式的天际线，行走在其中好像是在布景里的空间。还如平安大街的改造，那超大尺度空间和平淡无奇的复古模式，建设了一批临时性的明清传统街区，既没有节点、片区的文化意象空间，也没有时代意义上的创造，特别是一些临时建筑，更是迫使这种传统本身显出一种败落之象，而且没有停车空间的不完善性，没有交通复街的可达性，再加上缺乏灰空间和粘滞空间，商业聚气功能十分欠缺，整体文化效果和商业效果都不充分，特别是没有了北京的大气，而只是一种故都的"胆怯的模仿"！这一区位的空间价值没有充分显现，既损失了空间经济价值，又丧失了北京创造新传统的价值！

在城市空间建筑与空间意象上，应该形成北京地域文化、中国元素和现代符号的综合运用。南京的民国建筑在中国的城市建设史上能够留下一笔，其主要原因是民国建筑的中西合璧文化的表现方式，既有中国传统符号意象，又有现代城市和西方建筑符号的元素，是一种时代感较强的文化表现。而当代中国正需要这样的建筑：需要这个时代的城市空间与建筑，进一步说，中国需要 21 世纪初的中国式建筑和城市空间意象，这一切应该从北京开始！

五是北京城市形态空间结构外展价值不充分。北京的核心文化应该是北京独有的，北京的大空间应该具有世界性！即北京的主城区应该是中国化的城市区，而北京的外围和郊区应该是典型的世界化的郊区。北京与其主要县区的空间连续应该是高速化和一体化的，并形成特色的能够具有自我生存体系的城市中心节点。从目前看，北京城市郊区的经济与社会发展落差是十分明显的。有西方学者说，北京的城市中心可以和世界最发达的城市媲美，而北京郊区的一些地方比欧洲中世纪的乡村还落后。这一事实告诉我们，北京城市市域的城市空间规划是不合理的，北京目前应该发展县域经济和县域空间文化，在某种意义上说，县域空间的发展应该超过北京的中心区域，使得郊区不再依赖城市主中心来发展，这样的城市空间结构才具有后现代性和后现代社会发展的特点。北京应该和外围的县区形成 30 分钟的分散性可达空间，并且在区域核的理论指导下，创造性地形成高可达性的北京区域内的高城镇群，创造性的形成无中心化的城市，使城市表现为无底、无形、无边和无界线的无边界城市生活——这才是北京应该选择的城市空间道路。

三、本土化城市形态空间意象的再创造

对城市文化的选择的认知，不同文化背景的学者会有不同的理解。西方学者杰弗里·迈耶曾说：北京，在"有限而持久的形式中蕴藏着无限的文化理想。"[①]北京这座城市应该是一种民族政治权力的集中结构体系中的一种文化表现，北京曾经在政治权力高度集中的文化意识下，创造并选择了"北京城市形态文化模式"，这个模式可以理解为某种城市定位，这个定位的核心作用是空间的权力符号性和王权的文化体系。如宫廷居于城市中央、皇城根下的文化心态与皇城根下的空间结构意识……在一定意义上也可以说是创造了城市空间的政治权力性与民族性空间结合的典范，这最初的选择至少创造了中国文化与城市空间的"空间政治型意象结构"与"空间政治型意象符号"，这曾有的记忆空间是一笔巨大的财富。可是在中国人的生活需求、政治需求与文化需求的矛盾中，城市的定位选择出现了某种偏差，应该有的伟大与历史价值正在削减，传统王权文化意向的北京文化的人类共同记忆丧失的也比较多。贝聿铭在 1985 年就曾说过："我体会中国建筑已处于死胡同，无方向可寻……中国建筑师正在进退两难，他们不知道走哪条路。"[②] 贝聿铭的这种感知虽然有些过度，但是，至少当代中国北京的城市文化定位、城市空间创造、城市形态格局一直没能够成为中国城市的样板，即已经说明了这个问题，其核心就是权力文化在城市文化发展占有多过的分量。

从城市定位的角度说，北京应该公开而庄严的提出一种主张：北京是世界文化的中心之一，北京应该创造成为世界文化之都！88 岁的国家级建筑大师张开济说："我到过许多地方，巴黎和北京最好。巴黎保护得很好，北京就惨不忍睹了！意大利《团结报》一位女记者采访我，她说北京是 Poor HongKong。可悲

---

① 王旭、黄柯可：《城市社会的变迁》，中国社会科学出版社 1998 年版，第 292 页。

② B. 戴蒙丝丹、黄新范：《〈现在的美国建筑〉选载（三）：访贝聿铭（I. M. PEI）》，载于《建筑学报》1985 年第 6 期，第 67 页。

呵，这么一个世界文化名城，竟连一个香港都不如了。北京的价值在两点：一是平面，可惜城墙拆了；二是在立面，Skyline。东方广场体量太大了，把故宫的环境破坏了，这是不应有的错误！巴黎曾盖过几幢高楼，大家反对，就盖到拉德方斯去了。可是，北京却无动于衷？！现在北京最重要的一点，就是要控制高楼。高楼就代表现代化？玻璃幕墙就是现代化？太幼稚了！"① 虽然对于城市的保护与定位一直存在着两种观点：传统与现代，但从笔者个人的想法来看，对于一个国家的首都来说，不能放弃的一个重要形式就是城市的民族性和国家文化的象征性。而北京传统的失去和现代化性的缺乏，不能不使我们把中国的城市定位提到一个世界性高度，即在世界的城市发展中，北京应该成为什么样的文化与形象结构？应该具有什么样的城市文化与城市形态模式？对于每个普通的中国人来说，其实质是一种民族凝聚力的动力之源。萨夫迪提出"后汽车时代城市"的概念，他对 20 世纪 90 年代末的北京的感知这样的："一条条排列着高层建筑的大道代表一种新的都市密度与发展模式：写字楼、公寓、酒店和无处不在的汽车。……北京在几十年之后重蹈了许多西方、南亚和拉丁美洲城市进化的过程。同样的发展模式，同样的对汽车的依赖，同样的忽视公共交通，以及到处可见的对历史区域的损毁和混乱布局的高层建筑。"而他对 20 世纪 70 年代的北京却有着特殊感觉："（1973 年）世界上最大的城市中很少有依然如此毫不妥协地坚持继承传统与历史的。紫禁城作为城市中最重要、最富纪念性的建筑群隐现于环绕它的低尺度的邻里中。许多街道都十分开阔并绿化成林阴大道。……这个城市是建造在树中的。……中国特别是北京表现出未来都市发展的多么好的机会呀。"② 虽然这仅是他个人的观点，但毕竟看到城市保持传统和原生态是多么不容易，现代化对人的冲击一直是双重的，似乎在获取的时候，我们失去的更多。城市是人们的生活、享乐之地，但同时也是人类政治斗争、军事争夺之地，多少人类文化的优秀记忆都毁于城市的战火硝烟之中。从古代至今日在世界的很多地方都能够看到这种毁灭之火。正因为如此，我们所应该创造的是城市的良性发展，创造城市作为社会动力的源泉，更要创造城市社会作为市民的、民主的和人类精神家园的文化机制。更值得我们深思的是，有时我们的城市历史与记忆虽然没有失于战火，却失于我们的盲目和失误，甚至失于我们过快的急功近利的城市建设。

北京应该怎样定位？北京如何创造自己的发展战略？北京如何引领中国城市形态与空间意象的发展潮流？北京能否成为中国本土化城市形态的守望者与创新者？这不仅仅是北京的问题！而是中国的问题！

---

① 王军：《城记》，生活·读书·新知三联书店 2006 版，第 26～27 页。
② ［美］萨夫迪，吴越译：《后汽车时代的城市》，人民文学出版社 2001 年版，序。

北京发展的出路在哪？

1. 北京应该是中国文化的守望者与创新地，应该是中国城市集体记忆的创新引领者。在这个意义上说，北京的功能应该简化为政治中心、文化中心和对外文化交流中心。只有这样，北京才能减负，北京才能焕发活力，成为中国本土化城市形态的引领者。这种定位有两种选择：一是让北京真正减负，一些相关机构和生产型单位迁到其他城市或者是城市外围，在北京主体发展县域经济的基础上，创造一个世界文化中心，而不仅仅是政治中心！巴黎号称世界文化中心，北京或许应该从中学习一点什么！二是迁都，全世界都有为了经济与社会发展迁都的例证。

2. 北京应该创造典型的"区域核"空间的再生产模式。即在北京通过空间整合规划，形成多个城市"区域核"，在每个"区域核"内形成典型的一体化生活区，即就业、居住、生产、流通、消费、分配、娱乐和日常生活一体化区域。这一理论在美国的芝加哥等城市有较为充分的体现。"区域核"理论的核心是区域空间就业的充分性，让城市中的多数人不是以"钟摆式"的生活为外在形式，而是一种区域空间独立性发展模式。目前北京的实体空间可以进行整合与再创造，这也是新的空间再生产，其意义非常重大，也是一种全新规划理论的运用，也是能够尽快解决北京城市病的主要方法之一。

3. 北京应该明确提出中国本土化城市空间创造模式与理论，应该成为中国式城市文艺复兴的首发地，创造性地形成中国本土化城市空间的创新实践场域。北京应该提出未来100年规划设想，实现中国北京的文化时代创新与历史延续的再创造！那么我们要问：100年后的北京是什么样？是西方式的建筑林立，还是中国式本土化城市空间再创造！会不会形成具有中国元素符号21世纪的"北京城市形态与空间范式"，这个"北京空间范式"，这个"21世纪北京城市形态范式"就是中国的城市空间范式！我们可以认为本书所提出的"北京城市空间范式"，就是未来"中国城市的脊梁，应该成为中国城市发展的样板，是中国城市重新再生的一个复兴！"北京在中国传统文化中，应该是"天人合一的住区典范与教材"，北京在这个意义上，应该创造中国哲学提倡的融入自然的后现代居艺生活。当然在新的空间区域内，在特定的城市空间节点上，北京城市既应该是"中国古典园林文化的时切面"的同时，还应该是西方建筑艺术精华的再创地，应该是城市人文价值的文化综合体和中国本土化居住建筑空间的时间结晶与切面。

4. 北京应该有一定空间再造中国传统城市空间肌理，让城市重新走回自然，让城市更具有中国化的本土化特质。城市定位是一种自然与人文情感的回归，要寻找、创造城市人心理归宿的家园，在创造城市个性文化和风格、创造中国本土化城市形态特点的同时，创造城市人的"心灵归宿感"。在现实的社会中的人们，要么生活在城市里，要么生活在乡村。而在全世界范围内，多数人已经把城市与个人的身份与成长结合在一起，无论是穷人还是富人，都会将城市与自己的身份、个人价值联系起来，我们经常会听到人们说："我是巴黎人"、"我是莫斯科人"，而我们更想听到的是——当人们说"我是北京人"的时候，不是因为北京的政治地位能够表现自己具性的价值，而是因为北京具有世界文化之都的价值，这一语意本身就是北京的价值所在，北京应该是中国文化符号的结晶。

笔者曾多次提出中国式的城市文艺复兴的理念，北京应该是中国城市文艺复兴的发祥地和创新地。在修复城市的历史记忆的同时，创造北京的"城市文化资本"，让北京的"城市文化资本"成为北京城市核心竞争力的主体要素，而不是把生产型的要素作为城市定位的主体核心要素。北京的符号与历史文化是具有其他城市无法比拟的优势，真正成为世界文化之都，北京人应该有这样的理想，中国人应该有这样的大气！上个 500 年是西方文化东渐的 500 年，下个 100 年应该是中国文化西渐的 100 年。西方通过数百年努力创造了中世纪的城市文艺复兴，孕育出了资产阶级前身和资本主义的文化；下一个 100 年，中国式城市文艺复兴，应该创造天人合一的大同世界文化，以回归自然的理念，让城市如家，让城市成为人类理想与灵魂归宿地。

凯文·林奇说："通常我们对城市的理解并不是固定不变的，而是与其他一些相关事物混杂在一起形成的，部分的、片面的印象，在城市中每一个感官都会产生反应，综合之后就成为印象。"[①] 让更多的人感受城市，并能够以自己生存过的城市作为自己的身份注解与说明，这才是城市的本原动力。

创造城市社会的整体印象是城市定位的一种内在要求。黑格尔说：人有一种"外在事物上面刻下自己内心生活的烙印"，"实现他自己"的冲动。[②] 城市是人的生活的家园，城市又是个体"公民性"的生活背景，农村或小城市的人把它与自己相关联，大城市人视为一种"个人地位"或身份证明，其本质是城市文化价值所赋予的——在某种意义上说，城市价值在一意义上决定、代表和影响个人价值。很显然，生活在纽约曼哈顿的人，与一个生活在偏远山区小镇的人来说，外部的认知是不一样的，虽然居住在大城市或者居住在小城镇里，并不能代表一个人的真正的或者是本质的价值，但是，至少在最初阶段能够让人们联想到个人的社会地位和所生活的阶层。因此，任何一个人，面对一个新的城市，作为个体"特殊的外在事物"，必然留下心中的烙印，对新的城市产生某种冲动。传

---

① ［美］凯文·林奇，方益萍、何晓军译：《城市意象》，华夏出版社 2001 年版，第 1 页。
② ［德］黑格尔：《美学》（第 1 卷），商务印书馆 1979 年版，第 39 页。

统的中国文化如巨儒张载有言：为天地立心，为生民立命，继往圣之绝学，为万世开太平。北京的城市建设与发展，应该为自然立本心，为生民立永业，为城市立大典！

第二节　地理空间双重区位价值：上海城市化历程的海派样板性属性①

在世界城市一体化大潮下，上海也与其他城市一样，被这一潮流所裹挟，出现海派文化"定格化"、核心价值异化和主体价值丧失以及上海城市形态非本土化的文化走向。对此，从创造上海"城市文化资本"的视角出发，在对"海派文化"核心价值的丧失进行批判性研究的基础上，我们提出21世纪"新海派文化"建构、创新的时代核心价值与意义，以求促进上海城市的可持续发展和软实力提升，并希望上海能够再一次引领中国文化时尚潮流，成为21世纪中国式城市文艺复兴的创造者和引领者。

一、全球一体化潮流中上海海派文化的"漂移"与核心价值的"断裂"

在全球一体化的浪潮冲击下，世界范围内的很多城市都在失去自我，失去本土化的城市形态与文化模式。这一现实既有总体性社会变迁的深刻根源，也有城市主体性缺乏个性创新的原因。面对中国的城市化和城市现代化的发展，这是一个值得深入研究的问题，城市文化主体性的丧失，也就是城市可持续发展力、城市特色竞争力的丧失。

中国本土化的城市形态是中国城市文化模式、城市地域性文化及中国人城市居住生活方式的一种元素，而且是典型的东方城市文化体系的核心价值符号之一。中国的传统城市形态之所以能够成为世界城市形态与空间文化的一种独立文化体系，甚至是与西方文化相对应的一种城市建筑与空间居住模式，主要源于源远流长的中华民族文化积淀与创新、中国本土化地域文化的整合。中国地域文化和地方性的文化空间符号自古有之，中国古典时代的百花齐放和百家争鸣时代，

---

① 本部分已发表见张鸿雁：《上海文化核心价值的缺失批判与"新海派文化"的建构研究术——上海城市发展与规划战略纠谬与创新》，载于《中国名城》2011年第2期，第8～16页。

就是这种多元体、地方性文化与主体性文化互动统一繁荣的结晶。从先秦时代开始，中国的长江与黄河流域就出现了显性化的地域城市文化，如燕赵文化、巴蜀文化、齐鲁文化、岭南文化、江南文化、秦晋文化、中原文化等。伴随秦汉以来中国长江和黄河流通区域经济、社会与文化重心的南移和区域空间的一体化发展，虽然地域文化逐渐表现出时空的整合性，但直到明清时期，这种地区性区域文化、城市文化仍然凸显出地方性特色。如襄阳学派、扬州学派、桐城学派等，这些城市学派的存在从深层次上说明了中国传统城市个性文化和本土化城市形态与文化的价值。但是，中国近代社会以来，科学技术与世界文化的东西方交流与碰撞日益显性化，特别是西方列强打开中国的大门，中国在饱经战火的同时，经济与社会发展渐进融入世界经济一体化中，地域文化处于动荡性的社会整合之中。在 1949 年后的政治与文化因素的影响下，国家一体性文化价值在提升，地方性的传统城市文化出现衰落的景象。1978 年改革开放后，中国地域性文化、乡土文化在一定程度上仍然以其特有的形态存在和活动，但是在总体上来说，地域性文化概念渐进模糊，城市文化开始千篇一律。虽然基于区域概念上的文化依旧比较强势，如东北黑土地文化、西北黄土地文化等，但是以城市为载体发展起来的城市文化表现十分缺乏，"千城一面"的城市化发展导致城市在主流空间形态上不是典型的"独立法人意义上的城市"，没有现代的"中国味道"，要么是明清文化建筑的再版，要么是欧陆风的建筑景观复制。从区域性的城市文化发展来看，仅以"京派文化"、"海派文化"和"港派文化"得以彰显并占据一定的文化主导性，成为影响中国人经济、政治和文化生活的本土性三大文化体系。如果进一步分析，我们还可以看到：1978 年以来，中国在主动走向世界的过程中，"港派文化"以其特有的强势介入与冲击，使上海的城市文化出现颓势；"京派文化"虽然表现了某种程度上"本土化"的发展趋势，但是"京派文化"的"钝化"、"固化"和过度"政治性商业化"，使其本身的历史性、地方性和现代性均有缺失；相比较，"海派文化"虽然能够在世界性、国际化和现代性方面有长足的进步，但是，"海派文化"的"历史定格化"、历史记忆符号的僵化、缺乏精英的底层化和核心价值的碎片化，使得"海派文化"出现典型的结构性文化缺失，主要表现是核心价值离散、时代特征缺乏、后续创新乏力、当代海派文化要素缺乏认同。特别是近来"海派文化"的过度商业化政治化媚俗——包括上海世博会表现的过度娱乐化和商业化——使曾占中国时尚主导地位的"海派文化"在 21 世纪初丧失了某种主导性，使上海这个城市在全球一体化大潮中正在丧失地方性、本土性和地域个性，不能不说这是一种历史性的文化失误！

上海城市文化——"海派文化"缺失的主要表现：

1. "海派文化"核心文脉的断裂——海派历史文化的"定格化"。无论上海人还是外地人，一提到"海派文化"就想到老上海、老弄堂、老洋房、老石库门、西式花园、张爱玲以及老式挂历中的上海……似乎只有 20 世纪二三十年代的上海才是真正的"海派文化"，才是纯粹的"海派文化"，抑或可说"海派文化"是历史上的而今天是不存在的。时至 21 世纪的今天，上海仍然把这一时期的文化内涵当作"海派文化"的一种表现和张扬方式，最能够体现上海味道的酒吧、宾馆、饭店、会馆、咖啡馆等都是把过去的"老上海"文化符号拿来张扬，好像上海只能是袭着一身旗袍裹着羊毛披肩的洋场少妇，定格在老上海文化的怀里，或者是老上海文化的影子里！我们不知道今天的上海应该创造什么样的文化?! 今天所谓的上海文化，要么是西方的、纯西式的；要么有些则干脆打出法国高雅文化的牌子。上海今天的"海派文化"在哪儿? 在过去? 在未来? 在 20 世纪 30 年代?

应该说老上海在近代以来形成的"海派文化"的确是上海的"城市文化资本"要素之一，甚至也可以说是"海派文化"的主体形式和核心要素之一。但是，"海派文化"不能仅仅作为上海城市文化的历史记忆被封存，也不能在当下仅仅通过被模仿来纪念，而是要使"海派文化"的要素成为今天上海城市文化发展的"城市文化资本"①——换言之，"海派文化"应该是现代上海的"城市文化资本"的再生产的场域，不能仅仅定格在历史层面上的文化符号的重复！

2. "海派文化"符号的断裂——"海派文化"核心要素的固化。上海的城市空间与城市符号具有某种中西合璧的特点，如近代中国特有上海石库门，其相应的被社会广泛认同的符号非常多。这些近代老上海元素在其他城市是不曾见到的，信手拈来可以有几十种：租界建筑群、传统商会会所、西式花园洋房、老虎窗、百老汇、近代传媒（申报《万国公报》）、特定的建筑（外白渡桥、上海国际饭店）、具有中国传统经营文化理念的老字号（亨得利、天厨味精、雷允上、永安百货）、特定宗教建筑与历史文化建筑（徐家汇教堂、城隍庙）、海派地方性文化艺术（沪剧、亭子间作家）、海派小吃（浦东鸡等）、地方性文化符号（洋泾浜、弄堂小店、张家姆妈），加上从人们共同认知的石库门居住空间走出来的上海人和居于其间的海派家庭文化特质等，这些文化符号连缀成海派生活方式体系，这也是上海的城市集体记忆！在这样的文化环境中，人们对"海派文化"的理解认知是一种心灵深处的感知，是一种扑面而来的文化氛围！徜徉其中会有一种被感染和溶解的感觉，甚至有一种与"海派文化"历史对话的感觉，这是一种完整文化模式特有的感觉，亦如在巴黎有一百零一种生活方式一样！是一种文化物化符号与心灵符号的对话！由于既有中国千年文明结晶的江南风格，

---

① 张鸿雁：《城市文化资本论》，东南大学出版社 2010 年版，第 609 页。

又有西方文化的生活要素，因此，传统"海派文化"成为人们认同的一种经典城市方式和生活体系。可是近 60 年来，上海的"海派文化"是否有新的发展？这一模式的结构性空间连缀性还存在吗？当代上海城市的建筑空间文化为"海派文化"增添了什么？是建筑的高度？还是与西方同样的建筑？还是那些与其他城市一样以外国地名命名的楼盘小区？

3. "海派文化"空间意象的断裂——传统与未来历史地段记忆的丧失。上海的里弄生活具有传统的中国里坊制关系的内涵。邻里出入相友、守望相助，更具有中国传统城市首属邻里的文化特质，这也是上海城市市民化生活的表现。这种文化空间内最大的价值是新型传统邻里的情感互动和生活互助，在很大程度上这也是上海市民生活与海派生活方式的文化底色。笔者很同意罗苏文的观点，他在《近代上海都市与社会生活》一书中说："里弄在清末民初发展成为上海市民最主要的民宅建筑，构成都市生活方式的基本景观之一，反映出都市居民构成具有多元一体的特点。"[1] 里弄空间的出现是中国传统居住空间的延伸，在"里弄的功能与演变"一节中，作者明确提出："石库门里弄住宅的单体平面及结构脱胎于传统三合院、四合院民居形式，兼有独院独宅和集居住宅之长"。[2] 石库门单元的内部设计在一定程度上兼顾到江南来沪居民的原有习惯，很显然，这一居住文化形式的本质是地方性的文化特质，"海派文化"生长的土地是中国江南文化。所以我们说，"海派文化"的本质是中国的，在中国城市建筑史上和城市空间结构演化史是非常重要的篇章。

那么，我们关注的是，近 30 年来，当代上海城市的空间意象和建筑文化符号，也能够如当年石库门及里弄空间文化那样，成为一种有历史的价值文化符号和空间意象派别吗？能与"海派文化"一脉相承并成为上海未来的城市记忆吗？进一步说，从 1949 年以来或者从 1978 年以来，上海创造了属于"海派文化"的建筑居住空间要素了吗？这种创造不能是石库门和传统里弄的简单重复，而应当是创造与石库门同等历史价值的建筑与空间符号，即新海派城市的空间意象和建筑居住空间应该成为一种新的文化流派与时尚。或者我们试问：近 30 年来的上海建设，哪些区域或者区位可以成为"海派文化"的代表？应该说，上海城市文化的代表符号是有成功经验的，如上海陆家嘴等地——但是，这种空间可以理解为"海派文化"的新要素？陆家嘴地区，与其说是上海的城市标志，不如说是西方建筑文化要素在上海的再版或者是后现代建筑文化空间要素在上海的实验。西方文化与各类建筑的形式引进对上海的发展来说是一种必要的文化选择，

---

① 罗苏文：《近代上海都市与社会生活》，中华书局 2006 年版，第 53 页。
② 罗苏文：《近代上海都市与社会生活》，中华书局 2006 年版，第 54 页。

但是，上海更应该将中西文化的城市空间与建筑要素转化为有中国底色的"海派文化"的建筑风格！这种风格一定不是万国建筑的拼图！更不是"西洋规划"的翻版！事实上，我们也承认，上海城市经济与文化的成长及价值是充分的，但是，作为"海派文化"的创新是缺乏历史感和缺少有机性的，是缺乏文脉延续与内涵传承的！

4. "海派文化"时尚的断裂——精英文化的衰落。上海世博会无论是对于中国还是上海来说都是一次难得的科学与技术交流、学习、发展与创新的机会，同时也是引领中国和世界经济文化时尚的一个机会。可以肯定，上海世博会有成功的一面，如在创造会展经济赢利方面、在整体展出完成任务方面、在世界大型活动管理方面等都非常出色和成功。但是，上海世博会整体性的娱乐化、空间景观和要素的旅游化、服务空间的商业化以及中国人文和科学精神的淡化、中国传统文化的虚无化，使上海世博会成为一个过度商业娱乐的旅游景区和舞台。通过比较分析不难看出，上海"海派文化"引领中国时尚的文化意义已经不复存在，其主要的表现是上海少了典型的市民文化，更缺乏时代精英文化和英雄主义文化，同时还缺乏文化创新性和群体性的精英化过程。作为中国城市的经济与文化的特大型城市，"海派文化"的固化、定格化、断裂化使上海城市为一个典型超经济体，而不是"海派文化"的全新场域和"城市文化资本"的再生产场。当然这也不仅仅是上海的问题，当代中国所有的城市文化发展都缺乏精英与英雄文化的主导，而上海表现更为突出，因为，上海应该是中国文化精英辈出的城市。遗憾的是，"海派文化"到了当代却没有自己的文化巨匠。恩格斯曾高度评价"文艺复兴"在历史上的进步作用时强调："这是一次人类从来没有经历过的最伟大的、进步的变革，是一个需要巨人而且产生了巨人——在思维能力、热情和性格方面，在多才多艺和学识渊博方面的巨人的时代。"① 然而，上海在世界经济一体化的大潮中、在经济的高速增长中正在失去文化自我——失去海派自我！商业的过度化、非精英化、过度媚俗化使上海的整体性文化地位在衰退，在城市社会转型变迁期中，上海城市的文化精英未能完整建构，巨匠无人！而我们理想中的上海应该和巴黎并列——两个世界文化之都！

5. "海派文化"生活的断裂——非"克里奥尔化"的深化与上海文化的模糊化。"混合化"的文化正在全世界蔓延，这种文化的混合化在某种意义上说是人类社会发展的一种文化进化与进步。社会学家韦伯就曾提出过，当成千上万的人不自觉的行动成为一种潮流的时候，其最终的结果朝着哪个方面走，人类自身的认识能力是有限的。"克里奥尔化"带来世界的文化混杂性表现了世界经济一

---

① 《马克思恩格斯选集》第 3 卷，人民出版社 1972 年版，第 160 页。

体化向前发展的一面，但是，这种混合化的文化模式的扩张，也会带来隐性的负面功能，即文化地方性的缺失。人类文化进化的过程从来都表现为二律背反的矛盾规律。"全球本地化"、地方文化的混合性是当代发展的现代性表征——这种混杂性的表现方式似乎在表述某种一体化中的本土性，我们都能够感受到，任何新的文化要素生长在一个陌生的土壤和国度里，都会发生地方性价值，这是任何一种新的文化要素生长的前提。"海派文化"的模式与范式性，对一般的外来文化都有涵容与扬弃的功能。问题是上海的"海派文化"本身核心价值的衰落，导致文化模式的"被解构化"，传统"海派文化"范式被解构，使得"海派文化"对外来文化的甄别和选择能力降低。当代"海派文化"内涵及整体要素文化越来越缺乏"上海味"、"中国符号"的价值性。上海这座城市，在整体空间形态与文化模式上，地方性、本地化空间创新能力越来越弱，城市空间对西方城市文化符号几乎是来者不拒。在上海克里奥尔化的深刻化中，更偏向于表现"复制、拷贝西方文化"的发展倾向，正如有外来者说，身处上海的某一区位，似乎不是在中国！无论是地名、空间表现、符号意向、景观小品和居住文化，既缺乏中国的时代特征，更缺乏上海的时代特征，这本身就表现了上海"海派文化"悲剧性所在，如果上海只能孤芳自赏20世纪30年代的自我的话，我们看到的将是：当一个城市只把某一段历史作为炫耀的资本时候，这足以预示着这种文化现实的衰落！

6. "海派文化"符号价值的断裂——"城市文化资本"价值的失落。"城市家具"文化作为一种城市文化符号，是"城市文化资本"的要素之一。如伦敦和巴黎的城市符号等非常显性化，包括公共巴士、电话亭、报亭、的士、街角景观、街心公园、街区护栏、路灯和店招店牌、广告橱窗以及其他城市家具等，既有很强的识别性又有特别的地方性文化内涵。

值得一提的是，巴黎160多年前由奥斯曼创造的城市符号体系，在当代进行了创新性的整合沿用，城市符号化的历史脉络十分清楚。上海在这一方面是整体性的缺失，既没有历史符号的延续，也没有现代符号的建构。到目前为止，上海没有属于自己的城市家具文化，没有属于自己的城市符号系列——而其中的某些城市要素系列，如高架桥文化，表现了典型的过于沉重的工业化痕迹，既缺乏城市美学艺术感，又缺乏相关城市文化功能辅助效果。

在全球城市化和城市全球化的今天，世界范围内的城市都受到各种各样的世界一体化的文化冲击，上海是中西方文化的冲击地，是两种文化撞击产生第三种文化的重要城市。但是这第三种文化——"海派文化"不是纯粹的外来文化，它在本质上是中国文化的派生体，是中国文化百花园的一株奇葩！这是新时期对"海派文化"重拾、重缀、重构和重塑的一种前提认知。

二、"海派文化"核心价值的再认识——"华夏文化底色"与"中国文化根底"

上海作为中国地域文化的一个中心性城市,从近代社会特别是从 20 世纪 20 年代以来形成的"海派文化",丰富了中国的城市文化体系,并为近代中国走向世界和中西文化的交流、融合提供了一个文化生产场域。"京派文化"作为"皇城根文化"的传统文化之一,成为华夏与汉文化的成长地、保留地,但不完全是创新地。"海派文化"的重要性在于其能够与"京派文化"分庭抗礼,成为中国近代以来时尚文化的创源地之一。"海派文化"与"京派文化"的存在,丰富了中国文化的多样性,并承担着作为文化基因整合推动地区文化创新的功能。1978 年以来,上海的国际化得到长足进步,经济发展也获得了巨大的成功。城市空间西方化及城市建筑高度的刷新,从一个侧面证明了上海城市与世界文化发展的某种同步性。这是一种进步!但是在这个进步中,上海的文化正在失去自我,正在失去上海应该承担的功能——中国文化走向世界的舞台!中国文化要能够走向世界,必须有自己的强大且伟大的地方性城市文化和"城市文化资本"的再生产能力!西方中世纪的文艺复兴都是从城市开始,并由城市创造的!

究竟何为"海派文化"?近代社会以来的社会达人和学者对此多有论述,如描述为:具有文化包容性、国际化、涵容性、变革意识、精明文化、万国文化集萃、小市民文化、经商文化、海洋意识及追求时尚等。这些论述都具有其特有的指向性说明,如有观点认为:"海派文化"主体是外来文化,是中国文化西化的产物,其文化因子是多元构成的。虽然众说纷纭,但我们必须重新梳理和认知"海派文化"的内核与价值。

1. 中国元素中的江南文化是"海派"之文化基因。从先秦以来形成的江南文化的核心,成为"海派文化"的"质性主体"。江南水乡的空间意象、江南文化的生活方式、江南文化的艺术表达和传统的经商伦理观念等,都是"海派文化"的核心"文化因子"。"海派文化"是以中国江南文化为根底的文化分支,而且是在全面包容江南文化要素的同时,吸纳了外来文化而形成的一种文化体系。正因为"海派文化"是一种以中国江南地域文化底蕴为主体的文化模式,才使得其成为中国人整体认同的一种文化类型和模式!这其中的原因在于江南文化是中国文化的精华所在。"海派文化"在世界化文化的表象中深含着"中国味",这才是真正的"海派文化"价值!

2. 长江和黄河文化是"海派"之文化血脉。长江流域形成的中国本土文化要素是"海派文化"得以生存的动力和人文精神。"龙文化"的通江达海,到了近代发展到一定高度。长江文化和黄河文化是"海派文化"的魂，为"海派文化"提供了生生不息的华夏因子——种子和土壤。"海派文化"的土壤是秦汉以来中国经济重心南移与长江中下游的吴越楚文化融合构成的，特别是先秦、两汉、唐宋及至明清 2 500 多年来，在江南之地曾有繁华的苏州、常州、杭州、宁波、南京和武汉等城市，为这一地区近代海派文化形成提供了营养，提供了物化的自然与人文基础。吴越楚文化的历史，不仅是"海派文化"的文脉，更是"海派文化"的主体价值之核和文化之魂的血脉。上海作为一个移民城市，其创造者的主体人口主要来自这些地区。

3. 中国传统和华夏国学是"海派"之文化脊梁。"海派文化"主体是传统的中国文化，在这一文化的表现上就是民族自强不息的精神，近代上海在反对侵略、创造民族产业、开发民族文化、出版中国化的传媒方面，是中国近代文化新学之兴的创原地之一。创造全新的出版印刷机构，上海成为中国重要的国学文化、传统人文精神的发扬地和创新地。"海派文化"的发展，其中一大部分是在挖掘、保护、开发和创新中国传统文化。无论商务印书馆、文化书局、报纸杂志，还是电影文化、文学艺术，都在开放中创造爱国主义的传统文化。这也是"海派文化"伟大之所在。

4. 外来文化是"海派"之文化羽翼。上海具有特殊的沿海区位优势，与海外文化的交流、接触、冲撞、互动、融合，使得上海成为中外文化结合的空间场域，创造了上海新的"城市文化基因"。这种文化冲突与中西文化的直接交流带来西方人的文化价值观和行为模式，也带来了西方化的日常生活文化和习惯，为上海及其周边地区居民的生活社会创造了范式——无论是外在文化如服饰，还是内在文化如道德观念，或者是新的科技与技术手段，都在很大程度上颠覆了中国人的天朝大国的传统文化价值观。在中西文化的交流中，世界各地闯荡上海滩的中外投资人和开发者，在此既可以获得西方的文化与财富，也可以看到中国文化的博大精深和特有的财富价值。上海作为商人和冒险者的集中地之一，在创造城市贸易的同时，也创造了典型的"海派"城市空间和"海派"城市生活，为传统的城市增添了新翅膀，表现出一定的新生活品质、新文化体验、新消费模式、新空间表现、新艺术形态和现代的新生活与生产资料，使中西生活要素并存于日常生活之中，如石库门建筑的传统性文化创新、前店后厂的里弄商铺文化、西方文化艺术时尚的流行，以及现代教育和民主化的文化建设。总而言之，上海建构了新的人文区位优势。

5. 中国沿海文明是"海派"之时间切面。中国沿海的海洋文明，素有创新、创业之文化取向。与海共生，拥抱大海，有江南的温柔，有长的江大气，有传统儒商的雅致，更有西方文明中有闲阶级现代生活的品质。中国海洋文明虽然开发较晚，甚至缺乏深度，但是这种文明所特有的中国智慧、冒险与变革精神是较之内陆而更为充分的。这样的文化场域模式为"海派文化"提供了思想解放和新行为主义创新的基础。秦汉以来，特别是唐宋元明清以降，中国沿海城市就已经开始走出国门，如唐宋时期的宁波港、明代郑和"七下西洋"等，这种深植于社会之中的创业意识，为"海派文化"的生存提供了思想观念的基础。特别是中国近代以来现代性意义上的城市管理制度，如市政管理机构、警察保安机构、城市公用事业机构、城市公共文化机构、市民公共文化设施等，多数最早产生于上海及天津等沿海城市——这本身就喻示着"海派文化"内在的创新价值取向。

6. 近代港口经济的繁荣与国际贸易是"海派"之文化资本。贸易为上海带来商业与文化的繁荣，创造了现代化过程的经济、知识、人才与技术基础。海上贸易衍生出新的经济与文化体系，为这个城市注入了经济活动与文化交流的方式与手段。港口贸易使人们获得了西方的财富，包括艺术品、生活用品、奢侈品以及哲学、宗教和消费方式；同时创造了一批受过西方科学、民主教育的"海派文化"的工作者、生产者、开发者、利益享受者和混杂人。在近代上海的城市市场上，可以找到世界各地的商品，可以满足任何有钱人的需要。"海派文化"的发展过程是中西文化相互学习的时期，也是中国近代社会新兴阶层与阶级结构化的典型社会转型期，这时的上海不仅出现了前所未有的职业、生产形式、生活方式、空间要素等，还出现了新的文化形式与文化传播形式，甚至在某些文化方面的超前性表现出了与世界文化发展同步的现象，如电影、服饰、文化娱乐等。这恰恰是"海派文化"得以张扬的一个特殊原因——在一个典型的农业社会里，通过接触西方新的文化与制度，创造新的地域空间——"海派文化"生产场。在这个文化生产场内，生产出了以港口经济贸易繁荣为表征、以中国文化为底蕴的"海派文化"系列元素，如"海派"城市雕刻、城市绘画、城市建筑、城市音乐、城市文学艺术等，包括"海派文化"表现的观念解放和世俗化的发展也找到最新的和多样化的表达方式，城市日常生活方式超脱了从远古时代起就一直占有主导地位的、以皇权为核心的传统农业社会生活类型，是一种全新的"类市民化"的上海城市人生活。

通过上述几种历史文化因子和特定空间区位的分析，我们完全可以这样认为："海派文化"的"根"扎在中国，"海派文化"的"根"植在中国，"海派文化"的"根底"主导是中国文化元素。进一步说，"海派文化"元素表现了典型的中西合璧的文化特质，但是其核心主体价值的文化属性是：中国根底的"海派文化"！

但是，我们也必须指出，20世纪20、30年代发展而来的"海派文化"必然有其特有的时代局限：一是"海派文化"具有单纯生活方式的指向价值，缺乏人本主义的人文关怀价值；二是"海派文化"是一种西方文化强介入引发而形成的文化，在很多领域是对西方文化的模仿，具有典型"复西主义"的文化倾向；三是"海派文化"缺乏技术科学思想观的引导，缺少对社会技术层面的推动与创新；四是"海派文化"是社会中上层阶层的文化，贵族化、货币化倾向比较显性，对社会底层文化认知相对缺乏；五是"海派文化"的商业化价值取向比较显性，过于计较和庸俗；六是"海派文化"的小市民文化的内在特质较为明显，缺乏伟岸和大气文化感觉；七是"海派文化"尤其关注市民化的物质生活，在思想与情操方面的塑造上显得乏力等。正如所有的事物都存在负面因素一样，这种负面的文化特性掩不住"海派文化"作为人类集体记忆的价值。

我们对当代"海派文化"的"定格化"、主体价值丧失化和本土化文化的缺失提出批判的理由，是因为"海派文化"的现代创新不足，包括人们对"海派文化"的认知也不足。"海派文化"是中西文化交流的一个结果，我们可以参考胡适对"五四运动"新文化评价来认识"海派文化"的发展。胡适说：中西文化的交流，"与陌生文明的接触带来了新的价值标准，本族文化被重新审视、重新评估；而文化的自觉改革、更新就是这种价值转换的自然结果。没有西方文明的紧密接触，就不可能有中国的文艺复兴"。[①] 同时胡适还说："中国的文艺复兴正在变成一种现实。这一复兴的结晶看起来似乎使人觉得带着西方色彩。但剥开它的表层，你就可以看出，构成这个结晶的材料，在本质上正是那个饱经风雨侵蚀而可以看得更为明白的中国根底——正是因为接触新世界的科学、民主和文明而复活起来的人文主义与理智主义的中国。"[②]"海派文化"的生成与发展也是如此——乍看起来是西方文化入侵的结果，但是其核心、其质性、其主体价值、其文化底色和整体的内在价值体系就是"中国根底"。正因为我们忽视了"海派文化"的"中国根底"，才需要在世界经济一体化的浪潮中，找到上海，找到自我——这也是上海应该创造"新海派文化"的理由与意义！

三、以"新海派文化"姿态重构全球城市与"新海派城市集体记忆"

上海应该，也必须是世界型都市，这是中国经济与文化发展的需要。[③] 建构"新海派文化"，就是要在新的历史时期，创造上海新的历史风格、新的城市形

---

① 胡适：《中国的文艺复兴》，外语教学与研究出版社 2001 年版，第 2、183 页。

② 胡适：《中国的文艺复兴》，外语教学与研究出版社 2001 年版，第 151 页。

③ ［美］Edward W. Soja，李均等译：《后大都市：城市和区域的批判性研究》，上海教育出版社 2006 年版，第 289 页。

态、新的城市空间结构、新的产业模式，找到当代上海人特有的文化个性，为人民、为历史对上海文化进行重塑，为中国对上海城市进行重新定位！

（一）新海派城市空间形态与文化的再定位与创新——"新海派文化"建构与创新

上海首先应该是中国化的"世界文化生产场域"。应该建构中国本质的城市形态、城市建筑空间元素意义和中国文化要素话语权。这是上海的责任！

（二）新海派建筑文化的建构与创新

上海的建筑文化、建筑模式不能仅仅以石库门和"老上海"作为炫耀的资本，也不能以建筑的高度作为城市形态发展的主体诉求，而应该创造"新海派"建筑文化模式，包括建筑结构、城市立面、街区结构、建筑符号、建筑色彩、建筑模式、建筑理论、里巷肌理等。

（三）新海派文化精英的建构与整合

上海应该亦如芝加哥一样，一个城市创造出很多学派，如芝加哥城市学派、芝加哥建筑学派、芝加哥心理学派等。至少目前没有看到上海相关学派体系的发生与发展。应该有意识地自觉地创造"海派"建筑学派、"海派"城市学派、"海派"城市景观学派、"海派"后现代艺术学派等——其本质意义在于创造具有中国本土化的、上海城市地方性的"新海派文化"，使"新海派"城市形态、"新海派"建筑形态在中国建筑文化的历史上及世界建筑的历史上，有自己独立的篇章。

（四）"新海派"中国式城市文艺复兴的价值再造

城市文化的真正价值在于它能够在中西文化的交流中，找到自己的文化主体性。创造"新海派文化"的城市"文化底色"，这个底色一定是在主体性的价值取向上，具有跨文化的特点，并成为中国文化走向西方、走向世界的传播者。从本质上说，上海应该是继中世纪欧洲文艺复兴后的中国式文艺复兴的发源地！如"新海派"色彩、"新海派"服饰、"新海派"观念、"新海派"学理等。"新海派"城市文艺复兴的价值再造首先要把城市当作艺术品来打造。上海的城市景观体系缺乏世界级的文化价值取向，其原因是缺乏主体性价值和地方性唯一意义。我们都知道巴塞罗那的城市文化艺术，城市即是艺术品。具有独立人格的海派艺术群落的建构是城市文艺复兴的起点！

（五）"新海派文化"的"城市文化资本"再生产

城市是人类物质财富的集中地，也是人类文化的"容器"。城市是人类社会发生以来最伟大的财富价值体现。[1]"积累和集中资本的过程也导致城市的产生。"同时，"当资本在一片领土内积累和集中时，这片土地上就会出现城市的增长。"[2]"海派""城市文化资本"的再生产，必须进行结构化、模式化和全球价值链高端化的建设，包括以下几个维度和层面：其一，创造新上海"新海派文化"的城市精神、城市理念、城市价值观、城市市民的精神与特有中产阶级、市民社会化的高尚文化行为，这其中既有精神文化的建构，也要有物质文化的支撑。其二，建构全新的"新海派"制度型文化体系，创造全新的城市社会福祉，建构城市如家的城市生活文化。其三，对城市自然资源、人文资源的要素进行整合，对物化的遗存与流芳千古的中国文化和上海地方文化精华、人物思想、现代文明精神进行重塑与建构，倡导一种"新海派文化"的城市哲学价值体系——这种整体性文化思想与"城市文化资本"的建构，其价值具有取之不尽、用之不竭的意义，其伟大的文化核心是市民社会的整体认同和参与，思想观念的解放是最终的解放。其四，城市自身创造的一系列文化象征与文化符号等，在"新海派文化"的建构过程中，都可以通过文化再生产方式，使之具有鲜明的"城市文化资本"属性和现实的资本意义。[3]其五，"新海派文化"还要提出技术与科学层面的建构，包括"新海派文化"文化经济综合体的建设，创造属于上海的垄断性文化经济要素，这些唯一性文化通过文化再生产，在创造"城市文化资本"的同时，亦能够提升上海在国际经济与文化发展中的首位度和世界性文化之都的价值。我们最终提出的是，中国和世界应该有"上海流"！

（六）"新海派文化"城市文化人格与"伟大城市文化"的铸造

一位西方学者对纽约等城市的评价很值得回味："从任何角度来讲，纽约都是一座与众不同的城市。当提到波士顿、费城、芝加哥或者旧金山时，人们通常会谈论这些城市里的人们在想什么或者做什么，可是没有人在提到纽约的时候会谈论它的人民，而只会谈论这个城市本身。因为这座城市比它的人民伟大得多！

---

[1] ［美］埃伦·M·伍德，王恒杰等译：《资本帝国》，上海译文出版社 2006 年版，第 102 页。

[2] ［美］查尔斯·蒂利，魏洪钟译：《强制、资本和欧洲国家》，上海世纪出版集团 2007 年版，第 20 页。

[3] ［美］弗雷德理克·詹姆逊，胡亚敏等译：《文化转向》，中国社会科学出版社 2000 年版，第 139 ~ 140 页。

是纽约造就了它的人民；在别的地方是人民造就城市。"① 上海与纽约有相通之处，即国际性和商业化的发展；从"城市文化资本"的理论观的角度来认识城市的文化价值，城市不仅需要理念的铸造，还需要品位品质的铸造，具有高雅文化的市民生活体系，其本身就是一种伟大力量！要上海创造"新海派文化"的行为范式，其相关的价值链创造还包括城市视觉系统物化的艺术成果表现。在"新海派文化"的整体上，实现小市民社会向典型的后现代市民社会的转型。从思想到行为，形成"新海派"城市文化性格——或许我们对上海有了太多的期望！

大凡能够成为世界名都的城市，一般都会表现出一种特有的城市人格，包括城市群体的伦理、价值取向、人性以及个性化的文化力量。人类一直在不断地试图塑造城市的文化性格，同时，人类又不断地被自身创造的城市文化性格再"形塑"——因而，具有优秀文化的城市，必然也都是具有优秀品质的城市和具有良性文化人格的城市。"城市是一种心理态度，是各种礼俗和传统构成的整体。""城市已同其居民的各种重要活动密切地联系在一起，它是自然的产物，而尤其是人类属性的产物。"② "城市是一种心理态度"的视角告诉我们，当一个城市的人能够有善良友好的心态和行为，或者一个城市的多数人能够具有良好心态和友善的行为，这个城市一定具有文化品位和品质，而这种品质也一定是建立在某种经济基础之上的。所以，我们必须认识城市人格与品位的力量。当我们能够重新审视城市与人、城市与自然、城市与社会发展的意义和关系时，我们更会认同塑造"城市文化资本"的行为，实际上是在创造城市社会全员的社会福祉。

（七）"新海派文化"的城市顶层设计——为人民重新定位城市

1. 上海应该首先设立"顶层设计城市定位模式"，包括建构未来上海的60年以上的城市发展规划，用模型推演的方式，将上海的资源进行全方位的梳理，精确计算上海发展中的人口与资源承载的关系，提出60年后上海的发展模型，创造真正意义上的可持续发展模式，从而提出上海城市发展的终极目标。其主要的表现方式就是上海城市发展的顶层设计。

2. 确立上海顶层发展概念定位与城市顶层设计定位。可选择的模式有：中国式城市文艺复兴的发源地、东西方文化荟萃之都、中国城市现代化示范区、后工业社会的生态型创新城市等。

---

① ［美］托马斯·科斯纳：《资本之城》，中信出版社2004年版，序言。

② ［美］R. E. 帕克、［美］E. N. 伯吉斯、［美］R. D. 麦肯齐，宋俊岭等译：《城市社会学》，华夏出版社1987年版。

3. 超强定位模式，把东京作为标杆管理模式：全球性分散化网状结构城市、世界产业价值链高端集聚区等。直接参与全球价值链的竞争定位，如世界会展中心城市、智慧产业与"云技术"总部城市、世界金融服务产业中心、东方旅游中心城市等。

4. 跟进比附定位模式：世界五大文化中心城市、世界六大金融中心城市、世界五大商务中心城市等。

5. 在交通空间整合定全，避免重蹈北京城市交通的覆辙，快速实施城市区域核心理论，创造十大上海新经济功能区，各新经济功能区要具有独立生存功能，其核心是就业体系的造就，即各大功能区域能够实现就业、生产、流通、分配、消费、娱乐一体的生活体系，并在各自独立空间体系范围内完成完整生活方式分工。

6. 品牌城市的建构，上海应该是世界品牌之都。

7. 在空间发展模式上，比肩东京、巴黎等城市的空间发展样态，大胆提出"再造地下上海的理想模式"，让上海真正成为一个后都市时代的，回归自然、回报自然的城市，这是上海后现代可持续发展的根本性出路之一。

8. 城市产业功能的再定位：强调新海派的产业与文化品牌，实现从"上海制造"到"上海智造"的城市转型与升级！

我们可以借用阿伦布洛克评价西方文艺复兴的观点来认识建构"新海派文化"的历史意义与价值："即使我们接受哲学家们对启蒙运动所持的赞许观点，把它看成是一部伟大戏剧的一部分，文艺复兴只是其中的第一幕，这部戏剧就是把人们的思想从束缚它们的恐惧、迷信和虚假信仰中解放出来，那就很清楚，他们以为自己的一幕就是最后一幕的想法是完全错了。没有最后一幕：如果人类的思想要解放的话，这是一场世世代代都要重新开始的战斗"！[①] 站在当下中国的立场而言，上海对于承担起中国式城市文艺复兴的重任，责无旁贷！

重新找回上海"海派文化"城市形态的核心价值，创造21世纪的"新海派文化"，势在必行！促进、助力上海成为中国式城市文艺复兴的发祥地，承担起中国式城市文艺复兴的重任，推动世界的进步，重构上海的"新海派文化"的"城市文化资本"，意义重大！

---

① ［英］阿伦·布洛克，董乐山译：《西方人文主义传统》，生活·读书·新知三联书店1997年版，第126～127页。

第三节 长三角结构空洞化中的南京城市化发展道路

面临中国新一轮的经济发展与规划浪潮，南京的经济与社会发展正面临十分严峻的考验。南京是中国经济大省江苏省的省会城市，近年来，在中国省会级经济体和省域经济区中的经济总量排名有所降低，落后于苏州和无锡，在工业发展方面与南通相仿，城市能级正在退位。诚然，南京在科技创新、文化产业创新和社会事业发展等方面取得的成就也是十分显著的。但是，就其经济综合竞争力、城市特色竞争力以及经济发展的能级来看，与南京的历史地位、省会城市地位以及有通江达海黄金水道优势区位的城市价值极不相称。而且，南京还面临着新一轮的发展竞争可能出现的不进则退的局面！南京需要走一条自己独有的道路！要真正实现创新、转型和跨越式的发展，必须闯出一条非常规的发展道路！"虽然城市所面临的问题众所周知，但是城市本身的复杂性，城市居民生活体验所存在的种种差异，都产生了一系列的难题。使得我们探索有效解决途径的道路变得越发艰难。然而，我们必须义无反顾地承担起这个任务：对不可持续发展问题做反应的大部分声音，'应该从城市响起'，因为正是在这里，产生了最为严重的环境破坏，也只有在这里，许多问题才能得到有效的改善与解决。"[1] 是的，我们必须"义无反顾地承担起这个任务"，建构南京城市发展的新模式。

一、南京城市发展八大主要问题：城市价值的再认识与诊断[2]

在新一轮的规划中，南京与中国的其他城市一样，走了同一条入径和范式，创造了同样的发展模式，即没有走出以往城市发展规划的窠臼。似乎这种模式让我们非常熟悉，可谓是"似曾相识燕归来"——几乎所有的城市定位不外乎是：新能源产业、新材料产业、电子信息产业、生产型服务产业、商贸物流产业、文化创意产业或者是以新名词替代的智慧产业等，还有装备产业、汽车及重化工产业等。这种定位模式在表象上看似乎没有任何本质性问题，现代城市经济发展都

---

① ［英］迈克尔·詹姆斯等：《紧缩城市——一种可持续发展的城市形态》，中国建筑工业出版社2004年版，第3~4页。

② 本部分已发表。见张鸿雁：《被长三角结构空洞化的南京城市定位批判研究与建构》，载于《中国名城》2011年第3期，第11~19页。

需要这些产业内容与类型。但是，我们担心的是，这种发展模式规划本身缺乏创新带来后续问题是十分深刻的，特别是从国家层面的高度看行政区域的雷同性发展规划，可能带来不合理的城市间、区域间竞争，会成为国家整体未来可持续发展的大问题，以往的经验已经证明了这一点。同时，对于一个城市来说，缺乏差异化发展战略和城市定位，其可持续发展也必然受到滞后影响。

南京的城市发展战略规划及现存的问题是十分明显的。有些问题是多年来长期存在的问题，也是政府试图改变的问题，如南京城市经济结构过重，第二产业长期占据主要地位且优化速度有待提高；高新技术产业集聚度不高且结构不合理；生产型服务产业发展滞后且城乡差别过大；国际化和国际贸易发展不充分且对外贸易有较高依存度；房地产价格过高且土地流转缺乏创新、省会城市功能不完善且跨江发展格局长期没有突破等。这些显而易见的问题，年年提，年年得不到解决，关键是对南京问题的诊断尚不尽合理。就如一个医生一样，如果诊断有误的话，就不可能对症下药，当然不可能解决问题。我们是否可以换位思维，从"底层智慧"的角度，提出一个全新的诊断模式？

（一）南京城市发展创新机制与思路缺失——创新土壤比创新本身更重要

南京应该走一条什么样的发展道路？是仍然与其他城市拼比重化工的发展，还是单纯寻求综合竞争力而没有自己的特色竞争模式？抑或是创造一条南京独有的发展道路，创造特色产业模式和特色竞争力模式为核心的"南京模式"！但是，南京自从"十五"规划以来，城市定位和发展战略多次反复，目标游离变换不定——其核心问题就是城市主体发展战略思想不清晰。如南京曾在1992年开始提出国际化大都市的构想，和后来因某种原因又放弃了国际化大都市的目标——无论是国际大都市的最初目标提出以及其后中断放弃，其核心问题只有一个，就是没有充分理解国际化大都市的意义和价值。江苏，一个人口接近8 000万的经济大省，人口规模可以和欧洲的法国、英国和德国等国家相比；南京作为一个有近8 000万人口大省的省会城市，人口已经接近800万，何以不能提出国际化大都市的目标。韩国只有4 000多万人，首尔也堪称国际化大都市；香港地区只有600万人，也被认同为国际化大都市；而世界级都市的法国巴黎，其核心小巴黎地区也只有200多万人。就历史的发展而言，南京也是千年古都。南京何以不能成为世界级城市？

我们虽然不能用人口规模来判断是否可以建构国际大都市，亦如芒福德所说："光是人数众多也是没有用的，大约只有40万居民的佛罗伦萨，比之人口比它多 10 倍的别的城市，起着更多的大都市的作用。"① 但是，人数众多，至少说明一种规模，维也纳也只有 165 万人口，被称为国际化大都市，以世界音乐之都享誉世界。因此，从区域经济和国家经济发展利益上讲，南京应该自觉地担当成为国际化大都市的责任和义务，带动区域经济的发展，为民族和世界的经济发展做出贡献。很显然，如果城市发展战略变幻无常，就不可能有一个科学的可持续发展进程，长远目标就不可能实现。我们可以设想，10 年或者 20 年后的南京应该什么样？如果 20 年后南京还没有能够建设成为一个典型的国际化大都市，我们甚至可以说是愧对后人的。简单说，按照现有的规划模式，10 年以后的南京最大的变化是人口规模，而产业结构的模式是不能改变的。思路在哪里？从长远的战略模式来说，以城市核心价值为依据，南京应该在创造高新科技产业发展的同时，以巴黎为"标杆"目标模式，深化城市"软实力"的特色产业体系建构，并在世界产业价值链中，创造首属于南京或独属于南京的高端价值链产业模式，以"东方文化之都"的形象屹立世界！

（二）南京城市定位的缺失——在长三角城市群的"结构空洞"中被固化

南京城市定位的缺失主要表现在南京城市区位定位的失误。南京是沿江城市，遗憾的是通江达海的水道几乎没有形成特有的产业模式和国际性产业链。这主要是和南京对现代区位空间价值理论认识不充分有关。笔者在 10 年前就提出过："南京应该定位为沿海城市发展模式"，为了能够让有关部门引起关注，当时的讲话发表在《扬子晚报》上。现代社会的交通体系一直在改变着人们的区位空间结构和区位空间价值，而沿海城市的时空概念也因为交通改变而出现新的区位功能意义。南京"滨江通海黄金水道"的区位空间是世界性的稀缺资源，然而这一价值和优势多年来被南京放弃了。城市沿江一侧发展，形成偏重格局，使南京这座城市一直没有完全真正发挥省会城市区域"发展极"和"区域指导管理中心"的功能，主要原因是：其一，城市形态空间使得产业布局不合理，城市未能跃过自然障碍，江河成为城市发展的屏障之一；其二，沿江岸线利用不合理，在两岸形成不对称发展格局的同时，国际港口开发严重不足，港口经济衰落使南京的国际地位降低；其三，隔江（长江）河区域经济与社会发展落差过大，使南京无法克服经济发展"回波效应"，出现"均衡经济陷阱"效应，进而形成南京经济和产业结构空洞化格局。事实上，世界级城市无不是在滨江、滨海

---

① ［美］刘易斯·芒福德，宋俊岭等译：《城市发展史——起源、演变和前景》，中国建筑工业出版社 2005 年版，第 574 页。

的区位经济条件中寻找、创造城市特色定位的。

关键是，南京被长三角城市群"结构化"后，其发展战略与模式无法上升到国家一级战略，江苏省又未能制定出有省内特色的区域空间战略。南京都市圈（9＋2模式）和宁镇扬都市圈的规模在中国区域经济发展都占有重要地位，但是在 2010 年国家推出的近 20 个国家级区域空间发展规划和战略中，唯独南京都市圈被淹没在长三角区域发展的"结构空洞"之中。

（三）产业空间集聚功能与效应的缺失——空间再生产能力不足

在南京城市的发展战略中，产业集聚空间分散，要素市场空间布局缺乏规划，直接影响了南京城市的整体发展，如大学城设置与布局的分散，江北地区、仙林和江宁区等都建有大学园区。特别指出的是，南京软件的优势是十分明显的，但是软件科技园区数量多，四处开花，无法形成合理的集聚功能，导致其长期未能形成在中国及世界有影响的硅谷产业区。

面对新一轮的经济发展，南京城市区划已经明显不合理，无论是功能划分还是空间布局，都需要进行调整。在南京空间集聚的发展中，主城区定位不清晰，影响了南京整体功能的发挥和价值的提升，使得主城区功能与价值不能最大化。从整体空间上分析，主城与城市外围地区产业结构空间配置重复。如城市 CBD 的功能，在传统新街口 CBD 和河西 CBD 的建设中，形成不合理的竞争，导致政策分散、功能分散、目标分散、投资政策分散，使两个 CBD 中心互相制约，城市极化功能不能有效发挥。事实上，按照城市发展的原理，一个城市只能有一个完全型的 CBD，而且这个一级核心的 CBD 一定是以金融产业为主，而其他应该是不同类型的 CBD。

南京主城区同质化竞争十分明显。比如，白下区、建业区、鼓楼区、玄武区、江宁区和浦口区各区都竞相提出"总部经济"发展中心的概念与定位，这种发展模式本无可厚非，甚至可以通过市场化的完全竞争形式发展各行政区的总部经济——但是，一个城市整体的经济发展格局，如果缺乏统一规划和分类指导，会在城市内部的无序竞争中削弱南京的城市总体功能与价值。

城乡一体化规划的缺失使南京形成过重"二元经济结构"。在南京主城区与县域之间，经济产业结构布局不合理，而且已经是一个长期的"惯习性"发展势态，县域经济体中的乡村与城镇经济发展存在着巨大差异。此仅一例，江宁区湖熟街道下的某些居民点，离南京不到 30 公里，直到 2010 年仍然还处在典型传统农村生活样态之中，在整体上与传统自然村落没有什么区别，生活十分艰苦。可以这样说，南京的城市与县域中的某些传统乡村的生活差别，似乎是在两个世纪里。这种深陷于差异过大、非平衡的城乡二元经济结构中的城市经济，其滞后

123

力是十分明显的。主要表现为县域经济发展动力不足，区域经济创新能力不足，郊县经济体没有有效分担南京的城市功能，俗称南京城市经济"没有腿"、"腿细"，迈不开步伐！这也是南京与苏州、无锡相比较的弱点之一。

（四）国际产业价值链高端介入模式的缺失——新型主导产业定位认识滞后

与国内外世界级大都市比较，南京在国际价值链高端介入上缺乏主体的创新和功能建构。主要表现为：南京在中国及世界经济一体化中的核心价值定位尚不完整和清晰，或者说是在世界经济价值链中，南京还缺乏世界经济体系所需要的依赖性和唯一性的价值。这主要是城市长期未能创造有特色的金融产业群和国际化服务产业经济体系。世界级大都市的核心价值之一表现为金融产业、金融服务产业以及高端国际商务服务业。南京金融业的发展问题十分典型，产业定位立意不高，整合能力有限，主要表现为金融服务业产业结构不均衡、金融法人机构数量较少、收入结构和业务拓展能力有待完善、金融政策滞后以及金融人才不足等问题。尤其金融产业发展布局也是空间分散、规模小，国际化程度低。南京在白下区、建邺区、鼓楼区和玄武区都有金融产业布局，与软件产业一样，在空间上没有形成合理集聚——特别是没有通过政府机构和市场化整合形成规模和产业群，如北京金融街、杭州庆春路金融街等。

在国际经济价值链中，南京的服务产业整体发展水平滞后，在外资准入资格、进入形式、股权比例和业务范围等方面还存在较多的限制。国际化的生产型服务产业及金融产业发展不充分，降低了南京在世界价值链中的地位和价值。

（五）城市形象建构与城市品牌的缺失——城市形象外部感知碎片化

南京是一座有 2 500 年历史的古都，文化底蕴丰厚，且有较高知名度。但是，在中国及世界城市发展的差异化比较中，南京城市主体形象定位不鲜明，缺乏社会整体认同，即外部认同和内部认同的文化模式。人们日常熟知的"十朝古都"、"六朝古都"、"博爱之都"等仅仅作为一种口号式宣传，没有整体内涵和系统的挖掘、梳理和创新，缺少物化的文化景观塑造——南京曾被称为是一个"最伤感的城市"。

南京城市形象碎片化的原因表现为四个方面：（1）直到 2010 年，南京仍然没有完整的城市形象 CIS 系统建设。无论是城市形象宣传，还是城市旅游经济文化的推广，都没有完整的系统设计。（2）没有完整的城市市民整体认同的城市精神理念（MI）系统，如市民精神、城市精神、城市哲学和城市发展理念等。

（3）没有完整的城市视觉识别（VI）系统，如城市色彩、城市家具（垃圾箱、车站标牌、店招店牌等、城市小品、城市广告、城市地名、城市建筑、历史街区、历史地段、城市信息和识别系统）等，未能创造城市统一的个性和统一的识别系统。（4）没有完整的城市行为文化识别（BI）系统。城市文明和市民行为缺乏品质提升性建设，在窗口行业服务方面，没有形成南京特有的文化与文明特质，当然也无法和国际化服务系统接轨。

（六）"城市文化资本"再生产能力的缺失——城市经济文化垄断资源的闲置

南京有很多唯一性文化资源，这些资源都具有某种垄断性，历史给我们留下很多值得自豪和骄傲的文化遗存，如中山陵、玄武湖、栖霞山、夫子庙、内外秦淮河、老山森林、幕府山、牛首山、新济州、大江风光带、莫愁湖、大报恩寺、南唐二陵、汤山温泉经济、珍珠泉……这信手拈来的文化要素，可谓是不胜枚举。一个城市能够具有垄断性、唯一性的文化资源，就具备了"城市文化资本"的初期形态，而后可以通过"城市文化资本"的再生产模式，创造城市刚性文化资源与财富。

除此而外，南京作为历史文化名城，历史文化系统和历史文脉更具有深刻的内涵，如果能够很好地进行文化创新和文化再生产，必然会成为南京的新财富，如太平天国文化、民国文化、历史名人文化（如海瑞、王安石等）、城墙文化、中山陵文化以及秦淮文化等。遗憾的是，南京的历史文化遗存和历史文脉资源大量被闲置，未能通过文化再生产转化为南京的"城市文化资本"，有人戏称此为"拿着金碗要饭吃"。

在城市经济文化资源的闲置方面，南京还表现在科技成果转换率较低、会展经济不能形成规模经济产业、大型文化活动未能形成世界焦点等。

（七）城市空间再生产创新的缺失——多元区域核心结构规划的滞后

北京的发展模式带给我们的经验教训是城市单一的中心发展——环状结构和公路交通体系——无异于给城市带上了一个枷锁。南京的城市发展也面临着类似的问题，区域空间设计存在不合理性，如南京城市南部雨花台区、江北浦口区、栖霞区、仙林板块没有形成社会生活与工作的"区域核心"，城市中的多数人，仍然以主城区新街口作为生活、消费的中心，城市框架空间结构不合理，形成典型的"拥挤不经济"。江北地区的公共生活设施及城南地区的生活设施，发展水平相对滞后，使南京城关空间发展不平衡，在城市整体生活体系中，过度依赖主

125

城区的功能，使南京过早进入"堵城"经济体系之中。由于城市区位空间的生产和生活要素设置不合理，没有形成区域多中心的城市系统要素的平衡发展结构体系，使城市空间价值造成极大浪费；加之，城市中心单一化结构程度过高，致使城市空间均好性大大降低，使整个城市的人在空间系统、生活系统和工作体系的不合理空间流动。

（八）历史文化记忆的缺失——城市资本要素类型的单一化

从历史传承的文化产业和文化模式来讲，南京应该有"十朝古都"的霸王之气；"六朝古都"的高雅、华贵之气，还应有"天下文枢"的儒雅之气——但是南京在城市空间的再生产中，霸王之气越来越淡薄，秦淮河水文化的柔性、儒雅和"天下文枢"之风也越来越稀薄。

南京城市文化的积累性选择，应该说走了一段弯路。城市长期在"单位型"社会关系中发展，城市发展决策和城市文化选择缺乏一种合理的机制。有一些城市建设，是典型的"建设性破坏"，一如我们所看到的那样，有些城市文化记忆、集体记忆已经荡然无存！以南京的莫愁湖为例，市民戏称：这个公共文化资源已经成了少数人的"洗澡盆"。应该说，在中国城市发展史中最大的一个整体性遗憾是，任何一个城市，真正物化并留存至今的历史文化遗产都比较少，特别是与西方城市比较更为明显。如巴黎、伦敦，400年以上的建筑很多，而我国有100多个国家认定的古都城市，一两千年的历史发展是典型的文化名城，也是世界文化的重要遗产，但是这些古都城内400年以上的城市建筑与物化的文化遗存寥寥无几，这既有几千年农业文化所带来的后遗症，也与当代城市发展过快、缺乏文化思考有关。很多的历史遗存和"城市文化记忆"在近年来的城市发展中被"开发"掉了，这是历史性的遗憾。

一个城市要创造其伟大文化，不能单纯追逐货币资本和财富土地资源，而是要创造"城市文化资本"，形成取之不尽，用之不竭的文化资本。

二、南京城市发展定位补充：战略入径重构与模式创新

任何一个中国的城市，哪怕是一个城镇，都应该在全球范围内寻找自己的定位。这是世界经济一体发展的一种必然性竞争结果。在全球范围内，每一个国家都在寻找自己的发展方式，在国家主体战略的前提下，城市是国家主体战略实施的主要实体，也是国家力量的表现，一个发展中的城市，也必须在全世界寻找自己的发展道路和发展定位。

城市作为一种有机综合体，不同的学科都可以给予不同的感知与定义。当我

们提出城市类型学的时候，划分的视角是多元化的，特别是从城市属性角度提出的定位模式有多样化的视角，可分为历史文化类型、空间集聚类型、产业结构类型、人文区位类型等方面进行定位。无论什么样类型的城市都需要创造自己的"文化差异"、"功能差异"和整体性价值差异等，所谓城市个性建设的差异化定位，就是在创造城市发展的资本与动力。每个城市都需要在产业发展中创造新的体系，在文化发展中找到自己的价值观，在政治体系中找到自己城市哲学，更需要在全球一体化中创造独有的经济类型、文化类型和和可持续发展的动力。

城市发展定位的模式很多，我们认为，针对南京城市的个性化模式，南京应该选取"差异化定位"、"唯一性定位"和"超强定位"的三位一体定位模式。[①]

（一）城市主体形象与理念定位——"天下文枢，智慧之都"

比较而言，杭州城市定位的社会认同度比较高，"休闲之都、人间天堂"，与杭州的历史和发展能够较合理的统一起来，并且契合"精致和谐、大气开放"理念。按照这一历史入径的定位方式，南京如果要寻找到唯一性的定位，而其又能够体现城市历史文化特色，可选的概念以"天下文枢，智慧之都"为佳。"天下文枢"四个字是南京夫子庙牌匾上的题字，具有中国的唯一性、世界的唯一性。同时，这一概念与南京的"智慧产业"结合，具有历史、现实和未来的文化超时空连接。南京教育比较发达，人才集聚功能较为突出，有较高的学术文化气息，是一个典型科教文化之城，如果能够有效地加以运营和创新，"天下文枢，智慧之都"的名分是可当之无愧的。在此基础上，再以巴黎、伦敦和东京的某些发展模式为标杆，进行全方位的塑造，打造"东方文化之都"的形象和价值。如果这一诉求能够进行合理的"城市文化资本"再生产的创造，从而形成全新的文化资本再生产的"文化场域机制"，南京就有可能创造全新的发展动力，建构跨跃式发展的模式。其辅助宣传理念还可以用"天下文枢，博爱之都"作为旅游宣传口号和广告语——这两句话从意蕴内涵与表述方式上皆属南京专有，并且具有世界唯一性。

（二）"一个充满创新和创业机会的城市"——构建以富民为主旨的城市福祉

南京应该是中国大区域经济发展的"区域主导型管理中心"。在国际化的战略发展中，以"南京智造"的方式，生产新思想、生产创新经验、生产新的管

---

① 张鸿雁、张登国：《城市定位论——城市社会学理论视野下的可持续发展战略》，东南大学出版社2008年版。

理模式、生产新的空间。

建构创新的城市发展机制，需要在思想观念的解放上，大胆倡议并担当起"中国式城市文艺复兴"的重任，在建构"南京创新经济都市圈"的同时，在中国率先建构一整套"全民创业服务系统工程"，发展多类型经济模式，提出"让南京城市更美好，让南京充满就业机会"的发展理念，其核心价值是，这座城市会给每一个人提供最佳的创业机会，同时也是创业门槛最低的城市，这是城市发展的真正原动力所在。近代工业与后工业化历史已经证明，没有充分就业，就没有社会的和谐与稳定。充满创新和创业机会，是一种社会责任体系的建构，是一种为民谋福的大战略。虽然是最难的，但却是最容易获得民心的系统工程。

（三）世界经济一体化中的功能定位——创造世界经济与文化的反射中心

南京在长三角的经济区中，其发展的整体功能已经被"结构化了"，这种结构化之后，南京城市的独立发展与创新会受到某种系统性制约。因此，在这个被结构化的区域发展模式中，南京既要依赖长三角的发展机制，又要能够独树一帜，创造超常规的发展模式，并能够真正创造"南京智造"的发展特色，这种发展目标必须建立南京城市文化与经济的主动"反射体"，即完善南京的城市功能，创造性建构南京新的经济模式、新的制度模式、新的国际组织形式、新的国际性大众传媒等，使南京能够与世界经济与文化的一体有对话及合作平台，形成与世界国际化一流城市相适应的对应机制和城市要素。可选的定位发展模式有：（1）中国智慧产业创新之都；（2）世界商务活动与休闲首选地之一；（3）东方文化之都；（4）世界五大历史文化名城；（5）世界和平文化之都。这些概念本身，代表着城市相关产业的经济与文化价值链，这些产业链开发越深越长，南京城市的地位就会越高。

从中国及经济区域体发展方向来看，南京不同层面的地位也必须清晰而有计划地创新。如南京应该具有这样的功能：中国研发中心城市、国家软件出口创新基地、中国服务外包基地以及中国优秀传统文化的守望者等。另外，从南京融入长三角城市群发展的角度看，依据南京城市的总体位，南京发展的产业模式选择还应该包括：中国的长三角专利产品交易中心、长三角机电化工产业基地、长江流域三大金融中心、苏南/苏中/苏北区域经济发展的"协调极"、区域经济企业总部管理基地和区域医疗和消费服务中心等。

（四）南京新型产业发展模式定位——主体产业与特色产业"双核战略"

城市特色不是短暂的浮华之物，而是当地居民共同文化认知和发展理念的集中，是城市真正的生命力所在。创造标杆管理模式，集约巴黎、东京和伦敦等世界发达城市中适合南京的产业优势经验，创造南京城市个性的产业发展模式。我们认为在南京传统重化工优化、生态化发展的前提下，从创造南京新经济结构和特色产业的角度看，完全可以走出一条新路，以全新的思考方式，创造南京模式：（1）在城市空间结构上，可以学习东京的"1＋N"式分散型网状空间组合关系。[1] 这种空间定位与巴黎相似，即多轴线和多中心格局定位。（2）在城市产业空间而已上，学习伦敦"金融产业集聚"空间模式，在南京主城区建构"国际化现代服务经济产业区"。（3）在产业前沿发展与创新方面，学习东京的产业发展模式，提出"创造型都市产业"。南京的"创新型都市产业"可细分为：富民需求型产业；文化智慧型产业；生活功能促进型产业。（4）在城市特色竞争力特色产业方面，学习巴黎的文化传承模式，通过文化传承发展[2]特色产业，包括金融服务、健康生命科学产业、文化产业、工艺品制作、博览、会展、旅游、影视娱乐等行业。

三、南京新一轮发展战略——转型与跨越

针对南京已经出台的发展战略规划，本研究试图提供不成熟的战略要素补充，以供相关部门研究参考，因篇幅所限，谨从五个方面加以补充：

（一）实施城市"顶层设计"模式，创造稳定的战略主线——循环社会型城市发展模式

为了能够让城市可持续发展，向历史负责，南京应该制定一个50年以上的发展规划，以形成全新的可持续发展模式。应该通过一个科学数据支撑的、与南京整体资源相匹配的发展分析，对南京地区的空间资源、土地资源、能源资料、

---

[1] 首都圈白书 2009 年版（http：//www.mlit.go.jp/hakusyo/syutoken_hakusyo/h21/h21syutoken_.html）；国土交通省官方网站（http：//www.mlit.go.jp/kokudokeikaku/vision/index.html）；第五次首都圈基本规划，出自国土交通省网站。

[2] 胡荣：《以公共利益为牵引提升社会、文化效益——巴黎历史性公共空间复兴的启示》，载于《国际城市规划》2008 年第 2 期，第 83～87 页。

人口变迁资源、水资源和产业发展规律等，进行推演式的规划，合理计算和预测南京地区的整体发展与资源与人口发展的关系，分析南京地区的资源承载力与城市发展的适应性，选择一种城市进化式总体发展战略。这个顶层设计一定是跨领域、跨地域、跨学科、跨时空、跨权力关系和跨观念的城乡一体化平衡发展的战略，并能够真正形成法律效应，并通过几代人的共同努力共同完成目标，其中需要强化核心战略与发展模式长效性和可持续性，让全社会的市民知晓，并形成具有"法权"意义上的规划，一改南京城市定位、发展战略多变的局面，形成城市发展的核心主线，使南京在健康发展中创造可持续的发展能力。在这一方面，发达国家的一些城市已经有成功的经验。早在20世纪60年代，就规划了2000年的纽约与巴黎——更值得一提的是法国现有的空间规划模式，完成于奥斯曼时代，虽然已经有150多年的历史了，但是至今也没有显得落后于时代，令人赞叹。

创造南京的发展主线，为历史留下一个值得称赞的城市。有学者曾说："随着地球人口更稠密的覆盖，越来越有必要保留部分地方的原始状态，也就是说，避免人类的组织癖好，比如国家和城市公园或保护区，节假日期间我们在这里可以逃避管理者、组织者和效益专家及其所支持的一切，而回到真正懂得组织事务的大自然"。① 我们引用这一观点的目的是很清楚的，就是强调促进城市回归自然规划理念和思想。南京城市"顶层设计"的主要核心概念有11条：一是创造完全意义上的"有机城市新秩序"；二是创造新的自然原生态城市经济体系；三是在南京全域系统实施均好性的一体化规划；四是创造一个立体生态城市，包括再造一个"地下南京"；五是创造一个"泛森林化"、"泛公园化"、"泛田园化"的真正的花园式城市；六是建立并完善充分的就业机制与创新机制；七是建设"循环型城市社会发展模式"② 示范区，使城市成为一个接近"零耗能"的城市——这种城市在英国已经有成功的案例；八是建构完全意义的"社区照顾"和"城市如家"的城市生活体系；九是创造南京"城市文化资本"再生产的文化场域；十是在城市空间理念上，导入"田园型适度紧缩的城市空间结构"；十一是强调将南京作为一个艺术品来打造，给城市人以新的"生活质量"与"生命质量"的双重价值。用我们现代人的智慧，创造未来南京城市的"集体记忆"。

---

① ［美］唐纳德·沃斯特：《自然的经济体系思想史》，商务印书馆1999年版，第385页。

② 张鸿雁：《循环型城市社会发展模式：资源依赖型现代化的必然选择——社会学视角的理想类型建构》，载于《社会科学》2006年第6期，第71～83页。

（二）主城区功能定位创新：打造千亿级城市核心区国际商务服务经济产业区

南京在城市的发展战略中，一直没有完整而准确的主城区定位模式，与所有其他城市一样，南京也只盯着招商引资和新能源产业引进。而面对自己身边的、有无比巨大潜力的"新型国际化服务产业群"和优势区位产业空间却视而不见。南京的新街口是中国最大商圈之一，在这里有南京商业和中心区历史文化的延续，有传统城市文化空间和现代商业的结合，有中国近代商业发展的先驱，也是南京人的心理文化中心。仅在 2008 年，新街口白下片区的营业收入就达到近 884 亿元，就业人数 84 482 万人左右，税收 26.26 亿元左右，商务楼宇建筑面积 417 万平方米以上，其中商贸餐饮面积 91.8 万平方米，商务办公面积 243 万平方米，金融面积约 82 万平方米。① 精心打造新街口核心圈，使其转化成"南京国际现代服务经济产业区"，其意义非常重大，这是一个完全的创新体系和发展模式，利用城市中心区位的特有功能和已有的中国最大的商物流企业——苏宁等企业结合，通过配备现代国际商务设施，完善金融服务产业体系，拓展时尚消费体验，增强国际高端商务旅游功能，打造具有国际性高端 EE - CBD，可以建成一个千亿级的服务经济产业区。

国际化"南京国际现代服务经济产业区"设在新街口具有得天独厚的优势。如果能够从政策扶持、空间规划、产业结构、立体景观、国际化发展、商圈形象设计和新街商业联盟等方面加以全新的规划，南京主城区的城市功能将得到极大的提升和完善。这里强调的一定是省级立项的服务产业经济区，包括给予进园区企业与开发区一样的政策和服务，其发展前途十分广阔！

为了使"南京国际现代服务业经济区"形成现代化的发展，并在世界经济的价值链体系中，创造南京的高端介入模式，"南京国际现代服务业经济区"要创造以新街口商业空间为载体的"南京城市商贸物流品牌产业群体"，推动重点现代服务业品牌走向全国乃至世界。在财政、税收、技术、资源多方面采取有效措施，以 EE - CBD 为以聚集商贸品牌的平台，这些品牌企业群有商贸物流品牌群（新百商店、中央商场、东方商城、金鹰国际购物中心、大洋百货等大型百货零售企业）、金融品牌群（有中国银行、建设银行、浦发银行、农业银行、招商银行、华泰证券等金融机构）、家电物流品牌群（沃尔玛、苏宁电器、五星电器、永乐电器、国美电器）、高档饭店娱乐业品牌群（金陵饭店、麦乐迪等）以

---

① 《新街口服务业集聚区蓄势跨越》，载于《南京日报》2010 年 5 月 19 日。

及 500 强跨国公司等，在南京主城区进行资源重组，创造一个国际化现代服务产业经济区，在中国也是一个创新。

（三）打造国际化与本土化相结合的"南京金融街"：建立省级金融产业经济区

南京已经形成了建邺区的金融产业群和白下区的金融服务产业群，虽然一个城市"两个金融区"和"两个金融产业群"发展现象，不符合城市发展规律和要求，但是，在南京既定的金融产业分化条件下，对金融产业进行创新的整合与建构是十分必要的。学习伦敦的金融产业发展模式，[①] 提出南京金融产业的"八战略"：金融空间一体化战略、金融产品创新化战略、金融市场全球化战略、金融组织集团化战略、金融服务品牌化战略、金融业务网络化战略、金融人力资本开发战略和金融风险控制战略。

具体的发展模式有三方面的建议：一是将南京市的金融产业和金融服务业发展战略上升到省级的发展战略之中，将南京的金融业的发展定位为为全省服务、为中国服务以及为世界经济发展服务的发展理念。二是由两个已经存在的金融中心带动形成金融业的商业联盟，形成两个有关联并能够发展互补的金融群，即"金融核心产业区"（建业 CBD）+ "金融服务经济产业区"（新街口及中山南路）。三是在适应国际化金融产业发展大趋势的条件下，突出金融服务产业以及金融服务平台的建设，推动金融服务产业发展高端化，积极承接国际服务外包、引进国内外金融机构的研发中心、结算中心、采购中心，引领南京未来金融服务业向"高端、高效、高产、高辐射力"方向升级。

目前，南京金融业要改善银行、保险公司简单集聚的状况，创造金融产业的"有机产业集群"，完善金融产业链。特别要强调的是，创造江苏省首个金融服务业集聚区的概念之后，关键是要成立南京本土化的"金融产业集团"——或在新街口，或者在建邺区 CBD 建设"金融街"概念和实体空间，并以金融街的模式上市，亦如北京金融街一样。

---

① "伦敦作为欧洲金融中心的地位是毋庸置疑的，尽管欧元产生和法兰克福作为海外美元货币市场的成长……但欧元没有改变这两个城市的地位，尽管欧洲中央银行设在法兰克福，……伦敦在欧洲金融业仍然处于支配地位，无论是银行、资本市场、广告业、法律还是咨询管理。伦敦的全球服务性公司数目排在纽约和法兰克福之前，是'联系最多的世界城'……2001 年伦敦占据世界 20% 的中国银行贷款、52% 的外国证券交易量、31% 的外汇交易、相当于纽约、东京和新加坡的总和。"［英］彼得·迪肯：《全球性转变——重塑 21 世纪全球经济地图》，商务印书馆 2007 年版，第 389～390 页。

（四）推进产业转型、升级与优化模式："促强补弱"的南京产业转型升级战略

针对产业过重情况，南京应该加速产业的转型和创新：根据对南京历史和现状的分析，我们认为，在以下几个领域南京可以大有作为：（1）提升、优化商贸品牌，打造中国的沃尔玛式的经济体；（2）提升、优化餐饮旅游业——完善国际都市商务旅游文化功能，打造餐饮行业的中国100强企业；（3）提升、优化地方服装品牌产业——推进民族地产品牌的集团化发展；（4）提升、优化文化创意产业——强化文化创意与动漫产业的集聚功能；（5）提升、优化社区服务业——创造充分就业的政府民生功能；（6）提升、优化文化艺术演艺产业——打造南京百老汇及新型演艺空间；（7）提升、优化养老养生产业——创造南京的幸福产业模式；（8）提升、优化和补充发展都市农业——弥补产业结构空洞，创造南京可持续发展特色经济。

（五）智慧产业发展与创新——"城市文化资本"再生产场域的建构

通过开发和南京城市"历史地段"的再造，运营南京的"城市文化资本"，让南京的"城市文化资本"成为南京城市再发展的动力，"不能再让南京的资源闲置了"！此仅提出几项发展要素整合和概念方向：（1）把百里秦淮河（外秦淮河）作为一个文化经济产业带来打造，整合两岸500～1 000米的空间与经济文化要素，创造一个世界有影响的集观光、休闲、餐饮、住宿、商务、智慧产业、交通于一体经济文化产业带，使之与巴黎塞纳河相媲美！（2）在南京打造一个国家级旅游度假区。可选的地方有老山及珍珠泉、幕府山和汤山等，创造与南京经济发展相适应的旅游综合经济体。（3）佛教文化和相关产业链的开发。一是大报恩寺的文化产业群；二是"南朝480寺"的文化传承与创新。（4）"六朝皇家文化产业链"的开发与创新。（5）聚宝山体育公园体育经济产业链的开发。（6）城市历史地段文化产业的开发。包括自然景观区、传统建筑群、老街道、具有现代景观意义的街区、历史风貌区等。（7）以南京"名城会"为品牌的会展经济的深度开发等，包括可以在南京创造"中国庙会"概念，建构创造世界注意力经济。（8）南京元素与"非物文化遗产"的开发。（9）南京城市旅游资源的创新开发，包括"南京中央公园"（"紫金山—玄武湖"）的空间整合创新等。这些只是我们所关注的领域，可能还有更有价值的项目尚未提及。

一个城市的文化选择首先应该强化积累性选择，至少要有积累性文化选择的意识，在积累性文化选择同时，注意城市文化的替代性选择。在替代性的城市文化选择方面，应该创造一个典型的城市文化择优机制，能够把城市文化中的优秀部分创新性保留下来，把城市文化中的糟粕给予革杀，使城市文化在优秀的历史文化沉淀中创新。我们努力想从南京的城市元素中提取经济生命来产生资本①：再造南京的未来的新内涵、新人文区位意义与新价值！

瑞士学者卡尔·芬格鲁斯（Carl Fingrhuth）在《向中国学习——城市之道》一书中第一章提出了"城市游戏的概念"，文章用比较轻松的笔调把城市分成了多种文化类型，如"作为舞台布景的城市"、"作为梦想之地的城市"、"作为重写本（Palimpsest）的城市"等。他说，有些"城市中心被重新定义"，甚至一次又一次地被重新定义。② 或许我们不希望南京一次次地被重新定义，希望能够有一个永恒意义、永恒价值以及永恒形象。在历史的比较中我们能够看到，城市作为一个物质性的存在，具有某种"地点性"表现的文化模式，城市定位的任何结果，都是城市空间的一种"再制作"——而在这个制作中，体现着所在城市市民社会的智慧，这篇文章就算作底层智慧的一种愿景吧！

莫什·萨夫迪著在《后汽车时代的城市》一书中曾这样说："我们记住的是那些因为独特的人造与自然之间互动而变得尊贵的场所。像靠海岸的纳波利斯，在湖一端的日内瓦……伟大的都市街道经常地维持与自然地形间的特殊关系（巴塞罗那的拉姆布拉斯直通海湾），并且将最密集的都市活动与宏伟的公园和花园联系在一起（纽约市第五街，巴黎的香榭丽舍林阴大道或者在伦敦的雷金特街）。"③ 很显然，有些城市能够从自己的自然禀赋中获得智慧和新的创造，让城市空间充满活力与新的价值。城市所表现的"结晶化时间与空间"，是可以从中提取经济价值、文化价值，更可以使其转化成"城市文化资本"的。

一个优秀的城市和能够可持续发展的城市必须是传统文化的守护者，巴黎是这样，伦敦是这样，罗马是这样！一个千年不朽的城市，一定是民族精神的守护者与创造者。我们希望南京也应该是这样！

一个城市要有终极定位：南京＝区域发展极＋创业成本最低城市＋国家科技创新与研发中心＋中国三大教育中心城市＋中国重化与装备制造中心＋智慧产业创新之城＋国际商务旅游目的地＋东方文化之都＋世界和平都会＋世界宗教文化中心＋中国商贸物流及品牌企业中心城市＋循环型城市社会发展模示范城市＋山水生态宜居城市＋都市科技农业创新之城＋博爱的市民精神等。

---

① ［秘］赫南尔多·德·索托，王晓冬译：《资本的秘密》，江苏人民出版社2001年版，第31页。
② ［瑞］Carl Fingrhuth，张路峰、包志禹译：《向中国学习——城市之道》，中国建筑工业出版社2007年版，第21页。
③ ［美］莫什·萨夫迪，吴越译：《后汽车时代的城市》，人民文学出版社2001年版，第89页。

第四节　城市化与产业集聚

——从传统创业到创新的中国现代化试验场[①]

深圳曾是中国改革开放的窗口和"试验田"，其经济发展曾是世界瞩目，深圳成为特区以后，在 20 世纪 90 年代后，"获得了 20% 的超高的增长速率"，[②] 为中国的经济发展树立样板。在 21 世纪初的新一轮的发展中，深圳应该以敢为天下先的思想，再创新的高速发展模式，实现城市的转型发展和创新发展，在引领中国深化改革方面再立新功！但是，从目前深圳的"十二五"规划来看，其定位相对滞后，至少在城市整体定位和发展创新方面，没有体现新的"改革试验田"的地位与价值。面对世界经济发展的新格局，面对中国城市社会的来临和现代化的发展，深圳处于新的转型发展的社会结构变迁之中——深圳应该超前一步、领先一步、快走一步、多走一步，为中国的现代化创造新的经验。

在中国新一轮的"十二五"规划中，比较而言，深圳的规划相对显得落伍了，这是从人们对深圳已有希望而言的。深圳是中国改革开放的示范城市，面临当代中国高速发展的经济和社会建设，深圳的定位缺乏了以往独有的"敢为天下先"的精神与价值。

创新就是走前人未有走过的路，创造前人未能创造的事业。中国现代化和城市化的发展无论在规模和类型上，还是在发展样态和复杂程度上都是前无古人，后无来者的。中国应该有块地方，是中国改革进一步深化和现代化发展创新的"试验田"，或者说，以往深圳是中国改革开放的"试验田"，而当前应该是中国现代化和全球化发展的"试验田"。21 世纪是中国城市化和现代化的世纪，深圳还应该当仁不让，并再"先走一步"，为中国的城市化发展、为中国的改革开放、为人类社会的再现代化创造经验，并再一次发挥和体现中国"改革试验田"的作用与功能，使深圳成为中国现代化的示范区，成为"循环型城市社会发展模式"[③] 的典范，或者是中国第三次思想解放的创新地！中国需要这样的城市！

---

① 本部分已发表。见张鸿雁：《深圳城市发展战略定位的批判研究：中国改革试验场再创新（上）——从传统创业城市到创新型创业城市的转型》，载于《中国名城》2011 年第 4 期，第 12 ~ 16 页；张鸿雁：《深圳城市发展战略定位的批判研究：中国改革试验场再创新（下）——从传统创业城市到创新型创业城市的转型》，载于《中国名城》2011 年第 5 期，第 10 ~ 16 页。

② 联合国人居署，吴志强译制组译：《和谐城市——世界城市状况报告》，中国建筑工业出版社 2008 年版，第 6 页。

③ 张鸿雁等：《循环型城市社会发展模式——城市可持续创新战略》，东南大学出版社 2007 年版。

这里的主体思想是从社会"理想类型"的角度和高度，为深圳适度超前的跨跃式发展提出新的城市发展战略参考，特别是从"顶层设计"的角度，我们认为30年后的深圳应该是一个居全球城市价值链高端位置并且是全球化的自由城市，而这一目标应该从现在开始起步。不能总是在规划制定几年之后就有感慨"发展结果超出预期"——如果预期永远落后于发展战略，在某种意义上说是发展战略设计缺乏前瞻性和设计本身不充分的表现，这种情况有可能使发展战略成为发展的桎梏。

一、城市社会来临的深圳时代责任：中国改革试验场与本土化提升的定位

（一）中国应该再造与香港城市能级相似的城市——深圳的创新与跨跃

深圳作为"中国改革试验场域"的历史价值是十分珍贵的。1978年以来，深圳以"拓荒牛"的精神走在了其他城市前面，并在很多领域创造了中国发展的奇迹，包括"深圳速度"、深圳企业发展模式、深圳金融体系创新、深圳人事制度、深圳社区管理模式和深圳科技企业发展创新等，创造了改革开放型深圳模式的历史卓越与辉煌！但是，我们认为，深圳不仅仅应该是改革开放的典范，还应该在中国未来的现代化进程中创造新的典范！顺着这样的历史轨迹我们提出一种全新的战略模式：深圳应该再创"中国现代化发展先驱者和探索者"的价值与形象。如果我们把这种价值与形象视为一种目标的话，在目前阶段应该发挥两个"给力"的作用。一是深圳市首先应该在自己的创新发展上，通过自我的"有为"创新，自我"给力"，通过深圳人新时期的"再有为"，创造城市超常规的转型式发展，获得深圳的"再有位"——中国现代化的前卫城市！深圳应一如既往地勇于探索、善于创新，走前人没有走过的路，创造前人没有实现的业绩，探索中国式城市化和现代化发展模式。二是从中国改革开放30年的经验看，中国已经成为经济大国，改革开放给中国带来了诸多好处和成就，中央也要对深圳再"给力"，在传统政策超前模式已经丧失其基本功能的前提下，赋予深圳以全新的功能和价值，创造一个典型的完全型国际化城市社区。如创造国际化自由港大都市的发展战略目标：深圳可以成为完全型国际化的自由贸易区和新的国际化自由生活的城市，甚至在未来的某一天，在某种程度上深圳可以获得与香港同样的功能与国际环境，并在以新加坡作为标杆管理模式的同时，创造中国深圳的"新加坡＋香港"型的"循环社会型深圳经济模式"——这将是一个国家级的重

大战略，是深圳"再有为"而"有位"的跨跃式发展的一个机会，也是中国新发展的一个机会。

在某种意义上说，中国可以有两个或者多个与香港"经济能级"相同的城市。甚至也可以说，在内地也可以创造香港"经济能级"的城市发展模式。在这里必须明确说明的是：我们所说的要再创造"类似香港"经济能级的城市，不是指"一国两制"的发展模式，而是强调从经济、社会和文化发展的角度，特别是从全球化自由贸易的角度，创造"类香港""经济能级"的城市。其意涵主要是指中国还应该创造可以与香港相媲美的"经济能级"和相关功能的城市，即有国际化功能、国际经济自由贸易功能、中外文化交流枢纽功能和国际区域金融中心功能等的城市。如果是这样，在进一步的改革开放中创造多个类似香港"经济能级"的城市，中国走在世界的前列可谓是指日可待的，关键是我们能否有能力和有魄力再创香港"经济能级"意义上的城市经济模式和城市功能。香港的常住人口有 700 多万，总人口超过 1 000 万。深圳的常住人口 860 万，[①] "深圳已是 1 500 万人口的特大城市，其中外来人口 1 240 万，而且总人口还以每年100 万的数量增加。"[②] 从总体发展规模来看，深圳的经济基础、人才基础都具有一定优势。如果这一思路可以提出的话，则深圳最有可能成为一个与香港全球化功能、"经济能级"相类的城市，并与香港构成"一体双核"的发展模式，我们既可称其为"完全型国际化城市区"、世界自由贸易安全城市区，也可以称其为是一个"国际自由旅游宜居生活港"。其目的是为中国的整体现代化创造一个起飞的平台，让深圳成为中国现代化和后工业社会的试验场，在世界经济一体化的发展中，创造后现代的中国深圳模式。例如，可以像新加坡一样，与世界多数国家免签证旅游和自由贸易！这一新的开放思想和理念，是中国再一次走向世界的一大步！是中国主动融入世界经济大潮的一大步！

（二）后现代人文区位的再造——形塑有"中国底色"的后现代城市

由于现实的经济利益的驱动，中国当代城市在形态和产业发展定位上往往趋于雷同：在 21 世纪初的中国，走遍现有的 660 多个城市，除了极少数因发展慢而保留的某些传统空间外，你到处都会感到非本土化的"千城一面"、"万城一形"城市空间样态，包括入径相同的城市产业定位，这种感觉和遗憾可谓是"无城不在"；甚至，有些城市可谓是"何其相似乃尔"！城市犹如工业化过程中生产线上统一生产的产品，更似乎是从一个"模子"铸出来的——很多城市少

---

① 《深圳户籍人口 240 万　不到常住人口总量 1/3》，载于《人民日报》2010 年 8 月 22 日。
② 彭蓓、陈广琳：《深圳人口每年增长逾百万》，载于《深圳商报》2011 年 1 月 18 日。

了以往的人文情愫和归宿感，少了记忆中可以玩耍的小街巷，少了可以寻找的那孩提时代的记忆。这些也都是深圳所面临的，更是深圳在下一轮发展中应该关注和必须改变的问题。换个角度说，深圳城市空间意象的建设有得有失，如在生态绿化方面的成就是"得"，在独有的深圳式城市空间文化体系方面有明显的"失"，即在世界一体化的大潮中，创造深圳的城市"地点精神"和本土化的"城市意境"方面，有很多败笔和文化误区。

深圳在城市建筑空间和文化景观塑造的价值取向上，从开始就缺乏民族化、本土化的超前设计与思考。我们提出的问题是：以往的 30 年的深圳是这样，未来的 30 年后深圳还会是这样吗？回答是：应该不会！但是，深圳在城市发展战略体系中，提出了城市形态本土化的主张了吗？提出构建中国元素的城市空间意象了吗？也许有！我们可以看看 20 世纪 80 年代中国学者对中国城市建设的批判，从中可以领悟到一种文化意象创造的意义："中国当代建筑创作的致命弱点在于大多数建筑缺乏哲学内涵，无法传达民族的现代精神。很多建筑师整天忙忙碌碌地搞设计，却没有自己的哲学思考，没有新的文化观念。有的建筑师在形式美上有所追求，但总感到缺少一种打动人心的东西，未能体现较为深刻的内涵。……正因为缺少哲学思考，中国现代建筑就失去一种与人类基本价值等根本问题有关的精神气质，其文化价值也就大大降低了。"① 从哲学的高度建设，将建筑空间作为一种民族化的艺术再现——本土化的城市空间价值是一种"城市文化资本"，可以成为城市可持续发展的一个重要资源！深圳应该建构属于中国的本土化"伟大城市文化"。意大利著名的政治哲学家乔万尼·波特若在 1588 年出版的《论城市伟大至尊之因由》一书中就提出了"城市伟大文化"的概念。他说："城市的伟大被认为是什么？城市被认为是人民的集合，他们团结起来在丰裕和繁荣中悠闲地共度更好的生活。城市的伟大则被认为并非其处所或围墙的宽广，而是民众和居民数量及其权力的伟大。人们现在出于各种因由和时机移向那里并聚集起来：其源，有的是权威，有的是强力，有的是快乐，有的是复兴。"②。一个具有本土化城市空间意象的城市本身，就是一种伟大！当你在有民族本色的城市空间徜徉的时候，你会感到一种心灵的震撼！给你一种伟大和历史时空穿越感！当然也会给你一种民族的那种向上的力量和冲动！我们希望深圳也能够这样！并在城市本土化的创造中，创造深圳未来的历史记忆和集体记忆！

必须明确提出的是，对于本土化的城市空间创造，也不应该是以完全复古化的方式表达出来，每个时代都有每个时代的本土化文化特质。当代中国城市空间

---

① 甘阳：《八十年代文化意识》，生活·读书·新知三联书店 2006 年版，第 107 页。

② ［意］乔万尼·波特若，刘晨光译：《论城市伟大至尊之因由》，华东师范大学出版社 2006 年版，第 3 页。

意象建设的两种倾向中有一种极端复古主义，仿制传统建设充斥城市之中，但是与其说是"复古"，不如说多数是"复明清建筑而已"，大量城市出现"明清建筑景观一条街"，其中固然有做得好的，但是，在这些仿明清建筑面前，让人深感这个时代城市景观与建筑文化创新的缺乏！如果未来的城市人所能够形成的记忆仅仅是明清建筑的话，说明我们这一代人文化缺失就太多了，会造成历史性的遗憾！这是需要批判和提醒的。

　　深圳城市建设在其高速发展中，亦曾失去了一些本土化的文化表述，或者说在城市建设上从来没有思考这样的问题，本土化空间景观价值的缺失，甚至可以用积重难返来形容。有评价说深圳是"现代化品位较浓，本土化的城市空间文化很少"，或许这也是一种现代化的发展模式。但是，我们今天所强调的是，即使是后现代化的城市文化模式，也可以找到并创造民族化的文化品位的支点。每一个时代都存有民族的时代文化特质。在未来城市再现代化中，在城市的更替与更新过程中，深圳还有新的机会，再创城市中国元素意义和本土化集体记忆的空间价值，"从建筑物中提取经济生命来产生资本"①，让城市的建筑、空间与景观成为"城市文化资本"和城市经济资本的一部分。笔者曾多次到日本考察研究传统城市和现代化的发展关系，每次到日本京都都会有新的感受，这个城市空间的再创造，使传统和现代能够有机存在于一个统一体中，既能够直观地表达城市历史文脉的价值，又能够在建筑物中充分地"提取经济生命来产生资本"的价值。京都城市内有很多日本古典式"町屋"，并形成特有的文化体系和景观。京都还有1 000多座庙宇不仅保存完好，而且能够很好地与现代城市社区生活、城市旅游相结合。最引人注意的是京都火车站的设计与功能表现，为传统城市的历史文化积累、空间景观意象的资本性创新以及现代城市整体价值的提升提供了一种可能的参考范式。

　　深圳应该选择的是独有本土化文化价值的创造。香港有着典型的殖民地的文化印痕，我们不希望深圳再有这样的印痕。深圳应该有的是现代与传统历史空间的有机结合，能够穿越时空并具有21世纪初中华民族文化特质的城市印痕！

　　当代中国城市社会来临，深圳作为改革开放"试验田"的作用可谓是任重道远。2011年2月14日《人民日报》发表了一篇题为《农村土地加速城市化，进城农民难享市民，城市化不能"大跃进"》的文章，引用了笔者几年前发表的文章中的一段话："未来10～25年是中国城市社会面临的社会整体变迁期，这期间，中国将有5亿～6亿的农业人口转化为城市人口，这将是人类历史上规模最大的社会与地理变迁之一。这一变迁将对中国经济社会的全面发展起到不可估量

---

① ［秘］赫南尔多·德·索托，王晓冬译：《资本的秘密》，江苏人民出版社2001年版，第31页。

的推动作用，但城市可持续发展、农民流动、土地合理利用、区域整合、社会阶层变迁、社会公平等问题，将随着城市化的深化，呈现出由小到大，由隐性到显性，由局部到区域发展的态势，而各级政府对相关问题的研究和准备并不充分。"① 这是一个事实，中国 30 年的城市化走过西方近 200 年的路程。特别是 1850 年英国在人类历史上第一次实现城市人口超过农业人口，城市化水平达到 50%，中国是在 2010 年基本达到这个水平的，两国相差 160 多年。这个水平的另一层意涵是，一个城市化水平超过 50% 的国家和地区，如果社会处于正态发展的社会结构进化的过程中，社会整体将进入新的高速发展阶段。50% 的城市化水平是一个新的平台，既是市场经济关系深化的平台，同时也是现代化过程深化的平台，当然也是市民社会深化发展的基础和平台。这个高速发展的现代化过程可能会产生更多的问题。《人民日报》引用笔者观点的在于强调 50% 以上的城市化发展水平带来的社会变迁，有可能会产生更多的新的问题，而我们必须有对策，必须能够反思，并有针对性地提出新的发展战略模式，以适应未来的亿万农民真正成为市民的社会转型。正是这种城市化带来的社会转型，才要求深圳更有作为，成为中国现代化发展的创新者和样板。

（三）积累性与替代性结合的选择：中国应该有与"京派"和"海派"并列的"深派文化"

深圳先走一步的选择应该是以"后现代循环社会型城市"为主要特征的有机城市。以日内瓦为例，虽然这个城市只有 30 多万人，但是它却令全世界的人羡慕和骄傲。正因为其多姿多彩的城市文化，所以人们对日内瓦有很多不同的认识，如它既是世界博物馆城，又是世界旅游胜地，还是世界钟表之都等。另外，世界音乐之者维也纳②，让人们充分感受到音乐文化已经成为这个城市取之不尽、用之不竭的"城市文化资本"。……这些成功的城市都可以让我们感受到城市精英文化生成的土壤机制：在文化积累性选择中创造，在文化替代性选择中创新！

从现代城市社会学的角度认识，城市作为一种具体的区位空间，所产生的经济生命和文化生命再创了城市空间的意义，多样性的文化是城市空间的魅力所在。深圳完全可以创造集中西文化之大成的城市，但是其城市的底色是"中国元素集合"的世界性城市，而内在的经济与文化结构是后现代和后工业社会的

---

① 高云才：《城市化不能"大跃进"》，载于《人民日报》2011 年 2 月 14 日。
② 维也纳的名字始终是和音乐连在一起的。许多音乐大师，如海顿、莫扎特、贝多芬、舒伯特、约翰·施特劳斯父子、格留克和勃拉姆斯都曾在此度过多年音乐生涯。参见：http://baike.baidu.com/view/10074.htm。

发展模式。这一认知来自于这样几个方面：

第一，深圳的区位空间价值决定了深圳应该是中西文化和世界大区域经济的整合地和交流地。从工业区位论和现代行为区位论视角分析，特别是从人文区位论的价值取向中判断，深圳与香港的空间距离，决定了深圳的空间实体和功能表现方式，既是"最中国的"，从而也是世界的！

第二，深圳城市进化的历史过程表现了一定的社会属性。应该通过类比的定位模式，在北京、天津、上海、广州和香港等城市之中，进行比较后的差异化定位——深圳未来的发展应该是一个典型的世界型城市，是一个集中国、欧洲和亚洲文化于一体的现代共同体，即"香港＋新加坡模式"的双重整合的新城市体系。

第三，深圳应该是"中国式城市文艺复兴"的创新城市。深圳必须创造全新的后现代城市精英文化，并应该成为城市文艺复兴的"精英文化"的摇篮。从而创造 21 世纪深圳的城市"文化特质"、"文化丛"、"文化圈"、"文化模式"及"城市文明"的体系。亦如美国的纽约①和法国的巴黎②，成为一个区域文化的集中表现体，成为改造、形塑"新深圳人"的文化容器。或许有一天，在中国"京派文化"和"海派文化"的分野中，出现一种新的"深派文化"，这才是中国城市百花园竞相争艳的一种结果。

正如笔者前述所说的，人们需要一个心灵归宿感的城市、需要一个有人文情愫的城市、需要一个能够舒适生活的城市。虽然经典作家以巴黎和纽约城市描述已经有 120 年了，可谓早已今非昔比，但是，西方城市化给我们的经验与教训是不能够忘却的。

二、深圳城市的"无根性"与"扎根"的再创造

（一）城市形象定位模糊的"无根性"——城市无形资产的再建构

在城市全球化的一体化经济的发展中，城市要发展就必须参与全球范围的城市竞争，这就要求城市本身不仅要有强大的"综合竞争力"，还需要有"特色竞争力"、"文化软实力"、"环境可持续力"、"社会民主公平力"——这是一种全新的"城市五维竞争力"构建模式，强调城市的整体核心力。不可否认，深圳

---

① 《马克思恩格斯全集》第 5 卷，人民出版社 1958 年版，第 388～389 页。
② 《马克思恩格斯全集》第 5 卷，人民出版社 1958 年版，第 550～551 页。

在这五个方面都有长足的进步，但是我们认为深圳还可以做得更好！2007 年应《深圳特区报》记者采访，笔者以深圳"应该有更加鲜明的城市定位"① 为题，提出了对深圳城市定位的建议设想。这种重新定位包括深圳"城市文化资本"再生产场域的建构创新。这其中提出了一个命题，"创新土壤比创新本身更重要"，即创造城市文化资本再生产场域，就是创新的一种文化土壤和机制。应当思考的是，在传统"拓荒牛精神时代"的创业形象阶段基本完成之后，深圳在世界范围内的形象表达和象征性价值应该是什么？仅仅是经济繁荣的描述，还是 GDP 总量的增长？或者是深圳的科技产业发展增值性，也是深圳那城市空间文化的无序化？笔者认为这些都不能代表深圳在"拓荒牛形象"之后的再发展形象！深圳没有杭州"休闲之都"与天堂文化定位那样具有唯一性的文化认同品牌；也没有南京"天下文枢，智慧之都"的古都文化描述和历史传统精神，更没有香港亚洲龙头地位的价值再造的意义。回首过去，深圳曾是当代中国最年轻的城市！深圳曾是走在中国前面的城市！而现在深圳城市形象定位的游离表现出了典型的无根性：未来的 30 年深圳能否仍然走在中国的前列？

我们应该寻找深圳特有的形象地位与价值，并且它一定是在中国具有样板性价值的城市形象！如能否创造一个充分创业机会的城市？能否创造"深派文化"的城市形象元素？深圳城市"质"性的象征符号是什么？深圳的"根"在哪儿？我们不可能完全解决这提出的所有问题和命题，此谨提出，借以抛砖引玉！

西方学者哈维曾对当下的某些城市提出过批评，他说："虚构、分裂、拼贴和折中主义，全都弥漫着一种短暂和混乱感，它们或许就是支配着今天的建筑和城市设计实践的主题。"② 深圳是不是这样，我们不敢断言，但至少在某些空间内存在哈维所质疑的问题。虽然人们可以从有些城市的无序中感觉到有序，但是，现实生活中城市社会的高速结构变迁，使得曾有的和谐、韵律被打破了，而新的城市秩序和韵律尚未建立起来。深圳需要建立新的"世界性的城市秩序与韵律"。③

（二）精英文化的缺失与成长的无根性——创新群体的主体性建构

近年来，在人们的心目中，创新发源地已经不集中在深圳，深圳已经显得老旧而缺乏活力，思维放飞的感觉也越来越弱——在"拓荒牛"的创新文化之后，深圳好像是"江郎才尽"了，创新的力量不足、表现力不足、超前性不足、示

---

① 甘霖、张鸿雁：《应该有更加鲜明的城市定位》，载于《深圳特区报》2007 年 8 月 24 日。

② ［美］哈维，阎嘉译：《后现代的状况》，商务印书馆 2003 年版，第 132 页。

③ ［瑞］Carl Fingrhuth，张路峰、包志禹译：《向中国学习——城市之道》，中国建筑工业出版社 2007 年版，第 15 页。

范性不足，包括城市中值得他人效仿的经验也不如以前充足了！是不是"时间就是金钱"的价值影响了城市价值的提升，并左右了人的判断力？我们尤其关心的是，深圳的"城市文化资本"再生产的主体是"精英群体"，还是社会"底层智慧群体"？在西方中世纪的城市文艺复兴中，精英文化成为这个时代的创造者、创新者和引领者，如所谓的"艺术三杰"①、"文坛三杰"②以及在哲学、科学等领域跨时代的大师级人物的出现。很显然，在世界历史发展上，我们更能够看到，一个民族对优秀文化的"积累性选择"和对文化糟粕的"替代性选择"是民族优秀性的一种体现，而其中一定是有非制度性安排的社会精英群体的价值与能力，关键是我们的城市能否产生非制度性安排的精英群体？这一非制度性安排的精英群体应该如何产生？我们只是希望深圳在这一方面应该多走一步，创造性提出精英群体的建构模式，从"京派文化"和"海派文化"的分庭抗礼分模式，到"深派文化"崛起形成三足鼎立共生性竞争模式！

城市是人类文化记忆的容器，并成为人类财富的集聚中心。但是，为什么中国有些城市的记忆已经或者正在消失呢？其关键原因是市民社会的"积累性选择"主体的丧失，也包括城市选择意识缺乏最高价值认知的理论与方式。多数中国的文化与战略选择，既不是精英群体的意志和选择结果，也不是市民社会的价值取向，而是"权力资本"超经济权力的场域效应在发生作用，这种城市发展模式往往是以急功近利的方式进化，进而导致城市社会的"负进化"。深圳应该是中国市民社会发展的"历史出发点"，这是马克思主义的理论观点之一。深圳应该在"精英文化"和"底层智慧"双方沟通上创造一种新的社会关系体系，不仅可以让底层社会的群体上达自己愿望，获得精神与文化需要，还可以通过精英群体与市民社会构成的"柔性社会结构"，创造城市文化主体的择优能力，从而为精英群体的成长建构一种土壤——多样化的学派、多样化的科学思想和多样化的社区自治模式以及多样化的市民社会生活……在水到渠成的过程中，形成"深派文化"体系与模式。

一个城市如果缺少了本土化文化的创新，就会显得苍白而乏力。过于金钱化的社会，一定是忘却民族历史的社会。深圳不能缺少本土化的创新，不能忘却民族的历史与文化。深圳精英文化的"无根性"，还体现在经济发展模式的"无根

---

① 艺术三杰：列奥纳多·达·芬奇（1452～1519）被称为"文艺复兴时期最完美的代表人物"——最负盛名的美术家、雕塑家、建筑家、工程师、科学家、科学巨匠、文艺理论家、大哲学家、诗人、音乐家和发明家，壁画《最后的晚餐》、祭坛画《岩间圣母》和肖像画《蒙娜丽莎》是其一生的三大杰作。拉斐尔（1483～1520），意大利画家，代表作为《卡斯蒂廖内像》和《披纱女子像》。米开朗基罗·博那罗蒂（1475～1564），文艺复兴时期雕塑艺术造诣最高的代表，创作了圣洛伦佐教堂里的美第奇家族陵墓群雕和教堂壁画《末日审判》。

② "文坛三杰"：但丁，著名的作品是《新生》和《神曲》；彼特拉克，被誉为"人文主义之父"，代表作是抒情十四行诗诗集《歌集》；薄伽丘，意大利民族文学的奠基者，著有短篇小说集《十日谈》。

性"和科教发展的"无根性"方面。如到目前为止，深圳的大学及相关高等教育的发展，在整体上落后于城市经济与社会文化的发展——虽然深圳在"虚拟大学"体系上有较大的进步，但是在30多年的改革进程中，既没有创造"高等教育改革模式"，也没有创造与深圳城市发展相匹配的国际化的高水平大学群。虽然深圳的大学生比例比较高，但是，他们都是外来的"无根化的精英"。世界一流的城市无不是高等教育充分发展的城市，如伦敦、巴黎、东京、汉城、北京和上海等。一个案例是：海德堡作为德国乃至欧洲的一大科研基地，有"欧洲硅谷"之称。这个城市不仅有着它引以为荣的中世纪城堡，还拥有欧洲最古老的教育机构之一——海德堡大学。曾在海德堡大学学习和工作的有著名思想家黑格尔、诠释学哲学家伽达默尔（Hans‐Georg Gadamer）、社会学家哈贝马斯以及演说哲人卡尔·奥托·阿佩尔（Karl‐Otto Apel）等，这个城市充满了"文化"与"哲学"的因子，并构成了其现代经典科技文化创新的土壤。① 很显然，一个国际化的城市，如果没有优秀的高等教育作为支撑，是很难有永续发展能力的——世界一流的城市或者是国际化发展良好的城市，都有相应发展的高水平大学，这种人才培养的模式与地方经济的发展呈正相关。

（三）市民社会生活的"无根性"——"新深圳人"的形象建构与重塑

在现代城市社会的发展与变迁中，人口在流动、社会在转型、空间在变化，人们普遍存在着"无根"的感觉，无以为家。虽然有的城市有时可以让人沉静下来，感受城市的文化和风情，但在高速的社会转型中，这种感觉往往只是短暂的，甚至稍纵即逝的。而有的城市，总是让人感觉自己是局外人，外来者、外来工、边际人……这虽然不是深圳特有的文化，但是对于深圳来说是一个典型的社会问题。汉娜·阿伦特认为，任何"积极的生活（Vita Active），亦即处于积极行动状态的人类生活，总是植根于人与人造物的世界之中，这个世界是它永远不可能脱离或彻底超越的。人与物构成了人的每一项活动的环境，离开了这样一个场所，人的活动便无着落；反过来，离开了人类活动，这个环境，即我们诞生于其间的世界，同样也无由存在。"② 城市是一个物化的空间，并构成不同等级的空间形式，人们在社会的竞争中就是为了获取某种空间，如居住空间、办公空间、创业空间、休闲空间及个人发展的上升空间等——空间是有价值的，必须通

---

① 《欧洲古堡游》编辑部：《欧洲古堡游》，陕西师范大学出版社2004年版，第74页。又见《哲学家小道》2006年3月29日，搜狐旅游频道，http://travel.sohu.com/20060329/n242529846.shtml。
② 汪晖、陈燕谷：《文化与公共性》，生活·读书·新知三联书店1998年版，第57页。

过某种方式如货币交换、权力交换或者是其他方式来获取空间；而人们占有的空间大小的不同，在一定程度上也表现着个人的社会地位与经济地位。

在高速发展的城市化中，多数人在社会转型大潮的裹挟下，被碎片化、溶解化了，找不到自己，"随着城市增长而出现的人口流动性，表现在接触、联系频数增加，流动方向发生器变化，外观发生变化，以及某一特定区域中由于人口群体落的继承性而产生的气氛；也表现在地价的差别之中。流动性的含义不仅仅是运动（Movement），还包含有新的刺激，即刺激因素在数量及强度方面的增加，因而也含前对这些新刺激迅疾做出反应的倾向。城市将其本地因素或来外因素吸收并融合到自身的机体中的过程，可以称为城市生活的新陈代谢。流动性就是这种新陈代谢的一个指数。"① 在我们对深圳城市发展的研究中，曾对不同层面的群体进行过访谈，不论是深圳生活几年的，还是十几年的，也不论是有学历的和没有学历的，几乎各个阶层他们共同的感觉和回答似乎都一样："我不是深圳人"，"我是外地人"，"很难说出我是深圳人"，"好像这个城市不属于自己"……这就是深圳发展的最大的也是最显性化的文化误区之一。为什么会这样？其主要原因之一是制度性安排的户口制度。国务院发展研究中心韩俊说："目前深圳的常住人口最新的统计数据是 886 万人，但是户籍人口只有 240 万左右，不到常住人口总量的 1/3。户籍人口与非户籍人口严重倒挂，可以说全国还没有任何一个城市有深圳这样一种人口结构。由于受到二元户籍制度影响，一大批长期在深圳工作和生活，把青春和才华都献给深圳的外来工作者还不是真正的深圳人。解决这个问题也是历届市委市政府他们在思索、探讨，力图突破的一个问题。"② 这一事实让人感觉到一种莫名的悲哀！甚至无言以对。本来应该是一个很简单的事实，也是政府从制度上安排可以解决的，而其发展是名不副实。

深圳的"无根性"，其症结本质就是在制度设置上让城市市民无法"扎根"。法国学者西蒙娜·薇依认为："扎根（Enracinement）也许是人类灵魂最重要也是最为人所忽视的一项需求。这是最难定义的事物之一。一个人通过真实、活跃且自然地参与某一集体的生存而拥有一个根，这集体活生生地保守着一些过去的宝藏和对未来的预感（Pressentimentd'Avenir）。所谓自然地参与，指的就是地点、出生、职业、周边环境所自动带来的参与。每个人都需要拥有多重的根。每个人都需要，以他作为自然成员的环境为中介，接受其道德、理智、灵性生命的

① ［美］R. E. 帕克、［美］E. N. 伯吉斯、［美］R. D. 麦肯齐，宋俊岭等译：《城市社会学——芝加哥学派城市研究文集》，华夏出版社 1987 年版，第 250 页。
② 《深圳户籍人口 240 万不到常住人口总量 1/3》，载于《人民日报》2010 年 8 月 22 日。

几乎全部内容。"① 城市是地域生产力的集中表现形式，让市民扎下根，这个城市才会产生巨大的能量！城市是棵树，只有让市民扎根，大树才会根深叶茂！

另外，城市市民社会的土壤还不充分，让人们能够扎下根来的理由也不充分。因为让人们能够在一个城市扎根，是需要某种条件的，是要建构优质土壤和优化的社会机制的。即不仅要满足和创造人们生存的多种需要，还需要创造"灵魂的各种需要"②，这些需要包括了城市社会的"秩序"、"自由"、"责任"、"平等"、"荣誉"、"惩罚"、"言论自由"、"安全"、"风险"、"私有财产"、"集体财产"和"真理"等，让人们感受到"有灵魂的生活"。而核心是一个最基本需要中的需要是——获得个人的尊严和社会的尊重！并把这种人的尊严和尊重构建成一种社会的义务！③ 义务是社会个体存在的一种价值和良知的行为表现。④社会整体意志的良知能够创造对个体的尊重，并将这种尊重推广为一种义务，这样城市肯定是科学与民主生长的优质土壤！

不言自明，当务之急是创造新的深圳人的整体意识！创造深圳新时代的草根文化，是深圳创造不朽之城的根本所在。"拔根"与"扎根"是一种城市建构的永恒过程！

三、深圳创新发展的百年战略——率先与创新

（一）超强战略定位："新深圳模式"——香港全球化经济＋新加坡的国际化与文化传统并存经济

从一般意义上说，对深圳的定位应该更超前一点——至少应该设计 30、50年后的深圳发展战略目标与模式，而且这个目标和模式的实施应该从现在开始。其内容包括深圳的全球化城市定位、"国际化与传统并存"的"城市文化资本"再生产模式、全球一流城市目标的实施。换言之，深圳应该从传统的国际型城市向"全球自由港城市"定位转型。

我们强调的"新深圳模式"等于"新加坡＋香港"的模式，不是一般人们所提到的新加坡的"强权经济"和"政治模式"，也不是指香港的"一国两制"

① ［法］西蒙娜·薇依，徐卫翔译：《扎根——人类责任宣言绪论》，生活·读书·新知三联书店2003 年版，第 33 页。
② ［法］西蒙娜·薇依，徐卫翔译：《扎根——人类责任宣言绪论》，生活·读书·新知三联书店2003 年版，第 1 页。
③④ ［法］西蒙娜·薇依，徐卫翔译：《扎根——人类责任宣言绪论》，生活·读书·新知三联书店2003 年版，第 3 页。

模式，而是侧重强调集新加坡和香港优势之大成，创造"新深圳模式"的发展战略。如面对新加坡的发展，我们要学习其在国际化发展的同时，又能够创造民族化的本色和城市"地点精神"的经济文化模式——这一点对于中国来说十分重要，是在强调创造可持续发展力的前提价值体系；面对香港的发展，我们要学习其全球化的发展模式和自由化经济体系的发展机制。国际著名会计师事务所安永发表"2010 年全球化指数"指出：在全球 60 大经济体中，香港的全球化指标居全球首位，新加坡多年来一直是前四名，2010 年从第一名降到第三名。中国内地排名第 39 位。① 而"世界经济龙头美国则只排名第 28 位"。"全球化指数"包括了五个指标：一是"资本流动"；二是"文化集成性"；三是"贸易开放程度"；四是"科技与创意交流"；五是"劳动力流动"。"香港在贸易开放程度、资本流动及文化集成性方面均排名第一。"② 这两个城市对于深圳来说，具有可直接的借鉴价值。如果深圳能够在这两个亚洲的城市中汲取相关的优势为我所用，并集中这两个城市的特色优势，经过重组、整合，筛选和创新，创造"新深圳模式"，这将是中国改革开放的一项重要创新——比如新加坡创意产业的国家化战略、国际会议会展经济模式、国际经济枢纽经济模式、国际化办学运营模式、传媒国际化模式、传统国学的国际化发展模式、多民族的文化融合模式、现代宜居城市模式等；而香港又有新加坡没有的优势，如最自由经济与生活体系模式、文化多样化模式、民主法制社会体系、市民社会的生活方式、文化产业的全球化模式以及与新加坡一样的国际金融中心和金融服务产业发达的经济模式、总部经济体系等。

取新加坡和香港两者之所长，避两者之所短，也避深圳经济发展之所弱，形成 1 + 2 > 3 发展模式，建构"新深圳经济模式"是深圳发展的一个全新的战略选择。城市文化选择的主体不同，城市文化的创新模式和社会整体价值取向必然不同。很显然，城市文化的选择应该是社会优秀群体的行为和意识，是城市社会中精英群体的行为和意识。除此而外，城市文化选择的影响因素还包括城市所处的区位、地域文化资源、现实的城市制度模式、城市的社会文化氛围及城市领导的文化意识等。因此，有意识地开发、创造城市的文化选择能力，也是现代社会和现代城市发展的"动力因"之一。

---

①② 《香港超越新加坡"全球化指数"排名居首》，载于香港地区《文汇报》2011 年 1 月 28 日。

（二）全球化进程的中的差异化定位——"中国元素集成创新"

"巴黎是一个剧院"①，有"一百零一种生活方式"②。深圳是中国元素集合体的大舞台，有"一千零一种"中国元素。这里要说明的是，"一千零一种中国元素"只是一个虚指，是一种我们所希望的理想空间意象，即希望深圳能够成为中国古典文化、近代文化、现代文化、当代文化和后现代文化的集成者和守望者。

深圳首先应该在全球化的竞争中找到自我，需要在找到自我后，能够重新建构自我。这种选择的核心是——"中国元素集大成的创新城市"！并且通过努力建构，使深圳成为全球价值链的高端节点城市。之所以强调这一点，是因为总结一些欠发达国家的城市化和现代化发展经验，我们可以看到：虽然一些欠发达国家在改革中取得了一些经济成就，但是其摆脱过渡贫困之后，在发展中过于追求经济的变革和享受，而忽视了文化发展的同步性转型，在世界一体的浪潮中迷失自我，形成"文化堕距"，经济与文化发展不同步，出现普遍化的民族文化虚无化现象，最终导致了文化的冲突和"合法化危机"③ 使改革失败。正因为如此，我们认为，深圳作为中国改革的试验田，需要找回民族化的本位，通过民族化的、本土化的文化创新，形成经济与文化同步协调发展的模式，增加城市的"文化软实力"。这一思想体系的创新之一是，深圳能够在全球化的发展中，创造新的21世纪集成的"中国元素群"，形成独有的本土化基础上国际化城市经济与文化模式，进而在世界上创造唯一性的"城市文化资本"的"新深圳文化"再生产模式。

每个中国城市都有中国元素符号体系下的个性文化符号，但不是每个城市都能充分展示中国元素文化系统，并成为城市文化的动力要素的。个性化的城市中国元素需要再创造，进而形成"文化创造力的历史积累"。一个城市的文化选择首先应该强化积累性选择，至少要有积累性文化选择的意识，在积累性文化选择的同时，注意城市文化的替代性选择。特别是在替代性的城市文化选择方面，应该创造一个典型的城市文化择优机制，能够把城市文化中的优秀部分创新性地保留下来，把城市文化中的糟粕给予革杀，使城市文化在优秀的历史文化沉淀中创新。

---

① ［法］克里斯多夫·曾罗夏松，王殿忠译：《巴黎1900——历史文化散论》，广西师范大学出版社2005年版，第187页。

② ［德］瓦尔特·本雅明，刘北城译：《巴黎，19世纪的首都》，上海人民出版社2006年版，第89页。

③ 张鸿雁：《合法化危机——中国城市化进程中的社会问题论》，载于《探索与争鸣》2006年第1期，第2～5页。

我们一直在思索的是，中国城市文化的选择主体和选择方式的创新，因为不同的文化选择主体其结果是不同的。如中国"文化大革命"中非理性的文化选择，基本是破坏性的选择，特别是在城市文化领域，应该说给中国的文化造成巨大的破坏，虽然那是一个特殊的历史时期，但前车之鉴，应该是后世之师。

应该说，深圳在集聚中国文化元素方面也曾取得一定的成绩，如民俗村的创造、华侨城经济综合体打造等。但是，这还远远没有达到可以守望中国文化传统、创造中国文化集大成城市的程度。中国文化元素具有独特性和民族文化的创意性。在世界范围内，中国元素已经被很多国家认同为公认的文化符号和象征意义。如在行为文化领域，中国的节日文化、某些生活行为文化及"中国十二属相"等，在世界上广泛传播并得到文化认同；在空间景观文化领域，中国建筑符号文化方面的"九脊歇山"、钩心斗角的斗拱、中国小桥流水的园林、北京的四合院等，已经在一些发达国家的城市中再现；在物化的符号文化领域，世界比较认同典型的文化符号如"中国结"、"中国青花瓷"、"中国书法艺术"、"中国画"、"中国蓝"、"中国红"、"中国民乐"、"中国民歌"以及梁祝小提琴曲等，还有地方性比较强的元素如南京织锦、杭州双面绣、扬州漆器等，举不胜举，都已经成为世界性的文化象征。但是，在中国元素发扬光大的意义上，很多城市已经失去了地位：如北京城市传统价值丧失及西方价值观的主导化、南京古都文化的虚无化、西安古典文化被"抽绎化"和上海"海派文化"的"定格化"等。城市文化在传统与现代之间出现断裂和断层，因此，这些城市都已经无法承担起"中国式城市文艺复兴"的重任。作为一个全新的发展中城市，重拾、重缀、重构中国文化，是深圳应当尝试承担的责任——让一个年轻的城市成为中国复兴的前沿使者，找回"中国城市个性化地方性文化元素"，使其重新得以弘扬。我们说创造中国式城市文艺复兴，不仅仅是一种文化行为，其本质是全方位的一种经济文化精神再造——在中国建造一个"中国元素集中地"，创造一个中国文化的圣地！这既是深圳经济发展建构文化凝聚力的需要，也是中国现代化创造凝聚力的需要！或许每年会有千千万万的人来深圳见证中国元素的意义与价值，创造一个本土化与爱国主义相得益彰的文化的纽带、桥梁和圣城。

（三）"客户服务型政府"建构——全球城市价值链与新产业模式

这是一种现代化的全新变革，政府职能真正转化，政府成为市民的服务者，而不仅仅是管理者。弱化政府的政治职能，强化政府的服务功能是一种城市质性转变。作为改革的试验田，深圳应该快走一步，推行全面改革，帮助市民、企业和外来者解决问题，强化城市政府的存在意义"就是为了造福每一个市民"。

关于城市政治功能的定位，不同的国家与社会环境是有差异的。对于中国城市来说，传统意义上的城市功能，主要是行政治所上的等级性意义，是一种权力体系的机构，是市民的管理者。在现存的城市中，政治定位已经有明确的属性，对于表现各级政府的城市来说，都应该考虑到城市的国际意义，或者说与国际接轨的意义，而真正与国际接轨的价值集中体现在服务的价值取向和服务的方式上。在后现代发展的理论视野中，政府的角色就是服务的创造者和创新者。深圳应该以示范的方式创造"客户服务型政府"模式。美国学者戴维·奥斯本提出了服务型政府的改革方式，创造出了一套城市服务体系的概念，一个好的城市政府的服务型能力的表现方式可以简单归结为以下几点：一是危机处理能力，需要通过危机处理创造城市的成长；二是要有优秀领导者；三是领导人的连续性；四是一个健康的公民意识基础结构；五是"共享理想和目标"；六是信任；七是外部资源；八是追随榜样。在这样的认知前提下，美国密歇根州商业局率先提出了一个口号，引起人们更多的关注——"我们存在的理由就是为了顾客服务"[1]，开创了城市政府部门"客户服务型"的先河。这一思想理论体系强调的是政府在某些方面学习了企业经营中客户服务模式，并能够改善城市政府与市民的关系，城市政府面对所有的人都是服务与被服务的关系，不是上下级的关系，所有的人对于城市政府来说，都是顾客，需要对他们尊重。这也是与社会转型期，强调市民社会平等、公平、和谐的政治主张是相一致的。

与过去官僚化的城市管理模式相比较，客户服务型政府是通过学习企业的管理模式，在某种"企业化"维度上，追求更加有效率和效用的管理方式。[2] 其核心价值取向是"受顾客驱使的政府：满足顾客需要，不是官僚政治的需要。"[3]虽然这对于当代的中国来说是十分困难的一件事情。[4] 但是，必须清楚，政府学习企业的对待客户的关系，并用这种新的关系模式来管理城市，也是学习可用的优秀经验来用于城市建筑。但是，城市政府毕竟不是企业，不以追求利润的最大化为目标，还有很多公益事业、社会福利、发展安全等方面的工作要做，城市政府的服务是以创造城市社会全员的福祉为核心目的。

---

① ［美］戴维·奥斯本、［美］特德·盖布勒，周敦仁等译：《改革政府——企业家精神如何改革着公共部门》，上海译文出版社 2006 年版，第 14 页。

② ［美］戴维·奥斯本、［美］特德·盖布勒，周敦仁等译：《改革政府——企业家精神如何改革着公共部门》，上海译文出版社 2006 年版，第 15 页。

③ ［美］戴维·奥斯本、［美］特德·盖布勒，周敦仁等译：《改革政府——企业家精神如何改革着公共部门》，上海译文出版社 2006 年版，第 117 页。

④ ［美］戴维·奥斯本、［美］特德·盖布勒，周敦仁等译：《改革政府——企业家精神如何改革着公共部门》，上海译文出版社 2006 年版，第 247 页。

（四）"新深圳经济模式"——高度自由的经济贸易与和谐宽容的经济体制

在"新深圳模式"、"中国元素集大成城市"和"客户服务型政府创新城市"三大定位前提下，深圳还应该建构全新的产业经济结构，并且也必须是创造属于深圳特有的经济模式与体系。从城市系统工程发展的角度来看，在传统定位的基础上，应该注意经济结构的整合建构。一是全球价值链高端介入的定位：创造全新的"国际金融物流一体化城市"经济模式。深圳通过国际金融物流产业的创新，完善金融产业链的全程建构，并成为亚洲第一个"国际金融物流一体化"的城市。二是"循环社会型城市发展模式"定位。旨在通过深圳区域体内的经济模式和经济关系，合理建构城市与土地、城市水资源、城市与农业、城市与能源、城市与其他资源的利用和承载关系，形成合理的空间生态和谐共生关系，通过从"循环经济"到"循环型城市社会发展模式"的转化，使深圳成为十大循环利用和再生的、零耗能城市综合经济区——"循环型城市社会模式"，其"十大循环体系"缺一不可：（1）水能源的循环利用；（2）空气能源的循环利用；（3）风能源的循环利用；（4）生态能源的循环利用；（5）垃圾生产的循环利用；（6）经济生产过程的循环利用；（7）产品逆向物流资源的循环利用；（8）城市、建筑和文化符号等"城市文化资本"的循环利用；（9）各能源与资源的相互循环利用；（10）循环型政策与市民行为的创新与发展。另外还有，深圳从传统国际旅游城市向"国际商务休闲旅游城市"的定位转型、从现代工业城市向"自然有机秩序的立体生态城市"的定位转型、从传统市民生谋生城市向"后现代社会精英群体创新城市"的定位转型等。因为篇幅所限，不能对所有的发展要素与模式提出全面的建构与设想，本节仅仅是提出一种思路、一种入径、一种模式，特别是提出一种思维创新模式——思想的解放，是真正的解放！

这些全新的价值取向，对于深圳来说，只有在超前发展的基础上，才能更好地应用。我们相信，深圳在以往的努力中，创造了这个时代的"再生人"（The Man of the Renaissance），他们有两个主要的特质："知识和道德上的勇气"①——这是深圳市民社会发展的价值所在，也是"新深圳模式"及"深派文化"的核心与脊梁！

---

① ［美］威尔·杜兰：《文艺复兴》，东方出版社2003年版，第737页。

第五章

县域城市化的理论与战略：
中国本土化城市化关键期

第一节　县域城市化：中国现代化新空间的
"增长极"与"增长基"

　　国外学者德罗西·J·索林格（Dorothy J. Solinge）说过："近年来中国城市动态景观的一个特殊现象是大量农民工到城市打工，形成打工一族。每到春节前后，农民工会聚于交通干道，形成新兴的城市景观。"① 这种新兴的城市化景观实际上是城市化进程中的必然伴随现象。在城市化的过程中，城乡社会结构发生了变化，城市与乡村的景观在日新月异，市民与农民的身份表征也在悄然发生变化。"人们已经认识到，当代中国诸多的社会问题、文化问题等无不与中国的城市化水平有关，与中国城乡二元经济结构有关。人们也都有这样的感知：要想让农民走出贫困的生活境地，必须减少农民；要想让中国成为真正意义上的现代化国家，必须使亿万农业人口从乡村人变成城市人！这是世界范围的现代化已经证实的过程和结果，也是人类社会的'密码基因'与城市社会的'密码基因'及

---

① Dorothy J. Solinger. *Contesting Citizenship in Urban China.* University of California Press，1999，pp. 15 – 27.

城市社会再造的‘文化密码’决定的。”[1]

发达国家的经验表明，发展县域城镇的城市化是缓解大城市过度膨胀的一条出路，因此不少国家积极实施发展小城镇的城市化政策。“美国在其城市化进程中，人口在 10 万人以下的城镇始终占重要地位，其人口占城市总人口的比重一直稳定在 50% 左右。40 年代后又呈上升趋势，到 1980 年已近 76%。”[2] 许多发达国家把县域城镇的城市化作为一个发展战略，从宏观政策上加以引导。如美国在 1968 年通过了《新城镇开发法》，用法律规定了新城镇开发、建设、发展的原则和标准，为城镇化的发展指明方向。联邦德国则从不同层次的区域规划、城市规划、土地规划入手，对城镇各类地段的功能以及不同规模的城镇必须拥有的基本设施，都作了详细的规定，以引导城镇建设和城镇化发展。日本的“国土整治计划”提出建设“田园式小城市”的构想，建设了一批环境优美、设施完善、居住便利的小城镇，集聚了大量的农村人口，促进了城市化进程，缓解了大城市的人口压力和环境压力，使城乡结构、工业布局、资源配置逐渐合理。

一、县域城市化：中国国家整体现代化实现的基础

21 世纪的中国，正处在第六次“城市革命”的时代![3] 21 世纪是一个充满挑战、充满机遇的世纪，以县域空间为载体的农业、农村和农民问题引起了社会各界的广泛关注，县域城市化可以有效减少农村人口，增加城镇人口，可以有效解决区域发展中的利益失衡问题，可以提高农民的收入水平。

“郡县治，天下安”，治理县政历来就是安邦定国的根本之策。县域及其城市化的发展是中国区域综合发展的基础，县域经济发展、社会稳定是国家兴旺发达的基本保障。“甚至可以说当代中国社会问题的根源来自于城市化水平低和乡村的落后。”[4] “处在现代化进程中的社会成员，为符合其作为职业者和选民的角色，他们必须变成有良好教育的、积极的、灵活的、有成就意识的人，从‘传统的人’过渡到‘现代的人’”。[5] 而由“传统的人”变为“现代的人”的过程很大程度上是在城市化的进程中实现的，是在大量的农村人变为城市人的过程中实现的。在乡村封闭式社会结构中不可能完成从“传统的人”到“现代的人”

---

① 张鸿雁：《城市·空间·人际——中外城市社会发展比较研究》，东南大学出版社 2003 年版，第 3 页。

② 冯华：《21 世纪的热点：发展小城镇推动城市化》，科学出版社 2000 年版，第 49 页。

③ 张鸿雁：《中国式城市文艺复兴与第六次城市革命》，载于《城市问题》2008 年第 1 期，第 1 页。

④ 张鸿雁：《侵入与接替——城市社会结构变迁新论》，东南大学出版社 2000 年版，第 492 页。

⑤ ［德］沃尔夫冈·查普夫，陆宏成、陈黎译：《现代化与社会转型》，社会科学文献出版社 1998 年版，第 143 页。

的转变。

从中国农村的现实情况来看，如果按照美国的农业生产水平衡量，中国拥有的 18.3 亿亩耕地只需要 400 多万个农业劳动力，即平均每个农业劳动力经营土地 500 亩。如果按照巴西这样的发展中国家农业生产水平衡量，中国也只需 4 000 万农业劳动力，即平均每个农业劳动力经营 50 亩土地。这是一个比较低的农业生产水平。也就是说，即使按照较低的农业劳动生产率要求，中国农业劳动力的最大需求量也不应当超过 4 000 万人。按每个农户 3 口之家计算，约 1.2 亿农业人口。这个事实告诉我们，现在中国有 6.5 亿农业人口，其中至少 80%，属于"多余"人口，应当转移出来。[①] 据国家统计局估算，到 2020 年，中国人口将达 15 亿左右，其中劳动力规模为 10 亿，农村中需要转移出来的剩余劳动力大约为 5 亿~6 亿，1978~2020 年，年均需要转移 1 100 万人，这一规模大致与转移高峰期的 1992~1998 年持平，即需要约 20% 的年均转移增长率。而考察 1997 年以来的转移情况，每年转移的规模仅为 500 万人左右，年增长率仅为 4%。[②] 也有学者专门对 2010 年、2020 年、2050 年我国人口规模、城镇人口及城镇化发展转移人口规模进行了测算（见表 5-1）。[③] 虽然这种预测和现实有些差异，但是，大体上可以此来推论中国人口城市化的发展趋势。

表 5-1　　　　　　　　中国城镇化发展转移人口规模测算

年份	全国人口 （亿人）	城镇原有人口自然 增长规模（亿人）	城镇化目标 水平（%）	按城镇化发展目标 城镇人口（亿人）	需要转移人口 规模（亿人）
2010	13.63	4.93	44	6.00	1.06
2020	14.39	5.21	50	7.19	1.98
2050	15.84	5.74	71	11.25	5.51

"'三农'问题的根本是农民问题，而农民问题的根本是作为共和国公民的个人却被用职业称呼，并用职业限定在某一区域，更因为农民出身而备受歧视的侵权问题。"[④] 而要解决这一问题就是要让农民进城。正如有学者认为的："在工业化和现代化的过程中，整个社会要从一个以农村为主的社会转变为一个以城市

① 严伟：《建设"新农村"不是把农民留在农村——加快城市化进程是彻底解决农村问题的根本途径》，载于《社会科学战线》2006 年第 2 期，第 224~229 页。
② 李恒：《结构性增长与农村剩余劳动力转移的绩效评价——兼谈"民工荒"对其的纠正性质》，载于《经济经纬》2006 年第 5 期，第 109~112 页。
③ 王梦奎等：《中国特色城镇化道路》，中国发展出版社 2004 年版，第 75 页。
④ 苏珊：《城市反思》，光明日报出版社 2005 年版，第 278~279 页。

为主的社会，这是一个基本常识"① 世界城市化与现代化的经验证明：当农村人口降到 25% 以下时，农村土地才能达到市场化要求的成本阈值，农村土地才能实现集约化和规模化生产，农业的生产成本才会真正下降，农民的整体收入水平才能提高。城市化可从两个方面提高农民收入：一方面，从农村转移出来的剩余劳动力会转变为农产品的需求者，会增加农产品的需求，从而提高农产品的价格，使农民的收入增加；另一方面，城市化也使留守在农村中农民的耕地面积扩大，会相应地提高农民的收入。美国等一些发达国家基本上是通过城市化吸纳大量的农民，进而实现农业规模化经营，并最终实现农业现代化和农村现代化。

县域城镇在解决"三农"问题中承担着重要功能，使县域城镇受到国家与社会的广泛关注。2010 年中央一号文件指出：积极稳妥推进城镇化，提高城镇规划水平和发展质量，当前要把加强中小城市和小城镇发展作为重点。深化户籍制度改革，加快落实放宽中小城市、小城镇特别是县城和中心镇落户条件的政策，促进符合条件的农业转移人口在城镇落户并享有与当地城镇居民同等的权益。因此，发展县域经济、县域城市化和工业化过程，已被看成是解决"三农"问题、实现城乡一体化可持续发展的基本动力。

二、县域城市化：是中国全面实现现代化新的主体区

城市化迅猛发展的一个空间变迁是城市带发展的高级形式，即大城市带的空间整合。大城市带概念是由法国地理学家戈特曼（J. Gottmann）提出来的。其特征是"以一个或几个超级城市为核心，组成人口规模逾千万、政治经济影响力举足轻重的庞然大物"。② 大城市带必须具备的条件有：（1）区域内有比较密集的城市；（2）有相当多的大城市形成各自的都市区，核心城市与都市区外围的县有着密切的社会经济联系；（3）有联系方便的交通走廊把这些核心城市联结起来，使各个都市区首尾相连没有间隔，都市区之间也有着密切的社会经济联系；（4）必须达到相当大的总规模，戈特曼坚持以 2 500 万人为标准；（5）是国家的核心区域，具有国际交往枢纽的作用。③ 在县域城市化的研究提及大城市带的意义就是在于，县域城市化在何种空间整合中发展，我们认为，中国的县域城市经其重要的战略之一，是通过大城市带来带动县城市化的发展，或者说，县域城市化应该是大城市带有有机构成部分，这样可以在更广阔的地域上真正实现

---

① 孙立平：《断裂——20 世纪 90 年代以来的中国社会》，社会科学文献出版社 2003 年版，第 3 页。
② 谢文蕙、邓卫：《城市经济学》，清华大学出版社 1996 年版，第 63 页。
③ 周一星：《城市地理学》，商务印书馆 1995 年版，第 45 页。

国家整体的城市化水平。

杜克西亚迪斯（C. A. Doxiadis）从大都市带的发展趋势大胆推断：100 年以内由于交通和通讯手段的改善，城市动力场的不断扩大和延伸，以前相对独立的大大小小的城市动力场会逐渐合并形成一个复杂系统，使几个大都市带互相联结而形成一种由许多大的节点或发展极联结成网络的具有巨大空间和人口的聚落形式，叫世界性都市带（Ecumenopolis，有人译为环宇都市带），各个大陆的都市带联合体形成一个全球性的世界都市。[①] 这也是我们要描述的中国县域城市化的地域空间发展模式，中国未来拟定发展的 30 多个大小不同的都市圈，就是这样一种景象。

刘易斯·芒福德曾专门论述过大城市的发展，"许多国家现在正进入这样一个新的时期：不但城市人口比农村人口多，而且由于城市发展的结果，城市现在占用的或已预留的土地面积与用于耕种的土地面积，两者差不多。这种变化的标志之一是大城市的数目和大城市的人口与面积都在增加。特大城市正在迅速变成普遍形式，而占支配地位的经济是大都市经济；在这种经济中，一切效益好的企业免不了都与大城市保持密切联系。"[②] 也就是说，所有的县域城市化和城镇化地域存在体，都必然与大城市保持联系，进而形成全新意义上的巨型城市结构[③]。

从中国发展的实际来看，特大城市和大城市发展速度比较快（见表 5-2）。

表 5-2　　　　　　　2001~2008 年大城市发展情况

年份	全国设市城市数量（座）	特大城市		大城市	
		数量（座）	非农业人口（万人）	数量（座）	非农业人口（万人）
2001	662	41	9 254	62	4 007
2002	660	48	10 662	65	4 302
2003	660	49	11 656	78	5 114
2004	661	50	—	81	—
2005	661	54	13 522	85	5 789
2006	656	55	14 138	85	5 829
2007	655	58	14 830	82	5 602
2008	655	56	14 898	86	5 965

资料来源：任致远：《试论我国大城市与中小城市发展走势》，载于《城市发展研究》2010 年第 9 期。

---

① Doxiadis, C. A.. Man's movement and his settlements. Ekistizs, 1970（Vol. 29），P. 174.

② ［美］刘易斯·芒福德，宋俊岭等译：《城市发展史——起源、演变和前景》，中国建筑工业出版社 2005 年版，第 538 页。

③ ［西］曼纽尔·卡斯特，夏铸九、王志弘等译：《网络社会的崛起》，社会科学文献出版社 2003 年版，第 496~497 页。

截至 2009 年底，全国共有 2 858 个县级行政区划单位，其中，855 个市辖区、367 个县级市、1 464 个县、117 自治县、49 个旗、3 个自治旗、2 个特区、1 个林区，40 858 个乡级行政区划单位，其中，2 个区公所、6 686 个街道、19 322 个镇、13 653 个乡、1 098 个民族乡、96 个苏木、1 个民族苏木。① 截至 2009 年 10 月份，全国县域内人口总数达 9.31 亿，占全国总人口的 70.10%；全国县域经济的地区生产总值达 15.05 万亿元，占全国 GDP 的 50.05%。全国县域经济的地方财政一般预算收入 6 592 亿元，占全国地方财政一般预算收入的 23.01%。全国各省市区县域经济占省域经济的比重高低不一，人口比重最大的前三个省份是西藏、贵州、湖南，地区生产总值比重最大的前三个省份是河北、河南、贵州，地方财政一般预算收入比重最大的前三个省份是新疆、江西、河南，详如表 5 - 3 所示。

表 5 - 3　　　　全国各省市区县域经济占省域经济比重　　　　单位：%

省、市、区	人口比	地区生产总值比	地方财政一般预算收入比
安徽	78.75	47.67	25.80
北京	4.35	1.53	0.88
福建	71.58	54.68	31.88
甘肃	69.56	40.49	15.74
广东	52.98	18.26	7.36
广西	79.36	50.02	26.79
贵州	87.92	70.30	39.29
海南	76.03	47.59	22.32
河北	83.72	71.54	31.63
河南	86.22	70.46	39.31
黑龙江	64.59	35.45	15.45
湖北	72.71	38.84	19.22
湖南	87.52	58.73	30.11
吉林	67.74	53.43	27.36
江苏	63.79	53.85	37.27
江西	83.86	61.00	43.19
辽宁	54.99	39.21	15.37
内蒙古	73.77	61.87	34.84
宁夏	57.24	39.82	22.38

---

① 中国行政区划网，http://www.xzqh.org/html/list/10100.html。

续表

省、市、区	人口比	地区生产总值比	地方财政一般预算收入比
青海	78.55	63.93	28.96
山东	70.79	58.43	36.25
山西	72.77	58.30	33.33
陕西	67.52	50.13	23.50
上海	3.67	1.01	0.93
四川	80.44	53.80	22.86
天津	14.86	5.98	4.53
西藏	90.80	65.14	32.99
新疆	85.61	69.20	47.30
云南	84.88	62.68	35.70
浙江	62.72	52.71	36.44
重庆	60.67	29.73	13.42
全国	70.10	50.05	23.01

资料来源：中国县域经济网，http://www.china - county.org/a/xyjjzx/sjk/2011/0314/2489.html。

县域发展的一个鲜明特点就是县域城市化发展与县域经济发展相结合，在推进县域城市化进程中实现县域经济社会发展和城市规模的扩大。实践证明，改革开放以来，县域经济的发展，县域城镇体系的完善，县域城镇规模的不断扩大，转移消化了大批的农村剩余劳动力，并帮助大批农民实现了生活方式的城市化转变，县域城镇已经成为中国城市化的重要阵地。县域相对于大城市来讲，具有自身的优势，比如空间优势、土地成本优势、日常生活消费成本优势等。"从地位上看，县域是联系城乡的纽带。相对于城市而言，县域更偏向于农村，且大部分地区属于农村；而相对于小城镇和村庄来说，县域具有足够的规模优势——在一个村庄或者小城镇内难以形成经济竞争优势，但是在一个县域内完全可以形成一定的产业结构与经济竞争力，同时在一个县域内搞城市化，更具有人口、资源条件，更能降低城市化的成本。"①

在中国区域社会经济发展战略研究中，县域作为一种独立完整的行政区域，非常具有典型性。县域城市化是实现中国城市化的重要组成部分，没有县域城市化的发展，也就不可能有国家城市化水平的整体提高，也就不可能实现社会结构的整体转变和转型。

---

① 陆学艺：《晋江模式新发展——中国县域现代化道路探索》，社会科学文献出版社2007年版，第38页。

三、县域城市化的时代价值：本土化城市化与模式的示范区

纵观中国历史，有秦以来，2 600 多年的历史发展中，只有县的行政设置在本质上没有改变，这足以说明县级行政在中国整个国家体系和社会发展中的不可替代的功能。县域城市化是梯度城市化的重要节点，是中国区域经济梯度发展平衡功能再造的重要区域。[1]

马克思在 160 多年前提出乡村城市化的预言，在当代中国，这种乡村生活的城市化很大程度上是指县域的城市化，是梯度城市化的重要节点。县域城镇不仅是农村人口向大城市转移的一个"阶梯"，而且还是大中型城市发展的摇篮。纵观世界各国的城市化进程，有很多的县域城镇会发展成为大中城市，中国也不例外。仅仅走大城市的城市化模式解决不了农村人口转移的问题。"据有关方面预测，按城镇化每年以 1 个百分点递增计算，到 2020 年，中国需转移的农业富余劳动力和农村人口分别为 2 亿人和 3 亿人左右。"[2] 如此大量的农村人口如果仅靠现有的 655 个城市来接纳，[3] 是不现实的，至少在相当长的时期内不太现实，过分依靠大中城市实现减少农民的愿望只能是美好的理想。

有学者提出："小城镇是城镇化进程的一个重要组成部分。20 世纪 60 年代美国曾经出过一本书，认为 21 世纪小城镇将从地球上消失。实践证明，小城镇在现代社会仍然具有重要的作用。现在美国的芝加哥有 204 个小城镇，洛杉矶由 88 个小城镇组成，小城镇并没有消失。"[4] 但是，通过我们分析是这样认为的：这种小城镇的存在与中国传统的小城镇存在的方式不同，即这些小城镇是大城市生活方式的延伸，是大城市的"附庸"——大城市的一部分，是依存于大城市而存在的，而不是像传统中国社会小城镇的——封闭、独立，而且是传统社会文化生活的保留地。

中国 2 858 个县及县级市的城市化发展，将是未来中国城市化的重要一极。"最近 10 年间，小城镇平均每年转移农村人口 1 000 万人，10 年间约有超过 1 亿

---

① 张鸿雁：《论当代中国城乡多梯度社会文化类型与社会结构变迁——依据"社会事实"对"二元结构"的重新认知》，载于《南京社会科学》2007 年第 11 期，第 74~80 页。

② 刘俊杰：《县域经济发展与小城镇建设》，社会科学文献出版社 2005 年版，第 1 页。

③ 2008 年在 655 个城市中，市区总人口 100 万以上人口城市达 122 个，占 18.6%；50 万~100 万人口城市达 118 个，占 18%；50 万以下人口城市达 415 个，占 63.4%。参见国家统计局综合司：《城市社会经济发展日新月异》，中华人民共和国统计局网站，2009 年 9 月 17 日，http://www.stats.gov.cn/tjfx/ztfx/qzxzgcl60zn/t20090917_402587821.htm。

④ 陆大道、宋林飞、任平：《中国城镇化发展模式：如何走向科学发展之路》，载于《苏州大学学报（哲学社会科学版）》2007 年第 2 期，第 1~7 页。

的农村人口落户小城镇。"① 建制镇的数量由 2001 年的 19 794 座减少到 2008 年的 19 234 座，非农业人口数从 13 655 万人增加到 17 574 万人，属于一个建制镇数量减少而非农业人口增加的情况。说明在城镇化发展进程中，不少农业剩余劳动力也喜爱向建制镇移动，不断扩充建制镇的非农业人口数量，使建制镇的非农业人口出现有增无减的态势。2003 年为跨世纪以来我国建制镇数量最多的一年，为 20 133 座，2008 年的建制镇数量与之相比，少 899 个。建制镇在数量锐减的情况下非农业人口增加，说明建制镇在吸纳农业剩余劳动力方面量大面广，同样发挥着不能低估的作用。②

国外学者指出，城市化是增加国民财富的重要手段，不仅国富，而且民强。③ 城市化过程吸引大量农村剩余劳动力到城镇就业，大量农民在建设城镇的同时，也默默地接受着城市文明和城市文化的洗礼，他们又是联系农村和城市的纽带，他们在城乡之间的流动和互动改变着传统、落后的思想观念，他们逐渐变得视野开阔，并成为具有新思想、新观念的新型城镇居民。有资料表明："当城市人口占 20% 以下时，城市的辐射功能开始表现初级状态，即功能微弱；当城市人口占 20% ~ 30% 时，城市的辐射功能开始表现为扩散；当城市人口占 50% 时，城市文明普及率达 70%；当城市人口占 70% 时，城市文明普及率可达 90% ~ 100%。"④ 英国詹姆斯·威尔文教授也曾指出："随着城镇数目的增加和城市规模的扩大，城市对农村的重要性也增加了。城市为农村生活提供了较高的专门技术。城市的新技术、金融、技术思想传播到乡村。例如，在我们这个时代，农村生活的很大改善要归功于与城镇相联系的教育、文化和信息交流。"⑤ 马克思曾经指出城市化的作用就是"使城市人口比农村人口大大增加起来，因而很大一部分居民脱离了乡村生活的愚昧状态。"⑥ 列宁也曾指出："迁移是防止农民'生苔'的极重要的因素之一，历史堆积在他们身上的苔藓太多了。不造成人口的流动，就不可能有人口的发展……"⑦ 他还指出："与居民离开农业而转向城市一样，外出做非农业的零工是进步的现象。它把居民从偏僻的、落后的、被历史遗忘的穷乡僻壤中拉出来，使其卷入现代社会生活的漩涡中。它提高居民的文化

---

① 刘俊杰：《县域经济发展与小城镇建设》，社会科学文献出版社 2005 年版，第 88 页。

② 任致远：《试论我国大城市与中小城市发展走势》，载于《城市发展研究》2010 年第 9 期，第 1 ~ 7 页。

③ David E. Bloom, David Canning, Günther Fink. *Urbanization and the Wealth of Nations. Science*, New Series, 2008 (Vol. 319, No. 5864), pp. 772 - 775.

④ 张鸿雁：《侵入与接替——城市社会结构变迁新论》，东南大学出版社 2000 年版，第 448 页。

⑤ James Walvin. *English Urban Life* 1776 ~ 1851. Hutchinson & Co. Ltd, 1984, pp. 10 - 11.

⑥ 《马克思恩格斯全集》第 4 卷，人民出版社 1957 年版，第 470 页。

⑦ 《列宁全集》第 3 卷，人民出版社 1957 年版，第 216 页。

程度及觉悟，使他们养成文明的习惯和需要。"[1]

从城乡分离到城乡融合是一种历史的必然，是城市发展的内在逻辑。对此马克思曾指出："城市和乡村的对立的消灭不仅是可能的，它已经成为工业生产本身的直接需要，同样它也已经成为农业生产和公共卫生事业所必需。只有通过城市和乡村的融合，现在的空气、水和土地的污染才能排除。"[2] 而实现城乡一体化、建立新型城乡关系的重要路径之一就是县域城市化。县域城镇作为县域范围内经济和社会发展中心，一方面，要利用其区位优势、资源优势、文明与文化优势、产业优势等，主动集聚和调动所属农村地区的各类生产要素投入县域城镇的建设和发展，以促进各类投资的空间布局效率；另一方面，县域内的城镇也要逐步扩大对所属农村地区的经济、文化、技术、服务、生活方式等方面的辐射和扩散，促进县域内农村经济社会发展和生活水平的提高，实现城镇和乡村的同步发展，提高城乡一体化的发展水平。城乡一体化水平的提高，使城乡差距明显缩小，"区分城市和农村已没有什么意义。"[3]

第二节　县域城市化进程的困境

一、县域城市化滞后于工业化问题：动力不足与市场性障碍

中国县域城市化与发达工业化国家的城市化进程有着明显的区别，也不同于其他发展中国家的城市化发展道路，当前中国现代化面临的一个主要问题就是县域城市化滞后于工业化。城市化中不仅包括人口城市化还包括土地城市化，等等。而城市化滞后在很大程度上影响着国内消费需求的增长。[4] 县域城市化的滞后性给我国社会、经济发展和人口转变产生诸多不利的影响。

衡量一个国家的经济发展水平与城市化水平的关系，国际上一般采用人均GDP 指标代表社会发展阶段，而把人口城市化率与工业化率或非农化率来进行比较。工业化率用工业总产值占总 GDP 的比重来表示，该比重越大说明工业化水

① 《列宁全集》第 3 卷，人民出版社 1957 年版，第 527 页。

② 《马克思恩格斯选集》第 1 卷，人民出版社 1995 年版，第 646 页。

③ ［意］卡洛·M·奇波拉，胡企林等译：《欧洲经济史》第五卷（上册），商务印书馆 1991 年版，第 68 页。

④ 李辉：《中国人口城市化综述》，载于《人口学刊》2003 年第 6 期，第 51～58 页。

平越高。著名经济学家 H. 钱纳里和 M. 塞奎因于 1975 年在《发展型式：1950 ~ 1970》一书中专门提出了城市化与工业化关系的发展模型，从理论上描述了城市化与工业化的关系。该模型指出，工业化与城市化是一个由紧到松的过程，发展之初的城市化是由工业化推动的，在工业化率和城市化率共同达到 13% 左右的水平后，城市化开始加速发展，并开始超过工业化的发展。到了工业化发展后期，工业化对城市化的贡献作用开始逐渐变弱。根据实证研究，"一国或地区工业化和城镇化协调发展的标志是城镇化率和工业化率的比值在 1.4 ~ 2.5 之间。"[1]

从表 5 - 4 可以看出，钱纳里发展模型中，无论人均 GDP 处于哪一发展阶段，城镇化率与工业化率的比值均在 1.4 ~ 2.5 的合理范围之内，2010 年中国城市化率 47%，工业增加值 160 030 亿元，GDP 为 397 983 亿元，人均 GDP 为 29 524 元（合 4 361 美元）。通过测算得出城镇化率与工业化率的比值为 1.18，与钱纳里模型中的低限 1.47 相差甚远。其中，工业化率 = 工业增加值/GDP。

表 5 - 4　　　　　　钱纳里发展模型的城镇化率和工业化率

人均 GDP（美元）	城镇化率（%）	工业化率（%）	城镇化率/工业化率
200	22.0	14.9	1.47
300	43.9	25.1	1.75
400	49.0	27.6	1.78
500	52.7	29.4	1.79
800	60.1	33.1	1.82
1 000	63.4	34.7	1.83
大于 1 000	65.8	37.9	1.74

资料来源：[美] H. 钱纳里等，李新华等译：《发展型式：1950 ~ 1970》，经济科学出版社 1988 年版，第 32 页。

著名经济学家 S. 库兹涅茨根据许多国家的经验资料做过一个统计分析模型，对经济发展水平（人均 GDP）、城市化水平之间的相互关系得出分析结论如表 5 - 5 所示。

以山东邹平县为例，2010 年人均收入是 5 142 元，其发展阶段应属于工业化实现和经济高速增长的人均 GDP 575 ~ 999 美元的阶段。在此阶段，邹平县人口城市化的比重仅为 56% 左右，远远低于 68.2% 的国际经验水平，仅相当于国际经验水平的 85%。这一数据表明，邹平县域城市化与经济发展水平、工业化水

[1]　左学金等：《中国人口城市化和城乡统筹发展》，学林出版社 2007 年版，第 32 页。

表 5–5　　　　　　　　**S. 库兹涅茨统计分析**

工业化各阶段	人均收入水平（美元/人）	农业及产品加工业占 GDP 的比重（%）	城市人口占总人口的比重（%）
工业化前准备阶段	100 以下	49.8	22.9
	100～199	32.7	32.0
工业化实现和经济增长阶段	200～349	33.7	36.0
	350～574	15.1	49.0
	575～999	14.0	65.8
工业化后稳定增长阶段	1 000 以上		68.2

资料来源：［美］S·库兹涅茨，戴睿、易诚译：《现代经济增长》，北京经济学院出版社 1989 年版，第 341 页。

平不协调，城市化水平远远落后于经济发展水平和工业化水平。县域城市化率偏低，带来不良的社会影响，"一是大批农民被隔离到工业化过程之外，分享不到工业化带来的战果，使城乡居民收入差距拉大；二是限制了第三产业的发展，使第三产业占国内生产总值的比重过低，同时也制约了就业规模的扩大；三是导致需求不足；四是加剧了业已存在的人地关系矛盾。"① 而且，从历史和逻辑的角度看，城市化不应与工业化相脱节。城市化是一个综合的社会发展过程，它体现了社会的全面变化和发展。县域城市化滞后意味着农村发展落后，城乡发展不协调，也就不可能有成功的国家现代化。

不仅县域城市化动力不足，而且存在着明显的市场性障碍。县城的建设和发展在县域城市化推进过程中还是一个薄弱环节，县城的区域首位度并不高，其辐射带动作用非常有限，难以发挥推动整个县域城市化发展的功能。全国县城中近半数的县城人口不足 5 万人，约 76% 的县城人口不足 10 万人。② 如在武汉城市圈 1500 万城镇人口中，属于小城镇范畴的县城、建制镇总人口就达到 620 万左右，占总量的 40% 以上。县城人口平均仅 10 万，建制镇平均人口仅 1.4 万。③ 陕西省 2009 年初的一组统计数据显示：全省近 90% 的土地在县域，64% 的人口在县域。不少县的城关镇虽然是全县最大城镇，人口却不足 5 万人（低于全国县城 8 万人口的平均水平），城镇化明显滞后于工业化水平。④ 县域经济与县域

---

① 李文：《城市化滞后的经济后果分析》，载于《中国社会科学》2001 年第 4 期，第 64～75 页。

② 胡厚国：《县城规划存在的主要问题和基本对策》，载于《城市规划》2004 年第 9 期，第 47～50 页。

③ 胡跃平、陈韦：《武汉城市圈小城镇发展的路径选择与规划模式创新研究》，载于《小城镇建设》2010 年第 8 期，第 73～77 页。

④ 黄新文：《城市化过程中的县城建设与发展研究》，载于《小城镇建设》2009 年第 11 期，第 18～21 页。

城市化的发展具有密切的相关性，县域城市化的不平衡性根源在于县域经济发展的不平衡性。从第十届全国县域经济百强县（市）的评选中就可以看出县域经济发展的不平衡性（见表5-6）：河北省4个、山西省1个、内蒙古自治区2个、辽宁省7个、吉林省1个、黑龙江省1个、上海市1个、江苏省28个、浙江省25个、安徽省1个、福建省7个、江西省2个、山东省27个、河南省8个、湖南省4个、广东省2个、四川省1个、陕西省3个、新疆维吾尔自治区1个。[①]

表5-6　　　　　　　全国四大区域县域经济平均规模

地区	人口（万人）	地区生产总值（亿元）	地方财政一般预算收入（亿元）
东部	59.07	138.13	9.21
中部	59.13	70.70	2.76
东北	46.28	83.93	3.01
西部	33.21	36.31	1.69

资料来源：《第十届全国县域经济基本竞争力与县域科学发展评价报告》，中国县域经济网，2010年8月15日，http://www.china-county.org/a/jzlkxfz/10st/2011/0317/4311.html。

从小城镇的从业人数也可以间接地看到县域城镇城市化的区域差异。"对比地带间小城镇镇区企业的情况可以看出，东部小城镇镇区的从业人员数远远超过中西部，东部是西部的4.3倍"，如表5-7所示。

表5-7　　　　　　东、中、西部地区建制镇镇区企业

地区	企业数（个）	从业人员（人）	每镇企业数（个）	每个企业从业人员（人）	每镇从业人员（人）
全国	538 428	20 073 162	33.40	37.00	1 236
东部	292 819	12 581 800	39.20	43.00	1 686
中部	159 193	4 558 099	34.00	29.00	986
西部	86 416	2 933 263	21.79	34.00	741

资料来源：张俊：《集聚发展——城市化进程中小城镇的发展之路》，中国电力出版社2008年版，第89页。

从小城镇行业类别看，东、中、西三大地带每个小城镇镇区的建筑业、交通运输业、批零贸易餐饮业、其他行业的从业人数差别不大，都在两位数内，而工

---

① 《第十届全国县域经济基本竞争力与县域科学发展评价报告》，中国县域经济网，2010年8月15日，http://www.china-county.org/a/jzlkxfz/10st/2011/0317/4311.html。

业企业三大地带的差别相当明显，达到三位数，东部每个镇有 1 259 人、中部 663 人、西部 455 人。因此，造成小城镇从业人员地带差别的主要原因是工业企业数的差别，东部小城镇工业企业多，中部次之，西部最少，如表 5-8 所示。

表 5-8　　　　　　东、中、西部地区农村建制镇镇区企业行业类别及其构成

行业	东部		中部		西部	
	每镇企业数（个）	每企业人数（人）	每镇企业数（个）	每企业人数（人）	每镇企业数（个）	每企业人数（人）
合计	39.20	43.00	34.00	29.00	21.79	34.00
工业	20.30	62.00	12.90	51.42	7.79	58.39
建筑业	1.50	141.00	1.60	71.99	1.02	144.88
交通运输业	2.10	13.00	3.40	8.13	1.75	11.36
批零贸易餐饮业	11.20	12.00	12.63	8.46	8.44	9.58
其他行业	4.10	16.00	3.52	17.32	2.80	13.17

资料来源：张俊：《集聚发展——城市化进程中小城镇的发展之路》，中国电力出版社 2008 年版，第 90 页。

县域城市化进程中也普遍存在着利益驱动型的虚假城市化，农民在形式上成为市民，但是却享受不到城镇的公共服务。地方政府在推进城市化的过程中，以获取土地增殖的收益为根本目的，逃避政府公共职责的产物。[1] 虚假城市化伴随着"半城市化"的状态，"绝大多数进城的农民工处于一种半城市化的状态，如就业非正规化、居住边缘化、生活孤岛化、社会名声污名化、社会认同内部化。"[2] 县域城市化发展落后的最根本原因是城市化发展战略不明晰，人口与产业分散，使得县域城市化发展缺乏动力。其实，根本的问题找到了，解决的方法也就存在了。

二、城镇就业机会缺乏与"引力"相对弱化

乡镇企业在最初建立的时候就存在着"就地办厂、就地取材、就地销售"

---

[1] 李学：《利益扩张型虚假城市化现象的激励机制探析》，载于《社会科学》2007 年第 5 期，第 1~13 页。
[2] 王春光：《农村流动人口的"半城市化"问题研究》，载于《社会学研究》2006 年第 5 期，第 107~122 页。

的限制，这些限制使乡镇企业无法摆脱地缘性和血缘性的束缚与限制，打上了鲜明的乡土性和分散性的烙印。有资料显示，"乡镇企业的80%分布在自然村落，7%分布在行政村所在地，12%分布在乡镇所在地，只有1%分布在县城及周围。"① 位于村的乡镇企业明显缺少城市化集聚的成分，这种分散的布局不利于规模效益、积聚效益的发挥，不能带动第三产业的发展，还不利于市场的建设和县域城镇的发展，影响城市化的发展进程。改变乡镇企业分散布局的状况，应该走"乡镇工业园区"的模式，促进乡镇企业向小城镇集中，"乡镇企业在城镇集中投资带动就业的能力是分散投资的1.5倍。"②

以山东省邹平县为例，截至2010年，邹平乡镇企业个数达到38 653个，但是真正集中在县城和城镇驻地的企业不足30%，大部分乡镇企业散布在农村，难以形成聚集经济效益。以邹平县的码头镇为例，2010年有乡镇企业1 123家，但是在镇驻地的只有325家，其他乡镇企业都在农村，造成到处占地、修建道路、拉电线的局面，基础设施建设投资零散、水平较低。乡镇企业布局分散的主要原因有以下几个方面：

一是乡镇企业的社区属性。所谓"镇办镇有，村办村有"，这是地方利益需求的结果。二是乡镇企业的发展水平普遍较低，经济实力有限。三是现行土地制度的制约，农村土地归集体所有。在现实操作中，村集体成为乡村土地所有者或者是所有者代表。四是农民骨子里边还存在着求稳固的保守思想，他们不愿意完全放弃农业生产而去从事收入不稳定的非农生产，形成亦工亦家的现状。五是人才因素。乡镇企业的创办人都是"乡村精英"或"乡村能人"，有较深的本土社会关系网。如果丧失了在本地社区的便利条件，企业可能无法生存。

这种过度分散的乡镇企业，虽然在一定程度上提供了大量的非农就业机会，但是不利于城市化的发展。一是农村剩余劳动力"离土不离乡、进厂不进城"的就地转移方式，只是一种非农职业的转移，并没有实现人口空间上的转移，乡镇企业职工仍然是"亦工亦农"的两栖人口，享受不到现代的城市文明，实际上是一种"半城市化"状态。二是分散布局的乡镇企业占用了大量的耕地，激化了人地关系的矛盾。"有关研究表明，非城镇化的工业化要付出比城市化工业道路高出8倍的土地代价，乡镇企业职工人均用地比城市职工多3倍以上。"③三是乡镇企业难以形成一定的集聚规模，集聚效益、规模效益难以发挥，生产难以扩大，大大降低了对农村剩余劳动力的吸纳能力。而且这种分散的布局，"不

---

① 何念如、吴煜：《中国当代城市化理论研究》，上海人民出版社2007年版，第158页。
② 汪洋：《"十五"城镇化发展规划研究》，中国计划出版社2001年版，第158页。
③ 张正河：《乡村城市化的要素聚集与时空序列》，载于《农业经济问题》1998年第5期，第31～35页。

能带动与工业化相关联的第三产业的发展。企业和人口聚集是第三产业发展的必要前提，乡镇企业的分散布局客观上造成农村第三产业没能随着乡村工业的发展而获得相应的发展。"①

美国经济学家福克斯通过研究表明，只有在整体上镇规模基本处于 5 万人左右时，才能够形成合理的区域覆盖网络。英国经济学家巴顿也认为 2.5 万～5 万人为城镇的适度人口规模。中国小城镇总人口规模过小，目前中国建制镇的人口规模以 1 万～5 万人为主，约占 80%，其中 1 万～2 万人之间的城镇最多，占 28.2%，其次是 2 万～3 万人和 3 万～5 万人的城镇，各占 25% 左右。② 小城镇的人口规模太小，影响了集聚效应的发挥，无法达到可持续发展的要求。以山东邹平县为例，2010 年，16 镇办人口分布：黄山办事处 31 002 人；黛溪办事处 75 249 人；高新办事处 37 510 人；长山镇 75 256 人；魏桥镇 82 082 人；西董镇 37 719 人；好生镇 31 827 人；临池镇 28 922 人；焦桥镇 39 059 人；韩店镇 39 986 人；孙镇 39 213 人；九户镇 41 175 人；青阳镇 34 518 人；明集镇 35 435 人；台子镇 36 642 人；码头镇 48 813 人。③ 只有魏桥镇的人口超过了 8 万，长山镇人口超过 7 万，大部分城镇人口在 3 万左右，距离美国经济学家福克斯认为的当城镇规模处于 5 万时才具有较强的辐射力还有差距。

城镇规模偏小带来一系列的弊端：主要是大大限制第三产业的发展，服务业不能有效集中，如交通运输、邮电通讯、商贸、餐饮等生活型服务产业不充分，而金融保险业、通讯服务业、信息咨询业、房地产业等生产型服务业缺乏。据测算，"城市化使人们从村庄流向城镇则平均每人可以节省 60 平方米的建设用地。"④ 另外，城镇规模偏小，导致城镇吸纳效应、集聚效应不足，辐射半径过小，难以形成完善的社会化服务体系和城镇基础设施，影响生产要素、产业簇群和市民社会关系无法建构。

从县域城镇改革的发展历程来看，小城镇户口逐渐失去计划经济体制所赋予的附加功能。以前，农民进城成为市民后，可以享受到国家规定的一些子女上学、劳动就业、住房分配等方面的政策性好处，只要拥有城市居民的身份就可以享受这些利益。但是，20 世纪 90 年代以来，政府进行了包括住房制度、医疗制度、教育制度等方面的一系列改革。这些改革"使城市居民原先享有的一些具

① Frank Leeming. *Chinese Industry*: *Management Systems and Regional Structures*. Transactions of the Institute of British Geographers, New Series, 1985 (4), pp. 413 – 426.

② 李炳坤：《论加快我国小城镇发展的基本思路》，载于《管理世界》2000 年第 3 期，第 180～192 页。

③ 资料来源：《邹平县志》。

④ 朱澂、钱陈：《产业发展与城镇化——以乐清为例的分析》，载于《浙江社会科学》2003 年第 5 期，第 72～75 页。

体的好处要么形态发生转移，变得不那么直接；要么部分或全部消于无形。"①
这是城市对农民吸引力下降的一个重要原因。实际上，小城镇户口的吸引力是小
城镇吸引力的一种表征。要增强县域城镇的吸引力，关键是要让农民进镇后得到
留在农村或进入大中城市得不到的实惠。

著名学者西屋多·W·舒尔茨曾指出："全世界的农民在处理成本、报酬、
风险时是进行计算的经济人。在他们的小的、个人的、分配资源的领域中，他们
是微调企业家，调协做得如此微妙，以致许多专家未能看出他们如何有效率。"②
农民向城镇迁移很大程度上取决于其迁入城市的成本。③ 户籍制度的改革甚至是
取消农业户口，并没有形成人们所预想的出现大量"农转非"的情况。很多地
方在放宽城镇户籍制度的准入条件时，一般会把"购买商品房"和"投资实业"
作为准入条件，这虽是城镇户籍制度放开的表现，但是实质上提高了农民的进城
成本。住房是一种空间，更是一种社会地位和身份的象征。法国学者让·欧仁·
阿韦尔强调，"我们的文明只有当它能够毫不费力地向所有的人都提供一套住房
和高质量的居住条件时，才能自称是进步的"。④ "城市作为一种物质空间集合的
形式，人们最容易感知的是生活中的居住的空间，居住生活空间是个人社会价值
的'第一文化象征'。"⑤ "从空间结构的角度看，家庭消费空间就是住宅。住宅
是家庭的基本空间单位，也是终极的消费空间。住宅不仅是家庭消费的空间环
境，而且也是家庭消费的对象和内容本身。二者是同一问题的两个方面。尽管住
宅是私人的空间，它依然是社会建构的产物。"⑥ A. 托夫勒也曾指出，"世界上
的穷人并不是非要工作不可。他们要的是'食物和住房'，工作只不过是达到这
一目的的手段。"⑦

2008 年，山东邹平县由省外共迁入人口 1 033 人，其中只有 7 人是因为购房
才迁入的。1 033 人中，迁入原因招生 3 人，招工 21 人，干部调动 7 人，工人调
动 7 人，引进人才 251 人，随军家属 16 人，复员 169 人，结业 38 人，投靠亲属
167 人，婚迁 217 人，外流返回 4 人，购房 7 人，其他 125 人。⑧ 调查结果表明，

---

① 徐大丰：《农民进城行为考察》，载于《经济问题探索》2003 年第 2 期，第 118～120 页。
② 王宏昌：《诺贝尔经济学奖金获得者讲演集（一九六九～一九八一）》，中国社会科学出版社 1986
年版，第 428 页。
③ 陆大道、宋林飞、任平：《中国城镇化发展模式：如何走向科学发展之路》，载于《苏州大学学
报（哲学社会科学版）》2007 年第 2 期，第 1～7 页。
④ ［法］让·欧仁·阿韦尔，齐书琴译：《居住与住房》，商务印书馆 1996 年版，第 4 页。
⑤ 张鸿雁：《城市形象与城市文化资本论——中外城市形象比较的社会学研究》，东南大学出版社
2002 年版，第 35 页。
⑥ 王宁：《消费社会学——一个分析的视角》，社会科学文献出版社 2001 年版，第 256 页。
⑦ ［美］阿尔温·托夫勒，朱志焱等译：《第三次浪潮》，新华出版社 1996 年版，第 421 页。
⑧ 邹平县统计局：《2007 年邹平统计年鉴》，第 300～301 页。

农村人口在城市定居存在的障碍主要是住房问题难以解决、城市生活费用太高。正如 S. 迈斯（S. Massey）等学者明确指出的，居住空间是社会排斥的重要原因。①

城市化的一个核心价值创造就是就业机制的创造，没有相对充分就业，城市化的健康发展就会受到负面影响。② 进城务工农民大多处于非正规就业状态。农民工的非正规就业，主要表现为作为临时工的农民工，与单位正式职工处于两种完全不同的就业和工资体系。③ 非正规就业领域实际上就是布迪厄所说的"场域"，"即在各种位置之间存在的客观关系的一个网络（Network），或一个构型（Configuration）。"场域不是一个虚空概念，而是被"争夺的空间，场域中各种位置的占据者利用种种策略来保证或改善它们在场域中的位置，不断在场域中展开斗争"。但是在场域斗争中胜出的关键却是"谁能够强加一种对自身所拥有的资本最为有利的等级化原则"，④"其根据就是这些位置在不同类型的权力（或资本）——占有这些权力就意味着把持了在这一场域中利害攸关的专门利润（Specific Profit）的得益权——的分配结构中实际的和潜在的处境（Status），以及它们与其他位置之间的客观关系（支配关系、屈从关系、结构上的对应关系，等等）。"⑤ 进城农民所处的位置决定了其所拥有的资本，也决定了他们在场域的竞争中只能处于劣势，影响就业的稳定性。进城农民工是城市里更换工作最为频繁的群体，这种状态使进城农民总是缺乏一种稳定性和安全感，他们自己在城镇生存都比较困难，如果举家搬迁的话，生存就是很大的问题，一定程度上抑制了他们在城镇定居的欲望。

社会资本的缺失从另一个角度来讲，还因为进城农民受到一定原住居民的歧视，这种歧视迫使其选择亲缘关系网络和地缘关系网络，导致社会资本相对弱化和缺失。社会歧视阻抑了农民工对城市社会的认同，使农民工对于城市生活公共参与的机会少得可怜，他们很少有机会参加社区组织的各种活动，导致他们社会生活的边缘化和孤独化，影响其社会资本的获得。城市对农民工的社会歧视主要有两种类型：一是政策性歧视；二是市民的歧视。城市和市民对农民工的歧视，使民工在心理上有受歧视感和地位低劣感，这从社会心理上形成了无形的屏障，阻止了农民工对城市和市民的认同、靠拢与适应，加深了农民工与城市和市民的

---

① Massey, S., & Denton, A. *American apartheid*: *Segregation and the Making of the Under Class.* Harvard University Press, 1993, P. 123.

② 李强：《中国城市农民工劳动力市场研究》，载于《学海》2001 年第 1 期，第 110－115 页。

③ 李强：《城市农民工与城市中的非正规就业》，载于《社会学研究》2002 年第 6 期，第 13～25 页。

④ 杨善华：《当代西方社会学理论》，北京大学出版社 1999 年版，第 280～281 页。

⑤ ［法］皮埃尔·布迪厄，李猛、李康译：《实践与反思——反思社会学导引》，中央编译局 1998 年版，第 133～134 页。

"鸿沟"。① 进城务工人员能否被城镇、市民认可和接受是影响他们进入城镇的一个重要因素。

"盲流"、"打工仔"、"打工妹"等歧视性的称呼折射出城市对农村流动人口的排斥心态。这一状况使他们向本群体内部寻找认同和归属,有学者提出"内卷化"的概念。"内卷化最早是由美国人类学家戈登威泽(Alexander Golden-weiser)提出来的,后来另一个美国人类学家格尔兹(Clifford Geertze)在研究印度尼西亚农业变迁时引用这个概念来解释他遇到的情形。尽管不同学者对内卷化有不尽相同的解读,但是基本上还是保留着这个概念的核心含义:即在外部扩张和变化被锁定和约束的情况下转向内部的精细化发展过程。"② 对于进城农民群体而言,一方面城市的繁荣和更多的发展机会吸引着他们,他们对乡土社会的认同逐渐减弱;另一方面城市对进城农民的排斥也使他们没能产生对城市的归属感。因此,他们中的不少人开始转向进城农民群体内部寻找认同,可以被称为"认同的内卷化",即在不能向外部转变和扩张的情况下只能转向内部的一种灵活变动。

三、制度型城市化:多重矛盾与制度障碍

制度性障碍的一个特征就是城市化制度的滞后。"在当代中国城市化过程中,城市化发展政策严重滞后,以城市经营的理论为例,很多城市早期是以行政划拨的形式批土地,等到了开始对土地经营实行'招拍挂'时,城市土地早已大量流失,也就是城市土地经营政策大大晚于房地产发展的实际状况。其他诸如物业管理、房屋拆迁等,都曾出现政策滞后现象。"③ 例如,联产承包责任制的改革,虽然联产承包责任制改革将农村土地的使用权与所有权做出了适当的分离,并且这样的分离在改革早期确实极大地调动了农民的生产积极性,但是在土地非农化过程中却不能有效地保护农民自身的利益。集体所有制限制了农村土地进入国家土地一级市场,农民不能自由买卖或出租自己的土地,也不能真正拥有对自己房产的所有权,农村房产也不能进入商品房市场。这从制度上直接构成了对农民经济上的歧视和损害。④

---

① 张时玲:《农民工融入城市社会的制约因素与路径分析》,载于《特区经济》2006 年第 6 期,第 136 ~ 137 页。

② 刘世定、邱泽奇:《"内卷化"概念辨析》,载于《社会学研究》2004 年第 5 期,第 96 ~ 110 页。

③ 张鸿雁、谢静:《"制度投入主导型"城市化论》,载于《上海城市管理》2006 年第 2 期,第 23 ~ 25 页。

④ 王春光:《城乡结构:中国社会转型中的迟滞者》,载于《中国农业大学学报(社会科学版)》2007 年第 1 期,第 46 ~ 57 页。

（一）户籍制度存在障碍

1958 年 1 月，全国人大常委会第 91 次会议讨论通过了《中华人民共和国户口登记条例》，该条例规定"公民由农村迁往城市，必须持有城市劳动部门的录用证明、学校的录取证明，或者城市户口登记机关的准予迁入的证明，向常住地户口登记机关申请办理迁出手续"。从此，中国公民被划分为农业人口与非农业人口，并实行严格的迁移限制的户籍制度。费孝通先生在研究江苏小城镇的发展时针对性提出这一制度弊端[①]。近年来虽然户口制度有所改革，但是，相关的文化认同问题不解决，特别是把户籍制度的改革停顿在少数人的投资移民、技术移民上，而阻碍大多数进城农民工转为城市市民的话，城市进程仍然还会有很强的户籍制度文化的阻力。[②]

（二）社会保障制度滞后

县域城市化的一个基本条件是进城农民的社会保障制度。它通过为进城务工农民提供养老、医疗和失业等方面的保障，解决农民进城务工、定居的后顾之忧，为进城农民的城市化提供制度保障。目前，中国很多地方还缺乏适用于进城农民的社会保障制度，进镇农民的社会保障体系远远落后于时代发展，难以向进镇农民提供生存的基本保障，无法解除进镇农民的后顾之忧，导致进镇农民存在一定的生存危机和心理危机。根据国家统计局 2009 年的调查，农民工参加养老保险的比重为 9.8%，参加医疗保险的比重为 13.1%，而参加失业保险的比重只有 3.7%。[③] 这种状况制约和影响了县域农村人口向城镇的转移。

中国社会现行的社会保障制度是新中国成立初期为适应当时的工业化路线而配套出台的一系列城乡分割的社会政策的一部分。在现在看来，它是二元的社会保障体系。农民工群体几乎游离于现有的社会保障体系之外，目前城镇居民普遍享受的养老、医疗、失业、生育和工伤等五项法定保险，农民工几乎都享受不到，部分地区虽然出台了一些相关的政策，但初步效果很不理想。农民工社会保障的滞后现状，必然会给我国的城市化进程带来一系列的隐患和问题，不利于统一的劳动力市场的建立和工业化的发展。[④]

---

① 费孝通：《小城镇大问题》，江苏人民出版社 1984 年版，第 52 页。

② 崀立家：《推进户籍制度改革促进农村人口城市化进程》，载于《农业经济》2006 年第 4 期，第 19～20 页。

③ 蔡昉：《刘易斯转折点与公共政策方向的转变——关于中国社会保护的若干特征性事实》，载于《中国社会科学》2010 年第 6 期，第 125～137 页。

④ 杨长富：《农村人口城市化中制度问题探析》，载于《北方经贸》2007 年第 8 期，第 21～23 页。

企业和农民工都不是特别积极地去参加社会保险。对企业而言，为农民工支付社会保障费用会增加企业的生产成本，降低企业利润，企业主自然是不会积极的。"有专家预测，如果完全建立与城镇一样的民工社保制度，企业将每年为每个民工多支付 2 000 ~ 3 000 元，其用工成本将增加30% ~ 40%。"① 在现实的操作中，县域政府为了招商引资，实际上与用工企业在社会保障问题上达成了一定的默契，甚至以不用为企业职工交纳保险为招商引资的优惠条件。而且，劳动力市场是卖方市场，供大于求，农民工只能迁就用工企业。对于农民工而言，每个月从本来就不多的工资中扣除一定数额的社会保障费，显然是不同意的，虽然对他们本身是一件好事情。在广东、江浙等地的沿海城市，当政府要把民工纳入当地城镇社保体系时，竟遭到民工的联合抵制。其中一个重要的原因在于，对多数进城务工人员来讲，获得工作机会和工资收入，比未来社会保障更加重要。农民的经济承受能力偏弱，也是他们不愿意参加社会保障的原因。"流动性大，工作场所不固定是农民工参保的一大困难。由于目前各地的社会保险费还只是县、市（不包含地级市）一级的统筹，农民工在跨地域变动工作中一般都会退保，导致参保中断。即使在一个县或市内，也由于农民工暂时失业或者频繁地变动工作，使保险部门面对繁琐的手续而穷于应付，有的农民工更换新工作后常常中断参保。另外，由于农民工户口所在地的广大农村社会保障制度还远未形成，一旦离开城市，其养老保险的个人账户因无法转回原籍而不得不中断。"②

（三）土地制度制约农民流动

在县域城市化过程中，大量农村人口进入城镇后，都要面临其农村承包土地权益的处置问题。土地的权益是农村户口的最大附着权益。尽管近年来的户籍制度改革文件都明确规定：农民进镇落户后可以保留原来的承包土地。但是在地方政府的执行操作中，存在着很多的政策疏漏，如果进城就意味着失去土地，那么就等于说他已经没有了退路，因此进城的风险很大、成本较高。《中华人民共和国宪法》规定，农村土地归农民集体所有，但是农民集体是一个很模糊的概念，导致土地所有权主体不清，阻碍了土地使用权的转让。中国现有的法律允许农村集体土地流转，但是对流转的程序、管理、利益分配等没有明确的规定。农村土地无法自由流转，使土地的价值难以得到体现，使土地成为城市化的反拉力，造成了农民和土地之间的人身依附关系，阻碍了农民的城市化转移。而且现行的征地补偿标准过低，农民无法分享土地增值的收益分配，使失地农民难以支付城市化的各项成本。

---

①② 张永贵：《加快城镇化的战略选择》，中国计划出版社 2005 年版，第 14 页。

在乡村社会，土地是农民安身立命之本，是农民维持生存的唯一源泉，承担着生产和社会保障的双重功能。马克思在《政治经济学批判》导言中说，"土地是一切生产和一切存在的源泉"。① 孟德拉斯在描述法国农民时，也指出，"金钱不是一种可靠的价值。真正具有价值的只有土地。"他还指出："所有的农业文明都赋予土地一种崇高的价值，从不把土地视为一种类似物品的财产。无论土地作为上帝的恩赐还是作为群体的体现，它只有一个等同物：女人。"② 美国学者伊利等人认为，"土地制度，正如伴随着不动产制度的权利和责任一样，是一个社会的基本制度。"③ 土地制度决定着土地的获取、土地的开发等，控制着城市地域空间的扩张和农村地域空间的转变。中国实行的是土地公有制，城市土地归国家所有，农村土地归农村集体所有。由此可以看出，土地对于农民的重要价值，土地制度对县域城市化的重要意义。费孝通先生在其著名的《乡土中国生育制度》一书中，对传统中国的乡土特色做了细致、生动、贴切的分析，他指出，"'土'是乡下人的命根子，'土地'是在数量上占着最高地位的神。"④ "长在土里的庄稼行动不得，侍候庄稼的老农也因之像是半身插入了土里。"⑤ 不流动性成为乡村社会的一种本质特征，大量的农民成为那种特殊环境下的附属品，而且这种不流动性也在一定程度上限制了农民的外出流动。据估算，中国农村的剩余劳动力人口有 1 亿人，占农村实有劳动力的近 1/4，但由于农民不掌有对自己土地使用权的转让权，这使得庞大数目的剩余劳动力被紧紧地拴在土地上，从而成为城市化进程的一个"瓶颈"。

"从国外的情况看，大多数国家实行的是土地私有制，土地的转让是自由的。土地制度的差异，对城市化进程有不同的影响。在土地私有制的国家，当农业生产受到其他产业的挤压而无利可图时，通过土地的转让，可以形成规模化的农业生产，以提高农业劳动生产率。通过城市和非农产业的拉动，农村人口和农业劳动力进入城市，加快城市化的发展。"⑥ 土地是农民最重要和最基本的财产，"据估计，农民财产的 70% ~ 80% 是以土地形式存在的隐性资产。"⑦ 由于没有明确的产权，农民的土地财产无法进入市场交易，这些土地只能够在农业用地范围内流转，农民却不能够按照工业化和城市化的方式来自由处置自己的土地。在

---

① 《马克思恩格斯选集》第 2 卷，人民出版社 1974 年版，第 109 页。

② ［法］孟德拉斯，李培林译：《农民的终结》，中国社会科学出版社 1991 年版，第 147 页。

③ ［美］R. T. 伊利、E. W. 莫尔豪斯，滕维藻译：《土地经济学》，商务印书馆 1982 年版，第 164 页。

④ 费孝通：《乡土中国生育制度》，北京大学出版社 1998 年版，第 7 页。

⑤ 费孝通：《乡土中国生育制度》，北京大学出版社 1998 年版，第 3 页。

⑥ 张永贵：《加快城镇化的战略选择》，中国计划出版社 2005 年版，第 100 页。

⑦ 张俊：《集聚发展——城市化进程中小城镇的发展之路》，中国电力出版社 2008 年版，第 75 页。

这种情况下，即使放开城镇户口迁移政策，也难以使农民大规模进入城镇。

对土地的眷恋、依赖的情愫有时候也阻碍着乡村人口向城镇的迁移。"在传统的乡村里，土地被视为唯一的财富。是的，土地是财富，而且是十分重要的财富，但是它不是社会唯一的财富，更是一个可以运作使之增值的具有多种功能的财富。把土地视为仅有一种功能，这一观念和心态所表现的本质是缺乏'资本观念'和资本的再生产观念，与传统农业的'重农抑商'思想异曲同工。""对土地的眷恋蕴涵着传统生活方式对人走入新的生活方式的羁绊。在广西贫困山区，尽管自然条件十分不利于人的生存与发展，而且使人只能维系最低生活水平，可是让当地居民从山上迁下来时，却很艰难。"[①] 费孝通先生也讲过："土地，那相对的用之不尽的性质使人们的生活有相对的保障。虽然有坏年景，但土地从不使人们的幻想彻底破灭，因为将来丰收的希望总是存在，并且这种希望是常常能实现的。如果我们拿其他种类的生产劳动来看，就会发现那些工作的风险要大得多。一个村民用下面的语言向我表述了他的安全感：'地就在那里摆着。你可以天天见到它。强盗不能把它抢走。窃贼不能把它偷走。人死了地还在。'占有土地的动机与这种安全感有直接关系。那个农民说：'传给儿子最好的东西就是地，地是活的家产，钱是会用光的，可地是用不完的。'"[②]

土地流转制度不成熟、土地流转市场不完善等因素，使外出打工的农民很少有人把土地进行流转，由家人耕种的比例还是很高的，这在一定程度上是农民城市化的一个障碍，其家人也很难实现城市化。很多人都不愿意放弃农村户口，因为放弃农村户口就放弃了农村的土地和宅基地，这显然不符合农民经济理性的心理。如果不能妥善解决农村的土地问题，县域城市化的问题也很难推进。

除了上述的制度型障碍以外，影响县域城市制度障碍还有教育制度的不公平、市管县制约县级政府权限等，这些都亟待解决的问题。

第三节 县域城市化的理论与城市化模式选择

确定自身的合理位置、找到符合自身发展的路径是县域城市化的重要条件。只有合理准确地定位了自身的发展，找准了城市化的发展路径，制定了自身合理的城镇规划，才能实现县域城市化的快速发展。在这一发展过程中，县域保持相

---

① 张鸿雁：《农村人口都市化与社会结构变迁新论——孟德拉斯〈农民的终结〉带来的思考》，载于《民族研究》2002 年第 1 期，第 26～34 页。

② 费孝通：《江村经济》，江苏人民出版社 1986 年版，第 129 页。

对的独立性和主权性，有利于推动县域城市化的发展，如果忽视这种自主性，将会给县域城市化带来不利的影响。

在县域城市化中，农村人口的转移因经济发展水平不同，而形成地域性特点。如山东的邹平，是一个典型的工业化强县，县域内农村人口的转移主要集中在本县内的县城和城镇，向本县以外转移的人口较少，而且还吸引了大量的外县农村人口到邹平就业居住。据统计，邹平县总计外出务工劳动力 7.96 万人，乡外县内 6.15 万人，县外省内 1.41 万人，省外 0.40 万人。邹平县城总计外出务工劳动力 0.74 万人，乡外县内 0.62 万人，县外省内 0.08 万人，省外 0.04 万人。魏桥镇总计外出务工劳动力 1.63 万人，乡外县内 1.54 万人，县外省内 0.09 万人，省外无。码头镇总计外出务工劳动力 1.01 万人，乡外县内 0.97 万人，县外省内 0.04 万人，省外无。[①] 这是一种典型县域内的人口城市化模式。除了此种模式，还有工业经济不发达的县域，他们的城市化主要是通过转移农村人口向县域外的城镇，县域内的就地城市化处于辅助地位，县域缺乏吸引外县农村人口的力量，所以县域城市化的发展缺少外来流动人口的参与。

一、县域城市化的思路、理论模式与理想类型

从发达国家的经验中我们可以看到，对于中国社会来讲，城市化的最终发展将是"农民的终结"，当然这并不意味着农业的消失，也不意味着农村的消失，留在农村的农民也改变了其身份，变成"农业工人"和"城镇人"。在乡村生活的"农业工人"照样享受到现代社会发达的城市文明。从地域分布上来讲，可能的发展方向是农村人口大部分向县外、县内城镇转移，留在农村的部分人口迁村并点，合并成大的行政村落，大面积的村庄重新变为耕地和森林。自然村落减少合并，一些小的城镇合并附近的村庄并逐渐扩大为小城市，实现完美升级。未来的非农业人口分布将呈现两种模式：大部分非农业人口将转移到城镇居住和生活；另外，还有相当一部分非农业人口仍将分布在原农业地带，但他们是生活在"原农业地带的城市人，在与大城市的结构同体中，通过现代与后现人意义上的技术文化享受城市生活方式"，他们是城市现代化进一步发展的主要源泉。

从各国城市社会基本完成的一般规律看，农民通常占总人口的 10% 以下，农业就业大约只占就业总量的 5% 以下。但中国国情不同，农业人口占 50% 左

---

① 邹平县统计局：《邹平统计年鉴（2010）》，邹平县统计局 2011 年版，第 60~61 页。

右。如果农业就业下降到 10%，就要从农业转移近 2 亿多劳动力。[1] 在城市劳动力需求饱和的情况下，县城和中心镇至少能容纳未来 2/3 的农村转移人口。北京市在确定 33 个中心镇提升服务功能后，就一举解决了 40 多万农民就地就业难题，[2] 见表 5-9。

表 5-9　　　　　　国家人口计生委对各类城市吸纳
农村流动人口数量分布预测

城市类型	2015 年累计吸纳农村迁移人口数		2020 年累计吸纳农村迁移人口数		2050 年累计吸纳农村迁移人口数	
	数量（万人）	占比（%）	数量（万人）	占比（%）	数量（万人）	占比（%）
城市群	5 217	64.8	10 671	64.8	34 846	64.8
中心城市	1 544	19.2	3 159	19.2	10 315	19.2
县域城市	1 291	16.0	2 640	16.0	8 621	16.0
合计	8 052		16 470		53 782	

资料来源：国家人口和计划生育委员会流动人口服务管理司：《中国流动人口发展报告 (2010)》，中国人口出版社 2010 年版，第 30 页。

县域城市化的未来总体思路是：以工业经济和特色经济为核心，以城乡整体一体化为目标，通过建构县域城市镇群与经济一体化网络，建设县域城镇一体化的可达性空间，通过城镇体系的优化布局，建设规模型核心镇和县域经济的区域发展极（在现代技术与交通体系下，根据自然条件的每 100~150 平方公里为一个区域单位），壮大县域城市的实力，吸引农民进城镇创业。实现县域城市化的一体化整体性发展，并使得县域城市（镇）群成为大城市圈或大城市带的结构构成部分。[3]

从县域县城的角度来讲，县城的人口容量会增大。"二千多个县城（含县级市）中的 1/3 或 2/3，在未来 30 年可以有计划地增加 5 万~10 万以上的人口；在江苏的县级城市中，目前为十几万人的，可达到 40 万~50 万人口；广东沿海一带的有些县城可超过百万人口。这一层次的集聚在全国将可吸收 1 亿~2 亿的

---

① 彭真怀：《优先发展县城和中心镇——把"三农"放在决策起点上的治国新思维》，载于《今日国土》2010 年第 5 期，第 7 页。

② 彭真怀：《优先发展县城和中心镇——把"三农"放在决策起点上的治国新思维》，载于《今日国土》2010 年第 5 期，第 8 页。

③ 这是张鸿雁教授提出的城市化十大理论之一"县域城市体空间一体化"的基本思路。其空间结构亦如东京到大阪的大中小城市带一样。

农业人口。"① 县城发展需要一定的规模，投资在县城增长中心"能够以不高的成本提供充分的公共服务，而且具有这样的前景，就是无须长期补贴，繁荣和增长就能最终自行保持下去"。②

从县域城镇的角度来讲，在县域城市化进程中，一个县的城镇数量以 7~10 个镇为宜。根据山东邹平县现有城镇人口规模来计算，大部分城镇的人口规模在 4 万人左右，远未达到城镇规模效益的程度。到 2020 年，以 8 个镇计算，平均每个镇的人口规模应该达到 8 万左右，最小的镇人口规模也应达到 5 万人以上，大镇人口在 10 万~15 万，这样才能充分发挥县域城镇的规模经济效益。目前，小城镇居住的人口不到 2 亿，约占全部农村人口的 1/4，平均每个小城镇只有几千人。③ 全国共有 19 234 个建制镇。其中有 403 个镇人口超过 10 万；有 43 个镇人口超过 20 万；有 10 个镇人口超过 30 万；有 3 个镇人口超过 50 万。④ 由此可见，县域城镇的人口数量远未达到理想的规模集聚效应标准。根据发达国家（或地区）城市化经验和有关经济理论，一般城镇人口规模达到 10 万人左右的时候，才能实现投资的有序集中和投入后的有效产出，达到城市集约型经济形成的临界点，才能对城镇第三产业发展起到促进作用。⑤ "全国所有建制镇，在相对区域内根据区位优势，规划其主要城镇，使其成为小区域的'发展极'。保守估计，在未来 30 年中，其中若有 1/3 城镇发展成 3 万~15 万人口的小城市，那么将有 1 亿~2 亿人走向都市生活方式，从而使中国的'乡村人'的生产关系和文化生活水平产生一个质的飞跃。其关键是我们能否在政策上给予规定和管理。城镇与乡镇人口的增加在理论上等于使农民就地生存，就近集聚，集约生产，从而形成有中国特色的乡村人口生活方式都市化和城镇化。"⑥

县域城市化的未来景象，可以从《农民的终结》的理论中寻找适合中国的理想模式。法国学者孟德拉斯实际上已经把县域城市化的未来发展景象呈现在人们的眼前，农村城市化、城镇城市化，农业还存在，但是传统意义上的农民已经不存在了，代之以"农业工人"或者是"农场主"。就像孟德拉斯所说"农民是相对于都市来限定自身的。如果没有都市，就无所谓农民，如果整个社会全部都

① 张鸿雁：《农村人口都市化与社会结构变迁新论——孟德拉斯〈农民的终结〉带来的思考》，载于《民族研究》2002 年第 1 期，第 26~34 页。

② ［美］艾德加·M·胡佛、弗兰克·杰莱塔尼，王翼龙译：《区域经济学导论》，商务印书馆 1990 年版，第 320 页。

③ 冯刚：《中心镇发展力研究》，中国建材工业出版社 2003 年版，第 162 页。

④ 彭真怀：《优先发展县城和中心镇——把"三农"放在决策起点上的治国新思维》，载于《今日国土》2010 年第 5 期，第 9 页。

⑤ 轩明飞：《经营城市》，东南大学出版社 2004 年版，第 97 页。

⑥ 张鸿雁：《农村人口都市化与社会结构变迁新论——孟德拉斯〈农民的终结〉带来的思考》，载于《民族研究》2002 年第 1 期，第 26~34 页。

市化了，也就没有农民了"。① 剩下的只有农业工人或者农场主。这是一次巨大的社会变迁，带来城乡社会结构的整体变革，是一次社会关系的重构。孟德拉斯还描述了县域农村的城市化景象：

"10年来，一切似乎都改变了：村庄现代化了，人又多起来。在某些季节，城市人大量涌到乡下来，如果城市离得相当近的话，他们有时甚至会在乡下定居。退休的人又返回来了。一个拥有20户人家和若干处第二住宅的村庄可能只有两三户是经营农业的。这样，乡村重新变成一个生活的场所，就像它同样是一个农业生产的场所。可以证明这一点的是：在此期间，这些地方的建筑施工工地增加了10%，而同期全国的平均数降低了3%。"

"今天的乡下人享有城市生活的一切舒适：统计数据表明，在巴黎人、城市人、郊区人、小城市居民和乡下人之间，已经不像20年前那样具有系统的差别。所有的家庭都配备有浴室、现代化厨房、洗衣机、电冰箱、电视机和小汽车。在所有这些方面，农业劳动者和乡村居民从1970年起就追上了城市人，在其他一些方面，他们保留着优势（住宅的面积）或获得了优势（冰柜）。乡村的孩子去上学都有客车接送，在小学和中学里，他们和城里的孩子一起上课。"②

"城市群内存在着的不同小城镇、小城市、小型社区，一边通过家庭交通和现代通讯技术，享受着大城市的生活方式；一边又在自己的生活社区中创造着自己独有的生活方式和社会关系。"③ 在县域城市化的过程中，农业工人的绝对数量会大量减少，但是不会无限制减少，农业从业者也不会消失，因为无论社会怎么发展，基本生活资料的生产者——农业工人——仍将存在。美国、加拿大、澳大利亚等发达国家，它们的城市化道路就是这样一种状况。

"在那些最发达的国家，农业从业人员基本上分成三部分人：一是占有生产资料、只负责经营的农场主；二是占有生产资料、自己从事大部分劳作的自我雇用的农业生产者；三是不占有生产资料、被雇用的农业机械的操作者，他们实际上已成为农业工人。经营性农场主的收入和生活水平大体相当于中型企业经理，自我雇用的农业生产者也相当于中产阶级的上层，操作农业机械的农业工人相当于技术工人。总之，现在发达国家的农业从业者，无论在生产方式上还是生活方式上，都发生了很大的变化，他们被融入了后工业社会，并随着技术的进步而发展。他们已成为一个很小的社会职业群体，研究农民的学者寥寥无几了，议会里听不到他们的声音，各种大型专题调查的数据中也看不到他们的身影，作为农民

---

① ［法］孟德拉斯，李培林译：《农民的终结》，社会科学文献出版社2005年版，第2页。
② ［法］孟德拉斯，李培林译：《农民的终结》，社会科学文献出版社2005年版，第279页。
③ 张鸿雁：《"大上海国际化都市圈"的整合建构新论——中国长三角城市群差序化格局创新研究》，载于《社会科学》2007年第5期，第4～13页。

相争的传统价值已愈来愈少了……但农业劳动者仍是整个社会中的一个重要的不可或缺的社会群体。"①

美国社会学家贝里（Berry）等提出的"城市系统理论"认为，城市地区形成一个相互依赖的等级体系，其结构取决于经济中公私营部门生产和消费中心的空间分布。这一理论告诉我们，县域城镇体系也是一种城市系统，这一系统内的城镇都具有不同的职能和分工定位。

佩鲁在《略论增长极概念》（1955 年）一文中指出，"增长并非同时出现在所有地区，而是以不同的强度出现在增长点或增长极，然后通过不同的渠道扩散，对整个经济具有不同的终极影响。"② 他认为，现实世界中经济要素的功能发挥是在一种非均衡的状态下产生的，即一些经济要素支配着另一些经济要素，经济空间的不均衡最终会造成一种极化的现象，出现产业"增长极"。佩鲁提出的增长极概念是指产业上的，实际上增长极还是一种区域发展的极化。20 世纪 60 年代，美国著名城市规划学家弗里德曼（A. J. Friedmann）发表了《区域发展政策——委内瑞拉案例研究》（1961 年）和《极化发展的一般理论》（1967 年）等著作，提出了中心—边缘理论。③ 该理论拓展了佩鲁的增长极理论视角，把增长极模式与各种空间系统发展相融合，认为经济活动的空间组织中，通常具有强烈的极化效应与扩散效应，中心区和边缘区相互依存机制的形成，是通过中心区自身经济的不断强化，而形成对边缘区的支配态势，并将由于核心区的存在，边缘地区的集聚和发展受到抑制，这样就构成了中心—边缘结构。由此可见，县域城市化应重点发展县城和重点镇，抓住不同区域范围的核心和区域增长极带动边缘区的发展。县城作为城乡一体化的一个关键环节，应该引起政策设计者的重视。

基于县城在县域城市化过程中的功能，我们应该通过政策、制度或其他方式推动县城的城市化，提高县域的城市化功能，以带动整个县域城市化的发展。

第一，把县城纳入大城市群发展空间。城市群网络是一种结构优化的区域经济与社会发展的极核。县城作为县域空间的首位城市，是县域空间发展的极核，必须考虑其环境即大城市群的发展空间。"如果认为今天的城市仅仅是包括它的建成区或是行政区的范围，那么我们就无法理解城市。当今人们并不是生活在城市里，而是生活在一个城市系统中"。④ 明确县城的城市定位，找准对接切入点，

---

① ［法］孟德拉斯，李培林译：《农民的终结》，社会科学文献出版社 2005 年版，第 2～3 页。

② ［法］弗朗索瓦·佩鲁：《略论增长极概念》，载于《经济学译丛》1988 年第 9 期。

③ 王新文：《城市化发展的代表性理论综述》，载于《人大复印资料：城市经济》2002 年第 8 期，第 25～29 页。

④ C. A. Doxiadis. *Ecumenopolis*: *The Inevitable City of the Future*. Athens Publishing Cebter，1975，P. 81.

全方面、宽领域、多层次地开展交流与合作，形成联系便捷、交往密切、优势互补、经济和社会联动发展的格局。美国城市规划大师道萨迪亚斯认为，大都市圈城市之间在功能上互相重叠，造就了一个"日常城市系统"的概念——享受城市生活的普通居民在城市内部的全程交通时间不超过 1 小时。[①]

第二，县城的国家战略重构。县域城市化应该成为国家政策和制度投入的重点，而县域城市化中的重中之重就是县城。应该把县城纳入一种国家战略的体系，除了发展超级大城市如北京、天津、上海等外，还应发展县级城市。比如最近几年天津的发展，天津滨海新区的建设，国家试图打造中国的第二个"浦东新区"，包括国家政治战略、国家经济战略等，都给予天津以很大的支持。从中国整个社会结构变迁的角度来讲，国家的下一个战略重点应该是县域空间中的县城。充分发挥县城在国家社会中的结构性地位，通过做大县城，实现县城的场域功能与区域结构的升级。

第三，产业园区载体的功能提升。要以县城为中心，围绕县城建设产业园区，产业园区的规划要与县城的发展相结合，使产业园区成为提升县城功能的重要载体。通过制度创新，促进乡镇企业向县城产业园区集聚，对那些由镇村尤其是村迁入产业园的乡镇企业，给予税收等政策的支持。新上产业项目一定要建在产业园，由此带动县城第二、三产业的发展和集聚。通过产业园区的发展，积极实施"工业强县"的战略，带动县域城市化的发展。

第四，县域特色主导产业的打造。特色产业是一种生命力的象征，也包括文化创意产业，也是一种竞争力的体现。一个有特色、有市场的主导产业不仅能带动县域经济的发展，还能集聚大量的农村人口到县城就业和居住。比如著名的江西景德镇的陶瓷、贵州茅台镇的酒、湖南浏阳市的鞭炮等，以自己的特色产业主导了县域经济和县域城市化的发展。县城必须挖掘自身的特色，形成自己的特色主导产业，打造自己的城市品牌，才能奠定自己在县域空间中的地位。

第五，进一步撤乡并镇壮大县城规模。总的思路是减少镇的数量，集中资源发展县城。创造县域经济的双核、三核、四核发展模式，创造相关均衡的地域空间结构，通过撤并乡镇，引导镇域的非农人口向县城迁移，并把建设用地指标集中到县城和 3~4 个重点城镇上来。参照建设中心镇的办法，支持县城建设。在基础设施建设、用地指标等方面优先支持县城发展。力争经过 5 年的发展，使县城平均建成区面积在 15 平方公里左右，[②] 而我们认为，加上工业区应该在 15~120 平方公里之间为宜。

---

① C. A. Doxiadis. *Ecumenopolis*: *The Inevitable City of the Future*. Athens Publishing Cebter , 1975，P. 346.

② 冼频：《优先发展县城——壮大县域经济和推进城市化的战略选择》，载于《南方经济》2005 年第 11 期，第 68~70 页。

二、本土化城镇文化的建设：特色、格调与品位

城镇生活方式与品质再造，创造本土化的城镇经济与文化模式。对于整个人类来说，城市是社会发展的样板，[①] 城市样板功能的重要体现就是城市生活方式。县域城市化的过程也是城镇生活方式重构的过程。爱德华·W·索亚认为："一个世界在许多情况下，已经变得非常像一个城市，在其中，都市的生活方式延伸到地球的每一个角落。"[②] 县域城市化的过程中，城镇的休闲、娱乐、消费、交往等越来越具有城市性品格。沃思认为人口规模、人口密度与异质性三者的交互关系是形成城市生活方式的核心要素。沃思在三核心要素基础上指出了城市较乡村生活更加具有个性化、多样性、竞争性、冷漠性、异质性与非人格化等特征。[③] 沃思认为都市环境产生了一种特殊的社会生活，他把这种社会生活称为都市主义。[④] 列斐伏尔认为城市就是一种空间的生产，他说："任何一个社会，任何一种与之相关的生产方式，包括那些通常意义上被我们所理解的社会，都生产一种空间，它自己的空间。城市只生产一种东西，那就是它自己的空间。"[⑤] 齐美尔将"大都市型特征"描述为个性、理性、缺乏激情论、专门化和隔离，他把城市生活与农村生活做了比较，认为城市的本质是创造了独特的城市个性，重要的区别是社会心理刺激的数量和类型不同。由于城市居民数量更多，密度更大，人们接触到大量的人和连续不断的事件。所有这些事件都是对个人的种种刺激。在农村地区，条件变化十分缓慢，人们按习惯进行交往，人们对环境的注意远不如城市居民那么关切。[⑥] 作为发展极的小城镇，只有在更大区域范围内"发展极"的带动下，才能创造县域城镇小"发展极"的城市化功能，创造乡下人走进城镇的社会生长机制，创造新的城镇社会发展空间。[⑦] 党的十六大还提出"发展小城镇要以现有的县城和有条件的建制镇为基础"。具体要坚持"三个优先"，一是在时间顺序上，国家优先发展县城、大城市卫星城镇以及部分基础条件较好的建制镇。二是在规模体系上每个县优先发展 1~2 个镇，全国可选择 2 000~3 000 个镇作为发展重点。三是在区域布局上，优先发展大城市郊区和辐射区，以及沿海、沿江和沿交通干线的小城镇，经过 10~15 年的努力，4 000~

[①] 张鸿雁：《城市文化资本论》（第二版），东南大学出版社 2010 年版，第 111 页。

[②] Edward W. Soja. *Postmetropolis*: *Critical Studies of Cities and Regions.* Blackwell，2000，P. 3.

[③] Wirth L. *Urbanism as a Way of Life*，American Journalof Sociology，1938（44）.

[④] Mike Savage & Alan Warde. *Urban Sociology*，*Capitalism and Modernity.* Macmillan，1993，P. 125.

[⑤] Henri Lefebvre. *The Production of Space*，Oxford，OX，UK：Blackwell，1991，P. 33.

[⑥] 康少邦、张宁等：《城市社会学》，浙江人民出版社 1985 年版，第 160~161 页。

[⑦] 张鸿雁：《侵入与接替——城市社会结构变迁新论》，东南大学出版社 2000 年版，第 502~503 页。

5 000 个小城镇乃至小城市的发展和崛起，将会对农村人口的大规模转移，对优化我国的产业结构、企业布局、人口分布和劳动力就业结构等，起到了积极的促进作用，从而大大加快了我国城镇化进程。① 我国一位学者 1985 年访问美国后作了如下描述："我所见到的现代化美国乡镇，给了我不小的震动。有一个不足 2 万人的乡镇，不仅有小学、中学，还有相当现代化的大学。镇内公共设施十分考究，风格迥异的各类建筑被组合在一个艺术空间里，道路四通八达，居住在乡下的农民随时可以驱车到镇上购物或参加娱乐，而人们需要的信息又唾手可得。除了规模，我仿佛很难找出与华盛顿与纽约究竟有多少差别。看来，繁华的都市和凋敝的乡村这个结论已经不大适合今日之美国了。"② 在不远的将来，中国的小城镇也将呈现这一发展景观。

塑造城镇的差异化定位。在市场经济环境下，每个城镇都是一个独立的利益主体，必须要有城镇的分工，必须要有一个专属于自己的城镇定位。如中国的"袜业之乡"诸暨大唐镇，现有上万家企业分布在 11 个相邻乡镇的 120 个村，涉及 1 万多户农村家庭，这一"板块经济"年产袜子 48 亿双，产值达 80 多亿元，占全国同类产品总量的 50%；上虞市崧下镇，有 1 000 多家制伞企业和 30 多个伞具特色村；永嘉桥头镇被誉为"世界纽扣之都"；绍兴成为中国最大的轻纺城，还有海宁的皮革、永康的五金、柳市的低压电器等成为享誉东南亚乃至全球市场的产业聚集区。这种"一镇一品"的经济现象被誉为"未来区域经济发展的新模式"备受推崇。③ "再看美国温泉、朱诺等，这些城镇虽只有几万人口，每年财富创造能力却都在 10 亿美元以上，因为它们都有自己的特色，都有自己独特的模式。"④ 另外，"据我们对全球 50 万个城镇的分析，发达国家专业镇已占其总数的 60% 以上，中国尚不足 15%。"⑤ 这足以说明，中国的专业镇不发达，影响了城镇的集聚能力，使中国的县域城市化进程发展缓慢。

导入现代城市生活方式的要素。城市生活方式是一种现代生活系统，这一系统由很多要素加以支撑，这些要素包括城市性的广场、休闲场所、咖啡馆、茶馆、健身场馆、大超市、大商场等，这些现代城市生活方式的标志是构建城镇生活方式不可或缺的要素。通过现代生活方式要素的引入，实现一种文化上的侵入与接替，用新的生活方式和文化要素重构原来的小城镇生活方式，使城镇越来越像真正的城市，而镇上的居民也越来越像真正的市民，从而推动县域城市化的整

① 张永贵：《加快城镇化的战略选择》，中国计划出版社 2005 年版，第 57 页。
② 冯华：《21 世纪的热点：发展小城镇推动城市化》，科学出版社 2000 年版，第 18 页。
③ 刘俊杰：《县域经济发展与小城镇建设》，社会科学文献出版社 2005 年版，第 64 页。
④ 王廉：《城市经营的规划与策划》，暨南大学出版社 2005 年版，第 2 页。
⑤ 王廉：《城市经营的规划与策划》，暨南大学出版社 2005 年版，第 9 页。

体性发展。比如城市咖啡馆，在许多较为发达的大城市，各式各样的咖啡馆成为了大街小巷一种"场所符号"。[①] 城市文化新元素的引入不仅促进了城市生活方式与城市文化品格的提升，还改造了城市休闲生活的心理与社会结构。城市新文化元素的导入实际上就是打造一种后都市主义的城市生活，其核心是回归自然的城市生活。在这样的生活体系内，在世界全新的科技发展的前提下，城市化本身的实质不在于人口的集聚，而在于大区域范围土地上的城市生活方式的普及，甚至在偏远的乡村体现城市生活方式，通过现代网络与交通，创造地球是一个"世界村"的文化体系，在自然的原生态体系中，展现现代人类城市生活，这就是后都市主义的城市生活模式。[②]

创造生态文化型城市，提高城镇基础设施的现代化水平。目前中国小城镇基础设施规划与建设的整体水平普遍不高，城镇道路铺装率、给水普及率和排水管线覆盖率均处于较低水平，污水处理和生活垃圾处理几乎是空白，严重影响了城镇居民生活方式的提高。一句话，就是把小城镇当作小城市来建设，而不是当作大乡村来建设。必须加强城镇道路发展规划编制工作，完善城镇路网结构，逐步提高道路面积率，提高城镇道路的通行能力；加快停车场的建设，大力推广停车场，尤其是机械式立体停车场的建设；做好城镇天然气利用工程规划建设，提高燃气供应系统的覆盖面；加大对建制镇供水工程的投入，重点加强对城镇供水管网的规划建设，合理布置配水管网分区，提高供水能力，尤其要加大对城镇老城区供水管网的改造，提高城镇供水率；优化污水、垃圾处理设施布局，做好污水、垃圾处理项目的建设安排，合理划分排水区域，加大城镇垃圾处理项目建设，尽快完成垃圾无害化处理工程。

城市是个复杂的系统，生态文化环境是其中一个重要的组成系统，与居民的生活品质息息相关。长期以来，城镇建设一味强调经济发展和经济效益，忽视了居民对生态文化环境的需求，要提升城镇生活方式和品质，生态文化环境建设不可忽视。R. E. 帕克曾讲过："城市是一种心理状态，是各种礼俗和传统构成的整体，是这些礼俗中所包含，并随传统而流传的那些统一思想和感情所构成的整体。换言之，城市绝非简单的物质现象，绝非简单的人工构筑物。城市已同其居民们的各种重要活动密切地联系在一起，它是自然的产物，而尤其是人类属性的产物。"[③] 这说明城市是一种历史性的、文化的存在。这种历史的、文化的存在

---

① Pierre Bourdieu. *Distinction : a social critique of the judgment of taste.* Harvard University Press, 1984, P. 66.

② 张鸿雁：《城市文化资本论》（第二版），东南大学出版社 2010 年版，第 149~150 页。

③ ［美］R. E. 帕克、［美］E. N. 伯吉斯、［美］R. D. 麦肯齐，宋俊岭等译：《城市社会学——芝加哥学派城市研究文集》，华夏出版社 1987 年版，第 1~2 页。

就是一个城市不可替代的资源。生态文化环境建设既要处理好人与城镇自然环境的关系，也要处理好人与文化环境的关系。要加强绿化建设，构筑多功能、立体化的绿化系统，做到平面绿化与立体绿化结合，公共绿地与分散绿地相结合；减少空气污染，要对生产和生活造成的大气污染、水污染、噪声污染和各种固体废弃物等按照各自的特点实施有效的防治，使各项环境质量指标都能达到较高水平；建构具有鲜明个性的城镇形象文化，提高城镇的文化品位；提高和培养居民的素质和文明程度；不断丰富群众性文化，培养和造就居民的文化意识；推动社区建设，形成安定的社区治安秩序、便民利民的服务网络、团结和谐的社区人际关系、健康向上的社区文化氛围、舒适优雅的社区环境，从而促进居民城市生活方式和品质的提升。

韩国是城市化发展较快的一个国家，城乡居民的收入差距基本消除，城市化水平达到了71%。他们曾经在农村推行"乡村美丽化运动"，目的是通过农村建设，提高乡村生活的现代化，缩小城乡差距。具体做法是：政府给每个村庄提供一定数量的建筑材料，让全体村民讨论这些材料的用途，以激发村民的参与意识。由于政府的倡导，诱发了村民的自我集资，于是开始以合作的方式改善自己的生活条件。1973年后，"乡村美丽化运动"又有新的发展。他们将村庄划为"不发达"、"自助"、"自强"三类。他们提出通过"乡村美丽化运动"，减少"不发达村庄"，增加"自强村庄"。到1977年，不发达村庄已由53%下降到1%，自强村庄由6%上升到45%，乡村的面貌发生了很大变化。[1] 通过这一运动，农村家庭的各种设施趋向现代化，住房、生活方式等走向城市化，生活质量明显提高。

在未来社会，农村人口绝大多数集中到小城镇和大中城市居住，从事第二产业和第三产业，享受现代的城市文明。但是，总有一部分人留在农村，这部分人居住在中心村，也同样可以享受现代化设施所带来的益处。因此，建设社会主义新农村，应重点建设一批中心村，实现乡村城市化，创造一种新田园生活样态，这种生活样态代表着一种宁静、舒适、和谐、便捷。乡村城市化是乡村存在的一种高级形式，是居民点的城市化，包括生产方式、生活方式、生活水平、文明程度等达到或接近城市水平。中心村的建设要与县城和城镇建设统筹规划，要将城市的物质文明和精神文明源源不断地输入农村，在道路设施、住房条件、通讯设施、医疗保障、垃圾处理等方面按照城镇的标准去建设，实现乡村建设的城市化，使农村居民享受各种城镇化的成果，逐步达到"农村的终结"和"农民的终结"的社会时代。

---

① 冯华：《21世纪的热点：发展小城镇推动城市化》，科学出版社2000年版，第37页。

在城市化的推进过程中，随着农民数量的逐渐减少，部分自然村落变为"空心村"。一个空心化村落浪费的土地资源，与城市扩张吞食的农田规模相比较，似乎微不足道，但放眼全国，农村聚落数量多（数以百万计），因空心化浪费的土地资源总量是十分惊人的。[1] 农村建房占用耕地成为耕地流失加剧的重要原因。[2]《全国土地开发整理规划》也指出，"空心村"量大面广，这种土地利用状况难以适应全面建设小康社会的需要。通过对现有农村居民点逐步实施迁村并点、治理"空心村"、退宅还田等整理措施，可以增加有效耕地约 286.67 万亩。[3] 对零散分布的"空心村"进行合并，这样不仅可以把部分小的自然村落重新变为农业耕地，还可以减少村庄的数量。同时，还要积极实施"迁村并点"。以一定地域内区位条件优越、资源基础较好、实力强的村庄为核心，合并邻近的弱小村庄，以形成具有一定规模和功能的中心村聚落形式。通过"迁村并点"，可以促使农村居住的集聚，并可以节约土地和公共设施，改变乡镇企业布局分散的格局，有利于村镇的现代化建设。由此而形成的中心村是新城镇的基础，应按照城镇的标准进行规划建设，可以逐渐发展为小城镇、中心城镇和小城市，这也是乡村城市化的一个路径。美国学者刘易斯·芒福德认为"城市起源于村庄"。[4] 有条件的村庄会逐步发展壮大，最终可能成长为城市。"在农业社会里只有一部分、一定地域的乡村，并在一定条件下才能发展成为城市，包括当代中国社会也是如此。"[5] 当然，中心村的建设在实践中还存在一定的障碍，如迁建成本、利益分配、乡村基层组织的合并、乡村领导成员的重组等，这些障碍都需要地方政府的积极推动和实施。

一个十分清楚的逻辑关系是：中国实现现代化→必须首先改变都市与乡村的人口比例→使更多的农业人口走进都市生活→都市社会结构变迁加快→提高都市化水平→使更多的农业人口实现文化心理结构的现代化→创造都市性结构农业经济体系→这一社会与经济结构性转型过程与改变生活方式、生产方式相辅相成→最终使"乡村人"成为"都市人"。马克思在 100 多年前就曾预言东方社会的历史是乡村都市化。乡村都市化就是要消灭城乡差别。没有了城乡差别也就没有了传统意义上的乡村，也就没有了属于乡村的农业。为此，应该创造并选择"都

---

① 程连生、冯文勇、蒋立宏：《太原盆地东南部农村聚落空心化机理分析》，载于《地理学报》2001 年第 4 期，第 437～446 页。

② 赵之枫：《城市化背景下农村宅基地有偿使用和转让制度初探》，载于《农业经济问题》2001 年第 1 期，第 42～45 页。

③ 国土资源部：《全国土地开发整理规划（2001～2010 年）》，2003 年版。

④ ［美］刘易斯·芒福德，宋俊岭等译：《城市发展史——起源、演变和前景》，中国建筑工业出版社 2005 年版，第 6 页。

⑤ 张鸿雁：《侵入与接替——城市社会结构变迁新论》，东南大学出版社 2000 年版，第 219 页。

市性结构农业经济"的发展方向，这才是中国真正的希望所在！① 在孟德拉斯的
视野里，很多乡村人逐渐变为城市人，"在很多地区，工人—农民越来越多。那
儿的工厂派客车到方圆 50 多公里开外的地方'收集'农民，接送他们上下
班。"② 到 20 世纪 80 年代，孟德拉斯又重新对农村进行了研究，他指出了通讯
和交通条件的变化改变了乡村社会的规模，"中等规模的标准从方圆 1~3 公里
过渡到 10~30 公里。与此相随的还有结构的变化：构造经济生活、社会生活和
政治生活的不再是地界和辖区，而是通讯和影响网络，作为这些网络中心的城镇
和小城市被并入乡村系统。乡村社会越来越趋于多样化，因为农业劳动者本身是
多样化的，农业劳动者在乡村社会中成为少数，工人为数众多，第三部门人员经
常占大多数。闲暇时间和退休时间的延长引起城里人向乡村和小城市迁移，这种
迁移可能是每周一次的，也可能是季节性和终身的，由此造成了第二住宅的大量
增加。"③ 所有的家庭都基本实现了城市化的生活方式和生产方式，享受着与城
市相同的文明，他认为"乡下人享有都市的一切物质条件和舒适，从这种意义
上说，他们的生活方式城市化了。这种生活差距的消除是在 70 年代完成的。作
为逆流，一些异型的生活形式出现了。"④

三、县域城市化进程的实践与多元模式

各个地区县域城市化的发展模式各不相同，但是我们可以借助韦伯的"理
想类型"作为研究工具。"'理想类型'又称'纯粹类型'，既不是基于对所有
事实的经验概括，也不是作为社会生活的'理想'而提出的。所谓'理想的'，
并非指是人们所希望的、最好的，只表示某种现象是接近典型的，犹如'理想
真空'、'经济人'概念一样，在任何时刻都不会以纯粹形态存在于现实之
中。"⑤ "所谓'理想类型'，就是指一种既包含着普遍性因素又包含着历史个性
的概念类型，它是研究者选择和强调对象的某些重要的典型特征，同时会舍弃或
忽略另一些次要的非典型特征而构建成的概念形式。它既参照某种经验事实，在
一定现实因素基础上形成；又是社会现实的变型，在现实中找不到完全与之一样
的直接对应物。"⑥ "从社会发展的整体视野来看，所谓'模式'或'发展模

① 张鸿雁：《侵入与接替——城市社会结构变迁新论》，东南大学出版社 2000 年版，第 499 页。
② ［法］孟德拉斯，李培林译：《农民的终结》，社会科学文献出版社 2005 年版，第 260 页。
③ ［法］孟德拉斯，李培林译：《农民的终结》，社会科学文献出版社 2005 年版，第 275 页。
④ ［法］孟德拉斯，李培林译：《农民的终结》，社会科学文献出版社 1991 年版，第 301 页。
⑤ 《中国大百科全书》（社会学卷），中国大百科全书出版社 1991 年版，第 406 页。
⑥ 童星：《发展社会学与中国现代化》，社会科学文献出版社 2005 年版，第 254~255 页。

式’，是指在一定的社会历史条件下，某一国家或某一地区形成的有特色的经济社会发展实践形式。而就不同地区或区域经济社会发展的实际进程而言，因其受制于多种因素的左右和影响，所以，任何一种‘模式’都可能具有无限的、普遍的适用性。严格说来，任何一种‘发展模式’都只是一种‘发展样式’，即它至少蕴涵着三个层次的内在规定性：一是所适用的地区范围具有‘特定性’；二是所处的社会历史条件具有‘特定性’；三是发展过程中形成的产权制度、政企关系、经营理念也具有‘特定性’。”①

中国有 2 858 个县级行政区划，这些县在城市化的进程中形成一定的类型模式，每一种模式都带有明显的地域区位性，并形成了自身显著的特点。从实践看，有条件发展起来的县域城市化，从不同的角度可以有不同的分类，从区位优势的角度可以划分为城市群带动型、中心城市带动型、交通要道带动型等模式；从主导产业的角度可以划分为专业市场带动型、现代农业发展型、工业主导型、旅游带动型等模式；从城市化发展的资金来源角度可以划分为外资推动型、内资发展型、混合资金带动型等模式；从城市化发展的形态来讲，可以把县域城市化分为县城中心带动的城市化、县域小城镇带动的城市化、县域县城和小城镇共同推动的城市化等模式。限于文章的篇幅，这里不一一介绍。当然，上述这些类型只是县域城市化定性分析中分类工作的尝试。

（一）城市群结构带动型

城市群是中国很多县域城市化发展的宏观区域背景，城市群提供了广阔的腹地和发展的样板。江苏宜兴是一个县级市，属于长江三角洲城市群。宜兴市地处江苏省南端、沪宁杭三角中心，东面太湖水面与苏州太湖水面相连，东南临浙江长兴，西南界安徽广德，西接溧阳，西北毗连金坛，北与武进相傍，总面积2 038.7 平方千米（其中太湖 208.7 平方千米），建成区面积 54.92 平方千米。宜兴就是充分发挥与城市群内中心城市、其他大城市、城市网络体系的密切关系，利用区位优势发展自己，推动县域经济和县域城市化的发展。如今，车辆从宜兴出发，1 个多小时就可到南京、杭州，2 个多小时就能到上海，宜兴人“快速融入沪宁杭都市圈”的愿望已经变成了现实。区域交通环境的日益优化，不仅缩短了宜兴对外的“时空距离”，而且放大了宜兴“三省通衢”的区位优势、得天独厚的资源禀赋优势，赢得了越来越多外商的“青睐”。截至 2009 年底，宜兴城市建成区面积达 63 平方公里、城市化率达 62%，分别比“十五”期末扩大了 17 平方公里和 7 个百分点。

---

① 童星：《发展社会学与中国现代化》，社会科学文献出版社 2005 年版，第 429～430 页。

（二）中心城市带动型

增长极理论和都市圈一体化理论强调城市之间的关系，强调中心城市的辐射和带动。区域发展在空间演化上始终存在着极化效应和扩散效应。极化效应是各种要素的集聚过程，而集聚发展到一定程度就必然发生扩散效应。中心城市与区域经济的发展必然由集聚到扩散，最后走向一体化。随着工业化与城市化的快速推进，中心城市对周边县（市）的辐射带动作用不断增强，中心城市的发展空间正在向周边县（市）区域快速扩展，创造一种"回波效应"，中心城市与周边县（市）正在形成良性互动与一体化发展的格局。周边县域通过与中心城市的互动，通过产业、人才、空间等的主动融入对接，实现与中心城市的错位发展、特色发展和协调发展，拓展了发展空间，创造了都市圈共赢的发展状态。昆山地处中国经济最发达的长江三角洲，是上海经济圈中一个重要的新兴工商城市。北至东北与常熟、太仓两市相连，南至东南与上海嘉定、青浦两区接壤，西与吴江、苏州交界。东西最大直线距离 33 公里，南北 48 公里，总面积 927.68 平方公里，其中水域面积占 23.1%。2010 年全市地区生产总值达到 2 100.28 亿元，按可比价计算，比上年增长 14.2%，成为国内首个 GDP 总量超过 2 000 亿元的县级市。产业结构不断优化，第二、三产业共同推动经济增长的格局进一步巩固，服务业增加值占 GDP 比重达到 35.0%。按常住人口计算的人均地区生产总值达 14.45 万元（按现行汇率折 2.18 万美元）。在台湾地区电电公会公布的大陆地区投资环境评估中，昆山再次名列榜首。在《福布斯》发布的第二届中国大陆最佳县级市排名中，昆山蝉联第一。数据表明，昆山的城市化率已经超过 70%。

（三）交通要道带动型

良好的区位就是一种无法超越的优势。"人类生态学尤其注重研究区位包括在时间和空间两个概念上，对于人类组结方式和人类行为活动的影响。"[1] 瑞士地理学家施密特（P. H. Schmidt）认为区位作为"地点概念最终表现为空间诸关系的浓缩"，[2] 中国很多县在地理位置上具有其他地区不可比拟的先天区位优势，这种区位优势一般是港口、大型铁路线、重要的国家公路沿线等，这种交通优势使一些县域可以在人才、资源、技术、产业等方面比较容易接收外界的辐射，交通的优势创造了经济发展、人口集聚、产业集聚的便利条件。山东半岛的一些县

---

[1] ［美］R. E. 帕克、［美］E. N. 伯吉斯、［美］R. D. 麦肯齐，宋俊岭等译：《城市社会学——芝加哥学派城市研究文集》，华夏出版社 1987 年版，第 64 页。

[2] 刘继生等：《区位论》，江苏教育出版社 1994 年版，第 2 页。

域，如胶州、胶南、文登、莱阳等，借助港口及邻近韩国的优势，加强与韩国的经贸往来，通过县域外向型经济的发展，推动县域城市化的发展。胶州市地处黄海之滨、胶州湾畔，因东南临胶州湾，以胶水而得名。胶州是一个扼居半岛咽喉的交通枢纽，地处胶州湾腹地最深、最开阔的位置。从半岛区域看，胶州市地处进入青岛港、黄岛前湾港、日照港、烟台港、威海港等山东沿海诸港的要塞位置，在山东省一体化发展的东西走廊上，"三线两站"构筑起独特的区域价值。三线，即半岛"一体"发展的三条黄金通道，济青、青兰高速以及胶济铁路；两站，即中铁集装箱青岛物流中心以及胶济铁路青岛客运北站[①]。胶州市总面积1 210平方公里，其中市建成区面积45平方公里，辖13个镇、5个街道办事处、811个行政村，全市总人口110万人，常住人口80万人，城区人口超过45万人，城市化率达到56%左右。改革开放以来，胶州经济和社会各项事业取得了长足的发展，GDP保持快速增长，连续多年跨入全国综合经济实力百强县（市）行列，是山东半岛吸纳外资最多的城市之一。

（四）市场带动型

从城市社会学的角度来讲，"空间，特别是生态意义上的空间是一个重要的资源，可以用它来支持对经济利益的追求。"[②] 城市空间是有价值的，不同的城市区位、城市空间具有不同的价值。市场带动型县域主要靠近交通要道，是传统的商品集散地、集贸中心或新兴商品交易中心。凭借这一先天优势，便可以商兴县、以商兴镇。如浙江义乌，坚定不移地实施"兴商建市"的发展战略，大力发展小商品批发业，充分带动相关产业的发展，如今已经成为全国乃至东南亚最大的小商品流通、展示、信息和配送中心。义乌"小商品、大产业，小企业、大集群"的工业产业发展格局初步形成，袜业、服装、毛纺、针织、食品、家具、建材、工艺饰品等行业迅速发展起来，逐步形成以第二、三产业为主的新的产业格局。创造大量的城市就业机会，促进了县域城市化的发展。"20多年来，义乌市的中心城区从一个2万～3万人的小镇，发展成为人口36万、城镇化水平达到45%的城市。本市、本省或其他省份的'农业人口'成为义乌城镇化进程中最直接的受益者。"[③]

---

① 总投资7.1亿元的中铁集装箱青岛物流中心是中国铁道部在全国设立的18个集装箱中心站之一，新胶济电气化铁路客运站是青岛地区除青岛站以外的唯一站点，将服务胶州、胶南、黄岛等地的400万人口。

② 康少邦、张宁等：《城市社会学》，浙江人民出版社1986年版，第71页。

③ 张永贵：《加快城镇化的战略选择》，中国计划出版社2005年版，第60～61页。

（五）工业主导型

县域乡镇企业比较发达，而且形成一定的规模，能够吸纳大批农村剩余劳动力，能够带动当地和周围地区的经济发展，一些乡镇企业比较发达的县还能吸引大量外地农村人口到县域内城镇就业和居住。浙江、江苏、福建、山东等沿海地区的很多县域就是通过发展工业建立起来的。江苏省的江阴市就是一个典型的走工业主导型城市化道路的县级市。2010 年，江阴市完成现价工业总产值5 458.07 亿元，比上年增长 16.1%；实现工业利税 521.49 亿元，增长 18.8%；实现工业利润 391.58 亿元，增长 20.5%。华西村、新长江实业、兴澄特钢、三房巷集团、阳光集团、海澜集团、澄星实业、新扬子船厂等 8 家企业集团营业收入超 200 亿元，5 家企业集团营业收入超 100 亿元，5 家企业超 50 亿元，8 家企业超 30 亿元，14 家企业超 20 亿元，25 家企业超 10 亿元。全市工业百强企业全年完成产品销售收入 3 530.84 亿元，实现利税 342.07 亿元，分别占全市工业总量的 65.95% 和 65.59%。[①] 到 2010 年其城市化率已经超过 62%，已接近发达国家 70% 的标准。江阴市 998 平方公里土地全部纳入城市规划，城乡公共服务设施比较完善，自来水接通率 100%，数字电视覆盖率 97%，公共卫生覆盖率 98%，公共体育设施到行政村覆盖率 100%，公共文化设施覆盖率 100%，村村通通达率 98%。到 2010 年，其城乡居民收入来源 98% 来自于非农业，95% 的就业岗位在非农企业，城乡居民 50% 以上住在城市或城镇，城乡差距较小。

（六）外资推动型

外资推动型县域主要集中在东南沿海的广东、海南、福建、山东等省份，通过吸引外资，逐步形成以外向型经济为主的经济强县。而且，在我国加入 WTO实现全面开放的情况下，外部力量作用下的外向型城市化会进一步加强。山东省威海市的乳山就是充分利用外资，尤其是韩国投资而发展起来的一个县级市，乳山利用与韩国非常近的地理区位优势，在县域内建起了外商直接投资的开发区，筑巢引凤，用外资建成了一大批企业，开发区的产业集群形成了人口的空间集聚，这种集聚又需要相关服务产业的产生和集聚，进而形成一种县域城市化的良好态势。2010 年全年完成外商直接投资 5 600 万美元，到位内资 65.5 亿元，外贸进出口总值 5.5 亿美元，分别增长 145.2%、12.9% 和 15%，开工投资过 500万元项目 236 个，其中过亿元项目 40 个。目前，乳山市建成区面积 36 平方公里，城区人口近 30 万人，城市化水平达到 48%。

---

① 《无锡市江阴市 2010 年国民经济和社会发展统计公报》，江阴市统计局，2011 年 3 月 30 日。

（七）现代农业发展型

农业发展型城市化是农村城市化中的一个重要类型，在现实中有很多县是通过发展农业、依靠农业的产业化、市场化带动而发展起来的，进而形成一种独特的县域城市化模式。山东省寿光市（山东潍坊市下属的一个县级市），位于山东半岛中部，渤海莱州湾南畔，它是中国著名的"蔬菜之乡"。寿光的城市化发展进程表明，农业产业化是县域城市化发展的重要产业基础，城市化不仅有"工业主导型"，还有"农业主导型"。寿光的农业产业化是一个生产经营体系，集生产、加工、运输、中介、服务、科技等多个环节，通过组合各种生产要素，实现区域整体产业链条，从而创造大量的城市非农就业机会。目前，寿光全市农贸批发市场已发展到 26 处，集贸市场 186 处，有"中华之最"之称的寿光蔬菜批发市场，占地 600 亩，已成为全国最重要的蔬菜集散中心、价格形成中心和信息交流中心，可辐射全国 200 多个大中城市并出口 10 多个国家和地区。[①] 目前，寿光市蔬菜、农副产品加工销售和物流配送企业达 560 多家，各类购销公司、经纪公司、运销专业户等中介组织达到 1.7 万个，蔬菜流通产业链中的人员发展到近 10 万人，大大促进了农产品市场流通。

（八）县域成建制发展型

山东龙口市确定了"以县级市成建制实现城乡统筹发展"的目标定位。而"成建制"可以简单理解为城乡经济社会发展的全局性和整体性，也就是说，龙口市成建制城市化是城乡全局性、整体性的一体化，而不是某个局部或某个部分的一体化；从一体化地域来说，覆盖城乡全局；从一体化内容来说，涵盖政治、经济、社会、文化、党建等各项建设。可见，龙口市"县级市成建制"的发展定位是县域城市化发展的较高境界。在城市化战略目标上坚持"三个走在前面"，即在农村居民社区化、农村经济工业化、城乡民生均等化走在前面；"六个一体"即空间布局一体、经济发展一体、社会事业一体、基础设施一体、生态环境一体、城乡管理一体，力争到 2020 年实现城乡经济社会发展一体化。目前，龙口市正在逐步完善"六大体系"：一是就业服务体系。二是社会保险体系。三是社会救助体系。四是教育均衡体系。五是卫生服务体系。六是市场流通体系。近年来，龙口市以"万村千乡市场工程"为载体，推进连锁超市进乡村活动，在中心村、规模村都设立农家店。2010 年，全市 GDP 达 680 亿元，人均GDP 超 10.7 万元；地方财政收入 36.7 亿元；城市化水平达 58.8%；城镇居民

---

① 王格芳、王成新：《科学发展观视角下的城镇化研究》，山东大学出版社 2007 年版，第 87 页。

可支配收入达到 22 755 元，农民人均纯收入 11 121 元，年均分别增长 12.8% 和 12.5%。

进城农民文化资本的弱势，直接影响其就业水平的提高和社会资本网络的构建，因而，有必要针对进城农民的实际，加强对他们的职业技能培训，提高他们的人力资本。文化资本与社会资本之间具有一定的相关性，文化资本的提升可以促进社会资本的积累。许多学者的研究已经证明：在计划经济向市场经济转型过程中人力资本（Human Capital）的作用会不断提高，而政治资本（在计划经济时期政治资本代表着社会资本）的回报会降低。[①] 而这里所说的人力资本，很大程度上是建立在文化资本的基础之上的，具有一定的重合性。政府除了进行制度性投入，落实对进城务工人员的权益保障制度之外，还应该采取有关措施提高进城农民和其子女的文化资本，帮助其融入城市主流社会。

县域城市化的本质是在解决"三农"问题，也是关系到中国整体现代化实现和谐的社会结构变迁问题——农民市民化问题。在当前，农民的文化资本、社会资本的弱势影响了其进城、城市融入和完全城市化的过程，在整个过程中是一种阻碍因素。那么通过资本体系的构建，主要是文化资本和社会资本的重构，提升进城农民的资本存量，增强其进城和城市融入的能力，彻底实现身份的转变。而且这种转变本身又会影响其资本的增长，身份的转变和城市融入，与城市市民的接触增加，社会信任和社会参与都明显增强，自身越来越具有城市性，习得的城市生活方式也会越来越多。

当然，农民的终结只是农民身份的终结，而不是农业的终结、农村的终结。农业仍然要存在，只是存在样态发生变化，生产者已不是传统的农民，而是"农业工人"。农村仍然存在，形成了田园式城市形态，既有传统农村的风格，又不乏现代城市的风貌。就像老牌工业化国家英国，英国农业从业人员的比重只占全部就业人员比重的 1.3%，但其乡村田园风光和生活情调在欧洲甚或在世界却是有名的。绿色的田野、清新的空气、式样别致的农舍、发达的交通网络和通讯设施，既保留农村的原始风味，但是又有现代化的便捷生活方式。显然，"终结农民"和"发展农业"并不矛盾。而且农民的终结是改变原有的城乡关系，正像马克思所说的："城乡的关系面貌一改变，整个社会的面貌也跟着改变。"[②]

---

① Nee, V. and R. Matthews. *Mardet Transition and Social Transformation in Reforming State Socialism.* Annual Review of sociology, 1996 (22)，pp. 401 – 435.

② 《马克思恩格斯全集》第 26 卷，人民出版社 1972 年版，第 88 页。

第六章

本土化城市化理论与城市形态建构

第一节　本土化城市化理论的价值[①]：
空间与社会视角

　　中国的城市正在表现为城市文化与城市文脉的断裂，城市记忆正出现空白，城市形态从物理的、空间的、文化的、心理的层面出现断裂。本文反思了中国城市形态的各种主要问题，并提出城市形态本土化主张，强调了中国本土化城市形态的人与自然和谐为本的理念。并将之上升为一个民族经济与社会文化发展可持续力的构建和民族自信力的重构问题。

　　城市社会学家卡斯特尔在《网络社会的崛起》一书中曾说过，"空间是个时间的切面"。[②]城市是空间要素的整合体，城市的任何发展无不是对空间关系的整合。城市空间整合的优劣与否，取决于社会整体空间理念的选择与整合能力，而这种选择与整合是社会群体主观价值的实践过程，社会精英群体在实现这一目标时的科学性选择行为、选择能力和遵循自然发展规律性能动性及人文精神的指向性，决定了城市空间整合的优质性。因此，也可说城市空间形态在表现地域性

---

① 张鸿雁：《中国本土化城市形态论》，载于《城市问题》2006年第8期，第2~9页。
② ［美］曼纽·卡斯特，夏铸久、王志弘等译：《网络社会的崛起》，社会科学文献出版社2001年版，第504页。

的同时，更表现为一种民族文化精神和哲学价值观。中国传统城市的空间意向，给人类城市空间与自然和谐的理想思考。传统的棋盘型城市格局加之九脊歇山的建筑形态、四合院的空间组合加上天人合一的庭院式园林，构成一个完整的中华文化城市形态的结构空间，具有强烈的识别性、民族性和天人合一的自然属性；以几何图形为特质的建筑、廊柱文化的运用、宗教建筑空间与向往天国的城市轮廓，构建了西方传统城市空间的体系和样态。综观世界各国，不同的国家和不同的民族有着不同的城市形态和空间组合，这种城市形态和城市空间组合，展示着包括国家政治、价值取向、民族传统、时代主张等各要素在内，形成了多样化的丰富多彩的世界城市体系。但是，在经济与文化全球化的今天，"世界性城市"，"城市全球化"和"全球城市化"，正在席卷世界各地的城市，城市形态和空间组合正在趋同化，上海与纽约的空间样态正在相似，深圳与西方世界的城市正在雷同。北京、南京、西安这样有几千年历史的文明古城，正在以现代化整合关系，表现着同一的文化样态，这种发展潮流正如一把"双刃剑"，既表现为社会经济的国际化和进步，同时也表现为民族性、地方性和多样化的城市形态正在丧失。几乎所有的国家都面临着城市全球化的挑战，欧洲和日本在保护本土化城市形态方面，曾做出卓有成效的努力。日本奈良和京都的城市建设，为我们提供了一个本土化城市形态的参照系。因此，在当代中国城市高速变迁的过程中，提出中国城市形成的本土化主张，既是保护城市形态的民族特色需要，更重要的是在中国走向世界的同时，也是有效保护民族性的城市形态和"城市文化资本"[①]，进而构建中国城市发展的可持续发展力的需要。

一、城市历史感知与文化价值——城市形态本土化的丧失与挑战

当代中国的城市化正以前所未有的姿态展开，一个传统的农业社会正朝着工业社会和市民社会走近，孟德拉斯《农民的终结》的时候论证，说明着传统农业社会解体的社会变迁与解体过程。[②]

当传统农业提供了人类定居的可能后，城市生活就以自己的特有方式与传统的乡村割裂开来，但是在汪洋大海般的农业社会中，城市是自然属性的附庸，城墙围起来的空间，仍然是自然经济的一部分；工业化伴随城市化创造了规模性生

---

① 张鸿雁：《城市形象与城市文化资本论——中国城市形象比较的社会学研究》，东南大学出版社2002年版，第23页。

② ［法］H. 孟德拉斯，李培林译：《农民的终结》，中国社会科学出版社1991年版，第296页。

产，并衍生出新的大规模生产组织型式时，城市成为人类社会的加速器，并以"第二自然"要素组成的空间，在一定意义上隔离着人与自然的接触和融合；当工业化促进了城市的结构性增长，城市则成为人类社会地域生产力最集中的表现形式时；当现代技术创造了汽车生活、网络社区、虚拟社区，推动着发达城市正在走进后工业时代，新的生活方式孕育着一个多元化的城市社会——新的群体、新的职业、新的行为方式和新的观念成为现代城市社会变迁的成果，城市正在以全新的面貌殊途同归，民族性、地域性的城市形态在与自然在抗争中，正以同质化的方式发展着。

城市的世界性和国际性，既是一个国家经济与社会发展进步的标志，我们必须提倡中国城市的世界性和国际性，但是，世界性和国际化不能等于城市形态的整体西方化，这里提出并强调的是城市空间形态认知不能一边倒，抑或可以说，中国的城市既应该有世界性、国际化的一面，也应该有民族性和本土化的一面，越是具有本土化的民族优秀性，才会越具有国际性这一前提，这才是世界城市发展应该遵循的原则。每座城市应该根据其历史、文化特点、所处区位，构建独具魅力的城市形态，从中保留并创造性的开发具有时代特征的本土化城市形态。

目前的中国城市化正对中国传统优秀的本土化城市形态正在形成全面革杀之势，中国的本土化城市形态正面临全面挑战：

一是在高速的城市化发展中，中国"城市本土化形态"构建的挑战。中国城市水平已经达到50%，按照西方发达国家近代城市化20年翻一番的经验，中国在未来的十几年间正处在城市社会来临的前夜，面对未来十几年4亿~6亿农业人口进城的巨大历史变迁，中国的城市空间如何创造性地保持本土化形态特色？应不应该创造既有时代特征，又能创造性地构建民族化本土化的城市形态符号？显然，在总体战略与城市文化构建方面，缺乏政策主张和战略模式，包括社会精英群体在这个领域缺乏作为。城市如何保持中华民族本土的"根文化"已经迫在眉睫，搞不好在城市化高速的过程中，不仅本土化城市形态文化可能被铲除，传统意义上的村镇文化也没有了自己的本土性和民族性，这会影响到整体意义上的中华民族文化在世界文化之林中的地位。保持本土性城市形态文化是构建国家与民族意义上的整体文化和强化民族凝聚力的前提和基础。在这一层面，中国式本土化城市形态的创新是关键。

二是城市形态文化生长机理、特质认知及方法论的大挑战。城市形态作为人类社会与文化的结晶形式之一，其发展过程是有其必然性的增长机理和特定的文化功能的。城市形态从原生类型到次生类型形态的发展，既有显性的政治功能，又有显性与隐性相结合的文化凝聚与创新功能。例如：（1）城市本土化形态的民族心理文化归宿感的构建功能；（2）城市形态土化的民族文化自我内视与认知功能；（3）城市形态本土化的符号化识别与文化财富积累功能；（4）城市形态本土化的民族传统文化传承与再造功能；（5）城市形态本土化的中国式生活方式的建构功能；（6）城市形态本土化的文化与经济"循环累积因果功能"；（7）城市形态本土化的"集体记忆功能"；（8）城市形态本土化的"城市文化的文化资本性转化功能"；（9）城市形态本土化国际差异化的发展功能；（10）城市形态本土化的世界性文化功能等，即越具有本土性的优秀民族性，越具有世界性的文化感召力和影响力。创造中国城市的本土化城市形态，也是创造中国国家核心竞争力的重要组成部分。

三是中国城市形态规划建设管理理念与决策方式的挑战。城市规划本身不应该仅仅是物化的规划，而是一个城市文化与文脉的延伸和创造。当代中国的城市规划管理，严重滞后城城市化的发展进程，正是因为这种原因，才出现城市形态本土化样态的丧失与变异，因此，城市管理包括规划管理，应该在国家利益与民族文化利益基础上，严格构建法律程序和科学决策程序，在城市的中长期规划的政策基础上，构建与国家远期利益相一致的城市控制规划和规划理念。不应该一味追求"洋规划"和"洋人规划"，而是要创造自己理念和主张，这对中国的城市管理管理者和城市规划与研究者都是一个全新的挑战。如何创造中国城市形态的"雅典宪章"①、创造中国本土性新的城市建设主张、创造中国本土化的城市形态与城市发展理论，应该是一个全面的挑战。

四是民族性本土性城市形态理论体系构建的挑战。城市应该是民族文化与知识的积累地和创新地，可是到目前为止，没有符合中国本土性城市形态规划的系统理论说明，也没有与本土性文化相适应的城市形成规划主张与规范。几乎相关的理论认知，包括空间、尺度、符号说明等都多以引用西方学者为荣，完整地构建城市本土化的城市形态理论，应该提到城市规划管理与日程上来。

概而言之，在世界性的城市变迁中，给每一个民族和国家都创造了新机会和挑战，而中国的挑战更为严峻，因为当代中国的城市变迁对于中国乃至世界来说都空前绝后的变迁，既表现为速度快，更表现为急功近利的变迁模式。然而，目前为止，无论在学术界和政府决策界，都没有提出城市形态的本土化主张、政策与理论，有可能成为整体性历史遗憾。因此，在新的世界性城市发展大潮中，"新都市主义"、"后都市主义"、"城市空间价值性与商品性"等都是在新时代发展下表现的城市基本特质和发展事态，中华民族应该把握这一次世界城市变革的机会，创造本土性的城市形态，真正使中国的城市形态具有世界性文化意义。

---

① 《雅典宪章》指出："虽然城市是经常的在变化，但我们可以说普遍的事实是，这些变化是没有事先加以预料的，因为缺乏管制和未能应用现代城市计划所认可的原则，所以城市的发展遭受到极大的损害。"

二、城市文脉与城市记忆 —— 城市形态文化本土化的断裂与纠谬

"朱雀桥边野草花，乌衣巷口夕阳斜。旧时王谢堂前燕，飞入寻常百姓家。"这曾经是多少人孩提时代的城市感知与记忆，也曾经成为多少人心中的情愫。这种感知既是城市的文脉，也是城市的集体记忆，更是中国城市形态特有的空间文化特质。由建筑组成的城市空间形式，是一个民族和国家的历史文化积淀，也是一种文化精华在现。美国设计学者埃德蒙·N·培根说：埃及的金字塔作为"一种支配性体量形式完美表现而存在"。"中国建筑恰恰相反，是与自然保持一种和谐状态而不是支配自然的有力的表现。屋顶的凹形表现人的恭谦，表现建筑对于宇宙空间的接受，这些屋顶优雅地接受宇宙空间，并成为庭院建筑构图中的核心"。① 一个值得认同的"城市记忆"，应该是人类共同的记忆。而在现实的城市发展中，很多"城市记忆"物化为现存的城市景观，成为具有城市文化特色的"历史地段"。正如故宫、天坛对于北京，西湖、灵隐寺对于杭州，外滩、豫园对于上海，中山陵、夫子庙对于南京，瘦西湖和"烟花三月"对于扬州一样，城市的形态创造的历史积淀，既是城市本身的记忆，也是中国人的"集体记忆"，赋予城市以个性化的鲜活生命力。"用象征性符号贮存事物的方法发展之后，城市作为容器的能力自然就极大地增强了：它不仅较其他任何形式的社区都更多地聚集了人口和机构、制度，它保存和留传文化的数量还超过了一个个人靠脑记口传所能担负的数量。这种为着在时间或空间上扩大社区边界的浓缩作用和贮存作用，便是城市所发挥的独特功能之一……爱默生（R. W. Emerson，1803 ~ 1882，美国著名哲学家，散文作家和诗人）讲得很对，城市'是靠记忆而存在的'。"② 伴随着城市的发展历程，城市留下片片记忆，而这城市记忆是可以信手拈来的，如巴黎的凯旋门、埃菲尔铁塔；北京的长城、前门；西安的大小雁塔等，这些"城市记忆"成为一种历史的象征，构建了城市形态本土性空间关系，并规范着城市空间后续历史发展过程。这既是城市所属的财富，也是人类社会的财富，并以城市文化符号形式和"城市文化资本"形式存在与发展着。

正是因为城市形态表现为一般意义上的空间结构，其时间的结晶意义就值得认真分析了。在目前的中国，传统意义上城市形态空间格局已经丧失殆尽。

---

① ［美］埃德蒙·N·培根：《城市设计》，中国建筑工业出版社 2003 年版，第 16 页。

② ［美］刘易斯·芒福德，宋俊岭等译：《城市发展史——起源、演变和前景》，中国建筑工业出版社 2005 年版，第 74 ~ 75 页。

（一）街区传统性功能与文化的丧失

传统街区是城市形态空间结构表现，中国式本土化城市等区与人的尺度相和谐，传统街区的符号传达着某种意义上的人体文化感知，正是这种与人的尺度相适应的传统街区往往是孩提时代的记忆，是可以"踢毽子"、"跳皮筋"、"过家家"居住生活的一部分，也是居住者室内生活的延伸，是居室空间生活的一部分。街区是可游、可玩、可观、可娱、可学习的场域。当代城市街区的主人是汽车，而这一点已经具有世界性的同一性——城市整体风格雷同。在中国我们能够感觉到农业社会在向工业社会过渡的城市景观变迁，其共性是：高楼、高架道、过宽的马路、汽车流、金属装饰、豪华的大型商业设施、相似的建筑风格及风格一致的装饰……上海的高架路虽然给我们以现代化大都市的感觉，同时，也给了我们"城市水泥森林"的悲哀，这正是我们在寻找"城市记忆"的原因。

（二）"历史地段"与历史"景观文化丛"的丧失

城市改造的速度加快，城市景观丛的连续性正在被切割，形成典型的城市历史空间的"文化断裂"，"在现代生产条件无所不在的社会，生活本身展现为景观（Spectacles）的庞大堆集。"① 新的景观取代了旧的景观体系，整体街区的历史感已经没有，而且在多数城市中已经丧失。天津是一个近代老城，驱车找遍整个城市，除剩下的洋房区外，传统的历史街区已经无法寻踪。仅随机举例，如辽宁铁岭市、安徽芜湖市、河北唐山市，传统的老商业街已经荡然无存，甚至连传统的口碑记忆都没有得到传承。如仅从城市"历史地段"（Historic District/Historic Site）这一概念来分析，在城市管理、城市规划、城市社会学等方面的意义非常重大，一个有本土化的城市形态必须有其特有的"历史地段"，在城市形态的构建中必须把城市空间结构性地分化出"城市文化资本"的"灵魂"空间——"历史地段"，真正意义上的"历史地段"是本土化城市形态空间的历史与现实结合、物质与人文精神文化结合的核心性存在意义。"历史地段"及相关的"景观文化丛"是城市历史的特色、特质和景观意象的文化因素，是城市价值与城市人的心理归宿要素，是"城市记忆"的物化形态，离开这个历史地段，城市特定的历史形态与文化属性就没有了。亦如"故宫是北京的一个文化与价值符号，北京的主要文化与价值符号是故宫"一样，这种特殊"历史地段"是城市的"别名"，具有不可替代性，在代表城市形成文化意义上是可逆概念认知模式。有价值的历史地段是重要的"城市文化资本"。"历史地段"包括自然景

---

① ［法］居伊·德波，王昭凤译：《景观社会》，南京大学出版社 2006 年版，第 1、3 页。

观区、传统建筑群、老街道、具有景观意义的街区、历史风貌区、政治景观与宗教文化景观等。美国在城市建设中很注意"历史地段"意义的运用，在《美国历史地点注册法》中规定："历史地段的意义是指一个有地域性界限的范围——城市的或乡村的，大的或小的——由历史事件或规划建设中的美学价值联结起来的敷地、建筑物、构筑物或其他实体，其意义上有凝聚性、关联性或延续性。"

（三）城市地名的变异与非本土化倾向

上海作为一个近代租界城市，其地名洋化泛滥堪称可以理解，并可以尽可能张扬表现其"海派文化"个性。可是走遍当代中国城市，可以看到地名西方化充斥整个大中小城市之中，仅以南京与扬州等世界历史文化名城为例，其西方城市地名有威尼斯、巴黎春天、伦敦城、罗马城、米兰城、莱茵东郡、托勒家、马斯兰德、奥斯博恩、欧洲街区、北区七英里等。我们也希望我们的城市具有国际性，可是地名都成了西方的名称，如果到处泛滥其意味是可想而知的。城市地名非民族化，这虽然不是主要问题，但是这种文化倾向具有城市的整体性和广泛性，而且大有蔓延之势，这是一种典型的"文化转移"。

（四）城市形态空间与场域记忆的丧失

城市形态空间是城市记忆的主要客体，城市的记忆表现为整体记忆，这个记忆是城市的资本，同时是城市人自我文化认同的平台与基础。当代中国城市的记忆丧失，主要是表现在城市形态空间与物化文化符号的丧失，也是本书主要强调的本土化场域空间形态符号的整体失去的意义。如城市传统文化活动与经营空间的丧失，这种传统文化活动与经营空间记忆丧失也是整体性的，如有些城市中大排档、前店后场的经营形式、街角文化等已经不复存在；城市符号如"城市家具"的表现形式；城市细节符号，各个街区的门、楼盘小区的门、窗户、屋顶、屋檐、栏杆、墙景等，传统中优秀层面的符号创新不仅很少获得利用，而且多已经被"另类"化符号取代。从人类城市的社会背景意义上分析，城市景观中的各个部分，必然组合成一个相关的价值链和文化模式，犹如一个场域或舞台。正如"哈布瓦赫指出，集体记忆不是一个既定的概念，而是一个社会建构的概念"[①]"城市记忆"可以被视为是具有可读性的（Legible），在人们心目中存在着的"总意象"（Capsule Image），如广州是"花都"，哈尔滨是"东方莫斯科"，苏州是"东方威尼斯"，这是历史的经验，也是个人的记忆，同时也是城市个性的要素特征。这种"共性感知"通过一个共性认同的语言的总结，把一个城市

---

① ［法］莫里斯·哈布瓦赫，毕然等译：《论集体记忆》，上海人民出版社 2002 年版，第 39～40 页。

最有代表性、最主要的特色意象刻画出来，最终形成城市的"集体记忆"，然而这些记忆的丧失已经成为人们的普遍感知。笔者希望能够用哈布瓦赫的评议说明这种意义："每一个集体记忆，都需要得到在时空被界定群体的支持。"

（五）建筑与居住空间文化的历史断裂

"在世界上各种文化中，建筑形式是体量与空间的力的相互作用在哲学上的一种表现。这种相互作用反过来又反映人与自然以及人与宇宙之间的关系。以体量和空间确立的明晰性与活力，决定任何文化发展时期建筑作品卓越程度"。[①]中国城市传统空间的人与自然的天人合一，其"体量与空间确立的明晰性与活力"，在世界范围内获得文化认同，北京的四合院、徽派建筑风格、江南传统园林和具有人情味的街区小道，那种情景已经被"高楼群落"所取代，这不仅使居住空间城市空间异化形成历史断裂，更重要的是当代中国的城市建筑与居住空间没有了自己的本土性文化，没有了本土性时代空间特色。仅就过宽的马路而言，步履蹒跚的老人在过80米宽的马路时，面对呼啸而过的汽车，这种场景告诉我们的是：人作为城市主人的地位的整体丧失和悲哀。

由城市建筑组成的城市形成空间，其"节点性文化"的丧失更为严重。城市作为建筑空间的组合，没有新构建的与中国文化相适应的本土性标志性空间关系。眺看巴黎，400年、600年甚至800年以上单体建筑和建筑群，可以在城市里生存并成为城市文化资本。澳大利亚100年以上的建筑被作为保护对象而使城市形成显得丰富多彩。中国的城市如北京、苏州、南京、西安、郑州、洛阳、杭州、扬州、常州等相当多的城市，多号称有两千多年的历史，可是传统记忆中的单体标志性建筑和标志性建筑群所剩无几。更重要的是未能构建现代性本土化的建筑空间组合和本土化标志性建筑，西方的建筑空间成为当代中国城市标志性建筑形成的主体。文献记载中的城市重要景观，有的被新的楼盘取代，有的被新的工厂取代，有的被新的商业取代——中国民族中几千年的城市历史中的重要文化，并能够表现城市空间特点的空间，相当多的已经很难再生。"侵入与接替"的城市生态，正在吞噬有价值的可再被利用的历史空间。

或许我们要问，几千年的中国城市文化还剩下什么？寻找和创造本土性城市空间，已经是在城市记忆正在丧失的过程中的一种无奈。我们抬眼看世界：日本的奈良是世界历史文化名城，这个城市的精英群体曾提出这样一句名言：奈良是日本传统文化的守护者。

应该说，在日本的奈良的确能够强烈地感受到日本文化的存在和氛围，现代

---

① ［美］埃德蒙·N·培根：《城市设计》，中国建筑工业出版社2003年版，第16页。

化的东京不像日本的。当代中国城市化进程是一次世界空前的城市化运动，很多城市变了模样，很多城市传统的、优秀的文化和"城市记忆"正在消失，保护中国的"城市记忆"、创造本土化城市形态已经迫在眉睫。中国的历史文化名城应该当仁不让地承担起守护中国城市传统文化的责任。这是一项非常有意义的工作。如果中国南方的杭州、西安、扬州等城市能够真正提出中国城市文化的保护者、守护者、创新者的口号，其世界意义和影响是不言而喻的。

城市记忆是可以穿越时空的价值符号，既拥有过去，也拥有现在，更拥有未来。

三、城市形态空间与时间结晶 —— 城市形态本土化的意象与新主张

不是所有的城市空间整合都会产生良性的结果。因此，创造性地进行城市空间整合，合理地开发利用传统与自然资源，可以使城市空间产生文化资本意义的效用和价值。新本土化城市形成的构建，是一种传统优质空间要素与现代优质空间要素的整合，其后续发展可以诠释"空间是时间的结晶"的深刻含义。曼纽·卡斯特（Manuel Castells）对城市空间有多种层面的解释："城市是社会的表现（Expression）"，"空间是结晶化的时间（Crystallized Time）。"[1] 这些观点表现人类正从更高的或更理性的层面认识人类创造的空间形式——城市。本土化城市形态，就是要充分表现为"四新主义"模式——新空间生态形态、新文化符号、新景观体系和新的城市文化资本，说到底，这是一个构建全新的具有时代特质的城市空间结构模式。而其核心是使本土化的城市形态重新回归自然。

在构建本土化的城市形态过程中，人文区位中的"文化核"是一种文化"质因"，既不是历史传统的再现，也不是复古的模仿，是总结中国城市形态的历史文化，结合现代世界城市形态与空间利用的优秀与成功模式，运用创新的思维，使中国形成一种时代空间断面的新的文化组合：传统＋传统—传统＋新时代文化，构成一种有时代感知的并能够秉承"人类集体记忆"的具有本土性城市形态的文化符号，让中国本土化的城市形态成为世界城市百花园的一种特有存在。20 世纪二三十年代的民国城市文化与城市建筑，至少在挖掘传统建筑符号与西文化结合、与现代建筑符号结合方面，进行了有益的尝试，并构建了一个时

---

① ［美］曼纽尔·卡斯特，夏铸久、王志弘等译：《网络社会的崛起》，社会科学文献出版社 2001 年版，第 504 页。

代的城市空间符号，至少成为人们共同感知与认同的城市形态空间关系。城市空间的概念构成体包括城市、城市圈、建筑、社区、街道、广场、园林等。曼纽·卡斯特把资本主义作为一特定空间加以认识，事实上，不同的社会制度表现的社会空间是不同的。同时他还认为："空间不是社会的反映，而是社会的基本物质向度，如果将空间独立在社会关系之外来考量，乃是割离了自然与文化，并且破坏了社会科学的首要原则：物质和意识乃互相关联。"① 如果把"基本物质向度"作为认识的要素的话，资本主义社会的"基本物质向度"是可以视为一种空间关系的。② 正因为城市空间不仅有地域性、民族性、国家性，还有社会属性，因此，在中国城市社会来临的前夜，提出城市形态的本土化理念是有其深刻社会意义的。

本土化城市形态的建设，要求人们提出城市形态认知的新理念，"新的本土化的城市＝生态循环＋循环社会＋城市记忆＋时代性空间＋民族性文化符号＋人居亲情＋传统建筑文化符号＋空间人性＋自然的回归"。这样的定位应成为创造本土化城市形态整体开发的大思路，定位过程要成为地区性人们的共识。

从城市社会学的角度看，本土化的城市形态的建设，就是构建有心理归宿感的社区型城市。我们一直在提倡"一个好社区等于一所好学校"的主张，一个像学校一样的社区就可以说是一个好社区。笔者曾提出完全型社区要具备六大基本构成要素，包括合理结构的地域、组织起来的人群、社区互动、社区心理归属感、社区制度、符合人性的景观成分。国外的好社区基本具备了社区大学、社区教育、社区医疗、社区照顾、社区沟通和新型社区互动，人们把这种社区作为依赖感的一种文化符号。一位著名的丹麦建筑师曾讲过，"一个蹩脚的医生可以使生命长眠地下；一个平庸的建筑师可以让遗憾长留人间。"我们提出构建本土化的城市形态，就是不为后代留下遗憾。因此，我们应该现在开始，在城市建设中，多一点留白，多一点财富，多一点绿荫，多一点记忆，留给后人一个可持续发展的本土性城市形成。

面对中国城市化的新时期，我们提出中国城市形态发展建设的"七大新主张"：

1. 提倡民族传统与"历史记忆"开发相结合的本土化城市形态主张。在这一层面，要把城市的历史文化、城市历史记忆的保护与开发作为城市发展建设的新理念提出，张扬支持那种带有本土化思想的设计模式，并给予政策与经

---

① 王志弘：《流动、空间与社会》，田园城市文化事业有限公司1998年版，第5页。
② 张鸿雁：《城市形象与城市文化资本论——中国城市形象比较的社会学研究》，东南大学出版社2002年版，第17页。

济上的支持。提倡本土化城市形态，既不是复古，也不是排斥吸纳世界城市优秀建设理念与文化，它主要是强调在目前单一的西方的城市形态的潮流中，把握中国城市优秀的理念和主张，构建具有民族性格的城市形成与空间，使中国传统的与自然和谐的城市空间得到发展，并创造出具有新时代特征的本土化城市形态。

2. 提倡创造城市特色竞争力的新城市核心竞争力主张。城市是人类的财富，也是后人的财富，因此，城市的增长方式应大于其增长本身。在自然、人口、资源和环境的大生态系统中做应用系统分析，以最合理的方式方法利用城市资源，在城市综合竞争发展的基础上，创造城市特色竞争力，以实现可持续发展。不是所有的城市都是从综合竞争力的角度来发展。在本土化的城市形态创造中，要追求经济发展的生态效益、经济效益和社会效益的有机统一：一是可持续的城市经济——创造就业与财富；二是可持续的城市社会——保证社会的和谐与发展；三是可持续的城市居住——为居民提供良好且可支付的住房；四是可持续的城市环境——建立稳定的生态系统；五是可持续的城市交通——建立资源保护型的城市通达系统；六是可持续的城市生活——建设生动活泼的城市；七是可持续的城市决策——赋予城市居民应有的决策参与权。

3. 提倡人与自然和谐为本的循环城市社会主张。21 世纪的新经济是循环经济。循环经济改变了传统工业经济最大限度地开发自然资源、最大限度地创造社会财富和最大限度地获得利润的生产目标，变为最大限度地优化配置自然资源、最大限度地提高自然资源利益效率和最大限度地提高自然资源利用效益。循环经济除了劳动力循环、资本循环，更是资源的循环。循环经济发展模式是在最大化寻求人与自然的和谐。循环社会发展模式则是最大化寻求人、自然、社会三者之间的和谐。循环社会强调人与自然的和谐互动，人与社会的和谐互动，人与人之间的和谐互动，社会与自然之间的和谐互动，最后形成人与人、人与自然、人与社会、自然与社会之间的和谐关系。而要达至这样一种和谐，也必须是一种互动式的多循环社会结构模式（Interactive Multi-recycling Social Structure，IMSS）。这种模式在 5R 的循环经济原则上更强调互动的 5C 原则，即协调、共识、合作、共存、共荣。

彼得·卡尔索普在《区域》一文中认为：新城市主义既考察单个地块，也考察整片区域。整个区域应该按照相似的原则来"设计"，应由公共空间来组织结构，运行体系对行人有利，应兼具多样性和等级性，边界清晰可辨。我们注重对自然环境的保护并力求达到人与自然的和谐共存状态。我们兴建紧凑型城市形态，节约资源和提高能源的使用效率，构建一个全新的人与自然和谐相处的 21 世纪的本土化城市形态空间关系。

4. 提倡城市细节开发与创造品位的城市新文化主张。一流的文化造就一流的城市，深刻的文化内涵是本土化城市形态特有的文化因子。美国城市社会学大师 R.E. 帕克认为，城市不仅是简单的物质现象，简单的人工建筑物的堆积，而是人类属性的产物，当然也是人类智慧的产物。本土化的城市形态，有独特的人文精神、有属于城市自己的细节，把城市当作艺术品来打造，本土化城市形成所具有的可持续性的价值和竞争力的核心之一就在于其文化个性。本土化的城市个性体现在城市建设的每一个细节上，每一条道路，每一块墙角石，每一盏街灯都以独具匠心的眼光创造与时间、空间相适应的文化符号，每一处花圃，每一座凉亭，每一张长椅，都能够体现城市的集体记忆与文脉。

5. 提倡人性化城市尺度的友好型城市空间建设主张。人性化的城市空间的核心是尺度，是空间、人与自然的和谐关系。过高的建筑、过宽的马路、巨大的广场都与人的自然属性生活相背离。我们看到铜陵这样的城市市政府广场大而无当，既缺少粘滞空间，又缺少绿荫，广场缺少亲情性符号运用。这既不符合城市与人的关系，更不符合当代中国人多地少的国情。因此，本土化的城市空间提倡与人的行为相符合的空间尺度，特别是以步行空间为前提的尺度，构建全新的"后汽车时代"的城市文化，提倡能够创造有心理归宿感的空间样态。

6. 提倡合理的充分就业与居住区相适应的后都市主义新主张。传统的城市往往是政治中心，工业化的城市往往是工业与居住混杂，当代中国新兴的城市化，在城市社会变迁中，城市功能多元化，往往出现就业与居住严重分离的现象。当产业向园区集中的时候，也出现居住向"卧城"集中的现象，城市"拥挤不经济"已经成为城市形态与空间的冲突性矛盾。本土化城市形态应该注意城市"区域核"的构建，这个"核"就是"就业核"，就是在城市形态空间创造性地开发区域一体化关系，城市的不同功能区，形成就业、生产、流通、消费和分配的一体化格局。南京、武汉等城市居住与就业分离过远的状态，曾给我们留下启迪。

7. 提倡城市文化开发的"城市文化资本主义"主张。提倡本土化城市形态的世界城市性——新中式主义城市形态的新主张。本土化意涵就是创造民族性城市的世界性，就是要汲取世界城市形态与城市文化的丰富营养，形成现代中国风格，现代新中式主义的城市形态。本土化的城市形态应该表现为新型的文化生态空间更丰富的城市轮廓线、天际线以及突出的"网天效应"，还有自然、舒适、人性、亲情、和睦、有序、品位、高雅和现实意义的公平。创造中国人自己的城市形态空间，丰富世界城市的多样化，构建本土化的城市学理论、体系和模式，已经是城市社会来临的时代要求！

第二节　本土化城市化理论"嵌入性"整合：自然与生态视角①

"嵌入性"（Embedded ness）城市定位的核心就是让城市"回归自然"，"重塑"城市的自然文化属性。这个"重塑"不是强行"改造自然"，而是对自然的感恩与回报，是在新的社会条件下，让城市根植于自然，并给予自然以"善"的报答。人类在长达三百多万年时间里，一直在对自然进行索取，当代人类的城市社会发展应该对自然给予感恩式的回报，这本来就是人类最低的消费道德和城市功能。

"定位"这个词在中国的1978年后，一时间曾成为一个十分时髦的词，"企业定位"、"产业定位"、"市场定位"、"价格定位"、"城市定位"，以至于人生也要"定位"，等等，"定位"已经是市场经济社会前提下组织与个人生存、发展的一个重要程序和行为方式。

伴随世界范围人口数量的增长，城市数量也必然在增长，中国仅各类型城镇就有上万个，这些城镇在中国的城市化浪潮中，其中大部分将发展成为中小城市，有的可能发展成为大城市，如深圳、东莞这样的大城市，以前都曾是一个乡镇，仅30年的时间就发展成为中国的特大城市，深圳人口已经超过1 600万人。面对世界全球化和全球城市化竞争的发展模式，城市的发展也不可能脱离时代的要求和局囿，也必然被卷进发展"定位"的实际性需求浪潮之中。事实上，城市间的竞争激烈程度并不逊于企业间的竞争，而城市的竞争在很多时候是大区域间的或者说是世界范围的竞争，更具有复杂性和深刻性。

因此，城市要发展，社会要进步，城市要定位，是城市化的发展的必然，也是中国城市社会来临的必然。

一、"原生态城市文化模式"的"形塑"——"城市是自然中的一棵树"

正因为中国城市化发展的速度是空前的，在现实中，有很多城市在高速发展

---

① 本部分主要内容已发表。见张鸿雁：《"嵌入性"城市定位论——中式后都市主义的建构》，载于《城市问题》2008年第10期，第2~9页。

中失去了自我，或者是"忘却"了给城市以科学的定位，有的城市几乎完全丧失了自己本土化的个性风格，城市的"建设性破坏"、城市的"合法化危机"、城市污染等一系列社会问题的发生，使中国的城市正在以"千城一面"的样态发展着……正因为如此，面对中国城市发展中的定位缺失，才要创造新的城市定位理论，给城市注入新的动力，不仅让城市的生活更美好，而且让城市人在美好生活中创造人生的终极价值……

城市定位的"回归"与"重塑"，其终极目标就是让城市能够如宝石一样，镶嵌在自然的怀抱里，形成城市与自然的"嵌入性"的结构关系。"嵌入性"（Embeddedness）在汉语中，有时被译成"镶嵌"、"根植"的意思。20世纪80年代中期，美国新经济社会学的代表人物格兰诺维特将波拉尼的"嵌入性"概念引入社会学领域，因此，"嵌入性"一词成为美国新经济社会学一个重要的基础性概念。[①] 此所论及的"嵌入性"城市定位的概念，主要是强调建构现代化意义上的城市与自然文化属性的结构性关系。人类创造的城市可谓曾一度离开自然，或成为与自然相"对抗"和消耗自然资源的社会机体，特别是人类工业化的发展以来，几乎使城市成为自然的对立物，对自然系统的破坏几乎贯穿工业化的全过程，大量的山体被炸、植被荒芜、河流被污染、物种被人为灭绝、田地被化学农药结板化……今天当我们在给城市定位的时候，就是希望能够让城市深深地根植于自然的结构之中，并能够从中汲取能量与给养，或者应该这样说，城市犹如自然中的树木与森林，汲取营养，最终回报给自然。

"城市应该是根植于自然的一棵树"这一概念定位其意义非常深远。为什么在自然界，燕子、喜鹊、蜜蜂等创造"窝"、"巢"是自然界组成部分，而属于自然界的人类，经过社会化以后，所创造的居住体——城市，却往往与自然的发展相悖谬？为什么人类创造的城市不能够完全成为自然界有机构成的一部分？在笔者以往的研究中，多次提出过城市的发展与定位要创造新的"城市文化资本"，[②] 就是要创造与自然和谐的城市发展土壤和社会机制，说到底也是在塑造一种城市自然感恩型城市"文化模式"（Cultural Pattern）。这种文化模式应该是城市原生态文化的建构与重生。有学者曾说："随着地球人口更稠密的覆盖，越来越有必要保留部分地方的原始状态，也就是说，避免人类的组织癖好，比如国

---

① 理论上的嵌入性概念，最早是由经济史学家卡尔·波拉尼1957年提出的。他明确指出，"人类经济嵌入并缠结于经济与非经济的制度之中"。"所有的经济行为本来就陷入到一种结构或另一种结构的社会关系中，发展从本质上导致了镶嵌的种类而不是程度的变化。"迈克尔·武考克：《社会资本与经济发展：一种理论综合与政策构架》，引自李惠斌、杨雪冬：《社会资本与社会发展》，社会科学文献出版社2000年版，第263页。

② 张鸿雁：《城市形象与城市文化资本论——中外城市形象比较的社会学研究》，东南大学出版社2002年版，第15页。

家和城市公园或保护区，节假日期间我们在这里可以逃避管理者、组织者和效益专家及其所支持的一切，而回到真正懂得组织事务的大自然"。① 这种感觉是一种知识分子的责任和价值取向。当人类走进城市并把城市当作生活、生产的场所，是城市人以群体的方式在"动用"自然物来满足人类的需求，在需要的过程中必然要消耗自然，甚至在一定程度打破自然的一种秩序，而出现"自然状态的失常"。人类对自然的需求与索取的过度，使地球上已经很少有原生态的存留，因此，重塑城市价值的实际步骤，是城市精神和城市消费伦理道德的一种新建设，也是现代城市社会发展的一种理性和理想境界。

城市作为人类创造的"第二自然"，原生态的稀缺性是对城市可持续发展的一种警告。对有些城市来说，已经没有了原生态的文化，无论自然属性的还是人文属性的，都已经不复存在。有些城市空间让人窒息，似乎在迫使现代人成为"城市动物"。在唐纳德·沃斯特的《自然的经济体系思想史》一书中还曾引用了克鲁奇的一句话：从伦理的角度讲，"我们不仅一定要作为人类共同体的一员，而且也一定要作为整个共同体的一员；我们必须意识到，我们不仅与我们的邻居、我们的国人和我们的文明社会具有某种形式的同一性，而且我们也应该对自然和人为的共同体一道给予尊敬。我们拥有的不仅仅是通常字面意义上所讲的'一个世界'。它也是'一个地球'。没有对这种事实的了解，拒绝承认文明世界各个部分之间政治上与经济的相互依存关系，人们就无法更成功地生活。一个虽然感伤的，但却是无情的事实是：除非我们与除我们之外的其他生物共同分享这个地球，否则，我们就不能长期生存下去。"② 这一观点的核心是"我们（人类）应该与其他生物共同分享这个地球"，所以，当人类从城市最初的形成，到传统农业社会转换到典型的资本主义工业时期，城市一直对自然加以索取，而当代社会我们对城市提出全新的要求：城市要对自然有感恩式的回报，这一认识是城市生态文化模式发展的质的飞跃。

对于现代的城市来说，传统的原生态自然资源具有资本性价值。从概念上理解，原生态文化的存在往往是指未经人类行为影响的、非社会因素生成的自然生态环境系统和环境。我们在这里提出的"原生态城市文化"既包括单纯的、非人为因素形成的自然生态系统，也包括一个国家、地区、民族或一座城市在长期的历史发展过程中形成的独特的、代表性的、本地化的、原汁原味儿的、土生土长的语言、习惯、风俗、技艺、行为和艺术等文化表现系统。而这些原生态的文化，在现实的生活中已经成为城市生活方式水平与质量的保证。

---

① ［美］唐纳德·沃斯特：《自然的经济体系思想史》，商务印书馆1999年版，第385页。
② ［美］唐纳德·沃斯特：《自然的经济体系思想史》，商务印书馆1999年版，第390页。

在城市文化的挖掘中，"原生态城市文化"具有民族意识的"草根文化"意义，是民族与城市精神及情感的重要载体，是城市人代代相传的文化财富。在有些城市中，地方性的传统包括原住民族的传统知识，是以区域文化长期发展为主体所衍生出的城市与地域化的无形资产，它包括特殊工艺品图案、造型；民族和宗教的图腾、特征徽记；以及具有商标号召力的文字符号等。特别是通过城市文化建构的升华，把城市传统中的"草根文化"引入城市高雅生活系统和层面，必然会创造更高的文化与经济价值。特别要指出的是：很多城市地方性的文化，往往因为中国地域广阔、气候条件多变、历史悠久和文化背景独特，形成了为数众多的特殊文化遗传形式和类型，特别是因自然与社会隔离机制造成多样性的文化结构而衍化的"城市文化群种"，具有鲜明的地方性、民族性和城市的文化特质。有些原生态城市文化及传统知识资源迄今尚未被工业化所利用，甚至是典型的活的"文化化石"；还有的"原生态城市文化"知识和表现难见于书本，而以生活传统和物种的形式保留在聚居地域。这些原生态文化如果能够充分开发，通过整合、策划和创意可以成为城市发展的文化资本和"动力因"，并可以构建一种新型的文化产业链。

"原生态城市文化模式"的建设可以从以下几个方面加以思考：

一是以"原生态自然环境文化为基础，建设'循环社会型有机城市'"——强调原生态自然环境的挖掘、利用、整合与创新。这里就有一个城市社会发展前提资源的条件整理，即你这座城市还有原生态的自然资源要素吗？客观地说，有些城市已经没有原生态自然资源了，而有些城市虽然尚存一些原生态的自然文化资源，但是，既没有很好利用，也没有创新性的开发，让原生态自然文化资源自然消耗，而不能把资源转化为资本。

二是强调以"原生态历史文化为基础，构建'特色人文城市'"。与前一项的区别就是强调"历史文化的原生态"，这既需要挖掘，更需要整理，包括现存的物质形态和非物质形态的原生态文化。当然更希望这个城市能够有显性的历史文化遗存，如老的街区、历史地段、城市的"集体记忆"、某种"历史文化丛"等。通过原生态特色人文资源的重建，可以提炼出城市个性化的文化主张，寻求城市的"文化突围"。

三是以"原生态旅游文化为基础，提升城市整体文化生态品质"。旅游文化对于一个城市来说，不仅仅是开发几个旅游景点，更重要的是创造一个城市整体文化的品位，良好旅游环境是宜居城市的基础。凡是典型的优秀的旅游城市，必然都是有"城市文化资本"特色的城市，并且必然具有良好的生活质量。城市旅游人数的总量所反映的不仅仅是旅游经济，更说明的是人们对整个城市文化的认同。进一步说，在旅游体系当中，其中任何一环缺失了，都不可能把旅游做上去，也不可能创造良好的城市生活品质。所谓"原生态城市文化模式"所形成的旅游文化，包括"吃"、"住"、"玩"、"乐"、"购"、"娱"、"行"，"新"、"奇"、"特"、"异"、"险"、"学"、"参"，这十六个字构成了"原生态城市旅游文化"的完整产业链。通过城市旅游全过程的各个环节的放大，将旅游的体验方式延伸，创造旅游时间与空间的"粘滞性"效果，这种嵌入性的城市定位，才有可能创造自然文化属性的城市。

四是以"原生态景观特色为基础，发展后现代城市的绿色工业地景"。这一层面的定位，强调城市与山、水和自然风光的"嵌入性"结构建设。生产型企业本身就应该是自然的一部分，工业空间也应该是自然的表现形式，工业生产区也应该是一个生态型的旅游景观。工业区应该是一个现代意义上的公园或者是花园，这是对城市新型工业化的全新要求，也是回报自然的一种人文创造，是一种城市与城市产业发展的思想革命。

斯宾格勒说过，"一切伟大的文化都是城市文化"，"但是真正的奇迹是一个城市的心灵的诞生"。[①]"原生态城市文化模式"所构成的城市人格群体的社会价值，是城市重归自然这一"奇迹"的心灵展示，是在人格个性优化的前提下的文化张扬。与乡村比较，城市的自然属性的回归就是对城市"旧我"的否定，城市社会进化所表现的是"理性化社会的发展"，是城市现代人格炼就的社会基础。英国生物学家托马斯·赫胥黎有一段著名的论述："社会的进步意味着检验宇宙的每一步进程，并用另一种进程取而代之。这种进程可以被称为伦理的进程。"[②]"嵌入性"城市定位在很大程度上是创造一种新的"城市人格"文化伦理，这是罗马俱乐部成员 E. 拉兹洛在《决定命运的选择》一书中引用的一句话。这一观点说明的是：就社会进步而言，一方面，是对人类认识自己创造宇宙发展的一种检验；另一方面，社会进步，说到底也是社会文化再造的文化密码——人类伦理的一种进步，这种伦理可能使人类社会在进化中，社会整体功能能够越来越多地为社会大多数或者是为社会全员着想。进步的合理性包括对社会理性人的全面解放，城市社会的进化正在展现在社会整体生活质量的提高和人的全面发展方面，而这一认识的文化本质就是"城市应该是自然中的一棵参天大树"。

二、扎根于民族性的原生态文化土壤——"城市终极人本"追求

民族是有根的，一个城市也应该是有根的。如果城市是自然中的一棵树，城

---

① ［德］斯宾格勒：《西方的没落》（上），商务印书馆 1995 年版，第 200 页。
② ［美］E. 拉兹洛，李吟波等译：《决定命运的选择》，三联书店 1997 年版，第 99 页。

市的发展就应扎根于民族性的原生态文化土壤之上，才能够根深叶茂。在人类社会进化的变迁结构中，人类经历了多样化的"拔根"过程，当城市出现，人们从乡村走进城市；当新的产业出现，有些人成为商人和工人，又从一个城市流向另一个城市。城市成为丧失"首属群体"的一个生活舞台。这个痛苦的过程在西方世界也有所表现："文艺复兴在各处挑起有教养的人与大众之间的割裂；但以民族传统的文化相分离之后，文艺复兴使这种割裂至少伸入到希腊的传统中。再往后，与民族传统的联系没有得到恢复，希腊却人人遗忘了。结果就形成了这样一种文化：它在非常狭窄的环境中得到发展，与世界相分离，一种很大程度上以技术及技术所产生的影响为取向的文化，极富实用主义色彩，因专业化而极端破碎，同时既丧失了与这一世界的接触又丧失了通往另一个世界的门径。"① 现代城市生活的确在"很大程度上以技术和技术所产生的影响"让一部分人在获得发展的同时，正丧失生活的另一个部分，这也许是现代城市生活幸福和悲哀同在的魅力所在。

相反，面对这样的"现代生活的无根性"，城市定位就要"定根"、"扎根"，让现代社会的城市人重新找回如斐迪南·滕尼斯（Ferdinand Tonnies，1855～1936年）曾向往的传统"传统共同体"的生活，让城市人从心理上找回自我。② 斐迪南·滕尼斯的传统共同体描述的虽然是一种理想生活状态，但是，人的"扎根"性的情感与亲情需要，特别是"首属关系"的需求毕竟是现代城市社会人们仍然渴求的感觉和期望。"原生态城市文化模式"的"嵌入性"城市定位，就是要创造人的"扎根文化"，让城市实现"城市终极人本主义"的创造，也是对城市人本主义的再开发。在一般情况下，人们对生活中的"权力资本"和"货币资本"的价值感受比较深刻，而对"城市文化资本"的价值认知更多的是一种文化意识，虽然对其价值的认识不会十分清晰，但是，"城市文化资本"可以成为"扎根文化"的"培养基"，使城市人形成一种文化意识和"文化意境"，一旦城市能够创造个性化的"城市文化资本"，城市人的整体人格和文化就会形成一种城市整体文化力，构成城市人群体或者是个体的文化资本及"扎根"的资源。如杭州人荣耀于自己居住在西湖边；扬州人荣耀于居住在瘦西湖边；北京人荣耀于居住在故宫边；南京荣耀于中山陵给南京带来的博爱文化；等等。这些在一定程度上都具有"原生态城市文化"价值，使居住于这座城市的人能够形成"城市终极人本"的文化价值取向，并依托这样一种本土化的城市文化底蕴，自觉地扎根于这个城市，自觉地"嵌入性"地感受城市文化特质。

---

① ［法］西蒙娜·薇依：《扎根——人类责任宣言绪论》，三联书店2003年版，第35页。
② ［德］斐迪南·滕尼斯：《共同体与社会》，商务印书馆1999年版，第340页。

西方有学者说："当一国人民富起来了，其价值观体系中，除了发财致富之外，还必须有某种东西能敦促人们继续创造财富，永不满足。这种'某种东西'是非经济性的。"马里亚诺·格龙多纳认为，这种价值观属于文化领域，是一种伦理，是一种道德。"诱惑体现的是短期的愿望，而经济发展是长期的过程。在短期与长期的斗争中，如果决策过程缺乏一种内在的价值观作依据，短期愿望就会得势。这里就看出价值观的功能：充当短期愿望和长期愿望之间桥梁，决定性地增强长远目标的力量，否则人们就会只顾眼前的利益。"① 创造城市"扎根"的文化，寻找城市"终极人本主义"的原生态城市文化，其价值就是长远利益和永久的发展意识。而在这里所要进一步强调的是，在我们的城市建设中，几乎很少有人想到城市的"终极人本主义价值"，即城市最终会为人们、人类和历史提供什么？西方学者对不同类型国家的经济发展与文化价值观的关系进行了相关研究，他们认为，价值观会直接影响经济与社会的进步与发展，有些价值观对经济社会发展的推动也是十分显现的。如有的国家与城市只有"群众"、"人民"的价值而没有个人的价值，在这样的社会文化取向中，社会的整体价值观是很难发挥的。有的国家与城市只强调最高层次的道德，使得民众无法从生活中习得和践行。因此，西方学者将道德分为三个层次（他的观点是值得我们参考的）：一是最高道德——利他和无私的；二是最低层次道德——犯罪和无视他人权力的；中间层次是在社会上存在最多的"合理的利己主义"道德——这个层面应该是普遍意义上的存在价值，是多数人可以履行的社会文化行为与品行。很显然，我们在创造"城市终极人本"的文化价值的时候，应该在最高道德和中间层次道德上形成合理的伦理框架，使城市全员能够成为城市终极目标的实践者和创造者。

"嵌入性"城市定位就是要审视那些原有城市资本存在的样态、类型、功能，只有从"第三视角"来考虑利用、创造"城市文化资本"，才有可能使城市文化资源转化成文化资本。有学者说："繁荣亦指有助于提高生产率环境。因此，我们可以将繁荣视为一系列的资财。这里，我列出以下七种资财，或资本，其中后四种构成社会资本。（1）自然资源，如地理位置，矿藏，森林，海滩，气候；（2）一国金融资源，如储蓄，外汇储备；（3）人造资本，如建筑物，桥梁，道路，电信设施；（4）体制资本，如有形和无形资产的法律保护，效率高的政府办事机构，能最大限度使股票增值并保障职工薪饷和培训的企业；（5）知识资源，如国际专利权，大学容量和思想库能量；（6）人力资本，如技能，智力，能力；（7）文化资本，不仅指文化的有形表现，如音乐、语言和礼

---

① ［美］塞缪尔·亨廷顿等：《文化的重要作用——价值观如何影响人类进步》，新华出版社2002年版，第82、83页。

仪传统,而且指与创新有关联的态度和价值观。"① 我们为城市定位,就是在力求城市的繁荣,在这种繁荣的背后就是资源能否转化成资本,这种转化是需要进行创造、建构、创新与创意的。更准确地说,"城市文化资本"是以精神财富和广义文化财富的形式具体表现出来的文化价值积累,这种积累必然会引起物品和服务的不断流动与增值。有形"城市文化资本"的积累与存在,主要是因为被赋予了"特殊的文化意义",如政治的、历史的、民族的、自然的文化属性等,包括社会认同的"非物质文化遗产"和"物质文化遗产"都是因为注入了人们的主观文化内涵而形成一种文化资本意义,如我们感知到和那些优秀的建筑、历史文化遗址、公认艺术品等,这些财富首先表现为人类文化智慧与心智的一种结晶方式,复杂的劳动成本及个性化的"工具所有制"使某种事物已经不具有单纯的商品功能的价值,还附加了商品以外所表现的文化意义和人类整体知识的意义所体现的文化资本价值,而这种价值往往与时间的存在成正比,伴随着时间的推移、转化,文化资本会形成刚性价格指数——越久越增值。另外,在文化资本认知的角度,很多事物在被赋予了一系列与既定人群相符的想法、实践、信念、传统和价值后,其本身的意义就会发生质变和飞跃。最典型的是欧洲中世纪的城堡建筑,这类城堡已经脱离传统的居住功能,留存到今天她已经是历史的符号、文化的象征、艺术的表现形式、贵族生活方式的样板……被赋予了既定人群的确定想法和信念。从文化属性上看,中世纪的城堡具有典型的欧洲文明的烙印,完全属于并表现了欧洲典型的文化与品质。但是,正因为表现了属于欧洲典型的文化品质,这种中世纪的城堡也自然成了全人类的"集体记忆"文化与符号,也自然属于全人类的文化遗产。这种建筑本身已经具有多种内涵和价值,已经是一种文化资本性的集中体现,构成并产生了非排他性公共物品所具有的要素,如选择价值的代表性、存在的实质性价值和遗产价值、特殊表现的艺术价值、与土地资源相关联的资源不可再生性价值、与相关环境构成的空间唯一性价值和特有遗赠价值等。如果没有文化资本要素作为一种资本财富支撑,文化价值和经济价值的层面上都会贬值,文化资本在本质上是一种经济关系,这种经济关系必须阐明文化价值和经济价值之间的特殊关系。一栋中世纪传承下来的建筑物其早期设定的价值,可能仅仅是其"纯经济价值"的居住功能性价值为主。然而,如果其内涵所表现的文化特质非常明显,其资本性就自然存在,会被社会精英群体以积累性的选择方式保留下来,这种价值将是刚性的价格符号表现。任何文化资本都有益于长时间的可持续发展,这就是城市要创造特有的"城市文化资本"重大

---

① [美] 塞缪尔·亨廷顿等:《文化的重要作用——价值观如何影响人类进步》,新华出版社 2002年版,第 390 页。

意义所在。在此又产生了另外一种有关"城市文化资本"的主张：以"城市文化资本"为主所形成的城市文化生态系统支撑着的经济的运转，会影响着人们的行为方式，而这种选择的历史性就在于城市可以成为具有"历史风格的城市"，而这个历史风格便是民族和城市人的"城市文化资本"和"城市终极人本价值"取向的文化符号。关键是我们要问自己，我们的城市还剩下多少可以转化文化资本的资源？

从一定意义上说，人类社会城市的进化，就是在不自觉地创造"城市文化资本"，是对"城市文化资本"价值的一种永恒和终极的追求过程，"城市文化资本"凝结着城市人的"终极人本价值"的取向。"终极人本价值"意味着一种主客体的高度融合与统一，奔向城市"终极人本价值"将成为人类永恒的精神追求与绵延。"城市终极人本价值"是成功独有的思想和追求取向，并必然构成和已经构成了人类精神的永恒绵延的主轴。

我们不禁要扪心自问：我们这一代人创造的城市，能否成为未来人类的集体记忆？

三、"嵌入性"定位与"中式后都市主义"

乡村的生产与生活虽然是自然的一部分，但是，这却又是个体自然欲望的束缚和淹没，因为传统的乡村生产本身不能够与生活的理想及终极价值联结在一起，人们的价值观和理想实现的程度是没有依据的。人们对"第一自然"资源的依赖，已经成为生活的第一需求，而日见耗尽的自然资源，使得封闭而传统的乡村生活缺乏动力，更缺少了希望，而在本质是缺乏了活着的生活意义。或许可以这样说：用价值观的取向来划分，社会上有两种人，"生活着"的人和"活着"的人。这两种人的区别就是由生活方式而决定的人生价值观的文化取向，一种是有某种与社会整体进步及人类伟大事业相关联的价值观群体，而另一种仅仅只是为个体繁衍后代而谋生的群体。城市社会的责任之一就是让"仅仅为个体繁衍后代而谋生的群体"转化成为能够认识世界、理解世界、关注世界、关注他人，有能力改变自我的同时，去参与改变社会，为自己谋利的同时为他人谋福的人。所以，有西方学者认为："城市是经济发展之母，不是因为城市里人更聪明，而是因密集的环境。城市里有需求的集聚，还有更多刺激，使人们以各种方式提出以前不能提出的问题。这是经济发展的本质，如果没有它，我们都会贫穷。只有发展和贸易才能克服贫穷。如果没有城市作为经济的发动机，最偏僻的地方就是最穷的……在人类整个历史中，如果你想拥有财富，你必须拥有城市。能吸引新人涌的地方才有新观念……（新来者）带来了看事物的新的方式，这可能是解决老问题的新办法。"① 人类社会的历程显示着人类的智慧，城市是人类社会进步智慧的结晶。所以应该设想的是，让人类重新与自然建立关系，通过城市重新嵌入自然结构，创造新的"有机城市秩序"，对自然给予回报，让城市所积累的财富可以重塑自然。这就是我们前面讲的"城市是根植于自然的一棵树"的另一层意义。

人类从农业社会走向工业社会，正在走向我们人类自己理解的后现代社会，也开始进入"后都市社会"。美国学者乔治·瑞泽尔在《后现代社会理论》一书中对后现代理论进行专门的研究："后现代的观念包含着一个新历史时代、新的文化产品以及一种新的有关社会世界的社会理论类型。当然，所有这些后现代的要素都享有一种共同地视野，即在最近的若干年里已经有一些新的不同的东西（社会的、文化的或知识性的东西出现了。这些新的后现代的发展正在日益代表着一种与现代世界不同的另类选择，或者是对后者的一种取代。"② 人类的城市化是与工业化相辅相成的，工业社会进入高级化发展的阶段时，传统工业社会出现终结，美国社会学家丹尼尔·贝尔发现了这一社会结构的变迁，在1959年的一次学术讨论会上首次提出了"后工业社会"（Post-industrial Society）这一概念，并在1973年的《后工业社会的来临》一书中进行系统的论述。③ 后工业社会的概念被广泛地认同，"后"字成为学者们分析社会的时间断语。在后工业社会的体系内，大都市成为这一时代的集中体现，是一种新的生活方式和人们的向往地。人们对这样的城市寄予了无限的希望和梦想。在爱德华·W·索杰（Edward W. Soja）的《后大都市——城市和区域的批判性研究》一书中的第三章，引用了钱伯新在《边缘对话：后现代性中的漫游》的一段："大都市总是作为现代性的代表形象，它代表着由经济和美学力量所呈现的最高形式。大都市不但变成了经济和社会的发展的一个模范，而且也变成了现代性的一个隐喻，一个形而上学的现实……大都市首先是一个神话，一个故事，一个能够帮助我们中的一些人把家园安置在现代性中的讲述，……要走出这些流放的凄凉故事和痛苦灵魂灰色的、多雨的乡下，就是要在城市中建立一种如在家中的感觉，去把传统变成一个转换的空间而不是一个无望的命定。为此，大城市就不仅是一个令人痛苦的传述、启示和怀旧之情的最后阶段，它也是旧秩序的废墟之地，在这儿各种各

---

① ［美］Edward W. Soja，李钧译：《后大都市——城市和区域的批判性研究》，上海教育出版社2006年版，第19页。

② ［美］乔治·瑞泽尔，谢立中等译：《后现代社会理论》，华夏出版社2003年版，第8~9页。

③ 这一观点在托夫勒的《第三次浪潮》亦有相关解释：公元前8000年至公元1650年为人类社会的农业阶段（第一次浪潮），公元1650~1955年为人类社会的工业阶段（第二次浪潮），1955年开始为人类社会的后工业社会阶段（第三次浪潮）。这两位学者的观点在全世界范围内产生影响。

样的历史、语言、回忆和痕迹在新的视野的结构中不停地交织和重新组合。"①
"嵌入性"城市定位，寻找城市原生态的文化，"就是在城市中建立一种如在家
中的感觉"，这是一种追求，一种后现代社会的理想，也是"中式后都市主义"
的命题。

后工业社会的时代特点在地域关系上，就是城市化和城市文明的普及。贝尔
曾提出过"后工业社会"的一些特点，② 其理论观点已经问世 50 多年了。50 多
年的世界经济与社会发展又有了新的变化，这些变化的核心就是国家整体城市
化，已经不仅仅是人口集中于城市，而是现代社会城市生活方式和城市文明的扩
张与普及，中国的城市应该提出中国本土化的理论和主张，就是符合中国国情的
"中式后都市主义"的发展模式。

"中式后都市主义"的理念在第一层次上要思考的问题有以下几个方面：

一是城市文明普遍率的创造，在更大范围内推广城市文明，创造中国式的人
口空间结构体系与地域格局。在区域的可达性范围内，人们不是都集中在中心城
市，这种结构空间是使在城市中心区以外生活的人，也能够享受现代城市生活方
式和现代城市文明。

二是城市发展的主轴是"智识经济体系"，在城市群中心区强调生产服务
业、文化产业、创意产业、新能源产业在城市中构建"城市文化资本"力量，
这是中国式整体城市化应该选择的战略与模式。

三是创造全新的无中心化的城市生活体系。创造以自然为邻的城市结构与空
间，城市的框架应该多中心，或者是无中化的城市体系，在整体服务产业发展的
状态下创造多元城市体系。

四是创造新型的"中国元素"型城市空间体系。以新理念和形态来创造、
复兴城市社区，力图构筑更合理的城市空间，形成更优化的、与原有城市互动
的、具有新意念的城市社区或城市构成部分。城市更具有"中国性"——中国
本土性的文化要素的复兴。

五是建构城市邻里的"城市照顾"。开发首属群体意义与价值，在城市里形
成传统邻里社区文化：一种邻里之间相互守望、和睦共处的，以亲情为主、邻里
互助为辅的社区生活共同体。"过去，我曾在乡村里梦想城市；现在，我在城市
里梦想乡村。"③ 就像米兰·昆德拉在《生命不能承受之轻》中提到的：人类只

---

① ［美］Edward W. Soja，李钧译：《后大都市——城市和区域的批判性研究》，上海教育出版社
2006 年版，第 86 页。

② ［美］丹尼尔·贝尔，王宏周等译：《后工业社会的来临——对社会预测的一种探索》，商务印书
馆 1984 年版，第 15 页。

③ 张鸿雁：《城市形象与城市文化资本论——中外城市形象比较的社会学研究》，东南大学出版社
2002 年版，第 71 页。

有在与大地越接近的时候，人才越有力量。或者说，在城市里重构一种中国传统的"城市乡土"——城市草根文化，才能够使人更接近大地，更有生存能力和价值。

"中式后都市主义"的"嵌入性"定位第二层思考就是：城市能够在什么程度上为社会什么人提供什么样的就业模式，即未来的发展城市就业的主体形式和主要就业群，以什么的生活方式创造人生价值，即城市是一种什么样的"活法"，或者可以说，城市定位就是设想为城市人创造幸福。1933 年 8 月提出的《雅典宪章》说："居住、工作、游息与交通四大活动是研究及分析现代城市设计时最基本的分类。""居住是城市的第一活动"，但是，我们认为，城市的四大活动，就业工作应该是其核心，没有工作就不可能安居，不安居，城市就不会有很好的定位。正因为如此，伦敦曾把"创造充满选择机会"作为城市的发展理念，这也许就是对现代城市定位的一种最好把握。

"中式后都市主义"生活模式，其主要是以"智识群体"的工作生活方式与时尚，构成了一种全新的生活方式体系，虽然这是后工业时代的"中轴体系"延伸，当代中国的很多城市还与之相差甚远，但是，这是城市发展与追求的必然结果，中国城市必须构建一个"社会样板层"，新城市社会发展才有可能实现超常规发展。"智识群体"的工作方式可以表述为：知识是静止的，智识是动态的。智识群体是一种群体的社会行为范畴＋垄断性城市文化资源＋独立空间＋鼠标＋国际化商务＋自然浪漫的创新生活＝智识经济与文化生活围绕人的终极价值，城市的发展定位的过程，永远是要重塑城市人的生活、经济环境、生态伦理、主客体审美的综合价值体系的创新过程，打造幸福至上的城市生活共同体，就是城市定位理性的责任。

"中式后都市主义"第三个层次定位所思考的是城市形象、城市生活艺术化和格调化的创新。这是一个城市定位的"子系统"——品位体系。格调塑造新的生活样板，正是人的生活品位和格调决定表现人的文化修养，并表现为一定阶层的生活方式，而这些品位和格调只能从人的日常生活中表现出来。日常生活艺术是城市定位所要塑造的内容之一，毕竟所有的人都有日常生活，这恰恰是生活的本源状态。现代有文化个性的城市，或者能够有自己"文化模式"的城市，在本质上是时代的特色文化的先行者。城市定位所创造的城市格调，就是要创造受人尊重和欣赏的城市特有元素，这在世界是有先例的，因为一座建筑吸引无数的人去"朝圣"，如悉尼城市创造的悉尼歌剧院，因为成为悉尼城市的一个基本元素，因而提高了悉尼城市在世界范围的文化品位和城市地位，同时也成为人们向往悉尼的一个理由。城市定位必须秉持续古开新的思路，萃取中国文化的精华，追求人与自然、人与人、人与内心的多层次和谐，秉承中国传统"天人合一"理念，创造人类灵魂的住区和心灵的家园。

"中式后都市主义"城市定位的第四层思考是城市精英价值与政策导向。城市定位创新过程，不仅仅是概念的提出，更重要的是创造城市文化的高雅与尊贵，挖掘城市唯美的文化细节，把握城市文化精髓，撷取其内在神韵——让城市能够有纯净的高雅与高雅的纯净——虽然这是一种理想，但是必须成为追求的城市"理想类型"之一。正因为人类和城市人有了自己的理想，才促进了城市社会的进步与进化。

第三节　本土化城市化进程中社会问题的治理与控制[①]

——文化与问题视角

当代中国正处在典型的以城市化为主要形式的社会转型期，"社会紧张"式的"非典型现代都市病"在中国一些城市发生并流行，这一社会现象的发生既与中国城市化的高速发展带来的社会变迁有关，也与社会转型期造成的社会成员"扎根"的土壤不肥沃有关，而其深层次的社会病理原因是：现实社会个体的"尊严"和"被尊重"还没有成为一种社会义务。因此，从中国国情的角度来分析，创造社会个体的"尊严"和"被尊重"的社会义务关系，是现阶段中国社会现代化与和谐社会新价值观建构的重要内容之一。

"拔根"与"扎根"是现代社会城市化发展必然表现之一，无论是城市人还是城市中的外来人，面对城市社会的快速变迁，都必然在不同程度上形成"无根性"的文化心理结构和行为文化特质。这种"无根性"引发了"非典型现代都市病"的发生，如自杀率升高、"无因由恐慌"、"群体型社会心理紧张"以及以"逃离大城市"为典型象征的另类文化行为等。为什么会出现这种现象？这种现象的根源何在？其社会病理因素是什么？下面试图从城市社会学与社会病理学的双重视角对此类问题进行探索。

当代中国城市化的高速发展，形成了典型的社会变迁与转型过程。在这一过程中，生产方式、生活方式和科学技术不断地现代化，社会生产领域出现了"'新的生产安排'造就了新的体制格局和个人所起的新的作用，而且'引

[①]　本文已发表。见张鸿雁：《中国"非典型现代都市病"的社会病理学研究》，载于《社会科学》2010 年第 10 期，第 50~58 页。

出……新的态度和价值观'。"① 这种"新的态度和价值观"与现实不同步的社会结构与文化转型发生某种冲突，既造成了城市社会政治、经济和文化领域的"结构性空洞"，也造成了人们在社会心理领域的"结构性空洞"，出现典型的与"社会紧张"相关联的社会问题。② 社会变迁与转型带来的某种社会变动使人们不断在灵魂深处被"拔根"，抑或可以说，城市经济、社会、文化和社会心理变迁不同步导致形成的整体"无根性"，是"非典型现代都市病"产生的主要根源。

一、"非典型现代都市病"的文化属性与社会属性

中国城市化水平从 1978 年的 17.8%，到 2000 年的 31%，再到 2010 年的 50%，城市化的发展速度可谓是前无古人，后无来者。有 6000 年城市文明史的中国，经过 30 多年的努力，在 2010 年，不仅实现了城市人口第一次超过了农业人口的城市化水平，③ 而且中国也是当今世界上城市人口最多的国家！中国从一个典型的农业社会，以跨越式的、超乎常人预料的方式突然转型为城市社会，使得多数中国人面对这样的社会转型都有措手不及的感觉——城市突然变成一个交通拥堵、人群拥挤、住房拥挤的地方，而且房价畸高、城市犯罪增长、自杀率增长、就业难、贫困人口增长及心理疾病等社会问题也随之接踵而来。与此同时，社会整体改革仍然在不断深化，虽然社会改革在很多领域取得了巨大的成就，但是，其中"医改"、"教改"、"房改"和"社保改革"等还都处在"正在进行时"之中，这些改革既是人们所期盼的，也是人们所担心的，同时也使人们自然产生一种"预期性"的，缺乏安全感的等待心理——正变化中的生活内容和生活方式，似乎使每一个人都感觉在一种整体性的不断转换之中，从心理上感觉为处在一个不确定性过程之中。这种整体性的转换和不确定性，不仅使城市人面对这种突变有些不适应，而且使乡村人面对这种突变也有所不适应，甚至有些茫然！有些地方的"乡村人"一夜之间就"被"变成了"城市人"……这种典型的社会变迁形成了巨大的"社会堕距"和"文化堕距"，即政治、经济、文化、社会心理和制度建设未能形成同步转型，社会不仅缺乏主流文化，更缺乏整体性认同的制度与伦理约束机制，形成一个缺乏主流价值观、缺乏公认伦理和缺乏公

---

① ［美］塞缪尔·亨廷顿等，程克雄译：《文化的重要作用——价值观如何影响人类进步》，新华出版社 2002 年版，第 393 页。

② ［美］威廉·科克汉姆，杨辉等译：《医学社会学》，华夏出版社 2000 年版，第 61 页。

③ 英国早在 1850 年城市人口就已经超过农业人口，是人类历史上第一个城市人口超过农业人口的国家。

认社会样板阶层的典型社会转型期。在飞快旋转但又不同步的城市化与社会变迁中，一部分人被不同步"社会旋转力"推向社会边缘，这个"边缘"既有心理意义上的"边缘"感知，也有事实上社会阶层与生态空间地位意义上的"边缘"；既有社会生活生态空间意义上的边缘性，也有社会外部文化认同意义上的边缘性——一部分人成为社会主体的"外围要素"，社会出现多种类型的"边缘人"。边缘性群体在不同的阶层内都存在，其相关个体、群体均具有不同程度上的和某种意义上的"被剥夺感"。或成为被社会遗忘的群体，或处于社会底层，或处于社会空间边缘，或者成为被妖魔化的群体，或自我主动脱离社会主体与主流文化……其中某些人在特定的、缺乏主流价值观的"文化场域"中形成了某种心理偏差和角色错位，与社会整体进化的发展价值观相背离甚至对立。虽然这种现象在发达国家的现代化过程中曾有相类似的极端表现，并具有某种必然性。但是，通过深入分析我们也可以看到，中国当代社会出现的"非典型现代都市病"是城市化及社会转型中的结构性问题，是可以通过某种新型社会文化的再建构加以引导的。

城市化水平是衡量现代化发展的尺度之一。西方现代化和城市化带来的社会变迁也经历过社会转型期与社会变迁的阵痛。思想家亨廷顿认为："从心理层面讲，现代化涉及价值观念、态度和期望方面的根本性转变。"[1] 这一观点所表达的是现代化过程作为一种传统社会的变革，需要思想文化的根本性改变，而这种改变往往是需要牺牲某些人的某种利益作为社会代价来补偿的。改革的本质就是在调整不同阶层的利益关系，某一部分人的利益在某种程度上被伤害是不可避免的，但是所伤害的程度和被伤害后的"社会修复"是社会的责任和义务，这是一个社会良性发展不可或缺的。这种"社会修复"机制是需要通过阶段化"现代性"成果来表达的，即某一社会阶段的现代化应该有一定的"现代性"结果——民众应该获得和享受改革的成果，如生活水平的提高、民主制的深化及社会保障水平的提高和生活质量提升等，只有让每一个人生活的都有"尊严"和"被尊重"，才能使人们对社会现代化发展和改革产生认同，只有让人们感受到现代化带来的社会与个人价值，才能让民众成为改革的共同力量，才能使现代化过程转化为"现代性"的过程，只有现代化与城市化表现某种程度上的"现代性"，才能使实现良性化的社会转型。[2]

亨廷顿还认为："现代性与稳定性之间的相互关系进行的推论貌似顺理成

---

① ［美］塞缪尔·P·亨廷顿，王冠华、刘为等译：《变化社会中的政治秩序》，三联书店 1989 年版，第 30 页。

② ［美］塞缪尔·P·亨廷顿，王冠华、刘为等译：《变化社会中的政治秩序》，三联书店 1989 年版，第 31 页。

章，合情合理，其实却是不能成立的。事实上，现代性孕育着稳定，而现代化过程却滋生着动乱。"① 当代中国正处在一个现代化过程中，这也是包括"非典型现代都市病"在内的社会问题高发的特殊时期。这个特殊时期的社会属性特质一般表现为社会空间场域的文化多元化、社会经济发展的非平衡、社会组织的多类型、亚文化群体的异质性和社会空间缺乏公平与正义等。现代化和城市社会的突然来临，使中国社会出现了不同类型的"文化空间场域"。从空间结构属性上分类，这些文化空间场域有封闭型的，有开放型的，也有与社会整体发展隔离型的。从社会空间属性上分类，为政治型文化空间场域、有宗教型文化空间场域、有权力型文化空间场域、有经济型文化空间场域以及异化冲突型的文化空间场域……在这些具有时代特征的、多类型的"社会与文化空间场域"中，形成了由不同群体组成的异质性"文化空间场域群体关系"——特定文化模式意义上的情绪化的、情境化的空间与"文化场域"群体关系。一定个体或群体在一定情绪化的、情境化的社会文化空间场域内，由于受某种价值观、组织文化及特殊事件等因素的引导、刺激或者是诱导，某些自我约束力低的个人和群众的行为往往就会发生变异，在特定的"文化场域"和"文化情境"中十分容易发生个人地位、角色和个人利益取向的错位，出现目的和手段的错位，"本我"和社会角色的错位，形成超常规的行为和方式——"非典型现代都市病"。在特定的文化场域空间与社会关系中，"一旦发生某些事件便会形成诱发因素，出现个体甚至群体性失范，局部会出现社会失控的现象，导致一些出人意料的突发性社会问题。"② 由于在城市社会结构变迁中传统的文化价值与经济价值体系被打破后，新的社会文化价值体与经济价值体系尚未完整建立，特别是在制度型保障体系未能深入人心的情况下，城市中的每一个个体、每一类群体及每一个阶层都处在不同程度的社会压力体系之中，不同程度上普遍存在对未来生活的"社会压力型"恐慌，诸如对现实的"厌倦"、生活"急躁"情绪和"无名的担心"等多样化的行为和心理状态，以多样化的、多类型的、个人化的和偶发性的方式表现出来，因此具有非典型性。

总体上说，中国社会转型期的文化变迁的滞后是显性化。伴随而来的是不同体系、不同层面的改革长期未能形成定制，这是传承现代化过程出现的典型的"社会病理"的根本原因，使得每一个人都存在对未来生活的预期压力。同时，社会文化价值观的多元化和异质性，给人们认知的"无根性"及思想变化提供

---

① ［美］塞缪尔·P·亨廷顿，王冠华、刘为等译：《变化社会中的政治秩序》，三联书店1989年版，第38页。

② 张鸿雁：《中国城市化进程中的"合理性危机"论》，载于《城市问题》2009年第3期，第2～8页。

了外部条件，社会经济波动又增加了人们的日常生活心理负担，特别是在社会保障制度不仅不完善而且保障水平偏低的社会背景下，人们对依赖社会保障而生存的低层社会生活方式有恐惧感，甚至可以说几乎所有的阶层都担心在社会变迁中转而成为缺乏"尊严"和"被尊重"的社会底层成员。在新的社会转型期及新的社会压力体系下，在选择释放压力的方式上，形成了不同个性化和某些群体性的另类行为。除了一般意义上的社会问题外，"非典型的现代都市病"在中国呈深化发展的趋势，具有典型的"合理性危机"和"合法性危机"意义上的表现。可分为"逃避现实型"、现代生活方式病态型和文化偏执型等，如"厌世情绪"、"自杀狂想症"、"绝望型个体复仇心理"、"白领生活自闭症"、"宅男与宅女"、"工作强迫型忧郁症"、"厌倦城市症"、"群体焦虑症"；"城市夜生活综合征"、"交通拥堵恐惧症"、"住房还贷综合征"、"手机综合征"、"鼠标抖动症"、"网迷"、"宠物综合征"、"空调综合征"、"电视综合征"；"狂人文化"、"匪气文化"、"伪娘文化"、"极端拜金主义"及"无羞耻感文化的流行"等。很显然，这些所谓"非典型现代都市病"的种种表现，与社会压力造成的"社会紧张因素"是呈正相关的。[①]

　　"非典型现代都市病"在现代城市生活中蔓延，甚至具有某种"传染性"。之所以如此，是因为还有其另外的重要而直接的原因，即"大众传媒的过度市场化、娱乐化和低俗化"的倾向。特别是大众传媒以谋取小团体利益作为赢利模式，以过度市场化经营为手段，以"收视率"为导向，对另类行为以中性立场加以强化宣传，缺少批判的方式和"文化把关人"认知理性，在某种程度上导致了"非典型现代都市病"等另类行为的公众化和放大效应，甚至起到了某种教习和引导作用。应该说，某些大众传媒机构，对"非典型现代都市病"的流传起到了推波助澜的作用。加之，在以"微博"为表征的"媒体个人化"时代的环境背景下，"非典型现代都市病"被迅速传播和放大，形成典型的时代性社会问题。"非典型现代都市病"作为当代城市社会问题的集中表现形式之一，只有借助社会的整体力量，才能对此类问题进行有效的健康引导和解决。

二、"非典型现代都市病"的社会病理分析

　　为什么会有"非典型现代都市病"的发生？前述已经做过一些论述，但是从社会病理学的角度看，其共性原因是明确而典型的，如社会转型的社会经济文化的不同步性、改革要素的无定型和不完善性、社会缺乏公平与公正性和社会保

---

① ［美］威廉·科克汉姆，杨辉等译：《医学社会学》，华夏出版社2000年版，第70页。

障低质化和文化变迁的混杂性等，这些特定的社会变迁，导致了一些人的认知偏差、行为失范、行为紧张和越轨。但是，就某一国家和民族的文化来讲，这种"非典型现代都市病"还有其民族的、社会的、文化的、时代性的个性化原因。中国目前"非典型现代都市病"的蔓延，具有典型的中国本土化的特征和因素：

其一，"多元式两极化"催生了"非典型现代都市病"的衍生。社会两极分化表现为多领域、多维度、多层面和多类型化。如财富分配领域的"多元式两极化"，形成了不同文化意识的阶层群体和亚文化群体意识，社会分层与异质化不是简单地以收入作为标准，而是在收入分层的基础上出现了以文化和价值观相区别的分层模式和多元分类。一些人的财富快速增加使得"拜金主义"泛滥，在社会转型期这一特定的社会环境下，新的道德伦理约束机制尚未健全，使得一部分先富起来的人，在生活方式上出现了畸形发展状态。总体表现为高收入群体与低收入群体——上层社会的繁荣与下层社会的悲剧性生活形成了鲜明对照。城市中的一部分人的"被剥夺感"被强化了，一夜暴富的现象被媒体放大后，拜金主义文化成为一部分人的生活方式和目标，一旦丧失或者没有达到目标，就会形成极度紧张心理，便以极端的方式报复社会。"多元式两极化"在部分青年群体中表现更为典型。"80后"、"90后"的青年群体是没有经历社会挫折的一代，在他们成长的过程中，接受了现实社会的多样性文化遗产和多样化的社会文化环境，他们有自己的主见和主张，有创造性和对世界文化的开放意识，是一个少有传统束缚的群体，也不乏成功者。但是，在现代化发展和城市社会急速的变迁转型中，"80后"、"90后"的青年群体也必然被分化，结构为多样化的两极化群体，既存在着的"富二代"和"贫二代"的文化价值对立，也存在这两个不同群体内部的文化价值观的对立。"富二代"的两极化、多类别化和"贫二代"的两极化、多类别化成为这个时代的多样化风景，这两个不同层面的青年群体在"求异和个性化"的发展中也分成了多样化的、"异质性"的小众群体和个性化的不同类型，衍化成多层次的社会基本层面，其中一部分人成为社会的"个性化另类群体"，求异、求新、求奇、求特的文化特质具有典型的时代符号性。"非典型现代都市病"就是在这一社会结构体内，以"去阶层化"的"多元式两极化"方式表现出来的。无论穷人还是富人，无论是高学历还是低学历者，也无论是城市里人还是乡村人……面对"无根性"的现代化过程，在所有社会阶层及所有不同类型群体中，都有可能出现"非典型现代都市病"，不断地"扎根"和不断地"被拔根"则是其外在特征之一。

其二，城市社会生活的"无根性"，是"非典型现代都市病"发生的直接原因之一。城市社会中被放大的"无根性"，使得任何个体都必须重新进行"社会包装"和"社会整饰"才能融入社会。1949年的中国只有10%是城市人，改革开放之初也只有 17% 左右是城市人，在一定意义上说，多数中国人都不是这座城市里真正的"本地人"。"外地人"几乎成为现代中国城市社会发展的一个写照，所有经济发展较快的城市都是"移民城市"。"外地人"、"边际人"、"边缘人"、"打工妹"和"农民工"这些具有时代特征的名称和概念成为当代中国城市社会转型的象征符号。简单说，现实生活的变迁与社会转型使每个个体自己很难确定生活地点和坐标。① 与乡村比较，城市本身提供了个人价值增长的特殊环境，城市与个人发展有着本质联系，人们在城市中不自觉地创造着"自我文化"的"扎根"过程。有的人从乡村走进城市，有的人从小城镇走进大城市，有的人成为商人和工人……人们从一个城市流向另一个城市，从一种行业换到另一种行业……人们不得不去思考在什么时候，在哪座城市里能够"扎根"。当社会发展出现新的生产方式和新技术后，人们越容易成为不同阶层的群体，一次又一次地创造新的生活和体验，或许每个人都一直在试想"扎根"，但现实是必须应对如潮的社会变迁，一次又一次被"扎根"，且一次又一次地又被"拔根"，——离开家乡、离开原单位、离开原来的行业、离开生活过的城市，去寻找新的根……为了较高收入的愿望，人们在城市里寻找生活的出路和方式。在西方的城市化历史上特别是在西方城市文艺复兴及工业化以后，西方人的这种"扎根"与"被拔根"现象也是非常典型的。② 欧洲中世纪城市文艺复兴的伟大贡献，与其说是在复兴古典时代的文化，不如说是在创造现代化过程的个人价值——"扎根"。现代城市生活的确在"很大程度上以技术和技术所产生的影响"，在让一部分人在获得的同时，也正在丧失生活的另一个部分，这也许是现代生活或者是现代城市生活的悲哀。面对"现代生活的无根性"，让现代社会的城市人重新找回如斐迪南·滕尼斯（Ferdinand Tonnies，1855～1936 年）曾向往的"传统共同体"的生活方式，让城市人从心理上找回自我，③ 是现代化应该建构的一部分。这种心理上的回归虽然是韦伯曾提出的一种"社会理想类型"，亦很难充分建构与表达，但是，一个人能够"扎根"于社会和某一城市，形成"嵌入性"的生活方式，是个体"尊严"与"被尊重"的需要，是被现代化潮流所裹挟的人们永远的渴求和期望。

在城市里，给人们无数的希望，包括事业、金钱、享受、情感、时尚、创造、新奇及与他人相比的各种"剥夺感"和优越感……每个人都想在竞争中实现自己的梦想，特别是那些人文主义精神的"理想与自由"，曾是多少文人墨客

---

① ［法］米歇尔·博德，吴艾美等译：《资本主义史：1500～1988》，东方出版社 1986 年版，第 11 页。

② ［法］西蒙娜·薇依，徐卫翔译：《扎根——人类责任宣言绪论》，三联书店 2003 年版，第 35 页。

③ ［德］斐迪南·滕尼斯，林荣远译：《共同体与社会》，商务印书馆 1999 年版，第 340 页。

笔下的希冀。墨菲曾说过："在都市化和工业化社会中，分离轻而易举，因为其成员掩蔽在十足的数量中，在城市生活的各个角落城里隐身不见。都市化如此分馏了一个人的社会生活，以至于个人只残存着这样的感觉：他和她点点块块被撒在了这种景色之中。"① 是的，城市——这纷杂的世界一方面提供了创造个性土壤，另一方面也创造了消灭个性的城市理性机制，让个体淹没在城市社会整体之中，即城市社会迫使你成为一种碎片化的符号，只有主动并成功地让"社会包装你的新身份②"，你才可能具有"扎根"的价值。

其三，社会压力选择的不确定性，造成部分群体畸形的社会心理结构和心理紧张。《医学社会学》提出，在社会转型的某一时期所发生的一系列特殊"生活事件"③，会引发并形成群体性的"社会紧张"。如长期疲劳感、烦躁易怒情绪、暴力倾向和急于求成等心理几乎是城市人的共同特征。特别是当代中国的社会保障水平相对偏低，相关系统尚未十分完善，在生活压力越来越大的情况下，人们更需要创造安全感和社会认同感，或者是通过另类方式获取社会地位和财富，以强化个人生活的安全系数……金钱的魔力带来社会病态文化和个体病态行为。西蒙娜·薇依说："哪怕没有军事征服，金钱和经济支配的力量也会强加一种外来的异在影响，激发起拔根状态的疾病。"④ 而且"一些国家的内部社会关系也能成为引发拔根状态的非常危险的因素"。而且"还有两种毒药使这一病蔓延开来。一是金钱。金钱渗透到哪里，就毁坏了哪里的根，用赢利的欲望替换掉所有的动机"。⑤ 另一个则是缺乏现代社会伦理的"教育"。"在我们这个时代，一个人可以属于某个所谓有教养的圈子，但一方面却对人类命运没有任何概念；另一方面，也并不知道，比如说，并不是四季都能看到所有的星座的。"⑥ 这句话的核心意思是指某些国家的教育模式与内容缺少民族性、伦理性、现实性和人类共同价值的教育。在中国现代化转型的社会潮流中，社会整体教育文化系统在某些方面也表现出了本土主体文化的缺失现象，如某些领域民族化文化的虚无化、城市草根文化的虚无化、传统优秀伦理文化的虚无化及教育内容与现实生活的严重脱离等，某些领域文化的虚无化引发出新的思想文化误区。在思想观念领域表现为理想主义、英雄主义、奉献精神和人文关怀的缺失；在具体工作与生活行为领域则表现为缺少社会责任感、缺少职业道德、缺少公德意识等，而在社会发展的

---

① ［奥］罗伯特·墨菲，王卓君译：《文化与社会人类学引论》，商务印书馆1991年版，第68页。

② ［美］文森特·帕里罗、约翰·史汀森、阿黛斯·史汀森，周兵、单弘等译：《当代社会问题》，华夏出版社2002年版，第45页。

③ ［美］威廉·科克汉姆，杨辉等译：《医学社会学》，华夏出版社2000年版，第79页。

④⑤ ［法］西蒙娜·薇依，徐卫翔译：《扎根——人类责任宣言绪论》，三联书店2003年版，第34页。

⑥ ［法］西蒙娜·薇依，徐卫翔译：《扎根——人类责任宣言绪论》，三联书店2003年版，第35页。

内在本质上则表现为个体"尊严"与"被尊重"作为一种社会义务的丧失。

其四,理想主义和英雄主义的丧失是现代"非典型都市病"的催化剂。没有理想和英雄主义,就必然是极端利己主义盛行和钱欲横流。没有英雄与伟大文化的发生,就必然产生"拔根"的无根意识文化。"拔根产生偶像崇拜"①,在没有英雄文化时代的偶像崇拜文化,要么是权力崇拜,要么是金钱崇拜,中国现实的生活已经证明了这一点。亦如当年美国曾出现相类似的社会问题一样,"过多地将自己包装为商品向人出售。"② 在极端利己主义文化场域内,"无羞耻感"的另类文化行为盛行,不择手段地将自己进行过度化的商品包装,并通过现代媒体推波助澜,使一部分人在丧失自我的同时,也丧失了国家和民族的利益,丧失了社会公德意识,而其后续效应则是对"现代非典型都市病"流行的推动。美国社会学家认为:"看似微观层面的个人问题,常常源于宏观结构上的社会问题。""社会造成了在许多个人相互关系中的日常问题(失范),也带来了我们如何界定和感受自身的混乱(异化)。"③ "超女文化"、"网络红人"、"电视婚介的金钱化"、"影视明星的脱文化"成为现代社会的偶像文化之一。过度的信息爆炸,使信息的不对称成为生活的一部分。一个普通的市民成为"名人"、成为"网络红人"通过正常渠道是不可能的,而另类的文化、另类的传媒、另类的艺术表现,为另类人的生活方式创造了土壤,提供了舞台,造成低俗文化的泛滥。

在现代社会,对于一些青年来讲,"拥有的是闲暇,而非使用它的技巧。因此,闲暇变得一片空虚,而由于接踵而来的不安,人们只能在虚幻的兴奋和幻想中寻找逃避,一再回到属于他们的土地之上。"④ 这是"社会紧张"的一种必然结果和表现,没有理想与英雄文化而只有低俗娱乐明星的时代,极端个人主义泛滥则成为一种必然。与此相类的自杀现象也是这种社会紧张的另一种结果,具有典型的"社会病理原因"。在"非典型现代都市病"中自杀是一种典型的时代性极端行为,不同的时代和社会背景及"社会事件"会引发不同的自杀现象。迪尔凯姆在《自杀论》中提出了自杀的社会原因,他说:"造成这种倾向的是利己主义、利他主义或反常等这样一些影响社会的潮流,无精打采的忧郁、积极的自我牺牲或者是恼人的厌倦等倾向都是这些潮流的后果。"迪尔凯姆对自杀研究的重要贡献是证明了"社会节奏与自杀率的变化高度相关"。而他的系统性理论的

---

① [法]西蒙娜·薇依,徐卫翔译:《扎根——人类责任宣言绪论》,三联书店2003年版,第54页。

② [美]文森特·帕里罗、约翰·史汀森、阿黛斯·史汀森,周兵、单弘等译:《当代社会问题》,华夏出版社2002年版,第32页。

③ [美]文森特·帕里罗、约翰·史汀森、阿黛斯·史汀森,周兵、单弘等译:《当代社会问题》,华夏出版社2002年版,第33页。

④ [美]文森特·帕里罗、约翰·史汀森、阿黛斯·史汀森,周兵、单弘等译:《当代社会问题》,华夏出版社2002年版,第36页。

重要贡献在于"提出了（失范 Anomie）的概念——这一社会联系的减弱、缺乏规划的情况造成了自杀人数的增加"。① 当代中国城市化形成的"经济的快速变革，无论是繁荣还是萧条，所造成的社会混乱都会打碎个人正常的理想和规则，从而使更多的人走上自杀之路。"② 社会变迁造成的"无根性"，在"无根性"这一现实土壤上"尊严"与"被尊重"不能成为社会义务，必然导致新的社会问题的发生。

三、"扎根"与"拔根"："非典型现代都市病"的治理之道

面对社会转型期出现的社会问题，人们都在寻找治理的方法。对社会问题表现形式之一——"非典型现代化都市病"的治理方式，多数人关注并使用心理治疗的方法，就中国目前的情况来说，进行心理干预方面的治疗也是十分必要的。但是，从治本的意义上说，要解决"非典型都市病"的流行问题，其根本方法是要创造"城市的现代性"和市民社会的文化土壤，让更多的城市人能够有"尊严"和"被尊重"，从而能够在灵魂上"扎根"于这个时代与城市社会，这是治理"非典型现代都市病"的关键之道。其中包括要创造一个充满选择机会的城市，其选择的核心与模式是：要有较充分的就业机会、适宜的安居——居者有其屋、健康的生活环境、良性而公平的竞争、相对优裕而合理的社会保障和积极向上的利他主义的主体文化。只有社会真正实现个体的"尊严"与"被尊重"成为一种社会义务，主动"扎根"于现实社会才能够成为普遍而共同的意识。

法国学者西蒙娜·薇依在《扎根——人类责任宣言绪论》一书中说：人的生存有很多需要，而要能够"扎根"还需要创造"灵魂的各种需要"，③ 这些需要包括"秩序"、"自由"、"服从"、"责任"、"平等"、"等级制度"、"荣誉"、"惩罚"、"言论自由"、"安全"、"风险"、"私有财产"、"集体财产"和"真理"等。这些需要内容的描述虽然是西蒙娜·薇依个人的认知理论，但是，至少反映了"有灵魂的生活"需要有某种前提。薇依强调的是在获得上述这些需要之前，一个社会人必须履行义务，"义务是永恒的。它是与人的永恒命运相对应"④ 的，义务是社会个体存在的一种价值和良知的行为表现。"一个人拥有其

---

① ［美］文森特·帕里罗、约翰·史汀森、阿黛斯·史汀森，周兵、单弘等译：《当代社会问题》，华夏出版社 2002 年版，第 33 页。

② ［法］埃米尔·迪尔凯姆，冯韵译：《自杀论》，商务印书馆 2001 年版，第 322 页。

③ ［法］西蒙娜·薇依，徐卫翔译：《扎根——人类责任宣言绪论》，三联书店 2003 年版，第 1 页。

④ ［法］西蒙娜·薇依，徐卫翔译：《扎根——人类责任宣言绪论》，三联书店 2003 年版，第 3 页。

永恒命运这一事实只会产生一种义务：那就是尊重。只有当尊重得到了有效的表达，以一种实在的而非虚妄的方式，义务才告履行；而这需要以人的尘世需求为中介。"① 这一论述的伟大之处在于，不仅说明人类本性的崇高，也说明人类本身特别是人类个体本身崇高价值取向的基础需求——"尘世需求"是个体"尊严"和"被尊重"的基础，也是社会个体能够在现代城市社会"扎根"的前提。城市现代性的核心是：只有在社会全员有"尊严"和"被尊重"的生活基础上，人们才能够有条件去构建有理想的生活，找到自己的归宿和灵魂——"扎根"。根据薇依提出的"有灵魂的生活"必然有"尘世需要"认知，笔者认为，虽然解决当代中国"非典型现代都病"良方很多，但是，在现阶段应该解决的关键问题有三：

一是要创造完整的、有一定品质的社会保障与福利生活体系和公平的竞争环境。让每一个人，无论是穷人和富人都能够有"尊严"和"被尊重"，而不仅仅只是权力者或者是富人有"尊严"和"被尊重"。首先，要在国力和地方财力可承受的基础上，更多地创造全民社会福利，特别是底层社会的社会保障与福利水平的提高，应该作为当代的国家长治久安的重要国策提出来。其次，创造社会全员的"尊严"与"被尊重"，在传统集权化的社会体系内，在官本位和家长制社会结构关系的制约下，只有权力者有"尊严"和"被尊重"，甚至富有者有时也被权力者排斥在主流生活之外，如中国秦汉以来的"重农抑商"及"贱商"的法律政策就是如此。② 在官本位的文化体系内，缺乏社会大众个体的尊严和被尊重，多数人在某种意义上都是"权力的奴婢"和"权力者的附庸"，人类在社会进化的现代化过程中，在本质上都是在脱离神权、皇权和家长制强权及超经济权力束缚的过程。因此，任何一种形式的现代化，都必须以个体人的"尊严"和"被尊重"为其核心内容。最后，强化对底层社会的"尊严"和"被尊重"的社会环境的治理与改造，建构"缺席者社会代言人"的社会机制，使底层社会群体能够有权力与上层社会群体平等对话，并通过努力改变社会分层现状，改变并缩小由社会收入差距和贫富差距导致的社会阶层差距。人类现代化的进程，在本质上就是创造个人价值"尊严"与"被尊重"的过程。因为中国官本位文化根深蒂固，社会个体全面解放的社会变革一直未能真正完成，特别是让底层弱势群体有"尊严"和"被尊重"的生活建构，还有很长的路要走。

二是建构现代性的主流社会文化价值观，强化职业道德和社会义务责任，倡导"利他爱人"的民族优秀文化。当代中国的改革开放已经使中国相当数量的

---

① ［法］西蒙娜·薇依，徐卫翔译：《扎根——人类责任宣言绪论》，三联书店 2003 年版，第 3 页。
② 张鸿雁：《论重农抑商政策、思想对中国社会经济形态演进的负面影响》，载于《历史教学问题》1995 年第 3 期。

城市人富了起来，在拜金主义和拜权主义横流的时期，必须有一个群体和阶层站出来，引导和创造一种社会清流，一种新的文化价值观，来引导社会健康发展。马里亚诺·格龙多纳认为，这种价值观属于文化领域，是一种伦理，是一种道德。"如果没有持续经济发展所需的价值观，诱惑就会占上风。诱惑体现的是短期的愿望，而经济发展是长期的过程。在短期与长期的斗争中，如果决策过程缺乏一种内在的价值观作依据，短期愿望就会得势。这里就看出价值观的功能：充当短期愿望和长期愿望间桥梁，决定性地增强长远目标的力量，否则人们就会只顾眼前的利益。"① 典型的社会转型期会出现不断被"拔根"的社会潮流，出现两个"彼此不通的两个世界。一个是最高标准的崇高世界，另一个是鲜廉寡耻、普遍伪善的现实世界。……通行准则是弱肉强食，巧取豪夺，充斥着披羊皮的狐狸和豺狼。"② 因此，现实中国城市化进程中的社会问题解决之道，就是在满足有较高水平的、稳定的"尘世需求"的基础上，让底层社会群体能够有尊严地生活，创造城市市民全员的现实灵魂归宿感和新价值观，创造有社会义务和责任的"扎根"文化，寻找城市人的"终极人本价值"，使现代城市人，无论是外来人，还是边缘人，都能够形成"自身有长远的利益"和永久的社会"扎根"意识。

三是重树民族、国家和城市价值的伟大文化。我们的现代化和社会转型的目的，不仅要克服经济上的贫穷，更要克服思想与文化上的结构性贫穷。近百年来，中国从一个积贫积弱的封建国家，经过几十年努力已经成为一个经济大国，国力的强盛是显而易见的。但是，仅有经济的强盛是远远不够的，伟大民族精神的建构是国家强盛和永续发展的永恒动力。

西方学者认为："城市是经济发展之母，不是因为城市里人更聪明，而是因密集的环境。城市里有需求的集聚，还有更多刺激，使人们以各种方式提出以前不能提出的问题。这是经济发展的本质，如果没有它，我们都会贫穷。只有发展和贸易才能克服贫穷。如果没有城市作为经济的发动机，最偏僻的地方就是最穷的……在人类整个历史中，如果你想拥有财富，你必须拥有城市。"③ 是的，城市是人类社会的加速器，在中国上海举行的"世博会"口号也是"城市，让生活更美好！"亦如一位哲人所说：为了生活人们来到城市，为了更好地生活人们留在城市。但是，城市生活的"科层制模式"和"世本性"的社会关系，使生活在城市里的人越来越成为"城市化的动物"和"城市化结构的一部分"。改革

---

①② ［美］塞缪尔·亨廷顿等：《文化的重要作用——价值观如何影响人类进步》，新华出版社2002年版，第86页。

③ ［美］Edward W. Soja，李均等译：《后大都市：城市和区域的批判性研究》，上海教育出版社2006年版，第19页。

开放以来，中国人的经济价值追求取得了世界瞩目的成绩，很多人在经济价值追求上也获得了成功，但是，在对经济价值追求的时候，美好文化价值的缺失、文化品位的缺失和美好文化行为的某种缺失也成为这个时代的符号和民族文化之痛。因此，重构中国的新城市主义文化价值已经势在必行！世界总体价值取向的核心是承担世界与人类进步的责任，人们之所以愿意在城市里"扎根"，是因为城市是人的精神所在，是创造人类文明与进化的动力。在让更多的人有"尊严"和"被尊重"既是国家与政府的责任和义务，也是每个人的责任和义务。

扎根于民族之林，是个体生存的前提。

第七章

本土化城市化理论的核心

—— 城市文化资本再生产与强可持续

第一节 "循环型城市社会发展模式"[①]

—— 中国式城市化必然选择

全球城市化给环境带来压力，中国的城市化面临着许多问题，如何解决城市化中的社会问题，许多学者都提出了新思考，如"紧缩城市"理论、"生态城市理论"等，面对中国城市对环境压力和世界范围的能源短缺，本研究提出"循环型城市社会发展模式"这一理想类型，试图在中国的城市化与城市现代化中寻找一种有本土化特色的发展道路。

创造"循环型城市社会发展模式"就是创造"可持续的城市形态"，这一探讨的意义在于，当代中国的城市化正处在一个高速发展期，传统的城市形态正在被打破，而新的城市形态没有在理论和实践意义上创造出完成的体系和模式，因

[①] 本文主要内容已发表。见张鸿雁：《循环型城市社会发展模式——社会学视角的理想类型建构》，载于《上海社会科学》2006 年第 7 期，第 71～83 页。中国城市科学研究会秘书长、中国城市规划设计研究院副院长李迅在总结中国城市发展三十年理论发展研究文章时，把张鸿雁教授的循环型城市社会发展模式与世界城市理论模式并列为一种中国式的城市化理论模式提出。见李迅：《关于中国城市发展模式的若干思考》，载于《城市》2008 年第 11 期，第 82～85 页。

此，面对中国城市社会的变迁与转型，寻求一种全新的城市"理想模式"和"理想类型"是当代城市可持续发展的需要，也是中国现代化可持续发展的需要。在英国学者迈克尔·詹姆斯等人编著的《紧缩城市———一种可持续发展的城市形态》一书中有这样的论述："可持续性及可持续发展已经成为当今世界发展的主旋律。对外来世界环境及资源的关注，现在已成为我们日常生活的一个主题，各国政府都热烈地表达了对这一问题的密切关注与重视。实现我们这一代和子孙后代的可持续发展，其重要意义也在世界范围内掀起了广泛的讨论。这些讨论所涵盖的议题涉及人口、农业和生物多样性、工业、能源消耗、全球气候变暖和污染、资源的获取的公平性，以及城市化等多方面的内容。如今对地球可能遭遇的灾难甚至具有毁灭性后果这一悲观预见，已经在很大程度上被某种乐观的态度所取代，亦即，只要我们理解了所面临的问题，就有可能找到解决问题的途径与措施。"① 正是这种理解和认知，所以我们必须从更高的层次上，或者说从"理想类型"的认知角度，构建"循环型城市社会发展模式"，从而为中国的城市化找到符合中国特殊国情的发展道路。

一、资源依赖型城市化的困境——增长方式应大于增长本身

中国正处在一个现代化的过程中，或者可以说中国也正处在城市社会的急剧变迁之中，面对当代中国所有的问题，其现实根源都与城市化和城乡二元社会结构的存在相连。如西方学者所言："尽管涉及环境的一系列问题都非常重要并相互交织，但城市化问题似乎最棘手也最难应付。城市的重要性毋庸置疑。正如埃尔金等人所言，'城市的中心，是世界经济秩序能否正常运转的关键所在。'虽然城市所面临的问题众所周知，但是城市本身的复杂性，城市居民生活体验所存在的种种差异，都产生了一系列的难题。使得我们探索有效解决途径的道路变得愈发艰难。然而，我们又必须义无反顾地承担起这个任务：对不可持续发展问题做反应的大部分声音，'应该从城市响起，因为正是在这里，产生了最为严重的环境破坏，也只有在这里，许多问题才能得到有效的改善与解决。'② 中国城市化发展的事实已经证实了这样一种解释。的确，城市中存在很多问题，但是相关环境的改善成功案例也是在城市里，中国在这方面也获得了一定的经验。

---

① ［英］迈克尔·詹姆斯等：《紧缩城市———一种可持续发展的城市形态》，中国建筑工业出版社2004年版，第3页。

② ［英］迈克尔·詹姆斯等：《紧缩城市———一种可持续发展的城市形态》，中国建筑工业出版社2004年版，第3~4页。

　　针对中国城市化与城市社会问题的本土性特点和属性，笔者提出了"循环型城市社会发展模式"，这在现阶段只是一种构想，因此，称为"理想类型"。即虽然很难"以纯粹的方式"使"循环城市模式"这一"理想类型"完整地存在于现实的社会之中，但是就其中各要素而言是人们建设城市的努力方向，是一种"行动者的意义所在"。但是，这里提出的"理想类型"与社会学者韦伯的"理想类型"的不同之处在于,① "循环型城市社会发展模式"的提出在于城市的发展与创造过程，在于让社会多数人能够产生共同的认知，在于让更多的人追求一种新型社会关系的构建过程。同时也是在强调中国传统"天人合一"的思想在现实的再现，具有某种本土化城市形态构建的理性思考。

　　建构"循环型城市社会发展模式"源于现时代的特殊发展状态。我们必须看到当代中国城市社会转型所带来的新问题，正因如此才更需要建构一个理想类型的城市模式。中国的城市化是一种"制度投入主导型"城市化发展模式,② 也是一种粗犷形的城市化，造成了能源、资源的大量需求与消耗，并形成相关的城市社会问题，如土地问题、环境污染问题、产业结构不合理问题、资源浪费问题、农民失地问题、城市老龄化问题、社会保障不充分问题、就业不充分问题、消费畸形化问题、住房与交通拥挤问题、流动人口问题以及城市空间不合理问题、城市竞争力追求 GDP 形成的政绩效应问题等。这些问题集中表现在对城市与自然关系的冲突、长远发展与当代需要的冲突和物质消费的价值取向与资源相对缺乏的冲突等方面。因此，越是在这样社会的急剧变迁和城市化的高速发展中，越是需要保持清醒，保持一种合理的增长方式，创建新的发展理论与模式——"循环型城市社会发展模式"，进而创造一种增长方式大于增长本身的范式。

　　近代社会以来，世界范围的现代化的过程，出现了世界范围的资源的利用与开发。"发达国家许多城市的相对富足，不仅远没有为我们减轻压力，相反，它们还加剧了不可持续发展这一问题的严重性。正是在这些都市里，对资源的透支性消耗及利用，产生了最主要的全球性效应。……怀特（White, 1994）指出，正是那些最发达的城市造成了全世界范围内的环境恶化，因为他们的发展，是建立在'对资源的不可持续性利用和消耗'的基础之上，如果发展中国家再重蹈其覆辙，那么就将意味着'我们很快会面临大规模的生态系统崩溃……我们必须竭力发展出另一种城市模式。'"③ 英国学者提出的"另外一种模式"就是

---

① ［法］让·卡泽纳弗，杨捷译：《社会学十大概念》，上海人民出版社 2003 年版，第 66 页。
② 张鸿雁：《"制度投入主导型"城市化论》，载于《城市管理》2006 年第 2 期，第 23 页。
③ ［英］迈克尔·詹姆斯等：《紧缩城市——一种可持续发展的城市形态》，中国建筑工业出版社 2004 年版，第 5 页。

"紧缩城市"模式，但是这一模式一经提出便歧义丛生。"紧缩城市"在理论上应该是城市发展的一种形态，[①] 但是目前"紧缩城市"理论还没有构建一个完整的科学指标体系。更重要的是紧缩城市一方面可以在单位土地面积上增长产值和效益，但另一方面因为"紧缩"有可能带来环境的恶化和城市空间高密度的不合理性。"紧缩城市"不是本书研究的主要内容，我们仅提出一个思考，即应该提出"适度紧缩城市"的概念。或者可以说"紧缩城市"还不能真正解决"可持续城市形态"构建的问题。而我们提出并主张构建"循环型城市社会发展模式"是真正创造符合现实的"可持续的城市形态"的一个途径。

面对世界性资源与能源危机，中国的现代化更值得关注，其主要原因是中国的现代化速度发展快，领域广，而且变革有深度。同时，由于中国人口总量大，对于世界来讲资源与能源消耗比重增加，特别是中国一些欠发达地区的粗放型建设模式，对全球的经济与环境影响十分显著，已经引起相关机构及研究者和国家的高度关注。其关键因素是，中国的现代化是以高消耗、高污染和低产出为基本特征的"资源依赖型现代化"，对于人均占有资源有限的国家来说，"资源依赖型现代化"对可持续发展的负面影响十分明显。解决这一问题的核心是一个社会的发展观。科学发展观的提出对于中国来讲，是一个前瞻性创造和说明。《2006中国能源发展报告》开篇就指出："我们面对的资源和环境压力比过去任何时候都更加严峻，尽管资源约束并非中国经济发展的绝对障碍。但中国并不具有特别资源优势，人口众多、人均资源不足是基本国情，多年来依赖大量资源消耗，推动了中国经济的快速增长，与此同时，经济经济增长的代价是：资源消耗过度、环境破坏严重。因此能源短缺危机与环境约束压力同时并存。"[②] 这个报告还引用了罗马俱乐部报告《增长的极限》中的一句话："我们不只是继承了父辈的地球，而是借用了儿孙的地球"，根据中国经济与资源的特殊性，只有选择"循环型城市社会发展模式"作为我们可持续的重点发展战略。

在世界经济和城市全球化的今天，不同国家的现代化的方式、道路和价值取向是不同的，特别是以资源利用或资源依赖型的现代化国家，不仅引起人们的注意，也更引起人们的担忧。而中国的现代化类型的选择到目前为止，在社会整体意义上仍然是传统经济模式的发展观，GDP的国家内部竞争体系，构建了资源

---

① "布雷赫尼认为，由欧共体公布的《城市环境绿皮书》（CEC，1990年）是目前为止对'紧缩城市'作为一种解决居住和环境问题的途径，阐述得最为清楚、最启发性，也最有意义的文章。'它倡导紧缩城市的依据并不局限于能源消耗和废气排放的环保标准，它还提供了包括生活质量方面的论figure'。其目标在于'避免因城市边界的不断延伸而逃避目前城市所面临的问题；在现存的边界内解决城市问题。"［英］迈克尔·詹姆斯等：《紧缩城市——一种可持续发展的城市形态》，中国建筑工业出版社2004年版，第59页。

② 崔民先：《2006中国能源发展报告》，社会科学文献出版社2006年版，第1页。

高消耗发展现状，已经到了必须重新选择经济发展模式的阶段。

伴随人类社会的科技发展和人口的增加，地球的承载能力越来越有限，现存的物质型资源，如水、煤、矿藏等，与世界人均的发展要求相比，其可利用资源越来越少。无论是发达国家还是发展中国家，现代化的过程都在拼命地使用现存的资源与能源。而且非常明显的是发达国家对资源的依赖形式正在发生革命性变化，一方面，发达国家往往向欠发达国家外泄传统污染工业，并同时又在用各种手段掠夺发展中国家能源。另一方面，发达国家又在通过创新机构开发新资源、创造新能源，进入新兴工业和后工业的发展过程，从对资源的依赖正在转向对高新技术、高级人才、文化产业及对新兴服务产业的依赖。

以资源利用为主的后发达国家在现代化的进程中，面临着多方面的严峻的考验。中国的现代化正是一种典型的"资源依赖型现代化"，"长期以来，我们总是以为中国地大物博、资源丰富，国民和政府都未能树立资源危机的意识。然而，中国是世界上人口最多的国家，人均资源水平极低，几乎所有人均资源都低于世界平均水平。中国矿产资源紧缺矛盾日益突出，石油、煤炭、铜、铁、锰、铬储量持续下降，缺口及短缺进一步加大，中国 45 种主要矿产的现在储量，能保证 2010 年需求的只有 24 种，能保证 2020 年需求的只有 6 种，资源瓶颈已经是一个不得不面对的现实。"[①] 而且，到目前为止，中国城市的发展还在构建自己的"超资源政治"和"超经济政治"模式，并在"超资源经济"政体条件下发展现代化，如土地资源的"超经济利用"，水电资源的超经济关系利用；矿藏的超经济条件利用与开发等，改革开放以来，耕地减少近一亿亩。[②] 特别是"大城市的发展和人均耗水量的增加已经到了危及供应能力的程度"。[③] 中国大部分城市都缺水，如北京、天津、大连、沈阳、青岛等，已经成为经济发展滞后力。[④] 资源的消耗是政治管理模式，是一种"超经济强制关系"，是权力整合下的资源超经济利用，中国的整体城市和现代化是以高投入、高消耗、高污染、高

---

① 崔民先：《2006 中国能源发展报告》，社会科学文献出版社 2006 年版，第 2 页。

② 中国水资源的人均占有量只有世界人均占有量的 1/4。有 16 个省（区、市）人均水资源拥有量低于联合国确定的 1 700 立方米用水紧张线，其中有 10 个省（区、市）低于 500 立方米严重缺水线。人均耕地只有 1.43 亩，不到世界平均水平的 40%。其中，北京、天津、浙江、广东等省市的人均耕地低于联合国规定的人均耕地 0.8 亩警戒线。人均森林占有面积为 1.9 亩，仅为世界人均占有量的 1/5。以矿产资源为例，目前我国能源供应的 92% 来自矿物能源，制造业原材料的 80% 来自矿产品。参见崔民先：《2006 中国能源发展报告》，社会科学文献出版社 2006 年版，第 508 页。

③ ［英］迈克尔·詹姆斯等：《紧缩城市——一种可持续发展的城市形态》，中国建筑工业出版社 2004 年版，第 213 页。

④ 试以北京为例。北京现状年来水量只有 15 亿～18 亿立方米，加上地下水，平水年可用水资源量为 41.33 亿立方米，其中 26.33 亿立方米靠超采地下水，遇枯水年现状可用资源则只有 34.09 亿立方米。而现在北京年用水量已达 42 亿立方米，入不敷出。

能源依赖和低产出效益为主要形态发展着的。仅从矿产资源的角度稍加研究便可知道，中国矿产资源最大的特点是种类和总量较多，但是人均资源匮乏，特别是某些关系到国家经济与国防安全的至关重要的资源严重缺乏。可以总结为：中国人多，矿产种类多，地大，支柱型资源产业种类少，[①] 加之粗犷型的生产能源消耗形成严重的结构型资源缺乏现状。中国传统的教育是"地大，物博，矿产丰富"，这一解释误导了几代中国人。面对高速的现代化和高消耗的资源使用，中国更应该及时提出循环社会的发展战略，但事实上已经比发达国家晚了一步。

采取什么样的发展道路，既是一个优秀民族的外在表现，也是对一个优秀民族的选择能力的考验，更是对华夏子孙及世界发展负责任的问题。我们既要发展国家现代化，又要对世界的整体经济发展负责，"中国已经成为世界第四大温室气体排放源（产生总量的 10%）。以现在的发展速度，到 2050 年，中国的排放量将是美国现在水平的 3 倍"。[②] 在莱斯斯特·R·布朗的《生态经济》一书中专设有《中国的启示》一章，在论及中国时说，中国的收入在增加，消费水平也在提高，中国对世界经济与生态的压力是显见的，中国也走美国和日本的消费模式，中国的土地资源和食物资源会发生严重危机，而这个危机不仅是中国自身的也是世界的。[③]

建立"循环型城市社会发展模式"，就是选择适合中国资源国情的发展道路；建立"循环型城市社会发展模式"，就是为了降低现代化的成本，使中国的现代化过程纳入良性发展的轨道；建立"循环型城市社会发展模式"，就是创造可持续发展的基础，寻找国家长治久安的发展动力机制。当然，"循环型城市社会发展模式"是在构建社会发展的永续动力源。

二、"循环型城市社会发展模式"认知与建构 —— 减少城市化的"耗能"

城市化的过程既是社会财富有效积累的过程，也是资源与能源消耗增长的过程。城市是社会发展的动力，是社会发展的核心形态。从另外的角度认识，城市

---

① 国家安全型资源和"支柱型资源"少。中国到 1997 年底已发现的矿产 168 种，已探明储量并上平衡表的有 153 种，全部固体矿区近 2 万处。经济价值总量为 95 万亿左右，占世界的 12% 左右，位居世界第三。但是，矿产资源的潜在总值为世界人均的 58%，居世界第 53 位。20 世纪末约 1/4 矿产资源紧张，由于中国经济的高速发展，在本世纪初一开始，就有 1/2 矿产资源紧张。

② ［英］保罗·贝尔琴等，刘书瀚等译：《全球视角中的城市经济》，吉林人民出版社 2003 年版，第 460 页。

③ ［美］莱斯斯特·R·布朗，林自新等译：《生态经济——有利于地球的经济构想》，东方出版社 2002 年版，第 16～18 页。

本身也是一个巨型消费体，因此，首先在城市社会体系内建立循环社会形态，是循环社会创造的前提和根本。

中国的现代化应该是"当代人物质财富享受型"的现代化，还是"未来可持续资源创新型"现代化，或者是仅仅一般意义上的循环经济行为模式建设的现代化过程，这关系到能否真正构建成一个和谐社会。这其中还包括社会精英群体的价值认知和行为取向，因为循环社会的构建是社会群体的整体行为，必须有社会精英群体的参与、引导和创新，是现代社会精英群体"天下兴亡，匹夫有责"意识的重构。这个精英群体包括政界、学术界、文化界、企业界的有识之士的群体参与行为和倡导的主张。

沃尔夫冈·查普夫在论述世界的现代化发展时，提出了一个"动力源"的认识视角，他认为现代化是社会内部"冲突"的结果。事实上，这一认识是有一定道理的，任何国家与民族的现代化过程都是对传统经济、社会与文化关系的某种否定，在任何一种社会形态与社会关系内，都必然存在着多种利益群体，如既得利益群体、在一定程度上被改革和利益调整伤害的群体；也必然存在着保守主义群体和开放的社会先锋群体。这种现代化的"内部冲突"也是多元的、多样态的，有思想观念上的冲突，也有行为上的冲突。这就必然会出现保护现存社会制度、社会关系和经济关系的利益群体，也必然有以推动变革为社会长远利益着想的群体。因此，西方学者把现代化理解为一种"内部冲突"结果，就是认识现代化的矛盾"动力因"这种认识观："使现代的进化论也变得'强硬'起来，该理论更强调变异和选择带来的代价和破坏。通过创新理论，行为理论方面的联系变得有效了：有一些个体行动者和集体行动者，试图克服各种阻力（传统、投资利益、恐惧心理、环境的复杂特性）去实施创新。这里，创新理论再次注意到个体行动和集体行动的非计划性的结果。通过创新，探寻和选择过程常常产生非预期的副作用，或者甚至是矛盾的后果。假如说现代社会能够提高其控制能力的话，那么，国家以及全球的整体规划不应当算作是现代社会的成就。"[1]"循环城市社会发展模式"的提出，是一种思想领域的努力，是思考社会全员受益的一种观念，也是在现代社会的变迁中寻找到更为有效地克服旧有矛盾的方法，寻找与时代发展相适应的创新行为，而这个行为是社会整体现代化的全员行为意识和主张。

当代中国的城市化和现代化从某种角度说，也是一种资源利用的社会扩大化和社会资源使用非公平化的过程，甚至可以说现代化是能源与资源利用的现代性

---

[1] ［德］沃尔夫冈·查普夫，陆宏成、陈黎译：《现代化与社会转型》，社会科学文献出版社 1998 年版，第 42 页。

表现和合理使用过程，资源与人类社会的进化是一个"二律背反"的反复过程。现代化必然以资源开发增量利用为前提，但是资源是有限的，因此，现代化的过程又是以某些资源从不稀缺转化为稀缺为外在特征的。如果能够从这样一个层面来分析现代化过程，我们构建"循环城市社会发展模式"的意义就有可能成为社会全员的共识。同时，现代化的进程也是法制与市场经济关系加深的过程，市场经济"无形的手"，在现代化的过程中以寻找资源的价值最大化为其基本功能，如在市场经济合理性的发育中，可以使汽车、冰箱、电视机、电脑成为亿万家庭的普遍生活用品，而这些商品需求越大，对资源的攫取度就越高。沃尔夫冈·查普夫提出的新观点是，现代化在一定意义上说是"市场失灵和国家失灵恰恰产生于大众消费和福利国家的经验和成果，以及这些成果所带来的副作用。人们可以从迄今为止的各种发展的能力效应中推导出创新潜能。……熊彼特所说的'创造性的破坏'是否总能取得灾难性破坏"。这种分析的理性意义在于现代化过程是少数人获得利益，还是多数人获得利益，尽管任何国家现代化都在宣称是为多数人获得利益的改革，但是在改革过程中出现的"资源不节制消耗"和"资源被少数人占有"往往是一种灾难性的过程。甚至在某些受马克思主义影响的学者那里找到了支持。比如，伊曼纽埃·瓦勒斯坦，他认为科技革命和政治改革的双元制是具备承载能力的，所以，反保守的创新加上反保守的改革共同作用，使得资本主义的世界经济又回到一个新的扩张和积累阶段这条道路上来。[①]中国的城市化和城市现代化，会不会形成"创造性破坏"或者成为"建设性破坏"，关键是对现代化的引导和模式的构建，而循环社会或者"循环型城市社会发展模式"就是调整现代化所带来的社会整体消费对自然资源的索取方式，进而在构建现代化的发展中创造给自然的回报方式。

所以，现存的社会需要我们从理性的角度认识现代化的本质，认识现代化过程中对自然资源的"耗能"，并使之成本降低，让现实与历史连续起来，为民族的整体发展和历史负责。我们必须减少或者降低现代化的成本，让我们的社会形成良性永续发展格局。

要减少现代化的"耗能"，只能从全世界整体经济平衡关系和世界经济与社会发展价值链的角度，提前启动"循环型城市社会发展模式"，虽然这种模式离现实还有很远的距离，但这正是人类自身的价值体现——为理想而努力。提前运作"循环型城市社会发展模式"，不仅仅是运作单一的循环经济的发展关系。循环经济与循环社会的发展有着很多方面的不同，如果我们只关注生产、减量回收

---

① ［德］沃尔夫冈·查普夫，陆宏成、陈黎译：《现代化与社会转型》，社会科学文献出版社 1998年版，第 33~43 页。

和再生产的过程，是不能够完全解决中国的可持续发展问题的，"循环型城市社会发展模式"的理念的建设，在某种意义上说是一个国家和民族的整体现代性的标志。很多学者都研究了日本、德国和美国等国家的循环经济与循环社会的发展状况，人们都集中在日本等国家相关循环社会的法规和政策方面。但是，我们忽视了德国和日本等经济发达国家循环社会理念的"社会发生"意义，即为什么日本、德国和美国等发达国家能够率先提出循环社会的意识、理念、主张和法规？这一理念、主张是先由谁提出来的？这一理念和主张提出后，是如何能够在社会上整体推广并行之有效的？这才是我们要寻找的本质所有。还可以设问：在中国谁能够或者哪一个群体能够首先提出循环社会的理论主张？是不是总是在西方国家提出了某些新的观点之后，中国人才有可能提出？更重要的是中国人自己先提出后，是否能够被社会整体接受？正如近代社会以来，我们很多达人志士想寻找救中国的道理时，总是抬眼向西方看看。但是，更多的只是拿来物化的文化，而不能汲取制度型和社会型文化的整合。"1962 年出版的《寂静的春天》中，雷切尔·卡森（Rachel Carson）让世人意识到 DDT 以及其他化学农药致命的影响。卡森告诉我们，继续滥用这些'死神灵药'将导致未来某时间的'寂静的春天'。这本书使公众对化学污染和环境保护态度发生了巨大的变化。"[①] 这一论述也引发了循环社会的先声。我们研究循环经济与循环社会的差异时，更应该从深层次分析这一循环型社会的构建过程，并分析这种循环社会构建的基础和土壤。我们能够构建成循环社会吗？建构循环社会和"循环型城市社会发展模式"时我们需要做哪些事情？构建循环型社会我们还缺什么？我们的阻力是什么？我们有能力克服这种阻力吗？正因为这样，我们才需要精英群体的倡响，才需要社会的整体认知，才需要政界精英的全面理解。当然我们更需要权力经济体系在以往的"超经济关系"体系中，开创出适合"循环型城市社会模式"的管理体制。

我们可以从以下几方面认识循环社会与循环经济的差异：

其一，"循环型城市社会发展模式"的构建是以人为核心的城市社会的整体行为，而不仅仅是单一的经济行为，包括政治、经济、法律、思想、道德、文化、环境、心理、消费和行为等各方面因素的整合。通过多因素整合协调，形成一定意义上的社会整体行为和规范，社会整体行为表现为社会全员意义上的同一认知，也包括社会整体上的文明水平指数作为循环社会的基础，即大家都有可能遵守一定的"循环社会"行为的约定，并在社会约定的前提下，成为社会的普

---

① ［美］戴斯·贾丁斯，杨爱民等译：《环境伦理学——环境哲学导论》，北京大学出版社 2002 年版，第 4 页。

遍行为，进而成为循环社会参与者和建设者。

其二，"循环型城市社会发展模式"的构建是社会民主关系深化的再创造。循环社会的发展目标是为社会全员谋利益，是为多数人创造优良的生活空间，这只有在民主关系的深化中才能获得全方位的发展。循环社会要求是一种社会整体公平，其主要的思考点是，资源不能直接被少数人占有和利用，资源的社会公共性建设和资源的历史性开发是其主旨。公共性资源是由合理的法制程序控制的，公共资源的社会利益最大化是"循环型城市社会发展模式"建设的主要目标。

其三，"循环型城市社会发展模式"是一种新型的城市制度和法制建设过程，通过大量的制度形式和立法文化等法律形式把自然资源社会资源开发限定在一定程度，至少能够在法律上规范对资源的"超经济开发"。在美国等国家一部分自然资源被作为公共资源永久性保留下来，其意义就在于此。[①] 事实上，我们在实践中已经认识到，市场经济深化的过程就是资源的再分配过程也是法制深化的过程。市场经济通过契约关系限定社会及自然资源的开发，通过契约关系限定"超经济关系制度"的权限，从而形成自然与社会资源的相对公共利益化和公平化。

其四，"循环型城市社会发展模式"是继工业化后人类对自然和自身重塑的过程。在传统的农业，人们更多的只是索取自然物和消耗自然，中国汉朝以来的关中地区，司马迁曾称之为关中沃野，谓天下三分，财富有其二，然而农业社会的生活与生产是对自然（如森林）等依赖性消耗，具有灾难性后果。就盛唐时的武则天时代来说，因皇室庞大，在长安粮食不够吃，每年还要到"东都（洛阳）就食"。白居易的《卖炭翁》尽管揭露的是当时下层社会的苦痛，但是，更说明无论是上层社会还是下层社会都以消耗自然物为生存手段，可以说消耗的破坏力非常明显。虽然人类的工业化过程在伤害自然方面表现得比农业社会更为强烈，但是工业化带动的城市化，使城市成为社会的财富积累地，工业化的过程增加了人类社会的财富总量，而城市是人类社会财富的容器，工业化的发展中带来的城市化的发展水平，表现为社会财富和积累水平。因此，在某一国家和某一地区的城市化水平达到或者超过 50% 以上时，社会财富总量增长后反过来可以对自然进行"重塑"，欧洲城市化的发展历史证明了这一点。在工业化的后期，包

---

① 1999 年日本经济产业省发表了题为《构筑循环型经济体系》的报告。2003 年日本内阁颁布了《日本循环型社会推进基本计划》、《循环型社会形成推进法》。2001 年 4 月后开始实施的法规有《资源有效利用促进法》（促进资源有效利用的相关法律）。同时还有《绿色购买法》、《家电再生利用法》、《食品再生利用法》。2002 年 5 月开始实施的法律有《建筑材料再生利用法》等。同时日本还制定了《汽车再生利用法》、《废弃物处理法》等。引入污染者付费原则并对废弃物处理设施、从业单位设定许可和制定废弃物处理标准等。

括日本、法国、德国和美国在内的经济发达国家都创造了新自然环境的开发过程，在向后工业化的转换中，创造了新的人与自然的发展关系。后工业社会的发展其实质也是人们在生活的意义上与自然关系的重组过程。

其五，"循环型城市社会发展模式"是"环境伦理"型社会——是人的现代性行为"形塑"的过程，即是新文化道德、消费道德、生态道德的建构过程，并把"人类未来后代作为道德责任的客体"——表现为人和自然之间的一种道德关系，这是"循环型城市社会模式"区别于循环经济的重要界线。"环境伦理学假设人类对自然界的行为能够而且也一直被道德规范约束着。环境伦理的理论必须：1）解释这些规范；2）解释谁或哪些人有责任；3）这些责任如何被证。"① 中国如北京、上海、深圳和南京这样的大城市，每个城市至少有几万条宠物狗都在随意大小便。可是在西方发达国家包括在澳大利亚等国却看不到这种情况。这种新"环境伦理"行为不能构建起来，循环社会的存在与发展也是不可能的，此仅举一例而已，即可"以管窥豹，可见一斑"了。人的行为的现代化，是循环型城市社会区别于循环经济的重要认知指标之一，也是人的现代化性的符号意义。当"环境伦理"的价值观转化为某种法律与制度时，能不能成为社会群体的共同行为表现，是社会现代性标志。而城市社会的现代性集中体现在人们对法制社会的尊重与认同程度上。

其六，"循环型城市社会发展模式"是社会本身的一个构建过程，不仅仅是指某种生产形式和生产类型。从这个意义上讲，循环社会必须纳入全民或者城市社会的全员教育之中，并使之成为社会全员长期的思考，从而形成一种固定的行为模式。一个好城市犹如一所好学校。

其七，"循环型城市社会发展模式"建设是城市政府具体的管理过程。其本质意义在于，这种社会类型和社会形态，是各级管理组织和管理机构的日常行为。比如生产型垃圾和生活型垃圾的管理是社会整体管理，包括相关自然资源的利用与开发，应该创造整体的开发模式。对于一个城市或者一个地区来讲，必须建立中长期的社会与经济管理规划和管理模式。只有在全员社会的基础上创建一种管理监督体系，这种循环社会才能成为一种社会范式。

其八，"循环型城市社会发展模式"必须创造一种市民认同的城市理念和生态环境价值体系。循环社会是关系到子孙后代的长远福利型社会构建的基础，让每一个人都能够从一种角度认识循环社会的意义，既是为后人，也是为世界。为目前时代所做出的努力，是现存城市人的责任和义务。

---

① ［美］戴斯·贾丁斯，杨爱民等译：《环境伦理学——环境哲学导论》，北京大学出版社 2002 年版，第 4 页。

总体上说，循环经济的对象是生产形式，虽然也强调为社会整体，但是具体体现为经济生产过程的行为和循环关系。"循环型城市社会发展模式"是以人为核心的整体社会进化的过程，是人类在经历农业革命、工业革命和知识经济革命后，对地球与人的关系的重新认识，是一种社会运行的一种模式。

三、"循环型城市社会发展模式"价值与意义——制度与文化价值观的整体进化

城市社会的制度创新是"循环型城市社会发展模式"的前提。循环社会是一个人们主观认知的社会，是在主观和新的社会主张的指导下完成的社会群体行为，制度是这种层面的保证与前提。或者可以说，没有一个对社会全员的负责的相关制度，没有一个对历史负责的社会制度体系，"循环型城市社会发展模式"是不可能建立的。

"当我们渐近 20 世纪的尾声之时，世界上没有一个这样的地区：那里的国家对公共官僚和文官制度表示满意"。这是美国学者帕特里夏·英格拉姆在研究公共管理体制改革模式时的一段论述。[①] 正因为如此，全世界几乎所有的国家都在进行制度改革，只是改革的方式和声势不同，特别是一些发达国家把改革与创新作为同一层次的认知方式，而不是把改革作为一种运动的方式。改革是政府制度层面建设的日常工作之一。比较西方近代和当代的现代化发展，亨廷顿曾有针对性地对发展中国的现代化提出这样的分析："现代化之中的国家"，面临着"政党与城乡差别"社会现实，事实上中国的改革面临的社会现实正是"城乡差异"二元结构深化的特殊社会历史时期，当代社会的许多问题的发生都与"城乡二元经济社会结构"有关。他认为："农村人口占大多数和城市人口增长这两个条件结合在一起，就给处于现代化之中的国家造成了一种特殊的政治格局。"中国的城乡差别的现实充分证明了这一点，比如，在中国的大城市中，一方面是居高不下的房价，另一方面是不断涌进的农业人口和外来人口，"家居城市"的建设就面临发展与现存居住生活方式的冲突。亨廷顿说："政党是一种现代化组织，是城市环境所造就的新人的产物"。"政党和政党体制是弥合城乡差距的制度化手段。"他引用了塞杜·库亚特的话说：理想的政党应该是这样的——"这种政治组织已变成将农民和市民铸为一体的大熔炉。他把前者从与世隔绝状态中解脱出来，并克服后者对乡巴佬的鄙夷倨傲，实现民族团结并从中汲取自己的力

---

① 国家行政学院国际合作交流部：《西方国家行政改革述评》，国家行政学院出版社 1998 年版，第 39 页。

量。这样，存在于城乡之间的鸿沟就得以填平，各阶级的人们也才能汇集成一股洪流，奔向共同的政治目标"。① "循环型城市社会发展模式"就是试图创造市民与农民的熔炉，使农民向市民转化。从亨廷顿的城市理论中不难看出，对于在城市化过程正在生成不同类型的矛盾，政治、政党所体现的权力体系影响着并决定着改革的成败，而且还明确地说明了城市与乡村的对立和转化与权力结构中的政党与政治有关。对于处于城市化高速发展的中国来说，构建"循环型城市社会发展模式"是政治体制的一个任务、战略目标和全新的价值取向。

城市化的变迁是社会大系统的结构性变迁。城市是有机复合体，是人类以群体的方式依赖自然的综合系统，除了上述论及的组织与制度系统外，生态与资源系统已经成为城市的生命线。因此，"循环型城市社会发展模式"是工业化向新型工业和后工业社会发展的前提下，需要政府转换角色，服从自然规律，创造环境友好型政府，通过整合社会资源，创造循环社会关系的集合性、相关性、目的性和人与自然环境的适应性。城市政府通过制度与组织形式，对"循环型城市社会发展模式"目标进行实施，运用经济手段、行政手段、法律手段、政策手段和其他手段完成目标的实现。这一点正符合帕森斯的理论："政策决策相当直接地支配作为整体组织，并且与组织的首要功能有较为直接的联系。这种决策涉及诸如此类的问题：决定'产品'的性质和质量标准，改变工作规模，研究产品或劳务的服务对象和组织内部活动的模型等广泛的组织问题"。② 可持续发展形态要求政府构建清楚"循环型城市社会发展模式"目标。这里多次强调制度建设是"循环型城市社会发展模式"得以实施的前提。制度建设在很大程度上规范着政府的价值取向，规范着政府的政策主张和实施能力，在城市社会结构变迁的内部结构分化层面，影响、控制着社会结构的变迁运行方式、变迁方向和变迁速度。所有的社会形态都有自己的发展战略规划，制度型的战略调整不仅制约着社会经济的发展和社会发展，还影响着人们的观念与时尚。"循环型城市社会发展模式"是人的主体实践行为，而人的主体实践需要制度保证和控制。

社会成员在生存与发展中，都从群体和个体的需求出发来寻找自己的"生态位置"，其原生性目的无论是"生存型"还是"理想型"都是不规则运动，即处于无序化状态，对自然物需求与索取，不同的价值观会采取不同的行动原则和行动方式。如中国曾经因经济需要而对东北"北大荒"地区进行开发，有些省份为发展农业填湖造地，也有些地区曾出现砍伐森林造地的运动。通读制度型的

---

① ［美］塞缪尔·P·亨廷顿，王冠华等译：《变化社会中的政治秩序》，三联书店1996年版，第401～402页。

② ［美］T.帕森斯，梁向阳等译：《现代社会的结构与过程》，光明日报出版社1988年版，第27页。

城市化理论重构与城市化战略研究

开发区建设浪潮的"圈地建设"运动等，这些都曾对自然环境与生态空间产生某种破坏，如东北湿地的缩减，湖泊数量与面积的大量减少，农业土地大量缩减的现实等——如果没有一个循环社会模式构建的制度型前瞻性的战略思考，我们往往会做出与自然和未来可持续发展相悖谬的事件来。而制度、组织、规范让无数不同群体、组织和个体的"不规则运动"，形成一个有共同目标行为指向的规则与规范运动，使社会个体和不同组织的目的与需求进入一个有序化、合理化轨道。因此，循环社会模式的建设在城市社会的整体变迁中，通过制度的创造，让循环社会的目的变成社会整体自觉行动，使社会个体与群体在自然属性和社会属性的双重发展中生成和完善新制度体系和规范，事实上"循环型城市社会发展模式"的构建必然带来一系列新生的制度，反过来促进循环社会模式成长。卡尔·波普尔认为："我们社会环境的结构在一定意义上是人造的，其制度传统既不是上帝的作品，也不是自然的作品，而是人的行动和决策的结果，是能够由人的行为和决策改变的。但是，这并不意味着，它们全部都是有意识地设计出来的，是可以依照需求、希望或动机来解释的。相反，甚至那些作为自觉的和有意识的人类行动的结果出现的东西，作为一条规则，也都是这种行动的间接的、无意识的和经常是不必要的副产品。'只有很少一部分社会制度是有意识的设计出来的，而大部分制度，正如我以前说过的，已经作为人类行动的无需设计的结果生成了'。"① 制度是在"生活游戏规则"中产生并固定下来的，但游戏的前提是有游戏规则的。如果我们把循环社会模式构建中的"互动"，转换成与自然的"合作性交换"，把"竞争"和"冲突"作为与自然环境的一种共生手段，循环社会模式就是直接推动社会进化的一种"动力因"。制度要素在为社会结构变迁创造条件，在这个条件下，社会中的个人群体对自然索取的方式、依赖方式与"冲突方式"就会在本质上发生变化，即在观念上不要仅仅把自然视为人类的索取物，而是在人类对自然给予的前提下，人类才能真正获得自然的恩典。面对人与自然关系的新解释，要求从传统的农业社会对"自然的消耗"，反过来对自然给予对等的回报，而这种回报实际上就是回报人类自身，因为人类是自然的一部分，自然是人类生存的基础。关键是在"循环型城市社会发展模式"建设中所创造的全新制度和全新价值体系，不是某个阶级意义上的体系，而是全民意义上的共同利益和价值取向。

城市既是一个巨大的消费体，又是一个生产世界。这个物质存在形态需要大量的能量和资源，并在千千万万人的消费中汲取着自然的营养，正因为自然对于

---

① ［英］卡尔·波普尔，郑一明译：《开放社会及其敌人》（第二卷），中国社会科学出版社 1999 年版，第 158～159 页。

人类来说，其营养是有限的，所以，人类要以感恩的心态回报自然。但是回报的方式和能力直接与人类不同群体的价值观有关系。"循环型城市社会发展模式"说到底是人类对自然感恩回报的方式的建设，这就需要城市社会的每一个消费者，确立对新的自然资源与城市发展关系的价值体系和价值取向。这一问题曾有很多学者做过研究，如消费道德的构建、消费方式的建构及消费理性的思考等。但是，面对自然资源的日趋减少和人类生活现代化对自然物索取得越来越多，对传统的文化消费伦理的思考必须站在时代的高度、站在历史的高度才能够进行"循环型城市社会发展模式"的创建。社区研究学者桑德斯引用克鲁空（Clyde Kluckhohnr，1951）的观点说："价值取向就是人们所内含的世界观，它可以解释为：'人类生活意义'，或'人类生活情况'。因而能够提供对于解决日常问题的看法。就像我们可以习惯来观察人们的行为，用传统来解释人们的行为一样，我们可以用一个人的价值取向观察他的生活方式。"从全世界的角度看，不同的民族、宗教、国家对自然的理解是不同的，对自然资源的利用方式也是不同的，甚至不同文化素养的人，对自然资源的理解也是有很大差别的。当然可以说不同城市与不同类型社区的人，对自然资源的价值观念都会有不同的认知。① 在桑德斯的《社区论》中曾对不同社区中人的价值取向做过分析，并引用了有关学者的观点，提出了社区价值取向的不同类型。在宗教的理念中存在着超自然的文化，在现实中存在着三种基本形式，如听天由命屈服自然，或是与自然和谐相处，如中国传统古代强调"天人合一"，还有能够征服自然、创造新资源的理念体系等。在传统的农业社会往往是屈服自然，在对自然资源的单一消耗中把自然神化；与自然和谐的方式，有的只停留在政治理念方面，而在行为上只有获取。在征服自然方面，也分为两种模式，一种强行破坏性改造自然，一种通过新科学技术顺应自然并创造新自然物来回报自然，这些观念性认知影响着人们的生存意义和生活方式。如饮食习惯、居住方式的价值取向，对自然资源的需求与影响是巨大的，中国人喜欢吃的高级营养品如"冬虫夏草"、"发菜"以及在文化取向方面的根雕艺术等，都对自然环境有着巨大的破坏。这是价值取向中的一个很小的方面，然而对自然的破坏是深远的。

在塞缪尔·亨廷顿等主编的《文化的重要作用——价值观如何影响人类进步》一书中，马里亚诺·格龙多纳在《经济发展的文化分类》一文中提出了一些新的思考，有些论述可以直接对应中国当代的经济发展样态。他说："当一个国家从经济发展的一个阶段转入另一个阶段时，经济发展的过程就达到一个转折关头。在些关头会出现各种诱惑。""每当一种关键的诱惑出现时，一个国家不

---

① ［英］桑德斯，张艳敏译：《社区论》，黎明文化事业公司1982年版，第110页。

是克服它就是陷进去。因此，我们也可以将经济发展过程定为这样一个没有止境的过程：不论何时出现诱惑，都予以抵制而做出有利于投资、竞争和创新的决策。"① 当代中国的城市化特别是房地产的发展，其关键问题就是在投资决策方面。土地作为一个国家和城市的资源是有限的，由于土地的资本性和增值性，无论是对于政府的政绩、企业和个人其诱惑都是巨大的。抵制这种诱惑的方式之一，就是构建一个全社会认同的价值观体系。当代中国提出的科学发展观，和谐社会本身的价值的体系对于创造"循环型城市社会发展模式"是非常重要的。塔尔科特·帕森斯指出："'价值观'可以视作为常规体系之中的一个因子，它能充作一准绳，人们依据它而在一定情况下可供选择的各种行动方针中，做出自己的抉择。国家必须具备那种有利于抵制诱惑而做出正确决策的价值观体系，才能实现持续的、迅速的发展。"② 这种价值体系构建虽然不可能一蹴而就，但是整体的建设包括强制型建设是非常必要的。西方学者还认为价值观可以分为两类：一类是内在的；另一类是工具主义的。内在的价值观强调不计个人得失而形成而予遵循的价值观。工具主义的价值观是那些直接对我们或者个人有得利思想的指向，如需要钱，需要财富等，这种工具主义的价值观，往往是"完成了它的用途后就不再有用"。对于建构"循环型城市社会发展模式"、"理想类型"来说，"两种财富观"的差异对我们有直接的参考价值。"在阻碍发展的社会中，财富首先是指已有的东西，在有利于发展的社会中，财富则首先是指尚不存在的东西。在不发达的世界，首要的财富在于土地以及能从土地获取之物。在发达的世界，首要的财富在于成功希望的创新过程。以计算机为例：在阻碍发展的社会中，看重的是今天的计算机，而在有利于发展的社会中，注意力集中于计算机的下一代。"③ "循环型城市社会发展模式"的建设就是关系下一代，这里不仅仅是指科技发展的下一代，而是整个民族的未来发展。

正因为"循环型城市社会发展模式"是未来型的价值体系，因此我们对一个时代的经济繁荣的理解要重新注入新的思想。每一个社会都在追求繁荣，"繁荣是个人、群体或一国国民在满足衣食住行等各种物质需求方面均能过上好日子的能力"。④ "循环型城市社会发展模式"需要人民群体的参与，让人民群体成为

---

① ［美］塞缪尔·亨廷顿等，程克雄译：《文化的重要作用——价值观如何影响人类进步》，新华出版社 2002 年版，第 80 页。

② ［美］塞缪尔·亨廷顿等，程克雄译：《文化的重要作用——价值观如何影响人类进步》，新华出版社 2002 年版，第 81 页。

③ ［美］塞缪尔·亨廷顿等，程克雄译：《文化的重要作用——价值观如何影响人类进步》，新华出版社 2002 年版，第 86 页。

④ ［美］塞缪尔·亨廷顿等，程克雄译：《文化的重要作用——价值观如何影响人类进步》，新华出版社 2002 年版，第 390 页。

这一社会关系的创造者和实践者。同时，"循环型城市社会发展模式"在更多的领域去考虑制度、民主和人的价值观，考虑人和自然价值，而不仅仅是局限在经济领域。

四、"循环型城市社会发展模式"内涵与特征——中国式城市化的"理想类型"

"循环型城市社会发展模式"不是创造工业的生产环境，当然也不仅仅是服务产业的集聚地，而是一种全新的生活方式的再造，是一种新的城市发展理念和城市生活主张，也是一个社会群体对未来的宣言。

1. "循环型城市社会发展模式"是一个循环立体生态体系。城市应创造城市立体绿化体系和立体生态景观，能够充分利用地形、地貌和水体结合公建布局，各组团中心形成延伸的绿轴、绿带、绿园等空间，并与道路、绿化、庭院绿化、平台垂直绿化相连，形成点、线、面的循环生态的人居一体生活关系。使城市居民能够在出门不到 10 分钟，与花园相遇，形成一种传统的家园式城市生活体系。这种空间充分表现为"宜居性"，体现人与自然和谐生存的关系，"城市在花园中，花园在城中，人在森林中，森林在城中，人在花丛中，花在人丛中"的理想生活空间。如日本学者提出的"森林—工厂"、"森林—学校"、"森林—住宅"、"森林—商业"的"城市森林"和"森林城市"的感知。城市从生产、工作、休闲、消费各方面形成一个完整的循环城市社会发展过程。

2. 城市空间尺度要体现人体工学理念，而不是过高过大的"水泥森林"空间，是一个以亲情结构空间为主体的宜居关系，能够再现人的尺度相当的传统小巷和院落，给人亲情，给人以记忆。

3. 把城市当作艺术品来打造，创造生活艺术和艺术生活的体系。城市街区和整体建设要表现一种高品位、高文化内涵和高形象感知的景观，有和谐的城市色彩、有宜人的建筑立面、有丰富多彩的空间表现、有不同时代的文化景观内核以及从历史人文的视角组合各个现代景观要素。这是一种创造独特的个性化文化意境，通过高形象感知提高城市人的自我心理认同。突破单纯功能主义的束缚，对城市的细节进行整体思考，如建筑顶部、"城市家具"、植物栽培等，都要通过整体的艺术思考来设计建设。法国巴黎的奥斯曼在 150 年前建设巴黎时，就曾把城市整体放在艺术品的视角下来建设，并在城市细节处理上创造出了个性城市文化符号。

4. 构建有完全意义上的社区价值。在新都市主义的理论框架下，构建新时代的"城市首属邻里"关系（见图 7-1），形成"社区即是家"的共识与共知。

有充分的公共配套，形成完整的步行 10 分钟、自行车 15 分钟、汽车 30 分钟生活圈。社区等于"居艺感知＋功能主义＋空间想象＋生活本位＋城市象征"。社区是新都市主义条件下的"通体社会",[1] 是全新的城市生活本位体系。[2]

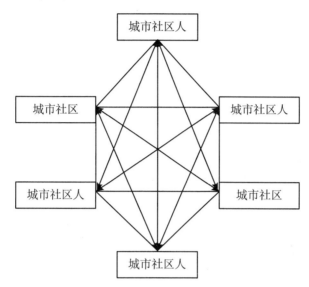

注：这个图形本来是台湾地区学者研究传统乡村社区关系的一种模式体系，根据现代城市社会发展的理念，我们可以让城市社区从宜居的角度，重归"首属邻里关系"体系，建立全新的后工业时代的城市社区亲情体系。

图 7 - 1　后工业时代的城市社区亲情体系

5. 在建设"通体社区"理念前提下，把"社区照顾"的理念与功能推广为"城市照顾的理念"，让城市社会的平等生活和人际关爱成为城市的一种功能。

6. 创造中国本土化城市形态。空间是时间的切面，价值性的物化的感知，因此，要寻找到本土化"城市的时间切面"。如城市广场犹如围棋"眼"，"眼"越多，城市越有生命力。而城市广场的建设不是以大为前提，是以文化内涵和品位为前提，城市广场是城市人家庭起居室的外延，是"城市文化资本"元素。另外，城市的地下空间也是"循环型城市社会发展模式"重要的资源利用模式。

7. 创造"中国城市文艺复兴"的文化体系。利用传统城市元素，创造新的时代新中式主义特色。如室内景观户外化，户外景观室内化，室内外景观连续化等。对传统中式园林中可以常见的溪流、河塘、假山、置石、亭、廊、榭等以及围合式的院落、青砖、黛瓦、粉墙、屋檐、角檐、飞檐等要素赋予时代特征，构

---

① ［德］斐迪南·滕尼斯，林荣远译：《共同体与社会》，商务印书馆 1999 年版，第 340 页。
② 蔡勇美等：《都市社会学》，巨流图书公司 1984 年版，第 138 页。

建城市本身的民族与文化认同。

8. 创造全方位开发"无界城市生活"。强调城市生活空间的"开、敞、透、幽、静、清、洁、香、绿、安"的十字原则，而不是目前中国城市中的小区都封闭的围合空间，到处挂着"不准进入"的牌子。这种封闭区空间是典型的城市"社会区隔"，这是城市功能的一种退化。

9. 城市在地域空间展开中，创造"区域核"体系。主要是强调就业、生产、分配、流通、消费的一体化，而其中最重要的是就业。在城市功能分区中形成合理的以就业为"区域核"的板块格局，各板块形成独立、完整的生活体系，完成以就业为核心的城市生活方式。没有充分就业的城市，就不可能有和谐发展的城市。

10. 城市现代生活体系与"原生态自然体系"共生共存。利用原生态自然体系，形成真正意义上的"循环型城市社会发展模式"。在现代化的都市中应该有"原生态的地段"，有不经人工雕琢的"原生态森林"、"原生态湿地"等，甚至城市生活区内应出现野生动物等，真正出现人与自然和谐共处的循环城市生活体系。日本东京有很好的成功经验，近郊有原生湿地和狐狸等野生动物生存。

11. 城市记忆的保存与合理开发。包括城市的"集体记忆"、"历史地段"及非物质文化是"循环城市社会发展模式"的一个要素。城市传统街巷中的肌理应得以合理保留和开发。没有良好记忆的城市，是不可持续发展的城市。良好的"城市记忆"的存在也是"循环型城市社会发展模式"的特征之一。

12. 创造现代都市景观与城市田园风光共存的情境。通过某种方式和手段，再现霍华德的"田园城市"风情，能够在更理性的前提下，以"适当紧缩"的方式，让城市既能够有城市风情，又有田园风光，创造全新的"后都市主义"文化。

13. "循环型城市社会发展模式"是要建造一座在现代社会智能化要素前提下的"安全城市"，让城市有荣誉感的同时，又有自豪感和安全感。

14. "循环型城市社会发展模式"是一种"后舒适主义"的实验场域。"后舒适主义"城市理念旨在强调城市的公共产品性，而公共产性品质的提供和认同，是社会整体性进步和公平的表现形式。一个具有舒适空间、舒适物化环境、舒适感的城市必然是全民的城市。"后舒适主义"城市理念强调在"后工业"和"后现代"意义上的"后舒适（Post-comfortable）主义"系统要素，包括：（1）MC（Mind Comfort）舒适理念系统要素；（2）HC（Housing Comfort）舒适住宅系统要素；（3）BC（Behavior Comfort）舒适行为系统要素；（4）VC（View Comfort）舒适视觉系统要素。同时，我们提出了"循环型城市社会发展模式"的"舒适指数"设想，关注城市产品的高品质性、多元功能性与多层价值性，即城市作为一种公共产品表现出的自然属性、文化属性、心理属性、科技属性、健康属性、社会属性等，倡导城市全员的共同努力，使城市成为市民共同的家园。后舒适主义最终形成城市空间—人—自然—社会四位一体的、和谐的、共生共荣的价值观。

15. 循环城市诉求城市的科学技术与研究发和创新能力。在创新的意义上形成城市新动力和核心竞争能力，不追求每一座城市综合的竞争力，而追求每一座城市的特色竞争力，并在差异化的定位中寻找自己的发展道路。如政府的创新能力、企业的创新功能、城市的环境友好、城市产品品牌形象与企业形象、服务人性化、社会道德、城市整体性的社会关怀等。

16. "充满选择机会的城市"——这曾是伦敦的城市发展理念。这是"循环型城市社会发展模式"必须遵循的原则，为社会全员创造充分的选择机制，并在城市社会的压力选择中，创造每一个城市人的生存空间。

17. "循环型城市社会发展模式"必须是"数字化人居"现代科技智能城市，为城市全员创造现代化的生活与工作平台。

18. 有地域性文化的城市市民精神。"循环型城市社会发展模式"是一个典型的市民社会的舞台。市民整体在一定意义上有着典型的爱国主义情愫，是一个讲文明礼貌，尊重环境，讲消费道德，关爱社会的有一定地域性文化规范的群体，并引导社会的行为时尚，有一个典型的社会生活样板群体。

19. 在生产和消费领域有完整的循环经济的法规体系。真正从生产、流通、消费和分配全过程上体现循环社会生活体系。

20. 循环城市的政府是"城市法人"，城市是一个建立在市民社会民主关系基础上的法制社会。

"循环型城市社会发展模式"是一个全新的战略思考，是在创造从工业化向后工业社会迈进的新的城市生活方式，使城市社会结构的变迁负面效应最小化，真正实现城市社会与人类社会进化的新尺度和新标杆。现实中国"城乡二元经济结构"一直在滋生着一系列的社会问题，因农业人口流入城市形成的"拥挤不经济"和"投入不经济"的矛盾，使城市陷入无序的增长当中，真正要实现如法国等国家出现的"农民的终结"① 的历史现实，中国的城市化还有很长的道路要走。在这里我们只预言 2020 年前后的中国，如果中国的城市化真正达到 75% 左右，中国的市民社会将真正建构起来。笔者首倡"循环型城市社会发展模式"的历史证言，但愿这不仅仅是社会学视角的"理想类型"。

---

① ［法］H. 孟德拉斯，李培林译：《农民的终结》，科学出版社 1991 年版，第 296 页。

第二节　本土化城市化理论"动力因"创新："城市文化资本"再生产

一、城市化发展的新动力：从"财富资本"到"城市文化资本"

城市化的发展动力形成了多样化的理论，这与城市化本身的多样化类型有直接关系，即不同区域和政治体系内的城市化，其"动力源"是不同的。联合国人居署对 245 个城市（年平均增长在 2% 以上的城市）增长因素分析，虽然"城市增长背后的动力通常是非常复杂和相互重叠"。但是可以总结出三个最主要的增长动力："（一）宏观经济和工业政策（例如，经济特区、工业和出口促进区的建立及相类似的情形）以及在两个关键领域的相关战略性投资——交通基础设施以及通信和商业服务部门。（二）城市生活质量的提高（基础服务、交通、绿地、公共设施，等等）。（三）城市地区法律和行政状况的变化。"[①] "城市增长是多种因素共同作用的结果：地理位置、人口自然增长、城乡人口迁移、基础设施发展、政府政策、公司战略和其他主要的政治和经济力量，包括全球化。在有些地区，例如拉丁美洲，城市增长实际上主要是城市与城市间人口迁移的结果。在许多亚洲国家，例如在中国，国家经济政策往往在确定哪些城市将获得增长或重要性将到提升等方面将产生重要影响。"[②] 中国的城市化也是多元化的动力结构，但是，根据中国的国际发展基础而言，中国城市化动力总体可以分为两大类：

处于关键性功能的是中国政府和城市的制度型的政策推动。从中国的城市化发展的"动力结构"来讲，除了自然与人文区位的不同比较优势之外，在中国主要是"制度型投入"的城市化的模式，即政策对一个城市具有主导性的影响。例如，深圳是作为特区而发展起来的城市，其政策的创新性非常强，国家也给予深圳很多优惠政策和提出很多新的制度形式，为城市的发展创造条件。这些政策

---

① 联合国人居署，吴志强译制组译：《和谐城市——世界城市状况报告》，中国建筑工业出版社 2008 年版，第 28 页。

② 联合国人居署，吴志强译制组译：《和谐城市——世界城市状况报告》，中国建筑工业出版社 2008 年版，第 24 页。

中，主要是产业的发展政策。城市通过开发区的建造，提出全新的招商引资政策，一个新的城区的发展政策、一个新型旅游度假区的发展政策、一个新的产业园区的相关产业政策等，都会给城市带来极大的好处和全新的发展动力。制度型投入也包括区域交通系统和通信设施的多样化。"联合国人居署对发展中国家最快的城市进行的初步分析表明，超过 40% 的城市受惠于区域或国家交通系统的多样化、扩大或改善，包括道路、机场、市区和城市间的铁路线和港口。投资于交通和通信基础设施，不仅增加了城市、国家和地区的整体生产力，也促进了城市和区域的均衡发展。"① 除此之外，就是如何创造城市本身的文化特质，创造"城市文化资本"的再生产能力。对于中国的城市发展动力来讲，国家和城市政府的作为和创新能力起着至关重要的作用，从深层次上说，就中国的整体体制来说，政府的政策性投入在现阶段的发展中是不可或缺的。如印度的班加罗尔，在 20 世纪 80 年代以前，曾是印度的"退休者的天堂"。可是到了 90 年代以后，"这里的一切都发生了改变，班加罗尔成为印度的第一个'技术园区'"——被称为"硅高原"，其城市的转型发展主要是因为政府为这座城市制定了一个愿景：中高科技企业的集聚地！其核心原因是"国家鼓励信息技术服务业的政策"，特别是国家提出的"信息化战略"，在这一战略模式下，班加罗尔拥有 500 家开发计算机软件的高新技术企业。其中一些"微型跨国企业"也被植入该城市，为城市的发展建构了生生不息的动力。② 到目前为止，班加罗尔是世界前十名的科技新城市，也是发展中国家唯一的城市。

处于第二位的是通过政策和制度型投入创造的人文历史文化的发展程度和价值。科技与其他产业集聚于一定区域，也是多重要素决定的，如区位，是否是沿海城市、是否具有良好的人文历史价值等，这就必须经过政府和自上而下的整合，创造"城市文化资本"再生产的能力，这是中国本土化城市理论的重要意涵之一。③ "城市文化资本"理论视角下的城市空间价值研究，既要考虑城市空间价值创造的发展动力，又要思考城市的总体艺术模式和价值意涵，从某种意义上说，"城市文化资本"的创造亦是一种城市艺术设计的升华。中外城市空间价值创新的发展历史已经证明，能够被认同为"城市文化资本"要素的历史遗存与设计，必然是具有穿越时空的历史性价值的人类共同记忆文化，必然能够充分

① 联合国人居署，吴志强译制组译：《和谐城市——世界城市状况报告》，中国建筑工业出版社2008 年版，综述和主要发现。

② 联合国人居署，吴志强译制组译：《和谐城市——世界城市状况报告》，中国建筑工业出版社2008 年版，第 37 页。

③ "这意味着很多国家的城市增长最初受国家政府驱动，继而又由地方政府推动。在这种场景中，中央政府常常决定哪些城市将受益于投资和宏观经济决策。"联合国人居署，吴志强译制组译：《和谐城市——世界城市状况报告》，中国建筑工业出版社 2008 年版，第 27 页。

表现"城市文化资本"的意义和城市的总体价值。

"资本"这个词在现代社会里是一个十分普及的话语，一个受过高等教育的人和一个没有受过任何高等教育的人，在准备投资或者实施谋生计划时，相关回答和探讨一定是包括资本认知在内，必然有这样的对话："我没有资本"、"我资本不多"、"我有很雄厚的资本"。当经济学与社会学把资本的类型多样化时，人们把某些人的社会地位也常常与"资本"联系在一起：社会资本、财富资本、权力资本、人力资本、服从性资本及文化资本等。而且，伴随资本主义的发展和社会蜕变，现实的资本主义的生产关系和社会结构与资本主义刚刚发生时的社会已经有本质不同，对"剥削"、"榨取剩余价值"、"劳资矛盾冲突"等很多传统理论已经不完全适用于现代社会的经济关系了。如现代企业股份制度、现代企业的合伙人的制度、现代企业的法人制度、自由职业人、独立纳税人和个体工商户等，特别是个体民营经济的社会化和股份制化，已经在很大程度上改变了劳资关系。在社会结构整体改变和社会组织目的的整体结构变迁的现实中，人们对马克思创造的"经典资本理论"和"剩余价值理论"从不同侧面提出新了研究视角、新的认知方式和新的批判。现代社会的生活，似乎人们在依靠资本而活！每个个体和每个家庭及每一种组织，都必须依赖某种资本而存在，没有资本已经无法适应现代社会的生活与竞争关系。在寻找任何职业和任何生态位置的时候，其潜台词都包含了一个设问，你有资格吗？其另类话语的核心问题是，你有资本吗？或许是文化资本，或许是知识资本，或许是技术资本等。因为从理论上讲，"讲资本就得讲'资源'（资本本来就具有某种'货币'的外形）或为打开资源流动渠道（如银行贷款）所作的投入，资源的初始所有权（它在整个战后都受到管制，现在又重新充分和全活跃起来）总是趋于只投入在盈利为目的的运营活动中，其目的是让资本'生出利润'。为了使资本'生出利润'，以盈利为目的的运营活动从根本上说（不过这并非重要）是有'选择性'的。"① 这一逻辑本身的价值在于说出资本"生出利润"的前提，那么，这个前提是资源的认知方式，对资源的利用方式，包括对资源创造性建构的方式。对于个体城市来说，都不同程度地存在着某种资源，但是，这些现存的资源不是资本，就如埋藏在地下的货币不等于资本一样，只有让货币进入生产和再生产过程，并形成生产、流动和价值转换和再生产过程的货币才成为真正意义上的资本。相比较而言，中国多数城市的资源未能转化成资本或者是"城市文化资本"价值，特别是没有能够转化成公共财富意义上的"城市文化资本"价值，就是没有"城市文化资本"的再生产的土壤和过程。秘鲁学者赫尔南多在《资本的秘密》一书中是这样说的：

---

① ［法］弗朗索瓦·沙奈，齐建华译：《资本全球化》，中央编译出版社 2001 年版，第 11 页。

第三世界和前共产主义国家，占全世界 4/5 的人口，"但他们缺少表述所有权和创造资本的过程。外部有房屋，但是没有所有权凭证；他们有产权，但是没有契约；他们有企业，但是没有法人地位。他们能适应从回形针到核反应堆的每一个西方发明，但正是因为他们缺少这些基本的所有权的表述，才始终无法创造出使他们国内的资本主义制度发挥功效的足够资本。我认为这就是资本的奥秘。要解开这个奥秘就必须弄明白：为什么西方人通过用所有权文件以来表述资本，就能够从资产中发现并提出资本。我们知道某些事物的存在（例如资本），但却看不到它们——理解并掌握这类事物一直是人类思维的最大挑战之一。"① 赫尔南多说的情况在中国正在得到改变，21 世纪初的中国一定领域内的资产阶级法权文化和市场经济契约关系，正在现实的中国展开。但是，正如马克思曾说过的，资本是一个历史范畴，因为是历史范畴，必然具有社会属性，不同社会环境内，不同资本要素的权重是不同的。在所谓传统公有制社会中，权力资本是第一位的，因为权力可以支配千千万万人的手。同时，马克思也从价值属性及原理上，论证和说明的资本的价值与价值属性。1867 年马克思给恩格斯的信是这样说的："我的书最好地方是：1）在第一章就着重指出了按不同情况表现为使用人价值的劳动的二重性（这是对事实的全部理解的基础）；2）研究剩余价值时，撇开了它的特殊形态——利润、利息、地租等等。这一点特别是在第二卷中表现出来，古典经济学家总把特殊形态和一般形态混淆起来，所以在这种经济学中对特殊形态的研究是乱七八糟的。"② 对于这一论述的理念，在经济学领域是一个非常熟悉的研究观点，既要了解商品的价值与价格的两重性，更要了解资本两重性，即"特殊形态"与"一般关系"。所谓"特殊形态"与"一般关系"的理解是马克思在 1883 年《评瓦格纳的〈政治经济学教科书〉》中论述的："剩余价值本身是从劳动的特有的'特殊的'使用价值中产生的。"③ 在中国现代化的转化过程中，对资本的认识曾烙上典型的历史范畴性，即 1949 年后的中国，曾一度把"资本"视为洪水猛兽，与"垂死的、腐朽的资产阶级一样，具有腐朽性"。当代世界经济的一体化，使得任何生产形式都有可能在世界范围的经济环境中产生，资本已经成为国家与民族赖以生存的前提和条件。2008 年世界范围的金融危机更证明了这一点，即国家的力量，城市的力量，在一定意义上表现为资本的力量——如纽约这座城市的产生与发展，就曾经是货币资本力量的结果——今天国

---

① ［秘］赫尔南多·德·索托，王晓冬译：《资本的秘密》，江苏人民出版社 2001 年版，第 7 页。

② 中共中央马恩列斯著作编译局：《马克思恩格斯〈资本论〉书信集》，人民出版社 1976 年版，第 225 页。

③ 中共中央马恩列斯著作编译局：《马克思恩格斯全集》（第 19 卷）（1859 年 10 月～1860 年 3 月），人民出版社 2006 年版，第 414 页。

家与城市的发展在需要资本力量的同时，还要加上文化资本的力量。也有人提到一个国家的基础资本，如土地和劳动力等，但是，这种资本本身的认知是有不同观点的。① 赫尔南多说，现实生产中很多已然存在的事物我们却不能认识，这种情况实际上是人类社会发展的一般常态，即我们的存在，即人类本身的存在与发展，就是在不断地发现新事物，认识新的事物，而"城市文化资本"就是一种新的事物，是一种新的认识观，必须从理论与实践的双重意义上对"城市文化资本"加以充分认识和挖掘！每个城市都有特定的"城市文化资本"，可是几乎所有的城市都没有能够充分认识城市的"城市文化资本"！

同样，在进一步认识"城市文化资本"之前，我们多次提到，必须从新的时代、新的社会关系、新的生产关系和新的社会阶级关系的角度与高度上，重新认识马克思的传统资本论理念。其主要原因是，在现代社会的发展中，特别是在某些现代化全民国家的经济增长，"资本"不完全都是通过"榨取工人阶级血汗而创造的剩余价值"，而是在新的社会关系与阶级关系的基础上，以多类型的方式创造剩余价值的，有时，在有些地方资本甚至是以善的方式创造价值的。比尔·马丁和伊万·撒列尼认为："在马克思的阶级理论中，资本包含两个相似的价值：占有和支配，虽然占用和支配之间的关系是'辩证的'，但至少在资本主义社会的条件下，'占有'的价值似乎要胜过'支配'的价值。"② 作者认为，在布尔迪厄的理论中，"支配的价值是主要的。虽然文化资本允许它的所有者'占用'文化生产场域的机制，但这是文化支配而不是狭义的'剥削'。简要的来说，布尔迪厄并未尝试说明经济剥削来自文化资本所有权。文化资本所有权确保了文化支配，而经济剥削是由金钱资本所有权来说明的。"③ 在当代人类社会发展中，特别是在中国传统经济理论中，人们对从马克思《资本论》那里获得剩余价值与资本的理解，基本上还没有变，在很多教科书中仍然沿用马克思的传统资本理论。我们必须承认，在现实的经济关系、经济生产和商品交换中，在某些领域、国家和地区仍然存在着某种意义上的"剥削"，甚至是重复着马克思古典资本生成的过程。但在更多的领域和国家与地区，资本的发生已经发生了质的变化，有些地方的所谓"剥削"与早期资本主义发生时期的剩余价值的剥削有

---

① 简·雅各布斯认为："传统观点认为，一个国家的'基础'资本是土地以及涌入这块土地的劳动力，但这显然是错误的。如果这一观念正确，那么如今以农业为主的国家就应该高度工业和城市化的国家出口资本和其他金融服务，而不是相反。另外，在工业化和城市化的国家里，农村地区将可能通过为城市提供税收补贴的方式，向城市出口资本。亨利·乔治（Henry George）以城市是基础资本和基础财富为前提，得出城市中制造出的所有利润都源于城市土地价值。当然，城市土地极高的价值并不源自土地本身，而是其上集中的劳动。"［美］简·雅各布斯，项婷婷译：《城市经济》，中信出版社 2007 年版，第 169 页。

②③ 薛晓源、曹荣湘：《全球化与文化资本》，社会科学文献出版社 2005 年版，第 306 页。

着很大的不同，所以笔者很同意林南的观点，他在《社会资本》一书中说："我把马克思所描述的资本的概念及特征称之为古典资本理论。资本作为产生利润的资源投资，这一基本思想在以后所有的资本理论中持续沿用。然而，在马克思的图式中，投资和利润都属于资本家，生产过程的劳动并没有为劳动者产生积累资本。古典资本理论将论点建立在以下基础之上：阶级分化是资本主义的基础，剥削阶级控制着生产资料并占有被剥削阶级劳动所创造的全部剩余价值。在过去40多年里，资本理论已经发展为新资本理论，新资本理论基本上修改或者排除了作为古典理论方向中所必不可少的阶级解释。这些对资本的替代性解释主要包括人力资本、文化资本和社会资本理论。"① 资本作为一种财富形式，在现代社会的经济关系内已经发生了性质方面的文化变异。特别是在现代社会结构前提下，国家的全民化和全民国家化，在国家民主意义上的市民社会关系内，资本剩余价值的获取有多种方式，也可能是所谓"独立经济人"的行为结果。特别是在股份制及社会化前提下的经济体内，如在上市公司的广义社会股份的整合中，资本的发生与变化，包括资本剩余价值的获取已经不仅仅是资本家的事情，也是股东和股民的事情，还是市场一般性投资性者的事情。在未来，伴随通讯方式、技术革命、政治民主和全民福利国家的发展，资本的价值表现形式也必然以新的多样化呈现出来，资本的构成也必然是以多样化的方式存在，同时，资本的再生产方式也会更加以多元化、多类型、多层次作为运作的方式。另外，就不同资本类型的获取方式来说，文化资本与经济资本也有着质性差异，而这个差异性核心就是"城市文化资本"的公共性、公益性和社会全员的福祉性。

在现实的体验中，我们都能够理解布尔迪厄对资本转换的看法：在经济交换中，"实践的经济是（Economy of Practice）资本主义的历史性发明"，而在经济交换的背后，存在着非经济（Nonecnomic）交换，"因而也就是超功利性（Disinterested）的交换。这种经济理论之所以要改变某些资本的性质，并把它们定义为超功利性的，是因为通过改变性质，绝大多数的物质类型的资本（从严格意义上说是经济的资本类型）都可以表现出文化资本或社会资本的非物质形式；同样，非物质形式的资本（如文化资本）也可以表现出物质的形式。"② 这种理论认知的结果和方式对我们的启迪是客观而有效的。以往人们单纯地认为货币资本、土地资本和权力资本或者是社会资本价值的价值，而且更多地只关注货币、权力和社会这三种资本之间的转换，而这三种资本之间的转换本身所产生的超经

---

① 林南：《社会资本——关于社会结构与行动的理论》，上海人民出版社 2006 年版，第 7~8 页。
② 包亚明：《文化资本与社会炼金术——布尔迪厄访谈录》，上海人民出版社 1997 年版，第 191 页。

济利益关系和超经济利益价值，往往对社会的发展产生负功能。文化资本本身的客观性、身体性、自为性和知识性特质的价值，让我们看到了社会发展的良性前景，看到了知识建构出的力量和体系，对于推动社会进化的意义来说，是十分重要的。或许从"城市文化资本"的角度来认识，应该提出城市文化资本的"超经济"和"超权力经济"的力量，这是一种全新的社会实践，至少"城市文化资本"是市民社会的催化剂。如果说权力资本是腐蚀剂，社会关系是权力腐败与资本腐败产生的土壤，货币资本是权力资本和社会关系资本的奴婢，那么，唯有文化资本在最初形态上是通过自身和自然的心相和努力获取的，其中蕴藏着毅力、智慧和社会制度性认同，可以说文化资本特别是通过建构过程创造的"城市文化资本"，是创造健康社会的直接动力。

二、城市化与城市特色：城市的"软实力"与"软资产"

城市是资本集中地，是资本滋生地，也是文化资本的自然集中的，正因为如此，"城市文化资本"才具有特殊意义和科学的认知价值。同样，因为城市集中表现了人类的财富意义和象征性，必然使城市中生活的人们对巨大的建筑物所形成的财富意义产生异想，即面对城市中极富诱惑的财富和财富的个体差异，必然形成对金钱和世俗关系的特殊认知，辉煌的城市物质化空间必然使神权受到深刻挑战！进而也必然率先在城市社会形成"世俗化"的文化模式。面对城市所展示的财富意义与文化价值，面对城市里的鳞次栉比的高楼大厦——那一幅幅人类智慧的杰作，很多人会问：这是上帝的作品吗？建造这些人类智慧的作品时，上帝在哪儿？面对城市里那让人魂魄升华的不同空间，人们看到人类自身的伟大、人类智慧的伟大、人类财富力量的伟大！城市是人类自身创造的财富体！"城市文化资本"是人的行为结果，是城市机能的一部分，而城市的最伟大的功能就是在创造"城市文化资本"。芒福德认为："在城市发展的大部分历史阶段中，它作为容器的功能都较其作为磁体的功能更重要，因为城市主要的还是一种贮藏库，一个保管者和积攒者。……城市社区的运动能量，通过城市的公用事业被转化为可贮存的象征形式。"从奥古斯特·孔德（Auguste Comte，1798～1857，法国哲学家）到 W. M. 惠勒（W. M. Wheeler）的一系列学者都认为："社会是一种'积累性的活动'，而城市正是这一活动过程中的基本器官。"[①] 城市作为"文化

---

① ［美］刘易斯·芒福德，宋俊岭等译：《城市发展史——起源、演变和前景》，中国建筑工业出版社 2005 年版，第 74 页。

容器"之说，鲜明地揭示了城市在人类文化进化方面的意义与功能。

纵观人类城市的变化，我们可以看到，最新的人类文化成果总是产生在城市里，亦如列宁曾说"共产主义只能产生在城市里"。无论是西方古希腊罗马城邦创造的人类文化奇迹，还是同时代中国春秋战国文化黄金时代所创造的"百家争鸣"的城市文化，城市文化始终作为城市的某种文化资本存在形式，而没有被人们所正视。在此论及的"城市文化资本"的概念，是受社会学家布尔迪厄的启迪和影响，并从个人文化资本——教育和相关文化资源的意义上延伸到城市。当从文化资本意义上认识城市时，我们就获得了认识世界的一个新的窗口，实际上结果是使我们能够发现城市又有了一个新的世界、新的层面、新的价值，包括新的功能的演绎。① "城市文化资本"的提出，在一定意义上强调的是城市业已存在的精神文化、物质文化、制度文化和财富的"资本性"意义，如城市自身的文化遗存，流芳千古的人物和精神价值，以及城市自身创造的一系列文化象征与文化符号等，都具有鲜明的资本属性和资本意义。② 中国的城市历史悠久、数量多，仅历史文化名城就有110多座，在全世界范围看，具有典型"城市文化资本"记忆的城市更是不胜枚举。

我们可以这样说，"城市文化资本"与经济资本之间有一个属性差异——"城市文化资本"是人类精神与物质文化的一种新意涵，是人类发展的一种精神支柱，是人类社会进化的文化"动力因"，是一个以往没有被人们充分认识的社会动力因。正如列宁的一句名言，"城市是人类精神文化活动的中心"。"城市文化资本"在更重要的意义上集中体现着人类文明的进程，集中体现着人类精神的本质。北京和上海这两座城市在中国历史发展中的文化作用，是其他城市所不

---

① "文化资本"从原意上是对个人或群体而言的表现为知识或思想形式的财富，它支持着身份和权力的合法性。布尔迪厄（Bourdieu）提出的文化资本的概念扩展了马克思经济资本的概念。人们认为拥有文化资本的人能对其他群体行使一定的权力，而这种形式资本可以获得想要的职业、地位，并且可以获得更大的经济资本，并使这种经济资本获得合法化的社会意义。杨善华主编的《当代西方社会学理论》一书对布尔迪厄的文化资本理论进行了说明与介绍："所谓文化资本，是指借助于不同的教育行动传递的文化物品。在一定条件下，这些文化资本可以转化为经济资本，并可以通过教育证书的形式予以制度化。文化资本有三种存在形式：一是身体化的形态，体现在人们身心中根深蒂固的那些性情倾向中；二是客体化的形态，体现在那些文化物品之中（例如书籍、词典、机器等）；三是制度化的形态，体现在那些特定的制度安排上（诸如教育的资格认定方面的规定）。……而且文化资本比经济资本更顽固，这一点特别体现在文化资本的积累上。一个人拥有的文化资本越多，他就会更容易更快地积累新的文化资本。"杨善华：《当代西方社会学理论》，北京大学出版社1999年版，第284～285页。

② 美国学者弗雷德理克·詹姆逊在《文化转向》一书中对"文化与金融资本"进行研究分析，他认为："至于抽象问题——金融资本是其中的一个部分——也必须从它的文化表达上去理解。早期的真正的抽象——在19世纪工业资本主义时期的大城市里货币和数字的作用，被希尔费丁（Hilferding）作了现象上的分析，并被乔治·齐美尔（Georg Simmel）在他的'大城市与精神生活'这一富有开拓精神的论文中作了文化上的诊断——当时还有一个重要的分支，即各种艺术中我们称之为现代主义的出现。"［美］弗雷德理克·詹姆逊，胡亚敏等译：《文化转向》，中国社会科学出版社2000年版，第139～140页。

第七章 本土化城市化理论的核心

能比拟的！是北京的"城市文化资本"塑造了北京人的文化性格与意识，是上海的"城市文化的资本"重塑从外部来到上海的"上海人"！明清及近代以来从江浙一带走出来的文化人，往往是进了北京成"京派"，进了上海成"海派"。从"城市文化资本"的理论观的角度来认识城市的文化价值，城市不仅需要理念的铸造，需要城市人行为系统的塑造，更需要城市文化模式的养成与范式的形成，当然从城市形象的角度来看，城市也需要视觉艺术系统物化的艺术成果表现。但是，在"城市文化资本"再生产层面，更要强调精神与物质层面的双重价值与体系，才能够形成城市特有的城市文化模式，并成为一种城市性格。任何城市都存在着个性化的文化传统，虽然城市传统的文化要素存在程度有差异，但毕竟都具有某种传统的存在意义，这是历史的一部分。这些传统从优秀的意义上说，包括一般意义上的文化传统、习俗和地方性的生活元素，还包括政治传统和与人类社会发展相一致的可歌可泣的优秀的城市精神文化，这是城市赖以生存的精神支柱，是城市真正意义上的文化资本要素之一，并具有典型的象征性。优秀的历史传统与文化所构成的"城市文化资本"，会鼓舞、激励着城市人生存的意志，而且在很大程度上也会成为城市人个人的文化资本和心理文化结构要素的一部分。在纯粹的文化资本意义上，城市本就具有对人类文化资本的吸纳能力和保存能力。纵观人类文化历史脚步，每一座城市的个性化的自然空间、人文景观和历史遗存，都具有文化资本意义，对城市历史文化精神文化和物质文化的保护与创新，也是"城市文化资本"的一种运作形式。

与其他资本形式比较，"城市文化资本"的"顽固性"表现为随着时间的推移而使资本自然"增值"，越具有历史与人文精神的"城市文化资本"越具有资本再积累的功能与价值。前面已经论及过，"城市文化资本"还包含了城市人的行为文化意义，城市人的文明行为也是一种文化"软实力"和"城市文化资本"存在方式，城市人的文明行为在一般意义上表现在城市人群体与个体文化、文明程度和教育程度上，这种群体性和个人性的文化资本在行为文化层面的表现上，往往通过教育程度与文明程度展示一个城市的文明品质的，特别是表现在一个城市的群体教育程度和群体文化行为的文明程度构成上，这也是城市文化的公共性的特殊意义所在。在城市人的行为方面，从一个新的层面集中体现了一个人或一群人的"文化资本"的意义与价值，这就是城市市民群体的教育程度越高，个人文化资本越充分，市民的文明行为举止就越有文化特色，因而更具有文化凝聚力，进而能从高层面上创造经济与社会价值。良好的城市社会行为风尚，本身就是"城市文化资本"的创新与投资环境，亦如有的城市提出的口号：每一个城市人都是投资环境。因此，"城市文化资本"对于现代城市的发展来说，是一个长长的价值链。在理性、理念、理论和理性的建构的同时，还需要自觉、自知、自主和自为的行为文化，在此基础上，加上视觉、感觉、听觉、味觉、触觉的城市空间与艺术，即在城市视觉系统意义上成为"文化资本"符号的创造。因此，"城市文化资本"的创造不仅仅是一种经济、产业和资本获取，也是直接创造城市本身的经济价值、文化价值、历史价值和未来的历史刚性价值与价格，就犹如一件艺术品的经济价值与艺术价值一样。无论是城市的建筑艺术、景观艺术、空间艺术和其他视觉环境要素，所形成的美学价值、艺术价值和生态功能价值，直接表现为现实的资本价值，如东欧温泉小乡卡罗维瓦利小镇，整个镇就是一个精美的艺术品，毫不夸张地说，每个建筑都是一件杰作。巴塞罗那创造城市的景观雕塑，曾是人向往这个城市的一个重要理由；悉尼歌剧院仅仅这一个建筑，也曾是人们热爱这个城市的一个理由。一个城市若具有良好的城市文化资本系统（这里强调的是视觉系统和优秀的文化景观），则能使市民直接得到享受和利益，必然会成为城市的发展与投资者创业的文化动力因素之一。

20 世纪 80 年代以来，中国的城市化呈现高速发展态势，中国的城市不仅数量在增加，更重要的是城市的面貌在日新月异——城市不仅在"长大"，而且在"长高"；城市不仅在"长高"，而且在向从地上到地下的立体化、复合化方向发展。但是，从整体上讲，几乎所有的城市都没有十分关注"城市文化资本"的建设和再生产的创造，多数城市缺乏文化价值和特有的人文精神。但是，城市的变迁不以人的意志为转移，从城市空间流动与转型的角度看，城市社会空间的整体变迁可以归结为这样七种转型形式：其一，城市形成空间再生产模式。城市从传统的平面布局扩张向立体空间结构布局转型，城市地下空间利用与开发，增强了城市的集约性功能和单位面积的价值。其二，城市空间的产业存在表现方式结构高级化模式。适应世界经济发展的潮流，中国的城市从以第二产业为主向以第三产业为主转型，主要表现在新型服务业，特别是生产服务业的发展方面，也包括了文化产业、新兴的智慧产业、创意产业等。其三，城市空间的国际化发展模式。城市任何一种开放都表现出城市的世界共性。中国传统的城市从封闭型空间向开放型空间转型，是一种国际化的空间再生产，传统的城市格局被打破，城市 CBD 形成中心型国际化空间价值，外国人住区、外国人商业空间、跨国公司的总部经济是城市空间国际化的直接证明。其四，城市空间结构跨行政区域化，包括形成的郊区化，这样一种空间变异，使得城市的整体结构在广泛的地域上展开，构建了一个全新的空间体系。高速公路已经成为连接城市与城市间的重要通道。开放的结构空间主要表现为都市圈的结构体系与超行政区域的空间结构。其五，城市群空间内聚性和极化空间结构模式。城市从单体经济关系向城市群体经济关系转型，城市群内部的结构关系，正在形成互为依存、互为前提的经济结构体。中国正在逐渐形成二十多个不同大小的城市群，并成为中国城市发展的主体形式。其六，城市社会空间的"去阶层化"成为"城市文化资本"建构的一种结果。中国的城市自古代以来，一直是以政治功能为主，而 21 世纪初的中国城市正在向以经济功能为主转型。传统中国五千年的城市是主要的地域性政治中心，虽然在这个意义上，当今的中国城市主体价值并没有本质改变，但是经济类型的城市和城市的经济功能正越来越显性化，并出现被强化的趋势。其七，现代城市社区空间自治及"经济独立人"与"社区人"模式存在。城市社区空间成为城市社会空间再生产的基本单位，这是城市社会结构变迁的本质和核心，或者说这种变体是中国城市市民社会建构的社会前提，也可以说，这是中国走向典型社会市民的一个必然过程。"这些具有历史性而又空前的城市变化，既表现在城市社会结构的变迁方面，也表现在城市面貌、风格、形象的结构性变化方面。"①这样的城市社会变迁给人的感觉似乎一切都变，但是，根据一般事物的发展规律看，由城市社会的巨大性、复杂性、综合性和有机性决定的，城市体在急剧的社会变迁中，必然出现内部要素发展不同步的现象。仅从文化资本的角度看，在发展中国家的城市中，由于社会转型与社会变迁的高速变异和非同步性，城市中存在着大量的"僵化资本"，不仅许多财富和货币资本被僵化，而且很多文化资本也被僵化和搁置。"每个发展中国家和前共产主义国家都有堆积如山的僵化资本。根据我们的计算，在菲律宾，57% 的城市居民和 67% 的乡村居民住房都是僵化资本。在秘鲁，53% 的城市居民和 81% 的农村人口都居住在不受法律控制的住宅内。"② 城市本身是一种资本存在，虽然赫尔南多所论的"资本"属于经济资本范畴，或称不完全等同于"城市文化资本"，但是广义的文化与广义的"城市文化资本"的范畴中包含着城市的经济资本和相关财富意义。事实上，全世界的城市几乎都存在着深化"城市文化资本"运作与开发的问题，虽然经济发达的城市也是城市经济与文化资本运作比较好的城市，但就其发展的意义来说，"城市文体资本"的真正建构也只是刚刚开始。但关键是如何能够冲破传统的"资本"价值观，"让资本能够成为大众手中的武器"！成为推动社会的力量。赫尔南多对马克思的资本论的理解是有个性的，比如他认为："马克思对资本的理解通常比亚当·斯密的理解更加全面复杂——乔治·索罗斯（George Soros）在最近关于全球资本主义的危机一本书中就是这么评论的。首先马克思很清楚，'与其说货币和商品是资本，不如说它们是创造资本和维护资本的手段。它们需要被转化成资本。'他还明白，如果能把资本产转化成商品并使之在市场上互相

---

① 张鸿雁：《城市建设的"CI 方略"》，载于《城市问题》1995 年第 3 期，第 2 页。

② "第三世界国家和共产主义国家，大约 85% 的城市土地不能用于创造资本。……根据我们计算，在第三世界国家和前共产主义国家，穷人所掌握但并不合法拥有的房地产的总值至少有 9.3 万亿美元。"
［秘］赫尔南多·德·索托，王晓冬译：《资本的秘密》，江苏人民出版社 2001 年版，第 24~25 页。

影响，就能表现出来让人察觉不到的价值，但能用来产生租金。对于马克思来说，所有权是一个重要事物，因为利用资本的人得到的不仅仅是资本的物理特性。其结果是，马克思主义的智力方法论使反对资本主义者得到有力的工具来解释为什么私有资本产必然会以牺牲穷人为代价，把资本交到富人手中。"① 必须从现代和后现代社会发展的意义上认识"资本"的现代性意义，事实已经证明，资本在不同的国家、不同的制度条件下、不同的经济关系中和不同的人群手中发挥的作用是不一样的。而我们能够从传统的资本范畴中，抽绎出"城市文化资本"的概念，是一种对现实存在要素的再发现，关键是，在什么程度上能够将"城市文化资本"转化为现实存在意义上的资本价值。无论是从经济价值意义上认识的"城市文化资本"，还是从文化意义上认识的经济资本，我们能够看到的是，在城市社会结构变迁中，很多城市已经开始不自觉地创造"城市文化资本"，如中国的深圳等城市，虽然相对比较缺乏历史文化资源，但是深圳在构建现代"城市文化资本"方面取得了巨大的成功。有些城市管理者已经开始认识到"城市文化资本"的"经营城市"和"营销城市"的意义，在"经营与营销城市"中开始认识"城市文化资本"要素对城市经济发展的影响，有些城市创造了城市形象识别系统（City Identity System），这也是"城市文化资本"运营的一种方式。特别是在当代世界范围内的城市间竞争，城市形象作为一门新科学被学者和城市管理者所认识，并把城市形象的创新置于城市经济、社会发展的战略之中。② 关键是，城市形象识别系统的建设是"城市文化资本"创造的一种形式和内容，是可以在"城市文化资本"运作的柜架下加以整合和创新的。从城市一般资本的创造，到文化资本挖掘，再到"城市文化资本"再生产，是城市核心竞争力在新的历史时期的创新。

三、城市化与中国城市传统：城市永续动力的东方智慧

相比之下，中国有很多千年古都在现代空间文化价值的创造上多有逊色，如北京"老"和"老旧"已经成为一个不争的事实，无论是比喻为一棵千年老树，还是比作一个老态龙钟的老人，或是比喻为"中国最革命的城市"之一（因为这里发生过五四运动），其内涵除了对北京城市形态发展的一种失望外，也饱含了对这座古老城市历史文化遗存资本性价值充分性的肯定，即历史曾有的辉煌并

---

① ［秘］赫尔南多·德·索托，王晓冬译：《资本的秘密》，江苏人民出版社 2001 年版，第 238 页。
② 张鸿雁等：《企业形象设计新概念——CIS 设计与导入和文化整合》，江苏美术出版社 1998 年版，第 24 页。

未完全失去。作为现代文化的创新虽然也在证明这座城市的古老、美丽和价值，但是，北京古都文化本身的创新与历史的脱节、分离及城市空间的文化断层也是十分显性的，似乎从心里让人担心，北京这座皇城能否承担起守望中国优秀传统文化的重任。南京号称"六朝古都"，可是满城找不到典型的"六朝文化"的代表景观和相对完整的历史遗存，城市犹如一个衰败的地主大户，找到不自己曾有的感觉。关键是，这些历史文化的积累不仅仅是一种建筑的遗存，而且这些文化遗存符号成为这个城市文化创新的物质基础。现代巴黎不仅有大家熟知的卢浮宫、爱丽舍宫、凡尔赛宫，不仅仅是文化艺术的保存地，更重要的是人类文化艺术精华的创新地，而且，当代巴黎还是世界服装之都和新艺术流派之都。在文学艺术领域，不仅有往昔雨果、莫奈、巴尔扎克等文化名人留下的文化产品，还有他们给后代保留下来的物质与精神财富：即现代社会仍然存在并似乎以有生命的小屋、花园带给人的遐想与享受；巴黎圣母院、玛德兰大教堂使真善美的价值正在朝着世俗化的路上迈进，也使巴黎文化的神圣之光更加明亮。这些文化遗存构成一个城市的"城市文化资本形式"，成为跨越历史与时代的精神主题。

如美国纽约这个城市，就是美国文化的代表，有其创造、创新和文化引导的理性与价值取向，但是，这个城市的人们把它理解为要么是天堂，要么是地狱！为什么？原因很多，其中一个原因是：当为努力者创造一个可以攀登高峰的阶梯的话，同时也就为不努力或者努力不成功者创造了一个深陷的地狱，因为，所有的努力者都在创造与其他人的差异，在比较中不努力者就成为了落伍者。在这样的城市里，文化是以一种模式存在的，这种模式要求外来者必须适应这种文化，个体的文化在"碎片化"中被融化，并在"文化碎片化"中形成个性文化，即"你首先必须适应这个城市"。如美国作为一个超前消费的国家及其超前的文化，成为一种资本主义生产的时尚，而这一点在纽约有过之而无不及，即在一般超前消费的前提下，纽约是显现了"过度消费"的文化模式。早在19世纪末的1895年，纽约"超前消费"与"过度消费"就有很多惊人事件和故事，这也许是纽约城市文化的一种价值取向："抱有生活更好这种观念，你就得要么拥有财富，要么幻想拥有财富。虽然幻想拥有财富中只能是一时的，但很多美国人和欧洲人都心存这种幻想。一个会冒充贵族身份的人如果擅长表演，就能在别人发现根本付不起账之前，买到一大堆东西。"① "按照《纽约先驱报》的观点，要想体验'惬意的世界'就要'换换位置'，一个人就必须融入其中，必须处在与'他

---

① ［美］M. H. 邓洛普，顾笑言译：《镀金城市——世纪之交纽约城的丑闻与轰动事件》，新星出版社2006年版，第156页。

们'相同的位置，才会有切身体会。"① 这是一个事实，是一种文化，当世界的文化精华集于此的时候，文化的相关副产品一定会发生，或者是好的，或者是坏的。在 100 多年后的 2008 年，美国国家及城市社会的"过度消费"行为文化可谓是有增无减，"次贷危机"引发为金融风暴，其原因虽然众说纷纭，但是美国及纽约典型的超前与过度消费也是其原因之一。就是"用信用卡购买"，所有的商品都可以先不付钱就可以获得，从 20 世纪 90 年代以来，几乎所有西方国家和市民都成了负债的"负翁"。"40% 的法国家庭负债"、"千百万比利时人绝望地背上债"。② 事实上，有的西方学者对这种情形已经有明确的论述："资本主义是在围绕'信贷'或它的助手'高利贷'的一片争论中诞生的。"③ 可以看到，一个城市的文化是与社会的整体文化相关的，但是，又有城市自身可以独立创造文化属性。问题是，这种类型的城市生活与文化行为必须在发展中改变，摒弃传统落后城市文化是城市现性意义上的一种建构，即可以归结为一种城市生产方式，或者称之为"新城市行为文化"，或者"新城市文化运动"。亦如当年一些学者提倡新农村文化建设一样，提出"新城市文化建设"，特别是在中国这个国度这种建设是非常必要的。从现实的理性角度来看，"新城市文化建设"的最高境界，能够让城市成为这个时代的推动力量。要想达到这样的功能只有表现自然与人的真正和谐，有良好的消费道德，人在需求的各个层次上，回归自然的感觉与意识，从多种层次上回到对自身的尊重、对他人的尊重、对社会的尊重和对自然的尊重以及形成感恩型的社会，这样的城市才有可能在发展中高速、高效能地构建"城市文化资本"，在形成良好的城市形象的同时，形成一个让人向往的城市社会空间与结构。很难想象，一个自然景观遭到破坏的人工城市，这个城市的人也能够很文明，也能够具有良好的城市形象。更何况"城市文化资本"与良好的城市形象的拥有是一个城市的文化传统、市民素质、人与自然和谐共生和活力的综合体现。

当一个城市受到尊重时，这个城市的人也一定会受到尊重；相反，当这个城市的人给人以良好的文明印象，这个城市也一定会受到尊重。"城市的作用在于改造人"，这是罗伯特·雷德菲尔德（Robert Redfield，1897～1958，美国文化人类学者）得出的结论。北京、上海、巴黎、伦敦、新加坡、香港、东京等城市文化已经证明了这个问题。在外在形象上，人们相对比较容易分辨出北京人、上

---

① ［美］M. H. 邓洛普，顾笑言译：《镀金城市——世纪之交纽约城的丑闻与轰动事件》，新星出版社 2006 年版，第 163 页。

② ［美］马克·第亚尼，滕首尧译：《非物质社会——后工业世界的设计、文化与技术》，四川人民出版社 1998 年版，第 212 页。

③ ［美］马克·第亚尼，滕首尧译：《非物质社会——后工业世界的设计、文化与技术》，四川人民出版社 1998 年版，第 213 页。

海人、香港人、巴黎人和新加坡人。因此，城市在改造人这一认知上是一个具有智者的认识。纵观城市发展的历史，城市在任何时代都在特定的意义上塑造新的城市人，无论是西方古典城市的贵族，还是西方中世纪的骑士，或是东方古代城市中的商人，都在创造着自己的生活方式与"生活样板"，刻画着城市的时代特征。在中国我们经常说的"上海人"、"广州人"、"香港人"这一称呼本身就已经在告诉人们，城市对个体和群体的塑造意义。"缔造和改造人类自身，正是城市的主要功能之一，在任何一个时代中，相应的城市时期都产生了多种多样的新角色和同样丰富多彩的新潜力。这些东西带来了法律规范、举止风度、道德标准、服装、建筑等各方面的相应变化，而这些新变化最后又将城市转变成一个活的整体。"① 这"活的整体"是由具有某种文化特质的人构成的，创造完全的意义上的"城市文化资本"，就犹如创造了一种文化模式：一个"文化染缸"，任何人走进去都会发生变化，而成为一个有城市文化特质的人。

在这里，我们有感于芒福德曾有的想法："通过将创造活动应用于艺术，应用于思想，应用于人际关系之中，城市的价值是可以大大增强的，它绝不只是由工厂、仓房、兵营、法庭、监狱、控制中心等构成的一个纯粹的功能性组织。历史名城中那些高耸的尖塔和穹顶便提醒人们不要忘记这一至今尚未实现的允诺。"② "城市文化资本"与城市形象塑造的过程，也是城市环境改造和城市更新的过程。目前中国一些城市的城市形象建设，无不在改变着城市的现状，提升城市的整体质量，更直接的是提高了城市市民的生活质量，为现代新型的城市生活方式和城市行为文化的创新打下了基础。

其一，世界范围内的"城市文化资本"的建构也是解决人类危机的一种途径。现在的城市既拥挤又无序，而"城市文化资本"运作无不十分注重改善城市交通环境。交通环境的改善可促进城市进入信息流、物流、人流和资金流的高级化状态，使人们的出行更为方便，整体的社会流通更快捷，进而在人们的"行"、沟通、互动、交往方式及消费方式方面创造良好的条件。城市交通的建设本身就是在降低城市人生活时间成本，越是发达的社会，个人的时间成本越高，商务成本也越高，而降低时间成本、降低商务成本是一个城市现代化程度的指标。城市人的交通方式和交往方式在城市交通变化中产生新的结构性变迁，如人际交往半径增大，就业区间扩大，交往中花费在交通中的时间在减少。这仅仅是在个人与个人、群体与群体之间的社会交往的表现。在其他方面表现更为直

---

① ［美］刘易斯·芒福德，宋俊岭等译：《城市发展史——起源、演变和前景》，中国建筑工业出版社 2005 年版，第 87 页。

② ［美］刘易斯·芒福德，宋俊岭等译：《城市发展史——起源、演变和前景》，中国建筑工业出版社 2005 年版，第 76 页。

接，如城市形象塑造中的交通文化的发展，使人们居住的选择更灵活，城市郊区化与郊区的生态住宅改变着人们的居住质量。交通的发展使消费行为发生前所未有的变化，促进了新型商业业态的出现与发展，大卖场和一站式购物，使休闲与购物体现为文化行为的双重性和同一性。

其二，"城市文化资本"运作就是把城市建设成"创造性文化产业的地点"，[①] 也是改变城市空间环境和创造城市形象，进而达到城市改善空间环境生活质量的目的，因为人类的工业化过程曾是一场噩梦，也是一场非人性的人类文化灾难，虽然学者经常论及的是这个过程的必然性，但是，带给人类发展的灾难性结果是难以估量的。"城市文化资本"运作的过程，试图在全新意义上解放人类的城市生活本身，用一种智慧型的生产模式，取代落后的生活方式和生产方式，使人类和地球能够长久共处，直接获得益处的是城市人的居环境的美化和生活质量的提高。良好城市形象建设，往往体现在城市的生态建设层面上。全世界范围的城市都在朝着生态城市的方向发展，使城市更适合人居住，更适合人的生存，如花园城市与城市花园的建设、城市森林和森林城市的建设、城市水环境的建设、光环境艺术的建设等，这些建设本身会改善城市空气质量、环境质量、水质量，体现以"人与自然和谐为本"的新理念。

其三，兴起中国式的浪漫主义城市文化。在近百年的世界文化融合中，中国式的城市景观正在成为西方城市文化中的要素构成，全人类都在把城市与自然的关系看成是城市一种质的变化。这其中的表述包括城市人、思想、资本、价值和城市意境，人们正在把城市真正当作自己的家园，自己生活的一部分。城市形象的塑造应该通过"城市文化资本"的渗透，形成新的浪漫景观体系，使城市更美，更具有文化内涵的同时，更具有浪漫主义色彩，这在西方从中世纪的城市文艺复兴就已经开始了！巴黎人对于城市的骄傲感觉，早在两百年前奥斯曼把巴黎打造成世界文化之都时，内心的荣耀就开始产生了！城市在内心的荣耀对于当代中国人来说，或许只是刚刚开始的事情。因为，五千多年的城市发展史，只有近三十多年来，中国城市居民才真正成为城市的主人，才能够把自己的情感与城市的情感联系起来，虽然在历史上对于城市有过天人合一的思想，但这只是城市统治者的思想，而这种天人合一的感觉，也仅仅是统治者的生活方式而已。只有到21 世纪，中国的一些城市人才刚刚把某些"城市当作自己的社区"，把"城市当作自己的家园"，对城市产生真正意义上的心理归宿感，把城市当作市民的生活共同体。个人把幸福感与城市联系在一起，这是市民社会的一种进步！

其四，21 世纪的中国"城市性"和城市现代性的表述方式就是"城市文化

---

① ［美］南·艾琳，张冠增译：《后现代城市主义》，同济大学出版社 2007 年版，第 6 页。

资本"运作。以往的城市中的文化资本只有一部分城市能够形成并保留下来，中国面对的是几千年的文明和近百年的文明缺失，需要对中国城市文化资本进行大规模的建设，这是中国市民社会的一种启蒙运动，这个启蒙本身强调的是国际化、国际性和城市性及城市形象塑造。城市性的本质就是现代化性，一个民族和国家的现代化的结果就是城市化和城市现代化。提高了城市的品位与素质，使城市更具有国际化，就是城市性。而城市性作为一种语言模式，不同的学科有不同的理解，西方理性主义者曾设想用城市规划和设计的方式来表现城市性。"在意大利和西班牙，从 20 世纪 60 年代初开始逐渐出现一个团体，被称为新理性主义者，他们希望通过对建筑的重新解读来实现城市性。"他们把城市和建筑视为一个"记忆的剧场"，和 18 世纪的理性主义一样，新理性主义努力去寻找"基本生活形成：街道、拱廊、广场、院落、小区、柱廊、大街、林荫道、中心、核心区、聚集点、放射点、节点……这样一个城市就能够徒步穿越，而且变成一个清晰、易懂的主题。"① 虽然传统理性主义和现代新理性主义在很多方面有着不同的认识世界的方式，但是对于一个城市来说，这些基本要素是必需的，是城市性的符号表述。其关键是一种创意和排列组合方式，就像英文的字母一样，26 个字母可以无限组合，这本身也是一种创造，而且也是美丽的，甚至是可以享受的文化行为。但是，很显然，有人认为新理性主义的城市理念，对于城市发展本身的难驾驭能力来说，对城市的发展"选择了减速（而不是加速）"。"减速"这一词用得非常微妙，既可以理解为是一种传统性再选择，也可以理解为是一种创新和必须。如果人类社会再如工业化进程那样对地球的整体进行摧残，人类与地球的共生将不复存在。因此，从人类的文化转向和社会转向的文化意向上来说，中国的城市发展必须形成国内大文化和中西文化的交流，使市民在城市内享受到世界一流的文化、艺术信息，从而从更高的层面体现新的生活方式。

其五，"城市文化资本"运作需要以良好的城市形象作为基点。城市形象塑造的过程，也是提高城市经济与社会发展水平的过程。在建立城市大流通的基础上，城市经济结构和产业结构向高级化转化，服务产业会得到较快的发展，特别是生产型服务产业如金融业、咨询与信息业、电子与软件开发业、房地产业、国际航空业及外国资本的进入，使城市中新的、高级的就业机会增多，新型高级的就业群体的数量增加，"金领"、"白领"数量增多，高收入群体人数增多，在客观上表现为城市居民实际收入的增加，进而从全方位的意义上，从城市生活方式的意义上提高市民的生活质量。

简而言之，"城市文化资本"是城市建设的一个现代性表现方式，这也是一

---

① ［美］南·艾琳，张冠增译：《后现代城市主义》，同济大学出版社 2007 年版，第 6 页。

个崭新的学科认识观，必须通过综合的知识与智识能力，创造一个新的学术和科学视角才有可能为中华民族的城市注入新时代的"伟大文化"的因子。我们不妨用刘易斯·芒福德的话结尾："城市是地理的网织工艺品，是经济组织制度的过程，是社会行为的剧场，集中统一体的美的象征。一方面，它是一般家庭经济活动的物质基础；另一方面，它又是重大行为和表现人类高度文化的戏剧舞台。城市培育艺术的同时，它本身就是艺术。与创造剧场的同时，本身就是剧场一样。"城市是人类社会发展的舞台！城市上演着一场人类伟大的永不落幕的剧目！

第三节　全球化视角下的城市空间结构与文化的地方精粹

一、城市化的本土精神：城市空间文化的自然取向

罗马时代维鲁特威（Vituvius）在《建筑十书》中提出："建筑还应当造成能够保持坚固、适用、美观的原则。"[①] 从中可以看到，早在古典时代，西方在城市规划与建筑建设中就已经在强调美学意义和美的价值了。书中还论及了城市景观、城市轮廓线、城市空间符号和城市传统风格等问题。这一时期的城市建设的美感与意向，很多来自宗教的启示，"从雅典人虔诚保有的珍贵记忆和传说中，我们发现两条真相：第一，城市是一组早于城市之前的团体间的联合；第二，该社会组织的发展与宗教的市民同步。虽然我们不能说，是宗教的发展带来了社会的进步；但是显然两者是同时发生且同步发展的，两者间存在着惊人的一致性。"[②] 在视觉感知上，神、上天所构成的生活理念处处体现在城市建设与生活之中，这些神权与宗教文化的集中表现就是仪式、礼仪、礼典所显示的权力关系。约瑟夫·克里沃特对古代罗马的城市研究带给我们很多启发，谈到古典时代的城镇形态时他说："古时的城镇格局是要遵从某种模式的，并且有着详细的礼典（Ceremonial）的约束，而礼典中的行动和词语则构成了这种概念性模式，在

---

① ［意］维鲁特威，高履泰译：《建筑十书》，中国建筑工业出版社 1986 年版，第 14 页。

② ［法］菲斯泰尔·德·古朗士，吴晓群译：《古代城市：希腊罗马宗教、法律及制度研究》，上海世纪出版集团 2006 年版，第 159 页。

周期性出现的节日中，经常会有引以为纪念原初奠基仪式的活动发生，基础被永久地圣化成为纪念物……把礼仪锚固在土壤里，锚固在道路的建筑的物质形态之中。"① 这一认识告诉我们，西方古典时代的城市结构、城市文化价值是宗教和相关政治文化的一个结果，任何宗教与文化仪式所显现的一定是政治传统和权力象征，因此，城市文化必然被"固化"为一种宗教与政治模式。正如其所言："一座城市的奠基仪式就是打开这座城市历史的一把钥匙。"罗马人把奠基看成是一个城市的开始——Aburbe Condita"。② 比较而言，中国古代城市建设之初也具有典型的仪式文化，夏商周及至春秋战国时，很多城市在建成前都要仰看天象、识天文，俯瞰地理、识人文，提出建城的方位和空间，并创造了试图与上天接触的高台建筑文化。而这些城市仪式所形成的行为和结果的物化文化，成为城市形态与形象的必然要素，既具有时代感，又具有区位性的城市文化特色。包括奠基过程中城市地下要埋人的情况，中国商周时期城市建设的文化形式和古希腊罗马建城文化有异曲同工之处。对于人类宗教文化特别是古代宗教文化对城市建设的意义和影响，在菲斯泰尔·德·古朗士的书中有十分精彩的论述："这种力量就是信仰。没有什么比灵魂更具有力量了。信仰是人们思想的产物，但人们并不能因此而随意改变它。它是我们自己创造的，我们却不了解它；它是人，我们却以为它是神；它是我们力量的结果，却比我们更有力；它存在于我们之中，须臾不离，不停地指挥着我们；它让我们服从，我们便服从；它若强加给我们义务，我们就遵守。的确，人类或许屈从于自然的，但人也屈从于自己的思想。"③ 这种论述说明的是人类本身的局限与悲哀，让人心底感受到一种莫名的震撼：人类如此伟大又如此屈从于自己的局囿思维，但不论怎样，这就是人类社会，或许是人类所以精彩的原因所在。宗教曾是人类城市发生之初的城市社会与文化属性的表现内容和主体价值之一。古希腊罗马城市中的"祭坛"便是"城市神"之所在。"城市的祭坛被围垣所环绕，希腊人将其称作公共会堂，而罗马人则是叫它维斯太的神庙。一个城市中最神圣者莫过于祭坛了。而祭坛上的圣火是要永远燃烧、不能熄灭的。"④ 这也许就是一种城市精神，是与市民生活相关的城市共同价值。虽然这种价值在其他文化体系中未必完全认同，但在一个特定群体中，

---

① ［美］约瑟夫·克里沃特，刘东洋译：《城之理念——有关罗马、意大利及古代世界的城市形态人类学》，中国建筑工业出版社 2006 年版，第 37 页。

② ［美］约瑟夫·克里沃特，刘东洋译：《城之理念——有关罗马、意大利及古代世界的城市形态人类学》，中国建筑工业出版社 2006 年版，第 50 页。

③ ［法］菲斯泰尔·德·古朗士，吴晓群译：《古代城市：希腊罗马宗教、法律及制度研究》，上海世纪出版集团 2006 年版，第 160 页。

④ ［法］菲斯泰尔·德·古朗士，吴晓群译：《古代城市：希腊罗马宗教、法律及制度研究》，上海世纪出版集团 2006 年版，第 176 页。

在一定的区域内所形成的草根性的地方性文化，具有个性的文化力量，这或许就是千年不朽之城的原动力！或许还可以这样说，人类城市的发展史，沉淀的并画着宗教的印痕，这是人类生活的一部分，也是城市生活的一部分。

在城市建设的文化观念和理念中，约瑟夫·克里沃特在《城市与基地》一章中说："今人经常会援引柏拉图和亚里士多德的话，把它们当成支撑古代规划的一种'常识性'观念。例如在《政治学》中，亚里士多德就比较明确地介绍了选择基地原则。他说'一个城市的基地应该有一定的坡度，这是我们一定要找到的特性，但是我们心里应该记念四点。首先和最基本的是基地环境应该有利于健康。一处面向东方的坡地，因为拥有从太阳升起的方向吹来的风，就是一处健康的基地，总比朝北的阴坡要好，心管阴坡的空气凉爽。下一个要点，是城市所处的地点应该有利于开展城市的市民活动和军事活动……'。"[1] 我们透过这些达人的论述可以看到，西方古典时代的城市规划就已经在思考市民社会的需求，而在整体的要素上已经开始注重城市品位和文化价值的建设，在一定意义上也可以归结为一种城市空间文化资本建设思想及相关理念的萌芽。

值得思考的是，西方古典时代的城市规划理念、城市精神理念和城市文化价值的取向，多来自哲学家、宗教人士和思想者创造，而中国古典时代哲学家和思想者论述城市形态文化与价值的记载甚少。但至少我们在西方古典城市文化的创造中，感受到了城市规划的哲学与哲人的思考。在这些哲学意义上的思考中，传统的政治民主也是西方古典城市形态生态的基础理念之一，在希腊虽然是传统的政治贵族民主，但是毕竟是在一定群体的推行民主制度下而形成的城市空间结构，因为希腊民主的本身便是权力者群体的民主，在控制城市空间形态上有着强烈的"贵族民主政治文化属性"。特别是在古希腊的殖民城市中所谓的政治民主表现得比较充分，有学者说："古希腊民主概念得到最纯粹的表达。普里安尼城或许代表着迄今所能找到的单一设计概念支配整个城市的最佳范例。中央运动系统——主要街道，从城市的西门逐步引上坡，到坡度急变处边通广场，一个沿路的、平整开阔的、经过整理并呈几何的被限定的空间。市场活动受到雅典娜神庙的支配，这座神庙坐落在广场西北的显要位置上。北部柱廊与市场毗邻……"[2] 这种描述已经给了我们一种意象和印象，即城市是一个充分市民、平民化的空间，但是受到"神庙"文化支配，这与中国春秋战国时期的城市有所不同，城市市场是被控制的，只是"小人"去的地方，在城市整体感觉上，城市不仅属于城市贵族也属于城市市民，而权力者是城市真正的主人。相比较而言，罗马的

---

① ［美］约瑟夫·克里沃特，刘东洋译：《城之理念——有关罗马、意大利及古代世界的城市形态人类学》，中国建筑工业出版社 2006 年版，第 50 页。

② ［美］埃德蒙·N·培根：《城市设计》，中国建筑工业出版社 2003 年版，第 80 页。

城市更具有权力的象征性、政治野蛮性和人类的力量的表现性。除了神庙以外，公共设施如体育类的建筑、各种表现政治主张的雕塑、表达个性的建筑形式、显示人体美的运动景观、高耸的廊柱文化，告诉我们这个时代的王权价值、宗教价值、市民价值、个人价值都能够通过某种方式表达。这是罗马城市的伟大之处，在无序中获得了一种有序，并创造了"条条道路通罗马"的伟大理念！

按照马克思所说，古代东方社会是没有私有制的，所谓"普天之下，莫非王土。率土之滨，莫非王臣"。空间属于权力者，空间的文化也与王权有直接的关系。因此说，在城市空间文化方面，东方和西方的城市走了两条不同的道路。如古代埃及"城市"一词是"以圆形或椭圆形内划十字组成。其圆形或椭圆形代表城墙，十字代表街道。城市以十字街划分为四个部分"。[①] 这种象形文字展示的是城市的一种设计理念和形象要素，给人以王权结构空间的感觉，与中国的天方地圆有相关性，这种字已经给了人们一种城市形象的感觉。如果构建和创造这一时期埃及的城市意象，似乎有一种曾经有的感觉：高大的城墙、高台、对称中轴线、护城河、军事功能、居于主导的城市宫殿、棋盘形城市交通格局等，这与传统中国古典时代的城市有相似之处，因为都具有王权文化的空间体系。在埃及，"在卡纳克与鲁克索神庙的群体设计中，运用了2公里长的中轴线布局，两边布置约1 000具人面狮身像。规划中应用了对称、序列、对比、主题、尺度等建筑构图手法。"[②] 中国夏、商、周的城市景观要素也充分表现了王权文化集权性空间意义，如郑州商城、安阳殷墟和东周的王城等城市格局，不仅创造了中国式的艺术空间，而且也创造了中国城市王权形象的基本元素，甚至成为中国传统城市的基本定制。通过东西方古代城市结构与空间表现不同的分析，我们从中悟出一个道理，即城市作为人类的聚居形式和权力的表现体系，从一开始人们便关心其合理性、功能性和艺术价值，这也是人类社会的一种社会文化结果。古典时代的城市既是从传统农业中走出来的生产与文化形式，又是现实生活中城市的存在价值所在，必须是为多数的利益而存在的城市，才有可能成为人民的城市，并能够创造城市的伟大文化。

二、城市化文化规划：都市作为人类文化容器的历史价值

事实上，追本溯源，人们对城市美的追求，是城市建设的一个基本意愿，当

---

① 沈玉麟：《外国城市建设史》，中国建筑工业出版社1989年版，第4页。
② 沈玉麟：《外国城市建设史》，中国建筑工业出版社1989年版，第9页。

人类东西方文化在中世纪得以交流、冲突时，人们对世界的整体感觉发生了变化。中世纪以来的贵族和由此派生出的有闲阶层、中间阶层成为城市市民社会的主体，当西方和东方都发现了新的大陆时，东西方面的贸易为中世纪的城市生活带来革命性变革。城市规划已经不是少数人的价值结果，也不是在交通要道、宗教设施旁自然衍生出生活"自生区"，而是经过精英群体参与的城市设计，亦如画一幅画一样，用艺术化的方式来创造城市。把城市作为一种建筑艺术、作为一种绘画艺术、作为一种雕塑艺术，总之，在那个张扬人性解放的时代，在有些人眼里城市本身就是一个艺术品。无论是罗马的改建，还是威尼斯的新生，也包括佛罗伦萨的景观意向，都在告诉着人们，城市正在创造伟大文化，而伟大文化正在城市中产生。

扬·盖尔（Jan Gehi）认为从中世纪以来，都市规划原经历了两次彻底改的变："第一次重大的改变发生在文艺复兴时期，城市从自然发展转变成由专家规划。一群专业规划师负责建造城市，同时，发展出城市规划的相关理论和概念。而后，城市不再只是一种工具而已。而转换到现高层次成为一件艺术表现、认知和执行的整体成品。"[①] 这种论述应该说比较适用于西方城市的发展历程。的确，当西方中世纪的文艺复兴把城市作为载体时，城市开始进入艺术性价值表现阶段，无论是建筑本身的艺术性，还是空间表现的艺术性，都使西方中世纪以来的城市在整体上形成某种历史风格的发展机制，或者可以称为是一种"有机的历史风格的创造"，如佛罗伦萨、威尼斯等，为人类的历史留下了瑰宝。可能想到并带给今天人类城市的意向要素有教堂的穹顶、神庙、广场、长廊、市政府、塔钟、图书馆、博物馆、学校、壁画、浮雕、巴海克风格、哥特式符号及几何形建筑等，这种典型的西方城市景观要素已经成为人类社会共同的认知和识别符号。

约瑟夫·多尔蒂在《用于全球冒险的文化资本》一文中说：1995 年联合国在哥本哈根举行了社会发展峰会，其中有一个跨学科的研究组织叫"特里格拉夫小组"，这个小组的名字是以斯洛文尼亚布莱德附近一座山峰命名的，象征"爱、精神与思想"。小组里既有经济学家，也有社会学家和心理学家，他们研究这一课题时候，"为了让死气沉沉的统计数字充盈着生命与人类的生机、生气，特里格拉夫小组成员采用了联合国的术语'精神'（Spirit）。精神传达着某种'到场'与'存在'，它是一种激发意象的东西，驱动着人们（即便是修行打坐的僧道和冥想者）行动起来，去有所作为。这种精神通过三种形式——社会参与（Socially Engaged）、艺术协调（Artistically Mediated）和文化感受（Culturally Sensitive）——表现出来，并确证其存在。"[②] 这个课题的研究与思路改变了

① ［丹］Jan Gehl，陈秋伶译：《户外空间的场所行为——公共空间使用之研究》，田园城市文化事业有限公司 1999 年版，第 43 页。

② 薛晓源、曹荣湘：《全球化与文化资本》，社会科学文献出版社 2005 年版，第 128 页。

传统的方法，给我们以新的启示：一个城市研究的思想方法也应该有所创新，其中也应该包括"社会参与"、"艺术协调"和"文化感受"，城市的每一个设计思考和每一种设计结果都应该具有"城市文化资本"功能和价值，要能够让市民参与，能够让更多的人感受到艺术的享受，成为城市未来的可持续的"文化动力因"。林奇（Lynch）也认为：总体设计是在基地上安排建筑、塑造建筑之间空间的艺术，"总体设计具有一种新的重要性，但却是一门古老的艺术"，这种文化本身必然体现文化资本的张力与刚性。他认为："Katsura 宫、意大利的广场和山镇、Bath 城的新月形广场住宅、赖特的塔里埃森冬季住宅或是英格兰的城镇绿化，都是那样优美动人。对比之下，今日美国绝大多数总体设计却是肤浅、草率而丑陋的。"① 这一评价虽然有某种偏颇之嫌，但毕竟是在强调城市总体设计艺术表现的重要性，而不仅仅是把某种功能要素进行单纯的功能性安排。林奇的观点告诉我们，对城市总体艺术的疏忽是一种危险的错误，缺乏总体艺术的城市，必然缺乏"城市文化资本"要素，"因为基地是环境关键之点。它在生物学、社会学和心理学上所具有的影响远远超出它对造价和技术功能方面较明显的影响。它限制人的作为，然而又为他们开创新的机会。对于某些年龄组的人们——例如对于幼童——基地能成为他们那个天地的主导特征，其影响比大多数建筑长远，因为基地的组织持续几代人。经营家园对我们的生活产生深远的影响。"② 人们建设了城市，城市自身的演化会具有某种反向功能的价值，即城市可以改造人，亦如上海文化、巴黎文化、纽约文化会"形塑"不同的城市人格一样，正因为城市形成不同的人格文化模式，因此形成不同的价值与文化模式。在这里我们分析林奇的论述，旨在说明在"城市文化资本"运作的同时，不同于一般意义上经济资本的运作。经济资本是通过市场关系，用"无形"的并且是"无情的手"以资本的价值为最终目的配置与调整；"城市文化资本"运作的最终目的是创造一个健康的城市、"乐活的城市"、"充满选择机会的城市"和"人的价值最大化"的城市，使城市成为社会成员全员满意的城市，并在强调城市总体设计艺术的前提下，使城市成为更适合人居的"艺术环境体"，这既有建筑与规划学意义上的价值，更具有社会学和社会发展意义上的价值。创造新的城市文化模式与价值，就是在"经营家园对我们的生活产生深远的影响"。

---

①② ［美］凯文·林奇等，黄富厢等译：《总体设计》，中国建筑工业出版社 1999 年版，第 1～2 页。

三、工业化后的"城市造美运动"——"田园城市"的理想类型

19 世纪西方工业化的发展，给人类的城市的发展带来结构性的变化，工业化的城市越来越远离自然，甚至成为传统自然关系的"破坏者"，特别是工业化初期资本的发展带来的社会差异，城市贫民窟的出现，为城市的变革创造社会前提。马克思、恩格斯都曾有过全新论述，包括对英国工人阶级状况的分析，各类思想家都认识到工业社会的发展只能是人类社会发展的一个中间形式，而必然被新的社会结构与空间取代。城市美学意义上的规划与建设社会，往往会出现两种结果，如果能够从人的本原需求出发，一般都能够真正创造城市美与城市环境美的价值，这种美的追求本身，不是政治符号的再现。所谓的"城市造美运动"有人称之为"城市美化运动"，这个造美运动可以追溯到欧洲 16～19 世纪的巴洛克城市设计，重要的代表建筑是拿破仑三世对巴黎的改造与建设。这种"造美"运动具有双重意义：一是在一定程度上美化城市；一是过度"造美"，使城市丧失了城市美的尺度和人本主义精神。1898 年前后，西方发达国家的城市整体规划已经开始交给专家来做了，"保守的浪漫主义在霍华德的《明日的田园城市》中亦非常显著。霍华德将激进的社会主义构想，即田园城市土地的集体所有，与非常传统的城市尺度及结合到一起。拥有弧形大道的新哥特式别墅的霍华德'田园城市'，体现了风行于维多利亚时期的新哥特式浪漫主义城镇规划的思想。"[1] 田园诗般的城市构思虽然是一种理想型的表现方式，但是在其诞生后的 100 多年里，对后来的城市规划有着深刻的影响。人们由其悟出的道理是，城市与自然能够和谐相处，才是城市真正的可持续发展动力，而且这也是符合人之本性的发展模式。除此之外，工业化过程中的一些思想家，无不注重城市空间公平、注重城市规划理念与理论的学理性的探索。有学者说："然而，在这方面比过去更加明确的是，在城市规划上似乎出现了一个新的标准，那就是要考虑当地居民的利益。于是，当我们看到 19 世纪末的'城市规划学派'，经常随着改革的出现而出现，而且愈来愈受到时人的欢迎时，就不足为怪了。"[2] 各种各样的思想学派，无不从各自的学科出发，试图从美学、机械、艺术、文学等方面给城市加以"标签"，给城市以艺术化。1890 年欧也尼·埃纳尔等人出版了一系列的

---

① ［英］尼格尔·泰勒，李白玉等译：《1945 年后西方城市规划理论的流变》，中国建筑工业出版社 2006 年版，第 21 页。

② ［法］克里斯多夫·曾罗夏松，王殿忠译：《巴黎 1900——历史文化散论》，广西师范大学出版社 2005 年版，第 32 页。

城市研究成果，他也是 1907 年"右侧车辆先行的发明者"。①

"城市造美运动"也是工业化的一个产物。工业化的发展带来的新材料、新技术和新建筑空间理论，为建筑空间大型化、特型化创造了条件。特别是钢铁工业的发展，钢铁框架结构和钢梁结构的产生，使大空间、大尺度、大跨度的城市空间结构的建造成为可能，同时包括巨型机器的出现，为改革自然空间和规模化空间改造也提供了技术前提。1893 年美国为纪念美洲发现 400 年，在芝加哥创办了哥伦比亚博览会（Columbia Exposition）。该博览会建筑群是一个所谓"永久性的建筑——一个梦幻之城"，从美学的意义上创造出一种建筑的高雅、豪华，甚至可以说是奢华，有精美的古典建筑、有豪华的广场和价格昂贵的绿地，很显然，这种城市美化运动成为美国地方政府的政治宣传内容和体现政绩的内容之一。负责当时芝加哥城市计划和统筹的建筑师丹尼尔·伯汉（Daniel Burnham）提出了一个全新的概念和设计原则，即"群体建筑间的和谐有序之美，更重要于个体建筑物之美"，并"以古典式样统一规范了所有建筑师、雕刻家的创作取向，也带动了至今影响深远的城市美化运动"。② 人类对于城市的理解，就是在追求美的创造中演化的。城市是人类审美的空间，无论在尺度、色彩、感觉和意识方面，这一空间一直与人类的美的创造行为相连。但是，由于人类社会的发展，与社会的整体财富间的差距，城市美的创造一方面囿于人的思想观念的进化，一方面也决定于人类社会财富的积累对于城市的再创造的力量表现。

奥地利人卡米诺·西特 1889 年出版的《城市建设艺术》一书，首次把城市与艺术嫁接起来，并创造性地提出具体的城市设计艺术性操作的方法，虽然是备受争议，但是历史的结果给了他最好的评价。③ 50 年后的 20 世纪 50 年代，西方先后出版了相关著作，都是深受其影响。西特认为："一座历史悠久的古代城市，其历史恰似一本记录在这座城市中所作的宗教的、精神的和艺术的投资的分类账。这种投资用它产生崇高影响的方式对人类赋予永恒的利息。密切的研究将表明这种利息的价值正如物质的利息一样，是与投资的数量成正比的，而这种利息的获得取决于投资者的明智与否。"④ 这一观点虽然与我们强调的城市空间文化的意义不属于同一范畴，但西特论及的"价值"与"永恒的利息"的观点，与张鸿雁教授提出的"城市文化资本"的观点有相通之处，"城市文化资本"运

---

① ［法］克里斯多夫·曾罗夏松，王殿忠译：《巴黎 1900——历史文化散论》，广西师范大学出版社 2005 年版，第 33 页。

② 林崇杰、陈宇进等：《市民的城市——城市设计与地方重建的经验》，创兴出版社 1996 年版，第 7 页。

③ ［卢］罗伯·克里尔，金秋野等译：《城镇空间——传统城市主义的当代诠释》，中国建筑工业出版社 2007 年版，第 250 页。

④ ［奥］卡米诺·西特，仲德昆译：《城市建设艺术》，斯坦出版有限公司 1993 年版，第 149 页。

作就是促进城市化要素"产生崇高影响",并创造"永恒的利息"。城市艺术的价值在文化意义上是与人的本性相一致的。

要明确说明的是,在城市建筑设计与城市规划领域,一直在自觉与不自觉地关注城市间文化价值和美学的研究,其相关理论观点和城市形象的萌芽,可以追溯到 20 世纪二三十年代。如苏联学者 A. B. 布宁博士和 T. 萨瓦连斯卡亚所著的《城市建设艺术史——20 世纪资本主义国家的城市建设》一书中指出:"二三十年代之交,彻底破除数世纪来的一切根深蒂固的城市建设美学观念开始了。这是由于城市的功能技术组织和建筑空间结构及其艺术形象都同时开始改变而发生的。"① 的确,这一时期的欧洲、北美及亚洲的城市都出现了全新的风格与建筑思想,如城市中的开放式街区、独立式的大众住宅、街区绿化与个人庭院绿化相结合的住宅、开放式的绿化街区等,与传统的狭窄的石板路形成鲜明的对照。因此,布宁认为:"新风格(在西方叫功能主义,而在苏联叫构成主义)的产生原因和发展阶段直到现在还是研究不够的。但早在 20 年代末它在许多欧洲国家就成了建筑思维的支配体系。同积累新建筑物一起,功能风格概念甚至在早已形成的大城市环境中开始感觉到了,而在二三十年代建成的小城镇里新风格已普遍地流行了。"② 从总体上说,城市建筑学和城市规划学在其设计与研究领域一直与城市形象息息相关。虽然布宁的《城市建设艺术史——20 世纪资本主义国家的城市建设》一书有着浓郁的政治味道甚至有着强烈的政治偏见,但是,作者对城市建设艺术转折期的分析,是具有一定理论高度的。"当新建筑数量不多,或被异类建筑分散、或大小和形状不重要时,新风格的艺术上的可能性还不能完全评价。但这种新风格变为城市的支配风格的时刻必将到来。到那个时刻,它就得'接受全民的考验',因为从今以后一切实用、工程技术和美学任务就综合在它里面了。对这个风格的最终评价和它的经久性,归根到底取决于新风格体系到何种程度才能成为城市艺术的结合力;取决于它作为情感的手段具有怎样的可能性;还取决于它的建筑形式、表现质感和颜色的多样性达到何种程度。"③ 这一分析的结论带给我们的是,城市空间建设与城市建设艺术的理念,是当代城市空间文化建设理念的早期运作,即在 20 世纪二三十年代,学者们就认识到把城市艺术作为一种社会存在来"接受全民的考验",就是从完全意义上,使城市建设特别是城市空间文化建设成为市民的共同创造,并必须接受市民的整体考验。当

---

① [苏]A. B. 布宁、T·萨瓦连斯卡亚,黄海华译:《城市建设艺术史》,中国建筑工业出版社 1992 年版,第 117 页。

② [苏]A. B. 布宁、T·萨瓦连斯卡亚,黄海华译:《城市建设艺术史》,中国建筑工业出版社 1992 年版,第 118 页。

③ [苏]A. B. 布宁、T. 萨瓦连斯卡亚,黄海华译:《城市建设艺术史》,中国建筑工业出版社 1992 年版,第 128 页。

然，城市形象更多的是要能有"经久性"、表现市民社会的情感、表现城市建筑的质感、表现城市形象的色彩等。不难理解，城市建设一开始就是作为美学意义上的建设和艺术形象上的建设而发展的，也可以这样断言，从城市作为一般意义上的居住体，到城市是具有美学意义上的建筑体，到城市作为一个完整意义的艺术体，再到城市是社会与区域发展形成的"城市文化资本"价值，都贯穿着美学与艺术价值与创造，而从社会学的意义上认识，"城市文化资本"更具有社会整体全员意识和社会责任。

美国学者柯林·罗·弗瑞德所著的《拼贴城市》中，引证了一些学者的观点，可以看到在 20 世纪中叶，很多城市与建筑专家已经在思考通过城市规划与设计，来调整城市社会的发展问题。如"弗兰克·劳·赖特认为：'在这方面，我看到建筑师成为现代美国社会文化的拯救者，一个针对目前所有文明的拯救者。'柯布西耶认为：'有一天，当眼下如此病态的社会已经清楚地认识到，只有建筑学和城市规划可以为它的病症开出准确的药方的时候，也就是伟大的机器开始启动的那一天。'"① 正如弗瑞德所说，这些话今天看起来有点古怪，但是，我们能够从中看到城市规划与建筑师在创造社会空间意义上的价值观和功能，在现实中我们也能够感受到城市规划作为生产力要素已经被人们重视，但是毕竟不是一个典型的共同的认知模式，还需要各个方面努力。但是，也要说明的是，仅仅靠城市规划和城市建筑的设计，是很难改造一个社会结构与变迁模式的。从另一个方面看，在西方的城市发展与建设中，城市规划师、建筑师对所创造的作品的自主能力和决策参与程度好于中国，这也是值得借鉴的一方面。由于国外的城市建设与城市规划体系能够较多地体现设计者与规划者的意志和构想，在城市形象总体的塑造上，既能够较好地反映城市形象创造者的个性，也能够较多地展示城市形象的个性，因此，城市形象的个性化和个性化的城市形象，往往可以通过城市规划与建设反映出来。

世界上比较有影响的城市，为不断提高国际地位，提升国际形象，都塑造了或正在积极塑造"别致的差别优势"和"差别的想向"。无论是"紧缩城市理论"、②"拼贴城市理论"、③"未来城市理论"、④"亲情城市模式"，还是城市空间生产理论等，都在思考着城市如何能够表现自然美、表现城市的宜居性、表现城市的生活舒适性。21 世纪的今天，人们正在思考人类城市生活的再一次变革！

---

① ［美］柯林·罗·弗瑞德所，童明译：《拼贴城市》，中国建筑工业出版社 2003 年版，第 13 页。
② ［英］迈克尔·詹姆斯等：《紧缩城市——一种可持续发展的城市形态》，中国建筑工业出版社 2004 年版。
③ ［美］柯林·罗·弗瑞德所，童明译：《拼贴城市》，中国建筑工业出版社 2003 年版。
④ ［美］詹姆斯·特拉菲尔，赖慈芸译：《未来城》，中国社会科学出版社 2000 年版。

第八章

本土化城市化理论的多元化理论依据：
多梯度城市化理论建构[①]

第一节　中国城市化进程中的城市地域结构理论创新

要创造具有本土化的城市化理论，必须对中国现实的社会空间与区域社会发展类型做一个大概的分析。本章从当代中国城乡社会发展的"社会事实"出发，[②] 提出了"城乡多梯度差异社会结构"的命题和中国"六种区域社会文化类型"的理论观点。在中国城市化过程中形成的多梯度差异化社会，并没有因为现代化的水平提升而差距缩小。在多梯度差异化的社会结构变迁中，中国区域社会形成了非同步化的多层次的社会结构变迁和多类型的区域社会。当代非同步化、多层次的社会结构变迁，导致当代中国社会出现多类型的社会问题。因此，必须重新审视当代中国社会的结构与区域社会文化类型与样态。必须清醒地认识中国社会是一个多类型的、多元的、多层次社会结构体，不能把复杂的中国社会简单归结为"二元经结构"关系，这一新的观点对于重新认识中国社会的现实特质具有十分重要的意义。

---

① 本部分内容已发表。见张鸿雁：《论当代中国城乡多梯度社会文化类型与社会结构变迁——依据"社会事实"对"二元结构"的重新认知》，载于《南京社会科学》2011年第11期，第74～80页。

② ［法］迪尔凯姆，狄玉明译：《社会学方法的准则》，商务印书馆1995年版，第34～35页。

　　如何认识当代中国的社会结构与社会文化类型？其实质是对当代中国国情本质与社会发展规律的科学认识问题，而且这种认识的科学性与否关系到国家整体战略模式和政策主张的正确性与实际应用价值的科学性。在提出科学发展观的今天，要想在城市化和中国整体现代化方面真正体现发展的科学性，其前提就是要对当代中国社会发展的本质与样态有一个科学的判断和认知，否则，我们对经济与社会发展提出的政策、方针和主张就会出现偏差。如仅就中国社会的整体梯度差异的发展样态看，如果不能很好地进行有效分析从而得出正确的结论，政府提出很多政策和指导意见出台后往往会导致社会矛盾的加剧，甚至出现反向结果。如是，社会整体的进化就会出现失误。事实已经证明，当代中国城市化和现代化发展出现的许多问题，其主要原因就是我们面对多梯度差异化的中国，不能提出有分类特性、有针对性的政策和主张，这样，自然不能对中国经济与发展进行有效分类指导。偌大的中国发展水平是极不平衡的，仅仅把中国社会当作一种类型和同一发展水平提出一种政策和战略主张，必然不能对不同发展阶段、不同社会类型的区域提出科学合理的分类指导政策和发展原则。因此，本章提出对中国社会差异化梯度结构的重新认识，提出中国城市化区域社会文化类型的多样化的分类指导模式，是依据当代中国社会的发展现状，依据社会学理论与方法之一的"社会事实"作为认知前提，这一问题的提出对中国的城市化和整体现代化推进是不无裨益的。

一、当代中国"差异化多梯度社会结构"命题的提出

　　近代社会以来，中国人对自己生存的社会发展形态的判断一直存在争论和某种偏差，如"半殖民地半封建"的社会认知，就存在着某种认识误区。"殖民地"概念与奴隶社会、封建社会和资本主义社会不是同一层面的认知范畴，"殖民地"仅仅是一种"殖民"形式，而不是社会形态概念，在历史上的任何社会形态与发展阶段都存在过殖民地，如奴隶时代的殖民地、封建时代的殖民地以及资本主义时代的殖民地等，"殖民地"概念不是专指一种社会形态，也不表示社会形态性质。正因为这种对国情判断的失误，因此，我们国家在1949年后整体发展战略与政策制定上走了很多弯路。[①] 如人民公社的发生与发展昙花一现；1958年"大跃进"、"赶英超美"也是对中国国情认识的盲目性的结果；包括1978年以来我们对西方社会价值观的判断，对市场经济的认识也是道路曲折并几经起伏。很显然，改革开放以来对中国社会现实社会形态的判断，一直缺乏冷

---

① 张鸿雁：《社会经济形成转型论》，辽宁大学出版社1993年版，第291页。

静、严谨、客观的科学论证和分析，实际上我们对当代中国社会发展形态、类型、阶段表现的认知在很多方面是不准确的，甚至是错误的。总是拿西方的一些观点，不管这一观点在西方是否被学术界所公认，便不顾国情地加以"整体套用"，既表现在哲学思想领域的幼稚，又表现在经济与社会学理论方面的认知的匮乏，要么是不顾国际"言必称西方"，要么是不顾世界发展趋势"言必国情"，这两者都未能对中国当代社会形态和社会类型做出一个理性与科学的分析。最简单讲，多年来，对中国"地大物博、自然资源丰富"的教育就是不符合中国国情实际的。因此，在当代世界全球化和全球城市化的今天，我们必须重新审视中国当代社会存在的社会样态和社会结构类型，除了分析当代中国各个社会阶层的存在形式以外，更要注意当代中国不同区域的社会类型的存在。

当代中国正处在一个梯度社会转型与递进发展的现代化转型过程中，抑或可是说中国也正处在"城市社会差序关系"整合的社会变迁之中。直面当代中国，所有现实问题的根源都与城市化的高速发展和多梯度"城乡"关系矛盾的存在有关联。中国有与世界齐步的、具有某种后现代社会特征上海陆家嘴金融区；更有西部最落后的至今没有电灯的具有自然经济属性的原始村落。中国经济与社会发展差距如此之大是难以想象的，在这"后现代社会"与"自然经济属性的原始村落"之间，还存在着多种类型，这就是对中国当代城乡社会发展的一种创新型认知。因此，可以这样说，当代中国城市化带来的问题在世界范围内也是空前的，甚至是当年发达国家城市化道路所未曾有的过程与经验。中国的城市化因为是前无古人的社会变迁，也必然发生以往所未见、他国所未有的很多社会问题。面对中国多梯度差异化的城乡关系变迁所形成的普遍的和特有的问题，其解决的方案应该针对中国的多样化的、多层次的、多类型的差异化发展的国情，提出针对差异化社会发展的战略主张。仅仅用简单的"二元社会结构"的认识观来分析、看待当代中国，是不能完全解释中国社会发展现实的，更不能提出有效的推进社会发展优化的策略与战略。

面对中国城市化与城市社会问题的本土性特点和错综复杂的问题，必须对当代中国的社会发展类型与样态提出新的认识和新的解释，包括中国社会发展阶段与样态的新描述，只有在完全科学的意义上认识了中国的社会发展阶段与样态，才有可能创造全新的社会改革主张，才有可能提出有效的社会发展主张与政策。

不能简单地用"二元结构"的方法来解析中国社会，其重要原因就是现实不仅仅是发达的城市和落后乡村的"两极表现"，在这两极之间，还有一个长长的序列，这才是社会存在的完整意义。以往的研究总是在极端的两分法上加以演绎。"二元经济结构"——主要体现在传统与现代的简单层面划分上，W. A. 刘易斯提出经济学意义上的"二元经济结构"时，主要强调并分析发展中国家的一般性产业结构和劳动力的流动情况，为他人研究城市与乡村的结构关系提供了一个基本方法和视角，具有某种一定意义上的应用性。但是，现实社会中的"社会事实"比起理论模式要复杂得多，或者可以这样说，在现实的经济发展中，刘易斯的二元经济的分析方式不完全适合中国社会发展的国情，因为就传统农业的情况来讲，中国的农村和刘易斯所理解的农村有天壤之别。如中国，有人把华西村视为农村；有人把深山里的具有原始自然经济特点的村落也称为农村……中国当代发展所表现出来的经济混杂性和多元性以及地区差异性，简单地用"二元经济结构"是无法概括的。当然，如果仅从经济学意义上的理论模式分析，刘易斯的"二元经济结构"是一种典型的方法论。但是，由于人们往往用这种"二元经济结构"思维类推中国整体社会，并不加区别地解释当代中国社会发展的样态，而且还把中国经济发展与社会样态简单理解为就是"先进的现代资本主义经济因素和落后的传统的农业经济因素"的两层关系上的认知层面上，就会误导人们真正认识中国的社会和经济发展。

事实上，理论模式的研究只是为人们提供了一种基本的认知方法论，只是在一定层面说明一定问题。从理论上讲，任何理论与方法模式都是有局限的。当我们要认识一个国家与地区的社会发展样态时，应该从这个国家与地区的"社会事实"出发，只有这样才能够正确认识和科学地解决社会发展的问题。"二元结构"的理论模式在社会学领域应用不仅十分广泛，而且应用也比较极端。从社会学理论视角提出"二元结构论"很多类型，如滕尼斯提出"礼法与法理社会"；迪尔凯姆的"机械团结与有机团结"[①] 以及"传统社会与现代社会"范畴的提出等，虽然这些认知方式在社会的理论发展中有一定积极意义和建树，但是，对于社会现实认知的指导性，特别是国家整体城市社会发展的指导意义，尚不具有完全实际的应用价值。因为，从学理的角度上认识，把社会简单地划分为"两个极端"的"理想类型"是理论研究的一种方法，可以有助于对事物的整体性把握与讨论，同时也可以为我们制造一个对话的平台。但是，当把这"二元结构理论"与现实的"社会事实"来对照时，我们会发现"社会事实"存在与两分法的"理想类型"分类相差甚远，甚至在误导我们认识这个社会、管理这个社会。因此，虽然我们必须进行"象牙塔"的理论模式建构，但同时要从"象牙塔"上走到现实中来，走到"社会事实"的层面上来，讨论、正视现实中国社会的实际。可以这样说，我们是根据社会学基本的认知方式——"社会事实"的判断与认知的方法，提出当代中国社会的多梯度社会结构类型的，进一步说，当代中国社会"六种社会文化类型"的提出，是以中国当代的"社会事

---

① ［法］埃米尔·涂尔干：《社会分工论》，生活·读书·新知三联书店 2000 年版，第 33、73 页。

实"作为分析思考的基点和基本方法的。"至此，如果我们对社会事实作如下界说，这个定义就包括了它的全部内容：一切行为方式，不论它是固定的还是不固定的，凡是能从外部给予个人以约束的，或者换一句话说，普遍存在于该社会各处并具有其固有存在的，不管其在个人身上的表现如何，都叫做社会事实。"同时，更需要把"社会事实当作物来考查"。① "实际上……社会生活的普通事实就是由这些特性所规定的。另一方面，因为这些特性属于形态学领域，所以我们可以社会学中以构成和划分社会类型为任务的这部分称为社会形态学。"② 我们经常会发现，有些研究成果在对中国进行某种理论研究与模式建构的时候，忘却了当代中国的"社会事实"，而往往是依据西方人根据西方的"社会事实"提出的理论方法，来对中国的社会进行分析与"诊断"，这往往是错误的。用西方学者提出的"二元结构"的认知，来"无限领域"地推论、认识和描述复杂的、多元的、多梯度的中国社会实际，显然是值得商榷的。正是因为我们把"二元社会结构"的认知变成了一个极端的、广域推论的、具有理想类型的社会类型的分析方法，使得我们认识这个复杂的有机社会的方法就显得过于简单，或者失于偏颇。事实上，无论从传统农业社会、工业社会、城市社会，到后现代，都已经让我们看到一个完全性的发展序列。而每个社会形态内部，也不可能是清晰的"二元结构"，在现实的每一种社会形成中，社会类型这个完全的发展序列都有不同表现，这就是现实社会的复杂性所在，在我们生活的"社会事实"中是能够感受与观察到的。

在中国的区域社会发展中，以往的经验已经证明，不加区别地看待中国的社会，不加区别地提出统一的或者是一种类型的政策、战略与主张，中国的经济发展就必然出现更多的矛盾和问题。例如，仅 2006 年国家出台的一系列有关房地产的政策和规定，之所以行之无效或者是与原来的初衷相反，其原因就是偌大的中国某一城市出了问题，让所有的城市"吃同样的药"，显然是不能解决问题的，必然适得其反。

二、中国"城乡多梯度社会结构"认知的理论与方法

当代中国的社会问题之所以会出现多类型、多层次的表现方式，主要是与"城乡多梯度差异社会结构"的存在有关联。这里所提出的"城乡多梯度差异社会结构"是当代中国国情存在的特殊样态，提出这一新观点与认识的理论依据是什么呢？主要是依据社会学的"社会事实"和社会类型学的理论。

---

① ［法］迪尔凯姆，狄玉明译：《社会学方法的准则》，商务印书馆 1995 年版，第 34～35 页。
② ［法］迪尔凯姆，狄玉明译：《社会学方法的准则》，商务印书馆 1995 年版，第 97～98 页。

安东尼·吉登斯著的《社会学》（第四版）中在"文化与社会"一章中论及"社会类型"等相关问题，他认为"文化特征与社会发展的整体模式密切相关"。"我们将分析几种过去曾经存在的主要社会形态，这些社会形态在当今世界上仍然能够找到。"① 中国区域经济发展不平衡的多样化，从社会类型学的分析角度，可以在当代中国寻找到"过去曾存在的主要社会形态"，大体可以分为六个发展梯度的社会与文化类型，也可以直接视为是"六种文化类型"。"文化类型"是美国民族心理学派拉尔夫·林顿 1936 年写的《人的研究》中提出来的，其含义是"文化区"的概念。但作为关键性的文化概念是在美国学者斯图尔德 1955 年《文化变迁》一书中提出的。后来的学者汤因比、斯宾格勒等学者都提出"文化类型"的概念。② 从本质意义上说，典型的"文化类型区"就是一种典型的"社会类型区"。因此，当代中国的社会梯度化结构，也就是梯度化的"社会文化类型"。在中国现实多梯度的社会结构中，相对原始、落后的各种社会文化类型在历史上也曾经存在过，并在现实仍然能够找到这样的社会样态与类型。社会学家迪尔凯姆也认为："社会学应当有一个分支来研究社会种类的构成及其划分。"③ 他认为这是社会形态学，他同时也提出了社会类型划分的原则："首先，以最简单的社会或单环节社会为基础，根据社会表现出的融合程度对社会分类；其次，再在各类社会内部根据最初的环节是否完全融合为一体区分出各类变种。"④ 在迪尔凯姆理论视野内，把传统社会理解为三种类型，他称为"简单的多环节社会"、"简单合成的多环节社会"、"双重合成的多环节社会"。虽然这种类型划分本身尚没有科学的论证过程，包括社会类型的名字和内涵还有不同的理解，或者说还不甚科学，但至少告诉我们，对一个国家和地区内部的社会发展，是可以通过对"社会事实"观察与分析，用社会类型学的理论进行再认识和再分类的。"分类的作用，是使我们掌握能与那些本身不能提供分类标准的观察联系起来的标准。但这样一来，分类就不能按照所有个体的全部特件进行，而必须根据从中仔细选择出来的少数特性进行。在这样的情况下，分类就不仅使我们能把已有的全部知识初步条理化，而且还有助于我们形成新的知识。它将给观察者以指导，使其在观察事物时省去许多步骤。"⑤ 提出当代中国社会的梯度社会结构模式，就是对中国社会现存的不同发展阶段的区域社会进行再分类，以便于我们对不同社会与文化类型进行个性化的再建构和再发展。

---

① ［英］安东尼·吉登斯：《社会学》（第四版），北京大学出版社 2004 年版，第 28 页。
② 司马云杰：《文化社会学》，中国社会科学出版社 2001 年版，第 198 页。
③ ［法］迪尔凯姆，狄玉明译：《社会学方法的准则》，商务印书馆 1995 年版，第 93 页。
④ ［法］迪尔凯姆，狄玉明译：《社会学方法的准则》，商务印书馆 1995 年版，第 103 页。
⑤ ［法］迪尔凯姆，狄玉明译：《社会学方法的准则》，商务印书馆 1995 年版，第 97 页。

　　中国"六种区域社会发展类型"所展现的"城乡多梯度差异社会结构"的
存在，表现为典型的传统社会向现代社会多梯度转型的发展机制，这样非平衡的
社会存在形式所面临的现代化，其核心问题是中国社会整体在不同层面实现不同
程度的城市化和城市社会结构变迁。正因为这种社会变迁是多梯度的，所以，在
整体上，中国的社会发展与进化不是"同心圆"的发展与进化形式，而是"非
同心圆"的发展与进化结构样态，在"非同心圆"的发展模式下，社会文化发
展必然出现"文化堕距"（Culture Lag，也有人译成文化滞后）①（见图 8 - 1）。
由相互依赖的各部分所组成的文化在发生变迁时，各部分变迁速度是不同的，形
成发展不同的文化区域和文化现象，会造成各部分之间的不平衡、差距和错位，
必然展现多样化的矛盾关系和多样化的社会问题。由于整个社会在其变迁、转型
中，整体是不同步的，在必然形成"文化堕距"条件下，必然转化为"社会堕
距"的非同步发展现状。因此，重新提出当代中国社会的类型，其意义非常重
大。而无论是文化变迁还是社会变迁，一般规律都是：物质文化先于非物质文化
发生变迁，两者不同步。就非物质文化本身变迁来讲也是不同步的。

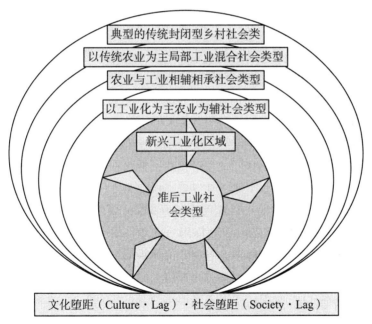

图 8 - 1　文化堕距和社会堕距

　　纵观当代中国，从后工业社会的城市发展，到原始村落的存在，中国正呈现
一个长长的经济、社会区域发展的梯度结构，在"非同心圆"化的社会进化中，

---

　　① ［美］威廉·奥格本：《社会变迁：关于文化和先天本质》，浙江人民出版社 1989 年版，第 106～107 页。

相对落后的社会文化发展区域，要么，与发达地区发展相适应，发展逐步同步化，最终融入"同心圆化"的发展过程；要么，在"非同心圆"化发展中，"社会堕距"拉大，经济社会发展形成"马太效应"，发达地区更发达，落后地区更落后。当我们能够认识到这种"梯度社会结构关系"，认识到"社会堕距"存在的事实，就应该在政策、制度与机制方面，调整、改造这种梯度社会发展关系，创造程度有序的、共同发展的社会结构与社会类型。如果这种社会梯度关系结构不能很好地解决，对于发达的经济类型区来讲，社会发展水平差异大必然会出现经济发展的区域经济"回波效应"。如农业人口大量向城市流动，城市又不能有效吸纳农村人口，大中城市负担过重形成"拥挤不经济"；落后地区因经济不发达，使得区域社会消费不充分，经济缺乏动力；灾害频仍，欠发达地区自然条件破坏严重，在国家整体经济上造成"均衡经济陷阱"，必然成为经济社会进步的滞后力。而这恰恰是中国经济发展的现实问题之一。

三、"城乡多梯度社会文化类型结构"与社会变迁的"社会事实"

在依据社会类型理论分析的同时，站在"社会事实"特别是马林诺斯基强调的"可见的社会事实"和"难以测量的社会事实"的客观存在面前，通过实际观察、体验、研究，并在理论升华的基础上，提出了中国当代中国城乡社会的多梯度的社会类型。大体上可以分为六种社会文化类型。简单概括为：

其一，"以自然经济为主的典型传统封闭型区域社会类型"。如四川、广西、云南、西藏、青海等偏远山区，甚至可以说，在这一梯度范围内还存在着某种自然经济的属性和社会关系。基本上存续着以农业为主的自然经济样态，有些地方几乎与世隔绝。以依赖"第一自然资源"为其谋生手段。

其二，"以传统农业为主农业与局部工业经济混合的区域社会类型"。如黑龙江、吉林、山西、湖南、陕西、河南和河北等部分欠发达的山区县域经济，具有典型的农业社会的生活方式。部分地使用"第二富源资源"。

其三，"农业与工业相辅相成发展的区域社会类型"。如安徽、江苏苏北和山东某些区域。对自然仍然只是需求与索取，没有补偿能力，工业发展处在粗犷型的发展阶段。

其四，"以工业化为主农业经济为辅的工业成长型区域社会类型"。如长三角和珠三角的某些县市经济区域。对自然资源依赖初步转型，区域社会有一定的财富积累，对自然环境能够进行初步的建设性改造。

其五，"新兴工业化发展的区域社会类型"。如苏州、南京、杭州、东莞等大中城市区域；利用技术、知识和政策，对自然环境能够回报，并在区域财富积累的基础上，对自然环境能够有所重塑。

其六，"（准）后工业社会的区域社会类型"。如北京、上海、深圳、杭州等经济区域。以"智识群体"为就业主体，通过知识、技术和创新作为社会发展的主动力源泉，对自然能够给予重塑和回报。

从自然资源利用转型为知识资源利用型。从产业类型的角度看，已经形成国际化的发展结构。如以上海为例，包括德国西门子等世界500强企业中的300多家进入上海，200多家在上海建立了跨国研发中心，70多家在上海设立了中国地区总部。形成"智识型阶层"特有的、全新的工作方式与生活方式。发达国家的典型后工业城市的服务业特别是生产型服务业在86%以上，因此说，中国的上海等城市只能是准后工业社会类型。

很明显，从传统封闭的、自然经济的农业区域社会类型，向以"智识群体"为就业主体的后工业社会区域发展类型，中间还有很长的路要走。但是，中国未来的发展模式，必然是以后工业社会的类型模式作为目标。关于后工业社会特征及发展的方向，丹尼尔·贝尔已有过自己的诠释。[①] 但是，他的观点提出至今已经有半个多世纪了，我们可以从现实的角度对后工业社会类型再重新加以认识，尝试进行新的理论重构。典型的后工业社会应该是这样的：（1）以市民社会关系为社会结构主体，构成新型的法制伦理型社会的契约关系。（2）通过城市功能的扩张，"市场性取向"在世界范围内展开，城市竞争的场域具有世界性。（3）把"人与自然和谐为本"作为社会发展的价值取向，人与人、人与自然形成共生性竞争关系。（4）以知识、技术、信息、文化价值四位一体作为经济社会发展的动力。（5）"智识型就业"群体与"智识型产业"成为"社会结构性变迁"的核心动力之一。如决策论、系统论、模式分析、模拟与模型的构建等成为推动经济与社会发展的动力与工具。（6）世界的网络化体系正在形成。在世界一体化的前提下，地方性理念正在成长。（7）世界的整体正在进入城市社会的同时，城市社会也表现为多元城市发展类型。（8）闲暇社会与后现代文化的兴起，创意与创造性的生活成为时尚。（9）城市群作为地域生产力的构成，成为国家实力的象征。（10）自然资源与社会发展的矛盾需要在新的层面展开，新的能源与新的生活方式的创新，成为人们新的探索领域和价值取向。[②] 可以这样断言，在

---

① "1. 在经济方面：从产品生产经济转变为服务性经济；2. 在职业分布方面：专业与技术人员阶级处于主导地位；3. 中轴原理：理论知识处于中心地位，它是社会革新与制定政策的源泉；4. 未来的方向：控制技术发展，对技术进行鉴定；5. 制定决策：创造新的'智能技术'"。参见［美］丹尼尔·贝尔，王宏周等译：《后工业社会的来临——对社会预测的一种探索》，商务印书馆1984年版，第15页。

② ［美］玛格丽特·A·罗斯，张月译：《后现代与后工业》，辽宁教育出版社2002年版，第25～46页。

某种程度上，中国现代化集中体现在城市化与城市社会变迁的过程之中。中国存在着"六阶段区域社会类型"的"城乡多梯度差异社会结构"，必然催化中国城乡社会的结构性变迁，向社会的整体城市化及后工业社会转型。[1]

当代中国的多梯度区域社会类型，正表现着多样态的、错综复杂的、相互交织的城乡社会转型。这种转型是城市社会进步与进化的结果，是以城市中的白领阶层数量的增加和传统产业就业人口减少为前提的。在这种变化中新的城市中产阶级正在形成，并正在成为城市社会的主体和主人。西方学者以及中国学者在内的研究证明，中国已经有了至少有3亿以上人口的中产阶级，城市人口有4.5亿人，这不仅喻示着城市市民社会的初步形成与发展，更说明了社会需求与高消费的增长，当代中国正是世界意义上的能源与资源消费大国。未来15~20年左右，中国城市人口会再增长1倍，约9亿人左右，这个人口数量可以表述为：仅城市中的中产阶级的人口就是美国等欧洲发达国家人口的总和。有媒体称中国奢侈高级消费品人群达1.6亿人，如果中国城市化率达到80%，这样数量的城市人口群体对资源的利用和消耗是可想而知的。

我们看到，整个中国在不同的层面都呈现着社会转型与结构变迁的样态，是一个复杂的城市化和城市社会建构化的过程。当代中国由于"多梯度城乡社会结构转型"表现的"多梯度性"，其所带来的新的社会问题也是多类型的、多元的和多梯度的。这些问题从本质上说，集中表现在社会发展与自然关系的冲突、长远发展与当代需要发展的冲突和物质消费的价值取向与资源相对缺乏的冲突等方面——这是基本的共性问题。其解决的方法也必须是共性的，如针对自然与社会、人与自然的矛盾和冲突，我们曾提出了"循环型城市社会发展模式"。[2] 但是，就不同区域社会类型中具体的社会问题而言，在不同的区域社会类型内有着不同的表现内容和形式。正因为如此，在多梯度的社会类型结构认知的前提下，对不同区域社会类型中出现的社会问题，应该采取不同的多样化的方法、多样化的对策和不同的发展模式，通过推行以分类指导、分类管理、适度自治的发展模式来构建中国的和谐社会。

越是在这样城乡社会的急剧变迁和多梯度的社会类型转化中，我们越是需要清醒地分析国情，越是要创造一种理性的对历史负责任的发展模式，创造一个民族的可持续发展机制。

---

[1] 当代中国表现为七种社会关系的转型，见张鸿雁：《当代中国城市社会变迁分析——城市社会转型方式的视角》，载于《中国城市评论》2006年第3期，第11页。

[2] 张鸿雁：《循环型城市社会发展模式——社会学视角的理想类型建构》，载于《社会科学》2006年第11期，第71页。

第二节 民族地区城市化的路径与对策:"非均衡型区域城镇结构体系"

一、民族地区城市化理论与实践模式选择

自新世纪初实行西部大开发和中共十六大报告提出建设全面的小康社会以来,民族地区城市化问题受到前所未有的关注。民族地区城市化的路径问题[①]也成为政府部门、学术界等研究的热点。目前,关于加快推进民族地区城市化进程的重要意义已经形成共识,无论政府部门还是专家学者都认为这不仅是一个区域城市发展的问题,更是一个影响社会稳定和经济持续发展的政治问题。然而针对如何推进民族地区的城市化,尤其是选择何种城市化路径的问题却存在诸多争论与分歧。总体来看,可以分为以下几种路径取向:

一是小城市化主导论。有学者认为民族地区社会经济发展滞后的一个显著体现是商品经济不发达,商品经济发育程度不高。小城镇作为一定区域范围的商品交换中心,作为农副产品集散地、工业品流通的最后环节,对于民族地区农村商品经济的发育和发展提供了市场基础[②];有人认为民族地区城市化水平低,第三产业发展滞后一个很重要的原因是小城镇建设跟不上,形不成对第三产业的规模要求。而加快小城镇建设是提高民族地区城市化水平和少数民族物质文化生活水平的重要措施[③]。总之,这种论点强调小城镇发展在民族地区城市化进程中的地位,认为小城镇是联系乡村地区和大中城市的桥梁,具有不可替代的作用,强调小城镇对民族地区乡镇企业发展以及地区社会经济的重要影响。这种论点出现较早,在 20 世纪 80、90 年代比较流行,其中许多观点被民族地区政府部门不同程度地采纳实行。

二是大城市主导论。这种论点可以看作是对小城镇主导观点的反驳,认为在民族(西部)地区,城市化的重点不应放在小城镇上。这不仅是因为西部地域辽阔,小城镇的聚集和扩散能力极为有限,而且是因为西部地区经济整体发展水

---

① 本章认为"模式"概念具有较强的计划经济色彩,而"路径"更为客观、中立。

② 覃敏笑:《小城镇建设与民族地区市场经济的发展》,载于《贵州民族研究》1995 年第 2 期,第 19~24 页。

③ 张海翔:《论我国民族地区的城市化》,载于《民族研究》1998 年第 4 期,第 12~22 页。

平较低，小城镇中的大部分无法成长为有较高聚集效应的城市①。另有学者认为大多数小城镇因为缺乏非农产业支持而扩张乏力，成为"空壳镇"，很难发挥扩大非农就业的功能，主张在民族（西部）地区发展一批有产业基础的大、中城市，特别是特大城市。② 在民族地区建立大都市区、都市圈和都市连绵带等都是大城市主导论的延伸。这种观点的依据是大城市的规模效益明显、就业容量大、辐射范围广、对生态环境的破坏相对较小等。

三是中小城市重点发展论。有人认为根据民族地区的实际情况，重点发展一批中等城镇既可以发挥一定的聚集效应，又可以避免小城镇道路的弊端。需要说明的是，以上三种论点之间并非绝对排斥关系，只是发展的重点对象有所不同。

四是城镇体系发展论。这种观点是综合多种路径理论的产物。近年来，随着人们对城市和民族地区发展问题研究的不断深入，城镇体系作为一种理论和一个实践路径受到了更多的关注。有学者提出民族（西部）地区城市化路径应该是以大城市为依托，积极而有重点地发展中小城市，形成一个有机的城镇网络体系。一方面，充实大城市的实力，发挥城市经济场的作用，向郊区和乡村腹地扩散；另一方面，中小城市和小城镇与大城市组合成城市群。③ 有的学者从城市经济区域划分的角度来分析民族地区的城市化，从地理区位、经济发展、城镇关联度等维度对民族地区城市化道路进行探讨。④

我们认为，考虑民族地区城市化的路径应该从四个基点出发：首先，民族地区的地理区位和民族特性。这是一个基本前提。民族地区不仅地理条件十分复杂，而且内部差异较大，且民族地区地理位置大多远离东部区域经济中心城市，受发达地区辐射影响小，开发难度大。其次，民族地区的一个突出特点就是民族众多，大多数民族的风俗习惯、生活方式各有不同，在推行城市化过程中，必须慎重考虑各民族的文化特性，尽量避免产生民族矛盾。再其次，民族地区的城市化整体水平低，城镇发展水平差别显著。民族地区地理环境的复杂性和城镇发展状况的差异性、多层次性决定所选择的城市化路径的多样性和多元化。最后，城市是一个具有自组织功能的适应性系统，在形成和发展的过程中存在着独立于人们意志的客观规律。尊重这些规律，城市化才能获得较快发展。

随着全球化的深入，包括全球化的经济结构重组和世界市场趋势在内的国际经济过程逐渐成为城市发展和区域发展的一个基本动力，与世界市场和国内市场

---

① 蔡云辉：《论西部开发中的城市优先战略》，载于《云南社会科学》2002 年第 6 期，第 30 ~ 33 页。

② 何景熙：《我国西部小城镇非农就业的产业基础研究——基于镇区人口普查数据的经验分析》，载于《民族研究》2004 年第 1 期，第 38 ~ 47 页。

③ 林广、张鸿雁：《成功与代价——中外城市化比较新论》，东南大学出版社 2000 年版，第 255 页。

④ 顾朝林等：《中国城市地理》，商务印书馆 1999 年版，第 267 ~ 314 页。

的接轨程度以及在国际分工体系和国内分工体系中的位置就决定了民族地区城市和社会经济发展的地位。在新一轮的竞争中，民族地区要完成与国际和国内（发达地区）的双重接轨，唯一途径是必须加快城市化进程。这种转型绝不是某些城市的单独发展而大多数地区的落后，只有统一协调民族地区城乡地区各种资源，建立城镇体系才能达到整体发展的目标。以往针对民族地区城市化问题提出的诸多观点大多仅从城市规模意义上来探讨民族地区城市化路径是不可能有出路的，而泛泛地讨论城镇体系也缺乏可操作性和现实意义。

从目前民族地区城市化发展来看，滞后的城市化水平和不健全的城镇体系已经极大地阻碍了民族地区城市化进程和社会经济的发展。结合以上三个基点，我们认为中国民族地区城市化的路径应该是建立"非均衡型区域城镇结构体系"。

二、"非均衡型区域城镇结构体系"理论与战略内涵

（一）城镇网络体系以职能分工为内在联系纽带，以规模等级结构和空间结构分化为外在表现

城镇体系作为一个功能系统必然要求内部的功能分化和互动，在系统内的各种资源和要素存在合理的流动与交换，从而整合各子系统之间的关系，这是城镇体系建立的基础和运行的条件。新兴古典经济学认为，为了减少交易费用，提高交易效率，人们会到城镇来进行交易。因为同样的原因，在市场机制的作用下，各个城镇的规模与功能不断分化，从而形成分层的城镇结构。人们与本县的人在小城镇交易，通过中等城市与本省外县的人贸易，而通过大城市与外省和国外贸易。[①] 由市场机制主导形成的分工网络是城镇体系内在的纽带，也是产生城镇等级结构和空间结构分化的主要原因。

（二）打破城镇网络体系的区域性行政与自然条件界线，建立合理空间结构共体

城镇体系存在于一定的空间区域之中，是一种空间区位共同体。城镇网络体系的区域首先要求地理空间的可接近性，这是建立城镇体系的一个基本前提。从

---

① 杨小凯、张永生：《新兴古典经济学与超边际分析》，社会科学文献出版社 2003 年版，第 116 ~ 117 页。

城市学角度看，距离并非指通常意义上的空间间隔，而是指两点之间交往的时间和成本。只有当交往的成本小于收益时，两地之间的联系才能建立，城镇体系的形成才有可能。从这个角度考虑，城镇体系的区域常常与行政区划的区域不一致。例如内蒙古东起大兴安岭、西至巴丹吉林沙漠，地势狭长，区内的城镇体系往往突破行政区的限制而与邻省的近域城镇共同构建而成。所以，构建区域城镇网络体系的重要原则就是在既有城镇发展的基础上，根据城镇之间的产业关联度和职能分工进行区域战略组合。

（三）构建城镇网络体系的非均衡的科学观

事实上，任何城镇体系内外的人口密度、区位资源、城镇发展水平都具有非均衡性，各种非均衡性关系构成城镇体系集聚与扩散的驱动力。在民族地区的城镇布局中，应该以特大城市为依托，加强大城市的功能，重点发展中等城市和中心镇，控制不具有中心性和发展空间小城镇的数量。事实证明，小城镇只有在乡镇企业发达而且历史上有小城镇传统的江南地区才能获得发展，而小城镇建设往往造成大量土地资源浪费和难以治理的环境污染。更重要的是，由于缺少深度的劳动分工，新的行业难以形成。尤其是服务业的发展受到极大制约，因为服务业主要以本地人口为消费对象，人口规模集聚程度低，服务业就无法生长。一个100万人的大城市可能需要几十条公交线路，而一个万人的小城镇可能一辆公交车都不需要。[①] 而且小城镇的城市生活方式必然是低层次的和不完善的，按照严格的城市化定义，小城市化不是真正意义上的城市化。就城市功能而言，中等城市和中心镇才是连接城乡之间的桥梁和中介，应该作为城市化发展的重点对象。

（四）市场主导和政府多元调控结合，非均衡城市化与制度投入相结合

城市是市场经济运行的载体，城市社会结构的变迁是在市场经济关系的转化中完成的。市场机制是城市化的一个主要动因。一方面，金融证券市场、信息市场、人才市场、房地产市场、保险市场、科技产品市场以及新型旅游业市场等的发展是城市第三产业的主要内容。另一方面，市场经济的发展有助于促进城市产业结构的调整，进而使不同产业间的劳动力得到相对合理的转移。从城乡劳动力转移来看，城镇中各种农贸市场、建筑劳务市场、建材市场及家政服务市

---

① 孙立平：《断裂——20世纪90年代以来的中国社会》，社会科学文献出版社2003年版，第91页。

场等的发展有利于扩大城镇对农村劳动力的吸纳能力，这是消除城乡二元结构、促进城市化发展的重要因素。[①] 因此，完善民族地区市场机制是城市化的内在要求。

世界城市发展史表明，区域、城镇的发展都是一个自发形成和人为构建的产物，而不仅仅是一种经济或技术行为，因而需要政府的宏观调控与规划，以避免完全依靠市场调节导致的"市场失灵"。科学规划后的城市化制度投入，在欠发达地区是投资最小效益最大的一种模式，关键是对科学规划的合理运用。城市社会经济结构的变迁的区域扩张需要打破行政地域限制和等级模式，实现跨区域联合和重组。民族地区的城市化必须采取行政纵向规划与大力发展城镇之间横向联系以形成网络体系相结合的方式，国家的总体规划思想应该是"授之以渔"，调控手段应该在遵循市场规律的前提下更加多元化和科学化。

（五）非均衡城市镇体系目标具有综合性

与城市化定义相对应，在民族地区构建城镇体系不仅仅是加快城市化进程，深层意义在于缩小民族地区长期以来存在的经济发展差距、人类发展差距以及社会发展差距，提高民族地区人民的生活水平，使更多的人享受到城市文明。目前民族地区的城市化水平差异大，根据发展状况构建不同性质的城镇体系，对于比较发达地区可以建立高密度、高聚集度和高度互动关系的城镇群，对于发展较快的城市可以加快城市现代化进程。

三、"非均衡型区域城镇结构体系"建构入径

（一）整合区域城市化体系，规划非均衡型区域城镇结构关系

构建区域城镇结构体系主要有这样一些原则：首先，根据经济地理学地域集聚原理，将某一地域的社会、经济、交通线等结合较为密切、空间相对集中的城镇进行组合和整体规划。例如新疆的乌鲁木齐、昌吉、阜康、米泉、呼图壁、吉木萨尔、奇台、木垒等城镇之间空间接近，铁路、公路交通较为便捷，可以构建成一个城镇体系。其次，按城镇主导产业划分。主要是将产业性质和结构比较接近的城镇进行组合，形成优势产业群，发挥规模效应。例如，云南的个旧、开远、建水、文山、红河、墨江、元江、蒙目等城镇可以规划成为以有色金属开采

---

① 张鸿雁：《侵入与接替——城市社会结构变迁新论》，东南大学出版社 2000 年版，第 378 页。

为主的原材料工业城镇体系。再其次，按城镇职能划分。例如广西防城、北海、钦州、东兴、合浦等都是我国北部湾的边境口岸城镇，地理位置相近，可以形成共同的对外贸易加工区，成为一个城镇共同体。最后，城镇体系跨区域多重组合。有些城镇由于产业性质、地理空间都比较接近，可以不受行政区划限制形成跨域发展。例如，内蒙古的包头、呼和浩特和山西省的大同市可以构建为一个大城镇体系，甚至形成一个城市带。

（二）中心城市优先发展的非均衡城市化战略

一是以若干大城市为依托，形成区域经济"发展极"。对于实力较强的大城市应提升城市职能，加强城市经营管理，提高城市形象知名度，实行品牌化战略。如昆明、乌鲁木齐、银川、呼和浩特、包头等——这些城市代表民族地区城市化的最高水平，应成为与国内发达地区以及国外接轨的前沿。它们是民族地区城镇中最有活力和发展空间的城市，具有较强的辐射能力，可以成为带动地区经济增长和城市化的"发展极"。二是对于城市规模很小，城市实力不强，但却是特定区域的中心城市，应该成为所在城镇体系的发展龙头进行重点建设。如西藏的林芝和日喀则，广西的桂林、柳州、百色等，这些城市具有区域协调极的功能。三是民族地区的小城镇建设必须转变思路，走中心镇优先发展的道路。由于小城镇近 20 年的发展基本上是数量的扩张而人口规模严重不足，因此应该强调发展包括县级城关镇在内的中心镇，一般乡镇则限制发展。[①] 一方面，加强中心镇的产业基础，提高就业容量；另一方面适当扩大建成区面积，拉动投资和消费的同时，使城镇景观和城市生活方式向农村地区扩张。

民族地区的城镇体系战略作为城市化的主导路径并不排除有些城镇散点式布局，实际上，不可能也没必要把民族地区的所有城镇都纳入某个体系中进行规划。对于一些交通不发达、发展水平不高而且空间区位比较孤立的城镇可以单独规划。目前在民族地区这样的城镇数量不少。但走城镇体系发展道路是一个总体战略思路和走向。在条件成熟情况下，应积极构建新的城镇体系或者将比较分散的城镇融入周围的城镇体系中。例如，西藏的那曲、安多、聂荣、索县、比如、巴青等城镇比较分散，离拉萨较远。如果该地区交通状况改善，相互的互动增多，可以构建以那曲为中心的城镇体系。

---

① 温铁军：《中国的城镇化道路与相关制度问题》，载于《开放导报》2000 年第 5 期，第 21 ~ 23 页。

（三）适应非均衡城市化的模式，加强民族地区基础设施建设

世界银行的研究表明，政府对基础设施的投资，通过扩大获得安全的饮用水、电力和运输服务机会的方式，可使居民和生产者获得巨大的社会和经济效益。[①] 对于民族地区而言，加强基础设施建设是构建城镇体系的重要前提。青藏铁路、西气东输、西电东送、水利枢纽、干线公路等重大项目的顺利实施对改善民族地区落后的基础设施状况意义巨大，但必须看到，这些工程仍带有一定的"还账"性质，民族地区的基础设施状况依然比较差。而且项目投资主要靠政府财政与国债资金，资金来源单一，覆盖面小。[②] 所以必须拓宽投资渠道，吸引更多民间资本进入。从项目本身看，今后应更多关注城镇内部基础设施建设，加大让当地人直接受惠的项目的投入，如市内路网、住宅系统、信息通讯、教育、卫生、医疗、文化以及环保等，这对提高城镇居民的生活水平关系密切，是完善城市生活方式的重要保障。

（四）建立新型工业化发展机制，在非均衡城市化中创造城市差异化发展模式

加快产业的结构调整，对于产业基础较好，技术力量强的地区可以实行产业结构升级，发展技术和资本密集型产业。但大多数地区不能盲目追求产业结构优化，而应根据区情和自身实力，继续发展资源密集型产业，发挥资源丰富的优势；鼓励发展劳动密集型产业以提高劳动力的吸纳能力，让更多的农村人口进城工作。值得一提的是，有些民族地区的工业生产主要依靠中央财政补贴和优惠政策支撑，经济效率低，工业企业亏损严重。例如西藏几十年的经济发展并未通过推行工业化而扩散成一个有效的工业化模式。西藏未来经济发展的希望在于农牧业及相关民族特色产业的发展。[③] 而对于旅游资源丰富的城镇，如桂林、吐鲁番等城市，则应适当控制工业的发展以避免对旅游业造成不利影响，迅速提高旅游业和相关产业的比重。

（五）非均衡城市化模式的政府调控方式与创新

政府部门必须改变简单地依靠投资和优惠政策的方式，通过法律、政策、经

[①] 程漱兰等：《世界银行发展报告 20 年回顾（1978～1997）》，中国经济出版社 1999 年版，第58 页。

[②] 连玉明：《2004 中国数字报告》，中国时代经济出版社 2004 年版，第 182～183 页。

[③] 温铁军：《西藏经济发展战略问题探讨》，载于《中国藏学》2003 年第 1 期，第 21～33 页。

济等手段进行调控。在城镇体系的空间调控上可以借鉴英国和德国的经验。这些国家的中央政府对地方规划具有一定的指导权，往往通过制定、实施一些综合专项规划，如全国的机场选址、路网规划等来影响地区的发展，同时努力健全各级规划组织，积极促成各级政府编制区域性的规划，有时成立区域性的专门机构来解决区域发展中共同面临的问题。① 我国政府对民族地区的调控方式应遵循市场经济规律，尊重民族传统和文化，加强区域层面的规划与引导。

对于民族地区城市化而言，除了必须创新户籍制度、土地制度、社会保障制度外，还必须创新设市体制。尽快以《宪法》和《民族区域自治法》修正案的形式确立民族自治市的合法地位。设立民族自治市将在很大程度上消除一些民族地区城市化的制度障碍，加快地区的城市化进程。自治市可以设立地级与县级两种。县级自治市的设置以整个自治县设市为主要模式，将以县政府所在的镇为中心的整个县升级为市。地级自治市的设置主要是将自治州撤州建市，它以市管县体制为主，既设区又辖县。② 自治市的市政府既享有原来的自治权，也拥有相应的城市管理职能。

（六）非均衡城市化的构建，必须尊重和保护民族传统文化，促进民族地区的现代化发展

多样性的民族文化是我国的宝贵资源。在城市化过程中，必须尊重少数民族人民的情感和文化传统。对于民族传统建筑、风俗习惯、民族心理和宗教信仰等要尽可能理解和保护。对于已经生活在城镇中的少数民族可以考虑为他们设立一些特定的生产生活区，尽量为他们提供较好的生活设施。此外，由于多种原因，少数民族人口受教育水平相对较低，知识资本贫乏，往往处于城市社会的边缘地位。③ 有关统计数据显示，儿童入学率每提高 1 个千分点，人均 GDP 增长率可提高 0.36～0.59 个百分点。重点加强教育基础设施建设，实施知识发展战略是民族地区城市化与现代化的重大课题。建议在加强基础教育和高等教育的同时，要大力发展职业技术教育和成人教育，提高民族人口的科学文化素质和竞争力，促使他们更好地适应现代化的城市生活。

---

① 张京祥、崔功豪：《试论城镇群体空间的组织调控》，载于《人文地理》2002 年第 3 期，第 5～8 页。

② 隋青：《自治市加快民族自治地方城市化进程的必然选择》，载于《中国民族》2003 年第 7 期，第 34 页。

③ 杨文炯：《城市界面下的回族传统文化与现代化》，载于《回族研究》2004 年第 1 期，第 58～64 页。

第三节　本土化"城市群差序化格局"理论创新

——"大上海国际化都市圈"的整合①

纵观世界城市化的发展，城市群正在成为国家与区域经济发展的主要动力要素之一。中国正处在城市社会来临的社会变迁过程中，城市群的总体发展关系一直未能突破传统的体制性障碍，形成具有国际化功能大都市圈，更没有形成具有中国本土化特色的城市群发展关系。面对全球化的城市竞争，城市群的发展及建构关系到国家现代化的发展战略和模式选择，中国的城市群要想在世界城市全球竞争的关系中占据世界经济价值链的高端区位，必须创造合理的、跨行政区域的、有内在市场机制关系的"城市群差序化格局"，并通过构建新型的城市群结构体系，直接参与城市全球化的竞争，创造中国区域现代化示范区。

结构优质化的城市群空间结构是地域生产力的集中表现形式之一，发达国家的区域现代化集中体现在区域城市群的结构性建构方面，也就是说，从全球发展的角度看，经济发达与繁荣地区都是城市群结构高度发展的地区，反过来说，城市群结构高度发达地区，无不是经济繁荣的地区。从某种意义上说，现代社会的发展正在创造新的地域生产力结构和新的城市群结构关系。因此，中国经济的现代化发展采取大都市带、大都市圈的主体发展形式，是一项重要的现代化建构的模式选择，但是必须提出的是，中国城市化进程中的大都市圈建设，必须在大都市首位发展、提升和整合的条件下，构建大中小城市（镇）并举、系统布局科学的、具有差序化格局的城市群结构关系，才是中国城市化发展的方向，这既是一个城市群发展的理论问题，也是一个中国现代化的具体实践过程。

大上海都市圈即泛长三角都市圈包括 23 个城市②——南京都市圈和杭州都市圈都是大上海都市圈的子都市圈。大上海都市圈的产业结构表现出以下三方面的特征：一是现代制造业的产业特征和三层次的空间布局。目前，长江三角洲已经呈现出明显的现代制造业的产业特征和三层次的空间布局。这使整个长江三角

---

① 本部分主要内容已发表。见张鸿雁：《"大上海国际化都市圈"的整合与建构——中国长三角城市群差序化格局创新研究》，载于《社会科学》2007 年第 5 期，第 4～13 页。

② 泛长三角城市包括：嘉兴市、杭州市、宁波市、绍兴市、舟山市、台州市、湖州市、无锡市、苏州市、南通市、扬州市、镇江市、常州市、南京市、泰州市、上海市、温州市、盐城市、连云港市、芜湖市、马鞍山市、合肥市、铜陵市。

洲成为以高新技术为先导、以产业园区为载体、以外向国际市场为目标的新型工业化的产业基地。① 整个区域的发展呈现梯度分布。二是带状产业与园区空间集聚并列模式。主要是沿江、沿海、沿湾经济产业模式，包括江苏长江沿岸、浙江杭州湾及上海、宁波沿海地区的化工、冶金、造船、能源为基础原材料工业带；沪宁、沪杭铁路，沪宁、沪杭甬、苏嘉杭高速公路沿线以 IT 产业为主的高新技术产业带模式；遍布城市的开发区和小城镇的工业园区的现代的和传统的工业布局，包括上海、南京、宁波的炼油工业，上海、南京、张家港的冶金业，上海、南京、南通的造船业，等等。三是未来产业模式已经结构化发展状态。未来长三角产业链已经形成良好的基础。长三角地区的工业制造业以机械、汽车、钢铁、石化、轻纺、电力、电子通信等为主。根据有关研究，未来长三角产业链的分工大体是：上海以发展高等级的第三产业（金融、贸易、航运、服务业）为主，工业重点发展耐用消费品工业（轿车、电脑等）、装备性工业（通讯设备、电站设备、机电一体化设备等）和高科技工业、重化工业保持目前生产规模或略有扩大。② 南北两翼以轻纺、耐用消费品、机械工业和石化工业的发展为主，第三产业以旅游业、专业化市场为主。江苏主要是机械、电子通信、汽车和建筑业。浙江主要是机械、电子通信、化工、医药。上海主要是钢铁制造业、汽车、通信、电站成套设备以及大型机电设备、石油化工、家用电子电器等。

一、城市群结构关系是"空间生产"与创新的场域

全球城市经济的发展已经形成多样化的发展态势，发达国家无不根据自己的历史传统和经济发展条件创造出与国家经济发展相适应的城市化发展模式。如日本、美国、英国等国家采取的是大城市群或是大都市带为主带动区域经济发展的战略；德国等国家采取的是中等城市为主的发展道路；也有的中小国家选择了国家整体城市化道路，如新加坡等。但是，无论大城市带的带动战略，还是以中小城市为主的发展道路，或是国家整体城市化模式，它们都有一个共同的特点，即城市群结构关系已经构成一种地域性的新的空间生产力，城市是在大中小城市整体发展的"群化"和"区域空间一体化"的条件下，使城市群成为社会发展主要"动力因"的。值得我们认真思考的是，日本大东京都市圈的经济总量几乎占整个日本的1/3，可以和整个中国的经济总量相提并论。

为什么城市群会成为国家经济与社会发展的主要"动力因"呢？

---

① 崔功豪：《走向世界的长江三角洲》，载于《上海公路》2003 年第 1 期，第 7 页。
② 顾伟华：《长三角公路交通发展的外部环境分析》，载于《上海公路》2004 年第 3 期，第 49 页。

第一，城市群结构关系内部存在着对区域社会空间整合的动力机制。城市群的发展是城市"空间生产"的过程，有关研究成果已经证明：城市中的各区位主体在资本、生产、利润和技术竞争之外，到一定阶段必然形成区域空间的竞争。而这种竞争又证明了城市社会学的一个基本原理：即事实上无论是在自然界，还是在人类创造社会体系内，个人和组织间的竞争，说到底都是生存空间的竞争，相关发展、进化也主要表现为空间结构的成长和扩张。在现代社会，城市空间被赋予了更多的属性，城市空间既是一种商品，也是一种新的资源，在某种意义上更是一种全新意义上的资本。空间在与时间构成为范畴的同时，又与土地要素联结在一起构成一种稀缺性资源。正如有学者所认为的："空间既是社会生产而成，但它同时亦是资本主义再生产的必需条件。"① 城市化和城市现代化的高速发展，使城市社会空间表现了多元性的属性与价值，如城市空间的政治民主属性的政治价值、城市空间的公平正义属性的社会价值、城市空间的商品交换属性的经济价值、城市空间的人文传统与现代人文属性的文化价值、城市空间的生态自然资源属性的环境价值及空间场域的心理价值等。因此，从城市社会学的角度认识区域城市间非平衡性发展所引出的空间竞争，可以看到：空间竞争的结果是为区域一体化发展创造了经济社会整合机制，空间竞争是空间生产的表现形式。如长三角、珠江三角城市群的发展，区域城市社会结构通过共生性竞争形成的"区域场效应"，创造出新的"空间不均衡状态"，这种"空间不均衡状态"构成社会经济发展的动态矛盾与需求、集聚与扩散的空间场，反过来推动区域城市群的发展，对区域城市群中的社会群体的生活、社会活动和生产活动产生巨大的影响。② 在这一区域空间的群体活动中，人们的空间选择成为一种社会趋动和"本能"，在深层次上整合社会的发展。如上海与苏州城市间的空间整合，使得双方城市获得各自的需求，并成为城市现代化的前提与结果。

第二，"城市群空间场域"的内在互动，创造并生产新的空间和空间的新功能。"'都市研究'洛杉矶学派的领军人物索亚认为，人类从根本上来说是空间性的存在者，总是忙于进行空间与场所、疆域与区域、环境和居所的生产。在这一生产的空间过程或'制造地理'的过程中，人类主体总是包裹在与环境的复杂关系之中，人类主体自身就是一种独特的空间性单元"。③ 城市是空间的一种表现形式，城市群是人类空间生产的一种结果。从资源与现实的表现来说，城市群生产的空间形式是社会发展的一种创新资源和力量，"人类的空间性则是人类

---

① 李明坤、黄绍伦：《社会学新论》，商务印书馆（香港）有限公司 1995 年版，第 271 页。
② 牛文元：《理论地理学》，商务印书馆 1992 年版，第 816、820 页。
③ ［美］Edward W. Soja，李钧译：《后大都市：城市和区域的批判性研究》，上海教育出版社 2006 年版，第 5 页。

动机和环境或语境构成的产物"，从"城市文化资本"① 的角度认识，城市空间的再利用可以创造城市核心竞争力的要素。如上海开发浦东，就是在"生产新的城市空间"，也是在创造一种城市空间文体的资本，也包括创造了新空间观念和文化价值。上海通过对浦东的开发使上海城市的功能发生了全新的改变，使上海能够在更广阔的空间领域推行新的生产力布局和人文生态布局，从而形成新的产业结构空间和城市空间样态，也提升了市民的生活水平。同时，"城市的空间生产"也使上海城市社会可以在更广阔的地域上创造"现代共容性"，通过上海本身的"空间现代化性"的内在提升，使城市的首位度提升，从而使上海的集聚与扩散功能得以强化。更重要的是，通过这种空间的创新，增加了上海城市的首位度"极化"功能，强化了上海区域"发展极"的核心意义，上海、杭州和南京之间形成一个"城市群空间场域"，在这个场域内，形成政治、经济、文化和社会关系的高度整合机制，从而从社会心理、文化关系、经济关系和人文区位，形成人们基本认同的长三角经济社会体系。

在城市群结构中，首位城市的"极化"效应越高，城市的扩散功能就越大，从而使城市群在较广阔的地域上创造新的"城市文明生活方式"，形成都市圈样态的"城市文明生活方式区"，在这样的大都市圈内整合并构建现代"群化关系"的交通方式、通讯方式、交往方式，在高度化发展的城市"群化"区域体系内，相互联结的"城市生活方式区"内没有传统意义上的乡村，进而可以为未来创造性地开发"都市农业"、"城镇农业"和"城市人农业"提供的社会与经济发展基础。如美国的五大湖地区、日本东京——大阪地区的城市连绵区及巴黎都市圈等，都证明了这一发展理论与趋势。深圳通过近年来的空间整合与创新，正在成为中国第一个没有传统农民的"现代城市场域"。

第三，城市群通过内在空间整合，促进并构建"城市群区域社会"的"全面依赖关系"。"社会的全面依赖关系"是马克思在论述资本主义市场关系中一个重要认知，即社会整体关系与需求在市场经济的要素整合中形成区域社会的经济发展机制，对于传统的权力社会结构关系来说，"社会的全面依赖关系"是一种进步，是以市场关系为纽带的社会共同体。伴随城市社会结构变迁和城市新型服务业的成长，城市群在衍化中会出现某种规律性的发展过程，即聚集→中心化→扩散→结构性繁衍→空间重集聚→首位空间极化→再扩散→首位度提升→再扩散形成城市群（镇）经济社会的全面依赖关系结构。由此而演化成"城市区域社会依赖型合理差序化格局"的都市圈，使城市社会结构处于不停地发展运

---

① "城市文化资本"这一概念是张鸿雁教授首次提出的。见张鸿雁：《城市形象与城市文化资本论》，东南大学出版社 2002 年版。

动与区域"重新集聚和组合"的过程中。如上海与江苏、浙江的发展已经显现出某种区域社会的全面依赖关系，其中苏锡常城市带与上海的互补性，杭州、苏州与上海的共生性已经产生社会整体渗透效应，城市间的产业发展、就业需求、文化价值观、消费时尚，包括城市间的通婚等形成依赖互补性的结构关系，初步形成竞争性共生共赢的区域经济共同体。这主要是因为任何城市的资源都具有"不完善性"或者是结构性资源的稀缺性，这些不完善性和"资源的结构性稀缺"是城市结构扩张与对外发展需求的基础和原动力。资源的不完善性导致城市结构性空间扩张的永恒动态性，是远离平衡的"熵"结构系统，而这一动态的非平衡的结果是不断地消除旧的非平衡，建立新的非平衡，在空间资源的不断矛盾与整合中获得发展。城市群越密集，城市间的需求与互补性越大，城市的成长性就越强。

事实上，在城市群区域性社会结构变迁中，任何一个城市都必然对其周边及所能及的城市形成某种特定关系：如人口与土地的需求关系、产业发展与产业竞争关系、资源短缺与资源结构性过剩互补关系、重组区域的空间再生产关系，从而必然形成资源、地理空间和社会空间的重组的城市"群化"结果。

第四，城市群结构的"差序化格局"的创造，是地域生产力创新的前提。现实的发展告诉我们，创新机制比创新本身更重要。都市圈的发展是大中小城市的结构变迁和衍化过程，同时也是城市生活方式的普及过程。仅从天津、北京和唐山都市圈的构成关系看，在制度性调整的前提下，可以建构北京、天津与唐山之间新的地域性产业分工，北京的金融业、总部经济、唐山的重工业和天津的港口服务业等，在空间重组中可以获得优化发展。因此，可以说城市群结构"差序化格局"的建构对地域生产力进行了重组，是中国城市化一个重要的战略模式。通过地域生产力的创造，城市群结构关系内形成某种良性竞争，形成多重互补性，以及城市群关系内的可达性。在合理的城市群差序格局内，可以形成异地就业体系、跨区域文化资源共享体系、新型家庭关系体系等。进一步说，城市群深化后形成的区域一体化结构，必然出现超行政限制、超区域空间、超市场范围的生产、就业、消费、居住、分配、娱乐、办公、医疗、消费及人际互动的新型社会关系，这种城市群结构通过社会因素和市场因素的渗透，创造超行政区域的经济社会一体化空间区域，如香港、澳门、广州、深圳和珠海五市人口就超过两千多万，生产总值超过欧洲的一些发达国家，"穗港澳深珠之间五万平方公里，必将形成现紧密整合的区域经济。港人在区内的投资、消费、置业、旅游、定居等活动将不断增加。"正如《亚洲周刊》所说该区域的城市经济社会发展水平差距较小，语文体相同，观看同样的电视，有较相同的文化价值观。从社会学的角度看来，这一区域几乎在同一个"传媒社区"体系之中，其区域社会结构的相互构建，既有内在文化驱力，又有内在的经济需求驱力。①

第五，城市群是现代市民社会的真正舞台。城市群的发育与成长，为市民社会的成熟发展提供了物质化的空间。城市群为后工业社会和后现代社会进行了有效的"空间生产"，城市群社会结构本身是一个开放的系统，这个系统每天都要向城市以外的地区分化出它的"触角"，如通过城市政治要素的分化、经济要素的分化和社会要素的分化向城市外区域空间扩张、辐射，内动性地进行城市群区域结构重组（Urban and Regional Restructuring），这已经成为城市群社会结构变迁新的表现形式。城市群的发育与成长，不仅仅是创造了新的居住空间形态，更重要的是创造了后工业社会"生产空间"和社会基础。城市群的完善过程，也是一个国家和地区的现代化与现代性的发展过程。

二、当代中国城市群空间生产的整合与创新面临的挑战

城市群作为一种区域性社会结构体，是新与旧、落后与先进、传统与现代互动、冲突与融合的集中地，特别是当代中国城市仍处于农业社会结构的包围之中，加之城市化的本身是以制度型城市化为主导的，中国城市群的发展面临着一系列的挑战。

其一是中国"城市群制度性发展机制"的挑战。虽然当代中国的城市化是一种制度型城市化，② 但是，城市群的发展却表现为制度层面的乏力，即制度整合的功能度较低，几乎没有典型意义上的城市群的制度文化、管理文化和政策。中国的城市群发展关系不能在现有城市制度框架下获得发展创新，在某种意义说行政管理体系成为都市群发展的"制度性障碍"。这主要是由城市的行政管理中心功能和城市与区域的 GDP 考核体系决定的。由于体制上的原因，各单体城市的管理者不可能将自己管理的城市放在城市群发展的视野之下，城市群的建设没有列在国家整体战略的制度性整合之中，在国家制度层面没有能够明确提出城市群的发展主张和制度型建设。省域、市域甚至县域城镇都是在具体的行政区内发展的，未能够形成以经济、社会、文化发展为纽带的跨行政区域的城市群发展机制。以长三角为例，整体区域在三个省级行政区域内管控，各省区的规划，如城市规划、流域规划、产业规划、交通规划都以各自的行政区域利益为前提，由于三个同一级别的省级行政区体的整体规划，不能形成统合机制，这种状况使得长三角作为世界第六大城市群的地位一直未能建立起来。正是面对这一现实，笔者

---

① 《整合珠三角构建大香港》，载于《亚洲周刊》1999 年 10 月 11 日。
② 张鸿雁：《"制度主导型"城市化论》，载于《上海城市管理》2006 年第 2 期，第 23～25 页。

才希望通过提出"大上海国际都市圈"的整体战略，能够弥合三个行政省区的城市群关系，以国家的整体经济利益为重，创造中国国际性都市圈的现代化示范区。

其二是单体城市行政区划设置管理与城市群整体规划管理的挑战。中国行政区域包括城市行政区域范围的制度性设置往往是以自然山水为其主要区划界线，使得城市形态受自然条件影响比较大。大江、大河和自然山体与城市区域规划的行政区界线往往是重合的。因此，区域性城市群的发展既受到行政区划界线的影响也受到自然条件的影响，如沿长江两岸的城市，其经济社会发展差异较大，形成显性的梯度关系。再如江苏苏南与苏北的经济差距，南京的江南与江北的经济文化差距等，都说明着行政隶属关系对城市群结构关系的影响，这样的城市区域性分划有着某种自然属性约束的特点，使得中国城市群结构的发展长期存在着发展障碍和"门槛"，学者们熟知的城市发展"障碍理论"在这方面显得非常突出。城市群的发展除了制度性障碍外，还包括资金水平障碍、技术条件障碍、产业发展水平障碍、自然条件障碍及文化观念障碍等。面对这样的城市群发展关系的障碍，必须通合城市群结构，弥合城市群结构关系的缝隙，创造合理的"差序化格局"的城市群关系。显然，当代中国城市群发展的机制中，区域经济关系与市场关系不应该受行政区域界线限制，这应该成为现代性社会构建的理论认知前提。中国的市场经济必须打通城市间的行政壁垒，城市间的人才市场、金融市场、教育资源、文化资源，应该在相对的城市群区域内部形成共享机制，使中国的市场经济关系成为一种社会的自然属性意义上的普遍关系。这是中国城市群发展必须思考的问题。

其三是"首位城市缺乏制度性认同与文化认同"的挑战。由于中国的城市自古以来就是国家管理的区域治所，所以城市功能主要表现为政治功能的第一性。在城市群结构内，国家对单体城市的制度性考核机制，包括税考核收机制、政绩考核机制，使得城市群中的首位城市既得不到相关城市制度上认同，也得不到管理层面的群体认同，也自然得不到广泛的社会文化认同。如长三角的城市群中，在社会心理的理解上、在区域规划及产业发展战略的布局上，很多城市在制度层面不能完全认同上海的中心地位，这不是上海本身中心地位的不充分问题，而是制度管理机制无法认同的问题。其结果是，在经济发展布局、社会发展布局、区域基础建设布局和产业发展布局上，都不能以上海为区域经济中心进行整体性的、全面的区域规划与发展。比较国际几大都市圈的发展，中国城市群中的首位城市的首位度本来就相对较低，再加上在区域规划发展理念上缺乏区域性制度型跟进，每个城市都在城市群中推行其发展各自的"独立完整发展战略"，几乎没有围绕城市群的整体中心意义提出城市发展战略的。其关键是原因是在区域发展战略中，中国还没有制度性约束和整合机制对大都市圈的发展进行管理的控制，更没有在观念上解决这一问题，当然也没有以城市群整体为目标的大型设施的建设规划。如以南京为例：南京奥体中心建在南京城西的长江边上，这样体量庞大的文化体育设施，至少应该综合南京、扬州、镇江三市整体需求来选择地点，但是因为没有区域性城市群的政策主张，虽然城市间距离较近，但很多大型公共设施往往是一个城市自身养不起，其他城市又用不上，或者是每个城市都建设相同的设施，每个城市都养不起。因此，中国城市群的首位城市的构建，必须有全新的政策性主张。

其四是城市群内部资源利用配置和产业区域整合的挑战。因为每个城市都必然存在某一方面的资源有限性的特点，城市的发展必须对外部资源进行整合。但是因为中国的城市是"各自为战"，城市群内部的产业不能够整体规划和全盘思考，城市"各自为战"的必然结果是形成不合理的城市发展要素的雷同性结构，不仅城市群内的各单体城市定位、产业趋同化十分明显，而且还形成不合理的恶性竞争，如苏锡常曾都定位为"世界的工厂"，几乎所的城市都在"光电产业"、新医药产业、IT产业、创意产业等，不仅如此，在招商等方面，城市间开发区土地政策的恶性竞争更是无序化。特别是当周边城市自然资源开发不充分时，而邻近城市又因行政区域因素，不能参与大区域的资源合理配置，影响区域经济的再造和可持续发展。

其五是跨区域城市群管理理论、思想、方法和能力的挑战。中国的城市化呈现高速发展的状态，城市群的发展已经出人意料。在中国的城市化理论中，不仅对城市群管理在理论上准备不足，而且更没有能构建出全新的城市群管理操作模式。即无论在理论界，还是在城市管理界，都面临着新的挑战。

发达国家的城市群在其发展中，创造出与市场经济相适应的城市群区域性主导型管理城市机制。一个城市群的发展，在合理的市场经济规律条件下，必然形成主导型中心管理城市。西方发达国家城市群的发展规律已经证明，在城市群的结构性成长中，城市群应该构建并形成一个区域性主导中心城市，这个城市既是城市群的首位城市，更是这个城市群的主导型管理创新中心。而中国的城市在传统行政体制下，不可能建立起这样的"主导型管理创新中心"。但是，从国家与区域现代化的角度看，城市群的主导型管理中心是必然要建构的。其理论依据是，城市群在向更大地域范围扩张的过程中，必然引起城市与周边社会的一体化势能。美国社会学家贝里（Berry）等提出的"城市系统理论"认为，城市地区形成一个相互依赖的等级体系，其结构取决于经济中公私营部门生产和消费中心的空间分布。其主要论点是：（1）所谓"生产和消费中心"，包括企业、政府机构和文化以及服务机构。（2）主要的协调和管理机构集中在少数中心城市。

（3）城市地区依次划分等级，少数是世界商业和金融城市，大量为较次要中心，再次即为小城镇。每个主要中心均有一些次要的地区作为其影响范围。（4）主要中心都依赖其他一些主要中心并相互起作用，它们通过航空、电报、电话、计算机、通讯卫星等现代交通工具进行直接联系。（5）城市系统的一般格局在一段时间内相对稳定，城市的等级序列也不会迅速发生变化。很显然，要想使中国的城市群真正获得良性发展，必须有意识地建设城市群区域主导型管理中心城市，而"大上海国际化都市圈"概念的提出，就是在长三角区域经济发展中，让上海担负起"区域主导型管理中心城市"的功能，使世界第六大城市群的功能和价值早日发挥出来。

城市群区域社会结构的变迁是现代化城市群体系形成的必然过程，但是，如果相关政策、主张和现代化模式不能在大区域间进行有效整合，民族或国家意义上的经济社会发展水平将受到影响。

三、"大上海国际化都市圈"模式建构——中国现代化示范区

城市群区域空间的结构性成长与演变是有某种规律的，大体上可以划分为以下五种类型：一是低水平分散发展类型。城市存在于汪洋大海般的农业社会之中，城市是典型的社会消费体，城市在剥削农村，城市化水平一般低于15%。二是低水平相对均衡发展类型，这一类型的主要特色是各城市相对孤立存在，城市间联系不充分，地域范围和城市镇规模小，城市化水平在15%～35%之间。三是核心集聚式发展类型，主要城市区域性首位度较明显，出现区域性城市"发展极"和区域城市"协调极"。中心城市对外有较强的辐射，出现非均衡社会发展体系，区域城市化水平在35%～50%之间。四是城市"极核"扩散功能类型，这一类型的主要特征是城市经济与文化出现显著扩散现象，城市出现初步郊区化过程，交通为城市群和城市组团的发展提供了发展前提，区域发展具有超前性和先导性，部分区域中心城市和大城市出现以第三产业为主的结构形式，区域化城市人口比例较高，超过50%，有些地区达到65%左右，表现为一定程度上的后工业化初期的形式。五是高层次均衡发展类型。这一类型在世界发达国家业已存在，表现形式是均衡化、网状化、多中心化及无中心化，城市在广阔的地域上展示着城市生活方式。人们的互动和联系通过现代化交通体系和通讯体系得以完成，不受时空的限制而形成相对均衡发展状态，即后工业社会的出现，城市化水平在75%以上。长江三角洲都市群正处在某种程度的第三种类型向第四种类型过渡的发展阶段上。因此，需要在制度上进行投入加以整合和建构，并创造

整体观念及文化认同。

1. "大上海国际化都市圈"制度性与文化认同的建构。把整个长三角整合为"大上海国际化都市圈"是一种空间创新与新空间生产行为。根据中国城市群发展现有模式,首先应该在制度和文化层面对"大上海国际化都市圈"加以认同,有目的地建设长三角城市群的"区域化主导型管理中心",明确以上海为中心、以上海为发展极的功能和地位,明确提出以上海为中心,半径为 300~600 公里的"大上海国际化都市圈"区域概念,对江苏、浙江和安徽部分地区进行整体规划,包括控制规划在内,在区域大空间内创造空间生产新体系,推行以上海为"发展极"的大区域整合的大战略,对"大上海国际化都市圈"的产业布局、旅游与教育资源利用和共享以及自然资源保护等,进行全面的合理规划,并使之能够以大东京、大纽约、大伦敦和大巴黎都市圈作为参照,创造"大上海国际都市圈"——中国的现代化示范区。

2. "大上海国际化都市圈模式"的"差序化格局"的建构。从区域经济社会现代化发展的角度,在一定意义上打破长三角的行政区域界线,以国家、民族的长远利益为重,而不是以行政区域的经济利益为重,更不是以城市政绩为重,在明确以上海为区域性发展的主导型管理中心的同时,以日本东京都市圈为标杆构建"大上海国际化都市圈"模式。同时,用中国人的智慧创造中国化的大上海国际化城市群空间体系,生产和创造有中国本土化大都市圈空间体系,既要使长三角城市群能够保持本土化的人文精神,又能够形成规模型的国际化经济区,让"大上海国际化都市圈"率先进入发达家行列。这既是一种中国现代化模式的战略创新,也是一种具有大智慧的"优先现代化战略",这一战略方式应该引起政界和关注。

"大上海国际化都市圈"模式结构是:

第一圈层是"核心结构金三角结构"是以上海为核心,包括嘉兴、苏锡常、南通在内构成核心城市群。

第二圈层是"主体框架金三角结构",即上海—杭州—南京三角区域空间。这是长三角发展的"三个支点",其中上海为核心发展极,以南京(宁镇扬)都市圈、杭州都市圈为"区域协调极",整体形成互为依存的发展空间。

第三圈层是"整体框架金三角结构",即以上海为核心,包括安徽合肥、巢湖及芜马铜(芜湖、马鞍山和铜陵)为三角节点之一,以浙江温州和江苏连云港为两翼,构建"大上海国际化都市圈",创造世界经济发展"第五极"新概念。这是中国经济发展的核心地区之一,这一建设具有国家现代化的整体战略意义,是不可忽视的重要战略选择,也是一个全新的战略模式。

3. 整体规划以大上海为核心的经济社会文化与产业发展布局。无论是世界发达国家城市的区域社会发展，还是中国现有城市化发展过程中的城市区域社会结构的发展，在一定区域内城市社会都必然形成某种"向心力"的发展趋势，这种"向心力"既源于社会结构内部"自组织系统"自身完善的需求，同时还需要外部力量的整合与建设。正如西方学者所论及的："（城市）集聚也可以是一个吸引过程，一个向中心的运动。它也以相反方式运作，成为消解中心化和弥散化力量。所以，在每个区域性城市空间里都有介乎集聚和中心化力量（向心力）与弥散和非中心化力量（离心力）之间的复杂动态关系，它在几个不同程度上运作，从一地到另一地散布效应，并随时而变。"① 因此，"大上海国际化都市圈"需要进行创造性建设与建构，需要以上海城市作为区域经济的轴心，创造经济社会"区域共同体"意义上的一体化经济社会发展区。比较而言，珠三角的"核心性极化效应"表现较为强烈，如在香港城市的集聚与扩散效应功能下，广州、深圳、珠海及相关二十多座城市都在一个省区范围内，在一个省域行政区内形成的"向心力"旋涡中构建新的地域社会空间结构。构建"大上海国际化都市圈"主要形式包括以上海为中心建立产业联动空间、创造世界范围的产业链的高端价值链体系，特别是生产型服务产业体系的创造，创造大上海的世界范围的经济文化反射中心的能力。

4. 以上海为中心建设"核心型放射状"的"大上海国际化都市圈"的快速交通体系。创造以上海为中心的长三角整体区域的可达性是实现"大上海国际化都市圈"形成的前提。上海的公共基本设施应该向城市外围及城市远郊区扩张，延伸至长三角的边缘城市，如铁路、轻轨、快速公路、通讯等公共设施形成与其他城市快速通达体系，把"大上海国际都市圈"的城际交通作为整合城市群要素的一个重要手段，创造区域的整体性、整合性、可达性和方便性。为城市群内的经济要素、产业要素、文化要素和各类市场的整合提供创造性的空间关系。同时，为个体与个体、群体与群体和组织与组织之间互动及这种互动方便性和提高频率创造条件。②

5. 创造"大上海国际都市圈"的"国际智识型创业体系"。即形成中国新型智慧—创意产业的创新区、高级人才的聚集区。在"大上海国际化都市圈"内，通过空间要素的整合，创造可选择性的"综合就业—居住一体化区"，包括建设国际型社区，使"大上海国际化都市圈"真正成为世界经济、文化的管理

① ［美］Edward W. Soja、李均等译：《后大都市：城市和区域的批判性研究》，上海教育出版社2006年版，第23页。

② 从美国大都市区域的扩张情况看，城市扩展主要是通过土地扩张与兼并实现的。比较典型的是菲尼克斯和圣可塞。菲尼克斯在1950～1980年间由17平方英里扩展到324平方英里。圣何塞也由十几平方英里增加到137平方英里。Richard M. Bernard and Bradly R. . Ricc, eds. Sunbelt Cities: Politics and Crowth since WWII. University of Texas, 1983, P. 317.

中心之一。① 在上海城市首位度提升的前提下，建立多级次中心，在广泛的地域上以上海为中心形成"差序化城市群结构关系"，② 在大中小城市并举的结构体系内，创造性地再开发"田园城市体系"、"循环社会型城市体系"等，真正实现合理的、科学的、有本土化特色的"城市群差序格局"，形成"大上海国际化都市圈"特有的居住与就业的配置机制。如在苏南地区通勤型上班族中不仅有上海人，还有南京人和杭州人。美国和英国的就业交通半径时间可分为45分钟、90分钟及120分钟多种时间半径体系，可作为"大上海国际化都市圈"的参照。从目前的发展来看，"大上海国际化都市圈"的多中心样态正在初步形成，上海、杭州、南京正在形成自己的差异化定位，抑或可以说已经形成各自的文化类型。如上海——"海上文化"：中西交融，面向世界；南京——秦淮文化：博爱名城，文商交融；杭州——西湖文化：天堂休闲，民营智识。③

6. 在"大上海国际化都市圈"内构建"城市群空间差序化格局"。合理分流城市人口，让城市（镇）体系向高一层次演进，村级结构向城镇级结构转型，城镇结构向小城市级结构演变，小城市向中等城市级结构演变，大城市全面构建城市生活方式区，扩散新的城市文明普及率。亦如法国社会学家孟德拉斯所提出的"农民终结"的社会发展理念，④ 使其在"大上海国际化都市圈"内提前完成，实现城市化和区域现代化的超常规发展的趋势，真正让"大上海国际化都市圈"成为中国现代化的示范区和区域主导型管理中心。

构建"大上海国际化都市圈"模式意义十分重大，这一概念的提出也是具有历史与现实依据的。从目前的发展趋势看，在长三角区域内已经出现城市群的经济共振效应。在经济学理论中，经济外在化（Externality）又称为溢出效应或称为外部经济效应，就是一个经济主体内部对另外一个经济主体的福利所的产生效应。"空间性分散和全球一体化的结合为主要城市创造了新的战略角色。虽然它们作为国际贸易和金融中心都有很长的历史，现在这些城市的新功能主要表现在四个方面：第一，作为全球经济组织中高度集中的控制点；第二，作为金融和特殊服务行业的主要场所，这些行业已经取代制造业成为主要的经济产业；第

---

① 如日本的12个工商大城市，集中了全国84%的大企业，其中东京占53%。法国38%的大企业总部设在巴黎，其工业产值占全国的25%，销售额占83%。美国的纽约是西方文化的中心，也是管理中心，在美国排名前500家公司中，有1/3的总部设在曼哈顿，7大银行有6家总部设在纽约，5家最大的保险公司有3家总部设在纽约，全国最大的10家连锁店总部全部设在纽约，这样的产业结构建了一个以国际业务为主体的高级就业集团。

② 张鸿雁等：《循环型城市社会发展模式——城市创新战略》，东南大学出版社2007年版，第一章。

③ 张鸿雁、吴新兰：《长三角都市群：沪宁杭城市文化产业的特色认知》，载于《城市管理》2007年第1期，第22～27页。

④ ［法］H. 孟德拉斯，李培林译：《农民的终结》，中国社会科学出版社1991年版，第296页。

三，作为包括创新生产在内的主导产业的生产场地；第四，作为产品和创新的市场……城市对大量资源实行集中控制，同时金融和特殊服务业也重构了城市的社会经济秩序。这样一种新的城市类型出现了。它就是全球城市。当今主要的例子就是纽约、伦敦和东京。"① 当城市群发展到一定阶段时，这种经济外在化会形成城市间的相互影响、相互补充、相互渗透和相互引力因素。城市群的发展程度越高，其内部互动机制越充分，会出现城市群内部城市间的社会结构空间扩张和功能的结构性增长。大体可分为六种方式：一是空间渗透和空间再生产；二是创新与复制，能够在新的领域创新，并对新的事物加以复制；三是"对流"，指各种城市间物质流动；四是超导型"传导"，多指金融、财政等交易过程；五是放大"辐射"，指政策、信息、技术的放大传递效应；六是"区域共振"，形成城市群整体高速发展。从某种意义上说，构建"大上海国际化都市圈"的前提已经具备，只欠政策、制度和文化观念的创新性设计与投入。

美国学者卡尔·艾博特对美国西部的城市研究后认为："开放的城市必然也是无限界的城市。典型的西部城市是能够无限扩展的，方法只是把从城市积木箱里拼出来的、复制也很容易的结构单元一一加上去而已。城市结构本身不排斥在某一地带的尽头再续上一家夜总会，或者在最后划分出来的地方再一次分而下之。"② 一个半径为 100 公里的城市，与一个半径只有 3 公里的城市，其社会结构无论在功能和社会生活意义及社会发展水平等方面，是不能同日而语的。因此，提出在 300~600 公里半径内建构"大上海国际化都市圈"，就是创造全新的国际性城市群结构。在这样的城市群结构内，有很多新的城市区位，有着特殊的名称，如"外层城市"、"外围城镇"、"微型城市"、"技术小区"等，"这些都是联系松散、很大程度上自立自足的郊区王国，那里成千成万的居民的活动围绕着新的就业、零售及服务中心。"③ 城市群内存在着的不同小城镇、小城市、小型社区，一边通过家庭交通和现代通讯技术，享受着大城市的生活方式；一边又在自己的生活社区中创造着自己独有的生活方式和社会关系。美国学者卡尔·艾博特的研究说明："从丹佛的'技术中心'到奥兰治县的'就业中心'，再到奥兰东北部围绕沃尔纳特克里克的'反边地中心'（Contra Costopolis），都是这样新的中心。"

"大上海国际化都市圈"的战略是把上海建设为具有国际化特质的中国现代化的先导区和区域经济的管理中心。应该这样说："大上海国际化都市圈" = 世

---

① ［美］Edward W. Soja，李均等译：《后大都市：城市和区域的批判性研究》，上海教育出版社 2006 年版，第 289 页。

②③ ［美］卡尔·艾博特，王旭等译：《大城市边疆——当代美国西部城市》，商务印书馆 1998 年版，第 148 页。

第八章 本土化城市化理论的多元化理论依据：多梯度城市化理论建构

界产业链高端化＋智识阶层主体化＋学习型城市网络化＋城市社会循环化＋城市生态森林化＋城市风光田园化＋服务型产业高端化＋人才流动国际化＋国际贸易中心化＋金融中心全球化＋世界港口与物流中心整合化＋中国时尚文化主体化＋高新技术与管理创新中国化＋城市形态本土化。

如是上海将是世界的上海！"大上海国际化都市圈"① 应该是世界经济发展的"第五极"。

---

① 张鸿雁:《国际性城市社会发展特点与模式——兼论上海城市发展战略模式的选择》，载于《探索与争鸣》2004 年第 6 期，第 37~39 页。

城市化理论重构与城市化战略研究

第九章

本土化的城市化区域协调发展理论

—— 沿海与内地城市"嵌入性结构关系"论①

　　面对世界范围的太平洋经济圈城市间的竞争，中国的现代化发展应该站在国家整体可持续发展安全的战略高度，站在时代的高度和全球化的视角上，重新审视中国沿海城市经济与社会发展的格局。本研究提出了沿海城市群与内地城市的"嵌入性结构关系"格局的大沿海城市发展战略，提出了"新人文区位论"、"区域性结构空洞"等全新的观点，并在此基础上，提出打破传统沿海城市的区位观，建立广义沿海城市区位概念，推广沿海城市的"新人文区位"再造体系，建立沿海城市与内地城市的制度型地域结构关系，扭转中国沿海与内地间存在的"区域性结构空洞"和"区域性产业结构空洞"，寻找一种全新的中国沿海城市的发展创新道路，构建一个全新的国家安全型可持续的现代化战略体系。

　　在世界范围及太平洋经济圈竞争的意义上，中国沿海城市的发展，无论是单体城市的内在结构，还是沿海城市带（群）的整体格局与结构，都还缺乏国家安全型现代化战略意义上的经济模式的整合性思考。中国沿海城市经济总体战略应该置于中国东西部经济、社会协调一体化发展的框架之下。沿海城市一般具有区域经济与社会发展的先导性和示范性，创建新型的中国沿海城市战略格局及沿海城市与内地城市的新型关系，是中国在 21 世纪中国可持续发展的根本性战略之一。应该从世界沿海城市经济发展的一般规律出发，寻找中国沿海城市发展的

---

　　① 本部分内容已发表。见张鸿雁：《中国沿海城市群与内地城市"嵌入性结构关系"论——一个关于国家可持续安全发展的重大战略》，载于《城市问题》2007 年第 11 期，第 2～14 页。

特殊性，进而创造性地提出中国沿海城市与内地城市的"嵌入性结构关系格局"的整体战略模式。这其中必须包括对中国沿海城市功能、范畴、内涵的再赋予与再确定，以形成与国家整体安全为前提的沿海可持续型经济发展战略体系。本研究从一个全新的视角，提出中国沿海城市结构性空间地域模式，旨在为中国区域经济与社会的协调发展和城市化及城市现代化提供新的理论依据和实践依据。

第一节 "沿海城市群内地延伸格局" 的国家 海上战略与"新人文区位"再造

创造沿海城市与内地城市的"嵌入性结构关系"，是这一理论创新的内容之一。沿海城市与内地城市的"嵌入性结构关系"，就是在区域主体上扩大沿海城市区域的地理范畴与概念，其本质就是为了适应全球化时代的地缘经济与地缘政治的发展趋势，[①] 在中国实现合理的、科学的、和谐的地缘管理体系和地缘经济政治体系。进一步说，全球在一定意义上已经进入某种意义上的一体化体系，而中国沿海城市地区与内地，却因行政体系管理模式的障碍，尚未形成经济与社会发展的一体化体系，这对于中国国家经济的整体发展来说，已经构成某种发展障碍。纵观世界近代工业化的发展，沿海城市区域在全世界范围内已经构成国家和区域政治、经济、社会和文化现代化的高速发展区，从本质上讲，这与人类在自然属性上对"海洋文化的依赖"性有直接关系。[②] 在世界范围内的沿海城市大都处于国际文化交流的"整合型"地带，表现为政治地缘、经济地缘和文化地缘的"多重空间属性"，这一"多重空间属性"对区域经济与社会发展的主导性和引导作用也越来越显性化。中国当代沿海城市带作为中国现代化的先导区，在总体上虽然初步形成了"多类型结构板块体系"，但是，从国家总体战略来说，沿海城市带各板块之间明显地缺乏内在的、实质性的、整体性的、系统性的、结构性的和协同性整合机制，十分显性化地存在着"区域结构性空洞"，特别是与发达国家沿海城市发展相比较，中国沿海城市带无论是在"纵向"体系上，还是在"横向"机制上，都缺乏"有效内在结构关系"，沿海城市之间明显地缺乏政策引导和实体空间的整合与跨区域规划。相对于发达国家沿海而言，中国沿海城

---

① ［美］托马斯·弗里德曼，赵绍棣等译：《世界是平的："凌志汽车"和"橄榄树"的视角》，东方出版社 2006 年版，第 295～297 页。

② 张鸿雁曾在《沿海经济》杂志连续发表 8 篇对沿海城市经济的研究论文，主要参见《中国沿海城市经济结构发展与演变》（下），载于《沿海经济》1996 年第 5～7 期。

市的先导功能、示范功能、创新功能均相对较弱，参与国际化产业的价值链的高端体系上的竞争能力较低。在地域空间结构形式上，时至今日，沿海城市经济带与内地城市经济几乎仍然是"两张皮"的地域结构关系，这种情况如若长期不能解决，虽然沿海城市带的局部地区有某种"极化效应"，但是伴随沿海城市带"结构性空洞"的泛化，中国沿海城市带的整体功能将会进一步弱化，并在沿海城市带与内地经济的差距扩大的前提下，产生国家整体现代化的滞后力，并在沿海城市的"结构性空洞"关系内，使国家总的现代化发展缺乏安全性。

创造并扩大中国大沿海城市带概念范畴，是中国国家现代化安全战略的一种谋略。发达国家非常重视沿海城市经济与国家安全发展的关系，沿海城市在国家总体安全战略中占有重要位置，如美国海军的一项报告认为：全世界 88% 的人口和国家的首都位于不到沿海 100 公里的范围内。[①] 因此，沿海城市经济发展战略不仅仅是一个国家的经济战略，也是中国国家的 21 世纪经济社会可持续发展的安全型战略，是中国"国家海上战略"的基点。从这个意义上说，必须把中国沿海城市带与内地城市作为整体对象来研究，并在构建沿海经济区域一体化方面，创造新的思维方式和新的区域空间结构体系。

如何使沿海区域与城市经济的发展成为整个国家与国家区域经济发展的动力源，把沿海城市发达经济区与内地区域经济发展有机地联系起来，这既是所有具有沿海城市国家共同面临的问题，也是中国面临的一个特殊性问题。要解决沿海城市带和沿海城市间的内在结构的合理性问题，必须创造性地提出一系列发展主张和理念认知。

一、"中国大沿海城市新格局"战略设计

在现代新的交通体系发展的前提下，创造广义沿海城市经济与社会发展区，无论在理论上，还是在操作层面上都是十分可行的。如何创造沿海城市与内地城市嵌入型的互补互助的结构性关系，使沿海城市的经济与文化功能深达内地，应该说这是一个中国整体发展的国家创新战略与措施。让中国东西部、内地与沿海城市经济构成某种意义上的一体化关系，这是一种地域生产力的重组与创新，地域生产是区域经济发展的核心动力源。创造性地开发、扩大沿海城市群空间体系，扩大沿海城市群的辐射功能，将会在整体上提升国家的创新力和竞争力，特

---

① 见《环球时报》2001 年 6 月 22 日。又有有关资料："中国军事科学院军事地理问题专家姜春良在接受《环球时报》记者采访时说，全球气候变暖对全世界都是一个威胁。他说，据统计，全球 20 万人口以上的城市有 60% ~70% 分布在距海岸线不到 200 公里的范围内，也就是说，世界上人口最密集和经济最繁华的地区大部分都在沿海地区。"见《科技周刊》2001 年第 48 期。

别是可以创新性提升中国区域经济的比较优势，这是一种国家战略创新。特别是面临世界旧的经济体系被打破，新的经济秩序尚未建立之际，发掘、扩大、提升中国沿海城市区域经济与城市群的功能，是中国在太平洋经济圈中立足的一个重要步骤，也是关系到整个国家经济发展的大问题，具有紧迫性和战略性。西方经济学、城市学和相关学术界及政界已经注意到了这个问题。

在这个理念下，要创造"沿海城市带超区域文化体系"，通过制度性调整，打破地域性行政壁垒，让沿海城市经济与文化辐射形成"超区域文化体系"，在沿海城市板块内创造国际化、沿海城市文化的"超导经济区"，能够在较大范围内让沿海城市经济、文化深达内地，并在更广阔的范围内形成一种文化认同。中国的改革是以"扩大开放"为其主张和前提的，扩大沿海城市区域范围就是一种全新的、具体的"扩大开放"。沿海城市区域是外来经济与文化包括生活方式在内的多种文化形态的冲突地区和扩散地，这种功能往往是不以国家的政治要求为转移的，因此，沿海区域与城市经济的发展战略应该根据沿海城市的特有的功能因势利导，在各种经济与文化关系的互补中，根据具体的"国情"、"区情"和历史条件，使沿海城市经济的功能得到最大化的发挥。沿海区域与沿海城市经济发展最集中的体现之一，就是有比较鲜明的与国际经济发展同步的特征，尽管这一点在不发达国家只表现一部分，但正是这一部分是使沿海城市经济能够发挥其本质功能的关键所在。因此，沿海城市经济的发展战略应注意总结沿海城市经济与国际经济发展同步的那一部分的特点和要素，并使其扩大，进而使其转化成为内地城市经济发展的构成部分。

二、"沿海与内地跨区域经济要素整合"的规划

克服"非省会城市经济发展现象"，创造整体性的"中国大沿海城市经济带"。中国沿海地区即我国的东部地带，包括辽宁、河北、北京、天津、山东、江苏、上海、浙江、福建、广东、广西、海南12个省、自治区和直辖市，是中国经济发展的最重要的也是最发达的经济地带。在这一区域内，任何超前的、推动社会发展的因素都具有经济与社会意义主导功能，或称社会发展的"动力因素"、"引导因素"。这一区位享受较低成本的国际信息，容易优先或者是最早、最先或最快地得到世界发展的最新信息、工具、手段和设备等。同时，沿海城市带本身所形成的自然环境和人文环境，往往也是国际性人才集聚与流动的高地，形成人力资本优势。再有，沿海城市区域是国际商贸物流的必经之地，为开展世界性贸易与物流提供了特殊条件，而且能够直接接受发达国家和地区的政治、经济和文化辐射。中国沿海省份的"非省会经济发展现象"已经证明了这样的问

题，如在辽宁，省会沈阳经济与社会发展的某些方面略逊于大连；在山东，青岛的经济发展可与省会济南抗衡；在江苏，省会南京与苏州可以相提并论，而苏州的发展优势更为明显；在福建，省会福州不如厦门特色优势鲜明；在广东，省会广州不如深圳发展速度快；在浙江省也可以看到宁波、温州等城市与省会杭州亦可平分秋色。究其原因，除了某些政治上和体制上的制约原因外，沿海城市的区位优势具有不可替代的作用。但是，为什么不能把这种优势区位的资源要素进一步内地化呢？

在未来 15～20 年中，在中国城市社会来临的过程中，使沿海城市群能够在带状发展的前提下，与内地城市群形成多个"嵌入式"的"T形"地域城市群结构，这对中国现代化来讲将是整体意义上的进步与进化。如辽宁城市群、长江三角洲城市群、珠江三角洲城市群、京津唐城市群和环渤海经济圈，在创造自身内部现代化的同时，创造"空间再生产"的发展过程，扩大腹地，扩大结构空间。事实证明，要达到使沿海城市群发挥出整体功能的目的，必须给予沿海城市带以新的空间，包括政策空间和实体空间。

在沿海与内地的经济文化要素的整合中，要创造沿海城市带"新的服务半径"，建构"沿海城市内地延伸格局"，直接扩大"沿海城市服务半径"。创造"中国大沿海城市发展战略"，就是扩大沿海城市地域生产力区域重组功能，整合沿海与内地城市的协调关系，让国际资源、国际资本在更广阔的空间内产生效用。经济常识告诉我们，每一个国家包括沿海地区在内，资源都有限的，都必然存在结构性资源匮乏的现象。创造全新的沿海城市与内地城市关系，就是能够创造资源意义上的"整体大于局部"的结构性功能，使沿海城市与内地城市的资源可以实现合理的市场化配置。① 迈克尔·波特在《国家竞争优势》一书中强调迈向优势国家之路，其重要的战略方式之一就是把"资源应用到最有生产力的领域"，中国沿海城市是资源的匮乏区域，如果能够创造沿海城市与内地城市的"嵌入性结构关系"，就可以形成"新的生产力地区"——大沿海城市带的协调结构，这种协调结构包括"信息流通、责任分配和联合作战"。在这种区域协调的运营中，"累积不同地点的知识和专业经验"，进而形成国家意义的区域优势②。这种格局既可为城市经济的创新提供空间基础，又可以更好地为城市的传统产业的复兴提供条件，新兴工业化、后现代社会结构与传统产业三者之间，就有能形成新的可持续发展"动力因"，而这个动力机制可以产生并推动资源的合理利用和较充分的开发。③ 中国沿海城市"内地延伸格局"的创新，从一般城市

① ［美］迈克尔·波特，李明轩等译：《国家竞争优势》，华夏出版社 2002 年版，第 32～34 页。
② ［美］迈克尔·波特，李明轩等译：《国家竞争优势》，华夏出版社 2002 年版，第 55 页。
③ ［美］迈克尔·波特，李明轩等译：《国家竞争优势》，华夏出版社 2002 年版，第 10～11 页。

经济学的角度认识，就是延伸沿海"城市服务边界"（Urban Service Boundary），使沿海城市的区位功能、国际化功能、超前发展的功能、创新功能形成结构最大化，达到沿海城市经济与社会发展的效益最大化。① 这里所提出的"城市服务边界"不是狭义的服务半径，而是强调沿海城市功能与沿海城市生活方式的普及，创造广义的现代化沿海城市发展区。"克瑞斯多模型假设是，货物和服务的供应是根据一种各向同性的平面来确定其区位的，这样具有同等购买力的农村人口是均匀分布的。这个模型使在一个地区建立服务活动空间组织成为可能。"② 而沿海城市服务半径扩大的直接效应就是推动沿海城市文明的普及。

三、中国沿海新人文区位建构③

优势区位在某种意义上说是人的创新行为的结果。创造以沿海城市经济文化为主题的"新人文区位观"，就是在深层次上实现广泛区域的全面改革开放。面对现实社会的高速发展，必须打破传统的区位认识观，创造全新的具有时代特征的"新人文区位观"，才可以在更高的层面上创造中国沿海城市经济体系。即为什么我们能够可以看到，上海可以招商引资创造新的开发区，而偏远地区如江苏的苏北地区的宿迁、姜堰等相对落后的城市也能够创造有特色和有规模的经济产业开发区。按照传统的工业区位理论是很难全面回答的。其实，在现实的中国我们也发现，在相当多的地方，虽然交通状况良好的土地成本和运输成本较低，但是招商引资成果并不良好，这其中主要的原因就是现代社会的"新人文区位"价值在某些沿海地区并未得到很好的开发。现代社会的"新人文区位"的价值包括政策、社会风尚、政府清廉、精英群体的社会意识、社会文明程度、人际关系、旅游文化、文化时尚、消费方式、生活质量、生活习惯、空间价值、历史文化及风土人情等。

在事实上我们可以看到，关键是在沿海城市以外的 300～500 公里的范围，传统的区域成本和区位成本已经相差无几，包括投资回报率也往往是因"新人文区位"的发达程度而宜，而不是因传统的成本而影响国际资本的投入。影响投资者最大因素是在整体的"新人文区位"发展水平。因此，扩大沿海城市区

---

① ［美］阿瑟·奥沙利文，苏晓燕等译：《城市经济学》，中信出版社 2003 年版，第 280 页。

② ［美］丝奇雅·沙森，周振华等译：《全球城市：纽约、伦敦、东京》，上海社会科学院出版社 2005 年版，第 2 页。

③ "新人文区位论"，强调在现代社会，区位优势更多体现在政策、主张、社会精英群体的社会责任、社会价值观、社会文明程度、生态价值观、消费伦理与水平等。其核心意义是"新人文区位"是可以创造的。

的地理概念范围，就是在整体上、大区域内创造与沿海城市同一性的"新人文区位观"和"新人文区位文化"。或者可以这样说，从传统的"农业区位论"到"工业区位论"，再到"设施区位论"，在现实取而代之的应该是"新人文区位论"。

沿海城市群与内地尚未形成"制度型地域结构关系"。在全球太平洋经济圈国家及城市间的竞争中，必须处理好沿海城市与内地城市的协调与相对均衡的发展关系，如果相对高速发展的沿海城市不能与内地城市构成某种"制度型地域结构"关系，内地与沿海城市经济发展的差距就会越来越大，国家经济在整体上就有可能出现某种"地域性结构性失衡"，这样就会使中国长期处与经济发展的"均衡经济陷阱"之中，失去国家经济长期的有效的持续发展能力。

在20世纪的50年代，中国政府曾明确提出了沿海城市与内地关系的认知观，但是由于没有实质性政策和措施，加之，在发展中区域制度和行政壁垒反而制约了内地与沿海城市的发展关系，所以，内地城市与沿海城市经济长期没有形成良好的"制度型地域结构性关系"，总是在各自的行政区域内，单体城市经济在独自运行。在1978年后，由于国家给沿海一些城市制定了特区政策，沿海城市经济的特殊区位与功能获得新的释放，虽然第一批仅提出十几个沿海城市特区，但是，使沿海地区城市在整体上获得了相对内地较宽松的政策，沿海城市出现不同程度的高速发展的状态，沿海城市的政治、经济、社会与文化的发展与内城市发展距离越来越大，形成典型的内地与沿海城市的"多梯度等级差异关系"，而且在沿海城市带内部也出现"区域结构空洞"。应该说，改革开放对沿海地区城市提供的特殊政策是符合一般经济发展规律的，即一个国家和地区的经济增长，不可能同时在所有地区都均衡同时增长，只能是在某些地区和某些条件下的不均衡增长和发展，或者必然会出现某种"区域极化发展效应"。沿海地区超前发展的政策实施其目的已经基本达到了，沿海城市经济的确表现出了不寻常的发展势态，但是，这种形式应该是一定时期的经济发展状态和政策体现，如果在长时期内区域发展差异程度越来越扩大，或者只表现为固定型的少数区位经济的"增长极"的发展，而不是整体型的结构性推进的话，这种区域发展特别是国家区域经济的发展会出现"经济裂变"，会出现沿海城市经济与内经济发展的"两极效应"，主体上表现为区域经济与文化的断裂与隔离，从而引发新的社会问题。目前中国沿海城市经济与内地城市经济的某种区隔与区域"经济与文化的裂变"，足以说明了这样一个问题。因此，如何建立沿海城市经济与内地经济发展的制度型关系，既需要理论层面的思考，更需要制度和操作层面的思考与设计。在未来的经济发展中，应该把沿海城市经济的发展放在中国区域经济与社会发展协调关系总构成中加以考察。建立沿海城市经济与内地区域的制度型关系，应该是中国下轮经济发展的重点战略选择，或者说中国经济的发展总战略应该把中国东西部城市经济协调作为优先战略提出。

第二节　中国沿海城市带发展的新思维认知

中国沿海城市经济的高速与超前发展，既有其主导性的正功能，也应该看到有其必然的阶段性的结构性负功能，特别是区域结构和空间发展结构的不合理性，使中国沿海城市的发展出现结构性缺失。

一、沿海城市经济战略格局缺乏跨区域整合机制，经济发展存在"区域性结构空洞"

中国沿海城市在总体发展格局上，分散有余，整合的整体性不足，区域城市群的发展没有真正的合作与市场化分工，由于受单体城市政绩和省域间行政界线的限制，特别是受到城市政府"政绩利益主体"的驱动所形成的城市定位偏差，沿海地区与城市出现不同样态的"结构性空洞"。

沿海城市经济的发展各自为战，不仅造成城市间的地域结构不合理性的加深，而且在沿海城市整体空间布局上，往往因体制的原因形成"城市群区域性结构空洞"，这种"结构空洞"主要表现为区域性的产业布局"空白区"的出现，同时又出现大区域范围的"松散型低水平产业雷同区"，这种区域的第一表现是，相类产业大面积低层次发展，既没有形成产业簇群的集束效应，又没有特色的区域与国际竞争力。同时，在国内以低水平的方式形成区域与城市间的恶性竞争，如江苏苏中、苏北和浙江部分沿海城市间的纺织产业方面的低水平竞争就说明了这一点。"松散型低水平产业雷同区"使这种产业本身不能发挥集群效应，更不能出现整体低成本的共享机制，而表现为高耗能、低效率的发展形式，与此相伴随的是整个沿海城市经济处在多梯度的发展阶段上。仅就现实中沿海城市区域本身来说，有的地区如上海已经表现了某种后工业社会的特征，而有些沿海地区还处在低水平的农业社会阶段和工业化初级阶段，这种因区域经济发展水平差异过大所形成的"结构空洞"，使沿海城市经济带不能形成整体效应，到目前为止，中国的沿海某些地区经济还十分落后，城市化人口不足25%，是典型的农业社会，甚至可以说是"世界经济洼地"，这仅仅是"区域结构空洞"的外在表现。还有些区位的产业过于单一，甚至形成典型的"产业空洞层"和"产业空洞区域"，如江苏的苏北某县域经济以种植杨树为主，虽然在某些方面体现了经济发展的区域特色，但是往往是顾此失彼，过于单一的林种，使得区域经济和生态环境受到破坏。

这种"城市群区域性结构空洞"还体现在城市经济结构与产业结构方面。如某些城市与区域产业链不完整，生产后续动力不足；有的城市过度推动新型产业的发展，原材料、人才和劳动力明显不足，不仅新型产业没有发展起来，同时反而使得传统产业出现真空；有的城市与区域在创造产业升级时，将一部分产业转移出去后，但是相关产业包括服务产业在内没有及时填充，出现典型的"产业结构性空洞"，使有些城市不仅出现自身产业链的不完整，同时出现了城市产业链的结构性缺失。

也有些城市表现为"产业类型空洞效应"。新型农业和科技农业在沿海某些城市几乎被遗忘。从产业发展规律来看，沿海地区科技发达、人才集中、土地资源匮乏，在这一地区应该率先发展先进农业，而且沿海地区应该是责无旁贷地发展现代科技农业，但是恰恰相反，沿海地区在大呼发展高新技术的时候，却没有把发展农业的高新技术作为己任，这是中国经济发展的整体战略的整体失误与失衡。至少，中国的农业科技成果应该主要出现沿海城市区域内。在沿海区域内，包括沿海城市经济的表现形式在内，科技农业、工业产业型农业、都市农业、城市生态农业、城市镇有机农业，应该是沿海城市经济结构的核心组成部分。沿海的一些城市，因为工业的过度发展，土地已经成为极其稀缺的资源。相反，有些沿海落后地区如辽西地区、苏北地区和浙江部分地区又存在着很多原始型农业地区。沿海城市的多梯度的社会结构，使得沿海地区呈现多梯度、多类型的社会发展样态，如局部的原始的自然农业经济、粗放型工业化经济、新型工业化经济和后工业社会的服务经济并存，这种过度差异化的区域社会样态，使沿海地区经济发展形成典型的"回波效应"，沿海城市经济腹地发展不充分，形成沿海城市整体发展的经济与文化滞后力。

二、沿海城市的"资源结构性匮乏"——"资源依赖性产业"与人口过度发展

在世界经济一体化和发展中，中国沿海城市的经济发展表现为经济"资源匮乏"与产业"资源依赖型为主"的双重特征。主要表现为：

一是中国沿海地带在总体上已经出现了某种意义上的"资源匮乏"状态，沿海城市矿产资源十分缺乏，除石油、铁矿外，其他矿产资源探明储量均未到全国平均水平，并且分布不均衡。沿海城市能源的不足在很大程度上制约着沿海城

市经济的发展速度。如大连、青岛、天津缺水的局面，已经成为生产与社会发展的桎梏。二是人口增长快，密度大，压力大。早在 20 世纪 80 年代上海地区常住人口密度是全国平均人口密度的 3 倍，比世界人口密度最高的日本还高，加上近年来中国西部经济与沿海的差距增大，内地城市及乡村的人口大量涌入沿海地区，人口增多表现为消费水平增长在一定程度上抵消了生产增长，使再生产的投资比例减少、规模缩小，从而使经济增长速度减慢。深圳城市人口已达 1 600万，从 1980 ~ 2007 年，人口增加约 400 倍，其他如上海等城市人口目前都处在高速增长期。由于人口的过度和过快的增长，冲击着社会服务性设施和社会福利建设的发展，生活成本和商务成本越来越高；公共资源开发滞后，如沿海城市带的商品房价格，不仅处于全国领先地位，而且由于人口增长形成的供求矛盾，长时间内是难以解决的，在未来的一段时间内，房地产格将仍然处于高速上涨期。三是土地资源已经成为沿海城市发展的"瓶颈"，很多沿海城市腹地有限，空间资源缺乏，而且空间利用开发严重发展不平衡，个别城市已经是无地可求，无地可卖，因土地缺乏所形成的明显的可持续力不足的局面，已经在沿海城市蔓延。同时，在整体产业布局上，土地资源的稀缺已经严重影响了沿海城市经济的整体发展。

"资源匮乏"与"资源依赖型产业"是沿海城市的普遍型经济现象，"两头在外"的经济模式直接影响着中国沿海城市经济的整体进化。要解决这类问题，唯一的方法就是扩展沿海城市区位概念，扩大沿海城市腹地，发展沿海区域空间，扩张沿海城市经济的地理概念，构建沿海城市带的"新人文区位"——直接延伸、扩大沿海城市的区域空间，生产、创造沿海城市发展的新空间。

三、沿海城市产业簇群特征不充分，扮演着国际产业低端价值链生产者的角色

城市内部经济结构中主导产业的选择是现代城市发展战略的核心，也是一座城市核心竞争力的集中体现。应该说，目前中国沿海的城市都试图寻求自己城市的产业发展定位，但往往是一窝蜂走雷同化道路。如沿海城市曾一窝蜂地提出搞石油、电器、汽车等支柱产业；又一窝蜂地提出发展高新技术产业；又一窝蜂地提出建立加工制造业城市，把中国建成"世界制造业生产基地"；近年又一窝蜂地提出生产型服务行业，而且都集中在物流产业方面；最近一个时期甚至又一窝蜂地提出发展创意产业（包括动漫产业）和服务业外包等，把城市与经济区域发展当作某种运动形式来运作，往往是顾此失彼。沿海城市在多数情况下是城市经济与产业发展的定位游离不定，更重要的是有些城市的定位显得十分幼稚可

笑。甚至可以说，中国沿海城市产业与整体经济发展的战略思路还不成熟，而且这种不成熟是中国城市发展的普遍现象。如以物流产业的发展来看，就出现过某些不合理的城市发展格局。从目前沿海城市经济的发展角度看，沿海城市多是以外贸经济、物流经济、港口经济、电子产品和工业加工业为其共同的特征。从普遍意义上来说，这种经济模式是有一定的基础和发展前提的。如从集装箱的物流发展来看，上海、天津、大连、深圳、南通、宁波、连云港、福州等都作为其主要发展方向，这本无可厚非，但是，就集装箱的物流与港口经济关系来看，按照世界港口经济的发展来说，中国沿海城市应该创造自己的特色竞争力，应该相对发展并创造特色物流和特色港口经济，如印度的黄麻港等，这样可以形成合理的国际性的竞争关系，而不是中国沿海城市间的内部的竞争关系。以沿海城市中的长三角地区为例：目前长三角中 16 个城市中有 12 个城市发展电信产业；有 11 个城市发展汽车产业，8 个城市发展石油化工。目前所有的城市都在上所谓光电产业、新材料产业、新能源产业。所谓"光电谷"、"医药谷"和创意产业园等如雨后春笋。有些人总认为，中国的产业同构化非常严重，其实，这种说法有着某种认识误区。事实上，到目前为止，在中国沿海也没有真正形成"产业群簇"，这里所说的是指世界大区域中的"产业簇群"区。如中国沿海城市几乎都有所谓"IT 产业园"、软件园等，可是一个也没有形成世界级或者世界大区域范围有影响的产业园区。正如前文所说的，沿海城市经济带形成的只是"松散型低层次的产业雷同区"，而没有形成在世界产业价值链中相对较高级的"产业簇群"，这是中国沿海城市经济的整体性问题。

中国沿海城市的发展，首先要对沿海城市经济结构进行优化性选择，每一个城市都要寻找并创造性地塑造城市经济结构的主体特色，其核心是对城市主导产业簇群进行科学的差异化的定位与选择，而不是某一产业类型的选择与定位，更不是多而全的分散的低层次松散型的产业雷同。这种选择在中国的国家经济体制下，必须对沿海城市带进行整体的战略指导，在依据不同城市区位的比较成本优势的同时，划分沿海城市整体发展的个性的板块，这既是沿海城市发展的整体战略，也是单体城市发展的战略之一。这里强调是单体沿海城市的主导不应该是单一的发展，而是要在突出发展各自城市优势的同时，形成各自城市的形态和特点。这里要提出的是，沿海城市在哪一层面上、多大区域范围内能够形成产业区域簇群的结构关系，这就必须在世界范围内的产业价值链中，创造性地定位与选择产业簇群。这里反复强调的是，必须选择世界产业价值链中的高端部分，形成有规模的、高层次的"产业发展簇群"，如在一般意义上的国际金融与保险业、国际贸易业发展的同时，应该考虑国际化的文化与创意产业、国际化的教育服务产业、国际前沿的新型材料、现代生活领域的航天航空技术产业、国际化的现代物流、国际化信息咨询中介服务以及有中国特色的传统产业等，同时还要填补中国城市经济的"结构性空洞"，发展"有机城市农业"、现代生物医药、新能源、新材料等具有先导作用的新兴产业，这是沿海城市经济发展的希望所在。在中国现代体制条件下，必须有一定程度的制度型引导，这是中国政府经济的特色和制度特色，否则，在城市政绩体系下的沿海城市经济发展，就会出现区隔性板块体系，出现整体的结构缺失。要进一步强调的是，在中国的行政管理体系下，中国沿海城市与内地城市的嵌入性结构关系的建构，必须进行合理的制度型引导。

第三节　中国沿海城市的"内地延伸模式"

"中国大沿海城市带"的提出，其实质是一种大都市区的创新行为。费尔希等学者在研究大都市创新时说："可以认为，地理位置上的邻近性是以地域为基础的创新体系存在的必要前提，而不是充分前提。仅仅地理上的邻近能够产生企业集聚的存在基础，但未必会产生创新体系的存在基础。"大都市创新体系的潜力最重要的是取决于这样两点："地理位置上的邻近与技术上的接近。地理位置上的接近是指参与者在既定的空间框架内的定位，而技术上的接近是指纵向或横向互赖的企业在生产关系范围内部的联系。把这两种类型的邻近转换成以地域为基础的创新体系要求它们在制度上组织和构建起来。因此，从地域角度定义的创新体系是建立在地域层次的集体行为上的。建立在地域基础的创新体系，其内聚性是由一系列不同的非正式制度（即一套在那个区域层流行的规则、惯例和标准）规定的（Kiaat & Lung，1999）。"[1]。所以，在提出扩大中国沿海城市区的概念时，更主要的是在制度、政策、观念、技术和跨区域空间整合方面进行全面创新，同时也包括跨区域空间的非正式组织对环境等方面管理的创新。[2]

一、沿海城市"嵌入性格局定位"的新思维——广义"中国大沿海城市发展战略"

这一概念的核心词是把整个"中国大沿海城市带"作为 21 世纪中国经济的

---

① 费尔希等：《大都市创新体系——来自欧洲三个都市地区的理论和案例》，上海人民出版社 2006 年版，第 12 页。

② 如太湖流域的跨区域的整体性管理组织的整合等。

"发展引擎",① 以往的经验已经证明沿海城市经济对区域经济的拉动作用，如上海、天津、深圳及香港城市的发展，已经构成沿海区域的"发展引擎"。如果在此基础上，能够把中国沿海城市的整体功能进一步充分挖掘出来并加以与创新，这一价值会获得最大能量的释放。中国的城市化是一种制度型城市化，必须加以制度型投放，构建和谐的三种动力机制的整合体系：一是市场动力机制；二是城市核心竞争力＋特色竞争力的动力机制；三是国家"制度型投入"动力机制。在中国的改革开放中，"制度型投入"具有明显的中国"特色"效应，如新的直辖市的设立（重庆）、新的特区的设立、开发区的建设等，无不是"制度型投入"的结果，是一种投入最小，而其发展可能无限的一种投入模式。而对于中国来讲，"制度型投入"的实质上既是对传统体制的一种创新，同时又是改革开放的具体表现形式。如果能够明确中国"大沿海城市带国际化发展战略"的主张，在制度投入上应该采取如下措施：

一是通过制度型方式明确"中国大沿海城市带国际化发展战略"，明确沿海城市带的总体区域格局与大沿海城市带的范畴与概念；二是提升沿海城市制度型级别，在沿海城市如连云港、南通等第一批改革开放城市，应该提升城市发展规模与建设权限（如推行副省级的管理体系等），虽然对于市场经济的理论来说，这是一种相背谬的理论与行为，但是对于中国目前的体制来说，无论是城市化本身，还是中国整体改革开放，或是沿海城市开放的发展都是政府为主导的自上而下的过程，因此在"中国大沿海城市带"开发战略体系中，"制度型投入"是必不可缺的。② 三是在制度上创造行政区域的模糊化区域关系，在大区域空间内建立内地与沿海城市区域市场体系，使沿海与内地城市在经济与制度上实现"同城待遇"，明确各类经济体系中的市场关系，在更多新的区域空间和观念上创造沿海城市经济格局。③

城市全球化已经不是一个新现象，与世界近代工业化过程的全球化比较，今天的全球化的四大特点已经让我们足以认识到沿海城市的现代化先导区功能。当代全球化有四个特点：一是速度，在全球范围高速展开；二是全球化的影响是对于人类整体的；三是全球化是多维度的，包括政治、经济、文化、技术、法律、时尚等，形成全球性的社会全面依赖关系；四是全球范围的城市化行动者正在创

---

① ［英］保罗·贝尔琴等，刘书瀚等译：《全球视角中的城市经济》，吉林人民出版社 2003 年版，第 57～61 页。

② 张鸿雁：《"制度投入主导型"城市化论》，载于《城市管理》2006 年第 2 期，第 23～25 页。

③ ［美］丝奇雅·沙森，周振华等译：《全球城市：纽约、伦敦、东京》，上海社会科学院出版社2005 年版，第 150～157 页。

造全新的城市型世界。[①] 对于当代中国沿海城市发展的研究，其最首要的问题不仅仅是城市规划与设计的思考方式，更重要的是我们创新的思维方式与创新能力，在沿海城市研究领域中思维方式的变革，在中国是一种"质"的动力机制，即应该创造中国人自己的、本土化的城市思维研究理论与方法，包括对城市的认知模式。加拿大城市研究学者简·雅各布斯在她的《美国大城市的死与生》一书中也提出了这样的问题："在本世纪诸多革命性的变化中，也许深层次的是那些我们可以用来探索世界的思维方法上的变化。我不是指新出现的机器脑，而是指已经进入人脑中的分析和发现的方法：新思维方法。"[②] 从新思维方式视角来看，从中国本土化的战略眼光[③]，提出中国沿海城市与内地的"嵌入性格局定位"就是城市研究的一种思维方式的新变革，就是站在时代的高度和全球化的视角上，重新审视中国沿海城市经济与社会发展的格局，使沿海城市群能够充分发挥"地域生产力"的作用与功能，从而推进国家的整体现代化的良性发展。沿海城市群发展的新思维就是创新沿海城市带的空间体系。沿海区域经济的发展，必须上升到"空间生产"这一层面和新思维模式上来，时代要求我们要生产出新的沿海城市经济与社会空间，这是在一个全新的层面中创造的新的地域生产力价值体系。现代交通体系的发展，已经改变了传统区域发展关系的概念，3～5小时的交通圈认知与文化认同，已经成为国际区域经济发展的常行惯例。因此，在中国沿海地带，推行3～5小时的区域可达性经济体系的发展模式是符合时代发展要求的，在距离沿海300～500公里范围内的城市区域，在政策发展概念上都可以视为沿海经济区域。如沈阳、南京、合肥等城市，虽然在地理位置上离沿海较远，原属于内地概念区位，但是，高速公路、高速铁路和网络社会的发展，已经改变了这类城市与沿海地区的空间关系，现代交通体系已经打破了传统的沿海区位概念，而且正是这种原因，应该创造全新意义上的中国沿海城市经济区位，在广义概念上开发中国沿海城市经济体系。其深层次的结果是将沿海城市生活方式与价值观念内地化，这也是创造中国整体发展与进化的最有效方式之一。

用世界全球化的眼光来看，大都市区的创新过程是以跨越国界为其外在特征的。所以我们说，大都市创新体系国界都可以跨，为什么中国的沿海城市不能跨省域的行政区域而发展呢？事实上是，在中国，沿海城市某些方面可以国际化了，但是，却不能形成我们需要的国内化的发展一体化，因此，在发展沿海城市

---

① 联合国人居署：《全球化世界中的城市——全球人类住区报告2001》，中国建筑工业出版社2004年版，引言。

② ［加］雅各布斯，金衡山译：《美国大城市的死与生》，译林出版社2006年版，第393页。

③ 张鸿雁：《中国本土化城市形态论》，载于《城市问题》2006年第8期，第2～9页。

国际化的同时，寻求沿海城市国际化的内地化，是一种全新的战略思维，是一次全新的生产力体系的价值再造。城市创新的全球化"同时起作用的两个过程：要素和商品市场的全球化过程，以及知识创造和学习的区域化过程"。① 很显然，广义沿海城市概念的提出，就是让沿海城市的国际化文化形成内地城市的"知识创造和学习的区域化过程"。"越来越多的证据表明，大都市区域往往是国家经济中产业创新和增长的主要动力"。大都市的创新体系中的功能之一就是："这些地域往往会使得成果得到广泛共享，而人们认为这些成果是国家创新体系的成就。"② 沿海城市带的新的范围的提出，就是国家创新体系战略的一种具体步骤。在这一理论框架内，提出的中国沿海城市新思维的认知就是：

中国沿海城市区域可以分为三个层次：第一层次是中国滨海城市带，以 150 公里左右为限；第二层次是中国沿海城市带以 300 公里左右为限；第三层次是中国大沿海城市经济区以 400～500 公里为限。这是中国大沿海城市带的创新战略。

这一概念的提出有着深远或者说有着重大战略意义，在某种程度上，可以较好地推行沿海与内地的发展关系，而且这种关系是通过"新人文区位"的再建构而形成的"嵌入性区域结构关系"，可以使得沿海城市向内地形成合理的延伸发展关系。在沿海城市与内地城市的"嵌入性区域结构关系"建构的基础上，再进一步提出沿海城市向内地延伸的具体战略和措施，扩大沿海城市的腹地，创造沿海与内地城市再发展的新空间，这一战略的选择本身是具有历史性意义的。

二、明确沿海城市群（带）区域"发展极"：创造"沿海城市群板块体系"

中国沿海城市应该创建如下几个板块：即辽宁城市群（带）板块，以丹东、大连和沈阳为三个支点，整合辽宁城市群体系；京津唐城市群板块，以天津为新的北方经济发展中心，构建中国经济发展的"第五极"；山东及苏北经济板块，强调济南、烟台、青岛、日照和连云港的跨区域组合；上海国际化都市群板块，上海、南京、杭州和合肥为三角组合，大两翼为江苏连云港和浙江的宁波③；福

---

① 费尔希等：《大都市创新体系——来自欧洲三个都市地区的理论和案例》，上海人民出版社 2006 年版，第 14 页。

② 费尔希等：《大都市创新体系——来自欧洲三个都市地区的理论和案例》，上海人民出版社 2006 年版，第 14～16 页。

③ 张鸿雁：《"大上海国际化都市圈"的整合与建构——中国长三角城市群差序化格局创新研究》，载于《社会科学》2007 年第 5 期，第 4～13 页。

州厦门城市群板块；珠江三角洲（港深穗澳珠等）城市群板块，特别是泛珠三角的"9+2"体系具有全新的历史价值，这一模式符合广义沿海城市经济发展战略模式，包括广东、福建、江西、广西、海南、湖南、四川、云南、贵州等9个省（区），再加上香港和澳门形成的区域经济圈，简称"9+2"。在沿海城市发展的组合城市群体系中，应该进一步创造区域发展极的"首位度"，推动上海、天津、香港区域"发展极"更加国际化，同时对五个区域协调极：大连、青岛、连云港、厦门、海口、北海等城市赋予新的功能，包括政治地位的提升等。

中国的沿海城市带区域"发展极"的首位度还需要再提升，如上海这样的沿海大城市，其功能也没有充分、全面发挥出来，主要是其内在的经济含量还不够高，跨地区性公司、跨国公司还不多，金融集团还较少，国际性政治组织落户不充分，还没有完整的国际区域文化中心功能。应该参照"大伦敦都市圈"、"大纽约都市圈"、"大东京城市圈"、"大巴黎都市圈"及大芝加哥、大洛杉矶地区的样态来发展上海，这些国际型的大城市都具有世界性的影响功能，并构成国家经济的"支柱"和大区域的管理与创新中心，而这正是生产力地域布局合理的结果之一。中国需要在政策上明确区域"发展极"的理念，只有明确了沿海城市带区域"发展极"体系，才有可能形成超行政区域关系的沿海城市带运行体系，才有可能创造这些"发展极"区域经济与文化的向心机制。中国珠江三角洲和长江三角洲城市群结构之所以没有形成世界体系，就是因为城市群内部缺乏"向心力"。因为在目前的行政体系下，区域经济的"发展极"往往是"离心力"大于"向心力"，因此，区域"发展极"如果不加以培植，其功能得不到发挥，城市群的功能也自然不能充分表现。

"发展极"理论有着深刻的合理内核，任何一个发展区或任何一个时期的经济增长，都不会是在所有的地区和部门出现，只是在一定方向和一定系统内获得发展。生产要素在不同的空间分布和集聚，往往使经济流程在若干点状空间具有高速增长的可能性和现实性，从而形成经济"发展极"。"发展极"的功能是多方面的，如"发展极"的内在结构形成凝聚力，在"发展极"高速发展的条件下，会产生强大的集聚效应。这个集聚效应可以表现为"1+1>2"的整体效益；"发展极"往往是一定区域最新成果和创新集团的发展区，在一个区域经济关系中，"发展极"会不断地向市场推出新技术、新产品、新工艺，而且还在不断地创造着新的市场、新的组织、新管理体制及新生活方式等；"发展极"在城市群中最突出的作用是其强大的辐射功能，并能自动调节区域经济的系统并使之进一步合理化。

中国沿海城市的整个区域发展上，除长江三角洲和珠江三角洲自然形成了某种区位"龙头"城市外，其他区域都未十分明确区域与城市群的"发展极"。在战略上，沿海城市在形成不同"发展极"过程中，各个"发展极"之间应该有某种合作关系，如上海与广州的关系、上海与深圳的关系、上海与香港的关系、上海与天津的关系、上海与大连的关系等，这些关系，一般应该有明确的理论与操作性工作内容。

三、中国沿海城市"区域协调极"的定位选择与"新人文区位"创新

"中国大沿海城市带"、"新人文区位"概念的创造，就是试图使中国更多区域具有典型的国际化功能和国际化的"区域超导功能"，或者说使中国更多的城市具有"全球城市"的某些特质与功能。因为我们已经看到："经济活动空间分散与全球一体化的组合，赋予主要城市一个新的战略角色。这些城市除了具有国际贸易和银行中心的悠久历史之外，还在起着四方面的作用：一、世界经济组织高度集中的控制点；二、金融机构和专业服务公司的主要集聚地，其已经替代了制造生产部门而成为主导经济部门；三、高新技术产业的生产和研发基础；四、作为一个产品及创新活动的市场。这些城市功能的变化，对国际经济行为和城市形态产生了巨大的影响。"[①] 这一结论与认知旨在说明世界上如纽约、伦敦、东京等发达城市，已经具有国际影响并控制着丰富的资源，特别是城市中金融和新型服务业的发展，给城市以新的诠释，也使城市出现了新的区域功能和区域价值体系。而中国很多内地城市不具有这样的功能与价值，使其在"内视文化"的意义上，让中国内地城市有全球与国际化意识，这是对中国沿海区位概念的"新人文区位"的再造。

以江苏的经济发展为例。如苏南的经济发展，从现实的条件来看，不完全是江苏省制定政策的结果，因为如果江苏的经济发展特别是苏南的经济发展是江苏发展政策为主引导的话，苏南和苏北不应该差距这样大。对于江苏苏南来讲，其发展的动力之一是来自上海的城市经济功能辐射。而苏北的经济发展长期落后，成为中国沿海地区的一个"经济洼地"，其最主要的原因是沿海城市对苏北城市的经济与文化辐射是一个递减的过程。在南通与连云港之间没有"海上经济和沿海城市经济的国际战略意识"，甚至在文化观念上，还是自己视为内地经济区，在政策、观念和区位意识上，都没有主动建构沿海区域"新人文区位"体系。"内卷"的区域经济文化，不可能产生国际化的战略主张，必须通过"新人

---

① ［美］丝奇雅·沙森，周振华等译：《全球城市：纽约、伦敦、东京》，上海社会科学院出版社 2005 年版，第 2 页。

文区位"制度型投入，才有可能迅速改变一些后发沿海区域发展的"结构性空洞"。在"中国大沿海城市带"这一区位内，在创造沿海区位文化意识的同时，按照沿海城市经济辐射范围和强度划分"区域经济协调极"的城市经济功能区，进而为地域生产力优化创造前提条件。

如果一座城市具备了国际大区域金融中心和国际大区域贸易中心的功能，其经济中心的地位必然是显性的，如上海和香港城市的地位等。关键是中国除了上海和香港以外的城市，都没有主动突破传统格局，再创"新人文区位"的战略意义和价值取向，只是目前天津城市刚刚是"小荷才露尖尖角"，正在形成中国沿海城市经济格局的新的区位板块。全球城市不仅仅是协调的过程的节点，而是还是特殊的生产基地。因为"（1）它们是专业化服务的供给基地。这种专业化服务是复杂的组织机构用来管理地域分散的工厂、办公室和服务代销商等网络所必需的；（2）金融创新产品和市场要素的生产基地"。[1] 中国沿海城市要能够在某种程度形成这样的"特殊的生产基地"，必须建立自己的城市区域腹地，而这一腹地的先期构建，应该是中国的内地，扩大中国沿海城市带的区域关系，就是在为沿海城市的国际化创造发展前提。要想使中国大沿海城市战略格局真正获得良性发展，必须有意识地建设大沿海城市群区域主导型管理中心城市，如对深圳、上海浦东的建设，就是有意识地建设"区域主导型管理城市"，天津的再发展，应该是区域主导型管理中心城市。面临全球城市化的发展，中国大沿海城市区域的提出，其实质就是要直接参与世界范围内的资源再配置的市场经济关系。

中国大沿海城市经济"新人文区位"的再造，至少应该从以下几方面思考：（1）要注重培育与大沿海区域经济结构相宜的跨区域市场体系。（2）合理建设"中国大沿海城市带"的城市要素市场，如金融市场等，或许应该是扩大沿海城市间的金融市场，这是世界范围内城市国际化主要功能与符号，也当然是"中国大沿海城市带"主要的功能之一。（3）在"中国大沿海城市带"整体空间内，创新建构新的产业布局与"新人文区位"系统。（4）在"大沿海城市带"范围内，建立整合性一体化交通，在主体概念上破除"诸侯经济体系"，首先在中国沿海真正建立"国家整体经济体系"。（5）在"中国大沿海城市带"体系内，创造国际化政策发展区，创造整体性与国际经济文化接轨体系。特别是创造"中国大沿海城市带"的相对公平的社会发展机制。

---

① ［美］丝奇雅·沙森，周振华等译：《全球城市：纽约、伦敦、东京》，上海社会科学院出版社2005年版，第3页。

四、填补"区域性产业结构空洞"，率先创造以现代科技为核心的"沿海都市农业经济体系"

面对全球范围的资源竞争，很多国家都看出了经济资源战略中的国家安全战略，中国也应该有一个安全性的国家现代化发展战略，其中与民生息息相关的农业经济，在发达地区成为经济的"短板"。中国的整体经济格局是：仅仅是依靠落后地区发展农业，靠相对发达地区发展工业。这在国家整体产业结构的发展上是典型的"区域产业结构空洞"的表现形式，而且中国的国家经济也是一个典型的"短板木桶经济"，经济整体还处于"均衡经济陷阱"的怪圈之中，现实所表现出来的灾害经济造成的中国发展走三步退两步的局面，就是这一传统经济格局的必然结果。其原因就是：中国落后地区以农业为主，但农业经济又非常缺乏现代科学技术支持，大部分还处在靠天吃饭的发展阶段。而发达地区以工业为主，科学技术和人才又不能在农业领域发挥作用。因此，在沿海经济发达地区，要提出全新的政策和主张，创造中国沿海"城市农业"的率先发展机制。沿海城市相对于内地城市都比较发达，"正是那些最发达的城市造成了全世界范围内的环境恶化，因为它们的发展，建立在'对资源的不可持续性利用和消耗'的基础之上，如果发展中国家再重蹈其覆辙，那么将意味着，'我们很快会面临大规模的生态系统崩溃……我们必须竭力发展出另外一种城市模式'"。① 对于中国沿海城市带的城市来说，就是资源的可持续型发展模式，包括"循环社会型城市发展模式"。②

对于现代社会的现代农业经济发展来讲，应该依靠最发达地区的人才、技术、知识和手段来创新发展现代农业。而这个现代农业在后工业社会是通过"知识农业经济"、"技术农业经济"和"工业化生产农业经济"来体现其现代化性的。或者可以这样说，现代农业经济与现代的高科技经济发展是同理结构，既需要资本的积累，也需要高级人才群的共同创造，更需要整体现代社会的系统性支持，仅仅靠少数人的情感和传统知识，是不能够改变中国的整体农业发展水平的。中国的传统社会不能说不重视农业，而中国几千年以来一直是以农业立国为其骄傲，但是，上下几千年，农业经济的财富积累极其有限，面对西方发达国家的农业走向，中国应该采取超常规的发展战略。通过比较，我们可看到，只

---

① ［英］迈克尔·詹姆斯等：《紧缩城市——一种可持续发展的城市形态》，中国建筑工业出版社2004年版，第4～5页。

② 张鸿雁：《循环型城市社会发展模式——社会学视角的理想类型建构》，载于《社会科学》2006年第11期，第71～84页。

有沿海的城市具有发展现代"都市农业"的最好条件，而且这也是摆脱沿海城市资源匮乏和资源依赖型经济的重要举措。应率先在中国沿海创造"都市农业经济"发展的价值链，从而使沿海地区能够全面引导并保障中国经济的健康发展。

从目前的情况来看，深圳已经是一个没有农民的城市，上海步其后尘也将会成为中国没有农民的城市。但是，没有农民不能没有农业，而恰恰应该是，因为没有了传统意义上的农民，才必须建立现代意义上的"都市农业"和"智识型农业经济"。传统的农民的丧失和消亡是社会的一种发展，但是必须取代这种传统农业社会的更替与消亡，必须补上这种结构性缺失。[1] "都市农业"就是以工程师和白领阶层，为主要劳动者群体的新就业体系，体现后工业社会的"中轴原理"，[2] 是新的智识型农业工商业体系的再造。在加快沿海城市化水平的同时，使"都市农业经济"成为城市经营的一部分，使农业土地经济不再是农村的土地概念，而应该是城市土地的结构性构成部分。这一目标的发展指标之一，是要发展使沿海城市化人口占整体地区人口的75%以上。为了适应"大沿海城市带"区域的整体性发展，沿海城市必须创造知识密集型、技术密集型、人才密集型的"都市农业"经营企业。

对"都市农业"科技型企业，要如对高新技术企业一样，全力支持，并且要有高于高新技术企业的优惠政策，使沿海城市成为中国农业技术产业化、"知识者经营化"、企业经营化、"都市农业国际化"、"都市农业智识型"管理化的创新地。尽可能地加速转化农业剩余劳力，使他们不仅成为城市经济的生产创造者，更要使这些人成为城市生活方式的享受者。

根据发达国家"都市农业"发展的经验，必须在合理调整农业产品的价格比的同时，建立"都市农业"国家农副产品财政补贴和风险运行体系，并从技术上和国家整体控制上，加快"都市型农业"的资金积累，在"中国大沿海城市带"区域内，建设现代"都市型农业"跨国企业生产基地。

"都市农业"模式，就是针对当代中国城市社会来临的必然过程提出的。这一新的论点是：不是把农业看成是属于乡村的产业，也不是把农业经济仅仅视为城市的粮食生产基地，而是把农业定位在与城市经济混杂在一起的城市生产模式的构成部分，这是"中国大沿海城市带"创新的具体步骤和全新的战略之一。

---

[1] ［法］H. 孟德拉斯，李培林译：《农民的终结》，科学出版社1991年版，第268～271页。
[2] ［美］丹尼尔·贝尔，高铦等译：《后工业社会的来临——对社会预测的一项探索》，新华出版社1997年版，第15页。

五、创造中国沿海城市的双重竞争力：核心竞争力＋特色竞争力和经济文化吸纳力＋反射力

国际化发展战略的核心：使中国沿海城市能够与国际化发展形成"整体嵌入性结构模式"。香港的经济发展及"一国两制"的发展模式告诉我们一个基本经验：哪个地区的开放程度越高，吸引和吸纳世界先进文化与技术的能力就越强，同时，对世界经济文化的反射作用就越大。理论上我们的发展应该是全国开放的国家与文化，但是由于体制及现实的某些限定，不可能在短期内形成国家整体的国际化，但是如果大胆设想使中国的沿海城市全面形成国际化开放格局，其意义将是划时代的。既然国际化的实践已经给中国的经济、社会发展带来好处，就应该在寻求大都市创新的新思维意义上创造"中国大沿海城市经济战略"。通过扩大沿海城市整体腹地范围，扩大国际化的经济与社会文化区域。在广义沿海城市带范围内，创造国际经济与文化区，抑或可以强调在沿海城市带的城市体内，既创造总部经济①，更要创造国际化的经济与文化土壤。在中国沿海地区，不仅有国际化的大都市，更要有国际化中等城市、国际化小城市、国际化小城镇，由此使中国的沿海城市本身具有对国际文化的反射功能，形成强有力的区域城市经济发展的整体创新力。

面临世界范围的政治、经济、社会发展与文化的全面竞争，我们唯一的选择就是加大改革开放力度，全面、整体上开放沿海城市，因为 20 世纪 80 年代以来中国沿海城市经济的高速增长，主要就是依靠对外经济开放，沿海城市经济大体上采取了低位的吸引政策参与国际性的分工。沿海城市在与临近国家和地区的经济贸易中也寻找了新的生长点，如辽宁与朝鲜、韩国、俄罗斯的经济贸易、山东与韩国和日本的贸易、广州与香港这一国际金融、贸易和经济中心的经济互补等。但是以往中国的沿海城市整体上处于世界经济价值链的低端，目前世界沿海城市间的竞争，已经在城市全球化、全球一体化的前提下形成世界范围的深层次竞争，而世界正在给中国一个新的发展机遇。

在 21 世纪的进程中，"中国大沿海城市经济发展战略"对中国的现代化和

---

① 张鸿雁教授在 2001 年江苏省第十次发展高层论坛上，曾向提出有关南京发展总部经济的建议。据关资料记载：日本的 12 个工商大城市，集中了全国 84％的大企业，其中东京占 53％。法国 38％的大企业总部设在巴黎，其工业产值占全国 25％，销售额占 83％。美国的纽约是西方文化的中心，也是管理中心，在美国排名前 500 家公司中，有 1/3 的总部设在曼哈顿，7 大银行有 6 家总部设在纽约，5 家最大的保险公司有 3 家总部设在纽约，全国最大的 10 家连锁店总部全部设在纽约，这样的产业结构建了一个以国际业务为主体的高级就业集团。

现代化过程中的经济与国家安全至关重要，因此，鉴于中国改革开放的经验，沿海城市作为中国经济发展的前沿，应该以超常规的方式全方位推进中国沿海城市的改革开放，应该以太平洋经济竞争圈的竞争为战略目标，让"中国大沿海城市带"形成全球型的"经济蓝洞"，[①] 吸纳世界范围的最先进的思想、文化、资本和技术，这既是中国现代化的优先发展战略体系的一部分，更是国家现代化发展过程具有国家发展整体安全性意义的战略选择，这也是优秀民族精英群体的战略性思考。

---

① "经济蓝洞"为张鸿雁教授提出，其意涵主要是指某一地区的经济发展具有强大的吸纳能力，而这个吸纳能力主要来自现代"新人文区位"的再造。

城市化理论重构与城市化战略研究

本土化城市化理论重构的顶层设计：核心概念及理论价值的历史意义

第一节 本土化城市化理论的全球城市体系建构

—— 全球城市价值链理论建构与实践创新①

在全球城市化和城市全球化的经济一体化的发展中，中国城市政府以何种方式推动城市化和城市现代化？在全球化的竞争中，地方城市政府在应对全球一体化挑战时，区域城市生产力的提升应当采取何种对策？在全球化的产业价值链中，中国城市竞争力和城市能级的成长动力是什么？这些问题是中国所有城市都面临的问题，也是中国在世界范围内竞争应该探寻的战略与战术模式。全球价值链的建构是通过全球城市价值链的建构来完成的，因此，全球城市价值链介入的方式和区位占有的方式，是中国整体经济发展前提。没有中国城市全球价值链高端介入的成功，也就没有中国在世界范围内现代化的成功！

2011年的世界经济正面临全新的考验，全球所有的国家都面临着高耗能发展前提下的能源与资源的"短缺经济"，在全球化的市场竞争中，世界正在出现全球意义上的新的资源与能源再分配的格局。中国是全球资源与能源再分配体系

---

① 张鸿雁：《全球城市价值链理论建构与实践创新论——强可持续发展的中国城市化理论重构战略》，载于《社会科学》2011年第10期，第69~77页。

中的能源高消耗大国和资源短缺大国，中国必须在经济形态与产业形态上实现整体转型，并以新的方式参与全世界范围发展的竞争。中国应该选择的竞争手段和战略之一是从能源高消耗型的"制造大国"，转而成为低耗能的"智造大国"，在全球城市价值链的建构中，重构国家主义整体上的有机生态发展机制。其重要的入径之一就是：中国应该在全球城市价值链中居于高端区位，通过创新经济，创造全球城市价值链高端区位、环节的独有介入模式和占有方式——这一介入模式与占有方式包括在创造一个低耗能的、"循环社会型的城市国家"① 的基础上，发展国家化的城市型"智造产业"、"智慧产业"和国际化的高端生产与生活服务业，并设定"零耗能"的"强可持续发展"战略目标和体系，以寻求国家的和谐发展与长治久安。

一、全球城市价值链的建构与中国城市社会的来临

在全球经济关系的整合中，中国的城市正在自觉与不自觉地成为世界新经济一体化中的重要环节和区位节点。但是，在以往全球经济一体化的发展竞争中，中国在全球价值链中处于低端环节和下游区位，在总体上表现为资源与能源高消耗，经济的整体发展是以丧失可持续的发展环境为代价的。中国原本就是资源匮乏的国家经济体，在高消耗的经济模式下，资源上越发匮乏，对未来的可持续发展已经形成严重负面影响。抑或可以说，在全球化的竞争中，中国新的经济体系与社会发展正面临新的严峻挑战，中国的现代化如果要寻求真正意义上的跨越式发展，就必须闯出一条非常规的发展道路——建构具有独立的"循环型城市社会模式"，形成具有自我循环社会发展功能的占据全球城市价值链高端区位的城市经济社会综合体！美国学者阿里夫·德里克认为全球化具有如下特征："（1）资本与生产过程的全球化。资本将在全球范围内流通，投资总是在寻求其最适宜的土壤。（2）生产无中心化，管理集中化。生产在全球范围内扩散，由发达地区向不发达地区扩散；而与之相反，管理越来越趋向于集中，集中于世界级的大都市。（3）跨国公司已经取代国家市场成为经济活动中心。跨国公司及其高度灵敏的分支机构伸入世界经济的方方面面扮演着越来越重要的角色。（4）全球不仅在经济上，而且在社会和文化上也开始同质化。"② 因此，在全球经济体系中，构建中国化的全球城市价值链，应该成为一种国策，并实现在这一领域的理论建构与实践方面能够超前一步、领先一步、快走一步、多走一步，保

---

① 张鸿雁等：《循环型城市社会发展模式——城市可持续创新战略》，东南大学出版社 2007 年版。
② 姜杰、张喜民、王在勇：《城市竞争力》，山东人民出版社 2003 年版，第 245 页。

证中国的"强可持续模式"的价值实现，为人类的经济发展做出中国人的贡献！

2011年全球城市人口已经超过55%，人类在整体上已经进入了城市社会。全球经济的发展已经告诉我们，在经济全球化的背景下，人类城市化和城市全球化的进程不仅不可逆转，而且还处于加速发展的状态。全球的一体化正在以城市为载体，形成全球意义上的经济、政治、文化、社会和军事的综合发展。人类的技术使地球的时空发生了"质的改变"，城市是全球一体化网络"区域核"和节点，全球一体化的城市化或者称全球城市化的一体化，正改变着世界经济的格局和人们的工作方式与生活方式，人类正在加速迎来"全球城市时代"——更为重要的是，这个"全球城市时代"，已经从发达国家的局部加速弥散到发展中国家，构成一个全景的"世界城市图景"，并形成全球化的城市价值链体系。中国30年的城市化走过了西方近200年的路程，1850年英国在人类历史上第一实现城市人口超过农业人口——城市化水平达到50%，中国是在160年后的2010年基本达到这个水平的。从理论上讲，城市化水平超过50%后，将会在全球化的竞争中形成以城市为经济载体的竞争模式，会在国家的整体意义上，形成城市全球价值链的基本体系和动力因。

中国目前在全球城市价值链的发展中，仍然处于劣势。主要表现为：一是中国的城市定位与区域产业定位类同，缺乏世界眼光和世界范围的定位模式，全中国的城市发展人径过于一致，导致中国的城市价值链不具有国际链状连接关系；二是在国际城市价值链的比较中，中国产业结构的地域战略布局分散，缺乏集中性、集约性和跨行政区域空间的整合性，城市所属产业在中国形成全面型壁垒；三是中国内部的城市价值链结构构成不合理，出现城市地域间"产业结构空洞"，比如沿海城市经济体系与内陆城市经济体系没有合理的城市链的建构，甚至出现中国内部城市间的恶性竞争；四是城市国际化和城市产业定位未能形成国家化的整体模式和政策机制，如中国到目前为止没有真正形成国家级的硅谷，没有形成大区域的产业结构群，更没有城市间的完整的城市价值链；五是中国的城市资本价值链普遍缺乏国际关系和国际化体系，金融产业和金融服务产业缺乏城市地方性和集约性，更不具备国际化的资本价值链的经营体系，进一步说，中国尚未具备独立的城市金融体系；六是城市定位缺乏世界性、历史性和地方性，巴黎、伦敦等世界一流城市本身的地方性价值更充实了城市的国际性价值，城市文化与品质因为缺乏地方性而丧失世界性价值；七是城市空间缺乏世界公民意义上的市民社会价值，如人才国际化和资本化生活体系不健全、城市国际自由港生活体系缺乏、国际化生活特区的缺乏、城市国际化法律服务体系的不健全以及国际高端服务业的结构不合理等，都会影响到中国城市介入全球城市价值链高端区位的动力生成机制。因此，建构中国的全球城市价值链的介入机制，是一种全新的国家战略。

如何认识世界全球城市价值链的价值与存在意义？如何认识中国城市介入全球城市价值链的意义？

首先，当代中国城市化和城市国际化战略正在成为世界城市发展的一种力量。我们都知道世界区域经济与社会的发展已经进入了典型的、全球性的城市化发展期：一方面是世界上发达国家再城市化和城市现代化的进程；另一方面，是后发达地区快速的能源过度消耗型城市化。中国目前设置有 656 个建制城市（不含港澳台地区），都在不同程度上卷入世界一体化的竞争浪潮之中，也都在寻找并建构自身在全球价值链的定位，其中有 180 多座城市提出了国际大都市和国际化发展的战略。[①] 其重要原因之一就是，在全球经济一体化竞争中，全世界所有的城市甚至小城镇都在不同程度上参与了国际化的市场竞争，而这种参与不论是主动的还是被动的，都必然被世界一体化的浪潮所裹挟，抑或可以说，无论是企业还是城市，只要是想寻找新的发展机会，就必然参与世界范围的市场竞争。"蝴蝶效应"这一理论从一个侧面说明了全球一体化前提下的发展关系，即使是一个很小的企业，所产生的特定效应都可能影响世界的经济发展，在这个意义上，区域经济体、城市与企业一样，是世界经济竞争体系的主体和要素。城市（镇）在现代社会不可避免地要寻求发展，也不可避免地要创造某些现代性特征，这就必须在不同程度和层面上参与世界范围的经济竞争。由于中国区域空间差异比较大，在参与世界范围竞争的过程中，往往会首先出现中国国内城市间的无序竞争，进而导致中国城市在全世界范围内的竞争出现某种程度上的无序化和低层次化，在全球范围产业价值链中，中国的区域经济体和城市经济功能多数处在全球价值链的低端范畴，比如低端制造业的过度发展和高耗能的工业化与城市化，不仅影响了中国城市化发展质量，也影响了中国城市化和城市现代化的发展速度。在这个意义上，提出中国城市的全球价值链的高端介入模式是中国现代化的必然。

其次，中国城市地域生产力能级正在形成初级国际化价值。城市是地域生产的集中表现形式，是产业群与产业价值链的载体和平台，国家和区域现代化是以城市现代化为前提的。城市化和城市现代化已经成为人类现代化的一种实践过

---

① 2011 年 2 月 14 日《人民日报》发表了一篇题为《农村土地加速城市化，进城农民难享市民，城市化不能"大跃进"》的文章，引用了张鸿雁教授的观点："未来 10～25 年是中国城市社会面临的社会整体变迁期，这期间，中国将有 5 亿～6 亿的农业人口转化为城市人口，这将是人类历史上规模最大的社会与地理变迁之一。这一变迁将对中国经济社会的全面发展起到不可估量的推动作用，但城市可持续发展、农民流动、土地合理利用、区域整合、社会阶层变迁、社会公平等问题，将随着城市化的深化，呈现出由小到大，由隐性到显性，由局部到区域发展的态势，而各级政府对相关问题的研究和准备并不充分。"高云才：《城市化不能"大跃进"》，载于《人民日报》2011 年 2 月 14 日。

程，发达国家和地区主要面临的是城市再现代化问题，欠发达国家和地区的现代化模式目前的主要任务是城市化的健康发展问题——而无论是发达国家还是欠发达国家，城市化过程本身已经是一个全球化及全球价值链建构的过程。

再其次，国家城市化水平和城市国际化力决定一个国家在全球城市价值链中的地位。中国的城市化水平正在赶超世界城市化平均水平，全球范围的国家间的经济竞争，在某种程度上直接表现为城市间的竞争，并且在国家间竞争的主体上，以特有的区域与城市价值链——产业群价值的方式体现出来。如美国的纽约和芝加哥、英国的伦敦、法国的巴黎、德国的柏林、韩国的首尔、日本的东京及中国的北京、上海和香港等，都是国家参与世界竞争的重要"主体单位"，这些城市是国家价值和实力的真实体现，城市的全球化能级已经成为国家全球化的象征。甚至可以说，全球价值链的结构主体是全球城市价值链，城市间的竞争是国家竞争的一种表现方式。

最后，城市全球价值链的建构是城市可持续发展的动力因。任何区域经济体和城市的功能定位与发展战略定位都必须从全球化的角度加以思考，这已经是一个城市生存与可持续发展的必由之路。国际经济一体化的深化，使得区域经济体和城市经济竞争已然成为世界意义上的竞争范式，现代世界的市场是全球意义上的市场。因此，任何经济要素想获得真正的发展，都必须抢占世界经济价值链中的优势位置，必须形成某种跨国、跨区的发展模式和城市价值链关系，必须参与全球城市价值链的竞争，而城市本身的集聚与扩散、集中与分散、侵入与接替是全球范围竞争的生态整合过程，这个生态整合过程的现代升级不仅表现为城市经济结构的转型与创新，还表现在城市全球价值链的长度、宽度、广度和丰度。

二、全球城市价值链的理论模式创新

以往全球价值链的研究，主要关注、研究公司或企业创造的产品价值以及相关的价值链体系，并以研究生产和商品流通活动过程中传递到最终消费者的价值所构成的价值链为主，包括原材料供给、生产组织体系、生产管理活动、商品及品牌行销、物流整合管理等活动[①]。这种研究结果提供了理解经济单位——包括公司或者国家——在全球经济中价值链关系及这种联系背后的制度化社会场域。如 1994 年美国杜克大学教授格里芬（Gereffi）等人提出全球商品链（Global Commodity Chain，GCC）的分析概念："通过一系列国际网络将围绕某一商品或产品而发生关系的诸多家庭作坊、企业和政府等紧密地联系到世界经济体系

---

① Porter. *The Competitive Advantage.* New York：Free Press，1985，pp. 25 – 29.

中"，并明确指出："任何商品链的具体加工流程或部件一般都表现为通过网络关系连接在一起的节点或一些节点的集合；商品链中任何节点的集合都包括投入（原材料和半成品等）组织、劳动力供应、产品运输、市场营销和最终消费等内容。"① 2001年以后，格里芬等人从价值链的角度分析了全球化过程，统一了"全球价值链"（Global Value Chain，GVC）的理论称呼，主张把商品和服务贸易看成治理体系。② 这种研究本身对于企业和产品价值创造及产品链价值的建构来说是十分有意义的。但是，仅就"全球价值链"本身的意涵来说，联合国工业发展组织（UNIDO，2002）在2002~2003年度工业发展报告《通过创新和学习来参与竞争》（Competing Through Innovation and Learning）有直接的说明："全球价值链是指在全球范围内为实现商品价值或服务价值而连接生产、销售、回收处理等过程的全球性跨企业网络组织，涵盖从原料采集和运输、半成品和成品的生产和分销、直至最终消费和回收处理的过程。其包含所有参与者和生产销售等活动的组织及价值利润分配，并依靠自动化的业务流程和供应商、合作伙伴以及客户的链接，支持机构的能力和效率。"③ 从城市社会学发展的角度来看，全球城市价值链不应该仅仅是包含生产活动中的产品、技术、原材料、生产管理和商品流通领域的价值链体系，还应该包括全球国家和城市间的政治、宗教、文化、区域空间、地域结构关系、"城市文化资本再生产"、城市产业结构、城市国际化开放度、市民社会关系等方面的价值链——更为重要的是，这类区别于一般产品价值链的价值体系会在更深层次上，影响着产品、技术、生产活动和商品流通的模式与价值水平。而我们要提出的是，无论是从产品视角研究全球价值链，还是从全球价值链本身的意义上研究价值链的构成，在本质可以这样认识：全球价值链的要素、节点及与价值链条的表现方式，无不是以城市作为载体或单元，并以城市区位为社会空间属性的。进一步说，全球价值链的空间环节是以城市价值作为基础的，并以城市间的价值链连接构成主要模式。如中国和世界的连接，主要是以世界城市间的连接为主，城市间的通道成为世界价值链的构成主体。城市是一个国家和区域经济发展的国际价值链连接的实体空间体，全球价值链的发展形态集中表现为全球城市价值链的发展上，而且全球城市价值链越来越成为世界经济一体化的网络化模式和空间结晶化的表现，并以越来越复杂化的形式呈现在世界上。亦如西方学者所言："全球化继续塑造着我们的世界，但却以前所未有

① Gary Gereffi & MiguelKorzeniewicz. *Commodity chains andglobal capitalism*. Praeger, 1994, pp. 96 – 98.

② Gary Gereffi, John Humphrey, Raphael Kaplinsky & Timothy J. Sturgeon. *Introduction*: *Globalisation*, *Value Chains and Development*. IDS Bulletin, 2001, 32 (3), pp. 1 – 8.

③ United Nations Industrial Development Organization. *Competing through Innovation and Learning the Focus of UNIDO's Industrial Development* 2002/2003. Vienna, 2002, pp. 107 – 116.

的自相矛盾的方式塑造着我们的世界，治理全球化和建设更民主的全球与地区治理模式依然是我们生死攸关的目标。"①

也有学者在研究国家国际战略的优势中，提出了价值链条中的不同环节，主要强调在全球化中不同国家经济支配的能力表现，从经济价值链的角度认识，城市的优势和竞争能力决定国家在世界价值链条中的不同环节。早在 1985 年，美国宾夕法尼亚州立大学沃顿商学院的科洛特（Kogut）教授就将价值链的概念从企业层次扩展到区域和国家，明确提出整个价值链条的各个环节在不同国家和地区之间如何在空间上进行配置取决于不同国家和地区的比较优势②——而从城市价值链的角度分析完全可以证明这一结论。任何地区的比较优势，其实质就是城市的优势，因为城市是地域生产力的表现方式，城市综合竞争力越强，地域生产力优势越明显。区域与国家的竞争在产业群的价值体系是以城市为单位的——即使从价值链的垂直分工和全球空间再配置间的关系看，国家与区域竞争者的空间存在实体形式就是城市。

我们所强调的全球城市价值链构成体系与价值，其理论基础之一是：城市是国家的经济载体和主体形式，全球价值链的连接及节点以城市为主体、为治所、为空间表现。世界级城市是全球跨国公司总部的集聚地，是全球价值链高端节点，是国家地域生产力价值标志之一。城市构成了一个区域空间的特定尺度，所以，由于城市自身自组织机能形成的集聚与扩散、集中与分散和地区"增长极"的功能与价值，城市的内在有机性必然使城市形成乡村没有的"累积循环因果效应"的"极化价值"集聚模式，并通过这个"极化价值"功能的扩散形成全球城市的价值链。不同能级的城市，存在着不同价值链长度（辐射范围）和不同"端位"的价值链模式。因此，我们所研究的"全球城市价值链"不是以往提出的产品价值链、商品价值链、"价值增加链"（Value-added Chain）等概念，而是一种新的模式、新的视角和新的全球化城市价值体系。在全球化的发展中，一个国家的现代化必须提出全新的城市全球价值链的理论模式与框架，从企业的全球价值链转移到国家现代化意义上的全球城市价值链的高度。

从历史发展进程来看，今天的世界已经进入一个以价值分工为基础的全球化社会分工过程，生产过程和市场竞争场域的全球化，使任何企业都必须在不同程度上以全球为市场，全球范围的竞争都也以城市为载体——从全球范围的竞争关系来说，与其说是全球国家间的竞争，不如说是全球城市间的竞争。全球城市价

---

① ［英］戴维·赫尔德、安东尼·麦克格鲁，陈志刚译：《全球化与反全球化》，社会科学文献出版社 2004 年版，第 2 页。

② Kogut, B. *Designing global strategies*：*Comparative and Competitive Value-Added Chains*. Sloan Management Review，1985，26（4），pp. 15 – 28.

值链的研究为分析全球化中的区域发展和地方产业升级提供了一种新的方法，赋予了产业竞争力和改善之路新的内涵。西方学者专门提出了价值链的升级问题，汉弗莱（Humphrey）和施密茨（Schmitz）在通过对发展中国家在全球价值链中升级的案例研究，总结了四种升级方式：工艺流程升级（Process Upgrading）、产品升级（Product Upgrading）、功能升级（Functional Upgrading）和链条升级（inter-sectorUpgrading）。[①] 如前所论，这种升级本身对以产品和商业流通为主体的价值链的意义是充分的，而我们提出的是直接从全球的产品价值链直接上升到全球城市价值链，以产业群和城市内在的价值链的优势能级和竞争力，去介入全球城市价值链的高端体系。

从全球城市价值链和环节分工前提的分析视角，我们可以看到，一个国家或区域的竞争优势已经不仅仅是某个特定企业或者某项特定产品，而是体现在产业群体的结构空间模式及发展空间形态优化的模式上，即体现城市价值链和城市群的经济与社会结构体系的优化方面，一个国家的城市发展水平和城市群结构在全球城市价值链中已经具有了全新的意义与价值。

我们认为全球城市价值链理论的研究与建构，应该在如下几个方面加以创造和创新：

第一，城市价值与全球价值链的"环节端位分析"。城市价值在某种意义上决定企业价值。城市发展水平，在一定意义上表现为国家地位及在全球价值链环节的位置。反过来，企业与产品价值促进了城市价值的提升，构成城市地域生产力能级。全球城市价值链的研究主要集中于全球城市价值体系的综合建构、治理模式与城市能级升级方面的讨论，对不同产品生产过程的价值链，应该从城市地理区位和空间分布、城市空间产业集聚的价值链体系及全球资源与利益再分配的价值链高端角度加以研究，而全新的全球城市价值链的建构，需要从全球资源与资本价值的再配置意义上加以分析和解释。

第二，全球城市价值链结构、形式、层级与能级分析。城市价值链是一个多层次、多元化、多系统和多要素构成的有机体系。其发展过程，既表现了国家利益，又表现了地域间的区位价值，也表现为空间的再生产的价值创造，同时也是企业的技术开发、产品生产、商品流通、资源分配和资本运作全球体化的过程。从当代社会发展的关系来认识，在某种意义上说，城市已经是全球资源再分配的参与主体，在分析城市全球价值链的层级、能级和"环节端位"的基础上，建构不同城市综合竞争力和特色竞争力，从而在全球价值链中找到城市的坐标。

第三，全球城市价值链建构的方式与高端环节介入研究。中国的城市几乎都

---

① Kaplinsky R & Morris M. *A Handbook for Value Chain Research.* Prepared for the IDRC, 2002.

设定了国际化的发展目标和战略——以往以产品和企业为核心的价值链，不可能形成区域性产业组合性的国际价值体系的综合结构价值，城市需要自身优化的产业结构和具有可以与国际接轨的"城市内在价值链"，一个城市只有自身形成了合理、优化的产业链和产业群结构，才有可能与国际城市价值链的高端区位链接。推而论之，一个国家和城市只有内部具有了相对合理的城市价值链，才有可能在全球的城市价值链体系中占据高端环节位置的可能，这就需要主动对全球城市价值链进行系统和科学的研究，从而从中找到城市在全球价值链中的定位需要与价值要素的构成。城市本身相对完善的价值链，具有价值增值效应，通过价值链关系的整合，可以形成经济发展的放大过程，表现为城市价值与城市资本再生产的一种场域创新模式，优化的价值链体系具有自身资本再生产的内在"动力因"，形成价值链的增值"蝴蝶效应"，如巴黎、伦敦、纽约、香港等城市，自身价值链体系形成一种经济"黑洞效应"，既能够吸纳新的"高端价值环节"链接性建构，又能使其价值链可以向两头延伸，而自身居于价值链的优势区位和环境，城市自身完善的价值链结构可以直接成为全球城市价值链重要环节。从理论和实践的双重视角来看，城市内部的全球价值链建构是介入全球城市价值链高端环节的基础和前提。

第四，城市价值链模式对城市竞争力建构的价值研究。城市自身的价值存在方式主要表现为城市产业群和产业价值链的完善性与合理性。传统的全球价值链研究，除了偏重属于买家驱动型价值链的传统产业外，更加注重产品价值链关系和延伸度的研究，对城市群、城市产业群之间的价值链优化构成研究得较少；城市作为区域性发展极对生产者驱动的价值链更具有深刻性，而研究者相对较少。另外，传统产品与企业间的价值链具有有形与无形双重描述性，有些链条具有虚拟性和理想性；而全球城市价值链是一个实体空间的实体价值的再创造，如全球城市间的网络形式、空间通道与可达性和物化价值链关系以及城市间的沟通频率等具有现实性的直接可描述性，全球城市价值是一个以实体性为主的价值链条。

第五，全球城市价值链的城市国际化发展模式与开放度的研究。全球城市价值链不仅仅停留在经济层面的分析上，在强调企业产品链的同时，上升到国际化的层面，既强调城市国际化的市民社会发展模式，也强调城市化社会的"合法化"的价值认同研究，同时还强调与国际社会价值链的一体化研究。在这个基础上，分析城市作为世界经济一体的节点与空间再生产的场域就更具有现代性和强可持续发展意义。城市与世界一体化的实体价值与模式，包括城市政府的政策、契约关系、生产服务的国际化能力、国际化城市的 CBD 空间价值、城市金融产业与金融服务产业的能级、城市公共空间的市民社会意义以及与世界城市的联系方式的可达性、有效性、时间结构性等。另外，还有全球城市价值链的扩展性文化属性价值，如政治属性价值等方面价值链条、城市间文化价值链和品牌价值链等。

随着区域经济的发展整合，人类交通方式和交往方式的变革，使国家和区域经济体正在以都市圈、都市群和都市带的空间形态发展着，这种空间形态中的经济、文化、政治等多属性综合体直接进入国际市场，参与国际竞争，全球价值链的分析单位与方式也应当具备超前眼光和国际视角，从产品、企业和国家，转而到城市这一生产力集聚的实体空间。跨国公司是全球城市价值链的一种缩影，世界一流国际化大都市都是世界 500 强集聚度最高的城市，从这一意义上也进一步证明了全球价值链的本质结构形态是城市价值链，只有城市占据了全球城市价值链的高端区位，城市的企业才有可能成为城市价值链体系的高端环节。企业总部集聚在某些城市这一缩影表现的是城市全球价值链具体化的时空价值，城市的存在是全球价值链存在的前提。城市全球价值链的"介入力"与产业结构优化程度是成正比的，只有城市具有高新技术产业的群体结构优势和相对完整的价值链，才能具有介入全球城市价值链高端区位的能力。

三、全球城市价值链高端介入模式——"国际化指数"与"城市五维竞争力"构建

介入全球城市价值链高端区位的目的之一就是创造中国"强可持续发展"的"动力因"与模式。中国能源研究会在 2011 年初公布"中国成为全球第一能源消费大国"，而且"能耗强度是日本的 5 倍"。"早在 2002 年，我国能源消费已位列全球第二，仅次于美国"；"能源消耗强度仍偏高，是美国的 3 倍、日本的 5 倍"。2010 年，中国 GDP 总量首次超过日本，"但日本去年的能源消费总量是 6.6 亿吨标准煤"，同期的中国"一次能源消费量为 32.5 亿吨标准煤，同比增长了 6%"。[①] 很显然，近 30 年来中国城市化本身所体现的现代化过程，是一个典型的生产和消费领域的高消耗过程，这种高消耗的直接原因就是中国制造业的过度发展及在全球城市价值链中处于低端环节。那么，依据中国现有的国情与发展样态，中国在全球城市价值链中应该采取何种对策呢？

世界发达国家的可持续发展城市有两个直接的经验，从理论上理解可以解释为三种发展模式：一是"增长方式大于增长本身"；二是"创新的土壤比创新本身更重要"；三是全球城市价值链的高端介入模式，依据全球市场需要建构城市

---

① 张艳：《中国成第一能源消费大国 能耗强度是日本 5 倍》，载于《京华时报》2011 年 2 月 26 日。

内在个性并自成体系的城市价值链优势。

发达国家城市的可持续发展经验很多，择其要可以作为经验的有：

第一，"全球化指数"意义上的全球城市价值链的建构。全球城市价值链的高端价值创造即表现为全球化发展体系和指数级别。有关机构发表"2010 年全球化指数"认为：在全球 60 大经济体中，中国香港的全球化指标居全球首位；新加坡多年来一直是榜首，2010 年从第一名降到第三名；中国内地排名第 39 位；而"世界经济龙头美国则只排名第 28 位"。① "全球化指数"从一个侧面为我们理解全球城市价值链提供了新的理论与实践认识方式。"全球化指数"也就是全球城市价值链的高端环节指数价值之一，我们可以把它的五个指标从国际化视角和全球化的视角加以适当调整，其主要内容有：一是"国际化的资本流动"；二是"全球性的文化价值集成性"；三是"国际贸易开放程度"；四是"全球化的科技与创意交流"；五是"国际市场的劳动力流动"。其中，"香港在贸易开放程度、资本流动及文化集成性方面均排名第一。"② 这五项要素对中国内地相当多的城市来说相去甚远，但是这五项内容对中国内地城市的全球城市价值链高端价值创造来讲，其经验具有重大价值，并且可以成为直接学习的模式，只是不同规模的城市在发展程度上可以有所不同。

第二，全球价值链的"五维竞争力模式"的建构与创新。中国未来经济发展的特点之一是大城市、特大城市为主体的城市群结构经济模式，可以断言，在全球经济一体化的发展中，中国应该优势建立全新的城市核心竞争力的价值链，创造中国及中国城市的全球化指数，这是世界经济竞争关系的必然选择。中国多梯度的城市社会结构，不能仅仅需要城市的"综合竞争力"，而是更需结构化的城市价值的竞争力：一是城市综合竞争力；二是城市特色竞争力；三是城市文化资本再生产力；四是循环社会型强可持续自我生存力；五是社会民主与公平力。这是一种全新的国家与区域社会现代化的"五维竞争力"模式。从全新的全球价值链的角度来说，传统经济价值链中的"技术、原料和劳动力"仅仅是新全球价值链的基本要素，而要形成全球价值链的高端模式和高端介入能力，仅仅有技术、原料和劳动力是不够的，更需要文化资本、人力资本、社会公平力和区域性空间价值再造能力。特别是，在全球整体的发展中，区域性经济体和城市可能通过"区域与城市的文化资本再生产"，创造全新的区域经济体和单体城市的价值与能级，继而通过国际化的经济与"文化资本再生产场域"的建构，形成区域的"城市文化资本"再生产过程，实现在区域社会与城市的全球网络中从低价值生产向高价值生产的转移。

---

①② 《香港超越新加坡"全球化指数"排名居首》，载于香港《文汇报》2011 年 1 月 28 日。

第三，全球城市高端价值链结构化的建构与整合。全球城市价值链的高端介入模式，是中国城市社会来临和中华民族经济与文化复兴的一种选择，中国省会一级的城市，特别是发达地区的省会城市，应该是在某种意义进入全球城市价值链高端环节——中国的省级经济体的规模多数可与欧洲的国家相提并论。所以，应该站在全球的高度思考创造城市的全球价值链。而我们当前应该重点选择"城市文化资本"价值链、国际生产型服务价值链、国际化人才资本价值链、国际企业管理文化价值链、国际货币资本流通价值链、国际贸易价值链等核心价值链整合建构，不仅是把"技术、原料和劳动力融合在一起形成各种投入环节的过程"或者"通过组装把这些环节结合起来形成最终商品，最后通过市场交易、消费等最终完成价值循环过程"，① 而应更加强化中国区域经济发展极——城市主体性和国际性价值，在世界一体化的经济模式中，创造中国城市的"地方性精神"与地方性价值，使其成为全球价值链的高地和不可或缺的价值节点，创造地方性自我成长性、自我更新和中心性能力。这一能力的超前发展具有重大意义，能够助力中国的区域性中心城市形成先发优势，创造典型的"位势优势价值"——一旦形成这种先发的全球价值链的中心性价值，城市在经济与社会发展中就会产生极化效应，对产品、技术、人才、资本会形成强大吸引力，既对后续的产业发展带来区域性成长的比较性优势，也会形成典型的"区域发展极"的"马太效应"。

第四，全球城市价值链中创新中心与反射中心的定位。首先依赖于对自身价值的审视和准确定位，将区域性和城市体的资源进行资本化运作。如"城市文化资本"的再生产创新就是试图使城市直接跨入全球城市价值链的高端位置。尤其在今天，全球城市化与城市全球化，形成的世界范围的城市间竞争，是一个不争的事实，城市要寻找出路，寻求更大的可持续发展，必须有科学准确的定位。② 目前，由于中国城市的发展规划"入径"是一样的，因而各城市的总体战略具有极其相似的雷同性，正是针对这一现实，全球价值链的高端介入模式和区域经济文化创新及反射中心的建构就更具有深刻意义。③ 一个区域或者是城市能否成为经济与文化的反射中心，一是要看有没有完整的"五维竞争力"；二是要看有没有优化的经济与文化模式；三是要看区域经济与文化的创新土壤；四是要看区域性的人才结构和人才成长机制；五是要看经济发展的措施和手段创新的程

<hr />

① Kogut, B. *Designing global strategies: Comparative andCompetitive Value-Added Chains.* Sloan Management Review, 1985, 26（4），pp. 15 - 28.

② 倪鹏飞：《中国城市竞争力报告 No. 2——定位：让中国城市共赢》，社会科学文献出版社 2004 年版，第 99 页。

③ 张鸿雁、张登国：《城市定位论——城市社会学理论视野下的可持续发展战略》，东南大学出版社 2008 年版。

度——如果能够形成独有经济与文化模式，就有能力对外来的经济与文化要素进行选择与创新性的吸纳。经济与文化反射强调的是一种经济与文化结构的自我成长力、反思力、扩张力和再创新力。

第五，全球城市价值链的高端介入模式的多层次战略。第一层是"区域资本再生产的能力"，区域资本主要是经济与财富资本、自然资源资本和"城市文化资本"①——特别是"城市文化资本再生产模式"和城市国际化经济与文化空间的建构，即能否具有反射世界经济与文化的"介子"与"界面"，这包括了政策、空间、人才、要素、策略、服务能力的资本再生产的能级等。第二层次是世界经济与文化因子吸收创新能力，包括对世界经济与文化前沿发展的把握，能够在广泛的意义上吸纳国际经济、文化要素、资本要素。第三层次是国际化的开放程度，包括对国际化的开放方式，表现为法制前提下的市场经济关系，如国际化自由贸易、国际化的资本结算、国际化的旅游地和国际化的生活空间等。第四层次是国际化的人才集聚与流动，包括人才成长的优化土壤和机制。第五层次是经济、文化与科技的创造、创新能力，即对世界经济与文化变迁的反映、参与、创造和创新——在不同程度上能够走出去，吸纳、介入、参与、创造和创新。第六层次是通过反射世界经济文化，对本区域经济、社会和城市经济与文化进行再创造，创新在全球一体化的中本土化经济模式，包括区域性自我生存能力，这里强调的循环社会型的区域发展体系的建设。第七层次是区域与城市的地方性精神与价值。②

第六，中国城市的全球价值链的"链接模式"——"中国应该是平的"这一战略的"顶层设计"。建立全国范围的与国际产业价值链衔接的产业价值链。建构相对稳定的国家级发展战略模式，率先在国家的整体意义上，建构国家整体的城市价值链体系。在 600 个城市网络空间内，创造、规划、创新合理的产业结构和产业价值链，并实现与国际产业价值链的高端介入链接模式。通过国家区域空间的整合，对各城市价值链进行整合和分级政策指导，创造国家以城市为节点的经济与社会的强可持续力和抗风险能力。结合不同城市的实际建立与国家发展战略相适应的区域空间产业模式。进一步提高区域与城市发展的标准能级，率先在多个城市、多个区域空间与世界接轨，并形成现代化发展的示范区，通过区域的极化效应，带动城市价值链的高端成长机制。重大核心产业规模区域上升为国家级战略，形成国家扁平管理模式。打造多个万亿级的经济与文化产业区。创造多个区域性的，以城市为载体的"国际级金融产业区的发展战略"。如省会以上

---

① 张鸿雁：《城市文化资本论》，东南大学出版社 2010 年版，第 28、602 页。
② 张鸿雁：《侵入与接替——城市社会结构变迁新论》，东南大学出版社 2000 年版，第 423 页。

城市都应该成为区域性的金融中心，包括金融产业和金融服务产业的经济产业区。学习伦敦的金融产业发展模式，① 提出省会城市金融产业的"八大战略"：金融空间一体化战略、金融产品创新化战略、金融市场全球化战略、金融组织集团化战略、金融服务品牌化战略、金融业务网络化战略、金融人力资本开发战略和金融风险控制战略。创造"金融核心产业区"＋"金融服务经济产业区"的中国城市金融产业模式，形成国际化的城市资本价值链，在适应国际化金融产业发展大趋势的条件下，突出金融服务产业以及金融服务平台的建设，推动金融服务产业发展高端化和国际化，向"高端、高效、高产、高辐射力"方向升级，这是中国城市直接介入全球城市价值链的核心战略之一。

第七，打破地区行政壁垒，创造区域性国际化城市经济共同体。一是集约国家级优势的资源，集中打造世界级的中国智慧产业谷，从传统的中国制造转型为中国智造。从目前的情况看，中国具有国际化都市特点的城市如北京、上海、天津、广州、杭州、深圳和苏州等城市已经具备初步条件，创造世界领先的智慧城市和智慧城市产业群，这将是中国整体上介入全球城市价值链的重要战略措施。二是创造城市群意义上的国际化服务产业区。如以香港为核心的大香港经济文化圈、以上海为核心的大上海国际化经济区、以北京天津为双核心的大北京国际化经济区，创造全新的区域化国际指数，创造并创新全球城市价值链的高端环节和区位。三是创造中国式城市乡一体化后工业社会的城市化格局。在一定大区域内形成跨区域的"区域一体化战略"，通过创新多元化的土地流转方式，建设与国际接轨的城乡一体化土地资本运行模式。

在多年的城市研究中，我们一直在思考一个问题：中国的城市化应该走什么样的道路？西方的城市道路在多大程度可以构成我们的经验？在实践中我们体会到，中国的城市化既要学习西方城市化成功的经验，又要总结避免西方城市化中失败的教训和误区。中国的国情具有自己民族化特点和历史特点，当代中国城市社会的来临，城市化规模之大、形态混杂、速度之快也是前无古人和后无来者的，必须针对中国特有的现实，提出全新城市化理论，创造典型的"中国城市化模式"。

---

① "伦敦作为欧洲金融中心的地位是毋庸置疑的，尽管欧元产生和法兰克福作为海外美元货币市场的成长……但欧元没有改变这两个城市的地位，尽管欧洲中央银行设在法兰克福……伦敦在欧洲金融业仍然处于支配地位，无论是银行、资本市场、广告业、法律还是咨询管理。伦敦的全球服务性公司数目排在纽约和法兰克福之前，是'联系最多的世界城'……2001 年伦敦占据世界 20% 的中国银行贷款、52% 的外国证券交易量、31% 的外汇交易，相当于纽约、东京和新加坡的总和。"［英］彼得·迪肯：《全球性转变——重塑 21 世纪全球经济地图》，商务印书馆 2007 年版，第 389～390 页。

第二节 本土化城市化的发展理论：历史与
逻辑的双重[①]视角

　　中国近百年来的城市发展，城市社会整体性的结构性变迁使得很多城市在发展中丧失了自我。100 多年来，中国的城市发展经历了天翻地覆的变化，既有 1949 年前连年战乱、帝国列强的侵略，烽火连年中有些城市只剩下断壁残垣；也有 1949 年后中国城市战火后的重生，新中国的城市的发展曾令世界刮目。但其伴随而来的大跃进及过度工业化使得有一些城市景观混乱、城市形态建设缺乏理论指导；加之"文化大革命"对城市结构空间与城市文化记忆的破坏，城市形态的本土化基本无从谈起。改革开放后，虽然中国的城市进入了高速发展的轨道，但是由于有些城市急功近利管理所形成的"建设性破坏"，使中国城市形态本土化的创新一直未能启动，或者说中国城市形态本土化几乎丧失了整整 100 年的机会。回顾这 100 年中国城市的发展，特别是面对西方化的浪潮和世界一体化发展，中国城市的社会形态建设正在丧失本土化意涵，城市定位、城市景观建设、城市形态表现为一种非民族化和非本土化倾向。我们更担心的是，如若在未来 100 年后重新审视过去 100 年城市建设，我们能否把过去 100 年的城市建设作为中国城市发展史的辉煌篇章？能否使过去 100 年的城市发展成为中国乃至人类的"集体记忆"[②]？

　　城市要重新定位，就是要找回中国城市形态的本土化模式，[③] 找回中国人的自信与民族文化精神。无论创造"循环社会型城市发展模式"[④]，还是建构"城市文化资本"[⑤]，或者是创造"中式后都市主义"概念，都是作为城市社会发展理念与思维方式的升华和思考的创新。"那些在地理空间上临近目标市场或者拥有发达基础设施（尤其是交通或者通信设施）的城市，在物质条件上有很大的吸引力或具有独特文化性质，这些城市能够最先从区域和国家的发展优势以及全球化中获利。这些城市和区域的发展的成败往往取决于国家过去与现在的政策以

---

　　① 张鸿雁：《城市定位的本土化回归与创新："找回失去 100 年的自我"》，载于《社会科学》2008 年第 8 期，第 64～71 页。

　　② ［法］莫里斯·哈布瓦赫，毕然等译：《论集体记忆》，上海人民出版社 2002 年版，第 40 页。

　　③ 张鸿雁：《中国本土化城市形态论》，载于《城市问题》2006 年第 8 期，第 2～9 页。

　　④ 张鸿雁等：《循环型城市社会发展模式——城市可持续创新战略》，东南大学出版社 2007 年版，第 7～9 页。

　　⑤ 张鸿雁：《城市形象与城市文化资本论——中国城市形象比较的社会学研究》，东南大学出版社 2002 年版，第一章。

345

及重大历史事件的多重影响，然而例子说明天然的地理优势扮演一个非常重要的角色"。① 其困境是：我们是否能够有中国城市本土化的理论创新？是否能够放弃城市政绩管理模式而寻找城市的社会责任和自然属性？最值得思考的是在20世纪整整100年中，前50年中国的城市多是在战火中生存，断壁残垣曾是这个时期城市存在的真实写照；后50年则是在没有完整理论准备的前提下建设城市的，或者可以这样说，整整100年，中国民族性、本土化特有的城市形态没有发生，至少缺乏这一时代的特征建构。整整100年的城市变迁，失去了应该不能忘却的民族元素与文化象征，这是当代要重新进行城市定位的主要原因之一！如何找回自己？甚至可以这样说，当代中国城市定位的价值就是要"找回失去100年的自我"。

一、重构民族化的"人类集体记忆"

"找回失去100年的自我"是对中国城市社会发展和城市形态建设的一种反思，中华民族应该在新的100年里创造本土化的城市形态和社会空间结构，这是一项历史的责任。城市作为一个社会有机体，在不断地被人类所创造的同时，反过来又不断地表现为"城市的作用在于改造人"。当代的城市建设，人们更多的是仅仅关注经济建设，这种结果所带来的文化效应是城市"本土化"要素的"虚无化"。从本质上说，这种城市本土化形态的"虚无化"在对人的改造能力与意义上，往往会丧失民族文化的凝聚力和认同力，在城市中出现典型的"合理性危机"与"合法化危机"，② 其一般表现就是人们对中国本土化的城市结构与空间缺乏整体的文化认同，对城市化的发展和社会的整体文化价值的建构容易缺乏参与感。实践中，一些非本土化的现象充斥在一些城市中：一是城市地名的非本土化；二是城市街区道路名称的非本土化；三是城市楼盘小区名称的非本土化；四是城市空间符号表现的非本土化；五是城市景观体系的非本土化；六是城市整体空间规划的非本土化；七是城市规划与建设语言的非本土化；八是城市社会生活方式与价值取向的非本土化；等等。在城市化的发展中，我们主张中国与世界文化的对接和对西方文化汲取，更希望中国的城市化能够引领世界经济社会

---

① 联合国人居署，吴志强译制组译：《和谐城市——世界城市状况报告》，中国建筑工业出版社2008年版，第9页。

② 哈贝马斯在他的《合法化危机》一书中认为当代资本主义存在着四种危机：一是经济危机，即经济系统不能生产足够的消费价值以满足人们的需求；二是合理性危机，"即行政系统不能做出足够量的合理决策以协调经济系统的发出的矛盾指令"；三是合法化危机，即社会文化系统不能为社会整合提供足够的合法性以确保社会成员对社会的信任；四是动机危机，"即社会文化系统不能使社会成员生产足够的参与动机。"［德］哈柏玛斯，刘北成译：《合法化危机》，桂冠图书股份有限公司2001年版，第4页。

和文化发展的潮流，甚至希望中国的城市化能够成为世界城市化发展的主流，在城市全球化中，中国的城市能够将世界优秀的文化为自己所使，最终能够使中国的城市化成为世界优秀文化的创新地和策源地。在此基础上，我们更强调中国在融入城市全球化和全球城市的浪潮中，不应该是建立在对自己"城市形态本土文化虚无化"的立场上，或者至少不能丧失自我的本土性特质与价值，而应该是在建构中国本土化城市形态的同时，创造与世界的一体化机制，让具有中国本土化特色的城市成为全球化的一部分，并为世界城市发展创造个性化的要素，丰富人类城市整体的文化构成。亦如我们看到的如日本的京都、奈良；法国的巴黎；巴西的巴塞罗那；意大利的罗马、威尼斯等城市那样，在城市全球化浪潮中，因为创造了城市自我个性的文化、民族化和本土化城市形态而成为世界城市化和全球化的经典之作。

这些本土化的城市形态所构成的社会结构关系，成为民族性成长的土壤，这些具有典型民族性的城市成为了本土文化的守望者、爱护者和创新者，也成为国家与民族文化凝聚力的象征。这类城市在改造人的同时，从本质与文化属性方面创造具有民族意义的城市的"魂"与"根"，成为一个国家与地区爱国主义价值取向的文化中心之一，更成为国家与城市文化竞争力的核心"动力因"。可以这样说，中国城市形态的规划在一些城市完全忘却了中国本土化发展的意义和责任，而且有愈演愈烈的趋势。在中国的某些城市不仅仅在物化的空间上没有本土化符号，而且在整体价值的取向上，城市亦有被整体"民族虚无化"的趋势。事实上，有些城市应该是典型的世界化和国际型城市，如上海、香港等城市，而更多的城市应该是本土化的创造者和保护者。

中国传统的城市空间，因为其具有的优秀的民族性和本土化特质，所以就已经具有了世界性的价值与意义，正如人们认同的经典理论认知一样，越是民族优秀的文化，越具有世界性。城市传统城市形态中优秀的文化和符号，是世界城市形态百花园是一株奇葩，也正因为有了世界不同民族的文化与城市形态，才使人类城市社会发展更具有了无限的生命与力量，从人类社会整体与人类城市的整体发展角度讲，只有各民族的城市都能够创造多样化的城市形态空间，才是人类真正意义上城市整体发展进步与进化。只有不同的地区、国家和民族创造各自本土化城市形态，人类城市整体才具有全新的价值。如果全球化中的城市只有单纯的一种形态，或者完全是西方化的一种形态，这只能说明是人类城市化的一种退步。城市形态与社会空间的本土化与民族性，是人们思想、文化和行为价值观展现的空间形式，这既是人类智慧与价值观的结晶，反过来又是人类智慧与观念再"形塑"的价值空间体系。中国人应该有勇气找回失去100年的城市形态和城市空间本土化意义。

　　给城市以重新定位，另外一个重要意涵就是能够正视中国城市化资源依赖型发展模式，从资源依赖型向自然奉献型转型，这也是中国寻求现代化、创造社会整体可持续发展的真正意义所在。城市要在自然的怀抱中，体现着人的智慧，与自然共生。① 人与自然的关系应该是一种"嵌入性"的结构构成关系。理论上的嵌入性概念，最早是由经济史学家卡尔·波拉尼 1957 年提出的。他明确指出，"人类经济嵌入并缠结于经济与非经济的制度之中"。"所有的经济行为本来就陷入到一种结构或另一种结构的社会关系中，发展从本质上导致了镶嵌的种类而不是程度的变化。"② "嵌入性"（Embeddedness）在汉语中，有时被译成"镶嵌"、"根植"的意思。20 世纪 80 年代中期，美国新经济社会学的代表人物格兰诺维特将波拉尼的"嵌入性"概念引入社会学领域，因此，"嵌入性"一词成为美国新经济社会学一个重要的基础性概念。③ 所谓城市与自然的"嵌入性"就是人在与自然的互动中相互塑造与给予，人类汲取了自然的力量，创造了自己的生活方式，城市是自然结构与体系的一部分，人类汲取了自然的营养，同时，人类创造的城市应该给予自然以"善"的感恩式回报。

　　另外，人与城市也必然构成"嵌入性"的结构关系，在人与城市的互动中，城市与人同时相互被异化，城市越来越有拟人的结构体系，而人类越来越成为"城市化的动物"和"城市化结构的一部分"。社会精英群体正在通过制度形式的城市化，改造着传统社会的关系和人类的思维方式。城市通过特有的演化方式，整合、创造着城市人群体价值的文化追求，这就是既要让城市成为人类社会化的空间结构，又要使城市成为自然的结构构成部分。在塞缪尔·亨廷顿主编的《文化的重要作用——价值观如何影响人类进步》一书中格龙多纳·马里亚诺在《经济发展的文化人类》一文中说："一个国家必须能以有利于经济发展的方式度过诱惑关头。……国家必须具备那种有利于抵制诱惑而做出的正确决策的价值体系，才能实现持续的、迅速的发展。"④ 改革开放以来，中国的很多城市之所以千城一面，城市定位缺乏个性，或者城市定位没有远见，关键是城市管理者在经济发展中不能抵制"城市经营"过程中的政绩型诱惑，城市管理者所处的社

---

　　① ［美］刘易斯·芒福德，宋俊岭等译：《城市发展史——起源、演变和前景》，中国建筑工业出版社 2005 年版，第 87 页。

　　② 李惠斌、杨雪冬：《社会资本与社会发展》，社会科学文献出版社 2000 年版，第 263 页。

　　③ 理论上的嵌入性概念，最早是由经济史学家卡尔·波拉尼 1957 年提出的。他明确指出，"人类经济嵌入并缠结于经济与非经济的制度之中"。"所有的经济行为本来就陷入到一种结构或另一种结构的社会关系中，发展从本质上导致了镶嵌的种类而不是程度的变化。"李惠斌、杨雪冬：《社会资本与社会发展》，社会科学文献出版社 2000 年版，第 263 页。

　　④ ［美］塞缪尔·亨廷顿等：《文化的重要作用——价值观如何影响人类进步》，新华出版社 2002 年版，第 81 页。

会位置与城市的存在价值不相吻合，只注意人与城市社会性的结构性嵌入，即单纯受制于与社会的"嵌入性"结构关系。而完全忽视了城市与自然的"嵌入性"结构关系。城市发展的自然属性价值——"超历史时空性"与城市管理的短期的政绩效应是一对截然相反的矛盾，加之当代中国的城市市民社会关系尚未形成，使得城市不得不在短视的认知中发展，不得不在政绩的显性化中丧失传统、个性和本土化形态。如此不仅不能塑造出有"千年民族性格"的城市，而且就是仅存的一些城市记忆也正在随着时间的流泻而成为忘却的主神，只能在我们的头脑里寻找那曾经留存于记忆之中的城市百年街坊……

城市的定位本土化的建构，首先要尊重历史。尊重历史有四个层次，一是了解并把握城市历史的发展历程与价值，熟悉城市历史的重大事件和重要业绩。二是能够客观反映城市历史，要能够很好地、全面保存好城市历史文化中一切有价值的事物，并形成一种社会风尚与机制。三是能够让历史为城市社会的现代化发展服务，可谓是基于历史，服务现实。四是通过城市历史文化保护、整理、开发和城市再定位，让城市形成一种"历史风格"。这种"城市历史风格"能够转化为可创新的"城市文化资本"体系，使城市的可持续发展机制不仅仅是资源依赖型的，也不仅仅是经济生产型的，更主要的是"城市文化资本"型的，这种"城市文化资本"型的城市定位，可以形成完全意义上的可持续发展机制，在政策、思想、文化和行为的创新发展中，形成永续动力的文化体系。或如北京的长城、故宫；杭州的西湖、灵隐寺；扬州的瘦西湖、大运河；南京的中山陵、夫子庙等城市文化要素一样，经过历史与岁月的洗礼转化为典型的、物化的、垄断型的"城市文化资本"，成为城市发展的文化竞争力。或者犹如人们记忆中的"上有天堂，下有苏杭"历史感知一样，形成城市新的生命与力量。

一个好的城市形态与空间文化理论，不能代替一个城市形态与空间的好理论。这就是说，城市定位，对于每一个城市来说，都是全新的思考和创意，必须创造个性化的城市空间理论，以形成个性化的城市空间意象。城市定位不能也不应该有统一的模式，这恰恰是城市定位理论本土化形态提出的初衷和结果。城市社会学最基本的理论就是强调"空间具有价值性"，在现代城市社会里，任何空间都可用一种价值来描述。任何人需要某种空间，都必须付出经济"成本"。"空间就是生产力"要素显得越来越重要，其主要原因是城市空间对于城市来说，越来越表现为稀缺资源，在现实的城市全球化的发展中，城市空间的创新已经成为城市竞争力核心要素之一。

我们在20世纪似曾失去了100年城市形态的升华！甚至险些失去中国100年的城市记忆！但是我们不能在21世纪的100年中再失去中国本土化城市形态的创造！这是民族的，也是世界的。未来的100年的城市创造，应该是未来人类集体记忆的核心组成部分！新的 100 年在给我们机会！

二、"中式后都市主义"生活 —— 给城市以的新生命

和谐就是一种秩序和协调。从城市存在与发展的角度看，城市是一个有机的秩序关系，芒福德曾提出过"有机城市秩序理论"，① 这种"有机秩序城市"从现实的理解就是城市与自然的和谐共生的关系。我们如何从现实发展的角度理解和创造"有机秩序城市"呢？芒福德在他的研究成果中，曾提到中国宋代《清明上河图》所描述的城市景象，"所显示的那种质量……是充满生气的城市"，给人类城市空间与自然和谐的理想类型；② 在他眼里，这幅画表现了人与自然互为里表、互为依存关系的城市，这才应该是人们向往的城市，而《清明上河图》所描绘的城市，让人们感受到的是自然对城市生活的恩赐和城市与自然的"嵌入性"生活关系。虽然这仅仅是一幅理想的画卷，但是，其中的信息告诉我们：在工业社会以前似曾有过依存于自然的古典城市生活。在人类经历了工业化的冲击以后，已经很难表现中国宋代《清明上河图》所构成的自然属性的城市生活方式了。但是，我们也应该看到，在进入新型工业化特别是进入后工业社会以后，某些发达国家和地区的城市，已经在一定程度上在重新构建与自然互为依存、互为里表的"中式后都市主义"的城市生活方式。

从 21 世纪初的世界城市化发展趋势来看，世界城市化人口已经超过 56% 以上，世界上有 75 个国家和地区的城市人口超过 50%，按照近代世界城市化发展的规律来看，在未来 30 年左右，全球将全面进入城市社会。与工业化过程中的城市化不同的是，后现代社会的城市化已经不在于人口的集聚，而在于城市生活方式和城市文明的普及。丹尼尔·贝尔在他的《后工业社会的来临》一书中已经阐述过，未来的城市表现形式已经不仅仅是人口到城市的集中，新的城市生活方式更多的是表现为现代意义上的交通方式、交往方式、交换方式和通讯方式。未来的城市可谓是无底、无形、无边，城市与乡村没有传统意义上明确的界线。在当代东京到大阪之间所看到城市生活方式地带，已经感受到后工业社会的城市生活方式的样板。越来越多的人共同生活在城市里，已经使城市变成了一个巨大的消费体，城市正在以人类群体居住在的方式消耗着自然的物质与能量、消耗人类自己创造的财富。城市人口爆炸和城市的快速膨胀不仅使城市的可持续成为人

---

① ［美］刘易斯·芒福德，宋俊岭等译：《城市发展史——起源、演变和前景》，中国建筑工业出版社 2005 年版，第 408～411 页。

② ［美］刘易斯·芒福德，宋俊岭等译：《城市发展史——起源、演变和前景》，中国建筑工业出版社 2005 年版，附图 33。

类的共同课题，而且人类整体的生活都面临着严峻的挑战。进一步说，人类整体所面临的可持续发展的严峻挑战，在一定意义上正是由于人类居住于城市所构成的这一生活方式造成的。当代超百万、超千万人口的大城市，时刻处于大量生产（生产过程也是在消费自然物）—大量（生活）消费（直接消耗自然的物质与能量）的过程，城市作为人类以"群体关系"构成的巨大消费体，生活与生产消费物和剩余物，成为社会发展的一个负面影响因素。20世纪90年代日本提出了循环经济与循环社会的发展目标，其目的就是"克服过剩的生产剩余物和消费生活剩余"，以求城市和谐与自然的发展，求得城市能够成为真正意义上的有机结构体系。从"有机城市秩序"中我们似乎找到城市发展的一条新的道路，这就是"中式后都市主义"的城市生活方式。所谓"中式后都市主义"的城市生活其核心就是在城市中重塑与现代生活相适应的自然空间与"自然的有机新秩序"。根据后现代社会关系的结构模式，本书提出全新意义的"中式后都市主义"的理论与模式，这也是本书研究城市定位的一种价值取向与创新。

"中式后都市主义"的城市生活可以有如下思考：

一是城市"自然属性文化"和历史人文要素的"复兴"，尽可能在新的历史文化层面恢复城市中曾有的"自然有机的秩序"，让城市人从"第二自然"的空间感知中，找回"第一自然"的意向与感知。让城市的历史人文与自然要素、传统地方文化要素，包括城市街区与文化形成的"城市文化肌理"，能够在新的时空机制中得以新生，让城市具有更多的"情亲感"和"粘滞空间"。让城市已经死去的或者已经失掉的自然空间、历史和原生态自然文化得以"复活"，这是现代意义上的"中国式的城市文艺复兴"重要文化指向与取向[①]。

每一座城市都有自己的自然和历史文化景观，因为，多少年来中国的"城市人"更多忙于生计、生产和生活，还没有能够把城市当作艺术品来打造，城市建设缺乏理论模式引导和新思维的主张，特别是传统农业社会的认知与观念还左右着当代城市人的生活方式，很多城市还不具有典型的市民化城市生活方式。因此，在恢复城市曾有的"自然有机的秩序"方面，应该建构一整套的理论和体系，在一定理论指导的前提下，正确开发城市"有机城市新秩序"，这是城市定位论的理论方法之一。

二是导引自然原生态要素"入城"，这是一种新的城市空间整合观。我们都知道，早期人类城市的起源，大部分城市都是选择在依山傍水的"第二台地"上，说明，人类早期城市的区位定位都是在仰观天象、俯察地势、寻水源、望凶吉

---

① 张鸿雁：《中国式城市文艺复兴与第六次城市革命》，载于《城市问题》2008年第1期。

第十章 本土化城市化理论重构的顶层设计：核心概念及理论价值的历史意义

之后，使城市可以"上尽山势，下靠水源"，创造天时、地利、人和的结构空间。① 但是，一些城市在工业化过程，忽视了城市依赖自然的价值与功能，有些城市管理者，把城市周边的大山、大河视为城市发展的障碍。有的城市虽然有千年的历史，但是，山，仍然是城市外山，水，仍然是城外水，更有甚者，有的城市不仅山体被破坏，而且，水也成为人们生活的负担。我们也看到，一些城市在进行规划的时候，没有长远的规划和战略眼光，往往把自然的山水与城市生活隔断。而新"中式后都市主义"主张"引山入城"、"引水入城"、"引森林入城"、"引田园风光入城"、"引宗教景观入城"……就是要引自然原生态文化景观进入城市市区，把城市外部的自然景观与城市中心的自然景观进行整体规划、整合创造，形成城市外部与城市内部的连续景观体系。

三是创造城市空间"自然原生态文化"的规模性有机系统。在城市中重新创造新的实体性的自然环境，在合理的框架结构内，实现"中式后都市主义"建设的重要内容。城市中的土地是寸土寸金，一些城市只单纯地在这样的土地上创造"水泥森林"，而不注意创造真正的城市森林和森林城市。在现代城市中，城市是应该生长在森林的城市。关键是，我们很多城市虽然栽树，但是，屈指可数，蜻蜓点水，城市的绿色工程规模不到位，系统性不合理，没有创造城市中新自然体系的有机性。"中式后都市主义"理论更强调立体绿化、循环社会型城市发展模式。强调城市的"泛森林化"、"泛公园化"、"泛田园化"的发展趋势，城市本身就应该是一个艺术品，是一个大花园，从城内到城外，从室内到室外，从地下到楼上，强调城市森林与生态的立体有机性和规模效应，使城市森林和相关的有机生态体系能够真正起到调节城市气候、提升城市生活品质的作用。

四是"纯粹自然主义"的"感恩自然文化要素"的建构。城市发展的重要目的之一就是回报自然、感恩自然。创造系列有机性的、无修饰的原生态自然生活空间，让城市重归自然是"中式后都市主义"的一种理论与实践及操作手法。"中式后都市主义的城市生活"在很大程度上是要追求单纯的自然风景和自然文化属性的建构，创造城市景观的"纯粹自然主义"把握，这需要对自然物和自然生长区的关爱，特别是包括城市对自然的感恩与回报。在城市中的某一部分，或者是自然的、或者是人文的，应使其保持自然的原生态样态，在一定范围内创造不加任何修饰的自然景观和自然景观带。如城市河流环境的自然化处理、水岸线自然化处理，在日本一些城市有很好的经验和成果，这是一种后现代生活意识，更重要的是创造了自然得以发展的环境和观念。进一步说，对一些城市的景观来说，少一些人工修饰，就等于少一点人工破坏，这样的城市才有可能生长于

---

① 张鸿雁：《春秋战国城市经济发展史论》，辽宁大学出版社 1988 年版，第 81、93 页。

森林中，存在于花园里。本来中国的城市灰尘就特别大，而我们知道，到目前为止，一些城市宁可让城市土地裸露，出现暴土扬尘，也要清除那些本来可以成为景观的野草。对这些落后的城市管理模式和行为观念，应该提出全新的对策，创造美好的城市，必须从尊重自然开始。德国、日本和美国等发达国家一些城市建设已经出现了纯粹自然状态的城市生活景观样板。

五是创造"田园型适度紧缩的城市空间结构"。① 所谓"中式后都市主义"的城市形态与模式，说到底就是要创造中国式的田园风光城市，或者是中式花园城市。在某些欧洲和日本的一些城市里，我们可以看到繁华城市中的菜地、小果园和小花园以及稻田，虽然这是偶然之笔，但是在喧嚣城市中生活的人，却能够看到并体验到这种空间带来的自然之风，给人以十分惬意的感觉，甚至瞬间能够改变人的生活观念。创造"中式后都市主义城市生活"，其目的之一是设想给城市以新的生命，或者说给中国的城市发展赋予新的品质，甚至也可以说是给城市人以新的"生活质量"与"生命质量"的双重价值。传统中国城市的"小桥，流水，人家"的文化景象在中国越来越少，但是它们却是值得我们传承的中国式城市景观和生活感知。

"中式后都市主义"的城市定位理论与模式，就是要创造中国的"未来型城市记忆体系"，我们这一代人创造的城市应该形成一定的历史风格。我们这样问：今天所创造的城市空间结构、景观体系和文化符号，能否成为未来人们的城市记忆？能否在中国的城市历史上留下一页？能否成为未来人们引以为荣的中国元素？我们承认，中国古代城市的建筑符号、景观符号已经内化成为中国人共同认知的文化符号和集体记忆，但是，我们近100年来的城市建设，能够给后人留下什么样的感知与文化认同呢？很多城市建筑、文化景观生命力极短，有的不到二三十年就显得过期或者成为城市的包袱，更有甚者有些城市刚刚建成的建筑，就已经成为人们拆迁的对象了。虽然也有些景观存续下来，但留下的是更多遗憾。我们强调的是如何使当代的城市建筑成为符号化的历史过程，形成一系列有生命力的文化符号体系。对那些可以商业化的城市资源进行文化资本运作，并形成城市建设资金投入与产出的良性循环机制。

我们应该进行反思的是，在20世纪20～30年代那个时期，至少中国出现了融中西文化为一体的"民国式建筑文化"，虽然这一类建筑文化尚有不足之处，但是这种"民国风格"已经在中国的城市建设史上留下了无法抹去的一页。

---

① 张鸿雁教授在完成国家教委重大攻关课题《中国城市化理论重构与城市发展战略研究》的研究中，提出了10个新理论和主张。如"城市文化资本理论"、"循环型城市社会发展理论"、"多梯度城市社会类型的发展理论"，还有"田园型适度紧缩城市理论"等。

试问，20 世纪 80 年代到 21 世纪初的城市景观会被冠以什么样的历史风格？

恢复城市的原生态自然状态，给城市以新的生命，这要求现代城市管理者、建设者和研究者，以新的历史使命感，成为这一"理想类型"的唱响者。在中国，每一座城市都应该是中国文化的守护者，中国文化的创新者，中国优秀文化的延续体。对于不同时代生活在城市的人们而言，都有时代赋予的责任与使命，而城市则承载着先辈与我们所经历的一切。当我们面对着城市，思考着自己行为的时候，首先想到的应该是，这样做，给后人们留下的是一份怎样的图景？在历史使命与文化责任层面要构建"城市文化资本"，我们必须将前人留下的文化遗产转换成永不褪色、不断增值的"城市文化资本"，让当代人、外人和后人形成城市共同记忆。重现城市历史文化精神之"魂"，是城市新生命得以生活的力量。新的城市定位，就是对城市文脉的梳理与重构，将断裂的文脉给予"勾连"、"弥合"，重新展现文化发展与文化递进的脉络与机理，进而展示一个新城市生机。

三、城市定位重塑 —— 本土化理论认知条件下城市定位实践

城市定位的本土化创新，应该是在中国文化中寻"根"，在中国"文化根底"之上，创造中国的城市。中国国学可谓是中国文化的根底，其内涵浩如烟海，博大精深，其中可圈可点的文化精华不胜枚举，笔者认为大体上可以分为十类：一是和谐自然，天人合一；二是小胜以智，大胜以德；三是天健自强，无为而治；四是中庸公允，合乎法度；五是忠义与国，仁者爱人；六是以人为本，博爱天下；七是合纵连横，与日俱进；八是尚善慎独，三省吾身；九是修身广德，正身正己；十是天下兴亡，匹夫有责。我们仅摘其一而用之，其中"善"的文化，至少是值得我们这一代人深思的一种"理想类型"，[①] 也是我们在创造城市定位与实施的一种主张和文化价值取向。

《道德经》第八章中载："上善若水，水善利万物而不争，处众人之所恶，故几于道。居善地，心善渊，与善仁，言善信，政善治，事善能，动善时。"这就是人们论及的"七善文化"，这一文化可以构成一种模式，并可以注入时代的内容加以创新，形成城市定位的一种理论与文化的认知视角。"七善"的意涵之一，虽然最初是在阐述社会及个人的一种境界和行为能力，但是也可以用于启迪中国城市形态本土化的模式创造。如果说中国现代城市若能从一定意义上秉承并

---

① ［法］让·卡泽纳弗，杨捷译：《社会学十大概念》，上海人民出版社 2003 年版，第 66 页。

创新传统意义上的"七善文化",城市定位的本土化认知就可以从中获得新的启迪的文化价值。"七善文化"的整体概念包含了思想、行为、能力、品行和人生的整体价值的追求,构成了对事物、对人的一种理性规划和"形塑"。如"居善地"是指水善处下而处众人之所恶。当然,"居善地"从现代认知观上也可以理解是一个最适合人居的地方,而城市本身应该是"宜居城市",可以理解为一个"居善地"就是创造最好的"最佳人居城市"。而在原意的理解上是指,水,善于利导万物而不争,处守于众人所不愿处的低下处,而能够创造自己的平衡与和谐,事实上,懂得地点和空间上"利万物"就能立于不败之地,才能获得全新的发展。"心善渊"的原意是指水"趋下而厚积,存心幽深而明澈";水,"存心幽深而明澈",可以理解为"满招损,谦受益"认知层面,无论是从空间的角度,还是从个人心理角度,都需要有合理性结构性空间。假设能从城市形态文化层面遵循、追求"七善文化"内涵,强调城市的包容与涵容能力、强调城市本身的智慧与博大、强调城市创造与创新能力、强调城市高雅与博爱、强调城市感恩与回报自然,城市的理性和城市民生的城市定位就一定会得到尽情的发挥。"与善仁"原意是强调水与水之间浑然无痕的亲和性;水,"损而不竭,施不求报"。而城市正是每个城市公民的家,从管理者的角度看城市应该具有善治、善政,并能够亲民,市民能够"以善习",创造善事。"言善信"则指"水静则无声,其声言必随其行,故言而有信"。城市应该是信誉型社会,诚信的社会与文化环境正是当代中国城市社会发展最缺乏的文化要素。"政善治",其原意是指,水能够表现清净太平,"百川纳海未见其不能浊而澄;水,洗涤群秽,平准高下,善治物也。"而我们强调的城市能有一个好的政策主张,有一个科学的城市管理模式,能够创造城市社会的整体进步。政治上能够法律严明、政府清廉、高效,应该是传统的"七善文化"所提出的正是我们当代城市政府应该做的。"事善能"本指水"善利万物","攻坚强者莫之能胜";"水,以载则浮,以鉴则清,以攻则坚强莫能敌,善用能也"。从城市发展的理念来认识,这里强调的是管理者的能力,关于经营城市、行销城市、管理城市、创新"城市文化资本"。"动善时"是指水善于应机顺势而行。"水,不舍昼夜,盈科后进,善待时也"。城市的竞争是全球范围的竞争,不仅仅是在传统思维中去把握机遇,更重要的是创造机遇,创造城市本身的价值,城市价值决定着城市的产业本身的价值,而城市价值的内涵既包括自然资源、政策资源,产业经济类型,还包括人的文明程度、城市对人的"宜居性"和未来发展的能力。"故圣者随时而行,贤者应事而变;智者无为而治,达者顺天而生。"在这里,当我们提出"中式后都市主义"、当我们提出"城市是生长在自然中的一棵树"的时候,就是主张能够创造性地运用古典文化的精华,开发弘扬"七善文化"。如果当代中国的城市能够用"习古"加"赋新",遵循传统古代中的"七善文化",创造性地来发展我们的城市,或许我们不会走那么多的弯路。

中国古典中的"七善文化"与"中式后都市主义"有异曲同工之处,是对一个城市或者一个人存在与发展的整体性系统性要求,即在内涵上都强调人的自主行为和人的"善"的文化观念,是可谓"行其当行,止其当止,行其至善"。在现代社会中,仅仅强调某一方面,都有可能产生负面文化,综合性地、整体性地创造"城市定位的本土化回归"是中国"七善文化"在当代最好的实践。我们必须创造一个能够可持续发展的城市社会关系,对此笔者曾提出"循环型城市社会发展模式"理念,其核心也是在寻求"善"的循环,并在现代意义上表现着中国传统的"七善文化",力求最大化使城市成为自然的一部分,寻求人与自然的和谐最佳方式,求得人、自然、社会三者之间的"七善关系"。在现实的生活中,我们曾看到一些城市在"恶的循环"中衰败下去,在中国的城市发展中,"恶的循环"是曾经存在过的。"恶的循环"主要表现为:法律和规划不完善,并且没有强有力的执行方式;城市基础设施落后,生活环境恶化;城市文化没有个性,缺乏独有的城市市民精神,城市记忆丧失;城市建设投资资金缺乏,投资主体单一,城市缺乏再发展的能力;城市居民就业不充分,不能安居乐业;城市居住条件落后,城市污染严重,不适合人居;城市历史建筑被破坏,城市空间文化缺乏创新,没有良好的城市景观文化与符号;城市社会问题增多,社会矛盾突出,城市居民没有安全感;城市社会保障体系不完善,没有完全意义上的社会管理,更没有"社区照顾"体系等,这些就是"恶的循环"社会关系的表现形式。

运用"七善文化"文化创造中国城市形态本土化的发展模式,这只是从中国文化中寻找定位之"根"与"魂"的多种视角之一。其中"善"可以作为城市一般性定位观念的核心价值,是一种"普适"价值观,即所有的城市都应该在"善"的意义上,找回本土化的文化与城市形态,创新自己的定位方式。其共性就是人与自然的和谐互动,人与社会和谐互动,人与人之间的和谐互动,社会与自然之间的和谐互动,最后形成人与人、人与自然、人与社会、自然与社会之间的和谐关系。

创造镶嵌在自然中的城市,就是城市千年不朽的生命力所在。创造中国自己的城市定位模式,创造中国城市本土化理论、体系和模式,已经是城市社会来临的时代要求!我们正在创造新的城市时代。应该让中国的每一座城市都能够成为中国及人类文化记忆的一部分。我们用《马丘比丘宪章》中的最后的一句短评来进一步表达笔者的观点:"古代秘鲁的农业梯田受到全世界的赞赏,是由于它的尺度和宏伟,也由于它明显地表现出对自然环境的尊重。它那外表的和精神的表现形式是一座对生活的不可磨灭的纪念碑。"

第三节　中国城市化理论核心价值的顶层战略设计创新

中国的城市化应该走什么样的道路？西方的城市化道路在多大程度可以成为我们的样板？总结 30 多年来中国城市化的实践可以看到：当代中国城市社会的来临，城市化规模之大、速度之快、范围之广、问题之复杂，在人类发展史上是空前绝后的。中国城市化的发展，既要学习西方城市化成功的经验，又要总结、避免西方城市化进程中的失败教训和误区。必须针对中国的具体国情——中国多梯度差异化社会的发展格局和特有现实，提出全新的本土城市化理论范式，创造典型的强可持续的中国式城市化战略与可操作的运行方案。[①]

一、中国城市化国家级整体空间战略格局的顶层设计理论与模式创新

中国的城市化发展受中国特有"五年计划"模式的计划经济体系影响比较大，这既存在着积极推动城市化发展的有利一面，又存在着制约城市发展的"制度性障碍"的一面。"五年计划"虽然能够为近期城市建设面临的发展问题提供策略和手段，但是，中国的城市管理与 GDP 政绩挂钩，城市建设多数只是追求任期（五年）的政绩，缺乏连续性、整体性和长期性的建设战略。城市化本身发展的内在规律要求城市化与城市发展规划必须注重长期性和可持续性，更重要的是虽然"五年计划"的政府管理模式对城市经济和社会发展的推动是显而易见的，但是却不能完全适应城市发展的内在机制和机理，往往使中长期的城市规划形同虚设，因而出现某种城市发展的"建设性的破坏"。因此，针对中国的政治制度和城市管理模式的特有国情，必须针对性地提出国家顶层意义上的城市化整体发展战略和具有可操作性的中国城市化解决方案。

（一）中国全域城市化战略格局的顶层设计：创造适应中国地理结构的国家整体性"地域生产力结构"

中国本土化的城市化总体战略格局的核心应该是国家区域战略的整体性、契

[①] 张鸿雁：《论当代中国城乡多梯度社会文化类型与社会结构变迁——依据"社会事实"对"二元结构"的重新认知》，载于《南京社会科学》2007 年第 9 期。

合性和解决方案的应用性，既要有宏观的理论模式，又要有中观的分类解决方案，更要有微观层面的操作方式和系统管理。适应中国 21 世纪经济社会高速发展的形势和总体目标，在创造新的区域格局化的地域生产力构成体系的同时，构建中国全域范围的大中小城市群（带）的差序格局体系，使中国真正实现现代化，成为具有典型"现代性的质性城市社会"，并以公平、健康的方式进入后工业社会，形成与中国地理结构和区域资源相匹配的中国式的城市群地域空间结构体系和地域生产力集约关系。

总体战略模式与思路：其一，中国中西部以增加城市群密度和提升城市群结构的合理性度为主，增加人口集中度的同时，建构新的城市产业群，在创造新的生产体系和环境空间改造的前提下，创造新的人口增长机制和集聚模式；其二，中国东部以建构区域现代化城市（镇）系统结构关系为主，在高新技术产业发展的前提下，创造全新的科技型都市农业；其三，在中国全域内设计并规划多类型、多层次、跨地域和不同规模的都市圈、都市带，大体上可以创造具有全价值链的大小不等的 30 个左右的都市圈，这种都市圈和都市带可以通过中国特有的制度型设计加以推广。在 30 个左右大小不等的都市圈结构中，创造地域整合机制，创造现代意义上的"合纵连横"发展体系——建构都市圈（都市带）跨行政区域的城市价值链和跨地域的市场空间结构模式，在相互覆盖、相互补充的发展中，强化"七大国际型核心城市群"、"三个巨型城市带"和一个"边贸城市环"——"群带环"为主体格局的中国城市化总体空间模式，同时与 2009 年以来国务院制定的国家级经济社会发展区进行空间整合，通过 30 年的努力，创造中国整体意义上的、科学合理的城市群（带）体系发展格局，实现中国的完全城市化目标。

中国的城市化在创造城市群结构关系的战略中，应该首选创造世界第六、第七、第八、第九大城市群体系。对现有已经形成的重点都市圈，重新进行重点规划，形成重点发展的机制，其目标就是发展国际化大都市圈，而且在战略选择上，强调中心城市的首位功能，而不是以"长三角"、"珠三角"为地域空间作为城市群的代名词——这种区域空间的描述说明中国的城市发展还没有突破行政壁垒的关系，特别是中心城市功能的结构性功能的制度型设计不充分。中国以往的以地域空间城市群发展为主体形式的历程已经证明，城市群缺乏制度和市场关系认可的首位城市，其结构在缺乏市场机制的合理性的同时，行政化的制度关系也明显地阻碍着城市群结构的优化发展。纠正这一种模式需要学习发达国家的中心城市首位度建构的模式，如西方在工业化后期形成的大纽约都市圈、大巴黎都市圈和大伦敦都市圈及日本的大东京都市圈，都是以首位城市作为区域经济社会的发展核心和"发展极"。

在中国城市群的顶级战略设计中，可以分为区域城市化三种模式：一是国际化都市圈模式；二是中国巨型流域城市带模式；三是"边贸城市环模式"。在近期提升整体"七大核心都市圈"的一体化和区域共同体的机制①：根据城市化发展的一般规律，建构"七大都市圈"为主体的地域生活的构成体系，实现跨省域行政区划的空间结构关系，通过制度创新、市场关系创新整合创造不同能级的地域生产力布局的空间区位体系，形成中国地域空间的七大发展共同体，在中国960万平方公里的空间内，形成典型的具有"差序化城市格局"意义的网状合理结构，使各区域间的地域生产力布局形成嵌入性的结构互补关系。所谓中国"三个巨型城市带"：一是"长江流域城市带"、二是"黄河流域城市带"、三是"沿海城市带"，这是中国地域生产空间整体"纵"、"横"系统的结构表现方式，②仅有城市群的存在而没有巨型城市带的存在的话，会出现地域生产格局的"结构性空洞"，通过"纵"、"横"城市群结构与都市带的有机整合，会使中国的城市化超越自然空间制约和行政体系的空间局囿，形成结点清晰、网状结构合理、功能完善的区域共同体的功能，为中国城市的强可持续发展创造优化的地域生产构成关系，这一战略本身具有国家级战略的顶层策略建构意义。在城市"群"、"带"的地域结构的创新中，不能不创造中国边贸空间和以边贸城市价值链为纽带的"中国边贸城市环"，通过城市群、城市带和城市环的三重建构，就会形成既有地域性独立生存体、又有内外"区域纵横网链"联系的地域网状互补系统，通过"纵"、"横"结构和"群"、"带"、"环"的多元结构，最后可以形成以内地城市网链与"中国边贸城镇环"构成的对外发展的国家整体开放系统。因此，通过制度投入创造中国整体的网状城市有机体，在"自组织系统"的"熵"结构嬗变中，使中国的城市化和城市现代化能够在全域展开，从而实现中国的整体意义区域和城乡平衡、协调发展。

中国需要跨区域的首位度城市体系建设。"根据城市化模式的历史证据，首位度城市的增长似乎是一种发展功能，帮助国家更为有效地集中并最大化其有限的经济和人力资源，起到资源增长到允许分散和向其他区域延伸。"③ 正如联合国的报告所言，大城市或者是"首位城市"将继续扮演以下重要角色：国家及区域经济发展、制度建构、文化传播的发动机，甚至在一些国家通过创造全国治

---

① 这七大都市圈是："大上海国际化都市圈"、"大香港国际化都市圈"、"大北京国际化都市圈"、"大武汉国际化都市圈"、"成都—重庆国际化都市圈"、"沈阳—大连国际化城市群"和"合肥—南京国际化都市圈"。

② 张鸿雁：《论市场经济的发展与中国城市现代化道路及方式选择》，载于《城市问题》1994年第6期。

③ 联合国人居署，吴志强译制组译：《和谐城市——世界城市状况报告》，中国建筑工业出版社2008年版，第26页。

理中心成为政治整合发动机。这就解释了"为何在多数国家首位城市是国家的首都或州府"的意义了。"以大都市为主导的差序格局化城市化理论"的创新之处在于，发挥城市作为地域生产力的功能与价值，强化创造中国整体上的地域分工合理的"地域生产力"格局，集中区域经济与产业集聚优势，提升城市能级和国家核心竞争力。在中国形成广泛意义上的、跨区的"城市群经济共同体"，是国家整体现代化的必由之路，必须以此作为中国的一种战略国策提出，"发展极"的跨区建构是中国城市群和都市圈可以和谐发展的前提。

（二）中国沿海城市区域优先发展战略的顶层设计：创造中国现代化先导区

联合国的研究报告说："那些靠海、沿江或者坐落于三角洲地区的城市逐渐成为世界上最大型的城市。尤其是那些港口城市，继续占据着国家和区域城市景观的重要位置。世界最大的 20 个城市中有 15 个是坐落于海边和三角洲的口岸城市。""在亚洲有 18 个或沿河或入海口城市在 20 个最大规模的城市之列"。[1] 显然，沿海城市经济的发展战略与模式，是中国城市化发展不可忽略的城市化战略之一，应该是中国现代化发展的主体区和示范区，在经济总量和可持续发展方面，应该占据中国经济总量 70% 以上的经济产能，以确保中国经济主体的良性和强可持续发展，亦如美国三大城市群占据美国 75% 的产能一样。在这个意义上说，必须把沿海地区（即沿海 300～600 公里）进行有效整合，创造以 300～600 公里宽为主要空间模式的沿海城市发展区。沈阳、济南、南京和杭州都应该作为沿海城市提出沿海经济与社会的战略规划。南京和杭州可以以多种方式通江达海，南京依托长江、杭州依托钱塘江可以作为典型的沿海城市经济进行创新，沈阳和济南应该创造直达沿海的经济与产业发展体系，形成全新的沿海区域经济战略格局，这是一种城市人文区位价值和"城市文化资本"的再建构和再生产，具有典型的顶层设计价值和历史意义。创造沿海与内陆经济格局的空间结构关系。30 多座沿海城市可以确立中国经济的半壁江山，关键是如何创造与内地的结构性关系，即沿海城市承担着吸纳国际资本、文化与内向传播的区域国际化整合作用，在产业空间布局方面，国家应该提出整体东部经济发展计划和西部经济发展的空间结构体系，在内地与沿海地区之间建立跨区的地域发展关系，形成内部经济结构更加合理的地域结构体系和空间关系。

---

① 联合国人居署，吴志强译制组译：《和谐城市——世界城市状况报告》，中国建筑工业出版社 2008 年版，第 5 页。

（三）中国流域城市带战略的顶层设计：创造中国"合纵连横"地域生产力结构

有关研究证明，"在亚洲城市的发展中，河流和三角洲地区显示出和沿海地区相同重要的地位；半数的大型城市沿重要河流分布，并成为沿海与内陆地区之间的桥梁。在发达国家（包括日本），40 个大城市中有 35 个或者沿河分布。在欧洲，就城市发展而言，河流比海洋更为重要，20 个最大规模的城市中有一半以上是沿河分布的。"[1] 中国国土广袤，内地空间广阔，河流经济十分显著，沿河城市带的开发同样具有重要战略意义。无论是长江、黄河、珠江、淮河、辽河、海河、松花江等流域的城市群（带）体系，其发展都具有深刻的意义。在传统长江流都市圈以外，应该注重新兴中小城市群的崛起，如安徽马鞍山和铜陵沿江城市群，江苏江阴、靖江和张家港跨江城市群，这两个新兴的沿长江城市群（带）的 GDP 有可能和武汉都市圈、南京都市圈相媲美。如江阴—张家港—靖江区域跨江组团发展，可以形成上海、苏南经济向苏北经济渗透与发展的通道。中小城市群的成长，可以创造不同区域比较优势的同时，弥补大区域空间的结构空洞之不足，为区域性的相对均衡增长提供发展动力。

从流域经济的价值来看，中国运河城市带也具有典型的国家战略开发价值。1 794 公里的京杭大运河是世界上规模最大、线路最长的人工运河，是中国一条重要的南北水上干线。它沟通了海河、黄河、淮河、长江、钱塘江五大水系和六省市，在历史上不仅便利了南北大量物资的运输交换，也有助于中国的政治、经济和文化发展。运河城市带主要包括北京通州区；天津武清；河北的沧州；山东的德州、临清、聊城、济宁；江苏的徐州、淮安、宿迁、扬州、高邮、镇江、常州、苏州；浙江的嘉兴、杭州、绍兴、宁波等城市区，扬州市政府主持的中国运河整体申遗有 35 个城市加入其中。运河城市带可以补充中国城市群地域结构的结构洞，既可以作为沟通南北城市群经济与文化的纽带，又可以作为中国东西部和南北区域经济发展的过渡空间，从国家经济平衡发展和区域经济空间整合的战略意义上认识，中国的运河城市带也应该进入国家层面的城市化发展战略体系。

"大区域的带状空间城市化整合理论与模式"是现代化战略必要选择，这是与中国的自然地理格局相适应的。国际经验表明，沿海地区国际化的经济、社会文化要素对内地区域社会渗透得越快，国家整体现代化发展就会越快并越具有世界性。

---

[1] 联合国人居署，吴志强译制组译：《和谐城市——世界城市状况报告》，中国建筑工业出版社 2008 年版。

二、中国式城市化道路的理论模式创新：十大新理论模式的建构

在建构中国本土城市化理论发展的研究与创新中，在以往批判、研究西方城市理论局限的基础上①，本书首次提出了中国城市化道路的十大理论模式②，其主要内容有：

（一）本土化"多元复合型城市化战略理论"——"五种城市化战略并举的战略模式"

中国城市化是在世界经济全球化、全球城市化的前提下，以制度型投入作为主要发展动力的高速城市化发展形态。中国城市化战略的选择，必须依据中国现阶段的国际和区域经济的差异，特别是根据中国存在区域社会梯度发展社会类型的实际，提出"五种城市化道路并举"的城市化发展模式——在"人与自然和谐为本"的主旨下，重新建构中国城市的发展模式与战略模式，所谓中国城市化的"五种城市化战略"，就是根据中国社会发展梯度结构和不同发展区域类型提出的，总体概括为"五种城市化战略复合并举模式"。第一种是大都市核心化的引领战略；第二种是多层次都市圈同城化战略；第三种是县域城乡整体一体化战略；第四种是区域生态涵养区不开发战略；第五种是后都市时代的城市现代化战略。这五种城市战略模式适合中国不同的地区，形成多样化的城市生活方式的普及过程。

（二）本土化"适度紧缩型城市化理论"——作为一种国策的城市化入径与道路

"适度紧缩型城市化道路"主要是针对中国地少人多的特殊矛盾提出的。中国必须采取"适度紧缩型城市化"政策，并使之上升为一种国策，创造单位土地面积的财富承载力和承载量的最高值才有可能真正实现可持续的发展。

这是一种惠利子孙后代的国策：一是把适度紧缩城市化理论上升为中国的相关政策和法律层面，对城市容积率、城市总体规模、城市单位面积的投入等提出

---

① 张鸿雁：《西方城市化理论反思与中国本土化城市化理论模式建构论》，载于《南京社会科学》2011年第9期。该文被《新华文摘》2012年第2期和《中国社会科学文摘》2012年第2期全文转载。

② 因为本书作者提出的中国本土化城市化十大理论模式研究成果的已经成文发表并有较翔实的论述，此文从新的侧面和整体理论结构化的角度提出十大理论核心观点、应用价值和理论命题现实意义。

限制性立法；二是对城市周边型的良田提出强制性保护规划控制，学习西方发达国家的经验，直接提出 100 年以上的法律规范，即永久性规划，确保城市周边良田得到最强有力的保护，这既可以有效保护良田，又可以创造城市田园风光；三是对中小城市进行跨地区、跨行政区（跨县域）的地域性结构规划，特别是针对中小城市、城镇和村镇目前的沿路、沿河、沿圩建设的现状，进行集约型发展规划，并强行立法。在集约使用土地的政策主张下，创造均衡性城市化地域结构关系，实现大中小城市和小城镇结构性成长的合理性与可持续性。

（三）本土化"县域城乡一体化理论"——以"中国文化根柢"建构为主导的城镇发展道路

中国的经济发展正在出现"城市社会来临"的城市经济集聚与扩散阶段，中国的传统村落正在消失，同样，中国的传统文化中的优秀文化——中国文化之根柢也正在消失，很多后发展地区处在"经济回波振动辐射效应"的典型阶段。城市化正在从大城市，扩散到中小城市，中国有近 3 000 个县域经济体，全面面临新的发展机遇和挑战，在整体上正出现"脱壳效应"化的社会转型。这也是中国城乡一体发展可以进行调整、重构和创新的最好时机。

作为中国现代化过程中一个重要阶段——小康社会，正在中国的发达地区完成使命，中国多梯度社会发展给县域经济的乡村城市化、城镇城市化带来新的发展动力。从小康社会到现代化，其中的阶段性表现就是乡村城市化和城乡一体化，特别表现为县域空间城市生产方式的普及化。在伴随中国各地小康社会建设目标的实现而带来大规模社会转型的新阶段，我们要在全面提升建设小康社会的同时，重新梳理小康社会战略目标的历史演进，摒弃传统农业社会的文化糟粕，进而转入市民社会义化体系，创造城市社会来临的城市化和城市现代化，而这其中的中间过渡型战略就是县域空间整体的城乡一体化建设，进而展示一个完整、科学的城市化发展样态。城乡一体化发展的建设入径包括：（1）县域城市化，应该在省市一级城市化发展规划的基础上，形成县域城市化的顶层设计，即县一级城市应该和市一级城市化形成系统性结构性规划，进一步说，县域城市化应该是市一级城市化规划的战略构成部分，而不是独立的系统。（2）县域城市应该有 50%、70%、85% 的城市化率的阶段性规划和战略布局，即为中国城市社会的整体性发展，创造基础和前提。（3）在全国范围内设置"一县一品"的战略布局，创造中国县域经济的大战略体系。（4）在县域内的乡镇规划体系内，必须强行推广地方性文化建设规划，包括建筑与空间结构的地方性建构。值得注意的是湖北、湖南、山东、山西、江苏、浙江等省的乡村，大区域、大面积地出现不伦不类的仿欧式建筑，既丧失了中国的草根文化，也破坏了传统中国乡村的地

363

景系统，这是中国城市化、乡村城市化和城乡一体化建设中必须加以纠正和再建构的问题。（5）县域城市化理论价值之一是"田园城市"理论的应用，形成县域经济的可持续状态和原生态文化的保留与利用。（6）县域规划的超前性必须体现在都市型农业、高科技农业和生态城市（镇、村）规划，创造县域经济的独有就业体系。简而言之，县域城市的规划，一定是典型的综合化一体化规划。（7）县域城市化的人口集中与分流计划，建构县域整体意义上的"县域整体城市化发展模式"，[①] 以适应中国城市社会来临和"农民的终结"时代的到来。（8）重新设置县域城市化中的集中镇的建设模式，形成60%～70%比率的城镇化人口模式，创造真正意义上的中国区域小城市体系。可以借鉴美国的经验，在现代化和后工业社会以后的发展中，以小城镇作为居住、生活和就业的主体空间。

无论是全面建设小康社会还是推进现代化进程，或者是创造性地规划城乡一体化的发展战略，必须发挥县域经济体地域空间广、农业经济为主的特色发展需要，创造县域经济的区域优势和特色。中国县域城市化整体实现之时，也是中国城市社会真正整体现代化和经济整体腾飞之日。

（四）本土化"新中式城市空间形态理论"——中国式城市空间文化形态的建构

西方文化"东渐"已经成为全球化的一种表象，在外来文化的冲击下，中国特有的本土化的城市文化空间与形态正在丧失！包括城市的地方性精神、地方性文化特质、地域文化流派等也都正在消亡，甚至可以说在总体上，中国本土化的城市文化符号在很多领域正在被西方式的城市文化符号所取代，这种现象已经具有普遍性，也已经到了应该纠偏的时候。进一步说，创造"中国式的、本土化的城市空间形态"已经迫在眉睫并且是一种历史责任，这个责任既有振兴中华民族城市形态、保护和守望中国传统文化的历史意义，同时又有保证中国现代化健康发展，进而对人类文化整体进化发挥推动作用的责意义。如果在世界一体化的浪潮冲击中，全世界的城市都只是一种样态、一种空间形式而形成千篇一律的欧式景象，这种结果本质上是人类文化的一种倒退！从人类进化的角度讲，无论是世界的政治、经济与文化，还是世界的城市空间结构与价值，都应该是多样化的，多样化的发展才能够使得世界可持续并且具有人类整

---

① 张鸿雁主持设计了湖北蕲春的《蕲春旅游发展战略规划》、《湖北医药产链发展战略规划》、《湖北蕲春县域形象与城市文化资本发展战略规划》和《湖北蕲春城市与区域空间及产业布局规划》，具有县域城市整体规划的价值与意义。

体意义。因此，"中国式的城市空间形态"建构与营造，应该站在"中国式城市文艺复兴"的高度，高起点、高品位地创造具有地方精神的和民族"根柢文化"的城市形态。

这一理论与解决之道的意义在于：其一，要创造性地表现中国传统的城市文化与空间肌理，使其能够在新的时代再生，形成适合人体工学的、饱含人性尺度和中国人文精神的街巷与空间体系，使城市具有历史的有机秩序性。其二，创造性运用中国元素，在现代城市空间形态中形成中国化的符号系统和识别系统，形成当代与历史结合的"中国元素"体系，并直接应用于城市化的发展和城市空间的建设过程中。其三，在城市空间意象的创意方面，建构具有地点精神的"城市家具"文化符号，形成具有中国元素意义上的象征性，创造时代的"标记"——城市"文化年轮"和城市"文化胎记"。其四，创造"中国式城市空间形态"的话语体系和独有的文化体系，在"天人合一"的文化体系中，从传统农业和工业化的文化羁绊中走出来，让现代社会的城市能够真正植根于自然，而形成完整的可持续发展动力。中国应该有一批学者，在 21 世纪创造中国式的城市空间体系与价值，并成为西方城市的样板，而其核心价值就是——天人合一、敬畏自然的理念。

（五）本土化"城市文化资本"再生产的场域理论——新中式都市主义文化

笔者于 2002 年首次提出了"城市文化资本"理论与范式，其目的是为了明确一种理论经验，即"发展方式比发展本身更重要"思想解放的价值。[①] 这一理论创新的核心是创造了"城市可能通过文化的自觉创造属于城市自身的资源和资本"的动力体系，使城市具有创新的土壤功能，真正成为社会可持续发展的"文化动力因"，"城市文化资本"是地域生产力构成的结晶，是城市作为地域生产力的垄断性资源，并具有六种公共资本的价值属性[②]，城市文化资源在向"城市文化资本"的转化过程，是一种全新的文化再生产过程，既需要新的思维方式和创意阶层的崛起，又需要中国特有制度城市化前提下的政策主张，通过创新本身形成"城市文化资本"再生产过程，使城市具有"软实力"和取之不尽用之不竭的"城市文化资本"再生产功能。

城市文化资源不等于"城市文化资本"，只有经过某种意义上的再生产过

---

① 张鸿雁：《城市形象与城市文化资本论——城市社会视角的城市形象研究》，东南大学出版社 2002 年版。

② 张鸿雁：《城市文化资本论》，东南大学出版社 2010 年版，第 607 页。

程，城市文化资源才能够转化为"城市文化资本"。能够构成一个城市的"城市文化资本"要素和再生产过程，主要包含如下几个要素：首先，通过差异性、垄断性、区域性、民族性、集体记忆性和整体文化认同性的政治、经济、社会和文化创意产业的多重价值建构，才能形成典型的"城市文化资本"。其次，"城市文化资本"再生产需要具有民主、公平正义的社会"文化场域"，这种"文化场域"构成城市的创新土壤，从某种意义上说"创新土壤的价值高于创新本身"，有创新土壤，创新就可以普遍生长。"城市文化资本"再生产的过程，使城市表现为一种典型的"文化生产场"价值，也就是创新土壤的价值——人的价值的提升和人本主义的发展。① 最后，"城市文化资本"的再生产过程，可以从学理和学术高度理解为"文化炼金术（Alchemy）"意义。布尔迪厄曾提出过"社会炼金术"理论与，强调"把任何既定的资本转化为象征资本，即建立在所有人的本质的基地上的合法化占有，这就是炼金术的基本运作'。"② "社会炼金术"从实践的意义上说明了学术研究的价值，但是，就其本身所表达的内涵来看，"社会炼金术"学理性解释，远不如"文化炼金术"所表达的文化资本再生产转化的深刻意义，当代西方社会经济发展的动力转型，即从工业经济、服务经济向文化创意经济转型的历程，证明了"城市文化资本"再生产过程所体现的"文化炼金术"，已经成为全球经济可持续发展"动力因"。

（六）本土化"以充分就业为前提的幸福城市化理论"——城市现代化与"现代性"价值整合

充分就业是城市人幸福生产的基本保障的前提。城市充分就业需要有五个层次建构：第一层次是城市化发展的经济结构与社会发展的协调性规划，城市化进程中的产业结构和经济结构定位的发展引导是城市政府的责任，必须从城市可持续发展和创造居民幸福的角度设置城市产业模式和产业结构，把充分就业作为城市化战略的主体。第二层次是城市化本身的战略包含了产业与经济的创新，让更多的市民不仅仅就业者，更重要的是在为城市的创业者，形成良性的城市就业体系。其中包括大中小"城市就业圈层"的设计，避免城市仅仅是"卧城"的规划的历史悲剧。这种空间本身的价值，既表现为城市化的本土化空间结构，又表现为城市本身的经济与城市文化资本价值的再创造。第三个层次是在城市化进程中，城市经济与城市文化产业的双重发展的合理性关系，从文化创意产业的视

---

① 包亚明：《文化资本与社会炼金术——布尔迪厄访谈录》，上海人民出版社 1997 年版，第 79 ~ 80 页。

② 包亚明：《文化资本与社会炼金术——布尔迪厄访谈录》，上海人民出版社 1997 年版，第 83 页。

角，推进城市社会结构中的职业结构转型，让白领和创意阶层成为社会就业的主体。第四个层次是城市社会全员福祉的再建构，这里强调的是城市社会全员整体上的生活保障与福利，即在城市化中，让城市市民获得经济发展表现的城市性和城市现代化成果，最主要的是均好化的社会福祉，形成充分就业为核心的城市照顾体系，追求"城市如家"的城市建设模式。第五个层次是城市社会的市民民主生活体系与民主生活文化的创造，形成"柔性社会结构"，在法治与民主的社会建设中，让"尊严和被尊重要成为一种社会义务"，实现中国城市文化新行为——"礼"文化的再兴和现代伦理道德的重构。

必须反复强调的是，所谓"充分就业环境"的创造是城市政府的责任，政府有责任为弱势群体"就业买单"，还包括有责任创造广泛创业的社会机制。要以"以客户服务型为主的城市化发展理论"[①] 来创造城市发展的富民经济。

（七）本土化"后都市城市发展定位理论"[②]——为居民设计城市

面临世界城市化的发展，中国城市化发展战略与模式的重新定位十分重要，中国城市规划落后于城市的发展已经成为一种普遍现象，因此，必须为市民重新设计城市。

我们建设城市是为了谁？城市定位的本身就是让城市成为市民的真正家园。从城市定位的学理性角度讲，其核心价值包括传统理论的创新、中国式城市化的样板的创新，定位思考信度有：城市社会全员的福祉水平、城市自然和谐的生态环境、去阶层化的社会空间、人性化公共空间尺度、国际化的文化形象、安全的日常生活、个性尊严的文化保障等。创造性地建构符号中国国际的城市发展定位战略也应该是中国的一种国策。"为市民重新定位城市"是中国城市化水平达到50%阶段并向85%的城市化水平迈进的新要求。后都市的文化理念，所体现的"嵌入性"的城市化战略与城市设计定位，终极目标就是自然、幸福、公平和民主意义上的"城市如家"的幸福。

另外，还有其他三个相关的理论已经完整的研究论证，一是"本土化循环社会型城市化理论"，[③] 强调"人与自然和谐为本"，[④] 进而最终实现人们"扎根

---

① 张鸿雁、谢静：《"制度主导型"城市化论》，载于《上海城市管理》2006年第2期，第23～25页。

② 张鸿雁、张登国：《城市定位论——城市社会学理论视野下的可持续发展战略》，东南大学出版社2008年版。该书是教育部重大攻关课题的一部分，即是"城市化理论重构"的主要创新内容之一。

③ 李迅将其列为中国城市化理论中的一种模式，见李迅：《关于中国城市发展模式的若干思考》，载于《城市》2008年第1期。

④ 张鸿雁等：《循环型城市社会发展模式：城市可持续创新战略》，东南大学出版社2006年版。

城市"的幸福城市生活的结果和理念。① 日本在 2000 年就已经提出日本循环社会推进法，是值得我们参考的。② 二是"本土化中国城市多梯度社会结构理论"。首创的中国社会六种类型分析模式，为城市社会的梯度转型奠定的新的理论基础与范式。③ 三是"本土化全球城市价值链高端介入理论"。在全球化的经济竞争中，城市已经成为国家竞争的主体，"全球城市价值链高端介入理论"的提出具有中国本土化的理论色彩，即中国的城市化必须在全球经济一体化和全球竞争中创造自己的高端位置和高端价值。这一理论的创新深刻性还在于中国城市化本身带给世界的必然性影响，迫使中国的城市化必须在世界范围内有所作为。其主要的理论核心诉求除了前述的"全球化指数"④ 的五个指标外（一是"资本流动"；二是"文化集成性"；三是"贸易开放程度"；四是"科技与创意交流"；五是"劳动力流动"）⑤，还包括中国式的五维竞争力和七个层次创新⑥。

三、本土化城市化理论重构的终极价值——"有机城市秩序"

从人类有城市的历史以来，城市就有两种"样本"：一是有规划的城市，二是自然成长的城市，前者整齐而刻板，后者无序而有人情味。这种观点在王受之所著的《有机城市》一书中有所论及，⑦ 这种表现方式的本质就是事物发展的"无序"与"有序"发展的辩证关系。比较西方城市发展历史而言，中国的城市从古代到当代，其被整体制度型设计主导，自然肌理性的成长是不充分的。中国的城市在整体上的制度投入模式，从规划，到人口数量，再到投资的主体都是政府为主，而且在当代是愈演愈烈。从中国城市文化根柢的角度来看，本土化城市形态顶层设计的核心是传统文化中的"天人合一"、崇尚自然的文化理念，在现代化和城市化的发展与建设之中，重新构建城市、人与自然的三者关系：互为依

---

① 张鸿雁：《"循环型城市社会发展模式"：资源依赖型现代化的必然选择——社会学视角的理想类型建构》，载于《社会科学》2006 年第 6 期。

② 张鸿雁：《城市·空间·人际——中外城市社会发展比较研究》，东南大学出版社 2003 年版，第 131～136 页。

③ 如陈映芳教授在《中国城市研究》2012 年第 2 期上发表题为《城市化研究评述》一文，指出"张鸿雁首先提出了'城乡多梯度差异社会结构'的命题和'六种区域社会类型'的观点对当代中国城市发展提出了深刻的反思"。见张鸿雁：《论当代中国城乡多梯度社会文化类型与社会结构变迁——依据"社会事实"对"二元结构"的重新认知》，载于《南京社会科学》2007 年第 9 期。

④⑤ 《香港超越新加坡"全球化指数"排名居首》，载香港《文汇报》2011 年 1 月 28 日。

⑥ 张鸿雁：《全球城市价值链理论建构与实践创新论——强可持续发展的中国城市化理论重构战略》，载于《社会科学》2011 年第 10 期。

⑦ 王受之：《有机城市》，台北艺术家出版社 2003 年版，第 120～121 页。

存、互为里表、互为前提，恢复城市的原生态自然状态，给城市以"有机秩序化"的新生命，正如人类是自然的一部分，城市也理所当然地要成为自然的一部分。而这一理论在终极价值意义上就是天人合一理念下的"有机城市秩序"的建构与设计。

在工业化带来越来越多的负面价值，使城市生活与自然越来越远的时候，很多学者在寻找城市与自然重建和谐关系的入径。沙里宁在 1913 年继霍华德的田园城市理论之后，提出了"有机疏散理论"。[①] 他认为城市发展一直存在着一种悖论，即城市人口与产业的过度集中，使城市的成长与衰败似乎在同一过程之中，这一点在人类工业化的进程中格外明显，而"有机疏散"模式可以解决工业化过程中"胜衰同体"的问题。他认为"分散是合理的和健康的"。只有使分散过程"有机化"，才能使城市获得"持久的健全成果"。这一理论的提出，一方面总结了工业化及工业化后期城市发展过度机械化分散的现实；另一方面，试图设想城市的整体扩张——疏散能够形成有机化的表现形式，并为此提出了设计思路和主张。但是，这一理论中关于"疏散"空间的结构与价值，却未能建构一种完全的理论与实践体系。因为，在城市发展的事实上，城市的疏散具有无限扩张性，当代世界大城市的发展已经证明了这种结局，因此，仅仅提出疏散必然会出现一种无边界的城市发展模式。在这个理论基础上，芒福德也曾总结提出过"有机城市"的理论[②]。而我们所强调的是，人类从自然界中走出来，必然以新的、现高的形式回归自然。城市犹如自然中的树木，汲取自然的营养，最终回报给自然。[③] 芒福德认为："真正的城市秩序，正是在林荫下的开阔地上而不是在喧闹拥挤的环境中萌生出来的。"[④] 他强调有机体的成长不取决于有没有不利因素，"而取决于有足够程度的平衡，以及有足够多余的建设性力量去不断地纠正、恢复，去吸收新鲜事物，去调节数量，去与所有的别的需要维护平衡的有机物体和社区建立平等交换关系。"[⑤] 这一观点的核心价值是，与自然的平衡、有机的自然恢复能力，表现为有机体的有序化和"自组织能力"。有机功能与社区——自然与社会形成平等交换关系。我们可以把这一观点总结为"城市是自

① ［美］伊利尔·沙里宁，顾启源译：《城市：它的发展、衰败与未来》，建筑工业出版社 1986 年版，第 169 页。

② ［美］刘易斯·芒福德，宋俊岭等译：《城市发展史——起源、演变和前景》，中国建筑工业出版社 2005 年版，第 567~572 页。

③ 张鸿雁、张登国：《城市定位论——城市社会学理论视野下的可持续发展战略》，东南大学出版社 2008 年版，第 81 页。

④ ［美］刘易斯·芒福德，宋俊岭等译：《城市发展史——起源、演变和前景》，中国建筑工业出版社 2005 年版，第 174 页。

⑤ ［美］刘易斯·芒福德，宋俊岭等译：《城市发展史——起源、演变和前景》，中国建筑工业出版社 2005 年版，第 568 页。

然界的有人文理性的森林”，即“有机—分散—有序”的连续发展过程。而对此有实践性贡献的是吴良镛先生，他在 1991 年提出从“有机更新”到“有机秩序”的城市改造理论，由于原文具有典型的操作与应用性功能，所以只提及一句“从顺旧城肌理的格局的‘有机更新’，谋求逐步地在一定地区范围，建立新的‘有机秩序’”，[①] 而没有从整体上去论证有机秩序的内在理论与系统。因此，面对中国城市化的发展，我们必须总结、梳理、归纳前人的成果，并对前人成果进行整合与创新。我们可以把沙里宁、芒福德和吴良镛等学者提出的“有机”、“疏散”、“秩序”等理念用现代语言概括为“有机秩序城市的系统理论”，但是，这一理论本身还缺乏完整范式和理论体系，这为我们建构有机城市秩序提供了广阔的空间和多项度的研究维度。

“有机”是自然属性生命体的一种存在和组合方式，是某种有序性和自然进化的一种关系结构，因为城市的主体是人，把城市视为一种具有自然有机生命的价值体从欧洲的 17 世纪就已经开始了。几百年来，虽然我们一直在批判城市“过度的机械化”空间，但是不同的城市在不同程度存在着某种有机性，这种有机性以城市的自然环境、道路、水系和其他人工景观构成了一种以人为主体的有机生活系统，很显然，这些有机生活系统在不同的城市表现为不同的城市进化程度。因此，单纯或者一味地强调有机性，城市往往表现为盲目的自我成长，因此，在“有机城市”的结构体系中，注入人与社会的理性，是城市能够在有机结构体系内，形成有序成长的本质前提，“有机秩序城市”的主体和核心价值，其表现方式是人类的自然属性和人类主体理性价值创造的结合。

城市空间结构系统与功能增长及与自然关系的和谐进化是城市相对高级化的进化。城市本身的有机系统性包括了生产系统、流通系统、生活消费系统、分配系统、居住系统以及文化系统、技术系统、交通系统、管理系统和空间连续系统等，这些系统犹如人体的神经系统和血管一样，是一种有机体系，这种有机体在系统的进化中，会实现功能的进步与完善，形成进一步高级化的有机秩序体系，这种进化是一种复杂体系的进化，从世界一体化的角度来讲，是城市的“触角向世界的延伸”，给人以城市的智慧之光。在人的智慧体系的完善中，城市进化以社会进化的形态成长出城市的“自我修复机制”，这个“城市自我修复机制”是城市自身形成的一种社会机制和土壤，如巴黎作为世界文化之都，占据世界文化的前沿，在引领世界文化时尚的过程中，城市能够自我更新、自我再造，并不断地创造新的文化符号和文化基因，进而形成城市本身特有的“城市文化资

---

① 吴良镛：《从“有机更新”走向新的“有机秩序”：北京旧城居住区整治途径》，载于《建筑学报》1991 年第 2 期。

本"，并在城市进化中形成"城市文化资本"再生产的场域空间。卢曼是一位有影响的德国社会学家，"在他那里，系统理论很重要。值得注意的是，他曾是帕森斯的学生。卢曼也认为现代社会的特征是持续地进行功能分化，分化成他所谓的'自我塑成'子系统。这些子系统是整个系统的组成部分，都拥有各自独立的运行规范和法则。这一分化过程有利有弊。一方面人们从集中化的专制权力中被解放出来了。至于外部环境：'复杂性更高的系统通常能够容纳更多的、不同类型的系统与环境之间的关系（例如，输入和输出可以分开），因此可以应对更复杂的环境。'另一方面，这一分化过程导致每个自我塑成系统会产生其他系统需要应对的外部不良影响"。[①] 这一论述本身说明的是城市有机性的现代性意义是将有机性的原生态文化设置在城市人群体理性的驾驭下，使城市的有机性系统注入理性智慧和"秩序理念"。城市进化程度越高，城市的宽容和现代化性就越强烈，越具有包容世界文化的特点，越具有有机秩序理性。在莱斯斯特·R·布朗的研究中，通过引证相关学者的观点也证明，人类对自然的依赖包括心理依赖，他说："E.O. 威尔逊为首的生态学家系统地表述了'天性热爱生命的假说'，强调被剥夺了接触自然的人，在心理上受到伤害，这种剥夺导致幸福生活某种程度的下降。"[②] 重归自然是一种理念，是人类的底色和自然属性，这是城市理念定位的终极价值取向，是一种新的"有机城市秩序"的再造。

从现有的理论和思想体系中，我们可以寻找到"有机城市秩序"研究的维度和主体内涵：即有机历史风景与秩序、有机城市功能分区与秩序、有机空间连续秩序、有机疏散整合秩序、有机亲情下的首属邻里秩序、有机循环的"善"秩序、有机更新城市肌理秩序、有机生活方式秩序和有机城市文脉与城市文化资本再生产的秩序等。这里强调的是双核价值模式，即有机与秩序的嬗变和整合。

芒福德在《城市发展史》中论及人类城市的未来发展时说，"今天人类面临的主要问题之一是：我们的科学技术应当受到控制并导向为生活的目标服务，还是为了促进技术无止境的扩张，我们的生活应受到严密的组织和抑制。"事实上，我们的城市正在成为"城市机器"。科学技术的增长，给人类带来的现代化生活环境，汽车的家庭化、电脑的家庭化和生活智能化等等，创造了现代化意义上的风险社会，全新的技术体系虽然给社会以新的面貌，但是这种现代化也必然带来一个更脆弱和更具风险的现代社会。同时，也正在创造一个全新的大众消费时代，几乎每一人都在超量的消耗地球的有限资源，并使人类成为一种"城市

---

① ［英］彼得·狄肯斯，涂骏译：《社会达尔文主义——将进化思想与社会理论联系起来》，吉林人民出版社 2005 年版，第 49 页。

② ［美］莱斯斯特·R·布朗，林自新等译：《生态经济——有利于地球的经济构想》，东方出版社 2002 年版，第 229 页。

动物"①。人类从自然界中走出来，应该以更高的层次和意义重新回归自然，而城市本身的自然化便是人类的一种理性选择，在这一方面中国有历史的荣耀，但是，现在却正在丧失光芒。

创造镶嵌在自然中的城市，就是城市千年不朽的生命力所在。创造中国自己的城市化模式，创造中国城市本土化的理论、体系和模式，已经是城市社会来临的时代要求！我们正在创造新的城市时代，要么没有自己，中国的城市成为西方文化要素的滋生地，要么是保护和创造特有的自己，在融会世界文化的同时，让中国城市的中国元素以新生命和新力量成长。

---

① ［美］刘易斯·芒福德，宋俊岭等译：《城市发展史——起源、演变和前景》，中国建筑工业出版社 2005 年版，附图 64。

图 表 一 览

参 考 文 献

1. ［奥］卡米诺·西特，仲德昆译：《城市建设艺术》，斯坦出版有限公司 1993 年版。

2. ［奥］罗伯特·墨菲，王卓君译：《文化与社会人类学引论》，商务印书馆 1991 年版。

3. ［丹］Jan. Gehl，陈秋伶译：《户外空间的场所行为——公共空间使用之研究》，田园城市文化事业有限公司 1999 年版。

4. ［德］奥斯瓦尔德·斯宾格勒，齐世荣等译：《西方的没落》（上），商务印书馆 2001 年版。

5. ［德］贝克，何博闻译：《风险社会》，南京译林出版社 2004 年版。

6. ［德］贝克、邓正来、沈国麟：《风险社会与中国——与德国社会学家乌尔里希·贝克的对话》，载于《社会学研究》2010 年第 5 期。

7. ［德］贝克、威尔姆斯，路国林译：《自由与资本主义》，浙江人民出版社 2001 年版。

8. ［德］查普夫，陈黎、陆成宏译：《现代化与社会转型》，社会科学文献出版社 2000 年版。

9. ［德］斐迪南·滕尼斯：《共同体与社会》，商务印书馆 1999 年版。

10. ［德］哈柏玛斯，刘北成译：《合法化危机》，桂冠图书股份有限公司 2001 年版。

11. ［德］黑格尔：《历史哲学》，上海书店 1999 年版。

12. ［德］黑格尔：《美学》（第 1 卷），商务印书馆 1979 年版。

13. ［德］马克思·韦伯，王容芬译：《儒教与道教》，商务印书馆 1999 年版。

14. ［德］马克斯·韦伯，简惠美、康乐等译：《新教伦理与资本主义精神》，广西师范大学出版社 2010 年版。

15. ［德］斯宾格勒：《西方的没落》（上），商务印书馆 1995 年版。

16. ［德］瓦尔特·本雅明，刘北城译：《巴黎，19世纪的首都》，上海人民出版社2006年版。

17. ［德］沃尔夫冈·查普夫，陆宏成、陈黎译：《现代化与社会转型》，社会科学文献出版社1998年版。

18. ［德］乌尔里希·贝克、［英］安东尼·吉登斯、斯科特·拉什，赵文书译：《自反性现代化》，商务印书馆2001年版。

19. ［德］乌尔里希·贝克：《风险社会》，南京译林出版社2004年版。

20. ［法］H·孟德拉斯，李培林译：《农民的终结》，中国社会科学出版社1991年版。

21. ［法］阿兰·库隆，郑文斌译：《芝加哥学派》，商务印书馆2000年版。

22. ［法］埃米尔·涂尔干，冯韵译：《自杀论》，商务印书馆2001年版。

23. ［法］埃米尔·涂尔干：《社会分工论》，生活·读书·新知三联书店2000年版。

24. ［法］埃米尔·涂尔干，狄玉明译：《社会学方法的准则》，商务印书馆1995年版。

25. ［法］菲斯泰尔·德·古朗士，吴晓群译：《古代城市：希腊罗马宗教、法律及制度研究》，上海世纪出版集团2006年版。

26. ［法］弗朗索瓦·沙奈，齐建华译：《资本全球化》，中央编译出版社2001年版。

27. ［法］居伊·德波，王昭凤译：《景观社会》，南京大学出版社2006年版。

28. ［法］克里斯多夫·曾罗夏松，王殿忠译：《巴黎1900——历史文化散论》，广西师范大学出版社2005年版。

29. ［法］利奥塔尔，车槿山译：《后现代状态：关于知识的报告》，生活·读书·新知三联书店1997年版。

30. ［法］孟德拉斯，李培林译：《农民的终结》，中国社会科学出版社1991年版。

31. ［法］米歇尔·博德，吴艾美等译：《资本主义史：1500～1988》，东方出版社1986年版。

32. ［法］莫里斯·哈布瓦赫，毕然等译：《论集体记忆》，上海人民出版社2002年版。

33. ［法］皮埃尔·布迪厄，包亚明译：《文化资本与社会炼金术——布迪厄访谈录》，上海人民出版社1997年版。

34. ［法］皮埃尔·布迪厄，李猛、李康译：《实践与反思——反思社会学导引》，中央编译局1998年版。

35. 〔法〕皮埃尔·雅克、拉金德拉·K·帕乔里、劳伦斯·科比娅那，潘革平译：《城市：改变发展轨迹》，社会科学文献出版社2010年版。

36. 〔法〕让·卡泽纳弗，杨捷译：《社会学十大概念》，上海人民出版社2003年版。

37. 〔法〕让·欧仁·阿韦尔，齐书琴译：《居住与住房》，商务印书馆1996年版。

38. 〔法〕萨特，陈宜良等译：《存在与虚无》，生活·读书·新知三联书店1987年版。

39. 〔法〕西蒙娜·薇依，徐卫翔译：《扎根——人类责任宣言绪论》，生活·读书·新知三联书店2003年版。

40. 〔法〕伊夫·格拉夫梅耶尔，徐伟民译：《城市社会学》，天津人民出版社2005年版。

41. 〔加〕雅各布斯，金衡山译：《美国大城市的死与生》，译林出版社2006年版。

42. 〔卢〕罗伯·克里尔，金秋野等译：《城镇空间——传统城市主义的当代诠释》，中国建筑工业出版社2007年版。

43. 〔美〕C. 赖特·米尔斯，杨小东等译：《白领——美国的中产阶级》，浙江人民出版社1987年版。

44. 〔美〕Edward W. Soja，李钧译：《后大都市——城市和区域的批判性研究》，上海教育出版社2006年版。

45. 〔美〕M. P. 托达罗，于同申等译：《第三世界的经济发展》（上册），中国人民大学出版社1988年版。

46. 〔美〕C. E. 布莱克：《日本和俄国的现代化》，商务印书馆1983年版。

47. 〔美〕E. 拉兹洛，李吟波等译：《决定命运的选择》，生活·读书·新知三联书店1997年版。

48. 〔美〕Edward W. Soja，李均等译：《后大都市：城市和区域的批判性研究》，上海教育出版社2006年版。

49. 〔美〕M. H. 邓洛普，顾笑言译：《镀金城市——世纪之交纽约城的丑闻与轰动事件》，新星出版社2006年版。

50. 〔美〕R. E. 帕克、E. N. 伯吉斯、R. D. 麦肯齐，宋俊岭等译：《城市社会学——芝加哥学派城市研究文集》，华夏出版社1987年版。

51. 〔美〕R. T. 伊利、E. W. 莫尔豪斯，滕维藻译：《土地经济学》，商务印书馆1982年版。

52. ［美］T. 帕森斯，梁向阳等译：《现代社会的结构与过程》，光明日报出版社 1988 年版。

53. ［美］阿尔温·托夫勒，朱志焱等译：《第三次浪潮》，新华出版社 1996 年版。

54. ［美］阿瑟·奥沙利文，苏晓燕等译：《城市经济学》，中信出版社 2003 年版。

55. ［美］阿瑟·刘易斯：《劳动无限供给下的经济发展》，商务印书馆 1984 年版。

56. ［美］埃德蒙·N·培根：《城市设计》，中国建筑工业出版社 2003 年版。

57. ［美］埃伦·M·伍德，王恒杰等译：《资本帝国》，上海译文出版社 2006 年版。

58. ［美］艾德加·M·胡佛、弗兰克·杰莱塔尼，王翼龙译：《区域经济学导论》，商务印书馆 1990 年版。

59. ［美］安东尼·奥罗姆、陈向明，曾茂娟、任远译：《城市的世界——对地点的比较分析和历史分析》，上海人民出版社 2005 年版。

60. ［美］保罗·诺克斯、琳达·迈克卡西，顾朝林等译：《城市化》，科学出版社 2009 年版。

61. ［美］布莱克、杨豫：《现代化与政治发展》，载于《国外社会科学》1989 年第 4 期。

62. ［美］查尔斯·K·威尔伯，徐壮飞等译：《发达与不发达问题的政治经济学》，中国社会科学出版社 1984 年版。

63. ［美］查尔斯·蒂利，魏洪钟译：《强制、资本和欧洲国家》，上海世纪出版集团 2007 年版。

64. ［美］查伦·斯普瑞特奈克，张妮妮译：《真实之复兴——极度现代世界中的身体、自然和地方》，中央编译出版社 2001 年版。

65. ［美］戴蒙丝丹、黄新范：《〈现在的美国建筑〉选载（三）：访贝聿铭 (I. M. PEI)》，载于《建筑学报》1985 年第 6 期。

66. ［美］戴斯·贾丁斯，杨爱民等译：《环境伦理学——环境哲学导论》，北京大学出版社 2002 年版。

67. ［美］戴维·奥斯本、特德·盖布勒，周敦仁等译：《改革政府——企业家精神如何改革着公共部门》，上海译文出版社 2006 年版。

68. ［美］丹尼尔·贝尔，王宏周等译：《后工业社会的来临——对社会预测的一种探索》，商务印书馆 1984 年版。

69. ［美］丹尼斯·米都斯等，李宝恒译：《增长的极限——罗马俱乐部关于人类困境的研究报告》，四川人民出版社 1983 年版。

70. ［美］弗雷德理克·詹姆逊，胡亚敏等译：《文化转向》，中国社会科学出版社 2000 年版。

71. ［美］哈维，阎嘉译：《后现代的状况》，商务印书馆 2003 年版。

72. ［美］赫茨勒，何新译：《世界人口的危机》，商务印书馆 1963 年版。

73. ［美］亨廷顿：《发展的目标》，引自罗荣渠主编：《现代化理论与历史经验的再探讨》，上海译文出版社 1993 年版。

74. ［美］亨廷顿等：《现代化——理论与历史经验的再探讨》，上海译文出版社 1993 年版。

75. ［美］霍华德·法斯特，彭嘉林译：《第二代》，漓江出版社 1986 年版。

76. ［美］吉尔伯特·罗兹曼，国家社会科学基金"比较现代化"课题组译：《中国的现代化》，江苏人民出版社 1988 年版。

77. ［美］贾恩弗兰科·波齐，沈汉译：《近代国家的发展——社会学导论》，商务印书馆 1997 年版。

78. ［美］简·雅各布斯，项婷婷译：《城市经济》，中信出版社 2007 年版。

79. ［美］卡尔·艾博特，王旭等译：《大城市边疆——当代美国西部城市》，商务印书馆 1998 年版。

80. ［美］凯文·林奇，方益萍、何晓军译：《城市意象》，华夏出版社 2001 年版。

81. ［美］凯文·林奇等，黄富厢等译：《总体设计》，中国建筑工业出版社 1999 年版。

82. ［美］柯林·罗·弗瑞德所，童明译：《拼贴城市》，中国建筑工业出版社 2003 年版。

83. ［美］科特金，王玉平、王洋译《新地理：数字经济如何重塑美国地貌》，社会科学文献出版社 2010 年版。

84. ［美］莱斯斯特·R·布朗，林自新等译：《生态经济——有利于地球的经济构想》，东方出版社 2002 年版。

85. ［美］莱斯特·瑟罗，周晓钟译：《资本主义的未来：当今各种经济力量如何塑造未来世界》，中国社会科学出版社 1998 年版。

86. ［美］刘易斯·芒福德，宋俊岭等译：《城市发展史——起源、演变和前景》，中国建筑工业出版社 2005 年版。

87. ［美］罗斯，张月译：《后现代与后工业》，辽宁教育出版社 2002 年版。

88. ［美］马克·第亚尼，滕首尧译：《非物质社会——后工业世界的设计、文化与技术》，四川人民出版社 1998 年版。

89. ［美］玛格丽特·A·罗斯，张月译：《后现代与后工业》，辽宁教育出版社 2002 年版。

90. ［美］迈克尔·波特，高登第、李明轩译：《竞争论》，中信出版社 2003 年版。

91. ［美］迈克尔·波特，李明轩等译：《国家竞争优势》，华夏出版社 2002 年版。

92. ［美］曼纽尔·卡斯特，夏铸久、王志弘等译：《网络社会的崛起》，社会科学文献出版社 2001 年版。

93. ［美］梅欧，费孝通译：《工业文明的社会问题》，商务印书馆 1964 年版。

94. ［美］莫什·萨夫迪，吴越译：《后汽车时代的城市》，人民文学出版社 2001 年版。

95. ［美］南·艾琳，张冠增译：《后现代城市主义》，同济大学出版社 2007 年版。

96. ［美］尼葛洛庞帝，胡泳、范海燕译：《数字化生存》，海南出版社 1997 年版。

97. ［美］乔纳森·特纳，邱泽奇等译：《社会学理论的结构》（上），华夏出版社 2001 年版。

98. ［美］乔治·华盛顿，聂崇信译：《华盛顿选集》，商务印书馆 1983 年版。

99. ［美］乔治·里茨尔，王云桥、宋兴无译：《虚无的全球化》，上海译文出版社 2006 年版。

100. ［美］乔治·瑞泽尔，谢立中等译：《后现代社会理论》，华夏出版社 2003 年版。

101. ［美］塞缪尔·P·亨廷顿，王冠华、刘为等译：《变化社会中的政治秩序》，生活·读书·新知三联书店 1989 年版。

102. ［美］塞缪尔·P·亨廷顿：《文明的冲突与世界秩序的重建》，新华出版社 1999 年版。

103. ［美］塞缪尔·亨廷顿：《发展的目标》，引自罗荣渠：《现代化——理论与历史经验的再探讨》，上海译文出版社 1993 年版。

104. ［美］塞缪尔·亨廷顿等，程克雄译：《文化的重要作用——价值观如何影响人类进步》，新华出版社 2002 年版。

105. ［美］史蒂文·瓦格，王晓黎译：《社会变迁》，北京大学出版社 2007

年版。

106. ［美］丝奇雅·沙森，周振华等译：《全球城市：纽约、伦敦、东京》，上海社会科学院出版社 2005 年版。

107. ［美］唐纳德·沃斯特：《自然的经济体系思想史》，商务印书馆 1999 年版。

108. ［美］托马斯·弗里德曼，赵绍棣等译：《世界是平的："凌志汽车"和"橄榄树"的视角》，东方出版社 2006 年版。

109. ［美］托马斯·科斯纳，万丹译：《资本之城》，中信出版社 2004 年版。

110. ［美］威尔·杜兰：《文艺复兴》，东方出版社 2003 年版。

111. ［美］威廉·奥格本，王晓毅、陈育国译：《社会变迁：关于文化和先天本质》，浙江人民出版社 1989 年版。

112. ［美］威廉·福特斯：《美国历史中的黑人》，生活·读书·新知三联书店 1960 年版。

113. ［美］威廉·科克汉姆，杨辉等译：《医学社会学》，华夏出版社 2000 年版。

114. ［美］文森特·帕里罗、约翰·史汀森、阿黛斯·史汀森，周兵、单弘等译：《当代社会问题》，华夏出版社 2002 年版。

115. ［美］西里尔·E·布莱克，杨豫、陈祖洲译：《比较现代化》，上海译文出版社 1996 年版。

116. ［美］夏普·雷吉斯特·格里米斯，郭庆旺、应惟伟译：《社会问题经济学》第 13 版，中国人民大学出版社 2000 年版。

117. ［美］伊利尔·沙里宁，顾启源译：《城市：它的发展、衰败与未来》，建筑工业出版社 1986 年版。

118. ［美］英格尔斯，殷陆君译：《人的现代化》，四川人民出版社 1985 年版。

119. ［美］约瑟夫·克里沃特，刘东洋译：《城之理念——有关罗马、意大利及古代世界的城市形态人类学》，中国建筑工业出版社 2006 年版。

120. ［美］詹姆斯·特拉菲尔，赖慈芸译：《未来城》，中国社会科学出版社 2000 年版。

121. ［秘］赫南尔多·德·索托，王晓冬译：《资本的秘密》，江苏人民出版社 2001 年版。

122. ［挪］诺伯舒兹，施植明译：《场所精神——迈向建筑现象学》，（台北）田园城市文化事业有限公司 1995 年版。

123. ［日］佐佐木信彰：《中国现阶段经济分析——来自日本的观察与评价》，吉林人民出版社 1999 年版。

124. ［瑞］Carl Fingrhuth，张路峰、包志禹译：《向中国学习——城市之道》，中国建筑工业出版社 2007 年版。

125. ［苏］A. B. 布宁、T. 萨瓦连斯卡亚，黄海华译：《城市建设艺术史》，中国建筑工业出版社 1992 年版。

126. ［西］曼纽尔·卡斯特，夏铸久、王志弘等译：《网络社会的崛起》，社会科学文献出版社 2003 年版。

127. ［希］柏拉图，郭斌和、张竹明译：《理想国》，商务印书馆 1986 年版。

128. ［意］卡洛·M·奇波拉，胡企林等译：《欧洲经济史》（第五卷）上册，商务印书馆 1991 年版。

129. ［意］乔万尼·波特若，刘晨光译：《论城市伟大至尊之因由》，华东师范大学出版社 2006 年版。

130. ［意］维鲁特威，高履泰译：《建筑十书》，中国建筑工业出版社 1986 年版。

131. ［英］阿伦·布洛克，董乐山译：《西方人文主义传统》，生活·读书·新知三联书店 1997 年版。

132. ［英］阿瑟·刘易斯：《发展计划》，北京经济学院出版社 1989 年版。

133. ［英］安东尼·吉登斯，李惠斌、杨雪冬译：《超越左与右——激进政治的未来》，社会科学文献出版社 2000 年版。

134. ［英］安东尼·吉登斯，田禾译：《现代性的后果》，南京译林出版社 2000 年版。

135. ［英］安东尼·吉登斯，赵旭东、方文译：《现代性与自我认同：现代晚期的自我与社会》，生活·读书·新知三联书店 1998 年版。

136. ［英］安东尼·吉登斯，周红云译：《失控的世界》，江西人民出版社 2001 年版。

137. ［英］安东尼·吉登斯：《社会学》（第四版），北京大学出版社 2004 年版。

138. ［英］保罗·贝尔琴等，刘书瀚等译：《全球视角中的城市经济》，吉林人民出版社 2003 年版。

139. ［英］彼得·狄肯斯，涂骏译：《社会达尔文主义——将进化思想与社会理论联系起来》，吉林人民出版社 2005 年版。

140. ［英］彼得·迪肯：《全球性转变——重塑 21 世纪全球经济地图》，商务印书馆 2007 年版。

141. ［英］布赖恩·特纳，李康译：《社会理论指南》，上海世纪出版集团、上海人民出版社 2003 年版。

142. ［英］戴维·赫尔德、安东尼·麦克格鲁，陈志刚译：《全球化与反全球化》，社会科学文献出版社 2004 年版。

143. ［英］吉登斯，李康、李猛译：《社会的构成》，生活·读书·新知三联书店 1998 年版。

144. ［英］吉登斯，田禾译：《现代性的后果》，译林出版社 2000 年版。

145. ［英］卡尔·波普尔，郑一明译：《开放社会及其敌人》（第二卷），中国社会科学出版社 1999 年版。

146. ［英］迈克尔·詹姆斯等：《紧缩城市——一种可持续发展的城市形态》，中国建筑工业出版社 2004 年版。

147. ［英］尼格尔·泰勒，李白玉等译：《1945 年后西方城市规划理论的流变》，中国建筑工业出版社 2006 年版。

148. ［英］桑德斯，张艳敏译：《社区论》，黎明文化事业公司 1982 年版。

149. ［英］瑟尔瓦尔，金碚、李扬等译：《增长与发展》，中国人民大学出版社 1992 年版。

150. 《第十届全国县域经济基本竞争力与县域科学发展评价报告》，中国县域经济网，2010 年 8 月 15 日，http：//www. china - county. org/a/jzlkxfz/10st/2011/0317/4311. html。

151. 《江苏省国民经济和社会发展统计公报（2010 年）》，中国国情网，2011 年 12 月 2 日，http：//www. china. com. cn/guoqing/2011 - 12/02/content_24059107_4. htm。

152. 《科技周刊》2001 年第 48 期。

153. 《南京农民工子女公办校就读向非义务教育延伸》，载于《中国教育报》2010 年 2 月 1 日。

154. 《农民工参保总体状况》，江苏人力资源和社会保障网，2009 年 12 月 19 日，http：//www. js. lss. gov. cn/xwzx/ztbd/nmgdc/200912/t20091219 _ 58788. htm。

155. 《农民工市民化成本 2 万亿/年面临半城市化问题》，载于《东方早报》2010 年 10 月 11 日。

156. 《欧洲古堡游》编辑部：《欧洲古堡游》，陕西师范大学出版社 2004 年版。

157. 《日本城市研究》，上海交通大学出版社 1996 年版。

158. 《深圳户籍人口 240 万不到常住人口总量 1/3》，载于《人民日报》2010 年 8 月 22 日。

159. 《韦氏第三版新国际英语大词典》 （Webster's Third New International Dictionary），1976 年版。

160. 《无锡市江阴市 2010 年国民经济和社会发展统计公报》，江阴市统计局 2011 年 3 月 30 日。

161. 《香港超越新加坡"全球化指数"排名居首》，载于香港《文汇报》2011 年 1 月 28 日。

162. 《新街口服务业集聚区蓄势跨越》，载于《南京日报》2010 年 5 月 19 日。

163. 《亚洲巨人面临城市化风险》，载于《纽约时报》2010 年 8 月 2 日。

164. 《哲学家小道》2006 年 3 月 29 日。

165. 《整合珠三角构建大香港》，载于《亚洲周刊》1999 年 10 月 11 日。

166. 《中共中央国务院关于加大统筹城乡发展力度进一步夯实农业农村发展基础的若干意见》，新华网，2010 年 1 月 31 日，http：//news. xinhuanet. com/politics/2010 - 01/31/content_12907829. htm。

167. 《中国城市统计年鉴（2009）》，中国统计出版社 2010 年版。

168. IBM 商业价值研究院：《智慧地球赢在中国》，IBM 官网，http：//www. ibm. com/smarterplanet/cn/zh/。

169. 白战伟：《关于社会主义新农村建设与城市化的关系的思考》，载于《财经界》2006 年第 9 期。

170. 边燕杰：《城市居民社会资本的来源及作用：网络观点与调查发现》，载于《中国社会科学》2004 年第 3 期。

171. 蔡昉：《刘易斯转折点与公共政策方向的转变——关于中国社会保护的若干特征性事实》，载于《中国社会科学》2010 年第 6 期。

172. 蔡新会：《风险、不确定性与社会资本对促进农民工迁移的重要作用》，载于《经济论坛》2008 年第 9 期。

173. 蔡勇美等：《都市社会学》，巨流图书公司 1984 年版。

174. 蔡云辉：《论西部开发中的城市优先战略》，载于《云南社会科学》2002 年第 6 期。

175. 曹广忠：《发达地区县域城市化水平量测与城市化道路选择——青岛市城阳区个案研究》，载于《经济地理》2001 年第 2 期。

176. 常红、张海燕：《我国收入分配高度不均 10% 家庭占有居民财产 45%》，载于《人民日报》2009 年 12 月 10 日。

177. 陈建东、廖常勇、邹高禄：《对城镇最低生活保障制度主要问题的思考》，载于《经济社会体制比较》2009 年第 4 期。

178. 陈静：《关于我国农村剩余劳动力转移的思考——由福建炼化一体化项目造成大量农村剩余劳动力转移引发的思考》，载于《现代农业》2007 年第 1 期。

179. 陈友华：《全面小康社会建设评价指标体系研究》，载于《社会学研究》2004 年第 1 期。

180. 程连生、冯文勇、蒋立宏：《太原盆地东南部农村聚落空心化机理分析》，载于《地理学报》2001 年第 4 期。

181. 程漱兰等：《世界银行发展报告 20 年回顾（1978~1997）》，中国经济出版社 1999 年版。

182. 崔功豪：《走向世界的长江三角洲》，载于《上海公路》2003 年第 1 期。

183. 崔民先：《2006 中国能源发展报告》，社会科学文献出版社 2006 年版。

184. 邓蜀生：《世代悲欢的"美国梦"——美国的移民历程及种族矛盾》，中国社会科学出版社 2001 年版。

185. 丁瑶、邓兰燕：《西部地区土地流转制度创新设计》，载于《探索》2008 年第 5 期。

186. 丁元竹：《社会不公平和收入差距扩大："社会问题"全球化》，载于《中国发展观察》2007 年第 2 期。

187. 费尔希等：《大都市创新体系——来自欧洲三个都市地区的理论和案例》，上海人民出版社 2006 年版。

188. 费孝通：《江村经济》，江苏人民出版社 1986 年版。

189. 费孝通：《乡土中国生育制度》，北京大学出版社 1998 年版。

190. 费孝通：《小城镇大问题》，江苏人民出版社 1984 年版。

191. 费孝通：《小城镇的问题还远远没有解决好》，载于《经济日报》2004 年 1 月 4 日。

192. 费正清：《剑桥中国晚清史》（下卷），中国社会科学出版社 1985 年版。

193. 冯刚：《中心镇发展力研究》，中国建材工业出版社 2003 年版。

194. 冯华：《21 世纪的热点：发展小城镇推动城市化》，科学出版社 2000 年版。

195. 傅崇兰、周明俊：《中国特色城市发展理论与实践》，中国社会科学出版社 2003 年版。

196. 傅剑锋、沈颖等：《就业篇："毕业了我们的工作在哪里"》，载于《南方周末》2006 年 4 月 6 日。

197. 傅兰妮：《全球化世界中的城市：治理、绩效与可持续发展》，清华大学出版社 2006 年版。

198. 甘阳：《八十年代文化意识》，生活·读书·新知三联书店 2006 年版。

199. 高鉴国：《新马克思主义城市理论》，商务印书馆 2006 年版。

200. 高珮义：《城市化发展学原理》，中国财政经济出版社 2009 年版。

201. 高云才：《城市化不能"大跃进"》，载于《人民日报》2011 年 2 月 4 日。

202. 顾朝林等：《中国城市地理》，商务印书馆 1999 年版。

203. 顾伟华：《长三角公路交通发展的外部环境分析》，载于《上海公路》2004 年第 3 期。

204. 国家统计局综合司：《城市社会经济发展日新月异》，中华人民共和国统计局网站，2009 年 9 月 17 日，http：//www. stats. gov. cn/tjfx/ztfx/qzxzgcl60zn/t20090917_402587821. htm。

205. 国家行政学院国际合作交流部：《西方国家行政改革述评》，国家行政学院出版社 1998 年版。

206. 日本国土交通省官方网站，http：//www. mlit. go. jp/kokudokeikaku/vision/index. html。

207. 国土资源部：《全国土地开发整理规划（2001～2010 年）》，2003 年版。

208. 何传启：《中国现代化战略的新思维》，科学出版社 2010 年版。

209. 何传启等：《中国现代化报告概要（2001～2007）》，北京大学出版社 2007 年版。

210. 何景熙：《我国西部小城镇非农就业的产业基础研究——基于镇区人口普查数据的经验分析》，载于《民族研究》2004 年第 1 期。

211. 何念如、吴煜：《中国当代城市化理论研究》，上海人民出版社 2007 年版。

212. 胡厚国：《县城规划存在的主要问题和基本对策》，载于《城市规划》2004 年第 9 期。

213. 胡荣：《以公共利益为牵引提升社会、文化效益——巴黎历史性公共空间复兴的启示》，载于《国际城市规划》2008 年第 2 期。

214. 胡适：《中国的文艺复兴》，外语教学与研究出版社 2001 年版。

215. 胡跃平、陈韦：《武汉城市圈小城镇发展的路径选择与规划模式创新研究》，载于《小城镇建设》2010 年第 8 期。

216. 扈立家：《推进户籍制度改革促进农村人口城市化进程》，载于《农业经济》2006 年第 4 期。

217. 郇庆治、马丁·耶内克：《生态现代化理论：回顾与展望》，载于《马克思主义与现实》2010 年第 1 期。

218. 黄仁宗：《对市管县体制的新思考》，载于《决策咨询》2001 年第
8 期。

219. 黄新文：《城市化过程中的县城建设与发展研究》，载于《小城镇建
设》2009 年第 11 期。

220. 简新华、刘传江：《世界城市化的发展模式》，载于《世界经济》1998
年第 4 期。

221. 江苏省老龄工作委员会办公室：《2009 年江苏省老年人口信息和老龄事
业发展状况报告》，上海市老龄科学研究中心网站，http：//www. shrca. org. cn/
3966. html。

222. 江苏省农民工工作领导小组办公室组：《你在他乡还好吗？——江苏农
民工生存状况调查》（上），载于《新华日报》2009 年 12 月 11 日。

223. 江苏省统计局：《2009 年全省就业形势回顾与展望》，江苏省统计局网
站，2010 年 7 月 2 日。

224. 姜杰、张喜民、王在勇：《城市竞争力》，山东人民出版社 2003 年版。

225. 姜生贵：《农民工未来归宿意愿的调查分析》，载于《学习时报》2006
年 10 月 20 日。

226. 蒋文龙、柯丽生：《浙江慈溪农村土地流转探索启示录》，载于《农民
日报》2009 年 4 月 21 日。

227. 金书秦、Arthur P. J. Mol、Bettina Bluemling：《生态现代化理论：回顾
和展望》，载于《理论学刊》2011 年第 7 期。

228. 景天魁：《底线公平与社会保障的柔性调节》，载于《社会学研究》
2004 年第 6 期。

229. 康少邦、张宁等：《城市社会学》，浙江人民出版社 1986 年版。

230. 李保江：《城市就业压力下的农村人口城市化与农业劳动力转移》，载
于《云南社会科学》1998 年第 6 期。

231. 李斌：《人力资源和社会保障部副部长：我国"十二五"期间城镇就业
缺口每年将达 1 300 万》，载于《中国青年报》2010 年 6 月 13 日。

232. 李炳坤：《论加快我国小城镇发展的基本思路》，载于《管理世界》
2000 年第 3 期。

233. 李长安：《大学生失业率》，载于《上海证券报》2010 年 1 月 25 日。

234. 李恒：《结构性增长与农村剩余劳动力转移的绩效评价——兼谈"民工
荒"对其的纠正性质》，载于《经济经纬》2006 年第 5 期。

235. 李鸿谷：《中国粮食安全的现实与未来》，载于《三联生活周刊》2008

年 4 月 17 日。

236. 李辉：《中国人口城市化综述》，载于《人口学刊》2003 年第 6 期。

237. 李惠斌、杨雪冬：《社会资本与社会发展》，社会科学文献出版社 2000 年版。

238. 李明坤、黄绍伦：《社会学新论》，商务印书馆（香港）有限公司 1995 年版。

239. 李其荣：《对立与统一——城市发展历史逻辑新论》，东南大学出版社 2000 年版。

240. 李强：《城市农民工与城市中的非正规就业》，载于《社会学研究》2002 年第 6 期。

241. 李强：《中国城市农民工劳动力市场研究》，载于《学海》2001 年第 1 期。

242. 李文：《城市化滞后的经济后果分析》，载于《中国社会科学》2001 年第 4 期。

243. 李学：《利益扩张型虚假城市化现象的激励机制探析》，载于《社会科学》2007 年第 5 期。

244. 李迅：《关于中国城市发展模式的若干思考》，载于《城市》2008 年第 1 期。

245. 李治邦：《农民素质对农村剩余劳动力转移的影响》，载于《教育与经济》2004 年第 4 期。

246. 连玉明：《2004 中国数字报告》，中国时代经济出版社 2004 年版。

247. 联合国人居署，吴志强译制组译：《和谐城市——世界城市状况报告》，中国建筑工业出版社 2008 年版。

248. 联合国人居署：《全球化世界中的城市——全球人类住区报告 2001》，中国建筑工业出版社 2004 年版。

249. 林崇杰、陈宇进等：《市民的城市——城市设计与地方重建的经验》，创兴出版社 1996 年版。

250. 林南：《社会资本——关于社会结构与行动的理论》，上海人民出版社 2006 年版。

251. 刘传江、周玲：《社会资本与农民工的城市融合》，载于《人口研究》2004 年第 5 期。

252. 刘辉武：《文化资本与农民工的城市融入》，载于《农村经济》2007 年第 1 期。

253. 刘继生等：《区位论》，江苏教育出版社 1994 年版。

254. 刘俊杰：《县域经济发展与小城镇建设》，社会科学文献出版社 2005 年版。

255. 刘声：《青年农民工六大问题亟待破解》，载于《中国青年报》2011 年 2 月 21 日。

256. 刘世定、邱泽奇：《"内卷化"概念辨析》，载于《社会学研究》2004 年第 5 期。

257. 刘岩：《风险意识启蒙与反思性现代化——贝克和吉登斯对风险社会出路的探寻及其启示》，载于《江海学刊》2009 年第 1 期。

258. 卢海元：《土地换保障：妥善安置失地农民的政策选择》，载于《社会保险研究》2003 年第 5 期。

259. 陆大道、宋林飞、任平：《中国城镇化发展模式：如何走向科学发展之路》，载于《苏州大学学报（哲学社会科学版）》2007 年第 2 期。

260. 陆学艺：《晋江模式新发展——中国县域现代化道路探索》，社会科学文献出版社 2007 年版。

261. 陆学艺等：《社会学》，知识出版社 1991 年版。

262. 罗荣渠：《现代化新论——世界与中国的现代化进程》，北京大学出版社 1995 年版。

263. 罗荣渠：《现代化新论续编——东亚于中国的现代化进程》，北京大学出版社 1997 年版。

264. 罗苏文：《近代上海都市与社会生活》，中华书局 2006 年版。

265. 内蒙古沙产业、草产业协会、西安交通大学先进技术研究院：《钱学森论产业、草产业、林产业》，西安交通大学出版社 2009 年版。

266. 倪鹏飞：《中国城市竞争力报告 No. 2——定位：让中国城市共赢》，社会科学文献出版社 2004 年版。

267. 牛凤瑞、潘家华等：《中国城市发展 30 年（1978 - 2008）》，社会科学文献出版社 2009 年版。

268. 牛文元：《理论地理学》，商务印书馆 1992 年版。

269. 牛文元：《中国新型城市化报告 2009》，科学出版社 2009 年版。

270. 《潘基文在国际老年人日的献词》，2010 年 10 月 1 日，http：//www. un. org/chinese/sg/2010/olderpersons. shtml。

271. 庞建国：《国家发展理论——兼论台湾发展经验》，台北巨流图书公司 1993 年版。

272. 彭蓓、陈广琳：《深圳人口每年增长逾百万》，载于《深圳商报》2011 年 1 月 18 日。

273. 彭真怀：《优先发展县城和中心镇——把"三农"放在决策起点上的治国新思维》，载于《今日国土》2010 年第 5 期。

274. 秦玉友等：《农民工子女教育问题与应对策略研究》，载于《教育科学》2007 年第 6 期。

275. 任玉玲：《地区现代化建设的问题和突破》，引自何传启：《中国现代化战略的新思维》，科学出版社 2010 年版。

276. 任致远：《试论我国大城市与中小城市发展走势》，载于《城市发展研究》2010 年第 9 期。

277. 沈建国：《世界城市化的基本规律》，载于《城市发展研究》2000 年第 1 期。

278. 沈玉麟：《外国城市建设史》，中国建筑工业出版社 1989 年版。

279. 施坚雅：《中国农村市场和社会结构——中华帝国晚期的城市》，转引自郑也夫：《城市社会学》，中国城市出版社 2002 年版。

280. 司马云杰：《文化社会学》，中国社会科学出版社 2001 年版。

281. 搜狐旅游频道，http：//travel. sohu. com/20060329/n242529846. shtml。

282. 苏珊：《城市反思》，光明日报出版社 2005 年版。

283. 隋青：《自治市加快民族自治地方城市化进程的必然选择》，载于《中国民族》2003 年第 7 期。

284. 孙立平：《断裂——20 世纪 90 年代以来的中国社会》，社会科学文献出版社 2003 年版。

285. 覃敏笑：《小城镇建设与民族地区市场经济的发展》，载于《贵州民族研究》1995 年第 2 期。

286. 汤因比：《历史研究》，上海人民出版社 2000 年版。

287. 田凯：《关于农民工的城市适应性的调查分析与思考》，载于《社会科学研究》1995 年第 5 期。

288. 田明、张小林、汤茂林：《县城在乡村城市化中的优势分析》，载于《人文地理》2000 年第 5 期。

289. 田崎笃郎·船津卫：《社会信息理论的发展》，东京北树出版社 1997 年版。

290. 佟新：《人口社会学》，北京大学出版社 2000 年版。

291. 汪辉、陈燕谷：《文化与公共性》，生活·读书·新知三联书店 1998 年版。

292. 汪洋：《"十五"城镇化发展规划研究》，中国计划出版社 2001 年版。

293. 王春光：《城乡结构：中国社会转型中的迟滞者》，载于《中国农业大学学报（社会科学版）》2007 年第 1 期。

294. 王春光：《农村流动人口的"半城市化"问题研究》，载于《社会学研究》2006 年第 5 期。

295. 王格芳、王成新：《科学发展观视角下的城镇化研究》，山东大学出版社 2007 年版。

296. 王宏昌：《诺贝尔经济学奖金获得者讲演集（一九六九～一九八一）》，中国社会科学出版社 1986 年版。

297. 王缉慈等：《创新的空间》，北京大学出版社 2001 年版。

298. 王建平：《避免"拉美陷阱"》，载于《资料通讯》2004 年第 4 期。

299. 王建武：《城市现代化理论的特征及指标体系》，载于《中国社会科学院院报》2008 年 2 月 15 日。

300. 王军：《城记》，生活·读书·新知三联书店 2006 年版。

301. 王廉：《城市经营的规划与策划》，暨南大学出版社 2005 年版。

302. 王茂福、史铮：《制度变迁背景下的水库移民返迁——人口迁移因的推拉理论的完善》，载于《华中科技大学学报》2004 年第 3 期。

303. 王梦奎：《解读全面建设小康与第三步战略的关系》，载于《中国经济时报》2002 年 12 月 16 日。

304. 王梦奎等：《中国特色城镇化道路》，中国发展出版社 2004 年版。

305. 王宁：《消费社会学——一个分析的视角》，社会科学文献出版社 2001 年版。

306. 王青云：《县城应成为农村劳动力转移载体》，载于《农村财政与财务》2010 年第 4 期。

307. 王受之：《有机城市》，台北艺术家出版社 2003 年版。

308. 王文：《主要发达国家城市问题的产生和发展》，载于《城市问题》1989 年第 4 期。

309. 王文录：《"一面两箱"框架下的河北省城市化》，中国社会科学出版社 2005 年版。

310. 王新文：《城市化发展的代表性理论综述》，载于《人大复印资料：城市经济》2002 年第 8 期。

311. 王旭、黄柯可：《城市社会的变迁》，中国社会科学出版社 1998 年版。

312. 王雅林、董鸿扬：《构建生活美——中外城市生活方式比较》，东南大学出版社 2003 年版。

313. 王志弘：《流动、空间与社会》，田园城市文化事业有限公司 1998 年版。

314. 韦恩·贝克：《社会资本制胜——如何挖掘个人与企业网络中的隐性资源》，上海交通大学出版社 2002 年版。

315. 温铁军：《西藏经济发展战略问题探讨》，载于《中国藏学》2003 年第 1 期。

316. 温铁军：《中国的城镇化道路与相关制度问题》，载于《开放导报》2000 年第 5 期。

317. 吴国盛：《时间的观念》，中国社会科学出版社 1996 年版。

318. 吴景超，筑生译：《唐人街：共生与同化》，天津人民出版社 1991 年版。

319. 吴良镛：《从"有机更新"走向新的"有机秩序"：北京旧城居住区整治途径》，载于《建筑学报》1991 年第 2 期。

320. 吴麟：《城市发展勿失自我（城市论坛）》，载于《人民日报（海外版）》2003 年 12 月 17 日第八版。

321. 冼频：《优先发展县城——壮大县域经济和推进城市化的战略选择》，载于《南方经济》2005 年第 11 期。

322. 谢俊贵：《卡斯特尔网络社会理论述评》，载于《学术界》2002 年第 4 期。

323. 谢文蕙、邓卫：《城市经济学》，清华大学出版社 1996 年版。

324. 徐大丰：《农民进城行为考察》，载于《经济问题探索》2003 年第 2 期。

325. 许学强、周一星、宁越敏：《城市地理学》，高等教育出版社 1996 年版。

326. 薛晓源、曹荣湘：《全球化与文化资本》，社会科学文献出版社 2005 年版。

327. 严佳：《浅析苏州太湖水流域蓝藻爆发对经济的影响》，载于《中国高新技术产业》2010 年第 7 期。

328. 严伟：《建设"新农村"不是把农民留在农村——加快城市化进程是彻底解决农村问题的根本途径》，载于《社会科学战线》2006 年第 2 期。

329. 阎明：《一门学科与一个时代》，清华大学出版社 2004 年版。

330. 阎鹏：《做强县城，引领县域经济快速发展》，载于《经济纵横》2004 年第 11 期。

331. 杨傲多：《民进中央：失地农民数量迅速扩大 2020 年将超 1 亿》，载于《中国青年报》2009 年 3 月 14 日。

332. 杨长富：《农村人口城市化中制度问题探析》，载于《北方经贸》2007

年第 8 期。

333. 杨国枢：《现代化的心理适应》，台北巨流图书公司 1978 年版。

334. 杨善华、谢立中：《西方社会学理论》（上卷），北京大学出版社 2006 年版。

335. 杨善华：《当代西方社会学理论》，北京大学出版社 1999 年版。

336. 杨文炯：《城市界面下的回族传统文化与现代化》，载于《回族研究》2004 年第 1 期。

337. 杨小凯、张永生：《新兴古典经济学与超边际分析》，社会科学文献出版社 2003 年版。

338. 杨雄富：《各国都市计划》，台北明文书局 1990 年版。

339. 叶静怡：《发展经济学》，北京大学出版社 2003 年版。

340. 叶肃科：《芝加哥学派》，三联书店（香港）有限公司 1993 年版。

341. 亦非：《18 亿耕地红线面临严峻挑战》，载于《中华工商时报》2011 年 2 月 25 日。

342. 奕栋：《在人类文明的转折点上》，载于《中国社会科学》1995 年第 1 期。

343. 于维栋：《中国现代化的新思维》，科学出版社 2010 年版。

344. 余志刚：《我国富余劳动力转移的改进推拉模型分析及其政策建议》，载于《城市问题》1989 年第 4 期。

345. 张海翔：《论我国民族地区的城市化》，载于《民族研究》1998 年第 4 期。

346. 张宏霖、宋顺锋：《城乡移民和城市化》，转引自陈甬军、陈爱民：《中国城市化实证分析与对称策研究》，厦门大学出版社 2002 年版。

347. 张鸿雁、高红：《中美城市化与城乡关系发展基本规律比较——中美城市化比较的社会学视角》，载于《江海学刊》1998 年第 2 期。

348. 张鸿雁、邵颖萍：《中国区域城市化进程中的社会问题——以江苏省为例》，载于《城市问题》2011 年第 7 期。

349. 张鸿雁、吴新兰：《长三角都市群：沪宁杭城市文化产业的特色认知》，载于《城市管理》2007 年第 1 期。

350. 张鸿雁、谢静：《"制度主导型"城市化论》，载于《上海城市管理》2006 年第 2 期。

351. 张鸿雁、张登国：《城市定位论——城市社会学理论视野下的可持续发展战略》，东南大学出版社 2008 年版。

352. 张鸿雁：《城市·空间·人际——中外城市社会发展比较研究》，东南大学出版社 2003 年版。

353. 张鸿雁：《城市文化资本论》，东南大学出版社 2010 年版。

354. 张鸿雁：《春秋战国城市经济发展史论》，辽宁大学出版社 1988 年版。

355. 张鸿雁：《论重农抑商政策、思想对中国社会经济形态演进的负面影响》，载于《历史教学问题》1995 年第 3 期。

356. 张鸿雁：《农村人口都市化与社会结构变迁新论——孟德拉斯〈农民的终结〉带来的思考》，载于《民族研究》2002 年第 1 期。

357. 张鸿雁：《侵入与接替——城市社会结构变迁新论》，东南大学出版社 2000 年版。

358. 张鸿雁：《全球城市价值链理论建构与实践创新论——强可持续发展的中国城市化理论重构战略》，载于《社会科学》2011 年第 10 期。

359. 张鸿雁：《西方城市化理论反思与中国本土化城市化理论模式建构论》，载于《南京社会科学》2011 年第 9 期。

360. 张鸿雁：《中国城市化理论的反思与重构》，载于《城市问题》2010 年第 12 期。

361. 张怀雷、陈妮：《失地农民社保：城市化进程中不可忽略社会建设》，载于《中国劳动保障报》2011 年 1 月 21 日。

362. 张京祥、崔功豪：《试论城镇群体空间的组织调控》，载于《人文地理》2002 年第 3 期。

363. 张俊：《集聚发展——城市化进程中小城镇的发展之路》，中国电力出版社 2008 年版。

364. 张路雄：《中国耕地制度存在的问题及不可回避的政策选择》，北京大军经济观察研究中心 2008 年版。

365. 张时玲：《农民工融入城市社会的制约因素与路径分析》，载于《特区经济》2006 年第 6 期。

366. 张晓、郑玉歆：《中国自然文化遗产资源管理》，社会科学文献出版社 2001 年版。

367. 张艳：《中国成第一能源消费大国能耗强度是日本 5 倍》，载于《京华时报》2011 年 2 月 26 日。

368. 张永贵：《加快城镇化的战略选择》，中国计划出版社 2005 年版。

369. 张正河：《乡村城市化的要素聚集与时空序列》，载于《农业经济问题》1998 年第 5 期。

370. 章国锋：《反思的现代化与风险社会——乌尔里希·贝克对西方现代化理论的研究》，载于《马克思主义与现实》2006 年第 1 期。

371. 章琦：《上海应成为国际文化中心》，载于《远东经济画报》2003 年 4 月 2 日。

372. 赵理尘：《城市发展学导论》，山东大学出版社 2004 年版。

373. 赵立新：《社会资本与农民工市民化》，载于《社会主义研究》2006 年第 4 期。

374. 赵民、孙斌栋：《经济发达地区的乡镇企业布局与小城镇发展》，载于《城市规划》1996 年第 5 期。

375. 赵之枫：《城市化背景下农村宅基地有偿使用和转让制度初探》，载于《农业经济问题》2001 年第 1 期。

376. 郑也夫：《城市社会学》，中国城市出版社 2002 年版。

377. 《马克思恩格斯〈资本论〉书信集》，人民出版社 1976 年版。

378. 《马克思恩格斯全集》（第 19 卷）（1859 年 10 月～1860 年 3 月），人民出版社 2006 年版。

379. 《列宁全集》（第 3 卷），人民出版社 1957 年版。

380. 《马克思恩格斯全集》（第 23 卷），人民出版社 1972 年版。

381. 《马克思恩格斯全集》（第 26 卷），人民出版社 1972 年版。

382. 《马克思恩格斯全集》（第 2 卷），人民出版社 1957 年版。

383. 《马克思恩格斯全集》（第 3 卷），人民出版社 1971 年版。

384. 《马克思恩格斯全集》（第 46 卷），人民出版社 1957 年版。

385. 《马克思恩格斯全集》（第 4 卷），人民出版社 1957 年版。

386. 《马克思恩格斯全集》（第 5 卷），人民出版社 1958 年版。

387. 《马克思恩格斯全集》（第 2 卷），人民出版社 2005 年版。

388. 《马克思恩格斯选集》（第 1 卷），人民出版社 1995 年版。

389. 《马克思恩格斯选集》（第 2 卷），人民出版社 1974 年版。

390. 《马克思恩格斯选集》（第 3 卷），人民出版社 1972 年版。

391. 《资本论》（第 1 卷），人民出版社 2004 年版。

392. 中国现代化战略研究课题组、中国科学院中国现代化研究中心：《中国现代化报告 2004》，北京大学出版社 2004 年版。

393. 中国行政区划网，http://www.xzqh.org/html/list/10100.html。

394. 仲伟志：《市管县：弊端渐现》，载于《经济观察报》2002 年 7 月 22 日。

395. 周光召：《中国不可能按西方模式实现现代化》，转引自何传启：《中国现代化战略的新思维》，科学出版社 2010 年版。

396. 周牧之：《解读城市化与中国经济发展模式大转折》，世界知识出版社

2005 年版。

397. 周一星：《城市地理学》，商务印书馆 1995 年版。

398. 周怡：《贫困研究：结构解释与文化解释的对垒》，载于《社会学研究》2002 年第 3 期。

399. 朱宝树、顾军廷：《中国 2000 年人口普查省内迁移数据分析》，华东师范大学人口所 2003 年版。

400. 朱国宏、桂勇：《经济社会学导论》，复旦大学出版社 2005 年版。

401. 朱俊俊等：《"大城市病"困扰南京人每人每月堵掉 158.7 元》，载于《现代快报》2010 年 10 月 17 日。

402. 朱潋、钱陈：《产业发展与城镇化——以乐清为例的分析》，载于《浙江社会科学》2003 年第 5 期。

403. 朱铁臻：《城市现代化发展中的几个理论问题》，载于《当代贵州》2003 年第 3 期。

404. 邹农俭：《城市化与城市现代化》，载于《城市问题》2007 年第 10 期。

405. 邹平县统计局：《邹平 2007 年统计年鉴》。

406. 邹平县统计局：《邹平 2010 年统计年鉴》。

407. 左学金等：《中国人口城市化和城乡统筹发展》，学林出版社 2007 年版。

408. Alejandro Portes. *The Economic Sociology of Immigration：A Conceptual Overview*. Russell Sage Foundation，1995.

409. Arthur Schlesinger. *The Rise of the city*，1878 – 1898. Ohio State University Press，1999.

410. Beck. *Risk World Risk Society*. Cambridge Polity Press.

411. Beck. 属于自己的生活. Frankfurt am Main：Suhrkamp，1995。

412. Bryan R. Roberts. *Special Issue：Comparative National Development：Theory and Facts for the1990s*. Urbanization，Migration，and Development，Sociological Forum，1989（4）.

413. Castells，M. *The Rise of the Network Society*. Oxford Blackwell，1996.

414. D. GALE JOHNSON. *Agricultural Adjustment in China：Problems and Prospects*. Population and Development Review，2000.

415. Dorothy J. Solinger. *Contesting Citizenship in Urban China*. University of California Press，1999.

416. *relationistic interpretation*. in Luigi Tomasi ed. The Tradition of the Chicago School of Sociology. Ashgate Publishing Limited，1998.

417. Fred Siegel. *The Future Once Happened Here*: *New York*, *D. C.*, *L. A. and the Face of America's Big Cities*. New York: Free Press, 1997.

418. Gary Gereffi & MiguelKorzeniewicz. *Commodity chains and global capitalism*. Praeger, 1994.

419. Gary Gereffi, John Humphrey, Raphael Kaplinsky & Timothy J. Sturgeon. *Introduction*: *Globalisation*, *Value Chains and Development*. IDS Bulletin, 2001, 32 (3).

420. Henri Lefebvre. *The Production of Space*, Oxford, OX, UK : Blackwell, 1991.

421. Huber. *Towards industrial ecology*: *sustainable development as a concept of ecological modernization*. Journal of Environmental Policy and Planning, 2000 (Vol. 2 Special Issue 2).

422. Hugh Dalziel Duncan. *Culture and Democracy*: *The Struggle for Form in Society and Architecture in Chicago and the Middle West during the Life and Times of Louis H. Sullivan*. Bedminster Press, 1965.

423. Inglehart, R. . *Modernization and Postmodernization*. Princeton University Press, 1997.

424. Kaplinsky, R. & Morris, M. . *A Handbook for Value Chain Research*. Prepared for the IDRC, 2002.

425. Krugman, P. . *Development*, *Geography and Economic Theory*. Cambridge, MA; MIT Press, 1996.

426. Lin Nan & Gina Lai. *Social Networkes and Mental Health*. in A Handbook for the study Mental Health: *Social Contexts*, *Theories and Systems*. Cambridge University Press, 1999.

427. Massey, S. & Denton, A. . *American apartheid*: *Segregation and the Making of the Under Class*. Harvard University Press, 1993.

428. Michael J. Dear. *The Resistable Rise of the L. A. School*. in Michael J. Dear (ed.) From Chicago to L. A. : Making Sense of Urban Theory. Sage Publications, Inc. , 2001.

429. Nee, V. and R. Matthews. *Market Transition and Social Transformation in Reforming State Socialism*. Annual Review of sociology, 1996 (22).

430. Onookome Okome. *Writing the Anxious City*: *Image of Lagos in Nigerian Home Video Films*. Okwui Enwezor et al. (eds.) Under siege: Four African Cities-Freetown, Johannesburg, Kinshasa, Lagos. 2002.

431. P. J. Mol. *Ecological modernization theory*. In: P. J. Mol. The Refinement of

Production. *Ecological modernization theory and the chemical industry.* Utrecht Van Arkel, 1995.

432. Pierre Bourdieu. *Invitation to Reflexive Sociology.* University of Chicago Press, 1992.

433. Porter. *The Competitive Advantage.* New York: Free Press, 1985.

434. Rachel Murphy. *Migration and InterHousehold Inequality: Observations from Wanzai County, Jiangxi.* The China Quarterly, 2000 (164).

435. United Nations Industrial Development Organization. *Competing through innovation and learning-the focus of UNIDO's industrial development 2002/2003.* Vienna, 2002.

436. Xiaolin Pei. *The Contribution of Collective Landownership to China's Economic Transition and Rural Industrialization: A Resource Allocation Model.* Modern China, 2002 (3).

跋

　　我从 20 世纪 80 年代就开始研究城市了，或者说，我对城市有我自己的理解，我既在城市里生活过，又在偏远的乡村生活过。对城市与乡村两种生活方式的差异构成我特有的心理文化结构——社会存在着两种人：一种是"活着"的人，另一种是"生活着"的人，这也形成了我对城市与乡村文化的认知的特有文化心理结构：必须改变传统乡村的生活方式，让农民成为市民，让更多的传统的乡村人，真正成为"生活着"的，有理想、有独立价值取向的，有某种历史与社会责任感的独立社会人和独立经济人。

　　汤因比和斯宾格勒的文明观与文化观对我有较多的影响。我时常在想，人类为什么生活在城市里？为什么人类城市文明的发生虽然已经有近 8 000 年以上的历史，但是，人类社会的基本问题如贫困、暴力、犯罪等不仅没有根除，反而很多问题伴随人类城市化的进化和文明的发展越来越复杂，越来越深化，甚至可以说，从古到今社会问题不是在减少，而是越来越多、越来越深刻……是的，虽然人类社会的城市在进化、城市社会的发展让更多的人获得了新的生活方式，然而，针对在社会发展面前演化得越来越复杂的问题，人类的手段不仅是有限的，甚至愈发显得无力。我们能够清楚地感受到，社会发展中的个人的需求永远是无限的，而我们治理社会的手段也永远是有限的。

　　有限的手段和无限需求的矛盾是社会进化、当代社会现代化发展的表征。城市社会的进步与进化，也意味着社会问题的增多和复杂化。

　　在 2000 年的一次学术会议上，我提出了"中国城市社会来临"的学术观点，并在后来发表了几篇相关的文章，如《中国城市社会来临论——城市化与城市现代化是人类现代化的形式》（《中外企业》2002 年第 3 期）、《论城市现代化的动力与标志》（《江海学刊》2002 年第 2 期）等。"中国城市社会来临"的概念提出之初，有学者对此提出了不同意见，我自己在理论与实践结合的研究中一直坚持这一观点。1978 年以后的中国城市化，与世界近代城市化的历史发展速度相关，每 25 年左右城市人口翻一番，中国 30 多年的城市化历程证明我的观点是正确的。事实上，中国的城市化来得过快，以至于在理论界、学术界和城市管理界对此没有做好理论与实践的战略准备，甚至是有些手足无措，在很多领域仅仅用西方的城市理论代替中国的城市理论，没有注意建构中国本土化的城市化理论，因此，也不可能有完整的中国式城市化理论体系和模式，更没有与中国国情相适应的实践型的城市发展战略。所以，创造重构中国城市化理论和战略，已经是中国城市化和国家现代化的当务之急！

"一种责任使命，也是一种义务"。这是我在 2005 年 12 月获得教育部重大攻关课题时最直接和最深刻的感受。当我得知《城市化理论重构与城市战略研究》这一教育部重大攻关课题落到我肩上时，一方面感觉到是一种荣誉，另一方面在心底也产生了巨大的压力，即这一课题本身具有创新的难度和对于中国城市化发展的重要意义。

我从硕士时代就开始关注城市化的研究，硕士论文和博士论文都是以城市发展研究为题，至今经历了 33 年的历程，深知城市化研究理论的博大精深，更知道"中国城市化理论重构"的意涵、价值与难度，这一主题本身就是要创造一个全新的城市化理论和思想体系，并提出中国城市化的发展战略。在研究教育部重大攻关课题的同时，我还承担了国家社会科学基金重点项目"城市化进程中的社会问题"（课题编号 03ASH004，已完成 50 余万字的报告成果），两个城市研究的课题以不同的思维和视角切入中国的城市社会，彼此之间相辅相成，相互促进，给了我很多新的思考。

其一，世界和中国都已经迎来了真正的城市社会发展时代，在这个空前的社会历史发展背景下，城市化理论的建构愈发重要。古今中外的历史证明：城市强则国家强，城市兴则国家兴。在这个现代化乃至后现代化的语境中，城市不仅作为一个地域词汇，更重要的是作为一个时代词汇、功能词汇，甚至一个情感词汇而存在，关系现代文明生活方式的普及，也关系民族—国家认同感的依附。城市化理论的建构和城市化战略的研究承担着人类繁盛和中国兴旺的历史责任。

其二，当下中国城市化的研究表现出路径上的"倒序依赖"，无论是乡村城市化抑或是城市现代化的进化历程，都遵循着"重实践，轻指导，以实践推演指导"的行事规则。这在学理的研究认知上或是在行政的效率上，实际上都是一个高耗能的不经济逻辑。中国的城市化尚没有形成本土的、系统的科学理论，不是城市建设被覆盖在宏大的西方理念体系中，就是城市管理者挣扎在类似盲人摸象的茫然处境中——仅仅是寻求城市发展政绩和道路，而没有中国式城市化理论加以指导，这对于一个国家整体意义上的城市化战略来说是难以想象的。

其三，现阶段的中国城市研究和城市科学陷入一种特定的甚至是不可自拔的"隐形化境遇"。中国正在进入城市社会的时代，城市研究却始终不是中国研究的主体核心，几乎主流的研究仍然是农村，而且是重复研究的农村成果样本！中国的城市理论研究缺乏话语权，这是需要我们进行反思的。2012 年的中国城市人口已经超过农村人口，可是至少在社会学界，真正研究城市社会学的学者可谓是屈指可数。在中国，城市学看起来很强大，但事实上却被分解到经济学、建筑学、社会学、政治学等其他各个学科之中，没有明确统一的学术阵地——中国的城市学研究似乎被"碎片化"了。在中国的学科体制中，城市学不是一级学科，这直接导致了中国城市研究高层次人才缺乏成长的土壤。

中国差序化的梯度社会形态赋予了城市研究最为丰富的阶段性样本，诺贝尔经济学奖获得者斯蒂格利茨所谓"中国的城市化对于 21 世纪人类社会进程造成最深刻的影响"的论断的另一层理解就是"21 世纪世界的城市研究在中国"！正如美国城市化大发展时期芝加哥学派能够兴起一样，中国的城市研究也已经迎来了这样的历史机遇。遗憾的是，在尚没有形成本土化城市化系统理论的中国，城市研究学派的建设似乎成为一种奢望。

中国的本土化城市化理论的建构不是一蹴而就的，需要一代人、一群人，甚至几种学派的相互竞争努力完成。在本课题的研究过程中，我们尤其注意"实践和理论间的双重反向论证"，以理论建构指导实践经验，以实践经验反哺理论建构，试图倾力构建中国城市研究的"南京学派"。自 2005 年开始，我和我的学生们北上南下，效仿美国芝加哥城市社会学派值得尊重和称道的社会传统，"去坐在豪华旅馆的大堂里，也坐在廉价客店的门阶上；坐在高级住宅的沙发里，也坐在贫民棚屋的地铺上；坐在庄严堂皇的大音乐厅里，也坐在粗俗下流的小歌舞厅中。简单说吧，去做实际研究，把你裤子的屁股坐脏"①。从唐山城市文化资本与城市文脉系统开发战略研究、北京怀柔宜居城市与循环型社会生态示范区建设研究，到连云港城市文化发展战略、南京城市都市定位研究、南京桠溪国际慢城市的设计、扬州城市模式发展创新、湖北蕲春"药旅游联动战略"的提出及安徽"九德郎溪"建构等，我始终秉怀着国人的"赤子之心"和学者的"探索之心"，试图为中国的城市研究贡献出所有的气力，也在试图建构与芝加哥同样具有地点精神的"南京城市社会学派"。

本课题的研究有很多全新的尝试和全新的观点，如前言中和行文提出的中国城市化"十大理论创新"，试图建构出一条城市化研究的中国道路和中国范式——因为能力的拘囿和现实的限制，这个尝试必然会存在许多不足，但这个尝试绝对是值得鼓励和坚持的，这也是我个人的价值观和取向。

---

① ［英］布赖恩·特纳，李康译：《社会理论指南》，上海世纪出版集团、上海人民出版社 2003 年版，第 242 页。

路漫漫其修远兮，吾将上下而求索。中华民族正面临城市社会来临的伟大时代！同时，我们正在失去我们传统城市优秀的元素！城市的集体记忆正在消失！扪心自问：我们这一代人应该给子孙后代留下什么样的城市？就像我在课题报告的最后所说的那样，周恩来少年时一声"为中华之崛起而读书"振聋发聩，我们也应当为"中华之崛起"而倾力，为中国的城市研究，为中国的城市时代谋一份可及的未来！

我们正在努力做中国城市社会进化推动者！

张鸿雁

2012 年 8 月 22 日

教育部哲学社會科学研究重大課題攻関項目
成果出版列表

书　名	首席专家
《马克思主义基础理论若干重大问题研究》	陈先达
《马克思主义理论学科体系建构与建设研究》	张雷声
《马克思主义整体性研究》	逄锦聚
《当代中国人精神生活研究》	童世骏
《弘扬与培育民族精神研究》	杨叔子
《当代科学哲学的发展趋势》	郭贵春
《面向知识表示与推理的自然语言逻辑》	鞠实儿
《当代宗教冲突与对话研究》	张志刚
《马克思主义文艺理论中国化研究》	朱立元
《历史题材创新和改编中的重大问题研究》	童庆炳
《现代中西高校公共艺术教育比较研究》	曾繁仁
《中国艺术学科体系建设研究》	黄会林
《楚地出土戰國簡册〔十四種〕》	陳　偉
《中国市场经济发展研究》	刘　伟
《全球经济调整中的中国经济增长与宏观调控体系研究》	黄　达
《中国特大都市圈与世界制造业中心研究》	李廉水
《中国产业竞争力研究》	赵彦云
《东北老工业基地资源型城市发展接续产业问题研究》	宋冬林
《转型时期消费需求升级与产业发展研究》	臧旭恒
《中国民营经济制度创新与发展》	李维安
《中国现代服务经济理论与发展战略研究》	陈　宪
《中国转型期的社会风险及公共危机管理研究》	丁烈云
《人文社会科学研究成果评价体系研究》	刘大椿
《中国工业化、城镇化进程中的农村土地问题研究》	曲福田
《东北老工业基地改造与振兴研究》	程　伟
《全面建设小康社会进程中的我国就业发展战略研究》	曾湘泉
《自主创新战略与国际竞争力研究》	吴贵生
《转轨经济中的反行政性垄断与促进竞争政策研究》	于良春
《面向公共服务的电子政务管理体系研究》	孙宝文

书 名	首席专家
《中国加入区域经济一体化研究》	黄卫平
《金融体制改革和货币问题研究》	王广谦
《人民币均衡汇率问题研究》	姜波克
《我国土地制度与社会经济协调发展研究》	黄祖辉
《南水北调工程与中部地区经济社会可持续发展研究》	杨云彦
《产业集聚与区域经济协调发展研究》	王 珺
《我国民法典体系问题研究》	王利明
《中国司法制度的基础理论问题研究》	陈光中
《多元化纠纷解决机制与和谐社会的构建》	范 愉
《中国和平发展的重大国际法律问题研究》	曾令良
《中国法制现代化的理论与实践》	徐显明
《农村土地问题立法研究》	陈小君
《生活质量的指标构建与现状评价》	周长城
《中国公民人文素质研究》	石亚军
《城市化进程中的重大社会问题及其对策研究》	李 强
《中国农村与农民问题前沿研究》	徐 勇
《西部开发中的人口流动与族际交往研究》	马 戎
《城市化理论重构与城市化战略研究》	张鸿雁
《中国边疆治理研究》	周 平
《中国大众媒介的传播效果与公信力研究》	喻国明
《媒介素养：理念、认知、参与》	陆 晔
《创新型国家的知识信息服务体系研究》	胡昌平
《数字信息资源规划、管理与利用研究》	马费成
《新闻传媒发展与建构和谐社会关系研究》	罗以澄
《数字传播技术与媒体产业发展研究》	黄升民
《教育投入、资源配置与人力资本收益》	闵维方
《创新人才与教育创新研究》	林崇德
《中国农村教育发展指标体系研究》	袁桂林
《高校思想政治理论课程建设研究》	顾海良
《网络思想政治教育研究》	张再兴
《高校招生考试制度改革研究》	刘海峰
《基础教育改革与中国教育学理论重建研究》	叶 澜

书　名	首席专家
《公共财政框架下公共教育财政制度研究》	王善迈
《农民工子女教育问题研究》	袁振国
《中国青少年心理健康素质调查研究》	沈德立
《处境不利儿童的心理发展现状与教育对策研究》	申继亮
《学习过程与机制研究》	莫　雷
《WTO 主要成员贸易政策体系与对策研究》	张汉林
《中国和平发展的国际环境分析》	叶自成
＊《改革开放以来马克思主义在中国的发展》	顾钰民
＊《西方文论中国化与中国文论建设》	王一川
＊《中国抗战在世界反法西斯战争中的历史地位》	胡德坤
＊《近代中国的知识与制度转型》	桑　兵
＊《中国水资源的经济学思考》	伍新林
＊《京津冀都市圈的崛起与中国经济发展》	周立群
＊《中国金融国际化中的风险防范与金融安全研究》	刘锡良
＊《金融市场全球化下的中国监管体系研究》	曹凤岐
＊《中部崛起过程中的新型工业化研究》	陈晓红
＊《中国政治文明与宪法建设》	谢庆奎
＊《地方政府改革与深化行政管理体制改革研究》	沈荣华
＊《知识产权制度的变革与发展研究》	吴汉东
＊《中国能源安全若干法律与政府问题研究》	黄　进
＊《我国地方法制建设理论与实践研究》	葛洪义
＊《我国资源、环境、人口与经济承载能力研究》	邱　东
＊《产权理论比较与中国产权制度变革》	黄少安
＊《中国独生子女问题研究》	风笑天
＊《当代大学生诚信制度建设及加加强大学生思想政治工作研究》	黄蓉生
＊《边疆多民族地区构建社会主义和谐社会研究》	张先亮
＊《非传统安全合作与中俄关系》	冯绍雷
＊《中国的中亚区域经济与能源合作战略研究》	安尼瓦尔·阿木提
＊《冷战时期美国重大外交政策研究》	沈志华

……

＊为即将出版图书